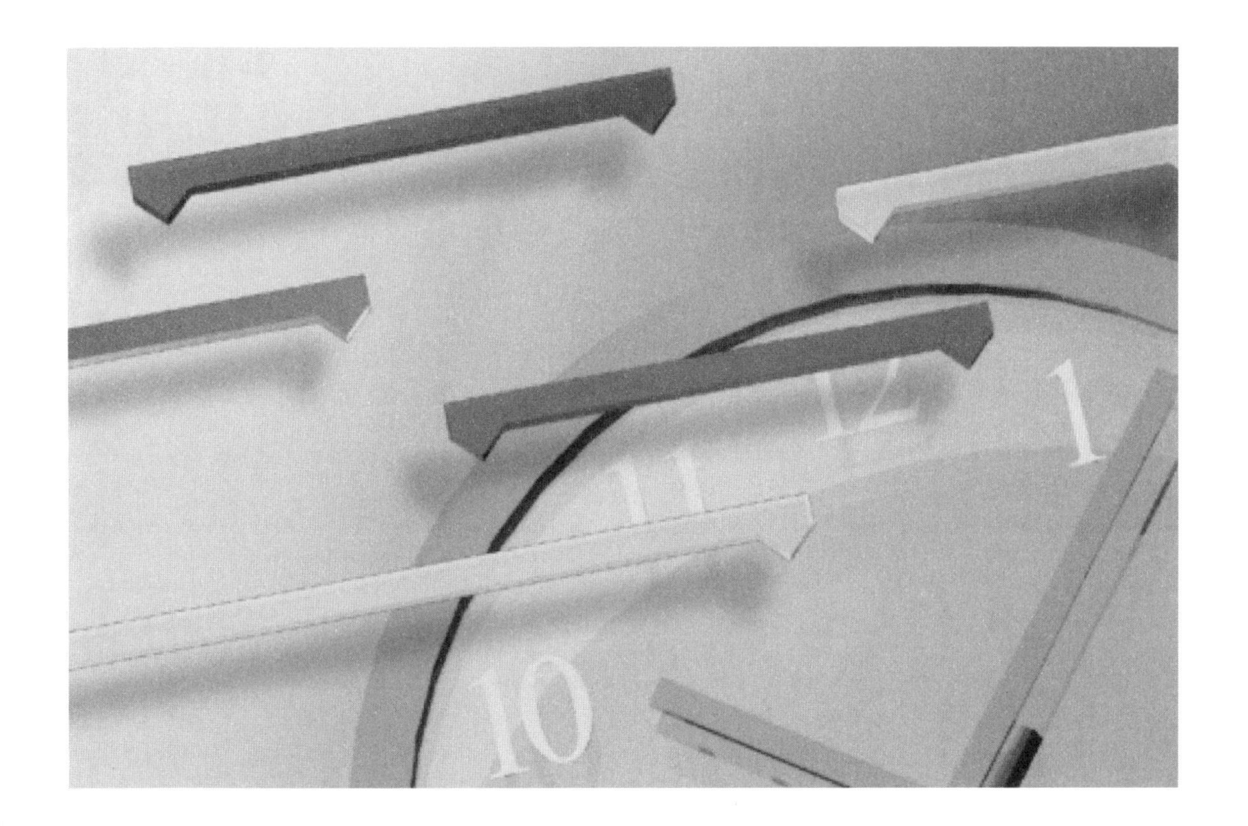

Microsoft Office

Project 2003

Das offizielle Trainingsbuch

Dieses Buch ist die deutsche Übersetzung von:
Microsoft Office Project 2003 Step by Step / Carl Chatfield, PMP and Timothy Johnson, MCP
Microsoft Press, Redmond, Washington 98052-6399

15 14 13 12 11 10 9 8 7 6 5 4 3 2 1

07 06 05

ISBN 3-86063-087-3

Übersetzung: Sabine Lambrich, München
Fachlektorat: Frauke Wilkens, München
Satz: Gerhard Alfes, mediaService, Siegen (www.media-service.tv)
Umschlaggestaltung: Hommer Design GmbH, Haar (www.HommerDesign.com)
Gesamtherstellung: Kösel, Krugzell (www.KoeselBuch.de)

Inhalt

Was ist neu in Microsoft Office Project 2003?

Schon gleich beim Start von Microsoft Project 2003 werden Sie einige seiner Neuerungen bemerken. Die Symbolleisten und Menüs sehen anders aus als in vorherigen Versionen und es gibt einige neue Seitenbereiche im Projektberater-Fenster auf der linken Seite des Programmfensters. Doch betreffen die Features, die in dieser Version von Project neu sind oder erheblich ausgebaut wurden, bei weitem nicht nur Äußerlichkeiten. Diese Änderungen werden offensichtlich, wenn Sie mit dem Programm arbeiten.

Neu in Office 2003

Wenn in diesem Buch Features behandelt werden, die in dieser Version von Microsoft Project neu sind oder erheblich ausgebaut wurden, können Sie dies schnell an dem Symbol in der Marginalspalte erkennen, das auch hier gezeigt wird. Wenn Sie also nur die neuen Eigenschaften von Microsoft Project 2003 kennen lernen wollen, blättern Sie durch dieses Buch und lesen nur die Passagen, die mit diesem Symbol gekennzeichnet sind.

Die folgende Tabelle bietet eine Übersicht über die neuen Funktionen, die für Sie interessant sein könnten, und es werden jeweils die Kapitel angegeben, in denen diese beschrieben werden.

Aufgabe	Feature	Siehe
Auf der Microsoft Website nachschlagen	Office Online	Kapitel 1
Ansichten einfacher drucken	Projektberater	Kapitel 11
Projektsammelberichte für andere Office-Anwendungen erstellen	Bild zu Office-Assistenten kopieren	Kapitel 13

Hilfe erhalten

Es ist sorgfältig auf Fehlerfreiheit des Buches selbst und der Übungsdateien geachtet worden. Sollten Sie doch einmal auf Probleme stoßen, stehen Ihnen verschiedene Hilfequellen zur Verfügung.

Informationen zum Buch und zur CD-ROM

Weitere Informationen zum Buch und der Begleit-CD finden Sie auf der Website von Microsoft Press:

http://mspress.microsoft.com/germany/mspress

Hilfe zu Microsoft Office Project 2003

Wenn Sie Fragen zu Microsoft Office Project 2003 haben, die sich nicht auf den Inhalt dieses Microsoft Press-Buches beziehen, sollten Sie zunächst im Hilfesystem von Project nachsehen. Dieses Hilfesystem enthält Werkzeuge und Dateien, die bei der Installation von Microsoft Office 2003 auf Ihren Computer kopiert wurden, und, falls Ihr Computer mit dem Internet verbunden ist, aus den Hilfedateien, die auf der Website **Microsoft Office Online** zur Verfügung stehen.

Um Informationen zu den verschiedenen Bildschirmelementen zu erhalten, können Sie eine *QuickInfo* anzeigen lassen. Um beispielsweise die QuickInfo für eine Schaltfläche in einer Symbolleiste einblenden zu lassen, bewegen Sie den Mauszeiger auf die Schaltfläche, ohne sie anzuklicken. In der daraufhin angezeigten QuickInfo werden Sie über die Funktion der Schaltfläche informiert. In einigen Dialogfeldern können Sie rechts oben in der Titelleiste neben der **Schließen**-Schaltfläche auf die Fragezeichen-Schaltfläche klicken, um das Hilfefenster von Microsoft Office Project zu öffnen, in dem weitere Informationen zum Dialogfeld angezeigt werden.

Wenn Sie eine Frage zur Benutzung von Project haben, können Sie diese in das Feld **Frage hier eingeben** ganz rechts in der Menüleiste eingeben. Drücken Sie dann die [↵]-Taste, um eine Liste der Hilfethemen anzeigen zu lassen, aus der Sie das Thema auswählen können, das am besten zu Ihrer Frage passt.

Des Weiteren können Sie den Office-Assistenten einblenden, der Ihnen hilfreiche Informationen und Tipps zum Arbeiten mit dem Programm liefert. Falls der Office-Assistent ausgeblendet ist, wird eine Glühbirne angezeigt, wenn ein Tipp verfügbar ist. Klicken Sie auf diese, wird der Tipp zusammen mit weiteren Optionen angezeigt.

Wenn Sie Erfahrung im Umgang mit der Microsoft Office Project-Hilfe sammeln möchten, können Sie folgende Übung nachvollziehen, die zwei Möglichkeiten aufzeigt, Hilfe zu erhalten.

ACHTEN SIE DARAUF, dass Microsoft Project gestartet ist, bevor Sie mit der Übung beginnen.

1. Klicken Sie am rechten Rand der Menüleiste auf das Feld **Frage hier eingeben.**
2. Geben Sie den Text ***Hilfethemen*** ein und drücken Sie dann die [↵]-Taste.

   Im Aufgabenbereich **Suchergebnisse** werden nun Hilfethemen aufgelistet, die sich auf Ihre Frage beziehen. Sie können auf ein beliebiges Thema klicken, um weitere Informationen oder eine Anleitung zu erhalten.

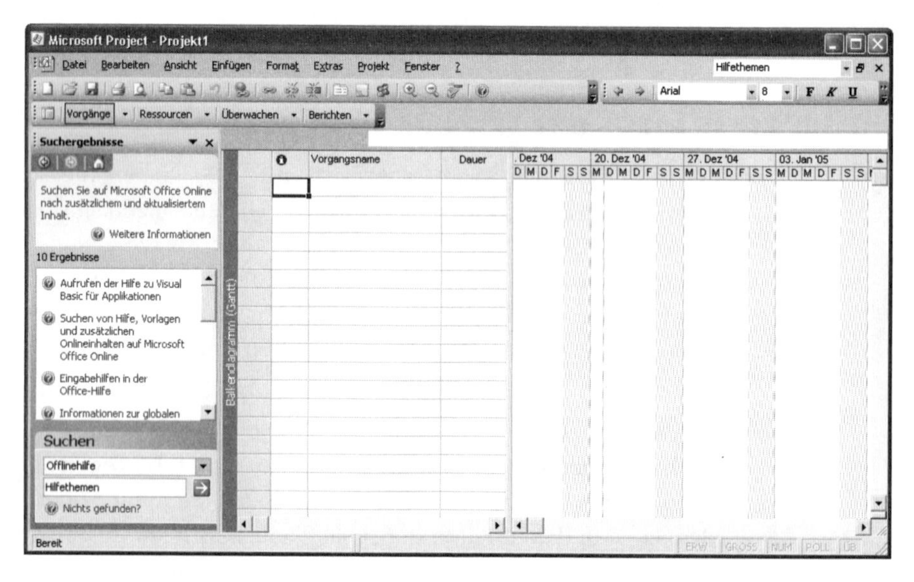

3. Scrollen Sie gegebenenfalls im Aufgabenbereich **Suchergebnisse** über die Bildlaufleiste nach unten und klicken Sie dann auf das Thema **So erhalten Sie Hilfe während der Arbeit.**

   Das Fenster **Microsoft Project-Hilfe** wird geöffnet und zeigt Informationen zum gewählten Hilfethema.

Maximieren

4. Klicken Sie in der rechten oberen Ecke dieses Fensters auf die Schaltfläche **Maximieren** und anschließend auf den Link **Alle anzeigen.**

   Das Thema wird erweitert und zeigt detaillierte Informationen zur Verwendung der Hilfe während der Arbeit an.

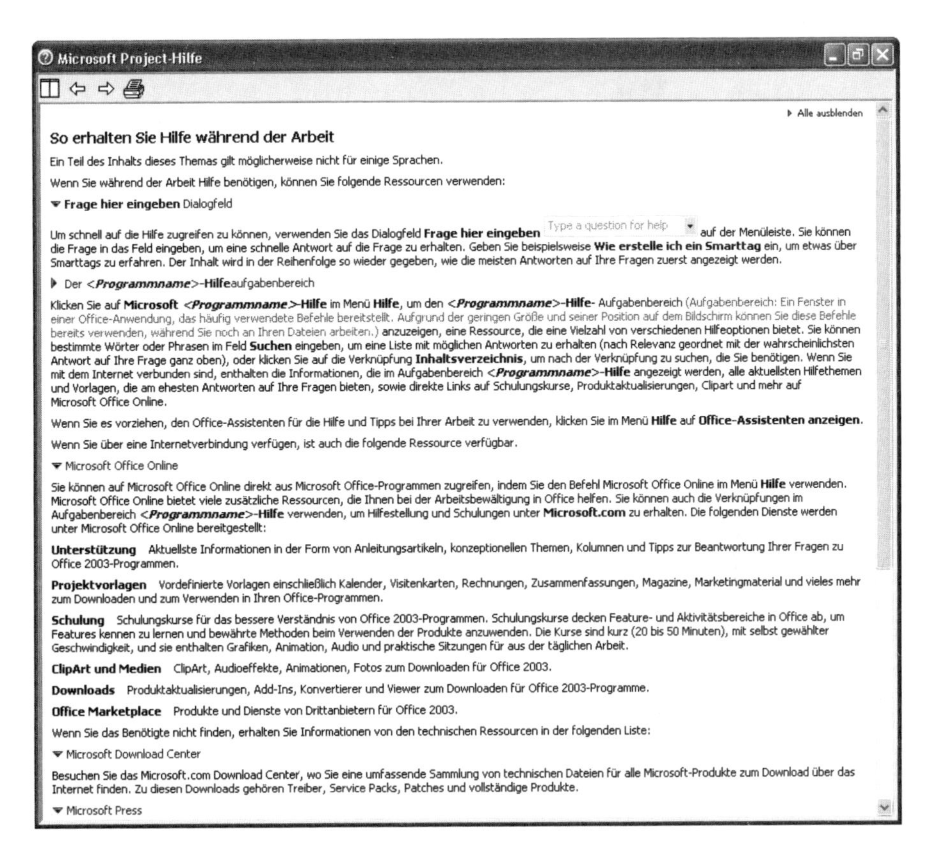

Schließen

5. Klicken Sie in der rechten oberen Ecke des Fensters **Microsoft Project-Hilfe** auf die **Schließen**-Schaltfläche, um das Hilfefenster zu schließen.

6. Wählen Sie nun im **?**-Menü den Befehl **Microsoft Project-Hilfe** und klicken Sie dann im oberen Teil des Aufgabenbereichs **Project-Hilfe** auf den Link **Inhaltsverzeichnis.**

   Im Aufgabenbereich werden die Hilfethemen nun wie im Inhaltsverzeichnis eines Buches nach Kategorien geordnet angezeigt.

Zurück

7 Klicken Sie in der Symbolleiste des Aufgabenbereichs auf die Schaltfläche **Zurück.**

Beachten Sie auch die Kategorien der Informationen, die Ihnen auf der Website **Microsoft Office Online** zur Verfügung stehen. Die Website erreichen Sie auch, wenn Sie im **?**-Menü den Befehl **Microsoft Office Online** wählen.

Weitere Informationen

Falls Sie Fragen zu Microsoft Office Project 2003 oder zu anderen Microsoft-Produkten haben, die sich nicht auf den Buchinhalt beziehen, finden Sie Hilfe beim Microsoft Support Deutschland unter:

http://support.microsoft.com/directory

Die Begleit-CD zum Buch nutzen

Die Begleit-CD zum Buch enthält alle Beispiele, die Sie in den Übungen in diesem Buch verwenden werden. Sie brauchen also keine Zeit damit zu verschwenden, die Inhalte zu erstellen, mit denen Sie die Beschreibungen nachvollziehen können, sondern können direkt loslegen und sich darauf konzentrieren, den Umgang mit Microsoft Office Project 2003 zu erlernen.

WICHTIG Die Software Microsoft Office Project 2003 ist nicht auf der CD-ROM enthalten. Sie müssen sie erwerben und installieren, um die Beispiele und Beschreibungen im Buch nachvollziehen zu können.

Systemanforderungen

Um dieses Buch nutzen zu können, benötigen Sie Folgendes:

- **Computer/Prozessor:** Einen Computer mit einem Pentium 233-MHz-Prozessor oder höher; Pentium III wird empfohlen
- **Betriebssystem:** Microsoft Windows 2000 mit Service Pack 3 (SP3) oder Microsoft Windows XP oder höher
- **Arbeitsspeicher:** Mindestens 64 MByte RAM (128 MByte empfohlen) plus 8 MByte für jedes zusätzliche Programm aus Microsoft Office, das zeitgleich mit Microsoft Office Project ausgeführt wird
- **Festplattenspeicher:**

  Der benötigte Festplattenspeicher ist von der Art der Installation abhängig. Wenn Sie eine benutzerdefinierte Installation durchführen, brauchen Sie mehr oder weniger des unten empfohlenen Festplattenspeichers.

  - 130 MByte freier Festplattenspeicher, wobei 70 MByte auf der Festplatte frei verfügbar sein müssen, auf der das Betriebssystem installiert ist.
  - Weitere 9 MByte freier Festplattenspeicher für die Installation der Übungsdateien.
- **Laufwerk:** CD-ROM-Laufwerk
- **Monitor:** Super VGA-Monitor mit der Auflösung 800 × 600 und 256 Farben oder höher

- **Peripheriegeräte:** Microsoft Mouse, Microsoft IntelliMouse oder ein kompatibles Zeigegerät

WICHTIG Die Beispiele zum Buch wurden mit einem Computer erstellt, der unter Windows XP läuft. Andere Betriebssysteme zeigen möglicherweise etwas andere Darstellungen als in den Abbildungen im Buch.

Die Übungsdateien installieren

Sie müssen die Übungsdateien auf Ihre Festplatte installieren, bevor Sie die Übungen in den einzelnen Kapiteln nachvollziehen können. Gehen Sie dazu wie folgt vor:

1. Legen Sie die Begleit-CD in das CD-ROM-Laufwerk Ihres Computers ein.

   Das Fenster mit dem Endbenutzer-Lizenzvertrag wird geöffnet.

   WICHTIG In der Regel wird das Fenster mit dem Endbenutzer-Lizenzvertrag automatisch geöffnet. Ist dies bei Ihrem Rechner nicht der Fall, starten Sie Windows-Explorer. Suchen Sie auf der linken Seite nach dem Symbol für Ihr CD-ROM-Laufwerk und klicken Sie darauf. Doppelklicken Sie dann auf der rechten Seite auf die Datei *StartCD*.

   Sie müssen dem Lizenzvertrag zustimmen, um die Übungsdateien verwenden zu können. Nachdem Sie die entsprechende Option gewählt und auf **Weiter** geklickt haben, wird der Menübildschirm **Das offizielle Trainingsbuch** angezeigt.

2. Klicken Sie auf die Option **Übungsdateien installieren** und befolgen Sie die Anweisungen am Bildschirm.

3. Falls Sie die Übungsdateien nicht im Standardverzeichnis *Eigene Dateien\Microsoft Press\Project 2003 Training* installieren wollen, klicken Sie auf die Schaltfläche **Durchsuchen**, wählen das gewünschte Laufwerk sowie den Pfad und klicken dann auf **OK**.

   WICHTIG Wenn die Übungsdateien nicht im Standardverzeichnis installiert werden, funktionieren einige Übungsbeispiele möglicherweise nicht korrekt.

4. Klicken Sie auf die Schaltfläche **Installieren**, um die Übungsdateien zu installieren.

5. Nachdem die Übungsdateien auf die Festplatte kopiert wurden, klicken Sie auf **Fertig stellen**.

   Im Installationsordner finden Sie Unterordner für jedes Kapitel dieses Buches.

6. Klicken Sie im Menübildschirm **Das offizielle Trainingsbuch** auf **Beenden**, entfernen Sie die CD-ROM aus dem Laufwerk und legen Sie sie wieder in ihren Umschlag zurück.

Die Übungsdateien nutzen

In jedem Kapitel wird genau angegeben, wann Sie mit welcher Übungsdatei arbeiten sollen. Vor jeder Schrittanleitung steht ein Absatz, der die genauen Angaben dazu enthält. Ein Beispiel:

ÖFFNEN SIE die Datei **Wingtip Toys Werbespot 8a,** ***die Sie im Ordner*** **Eigene Dateien\Microsoft Press\Project 2003 Training\08_RessourcenZuordnungsdetails** ***finden. Sie können den Ordner auch über*** **Start/Alle Programme/Microsoft Press/Project 2003 Training** ***öffnen.***

Die folgende Tabelle listet die Übungsdateien der einzelnen Kapitel auf.

Kapitel	Ordner	Dateien
Kapitel 1: Einführung in Microsoft Project	01_EinführungProject	Keine Übungsdateien
Kapitel 2: Vorgänge eingeben und organisieren	02_VorgängeOrganisieren	Wingtip Toys Werbespot 2a
Kapitel 3: Ressourcen einrichten	03_RessourcenEinrichten	Wingtip Toys Werbespot 3a
Kapitel 4: Vorgängen Ressourcen zuordnen	04_RessourcenZuordnen	Wingtip Toys Werbespot 4a
Kapitel 5: Projektpläne formatieren und drucken	05_ProjektpläneFormatierenDrucken	Wingtip Toys Werbespot 5a, Logo
Kapitel 6: Projektfortschritt von Vorgängen verfolgen	06_ProjektfortschrittVorgänge	Wingtip Toys Werbespot 6a
Kapitel 7: Feinabstimmung von Vorgangdetails	07_Vorgangdetails	Kurzfilmprojekt 7a

Kapitel	Ordner	Dateien
Kapitel 8: Feinabstimmung von Ressourcen- und Zuordnungsdetails	08_RessourcenZuordnungsdetails	Kurzfilmprojekt 8a
Kapitel 9: Projektpläne optimieren	09_ProjektpläneOptimieren	Kurzfilmprojekt 9a
Kapitel 10: Projektdetails organisieren und formatieren	10_ProjektdetailsOrganisierenFormatieren	Kurzfilmprojekt 10a
Kapitel 11: Projektdaten drucken	11_ProjektdatenDrucken	Kurzfilmprojekt 11a
Kapitel 12: Projektdaten online veröffentlichen	12_ProjektdatenOnlineVeröffentlichen	Kurzfilmprojekt 12a
Kapitel 13: Datenaustausch zwischen Microsoft Project und anderen Anwendungen	13_Datenaustausch	Kurzfilmprojekt 13a, Brief an Kunden, Beispielvorgangsliste
Kapitel 14: Projektfortschritt von Vorgängen und Zuordnungen verfolgen	14_ProjektfortschrittVerfolgen	Kurzfilmprojekt 14a, Kurzfilmprojekt 14b, Kurzfilmprojekt 14c, Kurzfilmprojekt 14d
Kapitel 15: Projektstatus verfolgen und als Bericht ausgeben	15_ProjektstatusAusgeben	Kurzfilmprojekt 15a

Kapitel	Ordner	Dateien
Kapitel 16: Projektprobleme beheben	16_ProjektproblemeBeheben	Kurzfilmprojekt 16a
Kapitel 17: Projektpläne formatieren	17_ProjektpläneFormatieren	Kurzfilmprojekt 17a
Kapitel 18: Microsoft Project anpassen	18_ProjectAnpassen	Parnell Aerospace Promo 18a, Wingtip Toys Werbespot 18b
Kapitel 19: Ertragswertanalysen durchführen	19_Ertragswertanalysen	Kurzfilmprojekt 19a
Kapitel 20: Ressourcen und Projekte zusammenführen	20_Zusammenführen	Parnell Aerospace Promo 20a, Wingtip Toys Werbespot 20b

Die Übungsdateien deinstallieren

Nachdem Sie dieses Buch durchgearbeitet haben, sollten Sie die Übungsdateien löschen, um den dadurch belegten Festplattenspeicher wieder freizugeben.

1. Wählen Sie im **Start**-Menü von Windows den Befehl **Systemsteuerung**.
2. Klicken Sie in der Systemsteuerung auf **Software**.
3. Markieren Sie den Eintrag **Microsoft Office Project 2003 – Das offizielle Trainingsbuch** und klicken Sie anschließend auf **Entfernen**.
4. Klicken Sie im Bestätigungsfenster auf **Ja**.
5. Nachdem die Dateien deinstalliert wurden, klicken Sie auf **Fertig stellen** und schließen dann das Dialogfeld **Software** und anschließend die Systemsteuerung per Mausklick auf die **Schließen**-Schaltfläche rechts oben in der Titelleiste des Fensters.

WICHTIG Falls Sie Hilfe bei der Installation oder Deinstallation der Übungsdateien benötigen, lesen Sie die Ausführungen unter „Hilfe erhalten“ weiter vorn in diesem Buch. Der Produkt-Support von Microsoft bietet keine Unterstützung für dieses Buch und die Begleit-CD.

Konventionen in diesem Buch

Während der Arbeit mit diesem Buch können Sie viel Zeit sparen, wenn Sie wissen, wie bestimmte Anweisungen, Tasten, Schaltflächen usw. formatiert sind.

Konvention	Bedeutung
Neu in Office 2003	Dieses Symbol weist auf eine Funktion hin, die in Microsoft Office Project 2003 neu eingeführt oder wesentlich verbessert wurde.
(CD-Symbol)	Dieses Symbol verweist auf die Begleit-CD.
ACHTEN SIE DARAUF	So beginnen Absätze vor oder nach den Übungen. Sie weisen auf Punkte hin, die vor beziehungsweise nach der Übung überprüft oder ausgeführt werden sollten.
VERWENDEN SIE ***ÖFFNEN SIE***	So beginnen Absätze vor den Übungen. Sie verweisen auf die Übungsdateien, die Sie für die jeweilige Übung brauchen.
SCHLIESSEN SIE	So beginnen Absätze nach den Übungen. Sie weisen darauf hin, welche offenen Dateien oder Programme geschlossen werden müssen, bevor Sie das nächste Thema bearbeiten.
1 **2**	Die praktischen Übungen in jedem Kapitel bestehen aus einzelnen nummerierten Schritten.
■	Aufzählungszeichen finden Sie bei Übungen, die nur aus einem Schritt bestehen.
ACHTUNG	Diese Absätze zeigen Ihnen, wie Sie ein häufig auftretendes Problem lösen, das Sie möglicherweise an der Durchführung der Übung hindert.
TIPP	Hier finden Sie hilfreiche Hinweise oder Tastaturkürzel, die Ihnen die Arbeit erleichtern. ▸

Konvention	Bedeutung
WICHTIG	Diese Abschnitte weisen auf Informationen hin, die Sie benötigen, um einen Vorgang erfolgreich durchführen zu können.
Speichern	Wenn Sie in einer Übung zum ersten Mal aufgefordert werden, auf eine bestimmte Schaltfläche zu klicken, dann ist sie am linken Seitenrand zu sehen. Auf oder unter der Schaltfläche steht ihre Funktion.
[Strg] + [Pos1]	Ein Pluszeichen zwischen zwei Tasten bedeutet, dass Sie die erste Taste gedrückt halten müssen, während Sie die zweite drücken. „Drücken Sie [Strg] + [Pos1]" beispielsweise bedeutet: „Halten Sie die Taste [Strg] gedrückt, während Sie [Pos1] drücken."
Fett	Die Namen von Programmelementen, beispielsweise Schaltflächen, Befehle und Dialogfelder, werden in Fettdruck dargestellt.
Fettkursiv	Alles, was Sie selbst eingeben sollen, erscheint in Fettkursivdruck.
Kursiv	Für Begriffe, die im Glossar am Ende des Buches erklärt werden, wird Kursivdruck verwendet. Sie begegnen ihm aber auch zur Kennzeichnung von Dateien, Ordnern und Pfaden.

Schnellüberblick

Kapitel 1: **Einführung in Microsoft Office Project**

Seite 6 **Microsoft Office Project Standard starten**

1. Klicken Sie in der Taskleiste von Windows auf die **Start**-Schaltfläche.
2. Zeigen Sie im Startmenü auf **Alle Programme** bzw. auf **Programme** und danach auf **Microsoft Office** und klicken Sie abschließend auf **Microsoft Office Project 2003**.

10 **Microsoft Office Project Professional starten und offline arbeiten**

1. Klicken Sie in der Taskleiste von Windows auf die **Start**-Schaltfläche.
2. Zeigen Sie im Startmenü auf **Alle Programme** bzw. auf **Programme** und danach auf **Microsoft Office** und klicken Sie abschließend auf **Microsoft Office Project 2003**.
3. Wenn das Sicherheitslogin-Dialogfeld von Microsoft Project Server geöffnet wird, klicken Sie auf **Abbrechen**.
4. Wählen Sie im Dialogfeld **Project Server-Konten** unter **Verfügbare Konten** die Option **Arbeitsplatz** und klicken Sie dann auf **Offline arbeiten**.

14 **Projektplan mit einer Vorlage erstellen**

1. Wählen Sie im Menü **Datei** den Befehl **Neu**.
2. Klicken Sie im Aufgabenbereich **Neues Projekt** unter **Vorlagen** auf den Link **Auf meinem Computer**.
3. Aktivieren Sie im Dialogfeld **Vorlagen** die Registerkarte **Projektvorlagen**.
4. Markieren Sie die gewünschte Vorlage und klicken Sie dann auf **OK**.

18 **Ansicht wechseln**

1. Klicken Sie im Menü **Ansicht** auf den Namen der Ansicht, die Sie aktivieren wollen.
2. Wird die gewünschte Ansicht nicht aufgelistet, klicken Sie auf **Weitere Ansichten** und im gleichnamigen Dialogfeld auf den Namen der Ansicht, zu der Sie wechseln wollen. Klicken Sie schließlich auf die Schaltfläche **Auswahl**.

1. Wählen Sie im Menü **Ansicht** den Befehl **Berichte**.
2. Klicken Sie zunächst auf eine Berichtskategorie oder, um alle verfügbaren Berichte zu sehen, auf **Benutzerdefiniert** und klicken Sie dann auf die Schaltfläche **Auswahl**.
3. Markieren Sie den gewünschten Bericht und klicken Sie dann auf die Schaltfläche **Vorschau**.

1. Wählen Sie im Menü **Datei** den Befehl **Neu**.
2. Klicken Sie im Aufgabenbereich **Neues Projekt** unter **Neu** auf den Link **Leeres Projekt**.
3. Klicken Sie im Seitenbereich **Vorgänge** auf den Link **Festlegen eines Termins zum Berechnen aus** (in Microsoft Project Standard) bzw. auf den Link **Definieren des Projekts** (in Microsoft Project Professional).
4. Geben Sie im Datumsfeld den Anfangstermin für das Projekt ein.
5. Klicken Sie am unteren Rand des Seitenbereichs auf den Link **Fertig** (in Microsoft Project Standard) bzw. auf den Link **Speichern Sie, und gehen Sie zu Schritt 2** (in Microsoft Project Professional).

1. Klicken Sie in der Symbolleiste **Projektberater** auf die Schaltfläche **Vorgänge**.
2. Klicken Sie im Seitenbereich **Vorgänge** auf den Link **Definieren der allgemeinen Arbeitszeiten** und folgen Sie dann den Anweisungen am Bildschirm.

1. Klicken Sie im Menü **Datei** auf **Eigenschaften**.
2. Aktivieren Sie die Registerkarte **Zusammenfassung** und geben Sie dort die gewünschten Angaben ein.

Kapitel 2: Vorgänge eingeben und organisieren

1. Klicken Sie in der Symbolleiste **Projektberater** auf die Schaltfläche **Vorgänge**.

2 Klicken Sie im Seitenbereich **Vorgänge** auf **Auflisten der Vorgänge im Projekt** und folgen Sie dann den Anleitungen am Bildschirm.

42 **Vorgangsdauer festlegen**

1 Klicken Sie in der Ansicht **Balkendiagramm (Gantt)** auf eine Zelle in der Spalte **Dauer**.

2 Geben Sie die Dauer des Vorgangs ein und drücken Sie dann die [↵]-Taste.

44 **Meilenstein eingeben**

1 Geben Sie in der Eingabetabelle einen Namen für den Meilenstein ein und drücken Sie dann die [↹]-Taste.

2 Geben Sie in das Feld **Dauer** den wert *0T* ein und drücken Sie dann die [↵]-Taste.

46 **Vorgänge mit dem Projektberater in Phasen unterteilen**

1 Klicken Sie in der Symbolleiste **Projektberater** auf die Schaltfläche **Vorgänge**.

2 Klicken Sie im Seitenbereich **Vorgänge** auf den Link **Organisieren von Vorgängen in Phasen** und folgen Sie dann der Anleitung am Bildschirm.

50 **Vorgänge mit dem Projektberater zusammenfassen**

1 Klicken Sie in der Symbolleiste **Projektberater** auf die Schaltfläche **Vorgänge**.

2 Klicken Sie im Seitenbereich **Vorgänge** auf **Berechnen von Vorgängen** und folgen Sie dann der Anleitung am Bildschirm.

56 **Vorgangsnotizen und Hyperlinks mit dem Projektberater eingeben**

1 Klicken Sie in der Symbolleiste **Projektberater** auf die Schaltfläche **Vorgänge**.

2 Klicken Sie im Seitenbereich **Vorgänge** auf den Link **Verknüpfen mit oder Anfügen von weiteren Vorgangsinformationen** und folgen Sie dann der Anleitung am Bildschirm.

59 **Projektdauer und andere statistischen Werte prüfen**

1 Klicken Sie im Menü **Projekt** auf den Befehl **Projektinfo**.

2 Klicken Sie im Dialogfeld **Projektinfo** auf die Schaltfläche **Statistik**.

60 **Gesamten Projektplan in der Ansicht „Balkendiagramm (Gantt)" betrachten**

1. Wählen Sie im Menü **Ansicht** den Befehl **Zoom**.
2. Wählen Sie die Option **Gesamtes Projekt** und klicken Sie dann auf die Schaltfläche **OK**.

Kapitel 3: Ressourcen einrichten

Seite 65 **Personal- und Ausrüstungsressourcen mit dem Projektberater einrichten**

1. Klicken Sie in der Symbolleiste **Projektberater** auf die Schaltfläche **Ressourcen**.
2. Klicken Sie im Seitenbereich **Ressourcen** auf den Link **Angeben von Personen und Sachmitteln für das Projekt** und befolgen Sie dann die Anweisungen am Bildschirm.

65 **Personen- und Ausrüstungsressourcen einrichten**

1. Wählen Sie im Menü **Ansicht** den Befehl **Ressource: Tabelle**.
2. Geben Sie in das Feld **Ressourcenname** die Bezeichnung für die Ressource ein.
3. Wählen Sie im Feld **Art** den Eintrag **Arbeit**.
4. Geben Sie im Feld **Max. Einh.** die maximale Kapazität für diese Ressource ein.
5. Geben Sie alle anderen Ressourcendaten ein, die für Ihr Projekt nützlich sein könnten.
6. Wiederholen Sie die Schritte 2 bis 5 für alle weiteren Ressourcen.

73 **Materialressourcen einrichten**

1. Wählen Sie im Menü **Ansicht** den Befehl **Ressource: Tabelle**.
2. Geben Sie in das Feld **Ressourcenname** den Namen der Materialressource ein.
3. Wählen Sie im Feld **Art** den Eintrag **Material** und drücken Sie dann die [Tab]-Taste.
4. Geben Sie im Feld **Materialbeschriftung** die gewünschte Maßeinheit ein, die Sie für die Ressource benutzen wollen.
5. Geben Sie in das Feld **Standardsatz** die Kosten pro Maßeinheit für die Materialressource ein.
6. Geben Sie alle anderen Ressourcendaten ein, die für das Projekt nützlich sein könnten.
7. Wiederholen Sie die Schritte 2 bis 6 für alle weiteren Ressourcen.

75 **Kostensätze für Ressourcen eingeben**

1. Klicken Sie im Menü **Ansicht** auf **Ressource: Tabelle.**
2. Geben Sie im Feld **Standardsatz** den entsprechenden Satz inklusive der Dauer für die Ressource ein.
3. Soll eine Überstundenbezahlung für die Ressource berücksichtigt werden, geben Sie den entsprechenden Satz in das Feld **Überstd.-Satz** ein.
4. Sind für die Ressource bestimmte Kosten pro Einsatz fällig, geben Sie diesen Wert in das Feld **Kosten/Einsatz** ein.
5. Legen Sie im Feld **Fällig am** fest, wann die Bezahlung der Ressource erfolgen soll.
6. Wiederholen Sie die Schritte 2 bis 5 für alle weiteren Ressourcen.

75 **Arbeitszeit für einzelne Ressourcen anpassen**

1. Wählen Sie im Menü **Extras** den Befehl **Arbeitszeit ändern.**
2. Wählen Sie im Feld **Für** die Ressource, deren Arbeitszeit Sie ändern wollen.
3. Markieren Sie im Ressourcenkalender den Datumsbereich, für den Sie die Arbeitszeit anpassen wollen.
4. Klicken Sie unter **Markierten Zeitraum festlegen** auf die gewünschte Option und spezifizieren Sie gegebenenfalls die Angaben für **Von** und **Bis.**

80 **Ressourcen dokumentieren**

1. Wechseln Sie in eine Ressourcenansicht, zum Beispiel die Ansicht **Ressource: Tabelle.**
2. Klicken Sie auf den Namen der Ressource, für die Sie eine Notiz eingeben wollen.
3. Klicken Sie in der Standardsymbolleiste auf die Schaltfläche **Ressourcennotizen.**
4. Geben Sie im Dialogfeld **Informationen zur Ressource** die Notizen ein, die Sie mit dieser Ressource verknüpfen wollen.

Kapitel 4: Vorgängen Ressourcen zuordnen

Seite 84 **Ressourcen mit dem Projektberater zuordnen**

1. Klicken Sie in der Symbolleiste **Projektberater** auf die Schaltfläche **Ressourcen.**

2 Klicken Sie im Seitenbereich **Ressourcen** auf den Link **Zuordnen von Personen und Sachmitteln zu Vorgängen** und folgen Sie dann der Anleitung am Bildschirm.

85 **Ressourcen über das Dialogfeld „Ressourcen zuordnen" zuordnen**

1 Klicken Sie in der Standardsymbolleiste auf die Schaltfläche **Ressourcen zuordnen.**

2 Klicken Sie in der Ansicht **Balkendiagramm (Gantt)** auf den Namen des Vorgangs, dem Sie eine Ressource zuordnen wollen.

3 Klicken Sie im Dialogfeld **Ressourcen zuordnen** in der Spalte **Ressourcenname** auf die Ressource oder die Ressourcen, die dem Vorgang zugeordnet werden soll(en), und klicken Sie dann auf die Schaltfläche **Zuordnen.**

89 **Festlegen, wie Microsoft Project die Arbeitszeit für einen Vorgang einplant, nachdem zusätzliche Ressourcen zugeordnet wurden**

1 Ordnen Sie einem Vorgang zusätzliche Ressourcen zu.

2 Klicken Sie auf den Smarttag-Indikator und wählen Sie dann in der Smarttag-Aktionenliste die gewünschte Aktion aus.

95 **Materialressourcen Vorgänge zuordnen**

1 Klicken Sie in der Standardsymbolleiste auf die Schaltfläche **Ressourcen zuordnen.**

2 Klicken Sie in der Ansicht **Balkendiagramm (Gantt)** auf den Namen des Vorgangs, dem Sie eine Ressource zuordnen wollen.

3 Klicken Sie im Dialogfeld **Ressourcen zuordnen** in der Spalte **Ressourcenname** auf die gewünschte Ressource und geben Sie dann in der Spalte **Einh.** die Einheiten der Materialressource ein.

4 Klicken Sie auf die Schaltfläche **Zuordnen.**

Kapitel 5: Projektpläne formatieren und drucken

Seite 101 **Benutzerdefinierte Ansicht erstellen**

1 Wählen Sie im Menü **Ansicht** den Befehl **Weitere Ansichten.**

2 Im Dialogfeld **Weitere Ansichten** gehen Sie wie folgt vor:

- Um eine Ansicht zu erstellen, klicken Sie auf die Schaltfläche **Neu.** Wählen Sie dann im Dialogfeld **Neue Ansicht definieren** die Option **Einzelansicht** oder **Ansichtskombination** und klicken Sie dann auf **OK.**

- Um eine Ansicht zu ändern, klicken Sie auf ihren Namen und anschließend auf die Schaltfläche **Bearbeiten**.
- Um eine neue Ansicht auf der Basis einer vorhandenen Ansicht zu erstellen, markieren Sie den Namen der Ansicht und klicken dann auf die Schaltfläche **Kopieren**.

3 Wählen Sie im Dialogfeld **Definition der Ansicht** die gewünschten Optionen.

104 **Gantt-Balken mit dem Balkenplan-Assistenten formatieren**

1 Wählen Sie im Menü **Format** den Befehl **Balkenplan-Assistent**.

2 Folgen Sie der Anleitung am Bildschirm.

107 **Textfeld in ein Balkendiagramm einzeichnen**

1 Öffnen Sie das Menü **Ansicht**, zeigen Sie auf **Symbolleisten** und klicken Sie dann auf **Zeichnen**.

2 Klicken Sie in der Symbolleiste **Zeichnen** auf die Schaltfläche **Textfeld** und ziehen Sie dann ein kleines Quadrat an der gewünschten Position im Balkendiagramm auf.

3 Geben Sie in das Quadrat den gewünschten Text ein.

109 **Textkategorie in einer Ansicht formatieren**

1 Wählen Sie im Menü **Format** den Befehl **Textarten**.

2 Wählen Sie im gleichnamigen Dialogfeld im Listenfeld **Zu ändernder Eintrag** die Textart, die Sie formatieren wollen.

3 Wählen Sie die gewünschten Formatierungsoptionen.

112 **Markierten Text in einer Ansicht formatieren**

1 Klicken Sie auf die Zelle, die den Text enthält, den Sie formatieren wollen.

2 Wählen Sie im Menü **Format** den Befehl **Schrift**.

3 Wählen Sie im Dialogfeld **Schrift** die gewünschten Formatierungsoptionen.

114 **Kopfzeile eines Berichts bearbeiten**

1 Wählen Sie im Menü **Ansicht** den Befehl **Berichte**.

2 Klicken Sie auf die gewünschte Berichtskategorie oder, wenn Sie alle verfügbaren Berichte sehen wollen, auf **Benutzerdefiniert** und klicken Sie dann auf die Schaltfläche **Auswahl**.

3 Markieren Sie den gewünschten Bericht und klicken Sie dann auf die Schaltfläche **Auswahl** bzw. auf die Schaltfläche **Vorschau**.

4 Klicken Sie in der Symbolleiste der Seitenansicht auf die Schaltfläche **Seite einrichten**.

5 Aktivieren Sie im Dialogfeld **Seite einrichten** die Registerkarte **Kopfzeile** und wählen Sie dann die gewünschten Optionen.

Kapitel 6: Projektfortschritt verfolgen

Seite 124 Projektbasisplan speichern

1 Klicken Sie in der Symbolleiste **Projektberater** auf die Schaltfläche **Überwachen**.

2 Klicken Sie im Seitenbereich **Überwachen** auf den Link **Speichern eines Basisplans für den Vergleich mit späteren Versionen** und folgen Sie dann der Anleitung am Bildschirm.

125 Tabelle „Abweichung“ in der Ansicht „Vorgang: Tabelle“ anzeigen

1 Wählen Sie im Menü **Ansicht** den Befehl **Weitere Ansichten**, um das gleichnamige Dialogfeld zu öffnen.

2 Klicken Sie im Feld **Ansichten** des Dialogfelds **Weitere Ansichten** auf die Option **Vorgang: Tabelle** und dann auf die Schaltfläche **Auswahl**.

3 Öffnen Sie das Menü **Ansicht**, zeigen Sie auf **Tabelle: Eingabe** und klicken Sie dann auf **Abweichung**.

126 Planwerte eines Projekts überwachen

1 Öffnen Sie das Menü **Extras**, zeigen Sie auf **Überwachung** und klicken Sie dann auf **Projekt aktualisieren**.

2 Aktivieren Sie im Dialogfeld **Projekt aktualisieren** die Option **Arbeit als abgeschlossen aktualisieren bis einschließlich** und geben Sie dann das gewünschte Datum an.

3 Klicken Sie auf **OK**.

128 Vorgänge mit dem Projektberater als teilweise abgeschlossen kennzeichnen

1 Klicken Sie in der Symbolleiste **Projektberater** auf die Schaltfläche **Überwachen**.

2 Klicken Sie im Seitenbereich **Überwachen** auf den Link **Vorbereiten der Überwachung des Projektfortschritts**.

3 Aktivieren Sie die Option **Immer mithilfe der Eingabe von Werten für % Arbeit abgeschlossen überwachen**.

4 Klicken Sie auf **Fertig**.

5 Klicken Sie im Seitenbereich **Überwachen** auf den Link **Übernehmen von Fortschrittsinformationen in das Projekt**.

6 Geben Sie in der Tabelle im Feld **% Arbeit abgeschlossen** den betreffenden Prozentsatz ein und drücken Sie dann die [↵]-Taste.

131 **Aktuelle Werte für Vorgänge mit dem Projektberater eingeben**

1 Klicken Sie in der Symbolleiste **Projektberater** auf die Schaltfläche **Überwachen**.

2 Wählen Sie im Seitenbereich **Überwachen** den Link **Vorbereiten der Überwachung des Projektfortschritts**.

3 Aktivieren Sie die Option **Immer mithilfe der Eingabe von Werten für geleistete und verbleibende Arbeit überwachen** und klicken Sie dann auf den Link **Fertig**.

4 Klicken Sie im Seitenbereich **Überwachen** auf den Link **Übernehmen von Fortschrittsinformationen in das Projekt**.

5 Geben Sie in das Feld **Aktuelle Arbeit** für einen Vorgang den betreffenden Arbeitswert ein und drücken Sie dann die [↵]-Taste.

132 **Aktuellen Anfangstermin und die Dauer von Vorgängen eingeben**

1 Klicken Sie auf den Vorgang, für den Sie aktuelle Werte eingeben wollen.

2 Öffnen Sie das Menü **Extras**, zeigen Sie auf **Überwachung** und klicken Sie dann auf den Befehl **Vorgänge aktualisieren**.

3 Geben Sie im gleichnamigen Dialogfeld unter **Aktuell** in das Feld **Anfang** den gewünschten Anfangstermin ein.

4 Geben Sie dann in das Feld **Akt. Dauer** die entsprechende Vorgangsdauer ein.

5 Klicken Sie auf die Schaltfläche **OK**.

Kapitel 7: Feinabstimmung von Vorgangsdetails

Seite 142 **Vorgangsbeziehungen anpassen**

1 Klicken Sie auf den Nachfolgervorgang, dessen Beziehung zum Vorgänger Sie ändern wollen.

2 Klicken Sie in der Standardsymbolleiste auf die Schaltfläche **Informationen zum Vorgang**.

3 Aktivieren Sie im gleichnamigen Dialogfeld die Registerkarte **Vorgänger** und wählen Sie die gewünschten Optionen.

142 **Überschneidung und Verzögerung zwischen Vorgänger- und Nachfolgervorgang bearbeiten**

1 Markieren Sie den Nachfolger, dessen Überschneidung mit einem Vorgänger Sie bearbeiten wollen.

2 Klicken Sie in der Standardsymbolleiste auf die Schaltfläche **Informationen zum Vorgang.**

3 Aktivieren Sie im Dialogfeld **Informationen zum Vorgang** die Registerkarte **Vorgänger.**

4 Geben Sie in das Feld **Zeitabstand** für einen Vorgängervorgang den gewünschten Wert ein (bei einem positiven Wert ergibt sich eine Verzögerung, bei einem negativen Wert eine Überschneidung).

144 **Beziehung zwischen Vorgängen verändern**

1 Klicken Sie auf den Nachfolgervorgang, dessen Beziehung zum Vorgängervorgang Sie ändern wollen.

2 Klicken Sie in der Standardsymbolleiste auf die Schaltfläche **Informationen zum Vorgang.**

3 Aktivieren Sie im gleichnamigen Dialogfeld die Registerkarte **Vorgänger.**

4 Klicken Sie in das Feld **Art** des betreffenden Vorgängervorgangs und wählen Sie dann die Art der Beziehung aus.

148 **Vorgangseinschränkungen einrichten**

1 Klicken Sie in der Symbolleiste **Projektberater** auf die Schaltfläche **Vorgänge.**

2 Klicken Sie im Seitenbereich **Vorgänge** auf den Link **Festlegen von Vorgängen mit Stichtagen und Einschränkungen** und folgen Sie dann der Anleitung am Bildschirm.

151 **Kritischen Weg des Projekts anzeigen**

1 Klicken Sie im Menü **Ansicht** auf **Weitere Ansichten.**

2 Markieren Sie im Dialogfeld **Weitere Ansichten** die Ansicht **Balkendiagramm: Einzelheiten** und klicken Sie dann auf die Schaltfläche **Auswahl.**

154 **Vorgänge unterbrechen**

1. Klicken Sie in der Standardsymbolleiste auf die Schaltfläche **Vorgang unterbrechen**.
2. Bewegen Sie den Mauszeiger über den Gantt-Balken des Vorgangs, den Sie unterbrechen wollen.
3. Klicken Sie auf die Stelle, an der die Unterbrechung beginnen soll, und ziehen Sie die Maus nach rechts bis zu der Stelle, an der der Vorgang wieder starten soll.

157 **Neuen Basiskalender erstellen**

1. Klicken Sie im Menü **Extras** auf den Befehl **Arbeitszeit ändern**.
2. Klicken Sie im Dialogfeld **Arbeitszeit ändern** auf die Schaltfläche **Neu**.
3. Geben Sie in das Feld **Name** die gewünschte Bezeichnung für den Basiskalender ein.
4. Wählen Sie die Option **Neuen Basiskalender erstellen** oder die Option **Kopie erstellen von** und dann den Basiskalender, der als Grundlage für den neuen Basiskalender dienen soll.
5. Klicken Sie auf **OK**.
6. Markieren Sie im Feld **Zeitraum markieren** die Wochentage, die Sie als arbeitsfreie Zeit deklarieren oder für die Sie eine spezielle Arbeitszeit festlegen wollen.
7. Klicken Sie unter **Markierten Zeitraum festlegen** auf die Option **Arbeitsfreie Zeit** oder auf die Option **Nicht standardmäßige Arbeitzeit**.
8. Geben Sie für die Arbeitstage mit einer nicht standardmäßigen Arbeitzeit in die Felder **Von** und **Bis** die gewünschten Werte ein.

158 **Vorgangskalender auf einen Vorgang anwenden**

1. Klicken Sie in der Ansicht **Balkendiagramm (Gantt)** auf einen Vorgang.
2. Klicken Sie in der Standardsymbolleiste auf die Schaltfläche **Informationen zum Vorgang**.
3. Aktivieren Sie im gleichnamigen Dialogfeld die Registerkarte **Spezial**.
4. Wählen Sie im Feld **Kalender** den Vorgangskalender, den Sie anwenden wollen.
5. Soll der Vorgangskalender die Einstellungen des Ressourcenkalenders überschreiben, klicken Sie auf **Terminplanung ignoriert Ressourcenkalender**.

160 **Vorgangsart ändern**

1. Klicken Sie in der Ansicht **Balkendiagramm (Gantt)** auf den gewünschten Vorgang.
2. Klicken Sie in der Standardsymbolleiste auf die Schaltfläche **Informationen zum Vorgang**.
3. Aktivieren Sie im gleichnamigen Dialogfeld die Registerkarte **Spezial**.
4. Wählen Sie im Feld **Vorgangsart** die gewünschte Option.

164 **Stichtag mit dem Projektberater eingeben**

1. Klicken Sie in der Symbolleiste **Projektberater** auf die Schaltfläche **Vorgänge**.
2. Klicken Sie im Seitenbereich **Vorgänge** auf den Link **Festlegen von Vorgängen mit Stichtagen und Einschränkungen** und folgen Sie dann der Anleitung am Bildschirm.

167 **Feste Kosten eingeben**

1. Öffnen Sie das Menü **Ansicht**, zeigen Sie auf **Tabelle: Eingabe** und klicken Sie dann auf **Kosten**.
2. Geben Sie im Feld **Feste Kosten** für den gewünschten Vorgang den entsprechenden Wert ein oder wählen Sie ihn aus und drücken Sie dann die [Tab]-Taste.
3. Wählen Sie im Feld **Fälligkeit fester Kosten** eine Methode und drücken Sie dann die [↵]-Taste.

168 **Periodische Vorgänge einrichten**

1. Klicken Sie in der Ansicht **Balkendiagramm (Gantt)** auf den Vorgang, vor dem Sie einen periodischen Vorgang einfügen wollen.
2. Klicken Sie im Menü **Einfügen** auf **Periodischer Vorgang**.
3. Wählen Sie im Dialogfeld **Informationen zum periodischen Vorgang** die gewünschten Optionen.

Kapitel 8: Feinabstimmung von Ressourcen- und Zuordnungsdetails

Seite 176 **Mehrere Kostensätze für eine Ressource eingeben**

1. Wechseln Sie zu einer Ressourcenansicht, zum Beispiel der Ansicht **Ressource: Tabelle**.
2. Markieren Sie die Ressource, für die Sie mehrere Kostensätze eingeben wollen.

3 Klicken Sie im Menü **Projekt** auf **Informationen zur Ressource**.

4 Aktivieren Sie die Registerkarte **Kosten**.

5 In der Kostensatztabelle A wird der Standardstundensatz angezeigt. Klicken Sie auf die weiteren Registerkarten und geben Sie die gewünschten Kostensätze ein.

6 Um verschiedene Kostensatztabellen anzuwenden, wählen Sie in einer Ansicht des Typs **Einsatz** die gewünschte Kostensatztabelle aus.

179 **Kostensätze für unterschiedliche Zeiträume festlegen**

1 Wechseln Sie in eine Ressourcenansicht, zum Beispiel die Ansicht **Ressource: Tabelle**.

2 Klicken Sie auf den Namen der Ressource, für die Sie einen zusätzlichen Kostensatz einrichten wollen.

3 Wählen Sie im Menü **Projekt** den Befehl **Informationen zur Ressource**.

4 Aktivieren Sie im Dialogfeld **Informationen zur Ressource** die Registerkarte **Kosten**.

5 Klicken Sie auf die Registerkarte für den Kostensatz, den Sie bearbeiten wollen.

6 Geben Sie in der zweiten oder einer nachfolgenden Zeile der Spalte **Effektives Datum** das Datum ein, ab dem der neue Kostensatz gelten soll.

7 Geben Sie in der Spalte **Standardsatz** (und falls nötig auch in der Spalte **Überstundensatz** oder **Kosten pro Einsatz**) einen konkreten Wert in Euro oder eine positiven oder negativen Prozentwert des vorhandenen Kostensatzes ein. Bei Eingabe eines Prozentwertes berechnet Microsoft Project den neuen Kostensatz.

180 **Verfügbarkeit von Ressourcen zu unterschiedlichen Zeiten festlegen**

1 Wechseln Sie in eine Ressourcenansicht, zum Beispiel die Ansicht **Ressource: Tabelle**.

2 Klicken Sie auf den Namen der Ressource, deren Verfügbarkeit Sie ändern wollen.

3 Wählen Sie im Menü **Projekt** den Befehl **Informationen zur Ressource**.

4 Aktivieren Sie im Dialogfeld **Informationen zur Ressource** die Registerkarte **Allgemein**.

5 Geben Sie in der Tabelle **Ressourcenverfügbarkeit** die gewünschten Zeiträume und Einheiten ein.

1. Wählen Sie im Menü **Ansicht** den Befehl **Vorgang: Einsatz** oder **Ressource: Einsatz.**
2. Klicken Sie auf die Zuordnung, die Sie verzögern wollen.
3. Klicken Sie in der Standardsymbolleiste auf die Schaltfläche **Informationen zur Zuordnung.**
4. Aktivieren Sie im Dialogfeld **Informationen zur Zuordnung** die Registerkarte **Allgemein.**
5. Geben Sie im Feld **Anfang** das Datum ein, an dem die ausgewählte Ressource mit der Arbeit am zugeordneten Vorgang beginnen soll, und klicken Sie dann auf **OK.**

1. Wählen Sie im Menü **Ansicht** den Befehl **Vorgang: Einsatz** oder **Ressource: Einsatz.**
2. Klicken Sie auf die Zuordnung, auf die Sie ein Arbeitsprofil anwenden wollen.
3. Klicken Sie in der Standardsymbolleiste auf die Schaltfläche **Informationen zur Zuordnung.**
4. Aktivieren Sie im Dialogfeld **Informationen zur Zuordnung** die Registerkarte **Allgemein.**
5. Wählen Sie im Feld **Arbeitsprofil** das gewünschte Profil aus und klicken Sie dann auf **OK.**

1. Wählen Sie im Menü **Ansicht** den Befehl **Vorgang: Einsatz** oder **Ressource: Einsatz.**
2. Klicken Sie auf die Zuordnung, auf die Sie einen anderen Kostensatz anwenden wollen.
3. Klicken Sie in der Standardsymbolleiste auf die Schaltfläche **Informationen zur Zuordnung.**
4. Aktivieren Sie im Dialogfeld **Informationen zur Zuordnung** die Registerkarte **Allgemein.**
5. Geben Sie in das Feld **Kostensatztabelle** die gewünschte Tabelle ein oder wählen Sie sie aus und klicken Sie dann auf **OK.**

190 **Verbrauchsrate für eine Materialressource eingeben**

1. Klicken Sie in der Ansicht **Balkendiagramm (Gantt)** auf den Namen des Vorgangs, dem Sie eine Materialressource zuordnen wollen.
2. Klicken Sie in der Standardsymbolleiste auf die Schaltfläche **Ressourcen zuordnen**.
3. Geben Sie in das Feld **Einh.** für die Materialressource die betreffende Verbrauchsrate im Format ***Menge/Zeitdauer*** ein.
4. Klicken Sie auf die Schaltfläche **Zuordnen**.

Kapitel 9: Projektpläne optimieren

Seite 197 **Ressourcenauslastung im Projektverlauf überprüfen**

1. Klicken Sie in der Symbolleiste **Projektberater** auf die Schaltfläche **Berichten**.
2. Klicken Sie im Seitenbereich **Berichten** auf den Link **Anzeigen der Zeitzuteilung bei Ressourcen** und folgen Sie dann der Anleitung am Bildschirm.

203 **Überlastungen manuell auflösen**

1. Wählen Sie im Menü **Ansicht** den Befehl **Weitere Ansichten**, klicken Sie auf **Ressource: Zuteilung** und dann auf die Schaltfläche **Auswahl**.
2. Klicken Sie in der Spalte **Ressourcenname** auf den Namen der Zuordnung für die Ressource, mit der Sie arbeiten wollen.
3. Klicken Sie in der Standardsymbolleiste auf die Schaltfläche **Informationen zur Zuordnung**.
4. Aktivieren Sie im gleichnamigen Dialogfeld die Registerkarte **Allgemein**.
5. Geben Sie im Feld **Einheiten** den gewünschten Wert ein und klicken Sie dann auf **OK**.

209 **Kapazitätsabgleich von überlasteten Ressourcen**

1. Wählen Sie im Menü **Extras** den Befehl **Kapazitätsabgleich**.
2. Klicken Sie auf die Schaltfläche **Neu abgleichen**.

215 **Projektkosten prüfen und den Projektsammelvorgang einblenden**

1. Wählen Sie im Menü **Ansicht** den Befehl **Weitere Ansichten**, klicken Sie auf **Vorgang: Tabelle** und dann auf die Schaltfläche **Auswahl**.

2 Wählen Sie im Menü **Extras** den Befehl **Optionen**.

3 Aktivieren Sie die Registerkarte **Ansicht**.

4 Aktivieren Sie im Bereich **Gliederungsoptionen** das Kontrollkästchen **Projektsammelvorgang anzeigen** und klicken Sie dann auf die Schaltfläche **OK**.

5 Zeigen Sie im Menü **Ansicht** auf **Tabelle: Eingabe** und klicken Sie dann auf **Kosten**.

217 **Projektendtermin überprüfen**

1 Klicken Sie im Menü **Projekt** auf **Projektinfo**.

2 Klicken Sie im gleichnamigen Dialogfeld auf die Schaltfläche **Statistik**.

Kapitel 10: Projektdetails organisieren und formatieren

Seite 223 **Daten in einer Ansicht sortieren**

1 Wechseln Sie zu der Ansicht oder Tabelle, die Sie sortieren wollen.

2 Zeigen Sie im Menü **Projekt** auf **Sortieren** und klicken Sie dann auf das Feld, nach dem Sie die Ansicht sortieren wollen. Um eine benutzerdefinierte Sortierung durchzuführen, klicken Sie auf **Sortieren nach** und legen dann im Dialogfeld **Sortieren** die gewünschten Optionen fest.

227 **Daten in einer Ansicht gruppieren**

1 Wechseln Sie zu der Ansicht oder Tabelle, in der Sie eine Gruppierung einrichten wollen.

2 Zeigen Sie im Menü **Projekt** auf **Gruppieren nach: Ohne Gruppe** und wählen Sie dann das Kriterium, nach dem Sie die Ansicht gruppieren wollen. Um verschiedene Gruppierungsoptionen anzugeben, wählen Sie im Menü **Projekt** unter **Gruppieren nach** den Eintrag **Benutzerdefinierte Gruppierung** und dann im gleichnamigen Dialogfeld die gewünschten Optionen.

232 **AutoFilter aktivieren und deaktivieren**

■ Klicken Sie in der Formatsymbolleiste auf die Schaltfläche **AutoFilter**.

233 **Daten in einer Ansicht filtern**

1 Wechseln Sie zu der Ansicht, die Sie filtern wollen.

2 Öffnen Sie das Menü **Projekt**, zeigen Sie auf **Filter: Alle Vorgänge** und wählen Sie dann im Untermenü den Befehl **Weitere Filter**.

3 Markieren Sie im Dialogfeld **Weitere Filter** den gewünschten Filter und klicken Sie dann auf die Schaltfläche **Anwenden**.

233 **Benutzerdefinierten Filter erstellen**

1 Öffnen Sie das Menü **Projekt**, zeigen Sie auf **Filter: Alle Vorgänge** (in einer Vorgangsansicht) oder auf **Filter: Alle Ressourcen** (in einer Ressourcenansicht) und wählen Sie dann den Befehl **Weitere Filter**.

2 Klicken Sie im Dialogfeld **Weitere Filter** auf die Schaltfläche **Neu**.

3 Wählen Sie im Dialogfeld **Filterdefinition** die gewünschten Optionen.

236 **Filter entfernen**

- Öffnen Sie das Menü **Projekt**, zeigen Sie auf **Filter: <Filtername>** und wählen Sie im Untermenü den Befehl **Alle Vorgänge** (für eine Vorgangsansicht) oder **Alle Ressourcen** (für eine Ressourcenansicht).

236 **Benutzerdefinierte Tabelle erstellen**

1 Zeigen Sie im Menü **Ansicht** auf **Tabelle: Eingabe** und klicken Sie dann auf **Weitere Tabellen**.

2 Gehen Sie im Dialogfeld **Weitere Tabellen** wie folgt vor:

- Um eine neue Tabelle zu erstellen, klicken Sie auf die Schaltfläche **Neu**.
- Um eine Tabelle zu verändern, markieren Sie den betreffenden Tabellennamen und klicken dann auf die Schaltfläche **Bearbeiten**.
- Um eine Tabelle auf der Basis einer bestehenden zu erstellen, markieren Sie den betreffenden Tabellennamen und klicken dann auf die Schaltfläche **Kopieren**.

3 Wählen Sie im Dialogfeld **Tabellendefinition** die gewünschten Optionen.

241 **Benutzerdefinierte Ansicht erstellen**

1 Wählen Sie im Menü **Ansicht** den Befehl **Weitere Ansichten**.

2 Gehen Sie im Dialogfeld **Weitere Ansichten** wie folgt vor:

- Um eine neue Ansicht zu erstellen, klicken Sie auf die Schaltfläche **Neu**. Wählen Sie dann im Dialogfeld **Neue Ansicht definieren** die Option **Einzelansicht** oder **Ansichtskombination** und klicken Sie abschließend auf **OK**.
- Um eine Ansicht zu verändern, markieren Sie den Namen der betreffenden Ansicht und klicken dann auf die Schaltfläche **Bearbeiten**.

- Um eine neue Ansicht auf der Basis einer anderen Ansicht zu erstellen, markieren Sie den Namen der betreffenden Ansicht und klicken dann auf die Schaltfläche **Kopieren**.

3 Wählen Sie im Dialogfeld **Definition der Ansicht** die gewünschten Optionen.

Kapitel 11:

Projektdaten drucken

Seite 252

Seiteneinstellungen für eine Ansicht betrachten

1 Wechseln Sie zur gewünschten Ansicht.

2 Wählen Sie im Menü **Datei** den Befehl **Seite einrichten**.

253

Seiteneinstellungen für einen Bericht betrachten

1 Wählen Sie im Menü **Ansicht** den Befehl **Berichte**.

2 Klicken Sie im Dialogfeld **Berichte** auf **Benutzerdefiniert** und dann auf die Schaltfläche **Auswahl**.

3 Markieren Sie im Dialogfeld **Benutzerdefinierte Berichte** den gewünschten Bericht und klicken Sie dann auf die Schaltfläche **Seite einrichten**.

256

Ansicht in der Seitenansicht betrachten

- Wählen Sie im Menü **Datei** den Befehl **Seitenansicht**.

256

Mit der Seitenansicht arbeiten

1 Wählen Sie im Menü **Datei** den Befehl **Seitenansicht**.

2 Gehen Sie dann wie folgt vor:

- Um in den Seiten eines mehrseitigen Druckauftrags zu blättern, klicken Sie auf eine der Navigationsschaltflächen.
- Um alle Seiten eines Druckauftrags gleichzeitig zu sehen, klicken Sie auf die Schaltfläche **Mehrere Seiten**.
- Um Einstellungen, zum Beispiel die Kopfzeile oder den Legendentext, zu ändern, klicken Sie auf die Schaltfläche **Seite einrichten** und wählen dann die gewünschten Optionen.
- Um das Dialogfeld **Drucken** zu öffnen und andere Optionen zu wählen oder das zu drucken, was Sie im Seitenansichtfenster sehen, klicken Sie auf die Schaltfläche **Drucken**.
- Um die Seitenansicht zu verlassen, klicken Sie auf die Schaltfläche **Schließen**.

261 **Integrierten Bericht drucken**

1. Wählen Sie im Menü **Ansicht** den Befehl **Berichte**.
2. Klicken Sie im Dialogfeld **Berichte** auf die gewünschte Berichtskategorie und anschließend auf die Schaltfläche **Auswahl**.
3. Markieren Sie in dem Dialogfeld, das sich daraufhin öffnet, den gewünschten Bericht und klicken Sie dann auf die Schaltfläche **Auswahl**.
4. Klicken Sie im Seitenansichtfenster auf die Schaltfläche **Drucken**.

261 **Integrierten Bericht bearbeiten**

1. Wählen Sie im Menü **Ansicht** den Befehl **Berichte**.
2. Klicken Sie im Dialogfeld **Berichte** auf die gewünschte Berichtskategorie und anschließend auf die Schaltfläche **Auswahl**.
3. Markieren Sie in dem Dialogfeld, das sich daraufhin öffnet, den gewünschten Bericht und klicken Sie dann auf die Schaltfläche **Bearbeiten**.
4. Wählen Sie im Dialogfeld, das sich daraufhin öffnet, die gewünschten Optionen.

Kapitel 12: Projektdaten online veröffentlichen

Seite 269 **Projektdaten als GIF-Bild speichern**

1. Richten Sie die Ansicht mit den gewünschten Details ein (zum Beispiel mit einer bestimmten Tabelle, einem Filter oder einer Gruppierung).
2. Klicken Sie in der Standardsymbolleiste auf die Schaltfläche **Bild kopieren**.
3. Klicken Sie im Bereich **Bild rendern** auf die Option **Für GIF-Datei** und geben Sie den Dateinamen und den Speicherort an.
4. Legen Sie alle anderen Optionen fest und klicken Sie dann auf **OK**.

272 **Festlegen, wie Microsoft Project eine Webseite speichert**

1. Wählen Sie im Menü **Datei** den Befehl **Als Webseite speichern**.
2. Geben Sie den Dateinamen und den Ort an, an dem die Datei gespeichert werden soll, und klicken Sie dann auf die Schaltfläche **Speichern**.
3. Wählen Sie im Export-Assistenten die gewünschten Optionen.

Kapitel 13: **Datenaustausch zwischen Microsoft Project und anderen Anwendungen**

Seite 284 **Text aus einer Microsoft Project-Tabelle in die Windows-Zwischenablage kopieren**

1. Richten Sie die Tabelle so ein, dass nur die Daten angezeigt werden, die Sie kopieren wollen. Wenden Sie beispielsweise einen Filter an, um Spalten einzufügen oder auszublenden.
2. Markieren Sie den Datenbereich, den Sie kopieren wollen.
3. Klicken Sie im Menü **Bearbeiten** auf **Kopieren (Zelle).**

285 **Momentaufnahme einer Ansicht in die Windows-Zwischenablage kopieren**

1. Richten Sie die Ansicht wie gewünscht ein (zum Beispiel mit bestimmten Tabellen, Filtern oder Gruppierungen).
2. Klicken Sie in der Standardsymbolleiste auf die Schaltfläche **Bild kopieren.**
3. Aktivieren Sie im Dialogfeld **Bild kopieren** die Option **Für Bildschirm**, um das Bild für die Ansicht am Bildschirm zu optimieren, oder die Option **Für Drucker**, um die Ansicht für den Ausdruck zu optimieren.
4. Wählen Sie alle weiteren gewünschten Optionen und klicken Sie dann auf **OK.**

286 **Neuen Projektbericht in Word, PowerPoint oder Visio erstellen**

1. Zeigen Sie im Menü **Ansicht** auf **Symbolleisten** und klicken Sie dann auf den Befehl **Analyse.**
2. Klicken Sie in der Symbolleiste **Analyse** auf die Schaltfläche **Bild zu Office-Assistenten kopieren** und folgen Sie dann den Anweisungen am Bildschirm.

292 **Datei einer anderen Anwendung in Microsoft Project öffnen**

1. Wählen Sie im Menü **Datei** den Befehl **Öffnen.**
2. Wählen Sie im Dialogfeld **Öffnen** im Feld **Dateityp** das gewünschte Dateiformat.
3. Wechseln Sie zu dem Speicherort der Datei, die Sie öffnen wollen, markieren Sie sie und klicken Sie dann auf die Schaltfläche **Öffnen.**
4. Handelt es sich bei der Datei nicht um eine Microsoft Project-Datei, wird der Import-Assistent gestartet. Folgen Sie dann der Anleitung am Bildschirm.

298 **Microsoft Project-Datei in einem anderen Dateiformat speichern**

1. Wählen Sie im Menü **Datei** den Befehl **Speichern unter.**

2 Wählen Sie im Dialogfeld **Speichern unter** den Pfad und den Dateinamen, unter dem die Datei gespeichert werden soll.

3 Wählen Sie im Feld **Dateityp** das Dateiformat, in dem die Datei gespeichert werden soll, und klicken Sie dann auf die Schaltfläche **Speichern**.

4 Folgen Sie der Anleitung des Export-Assistenten.

Kapitel 14: Projektfortschritt von Vorgängen und Zuordnungen verfolgen

Seite 307 **Basisplan aktualisieren**

1 Öffnen Sie das Menü **Extras**, zeigen Sie auf **Überwachung** und klicken Sie dann auf **Basisplan speichern**.

2 Wählen Sie im Dialogfeld **Basisplan speichern** den Basisplan, den Sie aktualisieren wollen.

3 Wählen Sie im Bereich **Für** entweder die Option **Gesamtes Projekt** oder die Option **Ausgewählte Vorgänge**.

312 **Aktuelle Arbeitswerte für Vorgänge und Zuordnungen eingeben**

1 Wählen Sie im Menü **Ansicht** die Ansicht **Vorgang: Einsatz**.

2 Zeigen Sie im Menü **Ansicht** auf **Tabelle: Einsatz** und klicken Sie dann auf **Arbeit**.

3 Geben Sie die aktuellen Arbeitswerte für einen Vorgang oder eine Zuordnung in die Spalte **Akt. Arbeit** ein.

312 **Aktuelle Arbeitswerte für einen Vorgang oder eine Zuordnung in einem gewählten Zeitintervall eingeben**

1 Wählen Sie im Menü **Ansicht** den Befehl **Vorgang: Einsatz**.

2 Klicken Sie auf den Namen des Vorgangs oder der Zuordnung, für den/die Sie aktuelle Werte eingeben wollen.

3 Klicken Sie in der Standardsymbolleiste auf die Schaltfläche **Gehe zu ausgewähltem Vorgang**.

4 Zeigen Sie im Menü **Format** auf **Einzelheiten** und klicken Sie dann auf **Aktuelle Arbeit**.

5 Geben Sie in der Zeitphasendarstellung den Vorgangs- oder Zuordnungswert in das Feld **Akt. Arbeit** ein.

323 **Nicht fertig gestellte Arbeit neu einplanen**

1. Zeigen Sie im Menü **Extras** auf **Überwachung** und klicken Sie dann auf **Projekt aktualisieren.**
2. Wählen Sie die Option **Anfang nicht abgeschlossener Arbeiten verschieben auf Datum nach** und geben Sie dann in das Datumsfeld das betreffende Datum ein oder wählen Sie es aus.

Kapitel 15: Projektstatus verfolgen und als Bericht ausgeben

Seite 331 **Vorgänge ermitteln, die nicht im Terminplan liegen**

- Wählen Sie im Menü **Ansicht** den Befehl **Balkendiagramm: Überwachung.**

334 **Vorgänge, die nicht im Terminplan liegen, anhand von Filtern ermitteln**

1. Zeigen Sie im Menü **Projekt** auf **Filter: Alle Vorgänge** und klicken Sie dann auf **Weitere Filter.**
2. Klicken Sie im Dialogfeld **Weitere Filter** auf **Verzögerte Vorgänge** und dann auf die Schaltfläche **Anwenden.**

335 **Abweichungen vom Plan betrachten**

- Zeigen Sie im Menü **Ansicht** auf **Tabelle: Eingabe** und klicken Sie dann auf **Abweichung.**

337 **Vorgangskosten in einer Ansicht ermitteln**

1. Wählen Sie im Menü **Ansicht** den Befehl **Weitere Ansichten.**
2. Markieren Sie im Dialogfeld **Weitere Ansichten** die Ansicht **Vorgang: Tabelle** und klicken Sie dann auf die Schaltfläche **Auswahl.**
3. Zeigen Sie im Menü **Ansicht** auf **Tabelle: Abweichung** und klicken Sie dann auf **Kosten.**

341 **Vorgangskosten und Vorgänge, die den Kostenrahmen überschreiten, mit dem Projektberater ermitteln**

1. Klicken Sie in der Symbolleiste **Projektberater** auf die Schaltfläche **Berichten.**
2. Klicken Sie im Seitenbereich **Berichten** auf den Link **Anzeigen der Projektkosten.**
3. Wählen Sie im Seitenbereich **Projektkosten** im Dropdown-Listenfeld unter **Anwenden eines Filters** den Eintrag **Kostenrahmen überschritten.**

343 **Ressourcen nach Kosten sortieren**

1. Klicken Sie im Menü **Ansicht** auf **Ressource: Tabelle**.
2. Zeigen Sie im Menü **Ansicht** auf **Tabelle: Eingabe** und klicken Sie dann auf **Kosten**.
3. Zeigen Sie im Menü **Projekt** auf **Sortieren** und klicken Sie dann auf **Sortieren nach**.
4. Wählen Sie im Dropdown-Listenfeld **Sortieren nach** die Option **Kosten** und klicken Sie dann auf die Option **Absteigend**.
5. Vergewissern Sie sich, dass das Kontrollkästchen **Dauerhafte Neunummerierung für Ressourcen** deaktiviert ist und klicken Sie dann auf die Schaltfläche **Sortieren**.

345 **Ressourcen nach Kostenabweichung sortieren**

1. Klicken Sie im Menü **Ansicht** auf **Ressource: Tabelle**.
2. Zeigen Sie im Menü **Ansicht** auf **Tabelle: Eingabe** und klicken Sie dann auf **Kosten**.
3. Zeigen Sie im Menü **Projekt** auf **Sortieren** und klicken Sie dann auf **Sortieren nach**.
4. Wählen Sie im Dialogfeld **Sortieren** im Dropdown-Listenfeld **Sortieren nach** den Eintrag **Abweichung Kosten**.
5. Vergewissern Sie sich, dass das Kontrollkästchen **Dauerhafte Neunummerierung für Ressourcen** deaktiviert ist und klicken Sie dann auf die Schaltfläche **Sortieren**.

Kapitel 16: Projektprobleme beheben

Seite 355 **Arbeitswerte einer Ressourcenzuordnung ändern**

1. Wählen Sie im Menü **Ansicht** den Befehl **Ressource: Einsatz**.
2. Ändern Sie in der Spalte **Arbeit** die Werte wie gewünscht.

358 **Eine Ressource durch eine andere ersetzen**

1. Wählen Sie im Menü **Ansicht** den Befehl **Vorgang: Einsatz**.
2. Klicken Sie auf den Spaltenkopf der Spalte **Vorgangsname**.
3. Klicken Sie in der Standardsymbolleiste auf die Schaltfläche **Ressourcen zuordnen**.

4 Klicken Sie im Dialogfeld **Ressourcen zuordnen** in der Spalte **Ressourcenname** auf den Namen der Ressource, die Sie durch eine andere ersetzen wollen, und dann auf die Schaltfläche **Ersetzen.**

5 Klicken Sie im Dialogfeld **Ressource ersetzen** auf den Namen der Ersatzressource und anschließend auf **OK.**

366 **Nach kritischen Vorgängen filtern**

- Zeigen Sie im Menü **Projekt** auf **Filter: Alle Vorgänge** und klicken Sie dann auf **Kritisch.**

367 **Überstunden in der Ansicht „Vorgang: Maske" eingeben**

1 Wählen Sie im Menü **Ansicht** den Befehl **Balkendiagramm (Gantt).**

2 Klicken Sie im Menü **Fenster** auf **Teilen.**

3 Klicken Sie auf eine beliebige Stelle in der Ansicht **Vorgang: Maske**, zeigen Sie im Menü **Format** auf **Einzelheiten** und klicken Sie dann auf **Arbeit Ressourcen.**

4 Geben Sie für die Ressource, der Sie die Überstunden zuordnen wollen, in der Spalte **Überstd.** die gewünschte Anzahl der Überstunden ein.

Kapitel 17: **Projektpläne formatieren**

Seite 374 **Balkenart der Ansicht „Balkendiagramm (Gantt)" formatieren**

1 Wählen Sie im Menü **Format** den Befehl **Balkenarten.**

2 Wählen Sie im Dialogfeld **Balkenarten** die gewünschten Optionen.

379 **Gitternetzlinien im Balkendiagramm einblenden**

1 Wählen Sie im Menü **Format** den Befehl **Gitternetzlinien.**

2 Vergewissern Sie sich, dass im Dialogfeld **Gitternetzlinien** im Listenfeld **Zu ändernde Linie** der Linientyp **Balkenzeilen** markiert ist, und wählen Sie dann in der Dropdownliste **Art** den gewünschten Linientyp aus.

380 **Knoten in einem Netzplandiagramm formatieren**

1 Wählen Sie im Menü **Ansicht** den Befehl **Netzplandiagramm.**

2 Klicken Sie im Menü **Format** auf **Knotenarten.**

3 Wählen Sie im Dialogfeld **Knotenarten** die gewünschten Optionen.

384 **Balken in der Kalenderansicht formatieren**

1. Wählen Sie im Menü **Ansicht** den Befehl **Kalender**.
2. Klicken Sie im Menü **Format** auf **Balkenarten**.
3. Wählen Sie im Dialogfeld **Balkenarten** die gewünschten Optionen.

Kapitel 18: Microsoft Project anpassen

Seite 392 **Benutzerdefiniertes Element von einem Projektplan in einen anderen kopieren**

1. Öffnen Sie den Projektplan, der das benutzerdefinierte Element enthält (zum Beispiel eine benutzerdefinierte Tabelle), und öffnen Sie anschließend den Projektplan, in den Sie das benutzerdefinierte Element kopieren wollen.
2. Klicken Sie im Menü **Extras** auf **Organisieren**.
3. Aktivieren Sie die Registerkarte für die Art von benutzerdefiniertem Element, das Sie kopieren wollen.
4. Wählen Sie in der Dropdownliste **<Benutzerdefinierte Elemente> verfügbar in** den Namen des Projektplans, der das benutzerdefinierte Element enthält.
5. Markieren Sie das gewünschte benutzerdefinierte Element und klicken Sie dann auf die Schaltfläche **Kopieren**.

397 **Makro aufzeichnen**

1. Zeigen Sie im Menü **Extras** auf **Makro** und klicken Sie dann auf **Makro aufzeichnen**.
2. Geben Sie im Feld **Makroname** den gewünschten Makronamen ein (ohne Leerzeichen).
3. Wählen Sie im Feld **Speichern in** die Option **Diesem Projekt**, um das Makro im aktiven Projektplan zu speichern, oder **Globaldatei**, um das Makro in der Globaldatei zu speichern.
4. Klicken Sie auf **OK**.
5. Führen Sie die Aktionen aus, die im Makro aufgezeichnet werden sollen.
6. Zeigen Sie im Menü **Extras** auf **Makro** und klicken Sie dann auf **Aufzeichnung beenden**.

399 **Makro ausführen**

1. Zeigen Sie im Menü **Extras** auf **Makro** und klicken Sie dann auf **Makros**.

2 Klicken Sie im Feld **Makroname** auf die Bezeichnung des Makros, das Sie ausführen wollen.

3 Klicken Sie auf die Schaltfläche **Ausführen**.

401 **Makro im Visual Basic-Editor bearbeiten**

1 Zeigen Sie im Menü **Extras** auf **Makro** und klicken Sie dann auf **Makros**.

2 Markieren Sie im Feld **Makroname** das Makro, das Sie bearbeiten wollen, und klicken Sie dann auf die Schaltfläche **Bearbeiten**.

3 Bearbeiten Sie das Makro im Visual Basic-Editor.

4 Klicken Sie im Menü **Datei** des Visual Basic-Editors auf **Schließen und zurück zu Microsoft Project**.

406 **Benutzerdefinierte Symbolleiste erstellen**

1 Zeigen Sie im Menü **Extras** auf **Anpassen** und klicken Sie dann auf **Symbolleisten**.

2 Aktivieren Sie die Registerkarte **Symbolleisten**.

3 Klicken Sie auf die Schaltfläche **Neu**.

4 Geben Sie im Feld **Name der Symbolleiste** die gewünschte Symbolleistenbezeichnung ein und klicken Sie dann auf **OK**.

5 Fügen Sie die gewünschten Befehle etc. in die benutzerdefinierte Symbolleiste ein.

407 **Befehl zu einer benutzerdefinierten Symbolleiste hinzufügen**

1 Zeigen Sie im Menü **Extras** auf **Anpassen** und klicken Sie dann auf **Symbolleisten**.

2 Aktivieren Sie die Registerkarte **Befehle**.

3 Klicken Sie im Listenfeld **Kategorien** auf die gewünschte Kategorie.

4 Ziehen Sie den Befehl, den Sie zur benutzerdefinierten Symbolleiste hinzufügen möchten, aus der Liste **Befehle** auf die benutzerdefinierte Symbolleiste.

409 **Bild und Text einer Symbolleistenschaltfläche bearbeiten**

1 Zeigen Sie im Menü **Extras** auf **Anpassen** und klicken Sie dann auf **Symbolleisten**.

2 Aktivieren Sie die Registerkarte **Befehle**.

3 Klicken Sie auf die benutzerdefinierte Schaltfläche, die Sie verändern wollen.

4 Klicken Sie auf die Schaltfläche **Auswahl ändern** und dann auf **Schaltflächensymbol und Text**.

5 Klicken Sie erneut auf die Schaltfläche **Auswahl ändern** und dann auf **Schaltflächensymbol ändern**.

6 Klicken Sie auf das gewünschte neue Schaltflächensymbol.

7 Klicken Sie auf die Schaltfläche **Auswahl ändern** und geben Sie neben dem Feld **Name** den gewünschten Text für die Schaltfläche ein.

Kapitel 19: Ertragswertanalysen durchführen

Seite 417 Projektstatusdatum festlegen

1 Klicken Sie im Menü **Projekt** auf **Projektinfo**.

2 Geben Sie im Dialogfeld **Projektinfo** im Feld **Statusdatum** das gewünschte Datum ein oder wählen Sie es aus und klicken Sie dann auf **OK**.

417 Ertragswert-Terminplanindikatoren anzeigen

1 Zeigen Sie im Menü **Ansicht** auf **Weitere Ansichten**.

2 Markieren Sie im Dialogfeld **Weitere Ansichten** die Ansicht **Vorgang: Tabelle** und klicken Sie dann auf **Auswahl**.

3 Zeigen Sie im Menü **Ansicht** auf **Tabelle: Einsatz** und klicken Sie dann auf **Weitere Tabellen**.

4 Klicken Sie im Dialogfeld **Weitere Tabellen** auf **Ertragswert-Terminplanindikatoren** und dann auf die Schaltfläche **Auswahl**.

420 Ertragswert-Kostenindikatoren anzeigen

1 Zeigen Sie im Menü **Ansicht** auf **Weitere Ansichten**.

2 Klicken Sie im Dialogfeld **Weitere Ansichten** auf **Vorgang: Tabelle** und anschließend auf **Auswahl**.

3 Zeigen Sie im Menü **Ansicht** auf **Tabelle: Einsatz** und klicken Sie dann auf **Weitere Tabellen**.

4 Markieren Sie im Dialogfeld **Weitere Tabellen** den Eintrag **Ertragswert-Kostenindikatoren** und klicken Sie dann auf die Schaltfläche **Auswahl**.

Kapitel 20: Ressourcen und Projekte zusammenführen

Seite 430 Ressourcenpool erstellen

1 Erstellen Sie einen neuen Projektplan.

2 Speichern Sie den neuen Projektplan, der zum Ressourcenpool gemacht werden soll.

3 Öffnen Sie einen Projektplan, den Sie zur mitbenutzenden Datei machen wollen.

4 Zeigen Sie im Menü **Extras** auf **Ressourcen gemeinsam nutzen** und klicken Sie dann auf **Gemeinsame Ressourcennutzung.**

5 Klicken Sie unter **Ressourcen für <Projektplanname>** auf **Benutze Ressourcen.**

6 Klicken Sie im Dropdown-Listenfeld **Von** auf den Namen des Ressourcenpools und dann auf die Schaltfläche **OK**, um das Dialogfeld **Gemeinsame Ressourcennutzung** zu schließen.

7 Gibt es mehr als eine mitbenutzende Datei, öffnen Sie eine weitere davon.

8 Wiederholen Sie die Schritte 3 bis 7 für die anderen mitbenutzenden Dateien.

434 **Zuordnungsdetails im Ressourcenpool betrachten**

1 Klicken Sie im Menü **Ansicht** auf **Ressource: Einsatz**.

2 Klicken Sie in der Spalte **Ressourcenname** auf den Namen der Ressource.

3 Wählen Sie im Menü **Fenster** den Befehl **Teilen**, um die Ansicht **Ressource: Maske** einzublenden.

438 **Arbeitszeit einer Ressource im Ressourcenpool anpassen**

1 Öffnen Sie den Ressourcenpool schreibgeschützt.

2 Klicken Sie im Menü **Ansicht** auf **Ressource: Einsatz**.

3 Markieren Sie in der Spalte **Ressourcenname** der Ansicht **Ressource: Einsatz** den Namen der Ressource, die Sie verändern wollen.

4 Klicken Sie in der Standardsymbolleiste auf die Schaltfläche **Informationen zur Ressource.**

5 Aktivieren Sie im Dialogfeld **Informationen zur Ressource** die Registerkarte **Arbeitszeit.**

6 Ziehen Sie im Kalender unter **Arbeitszeit für ausgewählten Zeitraum festlegen** die vertikale Bildlaufleiste nach unten oder oben, bis der gewünschte Monat und das gewünschte Jahr angezeigt werden.

7 Markieren Sie die Tage, die Sie als arbeitsfreie Zeit angeben wollen.

8 Klicken Sie unter **Markierten Zeitraum festlegen** auf die Option **Arbeitsfreie Zeit** und dann auf die Schaltfläche **OK.**

440 **Arbeitzeit für alle mitbenutzenden Projektpläne eines Ressourcenpools ändern**

1. Öffnen Sie den Ressourcenpool mit Lese-/Schreibzugriff.
2. Klicken Sie im Menü **Extras** auf **Arbeitszeit ändern**.
3. Wählen Sie im Feld **Für** die Option **Standard (Projektkalender)**.
4. Aktivieren Sie im Kalender unter **Zeitraum markieren** den gewünschten Monat und das Jahr und klicken Sie dann auf die Tage, die als arbeitsfreie Zeit gekennzeichnet werden sollen.
5. Klicken Sie unter **Markierten Zeitraum festlegen** auf die Option **Arbeitsfreie Zeit**.
6. Klicken Sie auf **OK**, um das Dialogfeld **Arbeitszeit ändern** zu schließen.

442 **Neue Projektdateien mit dem Ressourcenpool verknüpfen**

1. Öffnen Sie den Ressourcenpool mit Lese-/Schreibzugriff.
2. Klicken Sie in der Standardsymbolleiste auf die Schaltfläche **Neu**.
3. Zeigen Sie im Menü **Extras** auf **Ressourcen gemeinsam nutzen** und dann auf **Gemeinsame Ressourcennutzung**.
4. Klicken Sie im Dialogfeld **Gemeinsame Ressourcennutzung** unter **Ressourcen für <Dateiname>** auf **Benutze Ressourcen**.
5. Klicken Sie im Dropdown-Listenfeld **Von** auf den Namen des Ressourcenpools und anschließend auf die Schaltfläche **OK**, um das Dialogfeld **Gemeinsame Ressourcennutzung** zu schließen.
6. Speichern Sie die mitbenutzenden Dateien und den Ressourcenpool.

445 **Mitbenutzende Datei bearbeiten und Ressourcenpool aktualisieren**

1. Öffnen Sie eine mitbenutzende Datei.
2. Öffnen Sie den Ressourcenpool, wenn Sie dazu aufgefordert werden.
3. Nehmen Sie die gewünschten Änderungen in der mitbenutzenden Datei vor.
4. Zeigen Sie im Menü **Extras** auf **Ressourcen gemeinsam nutzen** und klicken Sie dann auf **Ressourcenpool aktualisieren**.

448 **Mit zusammengeführten Projekten arbeiten**

1. Klicken Sie in der Standardsymbolleiste auf die Schaltfläche **Neu**.
2. Speichern Sie den neuen Projektplan.
3. Wählen Sie im Menü **Einfügen** den Befehl **Projekt**.

4 Markieren Sie im Dialogfeld **Projekt einfügen** den Projektplan, den Sie in das zusammengeführte Projekt einfügen wollen. Wollen Sie mehrere Pläne einfügen, markieren Sie sie mit gedrückter [Strg]-Taste.

5 Klicken Sie auf die Schaltfläche **Einfügen**.

452 **Abhängigkeiten zwischen Projekten herstellen**

1 Öffnen Sie die zwei Projektpläne, zwischen denen Sie eine Vorgangsabhängigkeit einrichten wollen.

2 Wechseln Sie zu dem Projektplan, der den Vorgang enthält, den Sie zum Nachfolger machen wollen.

3 Wählen Sie im Menü **Ansicht** den Befehl **Balkendiagramm (Gantt).**

4 Klicken Sie auf den Namen des Vorgangs, den Sie zum Vorgänger machen wollen.

5 Klicken Sie in der Standardsymbolleiste auf die Schaltfläche **Informationen zum Vorgang**.

6 Aktivieren Sie die Registerkarte **Vorgänger**.

7 Klicken Sie in der Spalte **Nr.** auf die leere Zelle unter einem Vorgängervorgang und geben Sie dann den Namen des Vorgängervorgangs aus der anderen Projektdatei im Format ***Dateiname\Vorgangsnummer*** ein.

8 Drücken Sie die [↵]-Taste und klicken Sie dann auf **OK**, um das Dialogfeld **Informationen zum Vorgang** zu schließen.

I
Einfache Projekte verwalten

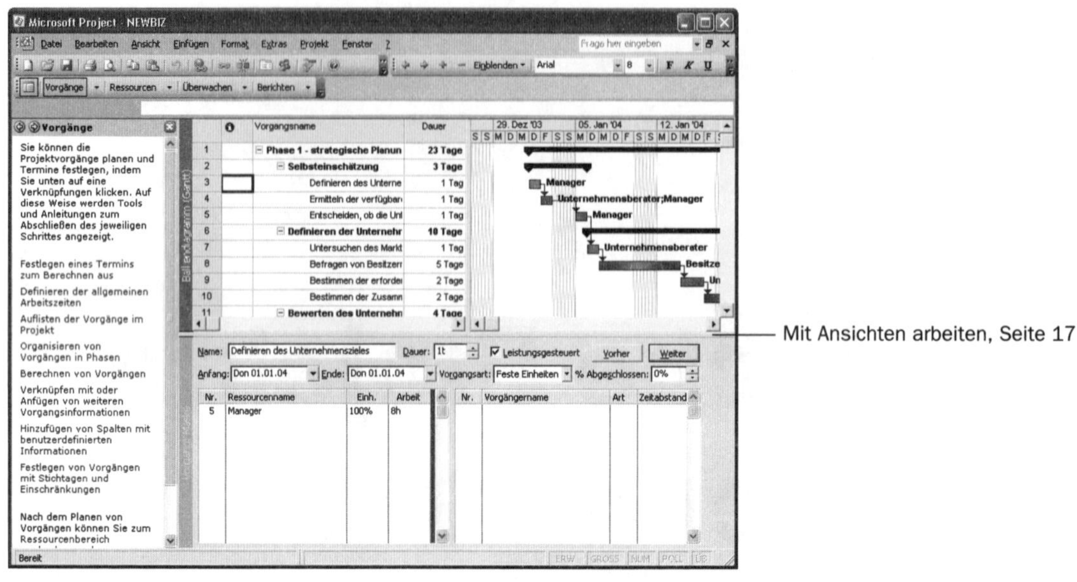

Mit Ansichten arbeiten, Seite 17

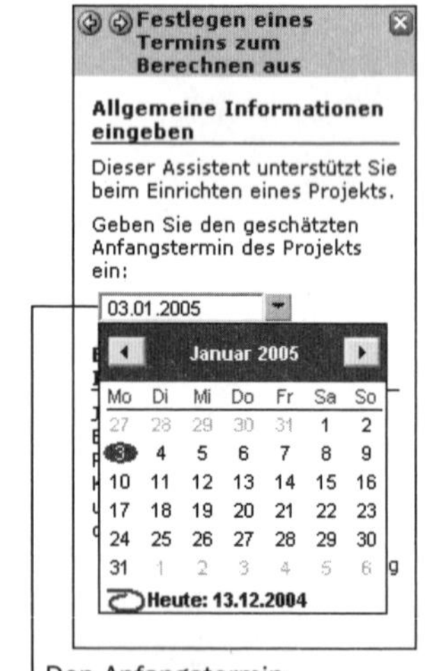

Den Anfangstermin eines neuen Projekts festlegen, Seite 25

Berichte nutzen, Seite 23

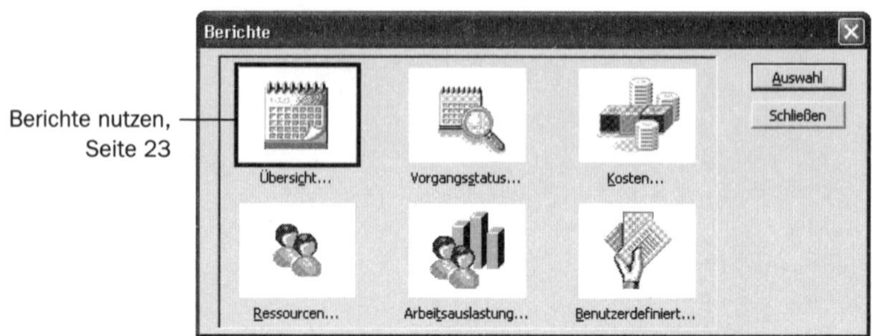

Den Projektkalender bearbeiten, Seite 28

Arbeitszeit ändern
Für: Standard (Projektkalender)
Arbeitszeit für ausgewählten Zeitraum festlegen
Legende: Arbeitstag, Arbeitsfrei, Geänderte Arbeitsstunden
In diesem Kalender: Änderungen an Wochentagen, Änderung an einzelnem Tag
Zeitraum markieren: Januar 2005
Markierten Zeitraum festlegen: Standard verwenden, Arbeitsfreie Zeit, Nicht standardmäßige Arbeitszeit
Hilfe, Neu..., Optionen..., OK, Abbrechen

Kapitel 1 auf einen Blick

1 Einführung in Microsoft Office Project

In diesem Kapitel lernen Sie,

- ✔ **welche Produkte zur Microsoft Office Project 2003-Familie gehören.**
- ✔ **was ein gutes Projektmanagement-Tool leisten kann.**
- ✔ **wie Sie Microsoft Office Project Standard und Microsoft Office Project Professional starten und welche Funktionen die einzelnen Bestandteile des Programmfensters haben.**
- ✔ **wie Sie Projektplandetails mit den verschiedenen Ansichten auf unterschiedliche Weisen betrachten können.**
- ✔ **wie Sie Projektplandetails in Form von Berichten ausdrucken.**
- ✔ **wie Sie einen Projektplan erstellen und das Startdatum eingeben.**
- ✔ **wie Sie arbeitsfreie Zeiten festlegen.**
- ✔ **wie Sie Eigenschaften für einen Projektplan eingeben.**

Das Projektmanagement ist ein weites Feld. Entweder arbeiten Sie bereits in diesem Bereich oder Sie haben es vor. Nachdem Sie dieses Buch gelesen haben, werden Sie mit Sicherheit über umfangreiche Kenntnisse auf diesem Gebiet verfügen.

- Projektmanagement ist im Wesentlichen die Kunst, die Ergebnisse der Vorhaben eines Unternehmens vorherzusagen und zu steuern. In Ihrem Unternehmen fallen sicherlich auch Arbeiten an, die unabhängig von Projekten sind. *Projekte*, zum Beispiel Filmprojekte, unterscheiden sich von den *laufenden Operationen* wie der Gehaltsabrechnung insofern, als dass bei Projekten zeitlich begrenzte Bemühungen unternommen werden, etwas hervorzubringen oder ein bestimmtes Endergebnis zu erhalten. Mit einem guten Projektmanagementsystem sollten Sie in der Lage sein, Fragen wie die folgenden zu beantworten:
- Welche *Vorgänge* müssen ausgeführt werden, um das gewünschte *Projektergebnis* zu erreichen?
- Wer führt die Vorgänge aus?
- Wie lassen sich die Projektdetails am besten an diejenigen Personen kommunizieren, die an dem Projekt interessiert sind?

- Wann sollte jeder Vorgang ausgeführt werden?
- Wie hoch sind die Projektkosten?
- Was passiert, wenn Vorgänge nicht wie geplant erledigt werden können?

Gutes Projektmanagement garantiert zwar nicht den Erfolg eines jeden Projekts. Bei schlechtem Projektmanagement ist ein Projekt in der Regel aber zum Scheitern verurteilt.

Microsoft Office Project sollte zu Ihrer Grundausstattung für das Projektmanagement gehören. Dieses Buch erklärt, wie Sie mit Microsoft Office Project Projektpläne mit Vorgängen und Ressourcen erstellen, mit den Formatierungsfunktionen von Microsoft Office Project die Projektplandetails organisieren und formatieren, kontrollieren, ob das Projekt noch wie geplant verläuft, und korrigierende Aktivitäten festlegen, falls etwas nicht nach Plan läuft.

Siehe auch Steigen Sie gerade erst in das Projektmanagement ein, sollten Sie zunächst Anhang A lesen, bevor Sie hier fortfahren. Er hilft Ihnen, den Projektplanungsbedarf korrekt einzuschätzen und zu organisieren und zuverlässige Pläne mit Microsoft Office Project zu erstellen.

Die Übungen in diesem Buch beziehen sich auf eine fiktive Filmproduktionsfirma namens *Industriefilm GmbH*. Die Wahrscheinlichkeit ist hoch, dass Sie nicht für eine Filmproduktionsfirma arbeiten. Vermutlich haben Sie jedoch erst vor kurzem einen TV-Werbespot oder einen Film gesehen. Jeder Film ist ein eigenes Projekt, und einige Projekte sind sogar ziemlich komplex. Es sind Hunderte von Ressourcen involviert und es gibt enge Termine. Wir gehen davon aus, dass Sie viele Planungsprobleme der *Industriefilm GmbH* wiedererkennen werden und dass Sie die Lösungen auf Ihre eigenen Planungsprobleme anwenden können.

Dieses Kapitel führt Sie in die Hauptkomponenten der Microsoft Office Project-Benutzeroberfläche ein und Sie erfahren, wie Sie einen neuen Projektplan in Microsoft Office Project anlegen.

WICHTIG Bevor Sie die Übungsdateien in diesem Buch benutzen können, müssen Sie sie von der Begleit-CD in den vorgegebenen Standardordner installieren. Einzelheiten dazu finden Sie im Abschnitt „Die Übungsdateien installieren“ am Anfang dieses Buches.

Projekte mit Microsoft Office Project verwalten

Selbst das beste Projektmanagementtool der Welt kann gutes Urteilsvermögen nicht ersetzen. Das Tool kann Sie jedoch bei folgenden Dingen unterstützen:

- Aufzeichnung aller Informationen, die Sie über die Arbeit, die Dauer, die Kosten und die benötigten Ressourcen für Ihr Projekt sammeln
- Visualisierung den Projektplan und Präsentation in einem standardisierten, festgelegten Format
- Konsistente und effektive Planung von Vorgängen und Ressourcen
- Austausch von Projektinformationen mit anderen Microsoft Office-Anwendungen
- Kommunikation mit Ressourcen und anderen Interessengruppen, wobei Sie als Projektmanager die letztendliche Kontrolle über das Projekt behalten
- Verwaltung von Projekten mit einem Programm, das wie andere Desktopanwendungen aussieht und bedient wird

Die Microsoft Office Project 2003-Familie umfasst eine breite Produktpalette, namentlich die folgenden Produkte:

- Microsoft Office Project 2003 Standard ist eine Windows-basierte Desktopanwendung für das Projektmanagement. Die Standard-Edition wird von einem einzigen Projektmanager verwendet und arbeitet nicht mit Project Server zusammen. Die Vorgängerversion, Project Standard 2002, ermöglichte die Zusammenarbeit mit anderen Personen über Project Server. Die aktuelle Version Project Standard 2003 ist dagegen ein Einzelplatzprodukt.
- Microsoft Office Project 2003 Professional ist eine Windows-basierte Desktopanwendung, die den vollständigen Funktionsumfang von Microsoft Office Project 2003 Standard bietet. Darüber hinaus ist das Produkt – zusammen mit Microsoft Office Project Server – mit zusätzlichen Projektteamplanungs- und Kommunikationsfunktionen ausgestattet. Project Professional stellt zusammen mit Project Server die von Microsoft angebotene Projektmanagementlösung *Enterprise Project Management (EPM)* dar.
- Microsoft Office Project 2003 Server ist eine Intranet-basierte Lösung, die die Zusammenarbeit, die Erstellung von Zeitplanberichten und Statusberichten auf Unternehmensebene zusammen mit Microsoft Office Project Professional ermöglicht.
- Microsoft Office Project 2003 Web Access ist eine Internet Explorer-basierte Benutzeroberfläche zum Arbeiten mit Microsoft Office Project Server.

TIPP Um mehr über die neuen Funktionen von Microsoft Office Project 2003 und die Unterschiede zwischen Microsoft Office Project Standard und Microsoft Office Project Professional zu erfahren, geben Sie ***Neuigkeiten*** in das Feld **Frage hier eingeben** in der rechten oberen Ecke des Microsoft Office Project-Fensters ein. Standardmäßig wird in diesem Feld der Text **Frage hier eingeben** angezeigt.

Dieses Buch konzentriert sich auf die Funktionen von Microsoft Project Standard. Die Anleitungen und Übungen können sowohl mit Microsoft Project Standard als auch mit Microsoft Project Professional nachvollzogen werden. Für die Übungen ist kein Zugriff auf Microsoft Project Server erforderlich.

Was leistet ein Zeitplanungsprogramm?

Viele Projekte werden nicht mit einem Projektplanungsprogramm wie Microsoft Project verwaltet, obwohl dies besser für die Projekte wäre. Häufig werden Vorgänge- und Ressourcenlisten mit Tabellenkalkulationsprogrammen wie Microsoft Excel erstellt oder sogar grafisch ansprechend als Flussdiagramme mit Microsoft Visio formatiert. Ein großer Vorteil von Microsoft Project gegenüber solchen Anwendungen besteht darin, dass Microsoft Project mit einem Planungsmodul ausgestattet ist, das heißt einem Computergehirn, das Vorfälle wie etwa die Verschiebung des Anfangszeitpunkts der Aufgabe 1 innerhalb einer Folge von 100 Vorgängen handhaben kann. Das Planungsmodul kann außerdem bei der Berechnung eines Anfangs- und Enddatums Zeiten einplanen, zu denen nicht gearbeitet wird, zum Beispiel Wochenenden. Anwendungen wie Microsoft Excel und Microsoft Visio sind in der Toolbox für das Projektmanagement zwar nützlich, um jedoch wirklich erfolgreich arbeiten zu können, benötigen Sie ein echtes Planungsprogramm wie Microsoft Project.

Microsoft Office Project Standard starten

HINWEIS Führen Sie die Schritte in diesem Abschnitt aus, wenn Sie mit Microsoft Office Project Standard arbeiten. Lesen Sie den nächsten Abschnitt „Microsoft Office Project Professional starten“, wenn Sie über Microsoft Office Project Professional verfügen.

Microsoft Project ist ein Mitglied der Microsoft Office-Familie und ähnelt daher in seiner Benutzeroberfläche Microsoft Word, Microsoft Excel und Microsoft Access. Beispielsweise sind die Menü- und Symbolleisten in allen Programmen der Office-Familie auf die gleiche Weise angeordnet, auch wenn der Inhalt unterschiedlich ist.

In der folgenden Übung starten Sie Microsoft Project, legen eine Datei an, die auf einer *Vorlage* basiert, und sehen sich die Hauptkomponenten der Microsoft Project-Oberfläche genauer an.

Start

1. Klicken Sie in der Windows-Taskleiste auf die Schaltfläche **Start**.

   Das Startmenü wird geöffnet.

2. Zeigen Sie im Startmenü auf **Alle Programme** bzw. auf **Programme** und anschließend auf **Microsoft Office** und klicken Sie dann auf **Microsoft Office Project 2003**.

   Microsoft Project Standard wird geöffnet.

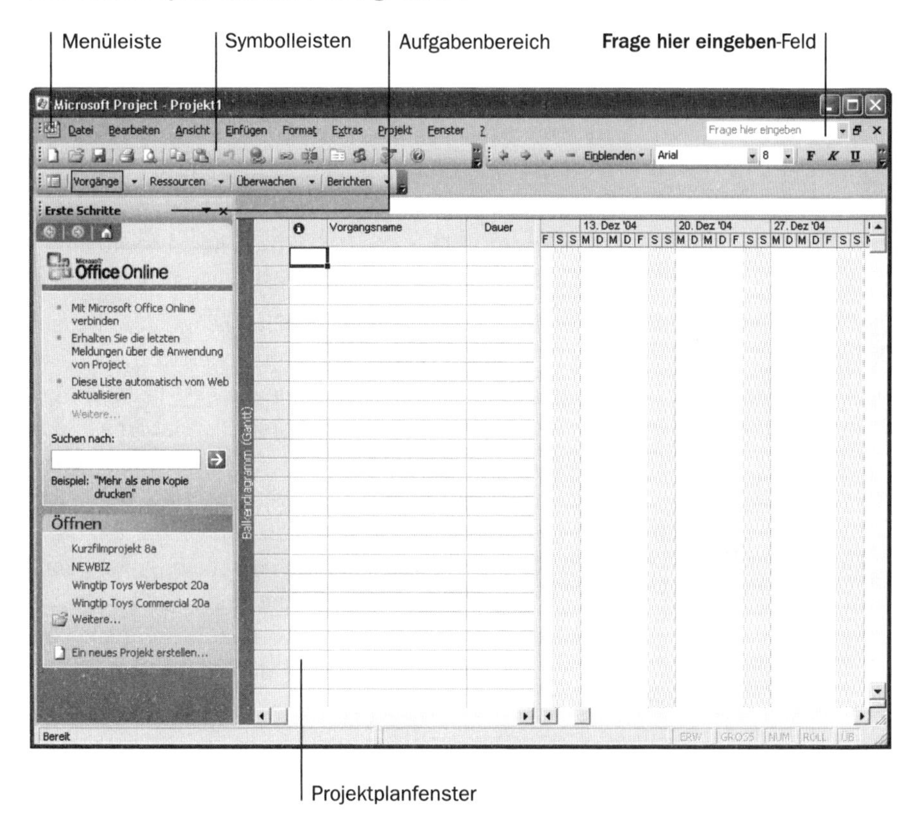

Optionen für Symbolleisten

WICHTIG Die Symbolleisten in Microsoft Office-Anwendungen passen sich automatisch an. Je nachdem, welche Bildschirmauflösung Sie auf Ihrem Computer eingestellt haben und welche Schaltflächen Sie am häufigsten einsetzen, sind möglicherweise nicht alle Schaltflächen in jeder Symbolleiste zu sehen. Klicken Sie auf die Schaltfläche **Optionen für Symbolleisten** am rechten Rand der Symbolleiste, um fehlende Schaltflächen in der Symbolleiste anzuzeigen.

Haben Sie bereits mit anderen Microsoft Office-Anwendungen oder einer früheren Version von Microsoft Project gearbeitet, sollten Sie mit vielen Elementen der Benutzeroberfläche von Microsoft Project bereits vertraut sein. Lassen Sie uns die Elemente nun zusammen durchgehen:

- Über die Hauptmenüleiste erteilen Sie Microsoft Project Anweisungen.
- Symbolleisten bieten schnellen Zugriff auf die wichtigsten Vorgänge. Die meisten Schaltflächen entsprechen Befehlen, auf die Sie auch über die Menüleiste zugreifen können. Wie andere Anwendungen der Microsoft Office-Familie passt auch Microsoft Project die Menüs und Symbolleisten für Sie auf der Basis der Häufigkeit an, mit der Sie Befehle und Schaltflächen nutzen. Die Befehle und Schaltflächen, die am häufigsten zum Einsatz kommen, bleiben sichtbar, wohingegen die restlichen Schaltflächen und Befehle ausgeblendet werden.
- Das Projektplanfenster enthält eine Ansicht des aktiven Projektplans. (Die Dokumente, mit denen Microsoft Project arbeitet, werden als Projektpläne bezeichnet.) Der Name der aktiven Ansicht wird links im Projektplanfenster angezeigt – in diesem Fall ist es die Ansicht **Balkendiagramm (Gantt)**.

Neu in Office 2003

Frage hier eingeben

- Über das Feld **Frage hier eingeben** können Sie in der Onlinehilfe von Microsoft Project schnell nach Informationen suchen. Geben Sie einfach eine Frage ein und drücken Sie dann die ↵-Taste. Im Verlauf dieses Buches finden Sie an vielen Stellen Vorschläge für Fragen oder Stichwörter, die Sie in dieses Feld eingeben können, um mehr über bestimmte Funktionen zu erfahren. Wenn Ihr Rechner über einen Internetanschluss verfügt, können Sie Ihre Anfrage auch über Office Online (ein Bereich der Website von Microsoft) stellen. Sie erhalten dann ein Suchergebnis, das auf den neuesten, von Microsoft zur Verfügung gestellten Inhalten basiert. Sind Sie nicht mit dem Internet verbunden, ist das Suchergebnis auf die Inhalte der mit Microsoft Project installierten Hilfe beschränkt.
- Der Aufgabenbereich **Erste Schritte** entspricht einem Aufgabenbereich, den Sie möglicherweise bereits in anderen Microsoft Office-Anwendungen gesehen haben. Er enthält eine Liste der zuletzt geöffneten Dateien und Befehle zur Erstellung neuer Dateien. Zusätzlich zu diesem Aufgabenbereich gibt es den Projektberater, der weiter hinten in diesem Kapitel beschrieben wird.

Als Nächstes erhalten Sie einen Überblick über die Vorlagen, die in Microsoft Project zur Verfügung stehen, und Sie erstellen einen Projektplan auf der Basis einer Vorlage.

3 Klicken Sie im Aufgabenbereich **Erste Schritte** auf die Option **Ein neues Projekt erstellen**.

Der Aufgabenbereich **Erste Schritte** wird durch den Aufgabenbereich **Neues Projekt** ersetzt.

4 Klicken Sie im Aufgabenbereich **Neues Projekt** unter **Vorlagen** auf die Option **Auf meinem Computer**.

Das Dialogfeld **Vorlagen** wird geöffnet.

5 Klicken Sie auf die Registerkarte **Projektvorlagen**.

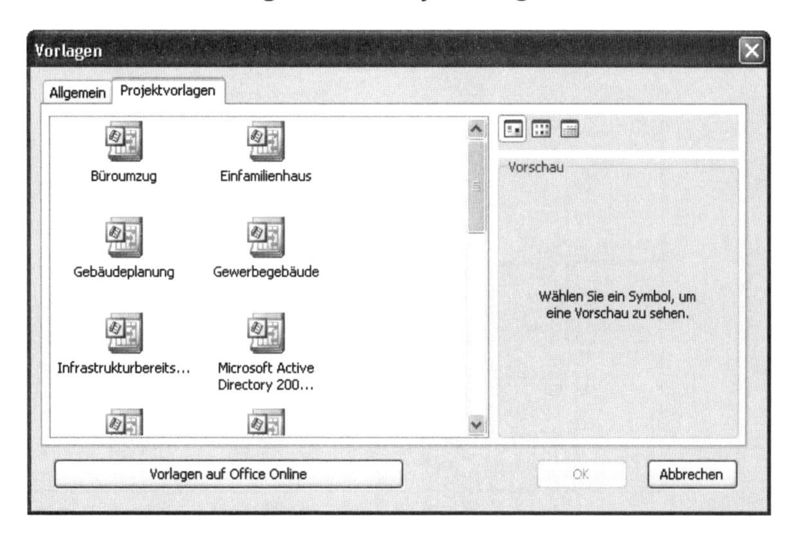

6 Blättern Sie in der Vorlagenliste nach unten, markieren Sie die Vorlage **Neues Unternehmen** und klicken Sie dann auf **OK**.

WICHTIG Je nachdem, wie Microsoft Project auf Ihrem Computer installiert wurde, sind die Vorlagen von Microsoft Project möglicherweise noch nicht installiert. Haben Sie die Option **Bei der ersten Verwendung installiert** für optionale Komponenten aktiviert, müssen die Vorlagen erst installiert werden. Sehen Sie die Vorlagen von Microsoft Project erstmals, sollten Sie sie genauer betrachten. Sie werden möglicherweise Vorlagen entdecken, die Sie für zukünftige Projekte einsetzen können. Wenn Sie bei der Erstellung eines neuen Projekts mit einer Vorlage starten, sparen Sie viel Zeit und Mühe.

Microsoft Project erstellt einen Projektplan auf der Basis der Vorlage **Neues Unternehmen**, schließt den Aufgabenbereich **Neue Vorlage** und zeigt stattdessen eine Liste mit Vorgängen an. Ihr Bildschirm sollte nun etwa wie in der folgenden Abbildung aussehen.

Symbolleiste **Projektberater**

Microsoft Project - NEWBIZ

Datei Bearbeiten Ansicht Einfügen Format Extras Projekt Fenster ?

Frage hier eingeben

Einblenden Arial 8 F K U

Vorgänge Ressourcen Überwachen Berichten

Vorgänge

Sie können die Projektvorgänge planen und Termine festlegen, indem Sie unten auf eine Verknüpfungen klicken. Auf diese Weise werden Tools und Anleitungen zum Abschließen des jeweiligen Schrittes angezeigt.

Festlegen eines Termins zum Berechnen aus

Definieren der allgemeinen Arbeitszeiten

Auflisten der Vorgänge im Projekt

Organisieren von Vorgängen in Phasen

Berechnen von Vorgängen

Verknüpfen mit oder Anfügen von weiteren Vorgangsinformationen

Hinzufügen von Spalten mit benutzerdefinierten Informationen

Festlegen von Vorgängen mit Stichtagen und Einschränkungen

Nach dem Planen von Vorgängen können Sie zum Ressourcenbereich

Balkendiagramm (Gantt)

	Vorgangsname	Dauer
1	**Phase 1 - strategische Planun**	**23 Tage**
2	**Selbsteinschätzung**	**3 Tage**
3	Definieren des Unterne	1 Tag
4	Ermitteln der verfügbar	1 Tag
5	Entscheiden, ob die Unl	1 Tag
6	**Definieren der Unternehr**	**10 Tage**
7	Untersuchen des Markt	1 Tag
8	Befragen von Besitzerr	5 Tage
9	Bestimmen der erforder	2 Tage
10	Bestimmen der Zusamn	2 Tage
11	**Bewerten des Unternehn**	**4 Tage**
12	Definieren der Anforde	1 Tag
13	Identifizieren der Möglic	1 Tag
14	Untersuchen der Franc	1 Tag
15	Zusammenfassen des	1 Tag
16	**Bewerten möglicher Risil**	**7 Tage**
17	Bemessen der Marktgrö	2 Tage
18	Beurteilen der Konkurre	1 Tag
19	Bemessen Verfügbarke	2 Tage
20	Ermitteln realistischer a	1 Tag
21	Bestimmen des Finanzk	2 Tage
22	Überprüfen der persön	1 Tag
23	Bewerten der anfänglic	1 Tag
24	Überprüfen und Ändern des	2 Tage

29. Dez '03 05. Jan '04 12. Jan '04

S S M D M D F S S M D M D F S S M D M D F

Manager

Unternehmensberater;Manager

Manager

Unternehmensberater

Besitze

Un

Bereit ERW GROSS NUM ROLL ÜB

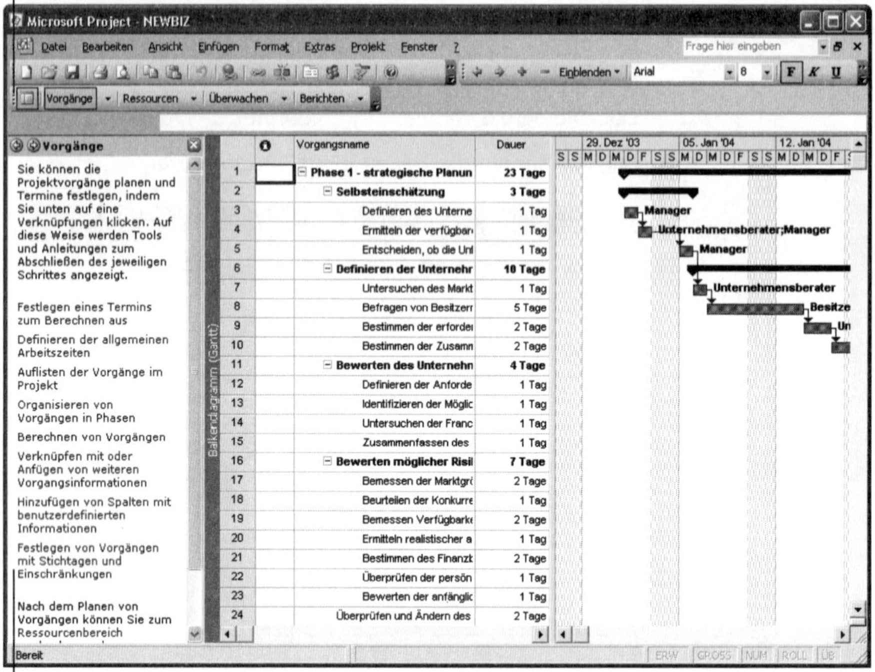

Seitenbereich des Projektberaters

Der Projektberater ist eine assistentenartige Benutzeroberfläche, die zur Erstellung bzw. zur Feinabstimmung eines Projektplans eingesetzt werden kann. In den nachfolgenden Kapiteln werden Sie den Projektberater für häufig vorkommende Aktivitäten im Zusammenhang mit Vorgängen, Ressourcen und Zuordnungen einsetzen. Sie können alle Aktivitäten des Projektberaters über die Symbolleiste **Projektberater** aufrufen. Diese Symbolleiste ist in die wichtigsten Themenbereiche von Microsoft Project unterteilt (**Vorgänge**, **Ressourcen**, **Überwachen** und **Berichten**).

In den nächsten Übungen in diesem Kapitel werden Sie die wichtigsten Bestandteile von Microsoft Project anhand der Beispieldaten erkunden, die von der Vorlage bereitgestellt werden.

Microsoft Office Project Professional starten

HINWEIS Führen Sie die Schritte in diesem Abschnitt aus, wenn Sie mit Microsoft Office Project Professional arbeiten. Lesen Sie den vorherigen Abschnitt „Microsoft Office Project Standard starten“, wenn Sie über Microsoft Office Project Standard verfügen.

Microsoft Project ist ein Mitglied der Microsoft Office-Familie und ähnelt in seiner Benutzeroberfläche Microsoft Word, Microsoft Excel und Microsoft Access. Beispielsweise sind die Menü- und Symbolleisten in allen Programmen der Office-Familie auf die gleiche Weise angeordnet, auch wenn der Inhalt unterschiedlich ist.

In der folgenden Übung starten Sie Microsoft Project, legen eine Datei an, die auf einer *Vorlage* basiert, und sehen sich die Hauptkomponenten der Microsoft Project-Oberfläche genauer an.

1. Klicken Sie in der Windows-Taskleiste auf die Schaltfläche **Start**.

   Das Startmenü wird geöffnet.

2. Zeigen Sie im Startmenü auf **Alle Programme** bzw. auf **Programme** und anschließend auf **Microsoft Office** und klicken Sie dann auf **Microsoft Office Project 2003**.

   Je nachdem, wie die Unternehmensoptionen in Microsoft Project Professional eingestellt sind, werden Sie unter Umständen aufgefordert, ein Project Server-Konto zu wählen. Ist dies der Fall, führen Sie die Schritte 3 und 4 aus. Ansonsten fahren Sie mit Schritt 5 fort.

3. Wenn das Sicherheitslogin-Dialogfeld von Microsoft Project Server geöffnet wird, klicken Sie auf **Abbrechen**.

   Diese Sicherheitsanmeldung wird nur dann angezeigt, wenn Microsoft Project Professional so eingerichtet ist, dass es sich bei einem speziellen Microsoft Project Server-Konto über dessen Sicherheitssystem anmelden muss.

4. Wählen Sie im Dialogfeld **Microsoft Project Server-Konto** unter **Konto wählen** den Eintrag **Arbeitsplatz** und klicken Sie dann auf **Offline arbeiten**.

   Mit dieser Einstellung arbeitet Microsoft Project Professional unabhängig von Microsoft Project Server. Damit ist gewährleistet, dass die Übungsdateien, mit denen Sie in diesem und in den folgenden Kapiteln arbeiten werden, nicht versehentlich in Microsoft Project Server veröffentlicht werden.

5. Zeigen Sie im Menü **Extras** auf den Befehl **Enterprise-Optionen** und klicken Sie dann auf **Microsoft Office Project Server-Konten**.

   Das Dialogfeld **Project Server-Konten** wird geöffnet.

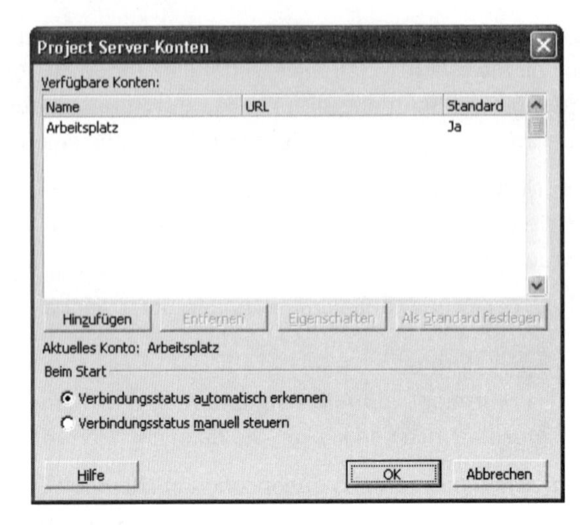

6 Prüfen Sie den Eintrag **Aktuelles Konto.**

Steht dort nicht **Arbeitsplatz**, aktivieren Sie die Option **Verbindungsstatus manuell steuern**, klicken auf **OK** und fahren dann mit Schritt 7 fort.

Oder:

Lautet der Eintrag **Arbeitsplatz**, klicken Sie auf **Abbrechen** und fahren dann mit Schritt 7 fort.

Wenn Sie die Option **Verbindungsstatus manuell steuern** aktivieren, werden Sie aufgefordert, ein Benutzerkonto zu wählen, wenn Sie Microsoft Project Professional starten. Damit stellen Sie sicher, dass die Übungsdateien nicht versehentlich in Microsoft Project Server veröffentlicht werden.

7 Schließen Sie Microsoft Project Professional und starten Sie das Programm erneut. Wenn Sie aufgefordert werden, ein Konto zu wählen, klicken Sie auf den Eintrag **Arbeitsplatz** und anschließend auf die Schaltfläche **Offline arbeiten.**

Microsoft Project Professional wird geöffnet.

Optionen für Symbolleisten

WICHTIG Die Symbolleisten in Microsoft Office-Anwendungen passen sich automatisch an. Je nachdem, welche Bildschirmauflösung Sie auf Ihrem Computer eingestellt haben und welche Schaltflächen Sie am häufigsten einsetzen, sind möglicherweise nicht alle Schaltflächen in jeder Symbolleiste zu sehen. Klicken Sie auf die Schaltfläche **Optionen für Symbolleisten** am rechten Rand der Symbolleiste, um fehlende Schaltflächen in der Symbolleiste anzuzeigen.

Haben Sie bereits mit anderen Microsoft Office-Anwendungen oder einer früheren Version von Microsoft Project gearbeitet, sollten Sie mit vielen Elementen der Benutzeroberfläche von Microsoft Project bereits vertraut sein. Lassen Sie uns die Elemente nun zusammen durchgehen:

- Über die Hauptmenüleiste erteilen Sie Microsoft Project Anweisungen.
- Symbolleisten bieten schnellen Zugriff auf die wichtigsten Vorgänge. Die meisten Schaltflächen entsprechen Befehlen, auf die Sie auch über die Menüleiste zugreifen können. Wie andere Anwendungen der Microsoft Office-Familie passt auch Microsoft Project die Menüs und Symbolleisten für Sie auf der Basis der Häufigkeit an, mit der Sie Befehle und Schaltflächen nutzen. Die Befehle und Schaltflächen, die am häufigsten zum Einsatz kommen, bleiben sichtbar, wohingegen die restlichen Schaltflächen und Befehle ausgeblendet werden.

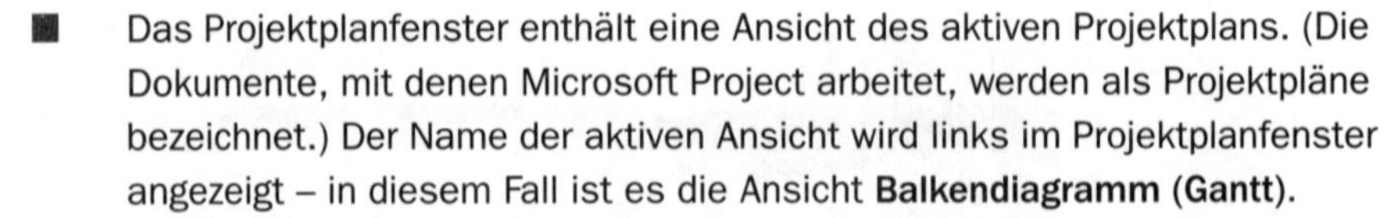

- Das Projektplanfenster enthält eine Ansicht des aktiven Projektplans. (Die Dokumente, mit denen Microsoft Project arbeitet, werden als Projektpläne bezeichnet.) Der Name der aktiven Ansicht wird links im Projektplanfenster angezeigt – in diesem Fall ist es die Ansicht **Balkendiagramm (Gantt)**.
- Über das Feld **Frage hier eingeben** können Sie in der Onlinehilfe von Microsoft Project schnell nach Informationen suchen. Geben Sie einfach eine Frage ein und drücken Sie dann die ↵-Taste. Im Verlauf dieses Buches finden Sie an vielen Stellen Vorschläge für Fragen und Stichwörter, die Sie in dieses Feld eingeben können, um mehr über bestimmte Funktionen zu erfahren. Wenn Ihr Rechner über einen Internetanschluss verfügt, können Sie Ihre Anfrage auch über Office Online (ein Bereich der Website von Microsoft) erstellen. Sie erhalten dann ein Suchergebnis, das auf den neuesten, von Microsoft zur Verfügung gestellten Inhalten basiert. Sind Sie nicht mit dem Internet verbunden, ist das Suchergebnis auf die Inhalte der mit Microsoft Project installierten Hilfe beschränkt.
- Der Aufgabenbereich **Erste Schritte** entspricht einem Aufgabenbereich, den Sie möglicherweise bereits in anderen Microsoft Office-Anwendungen gesehen haben. Er enthält eine Liste der zuletzt geöffneten Dateien und Befehle zur Erstellung neuer Dateien. Zusätzlich zu diesem Aufgabenbereich gibt es den Projektberater, der weiter hinten in diesem Kapitel beschrieben wird.

Als Nächstes erhalten Sie einen Überblick über die Vorlagen, die in Microsoft Project zur Verfügung stehen, und Sie erstellen einen Projektplan auf der Basis einer Vorlage.

8. Klicken Sie im Aufgabenbereich **Erste Schritte** auf die Option **Ein neues Projekt erstellen**.

   Der Aufgabenbereich **Erste Schritte** wird durch den Aufgabenbereich **Neues Projekt** ersetzt.

9. Klicken Sie im Aufgabenbereich **Neues Projekt** unter **Vorlagen** auf die Option **Auf meinem Computer**.

   Das Dialogfeld **Vorlagen** wird geöffnet.

10. Klicken Sie auf die Registerkarte **Projektvorlagen**.

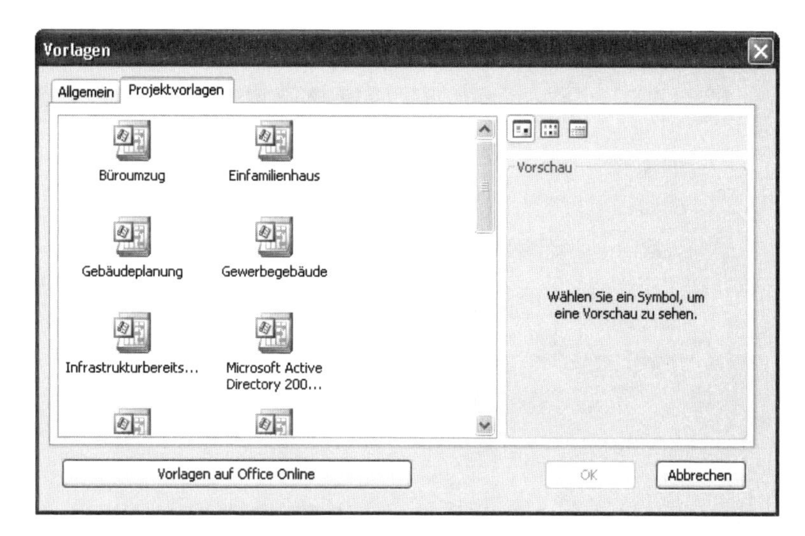

11 Blättern Sie in der Vorlagenliste nach unten, markieren Sie die Vorlage **Neues Unternehmen** und klicken Sie dann auf **OK**.

WICHTIG Je nachdem, wie Microsoft Project auf Ihrem Computer installiert wurde, sind die Vorlagen von Microsoft Project möglicherweise noch nicht installiert. Haben Sie die Option **Bei der ersten Verwendung installiert** für optionale Komponenten aktiviert, müssen die Vorlagen erst installiert werden. Sehen Sie die Vorlagen von Microsoft Project erstmals, sollten Sie sie genauer betrachten. Sie werden möglicherweise Vorlagen entdecken, die Sie für zukünftige Projekte einsetzen können. Wenn Sie bei der Erstellung eines neuen Projekts mit einer Vorlage starten, sparen Sie viel Zeit und Mühe.

Microsoft Project erstellt einen Projektplan auf der Basis der Vorlage **Neues Unternehmen**, schließt den Aufgabenbereich **Neue Vorlage** und zeigt stattdessen eine Liste mit Vorgängen an. Ihr Bildschirm sollte nun etwa wie in der folgenden Abbildung aussehen.

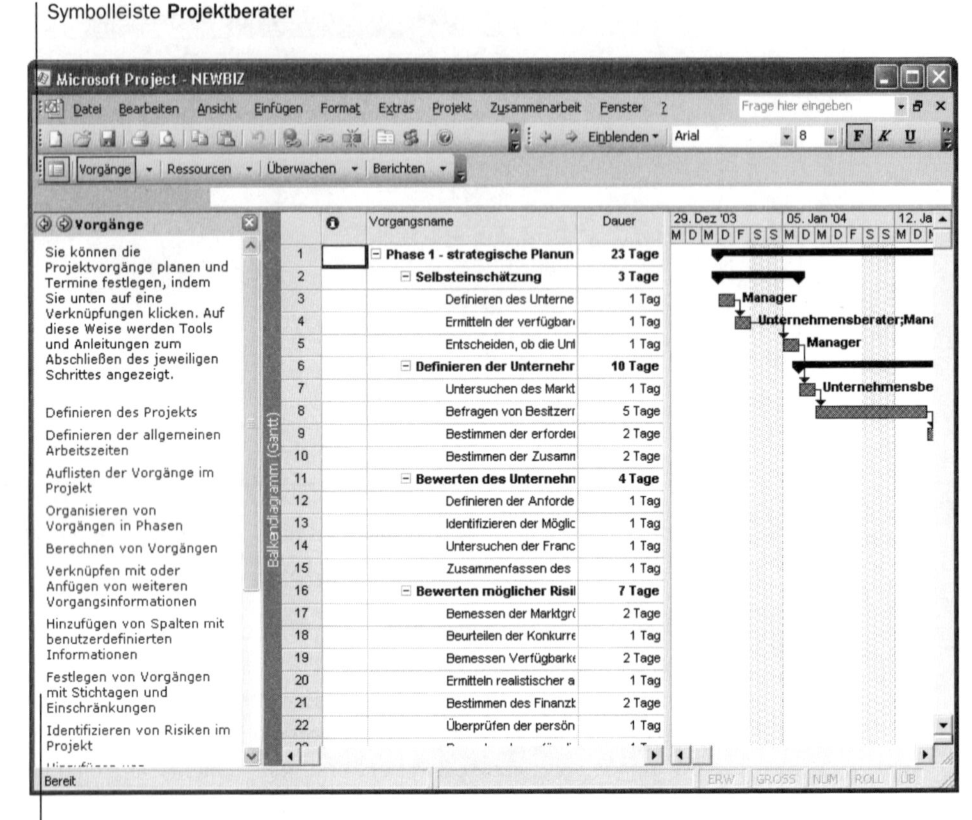

Der Projektberater ist eine assistentenartige Benutzeroberfläche, die zur Erstellung bzw. zur Feinabstimmung eines Projektplans eingesetzt werden kann. In den nachfolgenden Kapiteln werden Sie den Projektberater für häufig vorkommende Aktivitäten im Zusammenhang mit Vorgängen, Ressourcen und Zuordnungen einsetzen. Sie können alle Aktivitäten des Projektberaters über die Symbolleiste **Projektberater** aufrufen. Diese Symbolleiste ist in die wichtigsten Themenbereiche von Microsoft Project unterteilt (**Vorgänge**, **Ressourcen**, **Überwachen** und **Berichten**).

In den nächsten Übungen in diesem Kapitel werden Sie die wichtigsten Bestandteile von Microsoft Project anhand der Beispieldaten erkunden, die von der Vorlage bereitgestellt werden.

Ansichten

Der Arbeitsbereich in Microsoft Project wird als *Ansicht* bezeichnet. Microsoft Project verfügt über viele verschiedene Ansichten. Bei Ihrer täglichen Arbeit werden Sie aber in der Regel nur mit einer oder zwei Ansichten gleichzeitig arbeiten. Mithilfe von Ansichten werden Projektdaten eingegeben, bearbeitet, analysiert und angezeigt. Die Standardansicht, die beim Start von Microsoft Project angezeigt wird, ist **Balkendiagramm (Gantt)**.

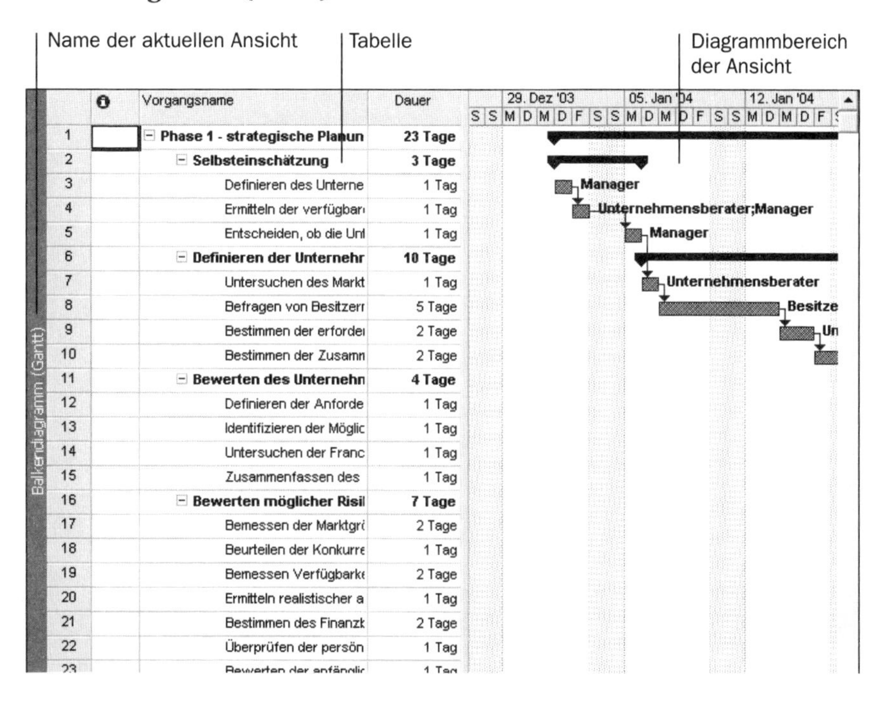

Der Schwerpunkt einer Ansicht liegt entweder auf Details zu Vorgängen oder zu Ressourcen. In der Ansicht **Balkendiagramm (Gantt)** werden beispielsweise Details zu Vorgängen auf der linken Seite aufgelistet. Jeder Vorgang wird auf der rechten Seite in Form eines Balkens grafisch dargestellt. Die Ansicht **Balkendiagramm (Gantt)** wird häufig für die Darstellung eines Projektplans verwendet, vor allem wenn dieser anderen präsentiert werden soll. Auch zur Eingabe und Feinabstimmung von Vorgangsdetails und zur Projektanalyse ist diese Ansicht geeignet.

In der folgenden Übung beginnen Sie zunächst mit der Ansicht **Balkendiagramm (Gantt)** und wechseln dann zu anderen Ansichten, die verschiedene Aspekte des Projektplans hervorheben. Abschließend testen Sie eine Kombinationsansicht, mit der Sie leichter bestimmte Projektdetails hervorheben können.

1 Klicken Sie im Menü **Ansicht** auf **Ressource: Tabelle**.

Die gewählte Ansicht wird eingeblendet. Ihr Bildschirm sollte nun in etwa so aussehen, wie in der folgenden Abbildung gezeigt.

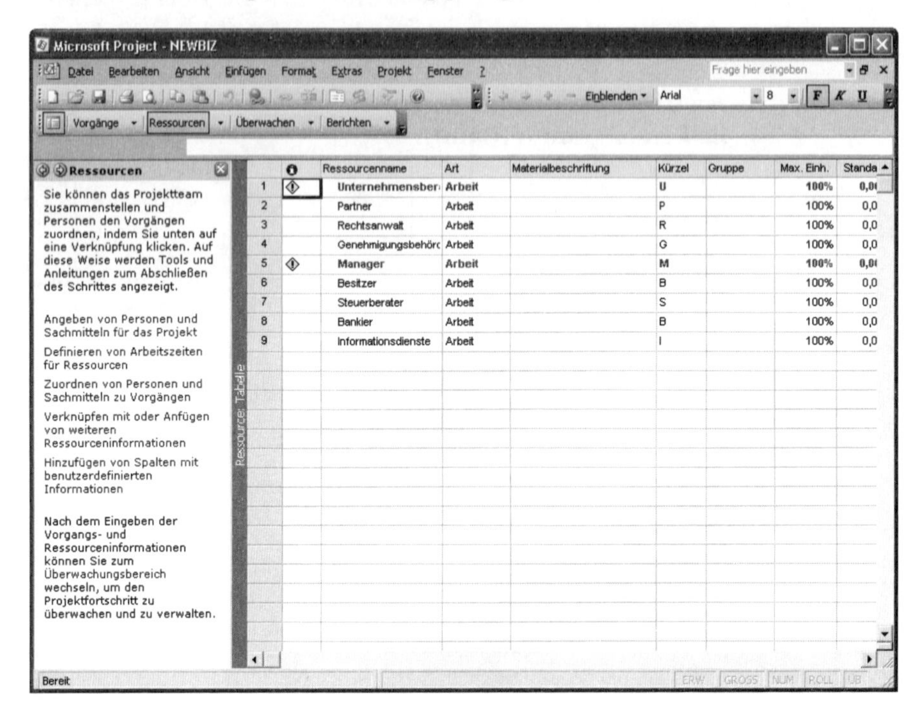

In dieser Ansicht wie auch in anderen Ressourcenansichten werden Details über Ressourcen in einem Zeilen-Spalten-Format dargestellt. Diese Art der Ansicht wird als *Tabelle* bezeichnet. Es gibt noch eine weitere Tabellenansicht, die Details zu den einzelnen Vorgängen auflistet. Beachten Sie, dass die Ansicht **Ressource: Tabelle** nichts über die Vorgänge aussagt, denen Ressourcen eventuell zugeordnet sind. Hierfür müssen Sie zu einer anderen Ansicht wechseln.

2 Klicken Sie im Menü **Ansicht** auf **Ressource: Einsatz**.

Die Ansicht **Ressource: Einsatz** ersetzt die Ansicht **Ressource: Tabelle** und der Projektberater wird aktualisiert.

Diese Ansicht gruppiert die Vorgänge, denen die einzelnen Ressourcen zugeordnet sind. Eine weitere Ansicht, die Ansicht **Vorgang: Einsatz**, kehrt die Anzeige so um, dass alle Ressourcen zu sehen sind, die den einzelnen Vorgängen zugeordnet sind. Einsatzansichten zeigen außerdem die Zuordnung pro Ressource auf einer Zeitskala für den Zeitraum einer Woche oder eines Monats an.

3 Klicken Sie im Menü **Ansicht** auf **Vorgang: Einsatz**.

Die Ansicht **Vorgang: Einsatz** ersetzt die Ansicht **Ressource: Einsatz** und der Projektberater wird aktualisiert.

4 Klicken Sie auf der linken Seite der Ansicht auf den Namen des dritten Vorgangs **Definieren des Unternehmenszieles.**

Gehe zu ausgewähltem Vorgang

5 Klicken Sie in der Standardsymbolleiste auf die Schaltfläche **Gehe zu ausgewähltem Vorgang.**

Die Zeitskala wird nun so angepasst, dass nur die geplanten Arbeiten für diesen Vorgang angezeigt werden.

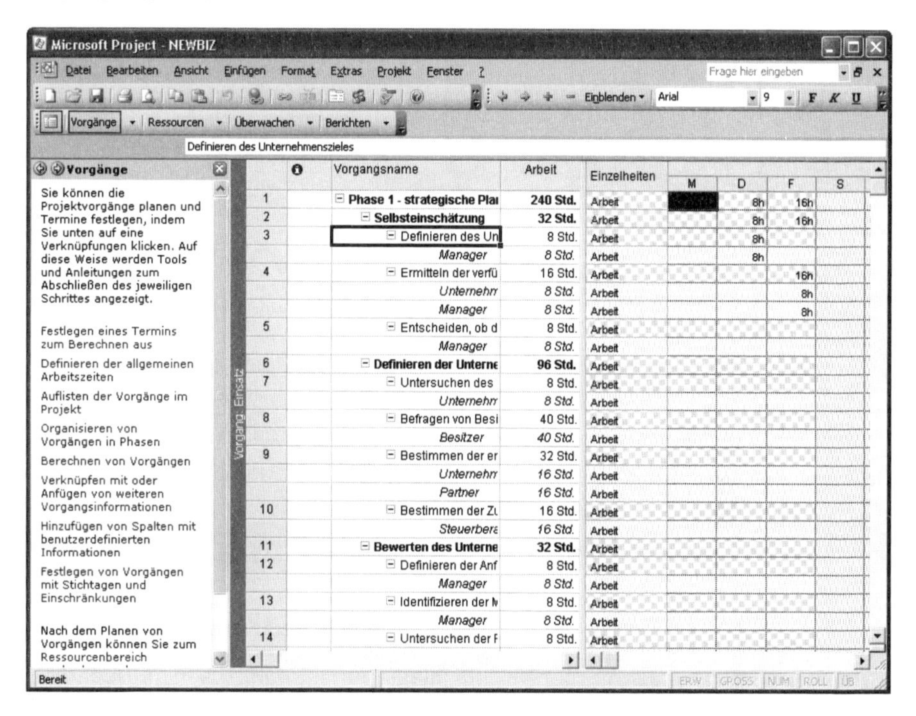

Diese Ansicht eignet sich hervorragend, um Projektdetails zu betrachten. Wechseln Sie nun zu einer weniger komplexen Ansicht.

6 Wählen Sie im Menü **Ansicht** den Befehl **Kalender.**

Die Kalenderansicht wird nun eingeblendet.

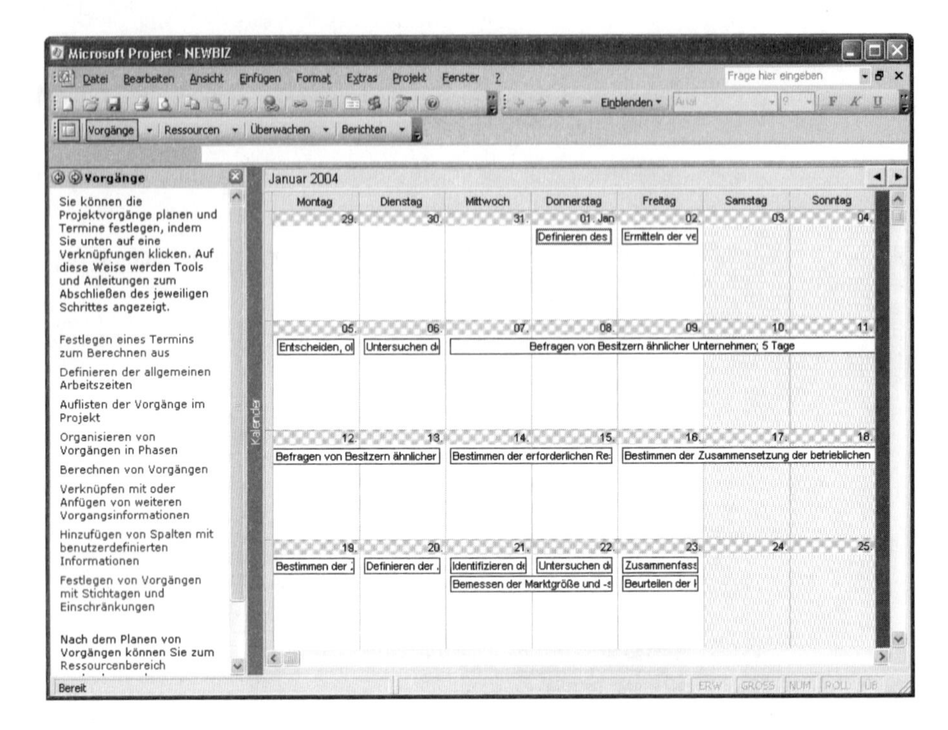

Diese einfache Monatsübersicht hat keine Tabellenstruktur und es gibt auch nicht die Zeitskala und die Diagrammelemente, die Sie in den vorherigen Ansichten gesehen haben. Die Vorgänge werden an den Tagen angezeigt, an denen sie eingeplant sind, und wenn sich Vorgänge über mehrere Tage erstrecken, werden sie für all diese Tage angezeigt.

Eine Ansicht, die beim Projektmanagement ebenfalls sehr häufig zum Einsatz kommt, ist das **Netzplandiagramm**, das wir als Nächstes betrachten werden.

7 Klicken Sie im Menü **Ansicht** auf **Netzplandiagramm.**

Die Ansicht **Netzplandiagramm** ist nun zu sehen. Über die Bildlaufleisten gelangen Sie zu den verschiedenen Teilen dieser Ansicht.

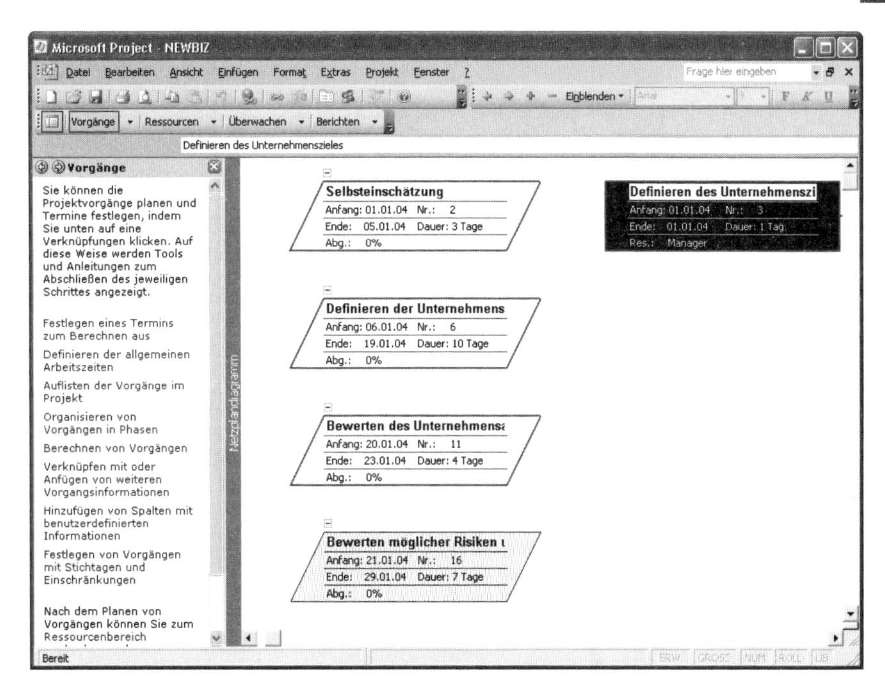

Bei dieser Ansicht stehen die Beziehungen zwischen Vorgängen im Mittelpunkt. Jeder Kasten oder Knoten im Netzplandiagramm zeigt Details zu einem Vorgang an, und die Linien zwischen den Kästen geben die Beziehungen zwischen den Vorgängen wieder. Wie die Kalenderansicht hat auch die Ansicht **Netzplandiagramm** keine Tabellenstruktur, sondern es handelt sich um ein Diagramm.

Um diese Übung abzuschließen, betrachten Sie nun noch eine kombinierte Ansicht. Diese teilt das Projektplanfenster in zwei Bereiche, wobei jeder Bereich eine andere Ansicht enthält. Die Ansichten werden synchronisiert. Deshalb werden bei der Auswahl eines bestimmten Vorgangs oder einer Ressource in einer Ansicht die entsprechenden Details des Vorgangs oder der Ressource in der anderen Ansicht angezeigt.

8 Klicken Sie im Menü **Ansicht** auf **Weitere Ansichten**.

Das gleichnamige Dialogfeld öffnet sich. In ihm werden alle vordefinierten Ansichten aufgelistet, die in Microsoft Project zur Verfügung stehen.

9 Markieren Sie im Listenfeld **Ansichten** den Eintrag **Vorgang: Eingabe** und klicken Sie dann auf die Schaltfläche **Auswahl**.

Einblenden/ Ausblenden des Projektberaters

TIPP Möglicherweise müssen Sie den Projektberater schließen, um die Ansicht in voller Breite sehen zu können. Klicken Sie dazu auf die Schaltfläche **Einblenden/Ausblenden des Projektberaters** in der Symbolleiste **Projektberater**. Sie können den Projektberater auch kleiner machen, indem Sie den rechten Rand nach links ziehen.

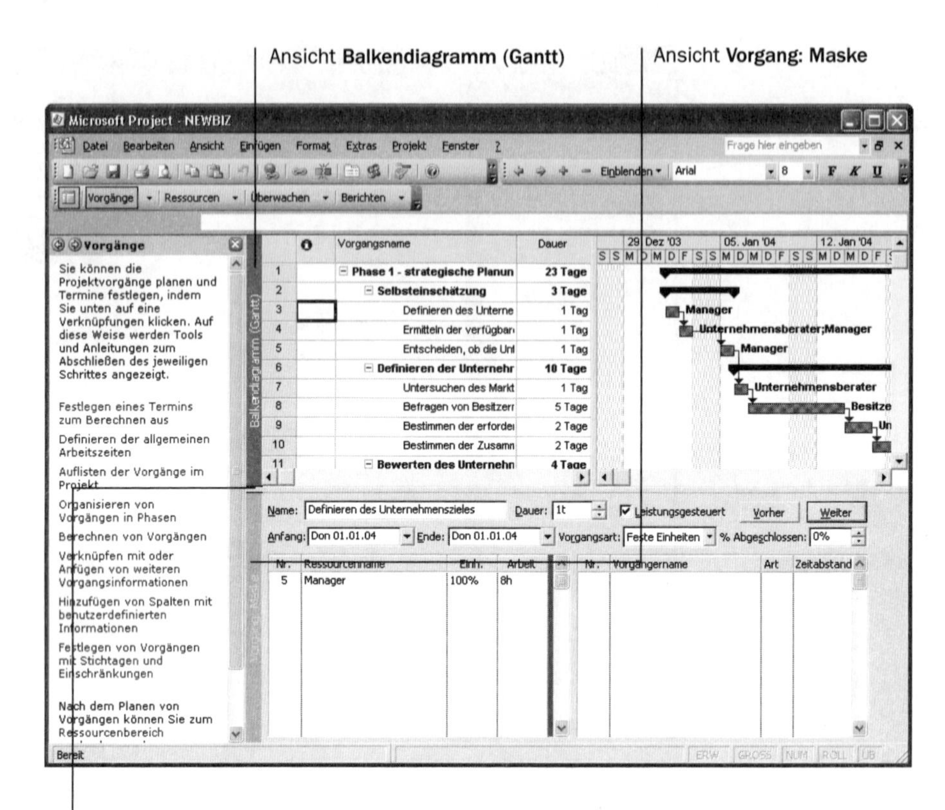

Diese Ansicht ist eine Kombinationsansicht, wobei sich die Ansicht **Balkendiagramm (Gantt)** in der oberen Hälfte und die Ansicht **Vorgang: Maske** in der unteren Hälfte befinden. Die Eingabe ist die letzte Art von Ansicht, die Sie in diesem Kapitel kennen lernen. Eine Eingabeansicht zeigt wie ein Dialogfeld Details zum ausgewählten Vorgang an und es können Details eingegeben, geändert oder betrachtet werden.

10 Klicken Sie in der Ansicht **Balkendiagramm (Gantt)** auf Vorgang 3, **Definieren des Unternehmenszieles.** Die Details zu diesem Vorgang sind in der unteren Hälfte des Programmfensters in der Ansicht **Vorgang: Maske** zu sehen.

11 Klicken Sie in der Ansicht **Balkendiagramm (Gantt)** in der oberen Hälfte des Programmfensters auf Vorgang 4, **Ermitteln der verfügbaren Fähigkeiten, Informationen und Unterstützung.**

Die Details hierzu werden in der Ansicht **Vorgang: Maske** gezeigt.

TIPP Neben den vordefinierten Kombinationsansichten können Sie auch den Befehl **Teilen** im Menü **Fenster** verwenden, um zwei Ansichten gleichzeitig im Programmfenster zu betrachten. Wählen Sie den Befehl, wird das Microsoft Project-Fenster in zwei Bereiche unterteilt. Klicken Sie auf die obere oder die untere Hälfte und wählen Sie dann die Ansicht, die hier angezeigt werden soll. Um wieder zur Anzeige von nur einer Ansicht im Programmfenster zurückzukehren, wählen Sie im Menü **Fenster** den Befehl **Teilung aufheben**.

Bedenken Sie, dass Sie in jeder der vorgestellten und auch in jeder anderen Ansicht von Microsoft Project verschiedene Aspekte eines Projektplans betrachten. Selbst ein einfacher Projektplan kann so viele Daten enthalten, dass sie nicht alle gleichzeitig angezeigt werden können. Mittels der Ansichten können Sie sich auf die gewünschten Details konzentrieren. In späteren Übungen werden Sie diese Möglichkeit nutzen, um relevante Projektdetails genauer zu betrachten.

Berichte

Berichte sind vordefinierte Formate für den Ausdruck von Microsoft Project-Daten. Anders als Ansichten, die Sie ausdrucken oder mit denen Sie am Bildschirm arbeiten können, sind Berichte nur für den Ausdruck gedacht. Daten werden in Berichte nicht direkt eingegeben. Microsoft Project enthält mehrere vordefinierte Berichte für Vorgänge und Ressourcen, die Sie anpassen können, um die gewünschten Informationen zu erhalten.

In der folgenden Übung betrachten Sie einen Bericht in der Seitenansicht.

1 Klicken Sie im Menü **Ansicht** auf **Berichte**.

Das Dialogfeld **Berichte** öffnet sich und zeigt sechs übergreifende Kategorien für Berichte, die in Microsoft Project zur Verfügung stehen.

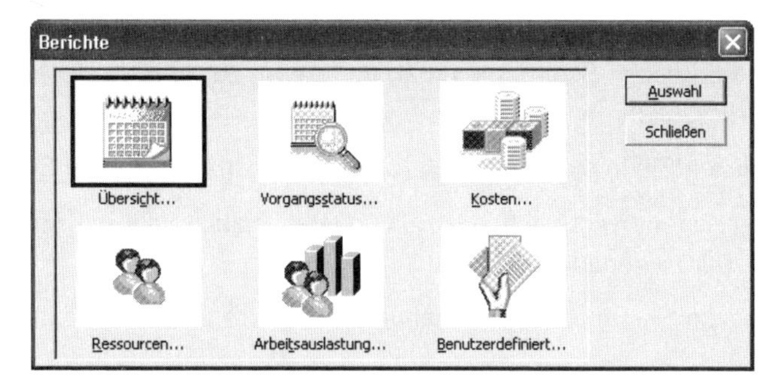

2 Klicken Sie auf **Benutzerdefiniert** und dann auf die Schaltfläche **Auswahl**.

Das Dialogfeld **Benutzerdefinierte Berichte** öffnet sich, in dem alle vordefinierten Berichte von Microsoft Project sowie alle benutzerdefinierten Berichte aufgelistet werden.

3 Klicken Sie im Listenfeld **Berichte** auf den Eintrag **Vorgang** und dann auf die Schaltfläche **Vorschau**.

Microsoft Project zeigt nun den Bericht **Vorgang** in der Seitenansicht an.

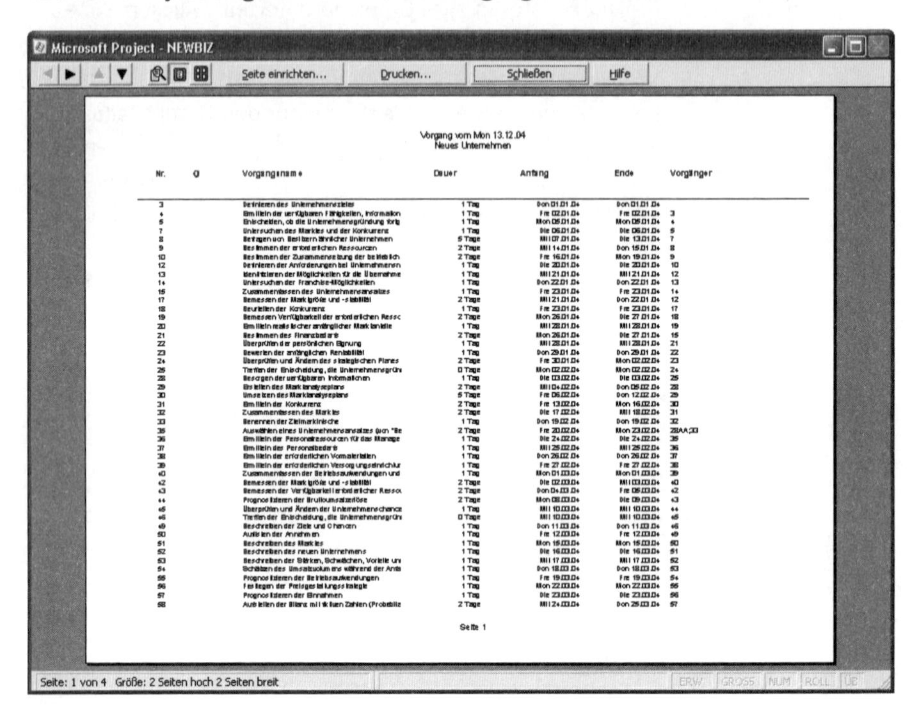

Dieser Bericht enthält – bis aus Sammelvorgänge – eine vollständige Liste aller Vorgänge eines Projekts, wie Sie sie bereits aus der Ansicht **Balkendiagramm (Gantt)** kennen. Wollen Sie mehr über einen Vorgang erfahren, zoomen Sie in den Bericht, indem Sie den Mauszeiger, der die Form eines Vergrößerungsglases hat, zum gewünschten Teil des Berichts führen und dann die linke Maustaste drücken. Klicken Sie noch einmal, um wieder zur Ansicht der kompletten Seite zurückzukehren.

4 Klicken Sie in der Symbolleiste der Seitenansicht auf die Schaltfläche **Schließen**.

Die Seitenansicht schließt sich und das Dialogfeld **Benutzerdefinierte Berichte** ist wieder zu sehen.

5 Klicken Sie im Dialogfeld **Benutzerdefinierte Berichte** auf die Schaltfläche **Schließen**.

6 Klicken Sie noch einmal auf die Schaltfläche **Schließen**, um das Dialogfeld **Berichte** auszublenden.

TIPP Es kommt häufig vor, dass Microsoft Project-Benutzer Probleme beim Versuch bekommen, die Balkendiagrammansicht so anzupassen, dass ganz bestimmte Informationen im gewünschten Format angezeigt werden. Bevor Sie dies ebenfalls versuchen, sollten Sie zunächst einmal die vordefinierten Ansichten (für die Arbeit am Bildschirm oder den Ausdruck) und Berichte (für den Ausdruck) überprüfen. Die Wahrscheinlichkeit ist groß, dass Ihre Anforderungen bei der Gestaltung von Microsoft Project vorhergesehen wurden und dass eine entsprechende Lösung für Sie bereitsteht.

Um die Übung abzuschließen, schließen Sie nun die Datei, die Sie benutzt haben, um sich mit Ansichten und Berichten vertraut zu machen.

7 Wählen Sie im Menü **Datei** den Befehl **Schließen**, um den Projektplan **Neues Unternehmen** zu schließen. Werden Sie gefragt, ob Sie Ihre Änderungen speichern wollen, klicken Sie auf die Schaltfläche **Nein**.

Einen neuen Projektplan erstellen

Da Sie jetzt die wichtigsten Komponenten der Benutzeroberfläche von Microsoft Project kennen, können Sie den Projektplan erstellen, der dann in den übrigen Kapiteln dieses Buches verwendet wird.

Ein Projektplan ist im Wesentlichen ein Modell, das Sie mittels einiger Aspekte des geplanten Projekts erstellen, das heißt mittels der Dinge, von denen Sie vermuten, dass sie passieren werden, oder von denen Sie wünschen, dass sie passieren werden. Dieses Modell konzentriert sich auf einige, aber nicht auf alle Aspekte des echten Projekts – auf die Vorgänge, die Ressourcen, den zeitlichen Rahmen und die möglichen Folgekosten.

Projektmanagement-Schwerpunkt: Ein Projekt ist stets Teil eines größeren Ganzen

Abhängig von Ihren Anforderungen und den Informationen, auf die Sie Zugriff haben, sind die Projektpläne, die Sie entwickeln, unter Umständen nicht direkt mit anderen wichtigen Aspekten eines realen Projekts verbunden. In großen Unternehmen werden beispielsweise umfangreiche Projekte häufig übergreifend von einem formalen Managementsystem gesteuert. Das bedeutet, dass größere Änderungen am Projektziel zunächst von den Projektverantwortlichen geprüft und genehmigt werden müssen, bevor sie an die einzelnen Projektleiter weitergegeben werden. Dies ist eine wichtige Aufgabe im Projektmanagement, die aber nicht innerhalb von Microsoft Project stattfindet.

In der folgenden Übung erstellen Sie einen neuen Plan mit dem Projektberater.

1 Wählen Sie im Menü **Datei** den Befehl **Neu**.

   Der Aufgabenbereich **Neues Projekt** wird eingeblendet.

2 Klicken Sie unter **Neu** auf den Link **Leeres Projekt**.

   Microsoft Project erstellt ein neues Projekt und der Aufgabenbereich **Neues Projekt** wird durch den Projektberater ersetzt.

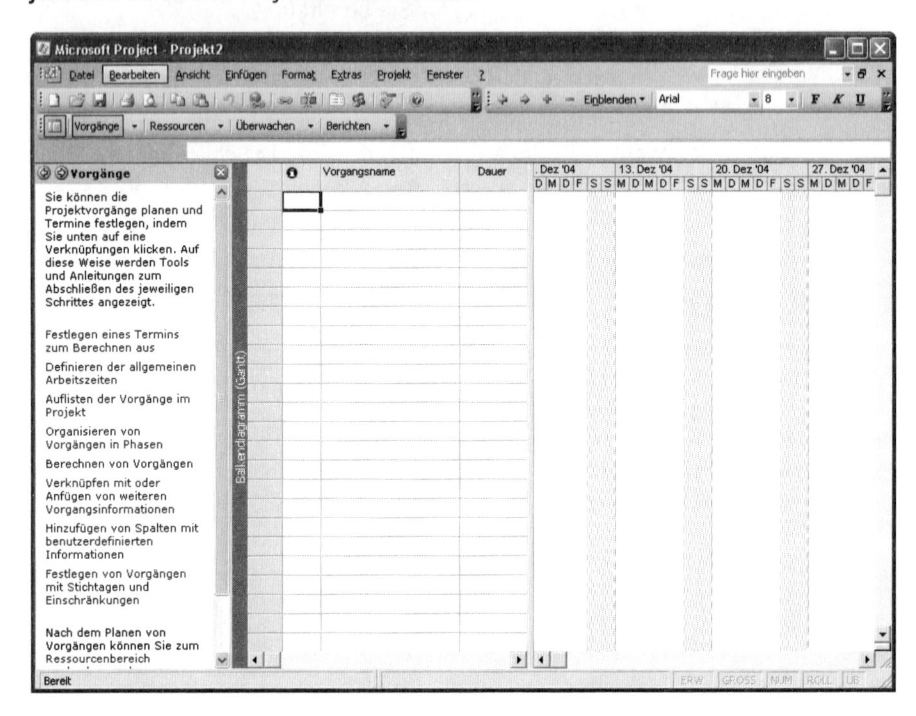

Nehmen Sie sich einen Augenblick Zeit, um den Projektberater zu betrachten. Sie finden hier Links zu verschiedenen Aktivitäten, die alle auf Vorgänge ausgerichtet sind. (Später in diesem Kapitel werden Sie andere Arten von Aktivitäten sehen.) Jede dieser Aktivitäten besteht aus einer Folge nummerierter Schritte. Jeder Schritt wird wie die Seiten in einem Buch in einem eigenen Seitenbereich angezeigt.

3 Klicken Sie im Projektberater auf den Link **Festlegen eines Termins zum Berechnen aus** (in Project Standard) bzw. auf **Definieren des Projekts** (in Project Professional).

   Der betreffende Seitenbereich ist nun zu sehen.

4 Klicken Sie auf den Abwärtspfeil neben dem Datumsfeld.

Ein kleiner Monatskalender öffnet sich. Standardmäßig verwendet Microsoft Project das aktuelle Datum als Anfangstermin. In dieser Übung wählen Sie jedoch als Anfangstermin den 3. Januar 2005.

5 Klicken Sie auf die Pfeilschaltflächen in der rechten oder linken oberen Ecke des Monatskalenders, bis Sie beim Januar 2005 angelangt sind.

6 Klicken Sie auf die 3.

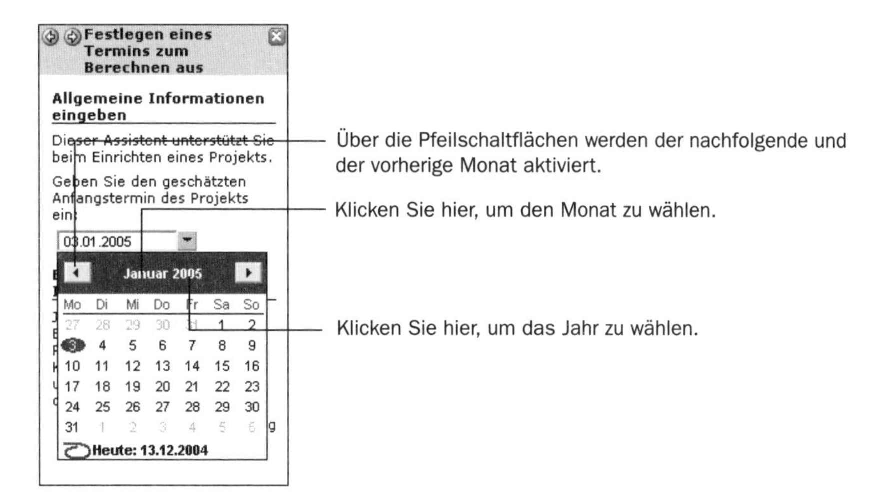

TIPP Diese Art von Kalender wird in Microsoft Project an verschiedenen Stellen verwendet, um auf komfortable Weise das Datum auszuwählen. Am schnellsten geht dies folgendermaßen: Klicken Sie auf den Monatsnamen, um ein Menü mit allen Monaten zu öffnen und wählen Sie dann den gewünschten Monat. Klicken Sie als Nächstes auf das Jahr, um das gewünschte Jahr über die Drehfelder auszuwählen bzw. einzustellen. Sie können das gewünschte Jahr auch einfach in das Feld eingeben.

7 Klicken Sie am unteren Rand des Seitenbereichs auf **Fertig** (in Project Standard) bzw. auf **Speichern Sie, und gehen Sie zu Schritt 2** (in Project Professional).

Wenn Sie mit Project Professional arbeiten, werden weitere Seitenbereiche angezeigt, die sich auf Project Server beziehen. Klicken Sie im Seitenbereich von Schritt 2 auf **Nein**. Klicken Sie in Schritt 3 auf **Speichern und beenden Sie den Vorgang**.

Die Aktivitätenliste für Vorgänge wird erneut im Projektberater angezeigt. Das Definieren der Projektaktivität ist damit abgeschlossen.

Speichern

8 Klicken Sie in der Standardsymbolleiste auf die Schaltfläche **Speichern**. Weil dieser Projektplan noch nicht gespeichert wurde, öffnet sich das Dialogfeld **Speichern unter**.

9 Wechseln Sie zum Übungsordner für Kapitel 1. Standardmäßig ist dies der Ordner *Eigene Dateien\Microsoft Press\Project 2003 Training\01_EinführungProject.*

10 Geben Sie im Feld **Dateiname** die Bezeichnung ***Wingtip Toys Werbespot 1*** ein.

11 Klicken Sie auf die Schaltfläche **Speichern**, um das Dialogfeld **Speichern unter** zu schließen.

Microsoft Project speichert den Projektplan unter der Bezeichnung *Wingtip Toys Werbespot 1*.

TIPP Sie können Microsoft Project anweisen, den aktiven Projektplan in vordefinierten Intervallen zu speichern, zum Beispiel alle 10 Minuten. Wählen Sie dazu im Menü **Extras** den Befehl **Optionen**. Aktivieren Sie im Dialogfeld **Optionen** die Registerkarte **Speichern**, aktivieren Sie das Kontrollkästchen **Automatisch speichern alle** und geben Sie dann den gewünschten Wert ein. Schließen Sie das Dialogfeld **Optionen**, indem Sie auf **OK** klicken.

Arbeitsfreie Zeiten festlegen

Diese Übung führt in das Thema *Kalender* ein, das wichtigste Mittel, um festzulegen, wann in Microsoft Project Vorgänge und Ressourcen zur Bearbeitung eingeplant werden können. In späteren Kapiteln arbeiten Sie mit anderen Arten von Kalendern. In diesem Kapitel arbeiten Sie nur mit dem *Projektkalender.*

Der Projektkalender definiert die allgemeinen Arbeitszeiten für Aufgaben, wie zum Beispiel von Montag bis Freitag zwischen 8:00 Uhr und 17:00 Uhr mit jeweils einer Stunde Mittagspause. In Ihrem Unternehmen oder für bestimmte Ressourcen gibt es möglicherweise Ausnahmen für die allgemeine Arbeitszeit, wie zum Beispiel Urlaub oder Feiertage. In einem späteren Kapitel lernen Sie, wie Sie Urlaub eintragen. Im Folgenden erfahren Sie, wie Sie einen Feiertag in den Projektkalender eingeben.

1 Klicken Sie im Seitenbereich **Vorgänge** auf den Link **Definieren der allgemeinen Arbeitszeiten.**

Der Seitenbereich **Projektarbeitszeiten** mit dem Schritt **Allgemeine Projektarbeitsstunden definieren** öffnet sich.

Im Bereich **Vorschau der Arbeitszeit** werden die Arbeitszeiten, in denen Microsoft Project Vorgänge und Ressourcen einplanen kann, blau angezeigt.

TIPP Klicken Sie im Seitenbereich **Projektarbeitszeiten** auf den Link **Tipp.** Der Tipp wird nun an Ort und Stelle angezeigt. Sie brauchen den Seitenbereich nicht zu verlassen, um ihn lesen zu können. Klicken Sie noch einmal auf den Link, um ihn wieder auszublenden. Im Projektberater werden Sie auf viele solcher Tipps stoßen.

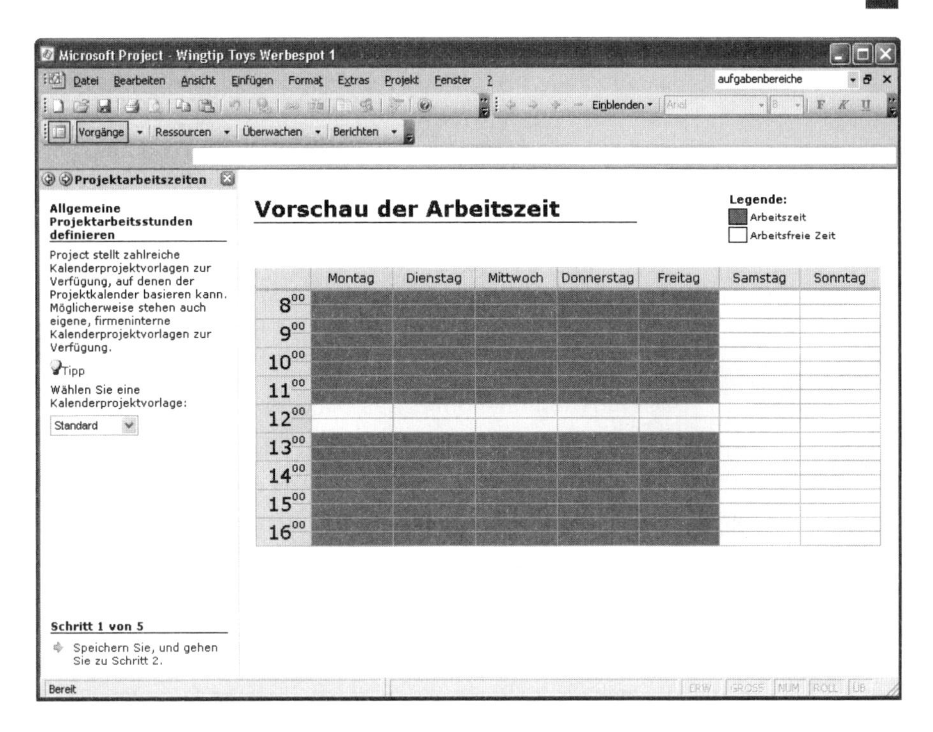

2 Klicken Sie auf den Abwärtspfeil neben dem Dropdown-Listenfeld **Wählen Sie eine Kalenderprojektvorlage**.

Die Liste, die sich öffnet, enthält die folgenden drei *Basiskalender*, die Ihnen in Microsoft Project zur Verfügung stehen:

- **Standard:** Der traditionelle Arbeitstag von Montag bis Freitag zwischen 8:00 Uhr und 17:00 Uhr mit einer Stunde Mittagspause.
- **24 Stunden:** Es gibt keine arbeitsfreien Zeiten.
- **Nachtschicht:** Deckt einen Nachtschichtzeitraum von Montag bis Samstag zwischen 23:00 Uhr und 8:00 Uhr mit einer Stunde Pause ab.

Nur einer der Basiskalender dient als Projektkalender. Für dieses Projekt verwenden Sie den Kalender **Standard**. Sie brauchen also keine Änderungen vorzunehmen.

WICHTIG Um mehr über Kalender zu erfahren, geben Sie in das Feld **Frage hier eingeben** in der rechten oberen Ecke des Microsoft Project-Fensters die Frage ***Alles über Kalender*** ein.

3 Klicken Sie am unteren Rand des Seitenbereichs auf den Link **Speichern Sie, und gehen Sie zu Schritt 2**.

Der zweite Schritt öffnet sich. In diesem Schritt können Sie die Arbeitszeiten für die Arbeitswoche genauer definieren. Sie können beispielsweise festlegen, dass der Arbeitstag jeden Mittwoch um 15:00 Uhr statt um 17:00 Uhr enden soll. Für dieses Projekt behalten Sie jedoch die Standardarbeitswoche bei.

4 Klicken Sie am unteren Rand des Seitenbereichs auf den Link **Speichern Sie, und gehen Sie zu Schritt 3**.

Der dritte Schritt öffnet sich. Hier tragen Sie Urlaub und freie Tage in den Projektkalender ein.

5 Klicken Sie im Seitenbereich auf den Link **Arbeitszeit ändern**.

Der Projektberater öffnet das Dialogfeld **Arbeitszeit ändern**. Dasselbe Dialogfeld öffnet sich auch, wenn Sie im Menü **Extras** den Befehl **Arbeitszeit ändern** wählen.

6 Blättern Sie über die Bildlaufleiste im Bereich **Zeitraum markieren** bis zum Januar 2005.

Sie wissen, dass alle Mitarbeiter am 28. Januar an einem Betriebsausflug teilnehmen und dieser Tag somit als arbeitsfreie Zeit eingeplant werden sollte.

7 Markieren Sie das Datum 28. Januar.

8 Wählen Sie im Bereich **Markierten Zeitraum festlegen** die Option **Arbeitsfreie Zeit**.

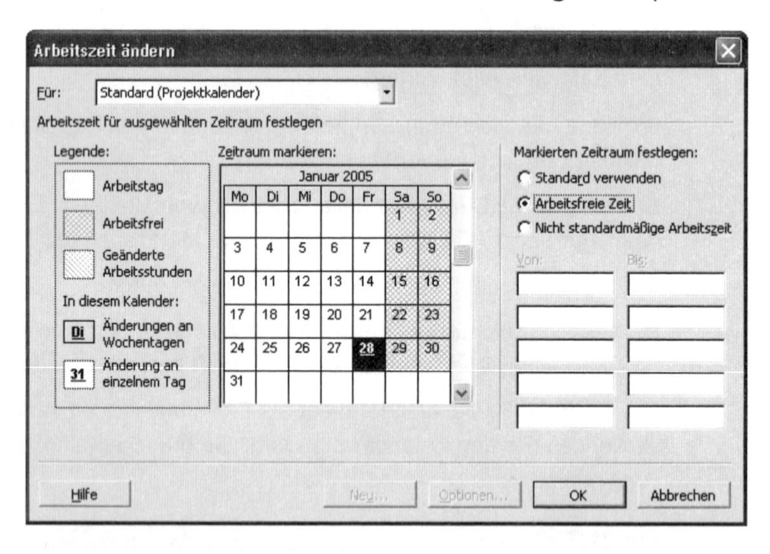

Dieses Datum ist nun für das Projekt eine arbeitsfreie Zeit. Im Dialogfeld wird das Datum unterstrichen dargestellt und es wird grau formatiert, um eine arbeitsfreie Zeit zu kennzeichnen.

9 Klicken Sie auf **OK**, um das Dialogfeld **Arbeitszeit ändern** zu schließen.

10 Um zu überprüfen, ob die Änderungen im Projektkalender berücksichtigt werden, scrollen Sie mit der horizontalen Bildlaufleiste im Balkendiagramm, bis Freitag, der 28. Januar 2005 sichtbar ist.

Wie die Wochenenden ist nun auch der 28. Januar grau formatiert und damit als arbeitsfreie Zeit gekennzeichnet.

Freitag, der 28. Januar 2005 ist als arbeitsfreie Zeit gekennzeichnet und wie die Wochenenden grau formatiert.

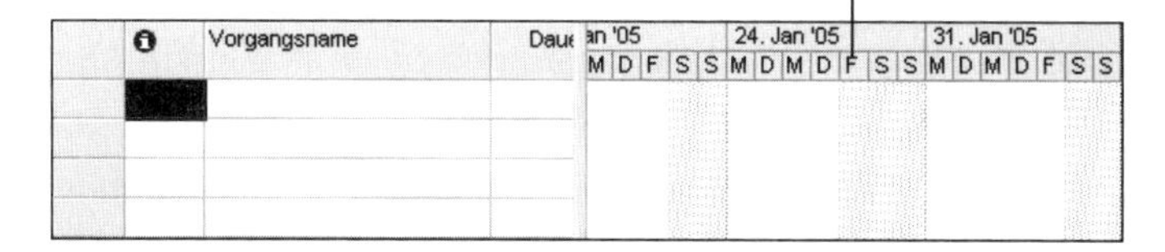

11 Klicken Sie am unteren Rand des Seitenbereichs auf den Link **Speichern Sie, und gehen Sie zu Schritt 4**.

Nehmen Sie sich einen Augenblick Zeit, um den Text im Seitenbereich zu lesen. Der Schritt **Die Zeiteinheiten definieren** führt unter Microsoft Project-Benutzern häufig zu Verwirrung. Weil Sie die Standardarbeitszeiten unverändert beibehalten haben, sollten Sie auch die Zeiteinheiten nicht verändern.

12 Klicken Sie am unteren Rand des Seitenbereichs auf den Link **Speichern Sie, und gehen Sie zu Schritt 5**.

Es öffnet sich der letzte Schritt der Aktivität **Definieren der allgemeinen Arbeitszeiten**.

13 Klicken Sie am unteren Rand des Seitenbereichs auf den Link **Speichern und beenden Sie den Vorgang**.

Der Seitenbereich **Vorgänge** ist nun wieder sichtbar. Sie haben die Aktivität **Definieren der allgemeinen Arbeitszeiten** erfolgreich abgeschlossen. Freitag, der 28. Januar, ist nun im Balkendiagramm als arbeitsfreier Tag eingetragen und grau formatiert (wie Wochenenden).

Projekteigenschaften eingeben

In Microsoft Project werden, wie in anderen Programmen der Office-Produktfamilie, einige Dateieigenschaften fortlaufend verfolgt. Hierzu gehören Statistiken, die beispielsweise erkennen lassen, wie oft eine Datei überarbeitet wurde. Andere Eigenschaften enthalten Informationen, die Sie für Projektberichte benötigen, zum Beispiel den Namen des Projektmanagers oder Schlüsselwörter für eine Dateisuche. Microsoft Project verwendet beim Ausdrucken auch Eigenschaften in den Seitenkopf- und -fußzeilen.

In der folgenden Übung geben Sie einige Eigenschaften ein, die Sie später für den Ausdruck der Projektinformationen und für andere Zwecke einsetzen werden.

1. Klicken Sie im Menü **Datei** auf **Eigenschaften**.

   Das Eigenschaftendialogfeld wird geöffnet.
2. Klicken Sie auf die Registerkarte **Zusammenfassung**.
3. Geben Sie in das Feld **Thema** die Bezeichnung ***Videoproduktionsplan*** ein.
4. Geben Sie in das Feld **Autor** Ihren eigenen Namen ein.
5. Geben Sie in das Feld **Manager** Ihren Namen oder den Namen des zutreffenden Managers ein oder lassen Sie das Feld leer.
6. Geben Sie in das Feld **Firma** die Bezeichnung ***Industriefilm GmbH*** ein.
7. Aktivieren Sie das Kontrollkästchen **Vorschaugrafik speichern**.

   Wenn diese Datei im Dialogfeld **Öffnen** bei aktivierter Ansichtenoption **Vorschau** angezeigt wird, sehen Sie dort eine kleine Abbildung mit den ersten Vorgängen dieses Projekts.
8. Klicken Sie auf **OK**, um das Dialogfeld zu schließen.

Eine Datenbank, die sich mit der Zeit auskennt

Die Projektpläne, die in Microsoft Project erstellt werden, haben vieles mit Datenbankdateien wie zum Beispiel von Microsoft Access gemeinsam. Würden Sie einen Blick in eine Microsoft Project Plan-Datei (MPP-Datei) werfen, würden Sie feststellen, dass sie ein ähnliches Format aufweist wie eine Datenbankdatei. Die Daten werden in Tabellen gespeichert und die Informationen in den einzelnen Tabellen sind über Beziehungen miteinander verknüpft. Für Microsoft Project-Benutzer in großen Unternehmen ist es nicht ungewöhnlich, dass sie Projektpläne in einem Datenbankformat speichern. Manchmal speichern sie sie sogar in einer zentralen Datenbank auf dem Netzwerkserver.

Microsoft Project bietet gegenüber einer regulären Datenbankanwendung jedoch den Vorteil, dass ein Zeitplanungsmodul vorhanden ist. Deshalb hat ein Project-Experte Microsoft Project einmal als „Datenbank, die sich mit der Zeit auskennt" bezeichnet.

SCHLIESSEN SIE die Datei **Wingtip Toys Werbespot 1**.

Zusammenfassung

- Zur Produktfamilie von Microsoft Office Project gehören Project Standard, Project Professional, Project Server und Project Web Access. In der Regel arbeiten Sie entweder mit Project Standard auf einem Einzelplatzrechner oder mit einer Kombination aus Project Professional, Project Server und Project Web Access als unternehmensweite Projektmanagementlösung.
- Der wichtigste Unterschied zwischen Microsoft Project und anderen Tools, mit denen Daten in Tabellenform dargestellt werden können, ist das Zeitplanungsmodul von Project, das Sie beim zeitorientierten Arbeiten unterstützt.
- Microsoft Project enthält eine Reihe von Vorlagen, die Sie als Grundlage für Ihre Projektplanung verwenden können.
- Sie können Ihre Projektdaten in unterschiedlichen Ansichten darstellen. In der Regel arbeiten Sie mit einer, manchmal auch mit zwei Ansichten gleichzeitig. Die am häufigsten verwendete Standardansicht ist **Balkendiagramm (Gantt)**.
- Microsoft Project enthält eine Vielzahl von Berichten, die Sie zur Darstellung Ihrer Daten einsetzen können. Die Daten können in Berichten nicht bearbeitet werden.
- Mithilfe des integrierten Kalenders können Sie die Termine Ihres Projekts präzise festlegen und steuern.

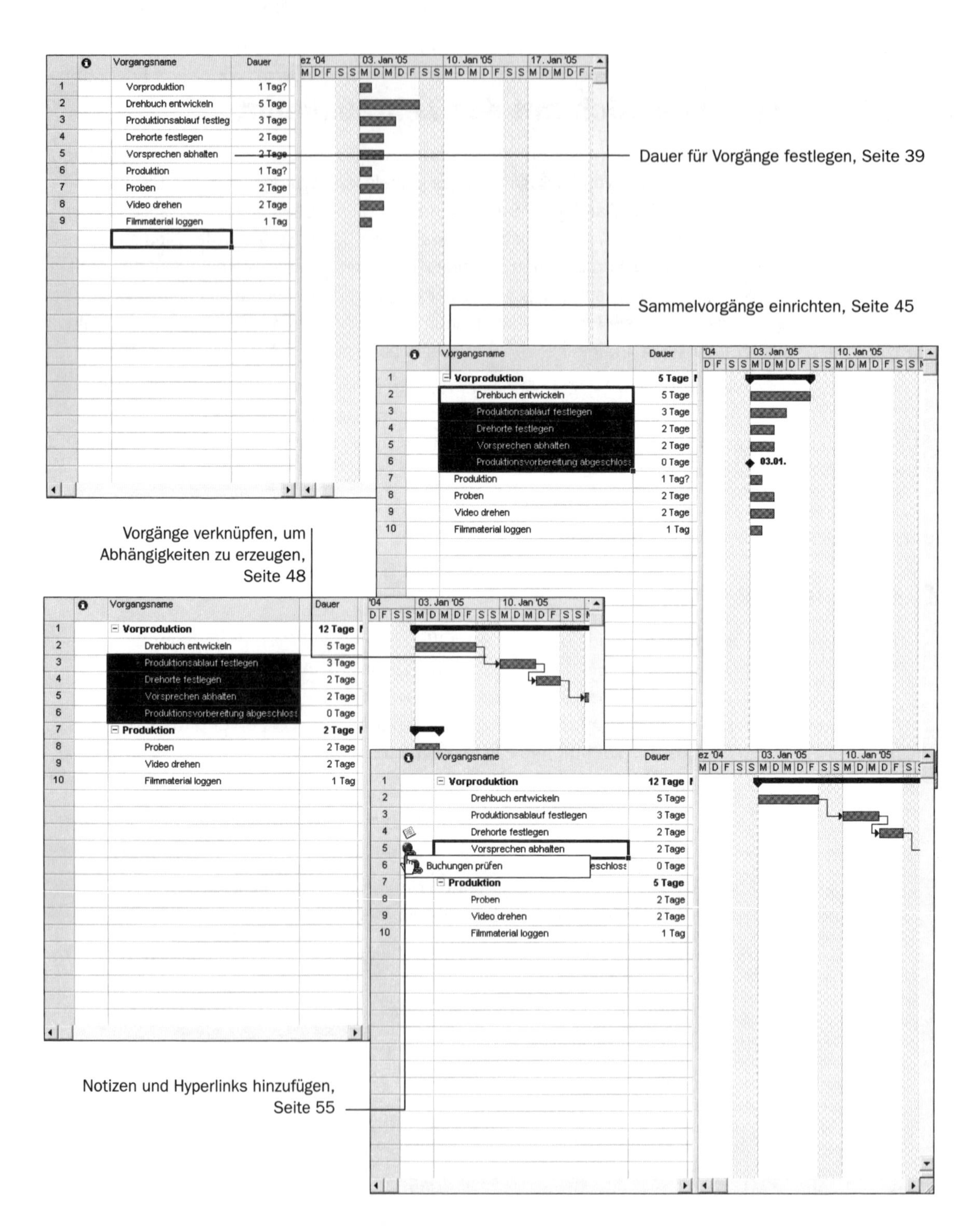

Kapitel 2 auf einen Blick

2 Vorgänge eingeben und organisieren

In diesem Kapitel lernen Sie,

- ✔ wie Sie Vorgänge eingeben.
- ✔ wie Sie die Dauer eines Vorgangs einschätzen und den entsprechenden Zeitraum eingeben.
- ✔ wie Sie einen Meilenstein einrichten, um ein wichtiges Ereignis zu überwachen.
- ✔ wie Sie Vorgänge in Phasen zusammenfassen.
- ✔ wie Sie Beziehungen zwischen Vorgängen definieren, indem Sie Vorgänge miteinander verknüpfen.
- ✔ wie Sie Details zu Vorgängen aufzeichnen und einen Hyperlink zu weiteren Inhalten herstellen.
- ✔ wie Sie die Dauer eines Projekts herausfinden.

Siehe auch Falls Sie nur eine kurze Wiederholung zu den Themen benötigen, die in diesem Kapitel behandelt werden, lesen Sie den Schnellüberblick zu Kapitel 2 am Anfang dieses Buches.

WICHTIG Bevor Sie die Übungsdateien in diesem Kapitel benutzen können, müssen Sie sie von der Begleit-CD in den vorgegebenen Standardordner installieren. Einzelheiten dazu finden Sie im Abschnitt „Die Übungsdateien installieren" am Anfang dieses Buches.

Vorgänge eingeben

Vorgänge sind die Grundbausteine eines jeden Projekts. Sie stellen die Arbeiten dar, die zur Erreichung der Projektziele ausgeführt werden müssen, und beschreiben die Projektarbeit hinsichtlich der Reihenfolge, der Dauer und der Ressourcenanforderungen. Später in diesem Kapitel werden Sie mit zwei speziellen Vorgangsarten arbeiten: mit Sammelvorgängen, die die Dauer, die Kosten etc. der untergeordneten

Vorgänge zusammenfassen, und mit Meilensteinen, die wichtige Ereignisse in einem Projekt kennzeichnen.

In der folgenden Übung geben Sie die ersten Vorgänge ein, die für das Filmprojekt erforderlich sind.

ACHTEN SIE DARAUF, dass Microsoft Project gestartet ist, bevor Sie mit der Übung beginnen.

WICHTIG Wenn Sie mit Microsoft Project Professional arbeiten, müssen Sie unter Umständen eine einmalige Einstellung vornehmen, damit Sie mit dem eigenen Arbeitsplatz-Account und offline arbeiten können. So wird sichergestellt, dass die Übungsdateien, mit denen Sie in diesem Kapitel arbeiten, keine Auswirkungen auf Ihre Microsoft Project Server-Daten haben. Mehr Informationen hierzu finden Sie in Kapitel 1 im Abschnitt „Microsoft Office Project Professional starten“.

ÖFFNEN SIE die Datei **Wingtip Toys Werbespot 2a,** ***die Sie im Ordner*** **Eigene Dateien\Microsoft Press\Project 2003 Training\02_VorgängeOrganisieren** ***finden. Sie können den Ordner auch über*** **Start/ Alle Programme/Microsoft Press/Project 2003 Training** ***öffnen.***

1. Wählen Sie im Menü **Datei** den Befehl **Speichen unter**.

   Das Dialogfeld **Speichern unter** öffnet sich.

2. Geben Sie in das Feld **Dateiname** den Text ***Wingtip Toys Werbespot 2*** ein und klicken Sie dann auf **Speichern**.
3. Ist der Seitenbereich **Vorgänge** nicht bereits angezeigt, klicken Sie in der Symbolleiste **Projektberater** auf die Schaltfläche **Vorgänge**.
4. Klicken Sie im Seitenbereich **Vorgänge** auf den Link **Auflisten der Vorgänge im Projekt**.

   Der Seitenbereich **Auflisten von Vorgängen** wird eingeblendet. Lesen Sie die Informationen über die Eingabe von Vorgängen. Über diesen Seitenbereich werden Sie später einen Meilensteinvorgang einrichten.

5. Klicken Sie auf die Zelle direkt unter der Überschrift **Vorgangsname**.
6. Geben Sie den Text ***Vorproduktion*** ein und drücken Sie dann die [↵]-Taste.
7. Klicken Sie auf den Namen des neuen Vorgangs 1, **Vorproduktion**.

   Ihr Bildschirm sollte nun etwa wie in der folgenden Abbildung aussehen.

Geschätzte Dauer

Balken für den Vorgang im Gantt-Diagramm

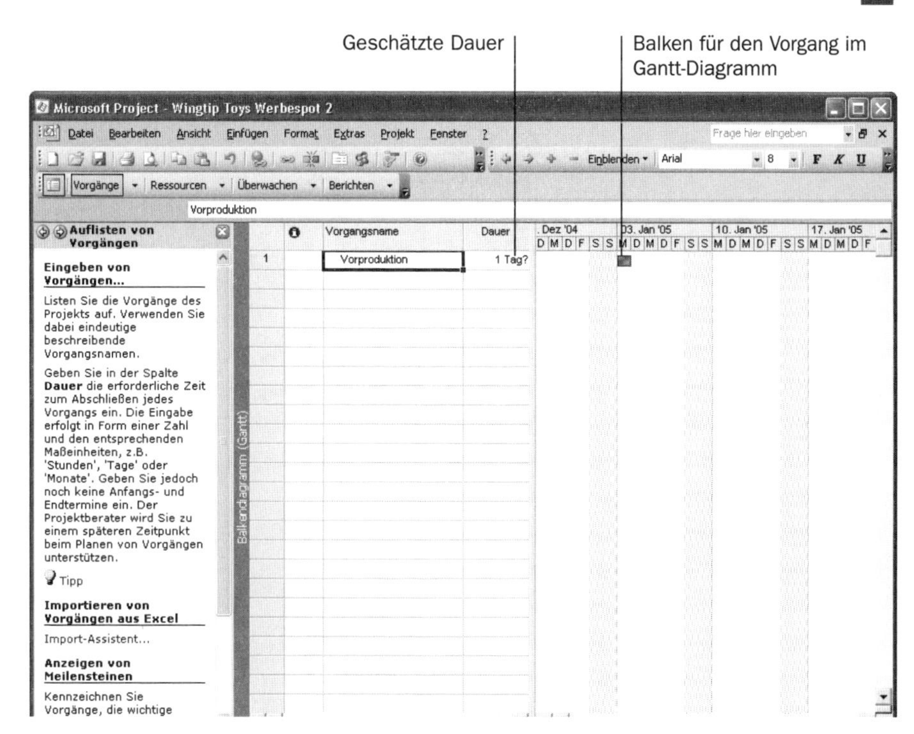

Dem Vorgang, den Sie soeben eingegeben haben, ist eine eindeutige Vorgangsnummer zugeordnet. Sie gibt jedoch nicht unbedingt die Reihenfolge wieder, in der die Vorgänge auftreten.

Microsoft Project weist dem neuen Vorgang die Dauer von einem Tag zu. Das Fragezeichen gibt an, dass es sich um eine geschätzte Dauer handelt. Im Balkendiagramm ist entsprechend ein Balken für die Länge eines Tages zu sehen. Standardmäßig ist der Anfangstermin identisch mit dem Projektanfangstermin.

8 Geben Sie die folgenden Vorgänge unterhalb des Vorgangs **Vorproduktion** ein und drücken Sie nach jedem Vorgangsnamen die [↵]-Taste.

Drehbuch entwickeln

Produktionsablauf festlegen

Drehorte festlegen

Vorsprechen abhalten

Produktion

Proben

Video drehen

Filmmaterial loggen

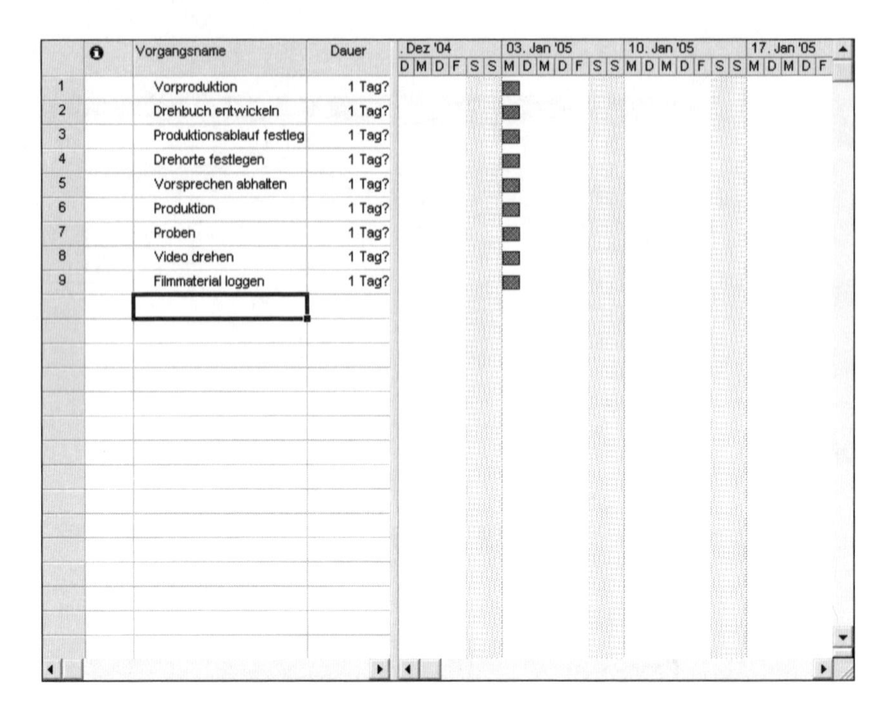

TIPP Vorgänge können in Microsoft Project direkt eingegeben werden. Sie können aber auch Vorgangslisten in anderen Anwendungen entwickeln und sie dann in Microsoft Project importieren. Es gibt zum Beispiel in Microsoft Excel eine Vorlage namens **Microsoft Project-Vorgangslisten-Importvorlage**. Sie finden diese Vorlage im Dialogfeld **Vorlagen** auf der Registerkarte **Tabellenvorlagen**. Sie können auch Aufgabenlisten aus Microsoft Outlook in einen Projektplan importieren. Wählen Sie dazu in Microsoft Project im Menü **Extras** den Befehl **Outlook-Aufgaben importieren.**

Projektmanagement-Schwerpunkt: Die richtigen Vorgänge für das gewünschte Resultat definieren

Jedes Projekt besitzt ein vorgegebenes Ziel oder eine definierte Absicht, das bzw. die der Grund für die Ausführung des Projekts ist: das *Projektergebnis*. Dabei handelt es sich normalerweise um ein Produkt, beispielsweise einen Werbespot, oder eine Dienstleistung, beispielsweise eine Softwareschulung. Eine der wichtigsten Aufgaben eines Projektmanagers ist deshalb die Definition der Vorgänge, die zum gewünschten Resultat führen. Die Vorgangsliste, die Sie in Microsoft Project erstellen, sollte die gesamte erforderliche Projektarbeit beschreiben, die für die Fertigstellung des Projekts ausgeführt werden muss.

Bei der Erstellung von Vorgangslisten sollte zwischen dem Produktumfang und dem Projektumfang unterschieden werden. Der *Produktumfang* beschreibt die Qualität, die Eigenschaften und die Funktionen des Projektergebnisses. In dem Szenario, das für dieses Buch gewählt wurde, ist das Resultat beispielsweise ein Werbespot, zu dessen Produktumfang unter anderem Länge, Thema und Zielgruppe gehören. Der *Projektumfang* beschreibt die Arbeit, die zur Erreichung des Ergebnisses (Produkt oder Dienstleistung) erforderlich ist. Im vorliegenden Szenario gehören zum Projektumfang detaillierte Vorgänge für die Produktionsvorbereitung, die Produktion und die Produktionsnachbereitung, die zur Erstellung eines Werbespots gehören.

Dauer einschätzen

Unter der *Dauer* eines Vorgangs versteht man die Zeit, die erwartungsgemäß für die Fertigstellung des Vorgangs erforderlich ist. Microsoft Project bietet für die Vorgangsdauer Zeiteinheiten von Minuten bis hin zu Monaten an. Je nach Umfang Ihres Projekts legen Sie die Dauer wahrscheinlich meist auf einer Skala mit Stunden, Tagen und Wochen fest.

Für ein Projekt könnte beispielsweise ein *Projektkalender* angelegt werden, in dem die Arbeitszeit – inkl. 1 Stunde Pause – von Montag bis Freitag von 8:00 morgens bis 17:00 nachmittags festgelegt ist. Die Abende und Wochenenden zählen als Freizeit. Wenn Sie davon ausgehen, dass für die Erledigung eines Vorgangs 16 Arbeitsstunden erforderlich sind, könnten Sie als Dauer ***2T*** eingeben, um die Arbeit auf zwei 8-Stunden-Arbeitstage zu verteilen. Sie können dann von folgendem Ablauf ausgehen: Wurde der Vorgang am Freitagmorgen um 8:00 Uhr gestartet, ist er am folgenden Montagnachmittag um 17:00 Uhr abgeschlossen. Über das Wochenende konnte keine Arbeitszeit eingeplant werden, da Samstag und Sonntag als arbeitsfreie Zeiten festgelegt sind.

TIPP Die Gesamtdauer eines Projekts können Sie ermitteln, indem Sie die Differenz zwischen dem frühesten Anfangstermin und dem spätesten Endtermin der Vorgänge berechnen, aus denen sich das Projekt zusammensetzt. Auf die Projektdauer wirken sich noch weitere Faktoren aus, beispielsweise die Beziehungen zwischen Vorgängen. (Näheres hierzu finden Sie weiter hinten in diesem Kapitel.) Da Microsoft Project zwischen Arbeitszeit und arbeitsfreier Zeit unterscheidet, muss die Dauer eines Vorgangs nicht mit der tatsächlich abgelaufenen Zeit identisch sein.

Die folgende Tabelle enthält Abkürzungen, die in Microsoft Project zur Angabe der Dauer verwendet werden können (Groß-/Kleinschreibung muss nicht berücksichtigt werden).

Abkürzung	Anzeige	Bedeutung
Min	Min.	Minute
h	Std.	Stunde
T	Tag	Tag
W	Woche	Woche
M	Monat	Monat

TIPP Sie können für die Dauer der Vorgänge neben der reinen Arbeitszeit auch die arbeitsfreie Zeit einplanen, indem Sie dem betreffenden Vorgang eine *fortlaufende Dauer* zuweisen. Sie können beispielsweise ***3fT*** eingeben, um drei fortlaufende Tage anzugeben. So gehören beispielsweise zu einem Bauprojekt die Vorgänge „Fundament gießen“ und „Verschalungen entfernen“. Sie werden dann einen weiteren Vorgang mit dem Titel „Warten auf die Trocknung des Betons“ anlegen, da die Verschalungen erst entfernt werden können, wenn der Beton getrocknet ist. Der Vorgang „Warten auf die Trocknung des Betons“ sollte eine fortlaufende Dauer haben, da die Trocknungszeit des Betons einige Tage in Anspruch nimmt, zu denen neben Arbeitstagen auch arbeitsfreier Zeit, wie ein Wochenende, zählen. Wenn der Beton 48 Stunden für die Trocknung benötigt, können Sie als Dauer für diesen Vorgang ***2fT*** eingeben, den Start des Vorgangs auf Freitagmorgen 9:00 festlegen und davon ausgehen, dass der Vorgang am Sonntagmorgen um 9:00 Uhr abgeschlossen ist. In den meisten Fällen werden Sie jedoch in Microsoft Project mit nicht fortlaufender (unterbrochener) Dauer arbeiten.

In Microsoft Project gelten die normalen Standardwerte für die Minuten- und Stundendauer: eine Minute entspricht 60 Sekunden und eine Stunde entspricht 60 Minuten. Die Werte für die Dauer von Tagen, Wochen und Monaten können Sie für Ihr Projekt selbst festlegen. Zu diesem Zweck öffnen Sie das Menü **Extras**, klicken auf **Optionen** und aktivieren die Registerkarte **Kalender**.

Wenn 8 Stunden pro Tag festgelegt sind und eine Vorgangsdauer von zwei Tagen eingegeben wird, entspricht dies der Eingabe von 16 Stunden.

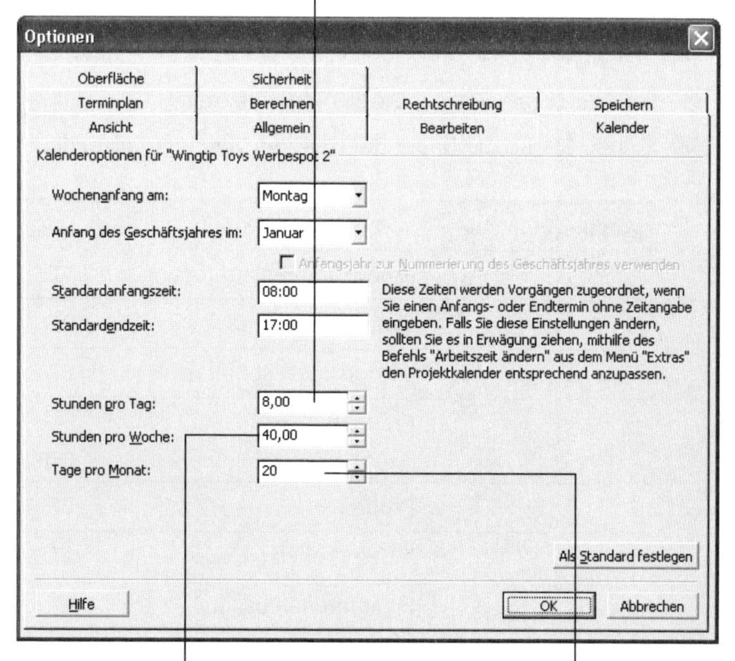

Wenn 40 Stunden pro Woche festgelegt sind und eine Vorgangsdauer von drei Wochen eingegeben wird, entspricht dies der Eingabe von 120 Stunden.

Wenn 20 Tage pro Monat festgelegt sind und eine Vorgangsdauer von einem Monat eingegeben wird, entspricht dies der Eingabe von 160 Stunden (8 Stunden pro Tag multipliziert mit 20 Tagen pro Monat).

Die Übungen in diesem Buch gehen von folgenden Standardwerten aus: 8 Stunden pro Tag, 40 Stunden pro Woche und 20 Tage pro Monat.

TIPP Ein nützliches Hilfsmittel zur Einschätzung der Vorgangsdauer stellt die PERT-Analyse (Program Evaluation and Review Technique) dar. Eine ausführliche Beschreibung der PERT-Analyse würde den Rahmen dieses Buches sprengen. Wenn Sie dazu weitere Informationen wünschen, geben Sie in das Feld **Frage hier eingeben** in der rechten oberen Ecke des Microsoft Project-Fensters den Begriff ***PERT*** ein.

In der folgenden Übung geben Sie die Dauer für die Vorgänge ein, die Sie zuvor in diesem Kapitel erstellt haben. Bei der Erstellung wurde jedem Vorgang automatisch eine geschätzte Dauer von einem Tag zugewiesen. (Das Fragezeichen im Feld **Dauer** zeigt an, dass es sich um einen geschätzten Wert handelt. Sie sollten aber jede Dauer als Schätzung betrachten, solange das Projekt nicht abgeschlossen ist.) Die Dauer für Vorgänge legen Sie folgendermaßen fest:

1 Klicken Sie in der Eingabetabelle unter der Spaltenüberschrift **Dauer** auf die Zelle für Vorgang 2, **Drehbuch entwickeln**.

Das Feld **Dauer** für Vorgang 2 ist markiert.

2 Geben Sie ***5T*** ein und drücken Sie dann die [↵]-Taste.

Im Feld **Dauer** wird der Wert **5 Tage** angezeigt.

3 Geben Sie für die Dauer der weiteren Vorgänge folgende Werte ein:

Vorgangsnummer	Vorgangsname	Dauer
3	Produktionsablauf festlegen	***3T***
4	Drehorte festlegen	***2T***
5	Vorsprechen abhalten	***2T***
6	Produktion	[↵]-Taste drücken, um diesen Vorgang zu übergehen
7	Proben	***2T***
8	Video drehen	***2T***
9	Filmmaterial loggen	***1T***

Ihr Bildschirm sollte nun etwa wie in der folgenden Abbildung aussehen.

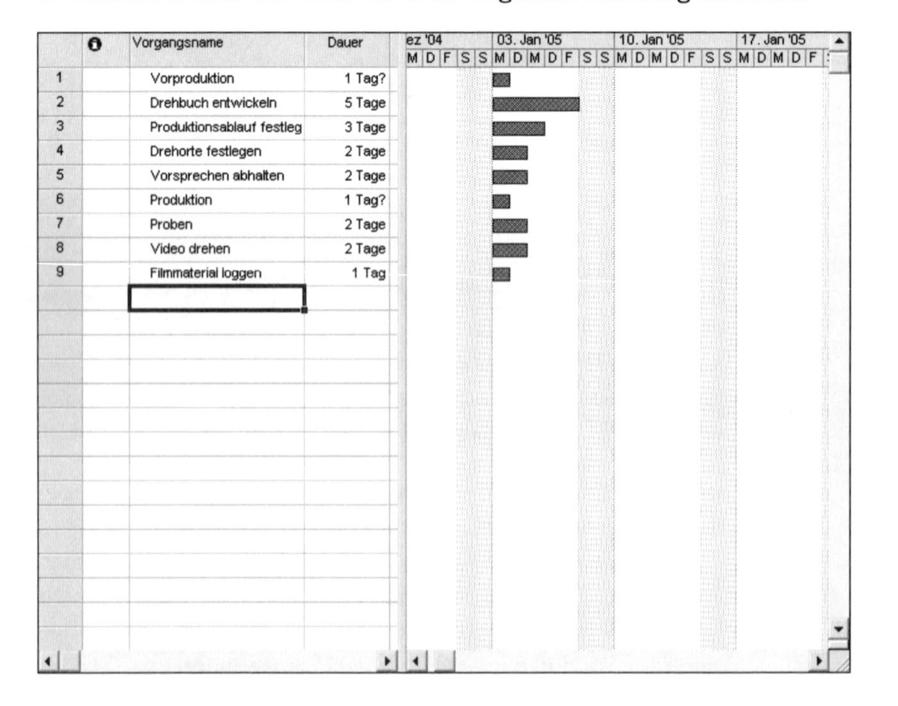

Projektmanagement-Schwerpunkt: Eine genaue Vorgangsdauer festlegen

Bei der Einschätzung der Dauer von Vorgängen sollten Sie zwei grundlegende Regeln beachten:

- Die Vorgangsdauer richtet sich häufig nach der Projektdauer. Lang andauernde Projekte besitzen normalerweise Vorgänge mit längeren Laufzeiten als kurze Projekte.
- Wenn Sie den Fortgang des Projekts anhand des Projektplans überwachen (Erläuterungen hierzu finden Sie in Kapitel 6 und in Teil II), müssen Sie den Detaillierungsgrad berücksichtigen, den Sie für die Projektvorgänge anwenden wollen. In einem Projekt, das über Jahre hinweg läuft, ist es nicht sehr sinnvoll oder gar unmöglich, die Vorgänge zu überwachen, die in Minuten oder Stunden eingeteilt sind.

Für das Projekt, das Sie in diesem Buch ausführen, ist die Dauer der Vorgänge bereits vorgegeben. Wenn Sie ein Projekt in der Praxis durchführen, müssen Sie die Dauer von Vorgängen selbst festlegen. Die folgenden Informationsquellen helfen Ihnen dabei:

- Ziehen Sie Informationen über frühere, ähnliche Projekte zurate.
- Fragen Sie die Personen, die später die Vorgänge ausführen werden, nach ihren Einschätzungen.
- Holen Sie das Expertenurteil von Personen ein, die bereits ähnliche Projekte verwaltet haben.
- Fragen Sie bei großen Unternehmen nach, die mit Projekten befasst sind, die dem Ihrigen ähneln.

Bei sehr komplexen Projekten sollten Sie mehrere der oben aufgeführten Informationsquellen nutzen und weitere Informationen einholen, um zu einer adäquaten Einschätzung zu gelangen. Da eine falsche Einschätzung der Vorgangsdauer in jedem Projekt eines der größten Risiken darstellt, sollten Sie sich um eine möglichst genaue und zutreffende Einschätzung bemühen.

Einen Meilenstein eingeben

Außer der Dauer von Vorgängen können Sie auch festlegen, dass ein wichtiges Ereignis innerhalb Ihres Projekts überwacht werden soll, beispielsweise das Ende der Produktionsvorbereitungsphase. Zu diesem Zweck erstellen Sie einen *Meilenstein.*

Meilensteine bezeichnen wichtige Ereignisse, die innerhalb eines Projekts eintreten (zum Beispiel die Beendigung einer Projektphase), oder Bedingungen, die erfüllt werden müssen (beispielsweise der Termin, ab dem Zahlungen erfolgen). Da Meilensteinen normalerweise keine Arbeit zugewiesen ist, werden sie als Vorgänge dargestellt, die keine Dauer haben.

In der folgenden Übung erstellen Sie einen Meilenstein.

1. Klicken Sie in der Eingabetabelle auf den Namen von Vorgang 6, **Produktion**.
2. Klicken Sie im Menü **Einfügen** auf den Befehl **Neuer Vorgang**.

   Microsoft Project fügt eine Zeile für einen neuen Vorgang oberhalb des aktuellen Vorgangs ein und nummeriert die nachfolgenden Vorgänge neu.

   TIPP Sie können auch [Einf] drücken, um einen neuen Vorgang vor dem aktuellen Vorgang einzufügen. Wenn Sie mehrere neue Vorgänge in einem Schritt einfügen möchten, markieren Sie die gewünschte Anzahl bereits vorhandener Vorgänge und drücken dann [Einf]. Es werden daraufhin so viele neue Vorgänge eingefügt, wie Sie zuvor an vorhandenen Vorgängen markiert haben.

3. Geben Sie den Vorgangsnamen ***Produktionsvorbereitung abgeschlossen!*** ein und drücken Sie dann [→], um das Feld **Dauer** zu aktivieren.
4. Geben Sie entweder ***0T*** in das Feld **Dauer** ein oder aktivieren Sie im Seitenbereich den Link **Auflisten der Vorgänge im Projekt** und dort das Kontrollkästchen **Ausgewählten Vorgang als Meilenstein darstellen**.

   Der Meilenstein wird zu Ihrem Plan hinzugefügt. Ihr Bildschirm sollte nun etwa wie in der folgenden Abbildung aussehen.

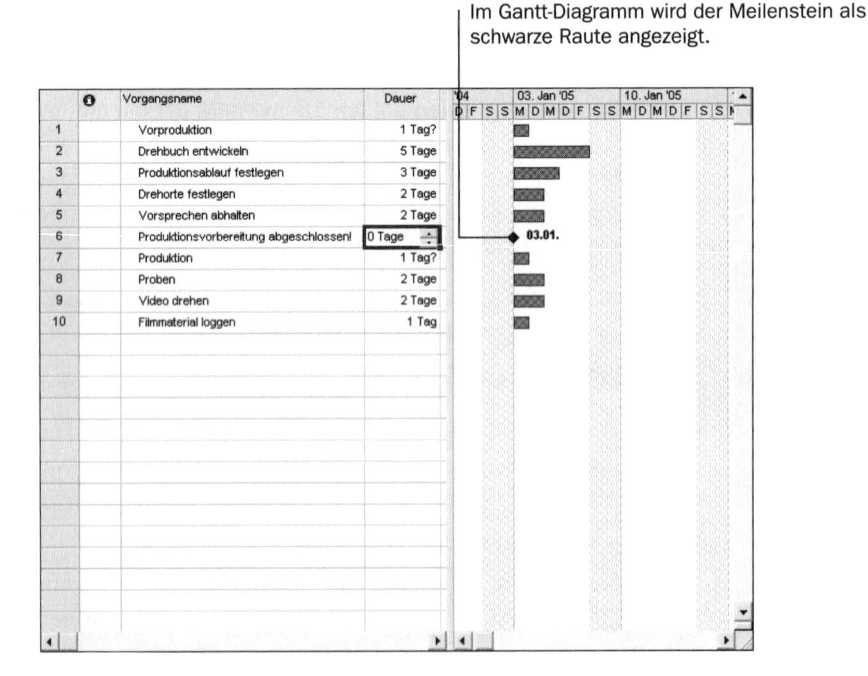

5 Klicken Sie am unteren Rand des Seitenbereichs **Auflisten von Vorgängen** auf den Link **Fertig**.

Nun ist wieder der Seitenbereich **Vorgänge** zu sehen.

TIPP Sie können auch Vorgänge beliebiger Dauer als Meilensteine kennzeichnen. Doppelklicken Sie dazu auf den Vorgangsnamen, um das Dialogfeld **Informationen zum Vorgang** zu öffnen, und aktivieren Sie dann auf der Registerkarte **Spezial** das Kontrollkästchen **Vorgang als Meilenstein darstellen.**

Vorgänge in Phasen unterteilen

Es ist hilfreich, Gruppen von eng miteinander verbundenen Vorgängen in *Phasen* zu organisieren. Durch diese Sichtweise ist es möglich, die Hauptelemente und die detaillierten Elemente zu unterscheiden. Es ist beispielsweise üblich, die Film- oder Videoproduktion in Hauptarbeitsphasen wie Produktionsvorbereitung, Produktion und Produktionsnachbereitung zu unterteilen. Phasen richten Sie ein, indem Sie Vorgänge aus- und einrücken. Sie können eine Vorgangsliste außerdem auch wie eine Gliederung in Microsoft Word erweitern und zusammenziehen. In Microsoft Project werden Phasen durch *Sammelvorgänge* repräsentiert.

Ein Sammelvorgang verhält sich anders als andere Vorgänge. Sie können seine Dauer, das Anfangsdatum und andere berechnete Werte nicht direkt bearbeiten, weil diese Daten von den einzelnen Vorgängen, den so genannten Teilvorgängen, abgeleitet werden. Sammelvorgänge sind nützlich, um Informationen über die Phasen der Projektarbeit zu erhalten.

Projektmanagement-Schwerpunkt: Phasen und Vorgänge planen

Es gibt zwei unterschiedliche Vorgehensweisen bei der Planung und Organisation von Vorgängen und Phasen: vom Allgemeinen zum Speziellen (Top-Down-Planung) und vom Speziellen zum Allgemeinen (Bottom-Up-Planung).

- *Top-Down-Planung:* Zunächst werden die Hauptphasen oder -produkte des Projekts festgelegt. Diesen werden dann die Teilvorgänge zugewiesen, die für die Fertigstellung der Phasen erforderlich sind. Komplexe Projekte werden unter Umständen in mehrere Phasenebenen aufgeteilt.
- *Bottom-Up-Planung:* Zunächst werden möglichst viele detaillierte Teilvorgänge festgelegt, die danach in logische Gruppen (oder Phasen bzw. Sammelvorgänge) zusammengefasst werden.

Bei sehr komplexen Vorgängen müssen Top-Down- und Bottom-Up-Planung kombiniert werden. Bei einigen Projektvorgängen werden Sie am Anfang nur die Vorgänge auf der untersten Ebene kennen, bei anderen nur die weiter gefassten Projektziele.

In der folgenden Übung erstellen Sie zwei Sammelvorgänge, indem Sie einzelne Vorgänge tiefer stufen.

1. Klicken Sie im Seitenbereich **Vorgänge** auf den Link **Organisieren von Vorgängen in Phasen.**

   Der Seitenbereich **Organisieren von Vorgängen** ist nun zu sehen.

2. Markieren Sie die Namen der Vorgänge 2 bis 6.

   TIPP Wenn Sie mehrere unter- oder nebeneinander liegende Einträge markieren möchten, klicken Sie mit gedrückter ⇧-Taste auf den ersten und dann auf den letzten Eintrag.

   Ihr Bildschirm sollte nun etwa wie in der folgenden Abbildung aussehen.

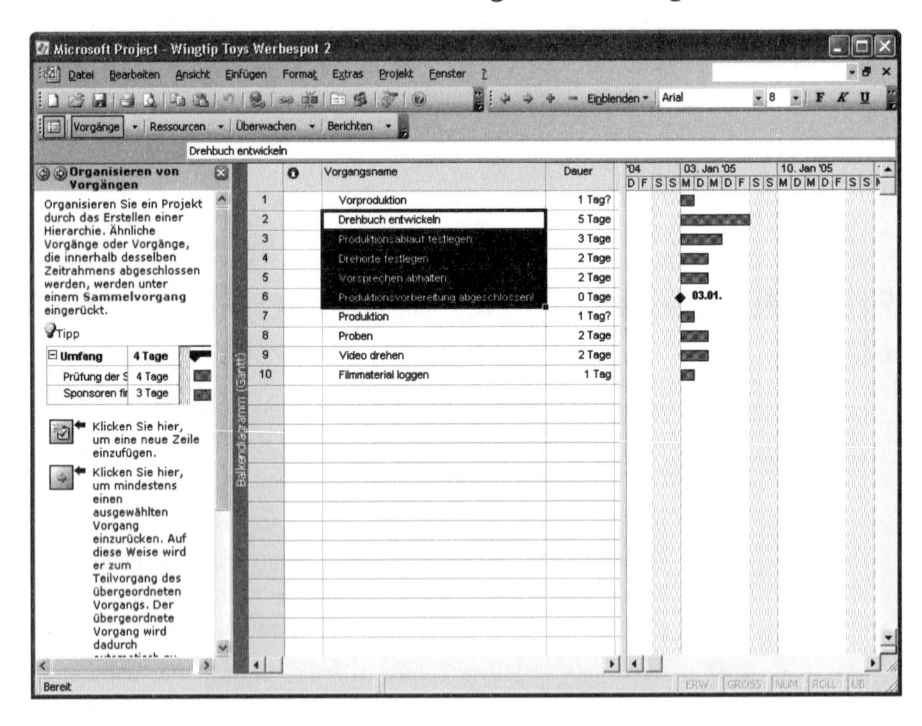

Tiefer stufen

3. Klicken Sie im Seitenbereich **Organisieren von Vorgängen** auf die Schaltfläche **Tiefer stufen.** (Sie können auch auf die gleichnamige Schaltfläche in der Formatsymbolleiste klicken.)

Vorgang 1 wird nun zum Sammelvorgang gestuft und im Gantt-Diagramm ist ein entsprechender Sammelbalken zu sehen.

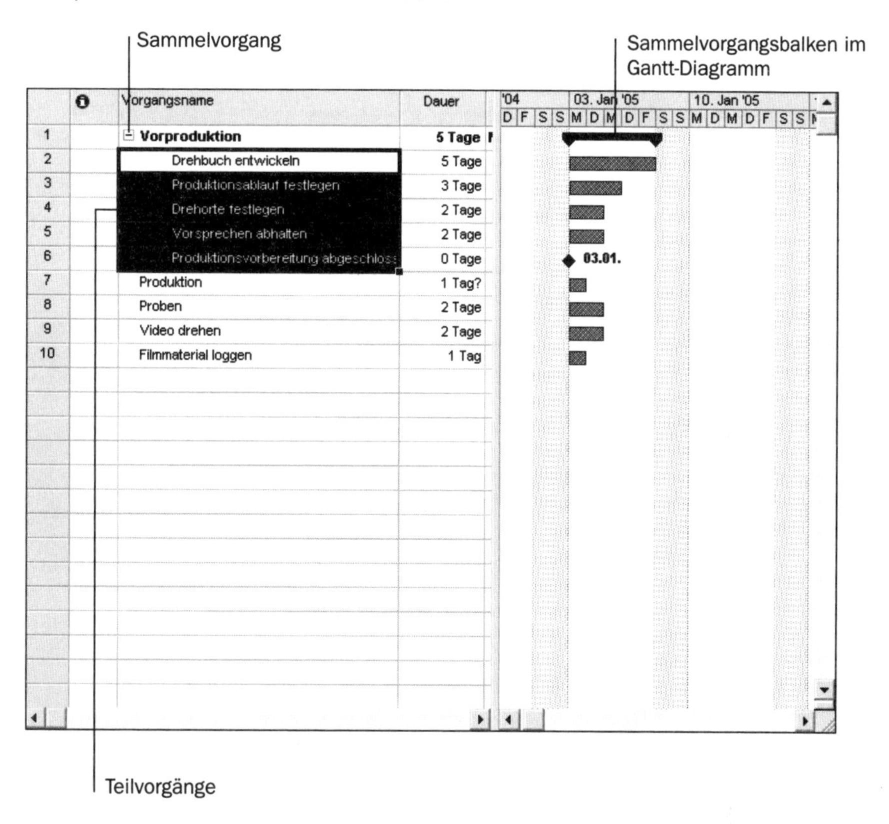

4 Markieren Sie als Nächstes die Vorgänge 8 bis 10.

5 Klicken Sie im Seitenbereich **Organisieren von Vorgängen** auf die Schaltfläche **Tiefer stufen**.

Vorgang 7 wird zum Sammelvorgang und der Sammelvorgangsbalken wird im Gantt-Diagramm angezeigt. Ihr Bildschirm sollte nun etwa wie in der folgenden Abbildung aussehen.

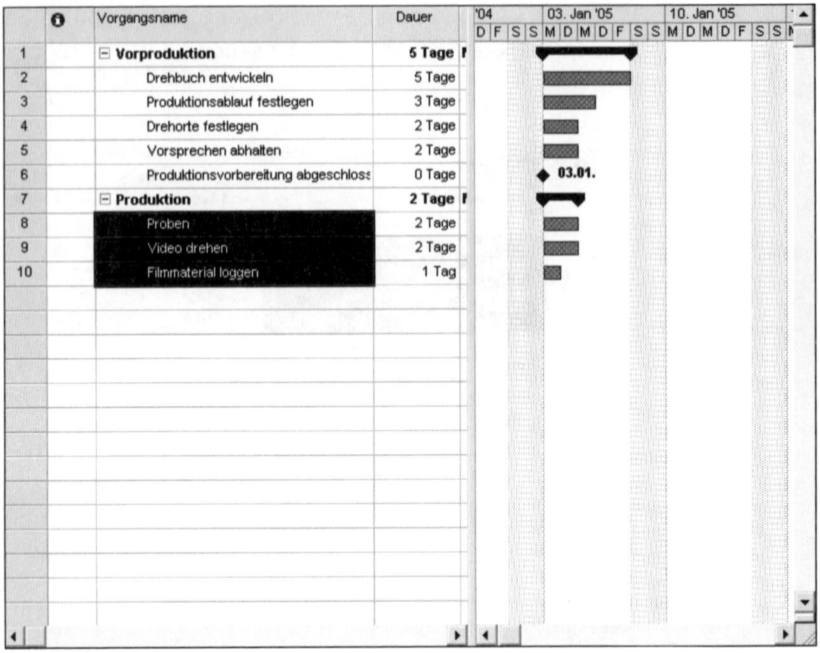

Vorgangsname
Dauer
'04
03. Jan '05
10. Jan '05
D F S S M D M D F S S M D M D F S S
1
Vorproduktion
5 Tage
2
Drehbuch entwickeln
5 Tage
3
Produktionsablauf festlegen
3 Tage
4
Drehorte festlegen
2 Tage
5
Vorsprechen abhalten
2 Tage
6
Produktionsvorbereitung abgeschloss
0 Tage
03.01.
7
Produktion
2 Tage
8
Proben
2 Tage
9
Video drehen
2 Tage
10
Filmmaterial loggen
1 Tag

6 Klicken Sie am unteren Rand des Seitenbereichs auf den Link **Fertig**.

Der Seitenbereich **Vorgänge** ist nun wieder zu sehen.

TIPP Wenn Sie in Ihrem Unternehmen in der Projektplanungsphase mit einem Projektstrukturplan (PSP) arbeiten, können Sie die PSP-Codes in Microsoft Project anzeigen lassen. Weitere Informationen zur Verwendung von PSP-Codes in Microsoft Project erhalten Sie, wenn Sie ***PSP*** in das Feld **Frage hier eingeben** in der rechten oberen Ecke des Microsoft Project-Fensters eintragen.

Vorgänge verknüpfen

Bei Projekten müssen Vorgänge in einer bestimmten Reihenfolge abgearbeitet werden. So muss beispielsweise der Vorgang, eine Szene zu filmen, beendet sein, bevor der Vorgang, die gefilmte Szene zu bearbeiten, auftreten kann. Diese beiden Vorgänge stehen in einer Ende-Anfang-*Beziehung* (auch Verknüpfung genannt) zueinander bzw. in einer Abhängigkeit voneinander, die folgende zwei Aspekte hat:

- Der zweite Vorgang muss auf den ersten Vorgang folgen. Dies nennt man eine *Abfolge*.
- Der zweite Vorgang kann erst ausgeführt werden, wenn der erste Vorgang beendet ist. Dies nennt man eine *Abhängigkeit*.

In Microsoft Project bezeichnet man den ersten Vorgang (Szene drehen) als *Vorgänger*, da er vor den Vorgängen ausgeführt wird, die von ihm abhängig sind. Der zweite Vorgang (gefilmte Szene bearbeiten) heißt *Nachfolger*, da er auf die Vorgänge folgt, von denen er abhängig ist. Jeder Vorgang kann als Vorgänger für einen oder mehrere nachfolgende Vorgänge fungieren. Umgekehrt kann jeder Vorgang ein Nachfolger eines oder mehrerer Vorgänge sein, die als Vorgänger agieren.

Das mag zwar kompliziert klingen, zwischen Vorgängen können jedoch nur vier Arten von Verknüpfungen bestehen:

Vorgangs-verknüpfung	Bedeutung	Darstellung im Gantt-Diagramm	Beispiel
Ende-Anfang (EA)	Das Enddatum des Vorgängers bestimmt das Startdatum des Nachfolgervorgangs.		Eine Filmszene muss gedreht worden sein, bevor sie bearbeitet werden kann.
Anfang-Anfang (AA)	Das Startdatum des Vorgängers bestimmt das Startdatum des Nachfolgervorgangs.		Die Überprüfung eines Drehbuchs, die Zerlegung des Drehbuchs in Teilaufgaben und die Planung stehen in engem Zusammenhang und sollten gleichzeitig ausgeführt werden.
Ende-Ende (EE)	Das Enddatum des Vorgängers bestimmt das Enddatum des Nachfolgervorgangs.		Vorgänge, für die eine bestimmte Ausrüstung erforderlich ist, müssen beendet sein, wenn die Ausleihfrist der Ausrüstung abläuft.
Anfang-Ende (AE)	Das Startdatum des Vorgängers bestimmt das Enddatum des Nachfolgervorgangs.		Selten angewendeter Typ. Diese Beziehung wird beispielsweise für die Überwachung von Buchhaltungsvorgängen verwendet.

Bei der Darstellung von Beziehungen zwischen Vorgängen und der Behandlung von Änderungen der Anfangs- und Enddaten von geplanten Vorgängen zahlt sich der Einsatz eines Planungsprogramms wie Microsoft Project wirklich aus. Sie können beispielsweise die Dauer von Vorgängen anpassen und Vorgänge aus einer Folge miteinander verknüpfter Vorgänge löschen oder zu dieser hinzufügen und sicher sein, dass Microsoft Project die Vorgänge wieder richtig einordnet.

Beziehungen zwischen Vorgängen werden in Microsoft Project auf unterschiedliche Art und Weise dargestellt. Am häufigsten werden folgende Anzeigen verwendet:

- In den Ansichten **Balkendiagramm (Gantt)** und **Netzplandiagramm** werden die Beziehungen als Verbindungslinien zwischen den betreffenden Vorgängen dargestellt.
- In Tabellen (zum Beispiel in der Eingabetabelle) werden die Vorgangsnummern der Vorgänger in den Vorgänger-Feldern der nachfolgenden Vorgänge aufgeführt.

Sie legen Vorgangsbeziehungen an, indem Sie *Verknüpfungen* zwischen Vorgängen erstellen. In dieser Übung verwenden Sie unterschiedliche Methoden zur Erstellung von Verknüpfungen zwischen mehreren Vorgängen, wobei Ende-Anfang-Beziehungen eingerichtet werden.

1. Klicken Sie im Seitenbereich **Vorgänge** auf **Berechnen von Vorgängen.**

   Der Seitenbereich **Berechnen von Vorgängen** wird eingeblendet. Erstellen Sie als Erstes eine Ende-Anfang-Abhängigkeit zwischen zwei Vorgängen.

2. Markieren Sie die Vorgangsnamen der Vorgänge 2 und 3.

   Ihr Bildschirm sollte nun etwa wie in der folgenden Abbildung aussehen.

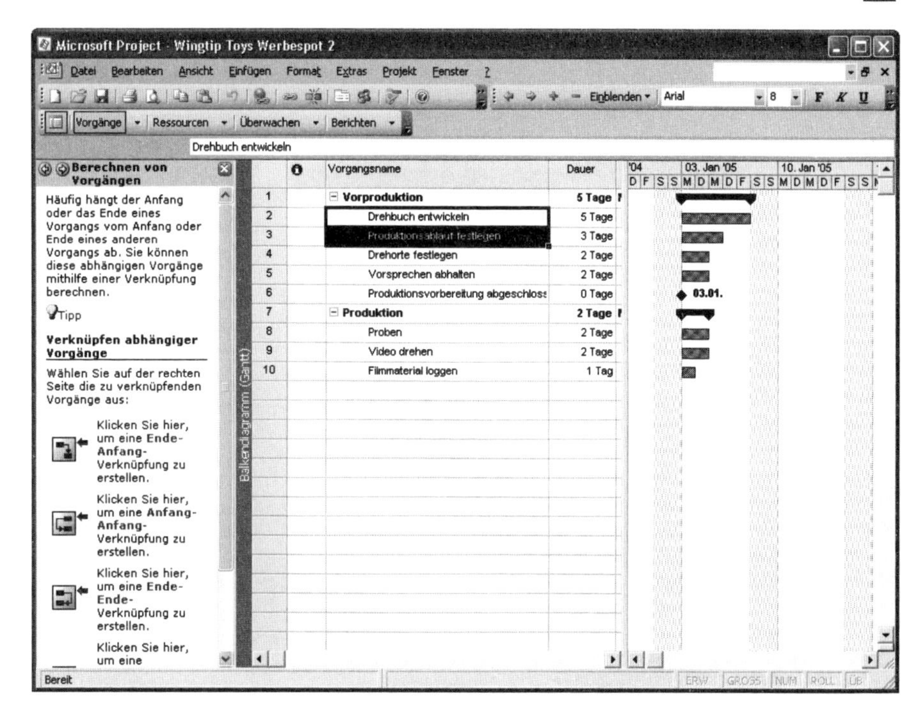

Ende-Anfang-Verknüpfung

3 Klicken Sie im Seitenbereich **Berechnen von Vorgängen** auf die Schaltfläche **Ende-Anfang-Verknüpfung**.

Vorgänge verknüpfen

TIPP Um eine Ende-Anfang-Verknüpfung zu erstellen, können Sie auch in der Standardsymbolleiste auf die Schaltfläche **Vorgänge verknüpfen** klicken.

Die Vorgänge 2 und 3 werden nun mit einer Ende-Anfang-Verknüpfung miteinander verbunden. Beachten Sie, dass Microsoft Project das Startdatum von Vorgang 3 auf den Arbeitstag nach Beendigung von Vorgang 2 gesetzt hat (das Wochenende wurde übergangen) und dass die Dauer des Sammelvorgangs **Produktionsvorbereitung** nun 8 Tage beträgt. Ihr Bildschirm sollte nun etwa wie in der folgenden Abbildung aussehen.

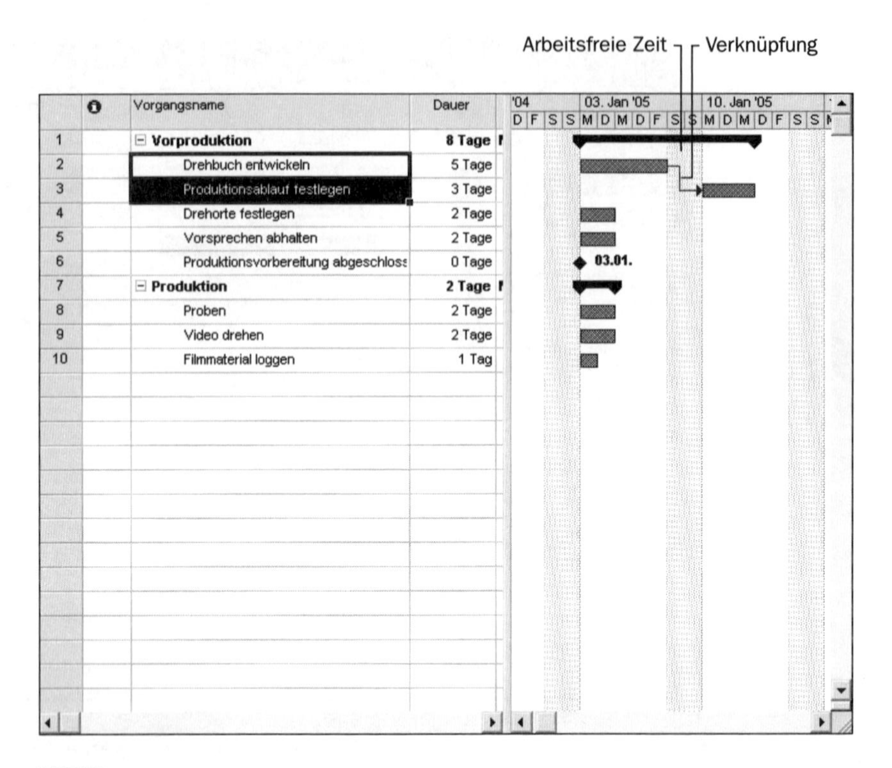

Vorgangs-verknüpfungen entfernen

TIPP Um eine Verknüpfung zwischen zwei Vorgängen aufzuheben, markieren Sie die Vorgänge und klicken dann in der Standardsymbolleiste auf die Schaltfläche **Vorgangsverknüpfung entfernen**. Wenn Sie einen Vorgang aus einer Folge von Ende-Anfang-Verknüpfungen herauslösen wollen, richtet Microsoft Project die Verknüpfungen zwischen den verbleibenden Vorgängen wieder ein, nachdem Sie auf die Schaltfläche **Vorgangsverknüpfung entfernen** geklickt haben.

Als Nächstes verknüpfen Sie mehrere Vorgänge gleichzeitig.

4 Markieren Sie die Namen der Vorgänge 3 bis 6.

5 Klicken Sie im Seitenbereich **Berechnen von Vorgängen** auf die Schaltfläche **Ende-Anfang-Verknüpfung**.

Die Vorgänge 3 bis 6 werden jetzt mit einer Ende-Anfang-Beziehung verknüpft. Ihr Bildschirm sollte nun etwa wie in der folgenden Abbildung aussehen.

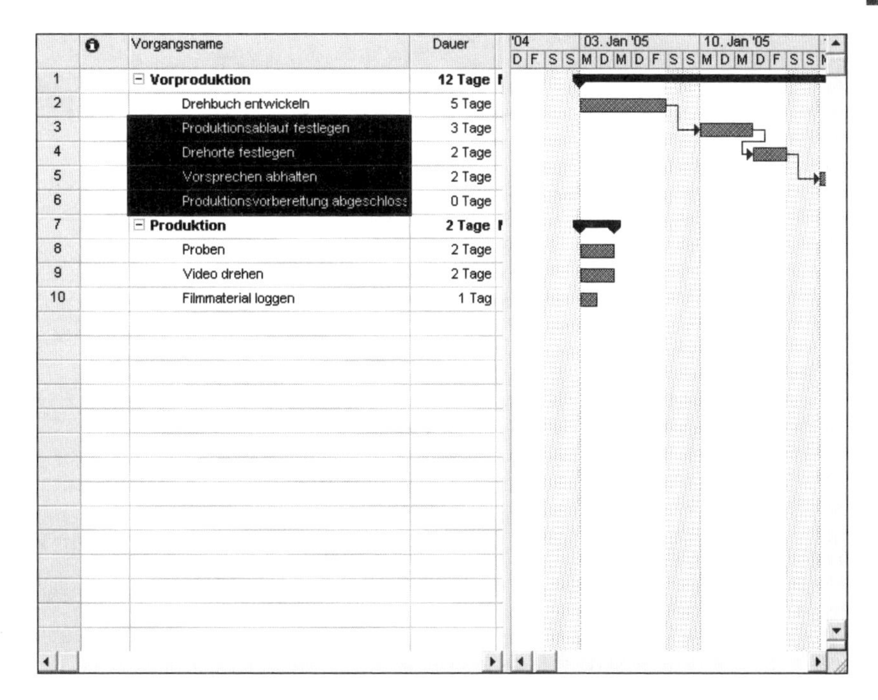

Als Nächstes verknüpfen Sie die beiden Vorgänge auf andere Weise. Vorgang 8 soll Vorgänger von Vorgang 9 werden.

6 Klicken Sie auf den Namen von Vorgang 9.

Informationen zum Vorgang

7 Klicken Sie in der Standardsymbolleiste auf die Schaltfläche **Informationen zum Vorgang**.

Das Dialogfeld **Informationen zum Vorgang** öffnet sich.

8 Klicken Sie auf die Registerkarte **Vorgänger**.

9 Klicken Sie auf die leere Zelle unterhalb des Spaltennamens **Vorgangsname** und klicken Sie dann auf den Abwärtspfeil.

10 Wählen Sie in der Vorgangsliste den Eintrag **Proben** und drücken Sie dann die [↵]-Taste.

Ihr Bildschirm sollte nun etwa wie in der folgenden Abbildung aussehen.

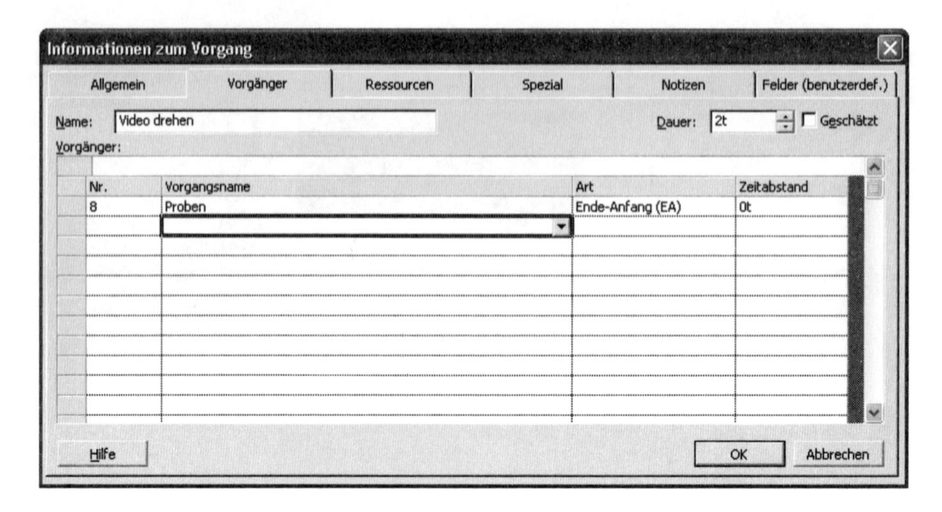

11 Klicken Sie auf **OK**, um das Dialogfeld **Informationen zum Vorgang** zu schließen.

Die Vorgänge 8 und 9 sind nun mit einer Ende-Anfang-Verknüpfung verknüpft.

Um diese Übung zu beenden, verknüpfen Sie nun die restlichen Produktionsvorgänge und dann die beiden Sammelvorgänge.

12 Markieren Sie die Namen der Vorgänge 9 und 10.

Ende-Anfang-Verknüpfung

13 Klicken Sie im Seitenbereich **Berechnen von Vorgängen** auf die Schaltfläche **Ende-Anfang-Verknüpfung**.

14 Klicken Sie auf den Namen von Vorgang 1, halten Sie die Strg-Taste gedrückt und klicken Sie dann auf den Namen von Vorgang 7. Auf diese Weise markieren Sie nicht aufeinander folgende Zellen in einer Tabelle.

15 Klicken Sie im Seitenbereich **Berechnen von Vorgängen** auf die Schaltfläche **Ende-Anfang-Verknüpfung**, um die beiden Sammelvorgänge miteinander zu verknüpfen.

TIPP Wenn Sie mit Sammelvorgängen arbeiten, können Sie sie entweder direkt miteinander verknüpfen oder aber den letzten Vorgang der ersten Phase mit dem ersten Vorgang der zweiten Phase verknüpfen. Um die Abfolge der zwei Phasen besser darzustellen, ist es aber sinnvoller, die beiden Sammelvorgänge miteinander zu verknüpfen. Es ist jedoch unter keinen Umständen möglich, einen Sammelvorgang mit einem seiner untergeordneten Vorgänge zu verknüpfen, da dadurch ein Zirkelbezug entstehen würde, den Microsoft Project nicht zulässt.

16 Blättern Sie im Gantt-Diagramm nach rechts, bis die zweite Phase Ihres Projektplans sichtbar ist.

Ihr Bildschirm sollte nun etwa wie in der folgenden Abbildung aussehen.

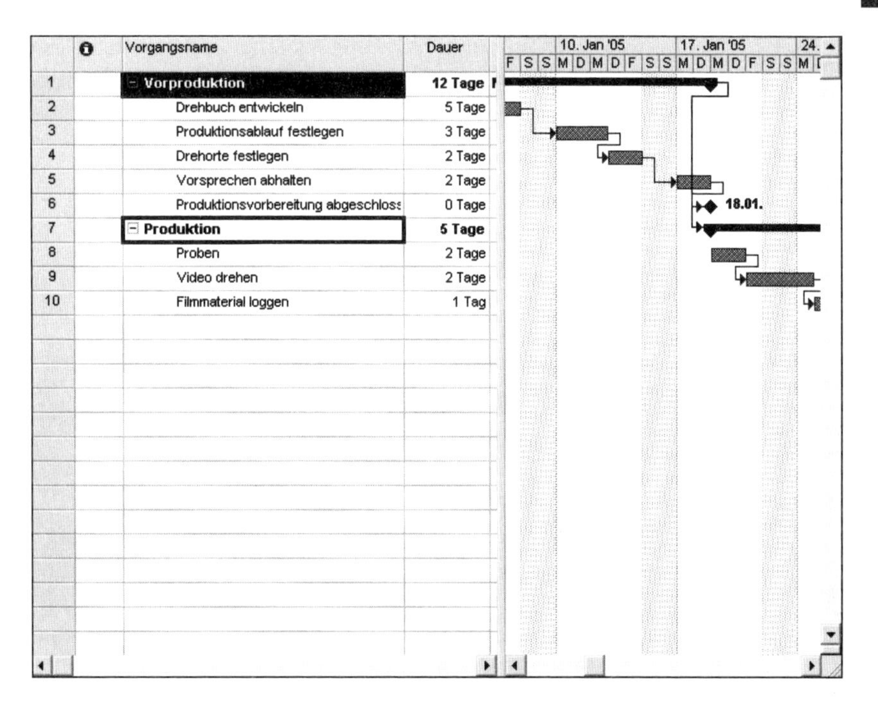

17 Klicken Sie im Seitenbereich **Berechnen von Vorgängen** auf den Link **Fertig**.

TIPP Sie können auch direkt im Gantt-Diagramm Ende-Anfang-Beziehungen zwischen Vorgängen einrichten. Zeigen Sie dazu mit der Maus auf den Balken des Vorgängervorgangs, bis der Mauszeiger die Form eines Vierfachpfeils annimmt. Ziehen Sie dann den Mauszeiger mit gedrückter linker Maustaste nach unten oder oben auf den Balken des Nachfolgervorgangs.

Vorgänge dokumentieren

In Form von *Notizen* können Sie zusätzliche Informationen zu einem Vorgang aufzeichnen. Sie können also eine detaillierte Beschreibung des Vorgangs vorliegen haben und den Vorgangsnamen trotzdem kurz halten, indem Sie eine Vorgangsnotiz anlegen. Die Informationen sind dann in der Microsoft Project-Datei enthalten und können leicht betrachtet oder gedruckt werden.

Es gibt drei Arten von Notizen: Vorgangsnotizen, Ressourcennotizen und Zuordnungsnotizen. Die Vorgangsnotiz wird auf der Registerkarte **Notizen** des Dialogfelds **Informationen zum Vorgang** eingegeben. (Um das Dialogfeld **Informationen zum Vorgang** zu öffnen, wählen Sie im Menü **Projekt** den Befehl **Informationen zum Vorgang**.) Notizen unterstützen in Microsoft Project zahlreiche Textformatierungsoptionen und können sogar mit Grafikdateien und anderen Dateitypen verknüpft werden.

Über *Hyperlinks* können bestimmte Vorgänge mit Zusatzinformationen außerhalb des Projektplans verknüpft werden. Diese Informationen können sich in einer anderen Datei, an einer Stelle in einer Datei, auf einer Seite im World Wide Web oder auf einer Seite in einem Intranet befinden.

In der folgenden Übung geben Sie Vorgangsnotizen ein und erstellen Hyperlinks, um wichtige Informationen zu einigen Vorgängen zu dokumentieren.

1 Klicken Sie im Seitenbereich **Vorgänge** auf den Link **Verknüpfen mit oder Anfügen von weiteren Vorgangsinformationen.**

   Der Seitenbereich **Hinzufügen von Informationen** wird eingeblendet. Nehmen Sie sich einen Moment Zeit, um die Informationen im Seitenbereich zu lesen.

2 Klicken Sie auf den Vorgang 4, **Drehorte festlegen.**

3 Klicken Sie im Seitenbereich auf den Link **Notiz hinzufügen.**

Vorgangs-
notizen

   TIPP Sie können auch in der Standardsymbolleiste auf die Schaltfläche **Vorgangsnotizen** klicken.

   Microsoft Project blendet das Dialogfeld **Informationen zum Vorgang** mit aktivierter Registerkarte **Notizen** ein.

4 Geben Sie in das Notizenfeld die Angabe ***Innen- und Außenaufnahmen*** ein.

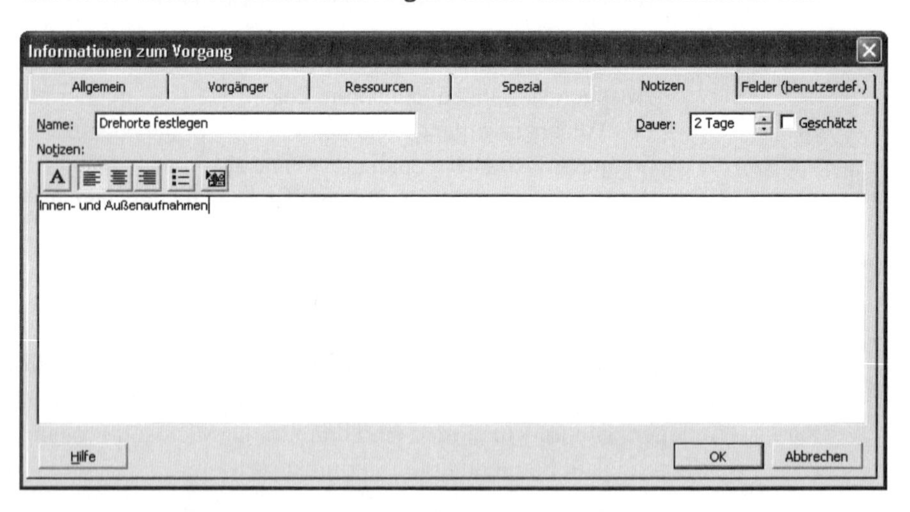

5 Klicken Sie auf **OK.**

   Im Indikatorenfeld ist nun ein Notizensymbol zu sehen.

6 Zeigen Sie mit der Maus auf das Notizensymbol.

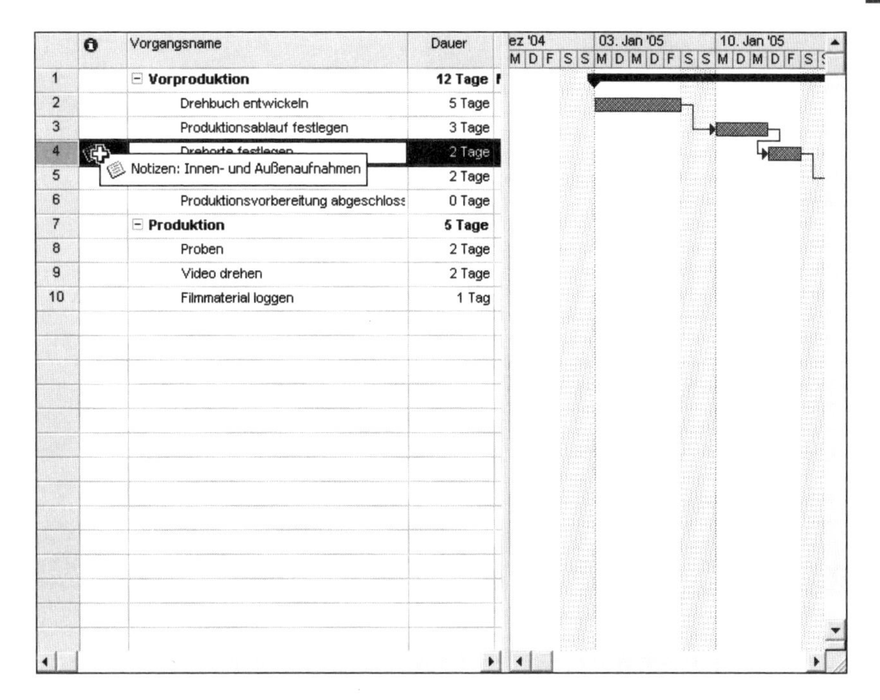

Die Notiz wird als *QuickInfo* angezeigt, falls sie kurz genug ist. Handelt es sich jedoch um eine längere Notiz, müssen Sie darauf doppelklicken, um den gesamten Hinweistext lesen zu können.

Zum Abschluss dieser Übung erstellen Sie nun einen Hyperlink.

7 Klicken Sie auf den Namen von Vorgang 5.

8 Klicken Sie im Seitenbereich auf **Hyperlink hinzufügen**.

Hyperlink

TIPP Sie können auch in der Standardsymbolleiste auf die Schaltfläche **Hyperlink** klicken.

Das Dialogfeld **Hyperlink einfügen** öffnet sich.

9 Geben Sie in das Feld **Text anzeigen als** den Text ***Buchungen prüfen*** ein.

10 Geben Sie in das Feld **Adresse** die Webadresse ***http://www.industrifilm.de*** ein.

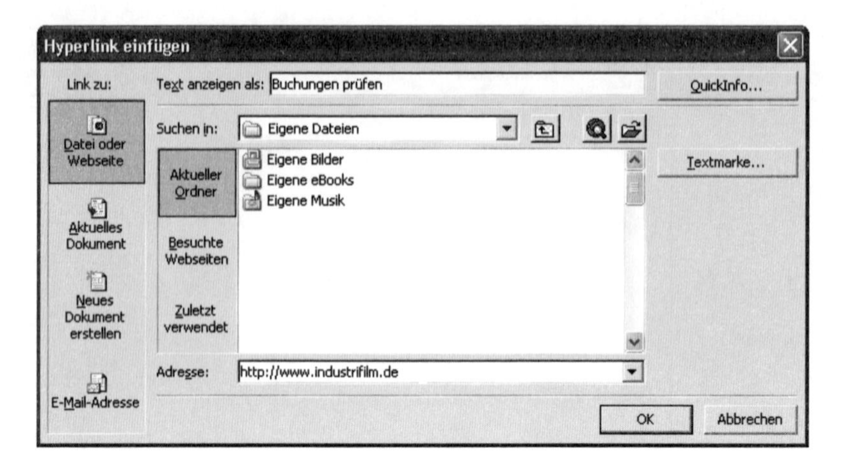

11 Klicken Sie auf **OK**.

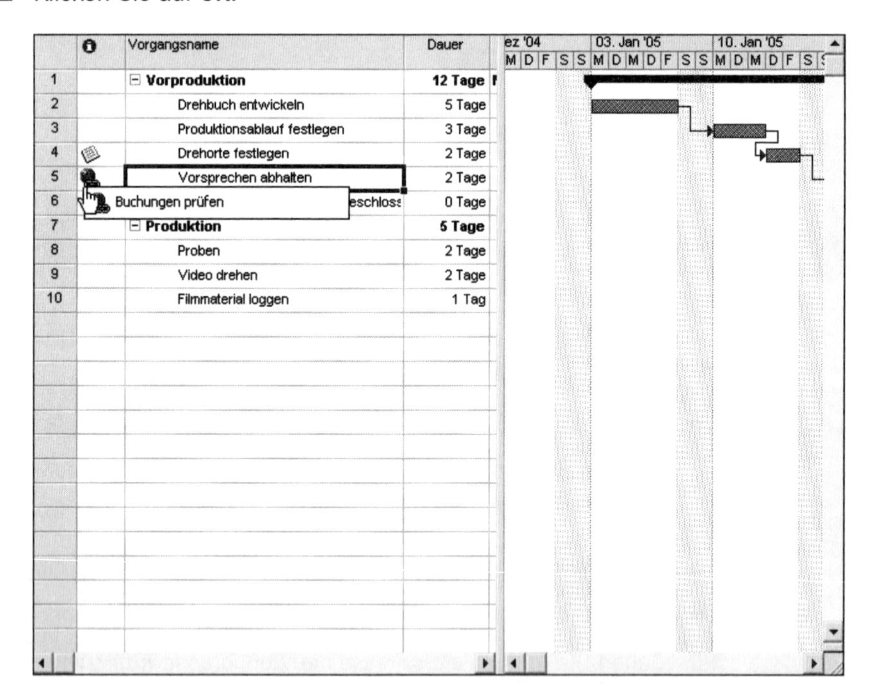

Im Indikatorenfeld ist nun ein Hyperlinksymbol zu sehen. Wenn Sie mit der Maus auf das Symbol zeigen, wird der von Ihnen eingegebene Text angezeigt. Klicken Sie auf das Symbol, öffnet sich die Webseite, zu der der Hyperlink führt, in Ihrem Webbrowser. (Da es sich in diesem Beispiel um eine fiktive Internetadresse handelt, führt der Links allerdings „ins Leere".)

12 Klicken Sie im Seitenbereich **Hinzufügen von Informationen** auf den Link **Fertig**.

Die Projektdauer prüfen

Nun ist es an der Zeit, die Frage nach der Dauer des Projekts zu stellen. Sie haben die Gesamtdauer des Projekts nicht direkt eingegeben. Microsoft Project hat diesen Wert jedoch basierend auf der Dauer der einzelnen Vorgänge und den Vorgangsbeziehungen automatisch berechnet. Sie können die Gesamtdauer des Projekts schnell ermitteln, indem Sie das Dialogfeld **Projektinfo** öffnen.

In der folgenden Übung sehen Sie sich die aktuelle Gesamtdauer des Projekts an, die sich aus der Dauer der von Ihnen eingegebenen einzelnen Vorgänge und den Vorgangsbeziehungen ergibt:

1 Klicken Sie im Menü **Projekt** auf den Befehl **Projektinfo**.

Das Dialogfeld **Projektinfo** öffnet sich. Beachten Sie den Endtermin: 25.01.05.

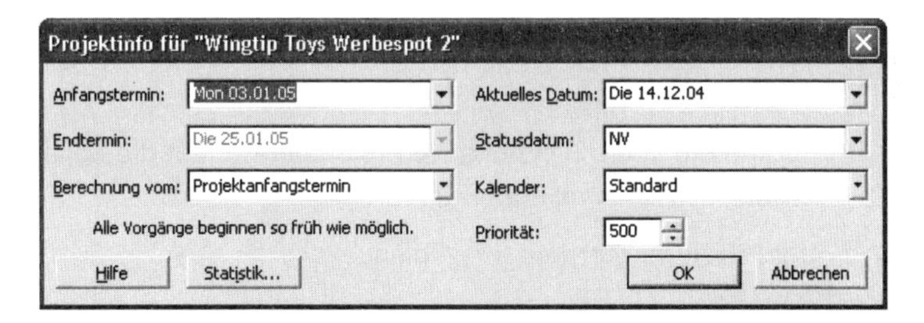

TIPP Unternehmensübergreifendes Projektmanagement (*Enterprise Project Management – EPM*): Wenn Sie mit Microsoft Project Professional arbeiten, sieht Ihr Dialogfeld etwas anders aus. Es enthält zusätzlich den Bereich **Enterprise-Felder (benutzerdefiniert)**. Diese Felder werden nur mit Microsoft Project Server verwendet.

Der Endtermin des Projekts kann nicht direkt geändert werden, da dieses Projekt vom Anfangstermin ausgehend geplant wird. Microsoft Project berechnet den Endtermin eines Projekts beginnend mit dem Anfangstermin auf der Basis der Arbeitstage, die zur Fertigstellung benötigt werden.

Im nächsten Schritt zeigen Sie detaillierte Informationen zur Dauer an.

2 Klicken Sie auf die Schaltfläche **Statistik**.

Das Dialogfeld **Projektstatistik** wird geöffnet. Ihr Bildschirm sollte nun in etwa so wie in der folgenden Abbildung aussehen.

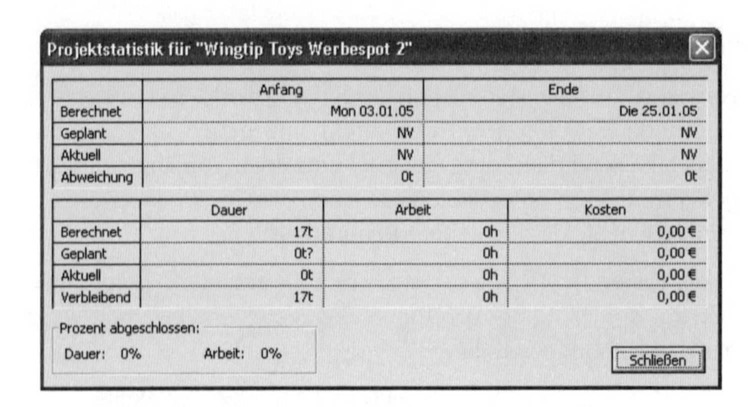

	Anfang	Ende
Berechnet	Mon 03.01.05	Die 25.01.05
Geplant	NV	NV
Aktuell	NV	NV
Abweichung	0t	0t

	Dauer	Arbeit	Kosten
Berechnet	17t	0h	0,00 €
Geplant	0t?	0h	0,00 €
Aktuell	0t	0h	0,00 €
Verbleibend	17t	0h	0,00 €

Die übrigen Einträge in diesem Dialogfeld sind im Augenblick nicht so wichtig, da Sie nur den aktuellen Endtermin und die aktuelle Dauer überprüfen wollen.

3 Klicken Sie auf die Schaltfläche **Schließen**, um das Dialogfeld **Projektstatistik** auszublenden.

Einblenden/ Ausblenden des Projektberaters

4 Klicken Sie in der Symbolleiste **Projektberater** auf die Schaltfläche **Einblenden/ Ausblenden des Projektberaters.**

Der Projektberater wird ausgeblendet.

Als Nächstes werfen Sie einen Blick auf Ihr gesamtes Projekt, indem Sie die Zeitskala im Gantt-Diagramm ändern.

5 Klicken Sie im Menü **Ansicht** auf den Befehl **Zoom**.

Das Dialogfeld **Zoom** wird geöffnet.

6 Klicken Sie auf die Option **Gesamtes Projekt** und dann auf **OK**.

Das gesamte Projekt wird auf dem Bildschirm angezeigt. Ihr Bildschirm sollte nun in etwa so aussehen, wie in der folgenden Abbildung gezeigt.

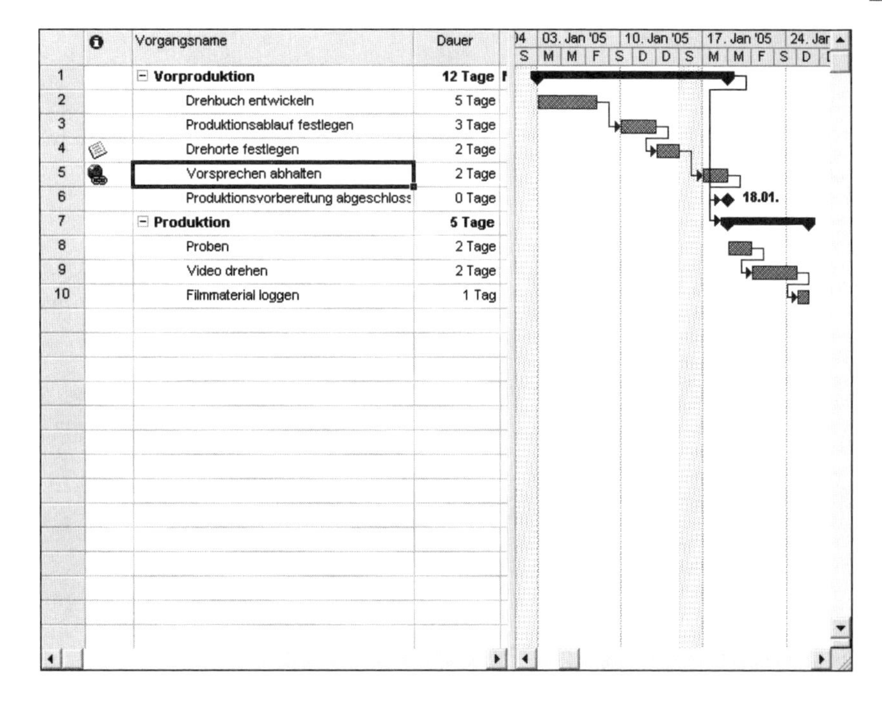

Die gesamte Dauer des Projekts wird im Gantt-Diagramm angezeigt.

Vergrößern/
Verkleinern

TIPP Wenn Sie die Zeitskala im Gantt-Diagramm schnell ändern wollen, klicken Sie in der Standardsymbolleiste auf die Schaltfläche **Vergrößern** oder **Verkleinern**.

Zusammenfassung

- Zu den wichtigen Aspekten von Vorgängen in einem Projektplan gehören die Dauer und die Reihenfolge der Vorgänge.
- Mithilfe des Projektberaters können Sie schnell eine Vorgangsliste zusammenstellen.
- Aufgrund von Vorgangsverknüpfungen wird der Beginn oder das Ende eines Vorgangs vom Beginn oder Ende eines anderen Vorgangs bestimmt. Die Ende-Anfang-Verknüpfung ist eine häufig verwendete Beziehung. Dabei steuert die Beendung eines Vorgangs den Beginn eines anderen Vorgangs.
- In Microsoft Project werden Phasen eines Projektplans in Form von Sammelvorgängen dargestellt.
- Im Dialogfeld **Projektinfo** (Befehl **Projektinfo** im Menü **Projekt** wählen) werden alle wichtigen Werte eines Projektplans aufgezeigt, zum Beispiel sein geplanter Endtermin und seine Dauer.

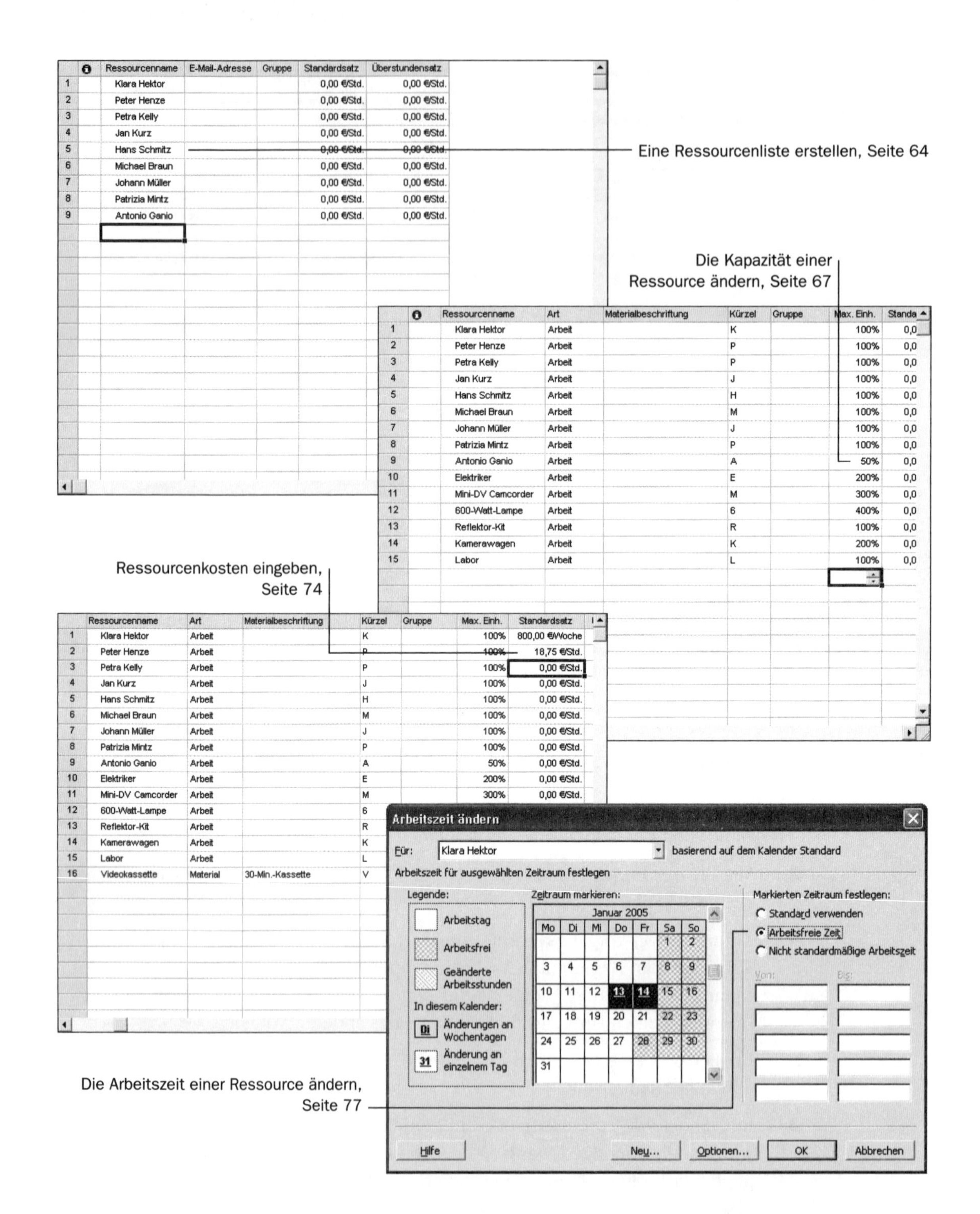

Kapitel 3 auf einen Blick

3 Ressourcen einrichten

In diesem Kapitel erfahren Sie,

- ✔ **wie Sie Ressourceninformationen zu den am Projekt beteiligten Mitarbeitern eingeben.**
- ✔ **wie Sie Ressourceninformationen zu der im Projekt eingesetzten Ausrüstung eingeben.**
- ✔ **wie Sie Ressourceninformationen zu den Materialien eingeben, die im Laufe des Projekts verarbeitet werden.**
- ✔ **wie Sie Informationen über Ressourcenkosten eingeben.**
- ✔ **wie Sie die Verfügbarkeit einer Ressource ändern.**
- ✔ **wie Sie zusätzliche Informationen zu Ressourcen in ein Textfeld eingeben.**

Siehe auch Falls Sie nur eine kurze Wiederholung zu den Themen benötigen, die in diesem Kapitel behandelt werden, lesen Sie den Schnellüberblick zu Kapitel 3 am Anfang dieses Buches.

Unter dem Begriff Ressourcen werden Personen, Sachmittel und Materialien zusammengefasst, die für die Ausführung der Projektvorgänge erforderlich sind. In Microsoft Project stehen zwei Eigenschaften von Ressourcen im Mittelpunkt: Verfügbarkeit und Kosten. Die Verfügbarkeit legt fest, wann und in welchem Umfang eine bestimmte Ressource für eine Arbeit herangezogen werden kann. Die Kosten beziffern den Preis, der für eine Ressource gezahlt werden muss.

In diesem Kapitel legen Sie die Ressourcen fest, die für die Ausführung des Kurzfilmprojekts erforderlich sind. Die effektive Verwaltung von Ressourcen ist einer der größten Vorteile, den Microsoft Project gegenüber anderen vorgangsbezogenen Planungshilfsmitteln (zum Beispiel Organizer in Buchform) aufweist. In Microsoft Project steht es Ihnen frei, ob Sie Ressourcen festlegen und bestimmten Vorgängen zuweisen wollen. Es ist jedoch von Vorteil, diese Informationen einzugeben. Sie verbessern damit die Kontrolle über die Personen, die die Arbeit ausführen, über den Zeitpunkt, an dem eine bestimmte Arbeit zu erfolgen hat, sowie über die Kosten, die dabei entstehen. Die Eingabe von Ressourceninformationen ist zwar mit einem gewissen Aufwand verbunden, sie macht sich aber bezahlt, wenn Ihr Projekt hauptsächlich von den Faktoren Zeit und Kosten abhängig ist. (Nahezu alle komplexen Projekte werden von einem dieser Faktoren (häufig sogar von beiden) beeinflusst.)

WICHTIG Bevor Sie die Übungsdateien in diesem Kapitel benutzen können, müssen Sie sie von der Begleit-CD in den vorgegebenen Standardordner installieren. Einzelheiten dazu finden Sie im Abschnitt „Die Übungsdateien installieren" am Anfang dieses Buches.

Personalressourcen einrichten

In Microsoft Project werden zwei Arten von Ressourcen verwendet: *Arbeitsressourcen* und *Materialressourcen*. Zu den Arbeitsressourcen zählen Personal und Ausrüstung, die für die Ausführung der Projektarbeit zur Verfügung stehen müssen. (Die Materialressourcen werden weiter hinten in diesem Kapitel erläutert.)

In der folgenden Tabelle finden Sie einige Beispiele für Arbeitsressourcen.

Arbeitsressourcen	Beispiele
Einzelne Personen, die namentlich angegeben werden	Hans Thorson, Jan Miskowski
Einzelne Personen, die über ihre Berufsbezeichnung oder Funktion identifiziert werden	Direktion, Kameraleute
Gruppen von Personen, die denselben Beruf ausüben (wenn Sie einem Vorgang eine solche Ressource zuweisen, spielen Informationen zu den einzelnen Personen keine Rolle, solange sie in der Lage sind, die entsprechenden Tätigkeiten auszuüben)	Elektriker, Zimmerleute, Einsatzkräfte
Ausrüstung	Videokamera, 600-Watt-Lampe

Ausrüstungsressourcen müssen nicht beweglich sein; ein Standort oder ein Maschinenteil (zum Beispiel ein Filmstudio) zählen ebenfalls zur Ausrüstung.

Für alle Projekte müssen Personalressourcen zur Verfügung stehen, für bestimmte Projekte sind sogar nur Personalressourcen erforderlich. Microsoft Project ist kein umfassendes Programm zur Verwaltung von Ressourcen und Zubehör. Trotzdem finden Sie hier Unterstützung, wenn Sie entscheiden müssen, wie Arbeitsressourcen verwaltet werden sollen und welche Kosten dabei anzusetzen sind.

TIPP Unternehmensübergreifendes Projektmanagement (*Enterprise Project Management – EPM*): Microsoft Project Professional verfügt zusammen mit Microsoft Project Server über leistungsstarke, unternehmensübergreifende Tools zur Ressourcenverwaltung, zum Beispiel einen zentralen Unternehmensressourcenpool.

In dieser Übung geben Sie Ressourceninformationen zu mehreren Personalressourcen ein.

ACHTEN SIE DARAUF, dass Microsoft Project gestartet ist, bevor Sie mit der Übung beginnen.

WICHTIG Wenn Sie mit Microsoft Project Professional arbeiten, müssen Sie unter Umständen eine einmalige Einstellung vornehmen, damit Sie mit dem eigenen Arbeitsplatz-Account und offline arbeiten können. So wird sichergestellt, dass die Übungsdateien, mit denen Sie in diesem Kapitel arbeiten, keine Auswirkungen auf Ihre Microsoft Project Server-Daten haben. Mehr Informationen hierzu finden Sie in Kapitel 1 im Abschnitt „Microsoft Office Project Professional starten".

ÖFFNEN SIE die Datei* Wingtip Toys Werbespot 3a*, die Sie im* Ordner Eigene Dateien\Microsoft Press\Project 2003 Training\03_RessourcenEinrichten *finden. Sie können den Ordner auch über* Start/ Alle Programme/Microsoft Press/Project 2003 Training *öffnen.

1. Wählen Sie im Menü **Datei** den Befehl **Speichern unter**.

   Das Dialogfeld **Speichern unter** öffnet sich.

2. Geben Sie im Feld **Dateiname** die Bezeichnung ***Wingtip Toys Werbespot 3*** ein und klicken Sie dann auf **Speichern**.

3. Klicken Sie in der Symbolleiste **Projektberater** auf **Ressourcen**.

4. Klicken Sie im Seitenbereich **Ressourcen** auf den Link **Angeben von Personen und Sachmitteln für das Projekt**.

   Der Seitenbereich **Angeben von Ressourcen** ist nun zu sehen und das Gantt-Diagramm wird durch die Ansicht **Projektberater: Einfache Ressourcentabelle** ersetzt.

5. Wählen Sie die Option **Ressourcen manuell eingeben**.

   TIPP Falls Ressourceninformationen in der passenden Quelle in Ihrem Netzwerk verfügbar sind, wie zum Beispiel in einem Microsoft Exchange-Adressbuch oder in Active Directory, können Sie sie rasch und einfach in Microsoft Project importieren. Damit ersparen Sie sich die Mühe, die Informationen erneut eintippen zu müssen, und reduzieren die Fehlerwahrscheinlichkeit.

6. Klicken Sie in dieser Ansicht auf die Zelle unter der Spaltenüberschrift **Ressourcenname**.

7. Geben Sie **Klara Hektor** ein und drücken Sie dann die [↵]-Taste.

   Microsoft Project erstellt eine neue Ressource.

   Ihr Bildschirm sollte nun in etwa so aussehen, wie in der folgenden Abbildung gezeigt.

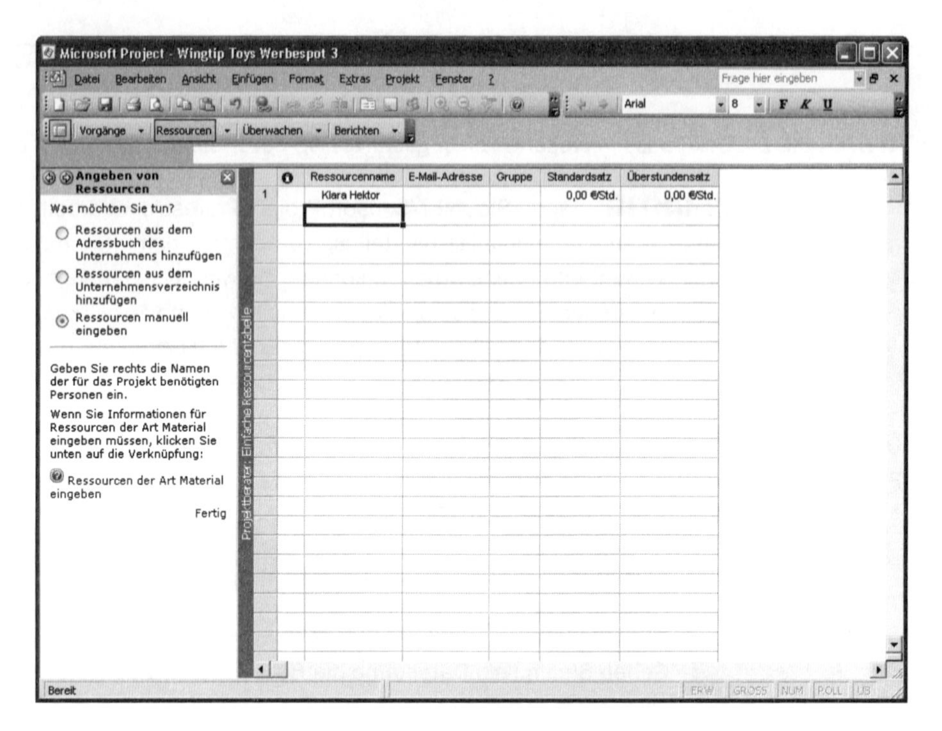

8 Geben Sie die übrigen Ressourceninformationen in die Ressourcentabelle ein:

Peter Henze

Petra Kelly

Jan Kurz

Hans Schmitz

Michael Braun

Johann Müller

Patrizia Mintz

Antonio Ganio

Ihr Bildschirm sollte nun in etwa so aussehen, wie in der folgenden Abbildung gezeigt.

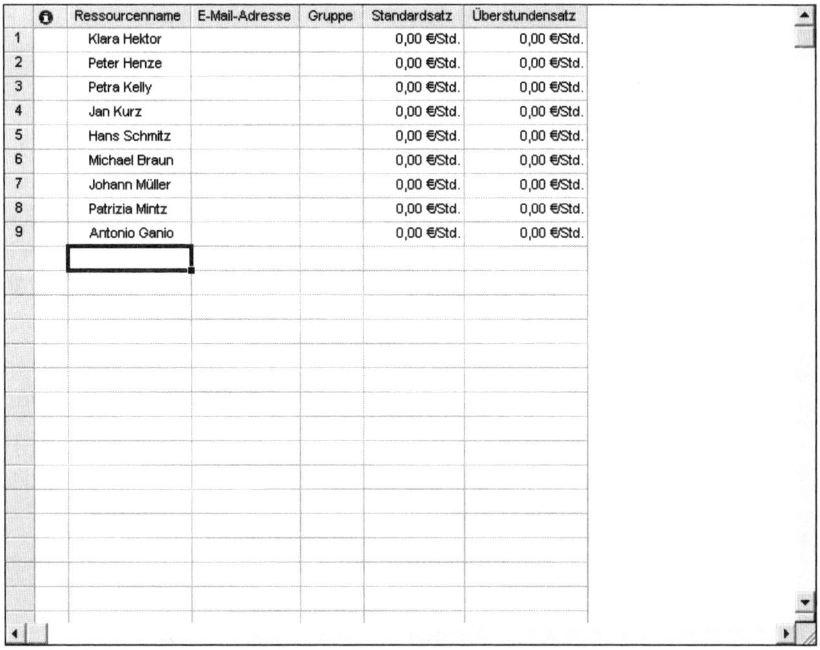

		Ressourcenname	E-Mail-Adresse	Gruppe	Standardsatz	Überstundensatz
1		Klara Hektor			0,00 €/Std.	0,00 €/Std.
2		Peter Henze			0,00 €/Std.	0,00 €/Std.
3		Petra Kelly			0,00 €/Std.	0,00 €/Std.
4		Jan Kurz			0,00 €/Std.	0,00 €/Std.
5		Hans Schmitz			0,00 €/Std.	0,00 €/Std.
6		Michael Braun			0,00 €/Std.	0,00 €/Std.
7		Johann Müller			0,00 €/Std.	0,00 €/Std.
8		Patrizia Mintz			0,00 €/Std.	0,00 €/Std.
9		Antonio Ganio			0,00 €/Std.	0,00 €/Std.

9 Klicken Sie unten im Seitenbereich **Angeben von Ressourcen** auf den Link **Fertig**.

Sie können auch Ressourcen einrichten, die mehrere Personen repräsentieren. Als Nächstes wechseln Sie zu einer anderen Ansicht, um Ihre Ressourcen einzurichten.

10 Wählen Sie im Menü **Ansicht** den Befehl **Ressource: Tabelle**.

Die Ansicht **Ressource: Tabelle** enthält mehr ressourcenbezogene Felder als die Ansicht **Einfache Ressourcentabelle**.

11 Geben Sie im Feld unter der letzten Ressource ***Elektriker*** ein und drücken Sie dann die [⇥]-Taste.

12 Vergewissern Sie sich, dass im Feld **Art** der Eintrag **Arbeit** ausgewählt ist, und drücken Sie dann so oft die [⇥]-Taste, bis das Feld **Max. Einh.** aktiviert ist.

Das Feld **Max. Einh.** enthält die maximale Kapazität einer Ressource, die für die Ausführung eines Vorgangs verfügbar ist. Sie haben beispielsweise für Klara Hektor **100%** angegeben. Das bedeutet, dass Klara Hektor zu 100 Prozent für die Arbeit an den Vorgängen zur Verfügung steht, die Sie ihr zuweisen. Wenn Sie Klara mehr Vorgänge zuweisen, als mit 10 Prozent Kapazität ausführbar sind, wird eine Warnung ausgegeben. In diesem Fall spricht man von einer *Überlastung* der Ressource.

13 Geben Sie im Feld **Max. Einh.** den Wert ***200%*** ein oder wählen Sie diesen Wert aus, und drücken Sie dann die [↵]-Taste.

TIPP Wird ein numerisches Feld angeklickt, werden Auf- und Abwärtspfeilschaltflächen eingeblendet. Hierüber lässt sich die gewünschte Zahl einstellen. Die Zahl kann aber auch direkt in das Feld eingegeben werden.

Die Ressource mit dem Namen **Elektriker** repräsentiert nicht nur eine Person. Sie bezeichnet vielmehr eine Kategorie von austauschbaren Personen, die unter dem Begriff Elektriker zusammengefasst sind. Da Sie dieser Ressource **200%** an maximalen Einheiten zugewiesen haben, können Sie zwei Elektriker einplanen, die jeden Arbeitstag acht Stunden zur Verfügung stehen. An diesem Punkt in der Planungsphase müssen Sie noch nicht wissen, um welche Mitarbeiter es sich handelt, sondern können die allgemeine Planung problemlos fortsetzen.

Nun aktualisieren Sie den Wert in der Spalte **Max. Einh.** für Antonio Ganio, um deutlich zu machen, dass er halbtags arbeitet.

14 Klicken Sie auf das Feld **Max. Einh.** für Antonio Ganio und legen Sie den Wert *50%* fest. Drücken Sie anschließend die [↵]-Taste.

Ihr Bildschirm sollte nun in etwa so aussehen, wie in der folgenden Abbildung gezeigt.

Wenn Sie eine neue Ressource festlegen, werden ihr per Voreinstellung automatisch 100% maximale Einheiten zugewiesen. Hier können Sie diesen Wert jedoch ändern.

	ⓘ	Ressourcenname	Art	Materialbeschriftung	Kürzel	Gruppe	Max. Einh.	Standa
1		Klara Hektor	Arbeit		K		100%	0,0
2		Peter Henze	Arbeit		P		100%	0,0
3		Petra Kelly	Arbeit		P		100%	0,0
4		Jan Kurz	Arbeit		J		100%	0,0
5		Hans Schmitz	Arbeit		H		100%	0,0
6		Michael Braun	Arbeit		M		100%	0,0
7		Johann Müller	Arbeit		J		100%	0,0
8		Patrizia Mintz	Arbeit		P		100%	0,0
9		Antonio Ganio	Arbeit		A		50%	0,0
10		Elektriker	Arbeit		E		200%	0,0

TIPP Falls Sie lieber Ganz- und Dezimalzahlen (zum Beispiel 0,5, 1, 2) als Prozentwerte (50%, 100% oder 200%) eingeben, können Sie dies tun. Um dieses Format nutzen zu können, wählen Sie im Menü **Extras** den Befehl **Optionen** und legen dann auf der Registerkarte **Terminplan** im Feld **Zuordnungseinheiten anzeigen als** den Eintrag **Dezimalwert** fest.

Ressourcennamen richtig eingeben

In Microsoft Project können sich Ressourcennamen auf bestimmte Personen (zum Beispiel Hans Thorson oder Jan Miskowski) oder Positionen (zum Beispiel Tontechniker oder Kameramann) beziehen. Bei der Vergabe der Namen sollten Sie sich nach den Anforderungen in Ihrem Projekt richten und außerdem den Personenkreis berücksichtigen, der Ihre Projektinformationen lesen wird. Somit stellen sich folgende Fragen: „Wer wird die Ressourcennamen zu sehen bekommen?" und „Woran erkennen diese Personen die Ressourcen?". Diese beiden Aspekte betreffen sowohl die Arbeit mit den Ressourcennamen in Microsoft Project als auch ihre Anzeige in Veröffentlichungen von Microsoft Project. Beispielsweise wird der Name einer Ressource, den Sie in das Feld **Ressourcenname** eingeben, in der Standardansicht **Balkendiagramm (Gantt)** neben den Balken für die Vorgänge eingeblendet, denen diese Ressource zugewiesen ist.

Ein Ressourcenname kann sich auf einen Mitarbeiter beziehen, der bereits zum Projektteam gehört, oder eine Position bezeichnen, deren ausführende Ressource noch nicht bekannt ist. In vielen Projekten werden Sie zunächst die erforderlichen Positionen festlegen, die Namen der betreffenden Mitarbeiter aber erst später angeben können.

Ausrüstungsressourcen einrichten

In Microsoft Project werden Personal- und Ausrüstungsressourcen auf dieselbe Art und Weise festgelegt. Trotzdem bestehen hinsichtlich der Planung wichtige Unterschiede zwischen diesen beiden Arten von Ressourcen. Beispielsweise verfügen die meisten Personalressourcen über einen Arbeitstag, der eine maximale Länge nicht überschreiten darf, während Ausrüstungsressourcen rund um die Uhr in Betrieb sein können. Darüber hinaus sind Personalressourcen viel flexibler in Bezug auf die unterschiedlichen Vorgänge, die von ihnen ausgeführt werden können. Ausrüstungsressourcen sind dagegen eher auf bestimmte Funktionen festgelegt. Der Aufnahmeleiter kann im Notfall auch als Kameramann einspringen, aber eine Filmkamera kann kein Filmstudio ersetzen.

Es besteht keine Notwendigkeit, jede Ausrüstungskomponente in einem Projekt zu überwachen. In folgenden Fällen sollten Sie jedoch Informationen zu Ausrüstungsressourcen eingeben:

- Mehrere Teams oder Mitarbeiter benötigen gleichzeitig eine Ausrüstungskomponente zur Ausführung unterschiedlicher Vorgänge. In diesem Fall besteht das Risiko, dass die Komponente überlastet wird.
- Sie wollen die mit der Ausrüstung verbundenen Kosten planen und überwachen.

In der folgenden Übung geben Sie Informationen zu Ausrüstungsressourcen in das Dialogfeld **Informationen zur Ressource** ein.

1. Klicken Sie in der Ressourcenansicht auf die nächste leere Zelle in der Spalte **Ressourcenname**.

Informationen zur Ressource

2. Klicken Sie in der Standardsymbolleiste auf die Schaltfläche **Informationen zur Ressource**.

   Das gleichnamige Dialogfeld öffnet sich.

   TIPP Sie können auch auf einen Ressourcennamen oder auf eine leere Zelle in der Spalte **Ressourcenname** doppelklicken, um das Dialogfeld **Informationen zur Ressource** zu öffnen.

3. Aktivieren Sie die Registerkarte **Allgemein**, falls diese nicht bereits angezeigt wird.

   Im oberen Teil der Registerkarte **Allgemein** finden Sie Felder, die Sie bereits aus der Ansicht **Ressource: Tabelle** kennen. Wie bei vielen Informationsarten in Microsoft Project können Sie mit einer Tabelle oder mit einem Dialogfeld arbeiten.

4. Geben Sie im Feld **Ressourcenname** die Bezeichnung ***Mini-DV Camcorder*** ein.
5. Wählen Sie im Feld **Art** den Eintrag **Arbeit**.

   Ihr Bildschirm sollte nun in etwa so aussehen, wie in der folgenden Abbildung gezeigt.

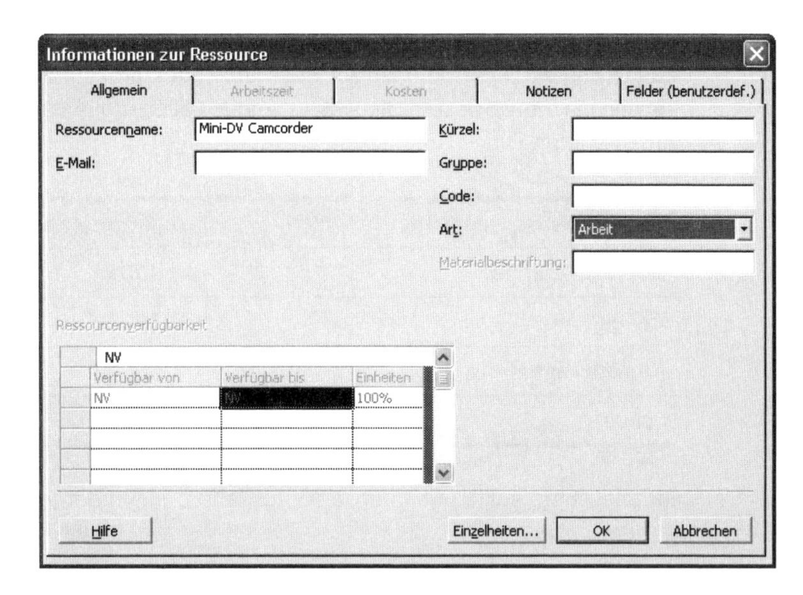

TIPP Das Dialogfeld **Informationen zur Ressource** enthält eine Schaltfläche mit der Beschriftung **Einzelheiten**. Wenn Sie ein E-Mail-Programm verwenden, das MAPI-kompatibel (Messaging Application Programming Interface) ist und auf demselben Computer wie Microsoft Project installiert ist, können Sie auf **Einzelheiten** klicken, um die Kontaktinformationen zur ausgewählten Ressource anzuzeigen. MAPI-kompatible Programme sind beispielsweise Microsoft Outlook und Microsoft Outlook Express.

6 Klicken Sie auf **OK**, um das Dialogfeld **Informationen zur Ressource** zu schließen und zur Ansicht **Ressource: Tabelle** zurückzukehren.

Das Feld **Max. Einh.** enthält den Wert **100%.** Diesen werden Sie nun ändern.

TIPP Im Dialogfeld **Informationen zur Ressource** kann kein Wert für **Max. Einh.** eingegeben werden. Sie können diesen Wert jedoch im Dialogfeld und in der Ansicht **Ressource: Tabelle** bearbeiten, nachdem Sie die Ressource eingerichtet haben.

7 Geben Sie in das Feld **Max. Einh.** für die Ressource **Mini-DV Camcorder** den Wert ***300%*** ein (bzw. wählen Sie diesen Wert aus) und drücken Sie dann die [⇆]-Taste.

Das bedeutet, dass Sie pro Arbeitstag drei Camcorder zur Verfügung haben möchten.

8 Geben Sie die verbleibenden Informationen zu den Ausrüstungsressourcen in das Dialogfeld **Informationen zur Ressource** oder direkt in der Ansicht **Ressource: Tabelle** ein. Vergewissern Sie sich in beiden Fällen, dass das Feld **Art** den Eintrag **Arbeit** enthält.

Ressourcenbezeichnung	Maximale Einheit
600-Watt-Lampe	***400%***
Reflektor-Kit	***100%***
Kamerawagen	***200%***
Labor	***100%***

Ihr Bildschirm sollte nun in etwa so aussehen, wie in der folgenden Abbildung gezeigt.

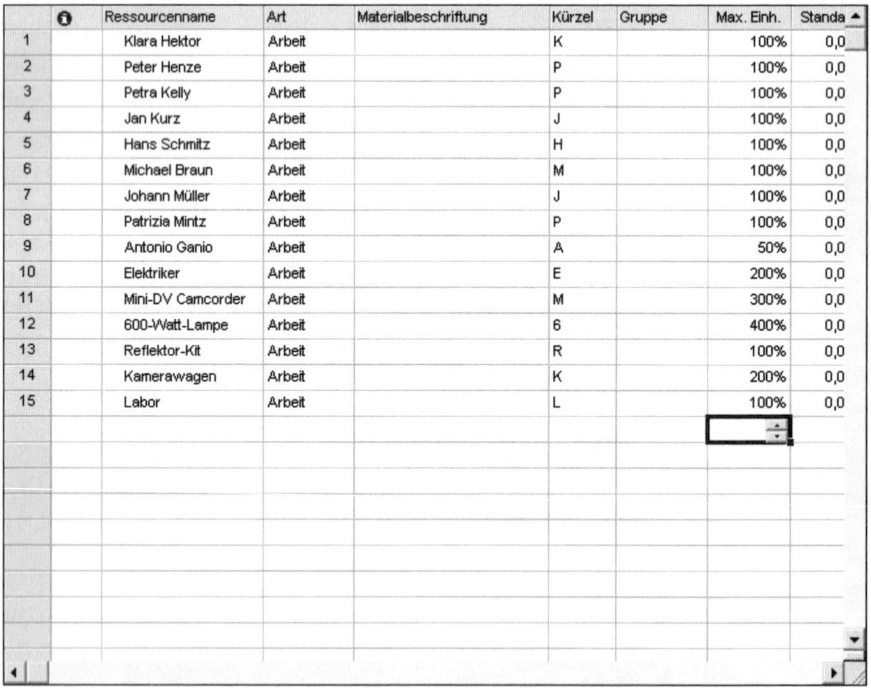

	i	Ressourcenname	Art	Materialbeschriftung	Kürzel	Gruppe	Max. Einh.	Standa
1		Klara Hektor	Arbeit		K		100%	0,0
2		Peter Henze	Arbeit		P		100%	0,0
3		Petra Kelly	Arbeit		P		100%	0,0
4		Jan Kurz	Arbeit		J		100%	0,0
5		Hans Schmitz	Arbeit		H		100%	0,0
6		Michael Braun	Arbeit		M		100%	0,0
7		Johann Müller	Arbeit		J		100%	0,0
8		Patrizia Mintz	Arbeit		P		100%	0,0
9		Antonio Ganio	Arbeit		A		50%	0,0
10		Elektriker	Arbeit		E		200%	0,0
11		Mini-DV Camcorder	Arbeit		M		300%	0,0
12		600-Watt-Lampe	Arbeit		6		400%	0,0
13		Reflektor-Kit	Arbeit		R		100%	0,0
14		Kamerawagen	Arbeit		K		200%	0,0
15		Labor	Arbeit		L		100%	0,0

Materialressourcen einrichten

Materialressourcen sind Verbrauchsgüter, die im Laufe des Projekts aufgebraucht werden. Bei einem Bauprojekt gehören zu den Materialressourcen beispielsweise Nägel, Holz und Beton. Im vorliegenden Filmprojekt stellt die Videokassette die wichtigste zu verbrauchende Ressource dar. Sie arbeiten in Microsoft Project mit Materialressourcen, um den Materialverbrauch und die damit verbundenen Kosten zu überwachen. Microsoft Project ist zwar kein umfassendes Programm für die Inventurüberwachung, liefert Ihnen aber dennoch Informationen darüber, wie schnell Materialressourcen aufgebraucht werden.

Arbeits- und Materialressourcen

Nachfolgend wird gezeigt, in welchen Punkten sich Arbeits- und Materialressourcen ähneln und in welchen sie sich unterscheiden.

Bei Arbeits- und Materialressourcen können Ressourcenzuordnungen bearbeitet werden und es können mehrere Kostensätze eingegeben und verschiedenen Zeitspannen zugeordnet werden. Außerdem können Ressourcen über einen *Ressourcenpool* zur gemeinsamen Nutzung freigegeben werden. (Mehr hierzu erfahren Sie später in diesem Buch.) Die Kostenkalkulation für die Materialressourcen funktioniert außerdem gleich wie die für die Arbeitsressourcen.

Anders als bei Arbeitsressourcen werden bei Materialressourcen jedoch keine Überstunden, keine maximalen Einheiten und keine Ressourcenkalender verwendet.

In der folgenden Übung geben Sie Informationen zu Materialressourcen ein:

1. Klicken Sie in der Ansicht **Ressource: Tabelle** auf die nächste leere Zelle in der Spalte **Ressourcenname**.
2. Geben Sie die Bezeichnung ***Videokassette*** ein und drücken Sie dann die [Tab]-Taste.
3. Klicken Sie im Feld **Art** auf **Material** und drücken Sie dann die [Tab]-Taste.
4. Geben Sie im Feld **Materialbeschriftung** die Bezeichnung ***30-Min.-Kassette*** ein und drücken Sie dann die [Enter]-Taste.

   30-Minuten-Kassetten werden als Maßeinheit für den Verbrauch von Videokassetten für das Filmprojekt verwendet. Ihr Bildschirm sollte nun in etwa so aussehen, wie in der folgenden Abbildung gezeigt.

Das Feld **Materialbeschriftung** gilt nur für Materialressourcen.

	❶	Ressourcenname	Art	Materialbeschriftung	Kürzel	Gruppe	Max. Einh.	Standa
1		Klara Hektor	Arbeit		K		100%	0,0
2		Peter Henze	Arbeit		P		100%	0,0
3		Petra Kelly	Arbeit		P		100%	0,0
4		Jan Kurz	Arbeit		J		100%	0,0
5		Hans Schmitz	Arbeit		H		100%	0,0
6		Michael Braun	Arbeit		M		100%	0,0
7		Johann Müller	Arbeit		J		100%	0,0
8		Patrizia Mintz	Arbeit		P		100%	0,0
9		Antonio Ganio	Arbeit		A		50%	0,0
10		Elektriker	Arbeit		E		200%	0,0
11		Mini-DV Camcorder	Arbeit		M		300%	0,0
12		600-Watt-Lampe	Arbeit		6		400%	0,0
13		Reflektor-Kit	Arbeit		R		100%	0,0
14		Kamerawagen	Arbeit		K		200%	0,0
15		Labor	Arbeit		L		100%	0,0
16		Videokassette	Material	30-Min.-Kassette	V			

Kostensätze für Ressourcen eingeben

In nahezu allen Projekten spielen finanzielle Aspekte eine wichtige Rolle und die Kosten bestimmen in vielen Fällen den Projektumfang. Die Überwachung und Verwaltung von Kosteninformationen ermöglicht es dem Projektmanager, folgende wichtige Fragen zu beantworten:

- Welche Gesamtkosten sind für das Projekt zu erwarten, wenn man bei der Berechnung von der Dauer der Vorgänge und den geplanten Ressourcen ausgeht?
- Werden kostspielige Ressourcen für die Ausführung von Vorgängen eingesetzt, für die kostengünstigere Ressourcen verfügbar wären?
- Wie hoch sind die Kosten, die eine bestimmte Ressourcenart oder ein bestimmter Vorgang im Laufe des Projekts verursachen wird?
- Wird bei der gegenwärtigen Höhe der Ausgaben das Budget für die geplante Dauer des Projekts ausreichen?

Für das Werbespot-Projekt stehen Ihnen die Informationen über alle Mitarbeiterkosten zur Verfügung. Bei den weiter unten aufgeführten Gebühren für die Camcorder, die Lampen und das Labor handelt es sich um Leihgebühren. Da die Industriefilm GmbH über einen Kamerawagen und ein Reflektor-Kit verfügt, entstehen hierfür keine Kosten.

In der folgenden Übung geben Sie Kosteninformationen zu den einzelnen Ressourcen ein.

1. Klicken Sie in der Ansicht **Ressource: Tabelle** auf das Feld **Standardsatz** für Ressource 1, **Klara Hektor**.
2. Geben Sie ***800/W*** ein und drücken Sie dann die [↵]-Taste.
3. Verbreitern Sie die Spalte **Standardsatz**, indem Sie auf die Trennlinie zwischen den Spalten **Standardsatz** und **Überstd.-Satz** doppelklicken.

   Der Standardwochensatz von 800 € für Klara Hektor wird in der Spalte **Standardsatz** angezeigt.
4. Geben Sie in das Feld **Standardsatz** für Ressource 2, **Peter Henze**, den Wert ***18,75/h*** ein und drücken Sie dann die [↵]-Taste.

   In der Spalte **Standardsatz** wird der Standardstundensatz für Peter Henze angezeigt. Ihr Bildschirm sollte nun in etwa so aussehen, wie in der folgenden Abbildung gezeigt.

	Ressourcenname	Art	Materialbeschriftung	Kürzel	Gruppe	Max. Einh.	Standardsatz
1	Klara Hektor	Arbeit		K		100%	800,00 €/Woche
2	Peter Henze	Arbeit		P		100%	18,75 €/Std.
3	Petra Kelly	Arbeit		P		100%	0,00 €/Std.
4	Jan Kurz	Arbeit		J		100%	0,00 €/Std.
5	Hans Schmitz	Arbeit		H		100%	0,00 €/Std.
6	Michael Braun	Arbeit		M		100%	0,00 €/Std.
7	Johann Müller	Arbeit		J		100%	0,00 €/Std.
8	Patrizia Mintz	Arbeit		P		100%	0,00 €/Std.
9	Antonio Ganio	Arbeit		A		50%	0,00 €/Std.
10	Elektriker	Arbeit		E		200%	0,00 €/Std.
11	Mini-DV Camcorder	Arbeit		M		300%	0,00 €/Std.
12	600-Watt-Lampe	Arbeit		6		400%	0,00 €/Std.
13	Reflektor-Kit	Arbeit		R		100%	0,00 €/Std.
14	Kamerawagen	Arbeit		K		200%	0,00 €/Std.
15	Labor	Arbeit		L		100%	0,00 €/Std.
16	Videokassette	Material	30-Min.-Kassette	V			0,00 €

5 Geben Sie folgende Standardsätze für die weiteren Ressourcen ein:

Ressourcenname	Standardsatz	Ressourcenname	Standardsatz
Petra Kelly	***16,75/h***	Elektriker	***22/h***
Jan Kurz	***775/W***	Mini-DV Camcorder	***250/W***
Hans Schmitz	***22/h***	600-Watt-Lampe	***100/W***
Michael Braun	***18,75/h***	Reflektor-Kit	***0/h***
Johann Müller	***10/h***	Kamerawagen	***0/h***
Patrizia Mintz	***9,40/h***	Labor	***200/T***
Antonio Ganio	***15,50/h***	Videokassette	***5***

Ihr Bildschirm sollte nun in etwa so aussehen, wie in der folgenden Abbildung gezeigt.

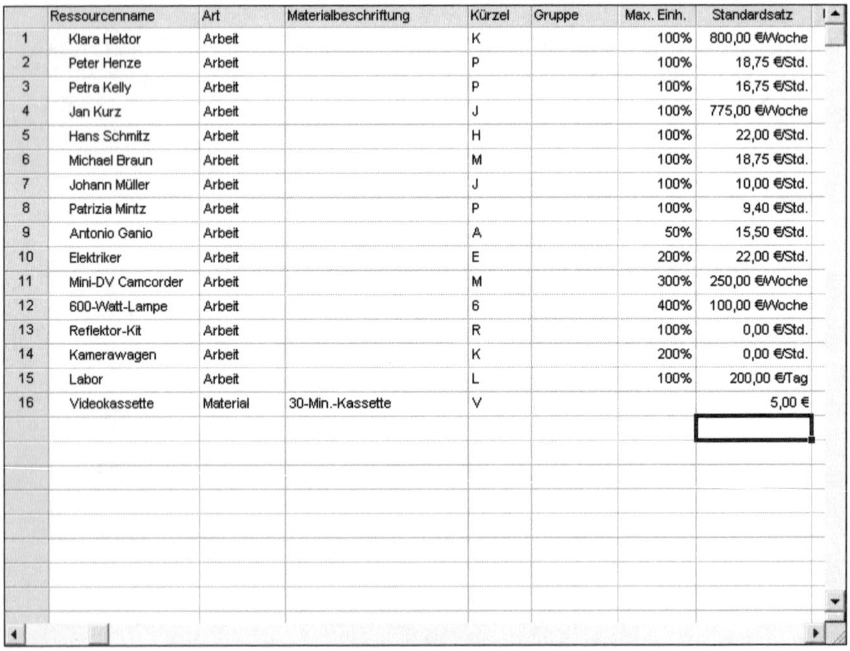

	Ressourcenname	Art	Materialbeschriftung	Kürzel	Gruppe	Max. Einh.	Standardsatz
1	Klara Hektor	Arbeit		K		100%	800,00 €/Woche
2	Peter Henze	Arbeit		P		100%	18,75 €/Std.
3	Petra Kelly	Arbeit		P		100%	16,75 €/Std.
4	Jan Kurz	Arbeit		J		100%	775,00 €/Woche
5	Hans Schmitz	Arbeit		H		100%	22,00 €/Std.
6	Michael Braun	Arbeit		M		100%	18,75 €/Std.
7	Johann Müller	Arbeit		J		100%	10,00 €/Std.
8	Patrizia Mintz	Arbeit		P		100%	9,40 €/Std.
9	Antonio Ganio	Arbeit		A		50%	15,50 €/Std.
10	Elektriker	Arbeit		E		200%	22,00 €/Std.
11	Mini-DV Camcorder	Arbeit		M		300%	250,00 €/Woche
12	600-Watt-Lampe	Arbeit		6		400%	100,00 €/Woche
13	Reflektor-Kit	Arbeit		R		100%	0,00 €/Std.
14	Kamerawagen	Arbeit		K		200%	0,00 €/Std.
15	Labor	Arbeit		L		100%	200,00 €/Tag
16	Videokassette	Material	30-Min.-Kassette	V			5,00 €

Beachten Sie, dass Sie für die Videokassette keinen Satz eingegeben haben, sondern dass der Standardsatz eine Verbrauchseinheit ist – hier gemessen in 30-Minuten-Kassetten.

Projektmanagement-Schwerpunkt: Informationen zu Ressourcenkosten erhalten

Die Kosten für Arbeits- und Materialressourcen machen bei vielen Projekten den größten Teil der Gesamtprojektkosten aus. Um die Kostenverwaltungsfunktionen von Microsoft Project besser nutzen zu können, sollte der Projektmanager die Kosten kennen, die mit den einzelnen Arbeitsressourcen und den einzelnen Materialressourcen verknüpft sind. Bei Personalressourcen ist es häufig schwierig, Kosteninformationen zu beschaffen, da in vielen Unternehmen nur die Geschäftsleitung und der Personalchef die Standardsätze aller Mitarbeiter kennen, die an einem Projekt arbeiten, und diese Informationen als vertraulich behandeln. Entsprechend lassen sich je nach Projektprioritäten und Unternehmensrichtlinien Informationen zur Bezahlung kaum verfolgen. Die Effektivität eines Projektmanagers ist dadurch möglicherweise eingeschränkt.

Die Arbeitszeit für einzelne Ressourcen anpassen

Microsoft Project verwendet verschiedene Arten von Kalendern für unterschiedliche Zwecke. In dieser Übung benutzen Sie den *Ressourcenkalender*. Ein Ressourcenkalender kontrolliert die Arbeitszeiten und die arbeitsfreien Zeiten einer Ressource. Microsoft Project verwendet den Ressourcenkalender, um festzustellen, wann für eine bestimmte Ressource Arbeit eingeplant werden kann. Ressourcenkalender sind nur für Arbeitsressourcen (Personen und Ausrüstung) verfügbar, nicht aber für Materialressourcen.

Wenn eine Ressource in einem Projektplan eingetragen wird, richtet Microsoft Project einen Ressourcenkalender dafür ein. Der Anfangstermin für den Ressourcenkalender entspricht dem des *Standardbasiskalenders*. (Der Kalender, der in Microsoft Project integriert ist und für die Arbeitszeit von Montag bis Freitag zwischen 8:00 Uhr und 17:00 Uhr gilt.) Wenn alle Arbeitszeiten der Ressourcen mit den Arbeitszeiten des Standardbasiskalenders übereinstimmen, müssen Ressourcenkalender nicht bearbeitet werden. Eine Bearbeitung ist jedoch beispielsweise in folgenden Fällen erforderlich:

- flexible Arbeitszeiten
- Urlaub
- andere Zeiten, zu denen Ressourcen nicht für ein Projekt zur Verfügung stehen, wie zum Beispiel Schulungszeiten oder die Teilnahme an Konferenzen

Alle Änderungen, die am Standardbasiskalender vorgenommen werden, wirken sich automatisch auf alle Ressourcenkalender aus. Wurden jedoch Änderungen an der Arbeitszeit für eine Ressource vorgenommen, bleiben diese unverändert.

TIPP Gibt es eine Ressource, die für ein Projekt nur halbtags zur Verfügung steht, versuchen Sie vielleicht, dies über die Arbeitszeit widerzuspiegeln, wie zum Beispiel von 8:00 Uhr bis 12:00 Uhr. Besser ist es jedoch, die Verfügbarkeit der Ressource im Feld **Max. Einh.** auf **50%** zu setzen. Denn damit wird das Hauptaugenmerk auf die Kapazität der Ressource und nicht auf die Arbeitszeit gelegt. Die maximale Einheit für eine Ressource wird in der Ansicht **Ressource: Tabelle** eingegeben. Weitere Informationen zu Ressourceneinheiten finden Sie im Abschnitt „Personalressourcen einrichten" weiter vorn in diesem Kapitel.

In der folgenden Übung legen Sie die Arbeitszeiten und die arbeitsfreien Zeiten für Arbeitsressourcen fest:

1. Wählen Sie im Menü **Extras** den Befehl **Arbeitszeit ändern**.

   Das gleichnamige Dialogfeld öffnet sich.

2. Wählen Sie im Feld **Für** den Eintrag **Klara Hektor**.

   Klara Hektors Ressourcenkalender wird im Dialogfeld **Arbeitszeit ändern** angezeigt. Klara Hektor, die Produzentin des Werbespots, hat Ihnen mitgeteilt, dass sie am 13. und am 14. Januar nicht arbeitet.

3. Blättern Sie gegebenenfalls im Kalender, bis der Monat Januar 2005 sichtbar ist.
4. Markieren Sie den 13. und den 14. Januar.

   TIPP Um einen Datumsbereich schnell zu markieren, ziehen Sie die Maus darüber.

5. Klicken Sie im Bereich **Markierten Zeitraum festlegen** auf die Option **Arbeitsfreie Zeit**.

   Ihr Bildschirm sollte nun in etwa so aussehen, wie in der folgenden Abbildung gezeigt.

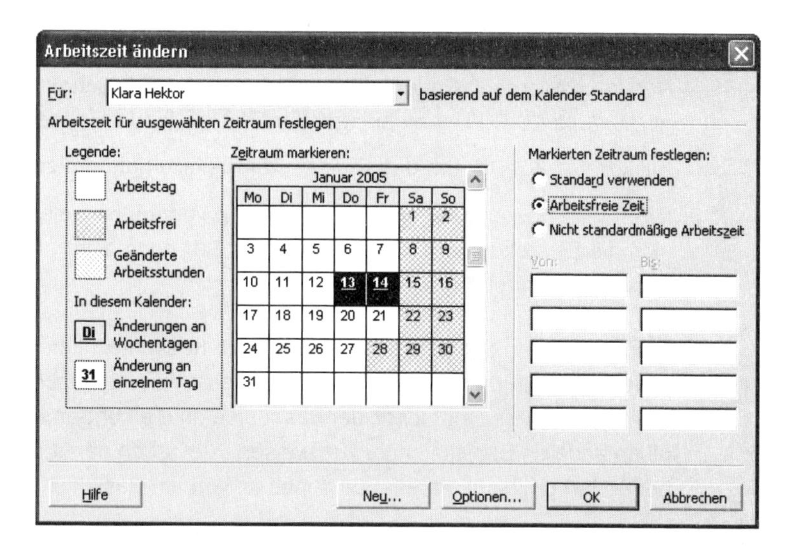

Microsoft Project plant diese Zeit nun nicht als Arbeitszeit für Klara Hektor ein.

TIPP Wenn Ihr Team das Kalendermodul von Microsoft Outlook und Microsoft Project Web Access nutzt, können Ihnen die Ressourcen automatisch mitteilen, an welchen Zeiten sie für Projektaktivitäten nicht verfügbar sind. Diese Zeiten basieren auf Kalendereinträgen, die in Microsoft Outlook als **Gebucht** oder **Abwesend** eingetragen sind und müssen nicht manuell in Microsoft Project eingegeben werden.

Um die Übung abzuschließen, richten Sie nun für eine Ressource einen 4/10-Arbeitsplan für eine Woche ein, das heißt, es wird an 4 Tagen pro Woche 10 Stunden pro Tag gearbeitet.

6 Wählen Sie im Dialogfeld **Arbeitszeit ändern** im Feld **Für** den Eintrag **Hans Schmitz.**

7 Wenn Sie aufgefordert werden, die Änderungen zu speichern, die Sie für Klara Hektor vorgenommen haben, klicken Sie auf **Ja.**

8 Markieren Sie die Spaltenköpfe für die Spalten Montag bis Donnerstag.

TIPP Um die Spalten schnell zu markieren, ziehen Sie die Maus darüber.

Sie können zwar immer nur einen Monat im Dialogfeld betrachten, die Auswahl der Spalten betrifft jedoch auch alle vorhergehenden und zukünftigen Monate.

9 Markieren Sie unter **Bis** den Wert **17:00** und ersetzen Sie ihn durch den Wert **19:00.**

10 Klicken Sie auf den Spaltenkopf der Spalte **Freitag.**

11 Wählen Sie unter **Markierten Zeitraum festlegen** die Option **Arbeitsfreie Zeit.**

Nun kann Microsoft Project die Arbeitszeit von Hans Schmitz von Montag bis Donnerstag bis 19:00 Uhr einplanen. Für Freitage wird er jedoch nicht eingeplant.

12 Klicken Sie auf **OK**, um das Dialogfeld **Arbeitszeit ändern** zu schließen.

Da Sie die Ressourcen bisher noch keinen Vorgängen zugeordnet haben, wirken sich die Einstellungen für die arbeitsfreie Zeit noch nicht aus. Mehr hierzu erfahren Sie in Kapitel 4.

TIPP Stellen Sie fest, dass Sie mehrere Ressourcenkalender in ähnlicher Weise bearbeiten müssen, um beispielsweise eine Nachtschicht einzutragen, ist es möglicherweise einfacher, der Ressource oder einer Sammlung von Ressourcen einen anderen Basiskalender zuzuweisen. Sie haben damit auch die Möglichkeit, bei Bedarf projektübergreifende Anpassungen am Basiskalender vorzunehmen.

Falls Ihr Projekt eine Tages- und eine Nachtschicht beinhaltet, können Sie den Basiskalender **Nachtschicht** den Ressourcen zuweisen, die in der Nachtschicht arbeiten. Sie ändern den Basiskalender für eine Ressource im Projektberater in Schritt 2 von **Definieren von Arbeitszeiten für Ressourcen**. Oder wählen Sie im Menü **Projekt** den Befehl **Informationen zur Ressource** und wechseln Sie dann auf der Registerkarte **Arbeitszeit** den Basiskalender. Für Sammlungen von Ressourcen können Sie die Änderungen direkt in der Spalte **Basiskalender** der Ansicht **Ressource: Tabelle** vornehmen.

Ressourcen dokumentieren

In Kapitel 2 haben Sie erfahren, dass Sie Zusatzinformationen zu einem Vorgang, einer Ressource oder einer Zuordnung in Form von *Notizen* eingeben können. Steht eine Ressource beispielsweise in einem bestimmten Zeitraum nicht zur Verfügung, ist es sinnvoll, über eine Notiz den Grund anzugeben. Die Notiz bleibt dann im Projektplan und kann leicht betrachtet oder bearbeitet werden.

In der folgenden Übung geben Sie Ressourcennotizen ein, um zu dokumentieren, warum eine Ressource an bestimmten Tagen nicht verfügbar ist.

1 Klicken Sie in der Spalte **Ressourcenname** auf die Ressource 1, **Klara Hektor.**

Ressourcen-notizen

2 Klicken Sie in der Standardsymbolleiste auf die Schaltfläche **Ressourcennotizen.**

Microsoft Project öffnet das Dialogfeld **Informationen zur Ressource** mit aktivierter Registerkarte **Notizen.**

3 Geben Sie in das Notizenfeld den Hinweis ***Klara besucht Filmfestspiele in Berlin und kann am 13. und 14. Januar nicht eingeplant werden.*** ein. Klicken Sie dann auf **OK.**

Im Indikatorenfeld ist ein Hinweissymbol zu sehen.

4 Zeigen Sie mit der Maus auf das Hinweissymbol.

Der Hinweis wird in Form einer QuickInfo angezeigt. Bei längeren Notizen müssen Sie auf das Notizensymbol doppelklicken, um den gesamten Text lesen zu können.

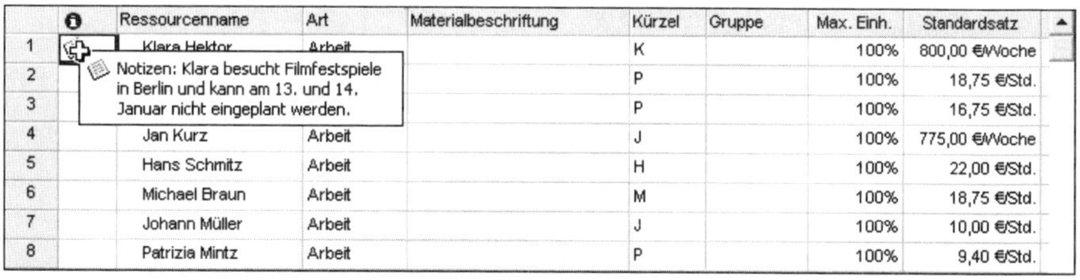

	ℹ	Ressourcenname	Art	Materialbeschriftung	Kürzel	Gruppe	Max. Einh.	Standardsatz
1		Klara Hektor	Arbeit		K		100%	800,00 €/Woche
2					P		100%	18,75 €/Std.
3					P		100%	16,75 €/Std.
4		Jan Kurz	Arbeit		J		100%	775,00 €/Woche
5		Hans Schmitz	Arbeit		H		100%	22,00 €/Std.
6		Michael Braun	Arbeit		M		100%	18,75 €/Std.
7		Johann Müller	Arbeit		J		100%	10,00 €/Std.
8		Patrizia Mintz	Arbeit		P		100%	9,40 €/Std.

Notizen: Klara besucht Filmfestspiele in Berlin und kann am 13. und 14. Januar nicht eingeplant werden.

***SCHLIESSEN SIE den Projektplan* Wingtip Toys Werbespot 3.**

Zusammenfassung

- Wenn Sie Ressourceninformationen detailliert aufzeichnen, können Sie besser steuern, wer welche Arbeit zu welchen Kosten erledigt.
- Arbeitsressourcen – Personen und Ausrüstung – erledigen die Arbeit in einem Projekt.
- Materialressourcen werden während eines Projekts verbraucht.

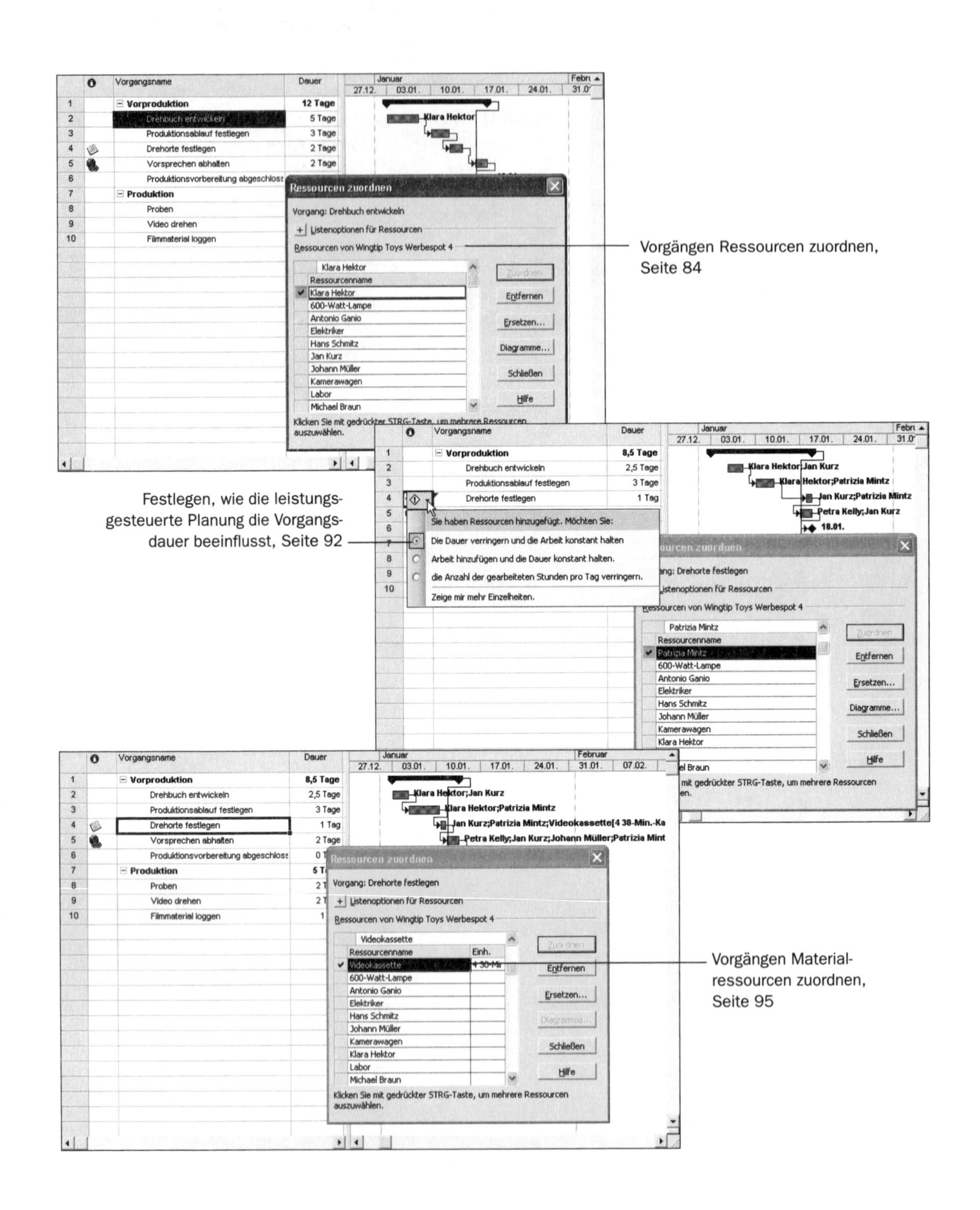

Kapitel 4 auf einen Blick

4 Vorgängen Ressourcen zuordnen

In diesem Kapitel lernen Sie,

- ✔ **wie Sie einem Vorgang Ressourcen zuordnen.**
- ✔ **wie Sie steuern, wie Microsoft Project zusätzliche Ressourcenzuordnungen einplant.**
- ✔ **wie Sie einem Vorgang Materialressourcen zuordnen.**

Siehe auch Falls Sie nur eine kurze Wiederholung zu den Themen benötigen, die in diesem Kapitel behandelt werden, lesen Sie den Schnellüberblick zu Kapitel 4 am Anfang dieses Buches.

Wenn Sie die Kapitel 2 und 3 durchgearbeitet haben, haben Sie bereits *Vorgänge* und *Ressourcen* erstellt. Nun weisen Sie Vorgängen Ressourcen zu. Unter einer *Zuordnung* versteht man die Zuweisung einer Ressource an einen Vorgang, der mithilfe dieser Ressource ausgeführt wird. Die Zuordnung kann von zwei Seiten betrachtet und deshalb als Vorgangs- oder als Ressourcenzuordnung verstanden werden. Bei beiden Betrachtungsweisen gilt jedoch, dass sich eine Zuordnung immer aus einem Vorgang plus einer Ressource zusammensetzt.

Sie sind in Microsoft Project nicht gezwungen, bestimmten Vorgängen Ressourcen zuzuordnen, sondern könnten auch nur mit Vorgängen arbeiten. Es gibt jedoch einige gute Gründe, in einem Projektplan eine Ressourcenzuordnung durchzuführen. Wenn Sie Ressourcen bestimmten Vorgängen zuweisen, können Sie beispielsweise folgende Fragen beantworten:

- Wer muss zu welchem Zeitpunkt welchen Vorgang bearbeiten?
- Sind genügend Ressourcen vorhanden, um den für das Projekt erforderlichen Arbeitsumfang zu bewältigen?
- Wurde eine Ressource zu einem Zeitpunkt für die Ausführung eines Vorgangs eingeplant, an der sie nicht verfügbar ist (beispielsweise wenn ein Mitarbeiter in Urlaub geht)?

- Wurden einer Ressource so viele Vorgänge zugeordnet, dass ihre Arbeitskapazität überschritten wird? (Mit anderen Worten: Ist die Ressource überlastet?)

In diesem Kapitel lernen Sie verschiedene Methoden der Ressourcenzuordnung kennen. Sie werden bestimmten Vorgängen sowohl Arbeitsressourcen (Personen und Ausrüstung) als auch Materialressourcen zuordnen und beobachten, wie sich diese Ressourcenzuordnungen auf die Dauer von Vorgängen auswirken.

WICHTIG Bevor Sie die Übungsdateien in diesem Kapitel benutzen können, müssen Sie sie von der Begleit-CD in den vorgegebenen Standardordner installieren. Einzelheiten dazu finden Sie im Abschnitt „Die Übungsdateien installieren" am Anfang dieses Buches.

Vorgängen Ressourcen zuordnen

Wenn Sie einem Vorgang eine Ressource zuordnen, können Sie überwachen, welche Fortschritte die Ressource bei der Ausführung des Vorgangs macht. Wenn Sie die entsprechenden Daten bereitstellen, berechnet Microsoft Project außerdem die Ressourcen- und Vorgangskosten.

Aus Kapitel 3 wissen Sie, dass die verfügbare Arbeitskapazität einer Ressource in *Einheiten* gemessen und im Feld **Max. Einh.** der Ressourcentabelle festgelegt wird. Wenn Sie keinen Wert eingeben, werden dem Vorgang standardmäßig 100 Prozent Ressourceneinheiten zugeordnet. Verfügt die Ressource über weniger als 100 Prozent der Einheiten, wird automatisch der maximal mögliche Wert vergeben.

In der folgenden Übung ordnen Sie Vorgängen einzelne Ressourcen zu.

ACHTEN SIE DARAUF, dass Microsoft Project gestartet ist, bevor Sie mit der Übung beginnen.

WICHTIG Wenn Sie mit Microsoft Project Professional arbeiten, müssen Sie unter Umständen eine einmalige Einstellung vornehmen, damit Sie mit dem eigenen Arbeitsplatz-Account und offline arbeiten können. So wird sichergestellt, dass die Übungsdateien, mit denen Sie in diesem Kapitel arbeiten, keine Auswirkungen auf Ihre Microsoft Project Server-Daten haben. Mehr Informationen hierzu finden Sie in Kapitel 1 im Abschnitt „Microsoft Office Project Professional starten".

ÖFFNEN SIE die Datei* Wingtip Toys Werbespot 4a, *die Sie im Ordner* Eigene Dateien\Microsoft Press\Project 2003 Training\04_RessourcenZuordnen *finden. Sie können den Ordner auch über* Start/ Alle Programme/Microsoft Press/Project 2003 Training *öffnen.

1. Wählen Sie im Menü **Datei** den Befehl **Speichern unter.**

   Das Dialogfeld **Speichern unter** öffnet sich.

2 Geben Sie im Feld **Dateiname** die Bezeichnung ***Wingtip Toys Werbespot 4*** ein und klicken Sie dann auf **Speichern**.

3 Klicken Sie in der Symbolleiste **Projektberater** auf **Ressourcen**.

4 Klicken Sie im Seitenbereich **Ressourcen** auf den Link **Zuordnen von Personen und Sachmitteln zu Vorgängen**.

Der Seitenbereich **Zuordnen von Ressourcen** ist nun zu sehen.

5 Klicken Sie im Seitenbereich auf den Link **Ressourcen zuordnen**.

Das Dialogfeld **Ressourcen zuordnen** öffnet sich. Sie sehen darin die Namen und Bezeichnungen, die Sie in Kapitel 3 eingegeben haben. Falls das Dialogfeld die Spalte **Vorgangsname** überdeckt, ziehen Sie es in die rechte untere Ecke des Bildschirms. Ihr Bildschirm sollte nun ungefähr so wie in der folgenden Abbildung aussehen.

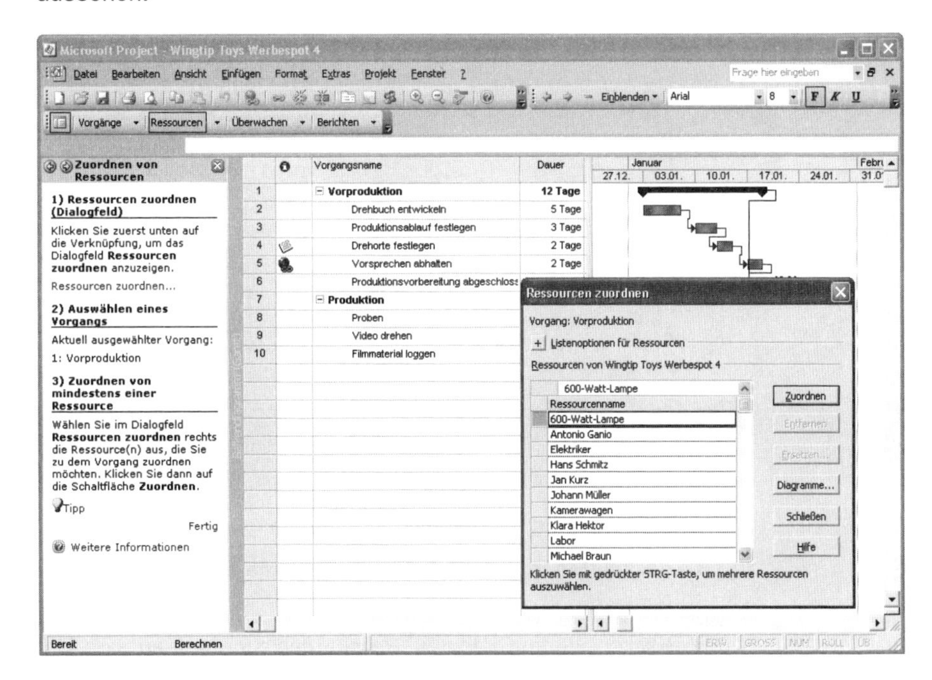

TIPP Wenn Sie das Dialogfeld **Ressourcen zuordnen** über den Projektberater öffnen, sehen Sie eine leicht vereinfachte Version. Weiter hinten in diesem Kapitel lernen Sie die vollständige Version des Dialogfelds kennen.

6 Klicken Sie in der Spalte **Vorgangsname** auf Vorgang 2, **Drehbuch entwickeln**.

7 Klicken Sie im Dialogfeld **Ressourcen zuordnen** auf die Ressource **Klara Hektor** und anschließend auf die Schaltfläche **Zuordnen**.

Neben dem Namen **Klara Hektor** ist nun ein Häkchen zu sehen, das kennzeichnet, dass die Ressource einem Vorgang zugeordnet wurde.

TIPP Die Ressourcen sind im Dialogfeld **Ressourcen zuordnen** alphabetisch geordnet, mit Ausnahme der zugeordneten Ressourcen, die am Anfang der Liste stehen.

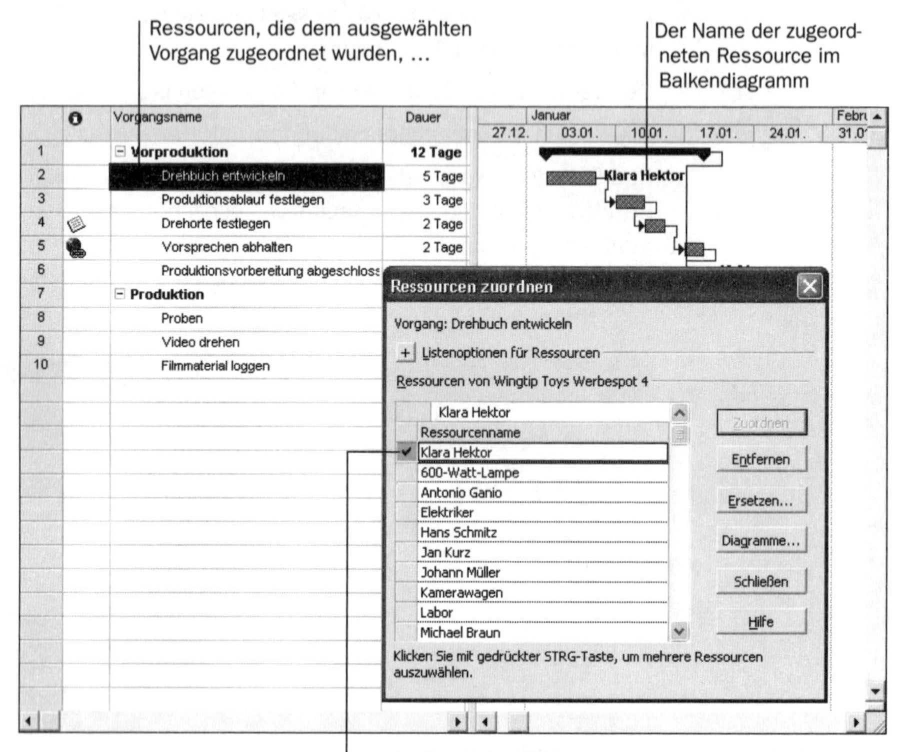

Als Nächstes weisen Sie einem Vorgang zwei Ressourcen gleichzeitig zu.

8 Klicken Sie in der Spalte **Vorgangsname** auf den Vorgang 3, **Produktionsablauf festlegen.**

9 Klicken Sie im Dialogfeld **Ressourcen zuordnen** auf den Eintrag **Klara Hektor**, halten Sie die [Strg]-Taste gedrückt und klicken Sie dann auf den Namen **Patrizia Mintz**. Klicken Sie abschließend auf die Schaltfläche **Zuordnen.**

Nun sind vor den Namen **Mintz** und **Hektor** Häkchen zu sehen, da diese beide dem Vorgang 3 zugeordnet wurden.

ACHTUNG Wenn Sie versehentlich anstelle von zwei gewünschten Ressourcen nur eine Ressource zugewiesen haben, wählen Sie im Menü **Bearbeiten** den Befehl **Rückgängig**, um die Zuweisung rückgängig zu machen. Sie müssen dies aber unmittelbar nach der fehlerhaften Zuordnung tun, da Microsoft Project stets nur den zuletzt ausgeführten Arbeitsschritt rückgängig machen kann.

Zum Abschluss dieser Übung nehmen Sie nun noch Ressourcenzuordnungen für die verbleibenden Vorgänge der Produktionsvorbereitung vor.

10 Klicken Sie in der Spalte **Vorgangsname** auf Vorgang 4, **Drehorte festlegen.**

11 Klicken Sie im Dialogfeld **Ressourcen zuordnen** auf den Namen **Jan Kurz** und dann auf die Schaltfläche **Zuordnen.**

Neben dem Namen von Jan Kurz ist nun ein Häkchen zu sehen, das kennzeichnet, dass er dem Vorgang 4 zugeordnet wurde.

TIPP Um eine Ressourcenzuordnung zu löschen, markieren Sie den Vorgang, öffnen das Dialogfeld **Ressourcen zuordnen**, markieren die Ressource und klicken dann auf die Schaltfläche **Entfernen.**

12 Klicken Sie nun in der Spalte **Vorgangsname** auf Vorgang 5, **Vorsprechen abhalten.**

13 Klicken Sie im Dialogfeld **Ressourcen zuordnen** auf **Petra Kelly** und halten Sie die [Strg]-Taste gedrückt, während Sie auf **Jan Kurz** klicken. Zum Schluss klicken Sie noch auf die Schaltfläche **Zuordnen.**

Neben den beiden Namen sind nun Häkchen zu sehen, die kennzeichnen, dass sie beide dem Vorgang 5 zugeordnet wurden. Ihr Bildschirm sollte nun ungefähr so aussehen wie in der folgenden Abbildung.

Der Name des gewählten Vorgangs wird oben im Dialogfeld angezeigt.

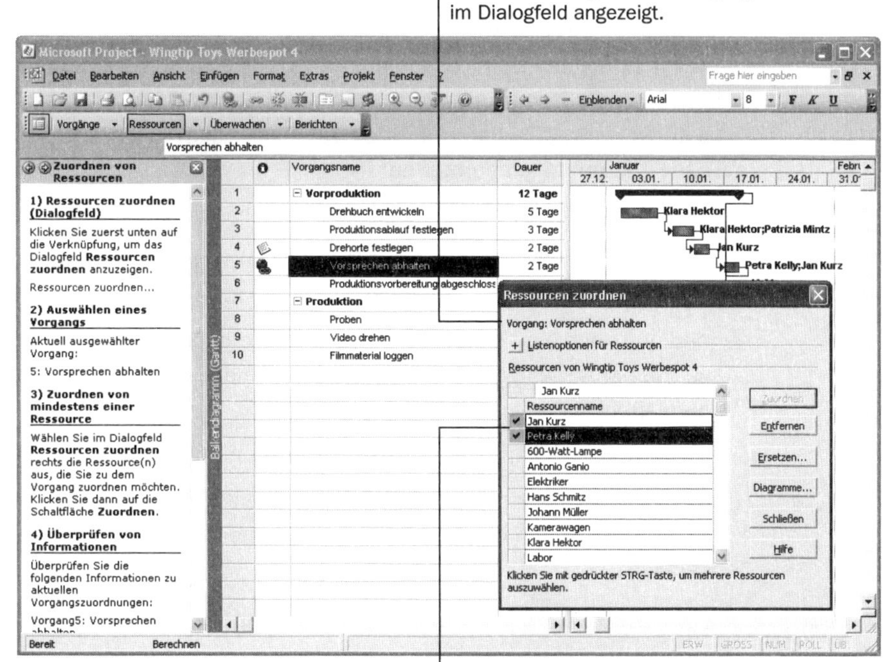

Zugewiesene Ressourcen werden oben in der Liste angezeigt.

TIPP In Teil II werden Sie ebenfalls mit Zuordnungen arbeiten. Wollen Sie jedoch jetzt schon mehr darüber wissen, geben Sie in das Feld **Frage hier eingeben** in der rechten oberen Ecke des Programmfensters von Microsoft Project den Begriff ***Zuordnungen*** ein.

Die Planungsformel: Dauer, Einheiten und Arbeit

Nach der Erstellung eines Vorgangs, aber vor der Zuweisung einer Ressource hat der Vorgang zwar eine bestimmte Dauer, es ist aber noch keine Arbeit mit ihm verbunden. Warum ist das der Fall? Die Arbeit repräsentiert den Zeitumfang, den eine oder mehrere Ressourcen für die Fertigstellung eines Vorgangs benötigen. Wenn ein Mitarbeiter Vollzeit beschäftigt ist, entspricht der Zeitraum, der als Arbeit gemessen wird, dem Zeitumfang der Dauer. Der Arbeitsumfang unterscheidet sich daher nur dann von der Dauer, wenn einem Vorgang mehrere Ressourcen zugeordnet werden oder wenn eine zugewiesene Ressource nicht Vollzeit beschäftigt ist.

Microsoft Project berechnet die Arbeitszeit (kurz: Arbeit) mit der so genannten *Planungsformel*:

Dauer x Einheiten = Arbeit

Sehen Sie sich dazu folgendes Beispiel an: Die Dauer von Vorgang 2 beträgt 5 Tage. In unserem Kurzfilmprojekt entsprechen 5 Tage einer Woche, das heißt 40 Stunden. (Sie können feststellen, wie viele Stunden für eine Woche festgelegt wurden, indem Sie im Menü **Extras** den Befehl **Optionen** wählen und auf der Registerkarte **Kalender** nachsehen.) Bei der Zuordnung Klara Hektor zu Vorgang 2 hat Microsoft Project dem Vorgang automatisch 100% der Arbeitszeit von Klara zugewiesen. Die Planungsformel für Vorgang 2 lautet folgendermaßen:

40 Stunden Vorgangsdauer x 100% Ressourceneinheiten = 40 Arbeitsstunden

Mit anderen Worten: Wenn Klara Hektor dem Vorgang 2 mit 100% Einheiten zugeordnet wurde, wird der Vorgang 40 Arbeitsstunden für seine Fertigstellung benötigen.

Und nun noch ein komplexeres Beispiel. Sie haben zwei Ressourcen mit jeweils 100% der Arbeitszeit Vorgang 5 zugewiesen. Die Planungsformel für Vorgang 5 lautet folgendermaßen:

16 Stunden Vorgangsdauer × 200% Ressourceneinheiten = 32 Arbeitsstunden

Die 32 Arbeitsstunden ergeben sich aus den 16 Arbeitsstunden von Petra und den 16 Arbeitsstunden von Jan. Das heißt, die beiden Ressourcen bearbeiten den Vorgang parallel.

Einem Vorgang zusätzliche Ressourcen zuordnen

Nun weisen Sie Vorgängen aus der Produktionsvorbereitung weitere Ressourcen zu und überprüfen, welche Auswirkung diese Zuordnung auf die Gesamtdauer des Vorgangs hat. Per Voreinstellung verwendet Microsoft Project für diese Berechnung eine Methode namens *leistungsgesteuerte Planung*. Diese Methode belässt den Arbeitsumfang für einen Vorgang unabhängig von der Anzahl der zugeordneten Ressourcen unverändert. Leistungsgesteuerte Planung kann immer dann angewendet werden, wenn Sie bestimmten Vorgängen Ressourcen zuordnen oder Zuordnungen aufheben.

Wie weiter oben erwähnt, legen Sie den Arbeitsumfang eines Vorgangs fest, wenn Sie ihm eine oder mehrere Ressourcen zuordnen. Weisen Sie dem Vorgang später weitere Ressourcen zu, bleibt der Arbeitsumfang gleich, die Dauer des Vorgangs wird jedoch entsprechend verringert. Sie könnten einem Vorgang aber auch anfänglich mehrere Ressourcen zuweisen und später die Zuordnung einer oder mehrerer Ressourcen aufheben. Wenn Sie dies bei aktivierter leistungsgesteuerter Planung durchführen, bleibt der Arbeitsumfang des Vorgangs unverändert. Dafür erhöht sich jedoch der Zeitraum oder die Dauer, die die verbleibende Ressource zur Fertigstellung des Vorgangs benötigt.

TIPP Die leistungsgesteuerte Planung ist per Voreinstellung für alle Vorgänge aktiviert, die Sie in Microsoft Project erstellen. Um die Standardeinstellung für neue Vorgänge in einem Projektplan zu ändern, wählen Sie im Menü **Extras** den Befehl **Optionen** und aktivieren oder deaktivieren dann auf der Registerkarte **Terminplan** das Kontrollkästchen **Neue Vorgänge sind leistungsgesteuert.** Um die leistungsgesteuerte Planung für einen bestimmten Vorgang oder mehrere Vorgänge zu aktivieren oder zu deaktivieren, markieren Sie erst den Vorgang oder die Vorgänge und wählen dann im Menü **Projekt** den Befehl **Informationen zum Vorgang.** Anschließend müssen Sie nur noch auf der Registerkarte **Spezial** das Kontrollkästchen **Leistungsgesteuert** aktivieren bzw. deaktivieren.

In der folgenden Übung weisen Sie Vorgängen zusätzliche Ressourcen zu, um festzustellen, wie sich dies auf die Dauer auswirkt.

1. Klicken Sie in der Ansicht **Balkendiagramm (Gantt)** auf Vorgang 2, **Drehbuch entwickeln.**

   Momentan ist Klara Hektor diesem Vorgang zugeordnet. Die Berechnungsformel sieht wie folgt aus:

   40 Stunden (entspricht 5 Tagen) Vorgangsdauer × 100% von Klaras Ressourceneinheiten = 40 Arbeitsstunden

Sie können auch im Seitenbereich **Zuordnen von Ressourcen** nach unten blättern, um diese Werte zu sehen. Als Nächstes weisen Sie dem Vorgang eine zweite Ressource zu.

2 Klicken Sie im Dialogfeld **Ressourcen zuordnen** in der Spalte **Ressourcenname** auf den Eintrag **Jan Kurz** und dann auf die Schaltfläche **Zuordnen.**

Jan Kurz wird nun Vorgang 2 zugeordnet. Ihr Bildschirm sollte nun ungefähr wie in der folgenden Abbildung aussehen.

Die Dauer dieses Vorgangs verringert sich, wenn ihm zusätzliche Ressourcen zugeordnet werden.

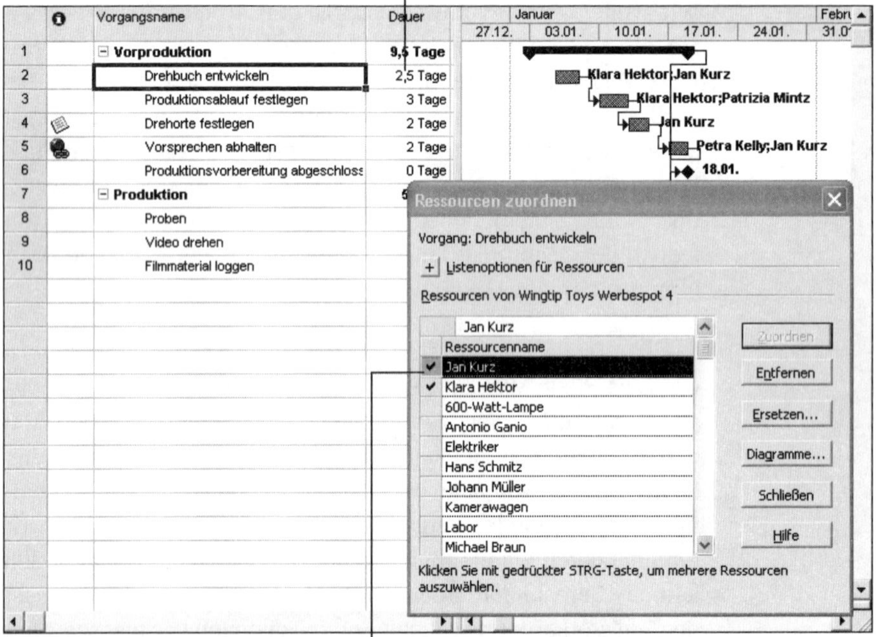

Die 40 Stunden Arbeitszeit werden zwischen den zwei Ressourcen aufgeteilt.

Wie Sie in der Ansicht **Balkendiagramm (Gantt)** sehen können, reduziert Microsoft Project die Dauer von Vorgang 2 von 5 auf 2,5 Tage.

Die Arbeitszeit beträgt insgesamt noch immer 40 Stunden, sie ist nun jedoch gleichmäßig auf Klara Hektor und Jan Kurz aufgeteilt. Dies zeigt, wie die leistungsgesteuerte Planung funktioniert. Wird einem Vorgang eine weitere Ressource zugeordnet, bleibt zwar die Arbeitszeit insgesamt konstant, sie wird jedoch auf die zugeordneten Ressourcen verteilt. Damit verringert sich entsprechend die Anzahl der Arbeitsstunden insgesamt.

Die Berechnungsformel sieht nun wie folgt aus:

20 Stunden (entspricht 2,5 Tagen) Vorgangsdauer × 200 % Ressourceneinheiten = 40 Arbeitsstunden

Die 200 Prozent Ressourceneinheiten ergeben sich aus 100 Prozent Ressourceneinheiten von Karla Hektor plus 100 Prozent Ressourceneinheiten von Jan Kurz. Die 40 Arbeitsstunden ergeben sich aus 20 Arbeitsstunden von Karla Hektor plus 20 Arbeitsstunden von Jan Kurz.

Ein weiterer wichtiger Effekt der Reduktion der Vorgangsdauer ist der, dass sich die Anfangstermine aller nachfolgenden Vorgänge ebenfalls ändern. In Kapitel 2 haben Sie eine Ende-Anfang-Verknüpfung für diese Vorgänge eingerichtet. In diesem Beispiel sehen Sie nun, welchen Vorteil es hat, Vorgangsbeziehungen einzurichten, anstatt feste Anfangs- und Endtermine einzugeben. Microsoft Project passt die Anfangstermine nachfolgender Vorgänge, die nicht durch feste Anfangs- und Endtermine beschränkt sind, automatisch an.

Als Nächstes weisen Sie anderen Vorgängen mehrere Ressourcen zu, wobei Sie Smarttags nutzen, um zu steuern, wie Microsoft Project die Arbeit für die Vorgänge einplant.

3 Klicken Sie in der Ansicht **Balkendiagramm (Gantt)** auf den Namen des Vorgangs 4, **Drehorte festlegen**.

Momentan ist diesem zweitägigen Vorgang nur Jan Kurz zugeordnet. Sie würden dem Vorgang jedoch gerne weitere Ressourcen zuordnen, um die Vorgangsdauer zu reduzieren.

4 Klicken Sie im Dialogfeld **Ressourcen zuordnen** in der Spalte **Ressourcenname** auf **Patrizia Mintz** und anschließend auf die Schaltfläche **Zuordnen**.

Patrizia Mintz wird nun Vorgang 4 zugeordnet.

Beachten Sie, dass nun neben Vorgang 4 ein Smarttag-Indikator angezeigt wird. Diesen können Sie nutzen, um festzulegen, wie Microsoft Project zusätzliche Ressourcenzuordnungen handhaben soll. Er steht so lange zur Verfügung, bis Sie eine andere Aktion durchführen.

Smarttag-Aktionen

5 Klicken Sie auf die Schaltfläche **Smarttag-Aktionen**.

Betrachten Sie die Optionen in der Liste, die sich nun öffnet. Ihr Bildschirm sollte nun in etwa wie in der folgenden Abbildung aussehen.

Die Schaltfläche **Smarttag-Aktionen** mit ihren Optionen steht nur so lange zur Verfügung, bis Sie eine andere Aktion im Projekt durchführen.

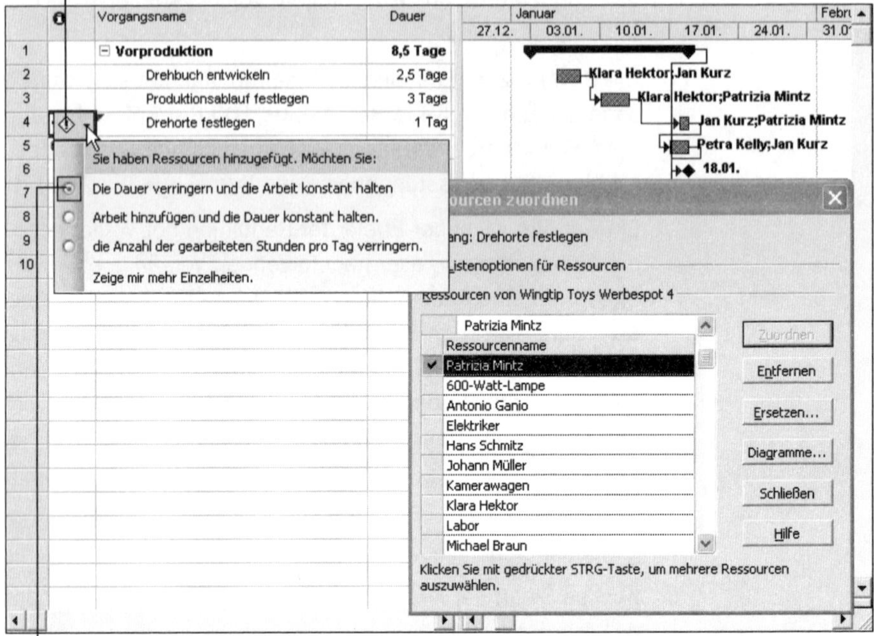

In der Smarttag-Liste ist die Option aktiviert, die auf die letzte Aktion angewendet wurde. Ist dies nicht die von Ihnen gewünschte Vorgehensweise, wählen Sie eine andere Option in der Liste aus.

Mit diesen Optionen können Sie festlegen, was mit den Ressourcen passieren soll, die Sie hinzugefügt haben. Sie haben die Möglichkeit, die Dauer zu verringern und die Arbeit konstant zu halten, Arbeit hinzuzufügen und die Dauer konstant zu halten und die Anzahl der gearbeiteten Stunden pro Tag zu verringern.

In dieser Übung wollen Sie weitere Ressourcenzuordnungen vornehmen, um die Vorgangsdauer zu reduzieren. Weil dies die Standardeinstellung in der Smarttag-Aktionenliste ist, brauchen Sie keine Änderungen vorzunehmen.

6 Klicken Sie noch einmal auf die Schaltfläche **Smarttag-Aktionen**, um die Liste zu schließen.

TIPP Bei der Arbeit mit Microsoft Project werden Sie noch auf weitere Smarttags stoßen. Sie tauchen in der Regel auf, wenn Sie sich fragen, „Hmm, warum hat Microsoft Project das gerade gemacht?“ (Wenn sich beispielsweise die Vorgangsdauer verändert, nachdem Sie eine zusätzliche Ressource zugeordnet haben.) Die Smarttag-Aktionenliste bietet Ihnen die Möglichkeit, die Art und Weise zu verändern, in der Microsoft Project auf Ihre Aktionen reagiert.

Zum Abschluss dieser Übung werden Sie nun einem Vorgang eine zusätzliche Ressource zuweisen und die Art und Weise ändern, in der Microsoft Project die Arbeit für den Vorgang einplant.

7 Klicken Sie in der Ansicht **Balkendiagramm (Gantt)** auf den Namen von Vorgang 5, **Vorsprechen abhalten**.

8 Wählen Sie im Dialogfeld **Ressourcen zuordnen** in der Spalte **Ressourcenname** den Eintrag **Johann Müller** und halten Sie dann die `Strg`-Taste gedrückt, während Sie auf **Patrizia Mintz** klicken. Klicken Sie abschließend auf die Schaltfläche **Zuordnen**.

Microsoft Project weist Johann Müller und Patrizia Mintz dem Vorgang zu. Da die leistungsgesteuerte Planung für diesen Vorgang aktiviert ist, reduziert Microsoft Project die Vorgangsdauer und passt die Anfangstermine aller nachfolgenden Vorgänge an. Ihr Bildschirm sollte nun ungefähr so wie in der folgenden Abbildung aussehen.

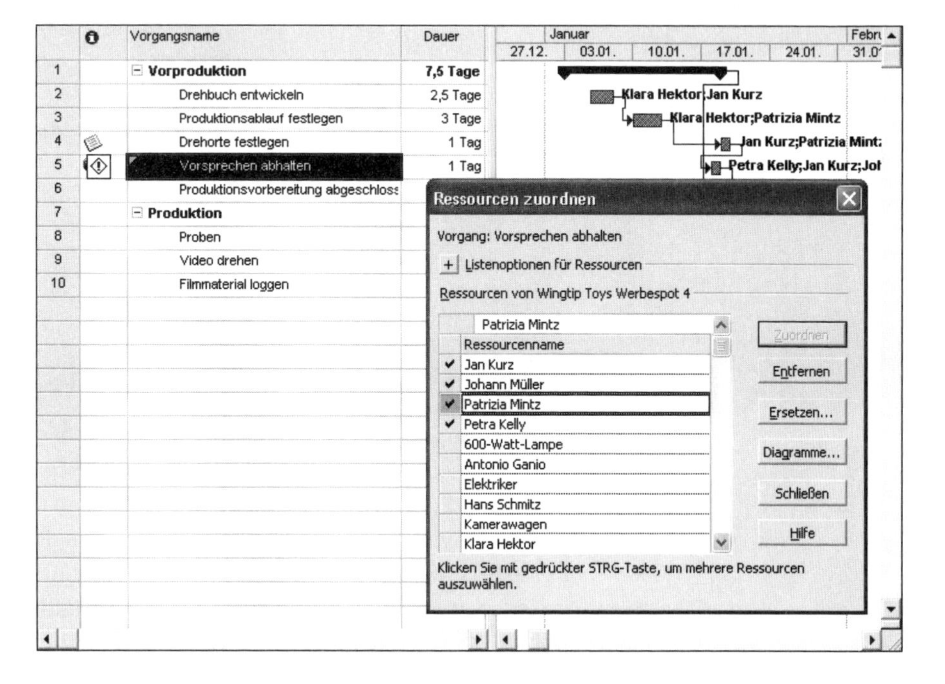

Sie wollen diesmal jedoch nicht, dass sich die Ressourcenzuordnungen auf die Vorgangsdauer auswirken. Johann Müller und Patrizia Mintz werden zusätzliche Arbeiten im Zusammenhang mit dem Vorgang ausführen, die über das, was bisher von Jan Kurz und Petra Kelly geleistet wurde, hinausgehen.

9 Klicken Sie auf die Schaltfläche **Smarttag-Aktionen**.

10 Wählen Sie in der Smarttag-Aktionenliste die Option **Arbeit hinzufügen und die Dauer konstant halten.**

Microsoft Project setzt nun die Vorgangsdauer wieder auf zwei Tage zurück und passt die Anfangstermine der Nachfolgervorgänge an. Die zusätzlichen Ressourcen erhalten dieselben Arbeitsstunden, die auch die zuerst zugeordneten Ressourcen hatten. Somit erhöht sich die Arbeitszeit. Ihr Bildschirm sollte nun ungefähr so wie in der folgenden Abbildung aussehen.

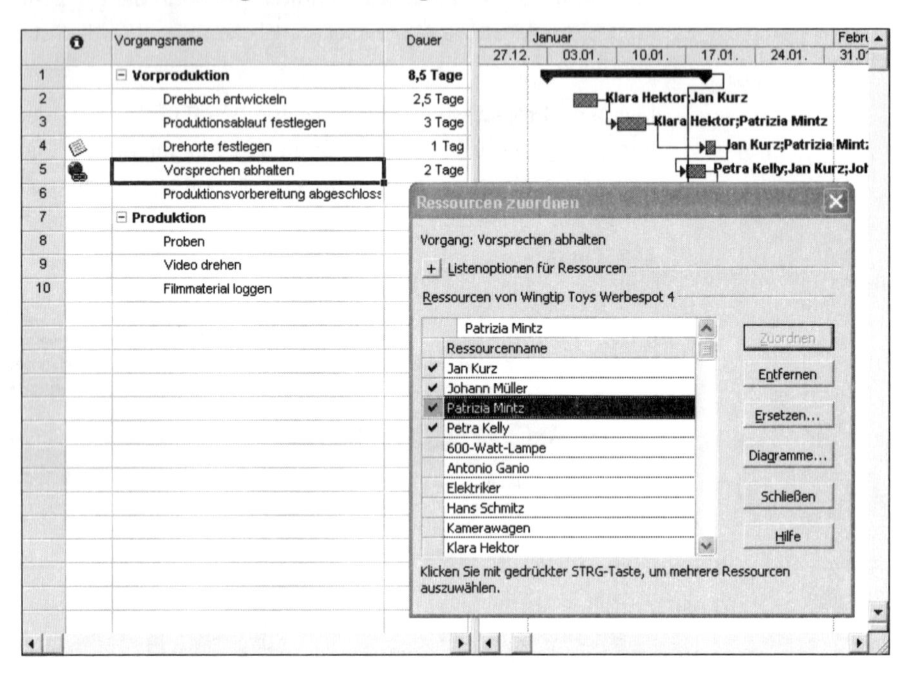

TIPP Wenn Sie zu Beginn einem Vorgang mit einer Dauer von 24 Stunden (= 3 Tage) zwei Ressourcen zuordnen, plant Microsoft Project für jede Ressource eine Arbeitszeit von 24 Stunden ein, so dass sich für den betreffenden Vorgang eine Gesamtarbeitszeit von 48 Stunden ergibt. Wenn Sie dem Vorgang zu Beginn jedoch nur eine Ressource mit einer Dauer von 24 Stunden zuordnen und später eine zweite Ressource hinzufügen, wird aufgrund der leistungsgesteuerten Planung nunmehr jede Ressource mit 12 Stunden Arbeitszeit veranschlagt, so dass für die Fertigstellung des Vorgangs eine Gesamtarbeitszeit von 24 Stunden eingeplant ist. Wie bereits erläutert, wird bei leistungsgesteuerter Planung die Vorgangsdauer nur dann angepasst, wenn einem Vorgang weitere Ressourcen zugeordnet oder Ressourcenzuordnungen aufgehoben werden.

Projektmanagement-Schwerpunkt: Leistungsgesteuerte Planung sinnvoll anwenden

Sie müssen immer den Umfang bedenken, in dem Sie die Vorgänge in Ihrem Projekt leistungsgesteuert planen. Wenn beispielsweise eine Ressource zehn Stunden benötigt, um einen Vorgang auszuführen, können dann wirklich zehn Ressourcen denselben Vorgang in einer Stunde fertig stellen? Würden 20 Ressourcen nur eine halbe Stunde benötigen? Wahrscheinlich nicht, denn die Ressourcen werden sich sozusagen nur gegenseitig im Wege stehen. Außerdem wäre zusätzlicher Koordinierungs- und Kommunikationsaufwand erforderlich, um den Vorgang fertig zu stellen. Wenn ein Vorgang sehr kompliziert ist, muss zusätzliches Personal erst geschult werden, bevor es voll einsatzfähig ist. Die Gesamtproduktivität kann also sogar abnehmen, wenn Sie einem Vorgang zu viele Ressourcen zuordnen.

Es lassen sich aber keine festen Regeln aufstellen, nach denen leistungsgesteuerte Planung angewendet werden sollte oder nicht. Sie müssen als Projektmanager die Art der für jeden Vorgang erforderlichen Arbeit analysieren und dann nach bestem Wissen entscheiden, ob eine leistungsgesteuerte Planung sinnvoll ist.

Vorgängen Materialressourcen zuordnen

In Kapitel 3 haben Sie die Materialressource **Videokassette** erzeugt. Im Werbespot-Projekt sind wir daran interessiert, den Einsatz von Videokassetten und ihre Kosten zu erkunden. Beim Erstellen einer Materialressource können der Verbrauch und die Kosten auf zwei Weisen behandelt werden:

- Sie weisen einem Vorgang eine feste Anzahl Ressourceneinheiten zu. Microsoft Project multipliziert die Kosten einer Ressourceneinheit mit der Anzahl der zugewiesenen Einheiten, um die Gesamtkosten zu errechnen (siehe die folgende Übung).
- Sie weisen dem Vorgang eine variable Anzahl Ressourceneinheiten zu. Microsoft Project passt die Menge und die Kosten der Ressource an, sobald sich die Dauer des Vorgangs ändert (siehe Kapitel 9).

In der folgenden Übung weisen Sie die Materialressource **Videokassette** einem Vorgang zu und geben eine feste Verbrauchsmenge an. Sie werden außerdem eine umfassendere Version des Dialogfelds **Ressourcen zuordnen** kennen lernen.

1. Klicken Sie im Dialogfeld **Ressourcen zuordnen** auf die Schaltfläche **Schließen**.

Einblenden/ Ausblenden des Projektberaters

Ressourcen zuordnen

2 Klicken Sie auf die Schaltfläche **Einblenden/Ausblenden des Projektberaters**, um den Projektberater auszublenden.

Der Projektberater wird ausgeblendet.

3 Klicken Sie in der Standardsymbolleiste auf die Schaltfläche **Ressourcen zuordnen.**

Das Dialogfeld **Ressourcen zuordnen** öffnet sich. Anders als die Version des Dialogfelds, die Sie über den Projektberater geöffnet haben, enthält diese Version die Spalte **Einh.**, die sich auf die Ressourceneinheiten bezieht.

TIPP Arbeiten Sie mit Microsoft Project Professional, sehen Sie zusätzlich die Spalte **N/B**. In dieser Spalte können Sie Ressourcenzuordnungen im Zusammenhang mit der Ressourcenersetzung, die bei Microsoft Project Server angeboten wird, Prioritäten zuweisen.

4 Klicken Sie in der Spalte **Vorgangsname** auf den Namen von Vorgang 4, **Drehorte festlegen.**

Sie planen, bis zu vier Kassetten zu nutzen, während Sie die Drehorte festlegen.

5 Klicken Sie im Dialogfeld **Ressourcen zuordnen** auf das Feld **Einh.** für die Ressource **Videokassette**, geben Sie die Zahl ***4*** ein und klicken Sie dann auf die Schaltfläche **Zuordnen.**

Microsoft Project ordnet die Videokassette dem Vorgang zu. Ihr Bildschirm sollte nun in etwa so wie in der folgenden Abbildung aussehen.

Wenn Sie einem Vorgang eine Materialressource zuweisen, wird ihr Standardeinsatzwert in die Spalte **Einh.** eingetragen.

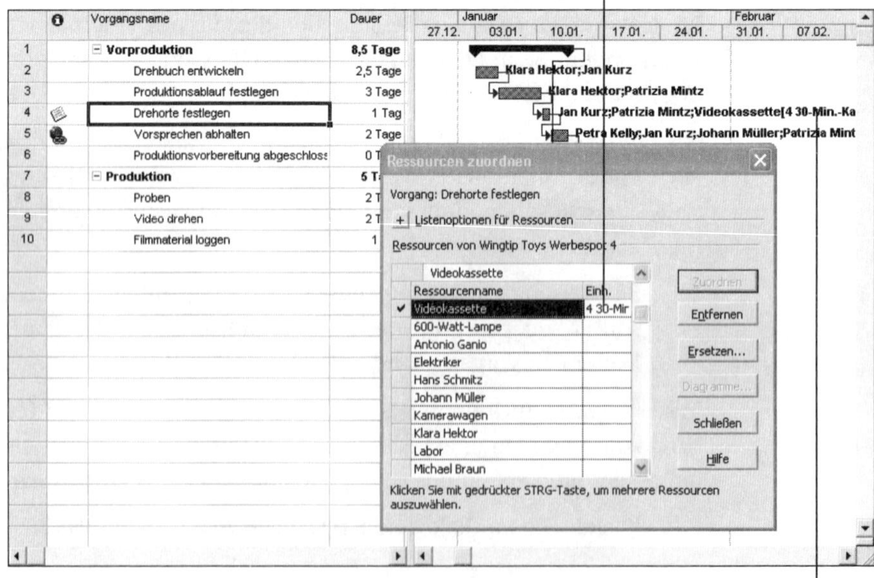

Die Einheit ist auch im Gantt-Diagramm zu sehen.

Da die Videokassette eine Materialressource ist, kann sie nicht arbeiten. Deshalb beeinflusst die Zuordnung die Vorgangsdauer nicht.

SCHLIESSEN SIE den Projektplan Wingtip Toys Werbespot 4.

Zusammenfassung

- Wenn Sie einem Vorgang eine Arbeitsressource (Personen oder Ausrüstung) zugewiesen haben, erhält dieser Vorgang automatisch eine Arbeitszeit.
- Wird Ressourcen mehr Arbeit zugewiesen, als sie in einem bestimmten Zeitraum ausführen können, sind die Ressourcen für diesen Zeitraum überlastet.
- Weisen Sie Vorgängen Ressourcen zu, um ihren Fortschritt und ihre Kostenentwicklung beobachten zu können.
- Microsoft Project verwendet die Planungsformel: *Dauer x Einheiten* = *Arbeit*
- Leistungsgesteuerte Planung ist eine Einstellung auf Vorgangsebene. Damit legen Sie fest, dass der Arbeitsaufwand konstant bleibt, wenn Sie einem Vorgang weitere Ressourcen zuordnen.
- Sie verstehen die leistungsgesteuerte Planung am besten, wenn Sie sich die folgende Frage stellen: „ Kann eine Arbeit, die von einer Person in zehn Tagen ausgeführt wird, von zwei Personen in fünf Tagen erledigt werden?" Wenn Sie diese Frage mit Ja beantworten können, sollten Sie für diesen Vorgang die leistungsgesteuerte Planung aktivieren.
- Nach Ausführung von bestimmten Aktionen in Microsoft Project wird die **Smarttag-Aktionen**-Schaltfläche angezeigt, mit der Sie die Art der Ausführung der Aktion bei Bedarf ändern können.
- Wenn Sie Vorgängen Materialressourcen zuordnen, können Sie den Verbrauch dieser Ressourcen beobachten.

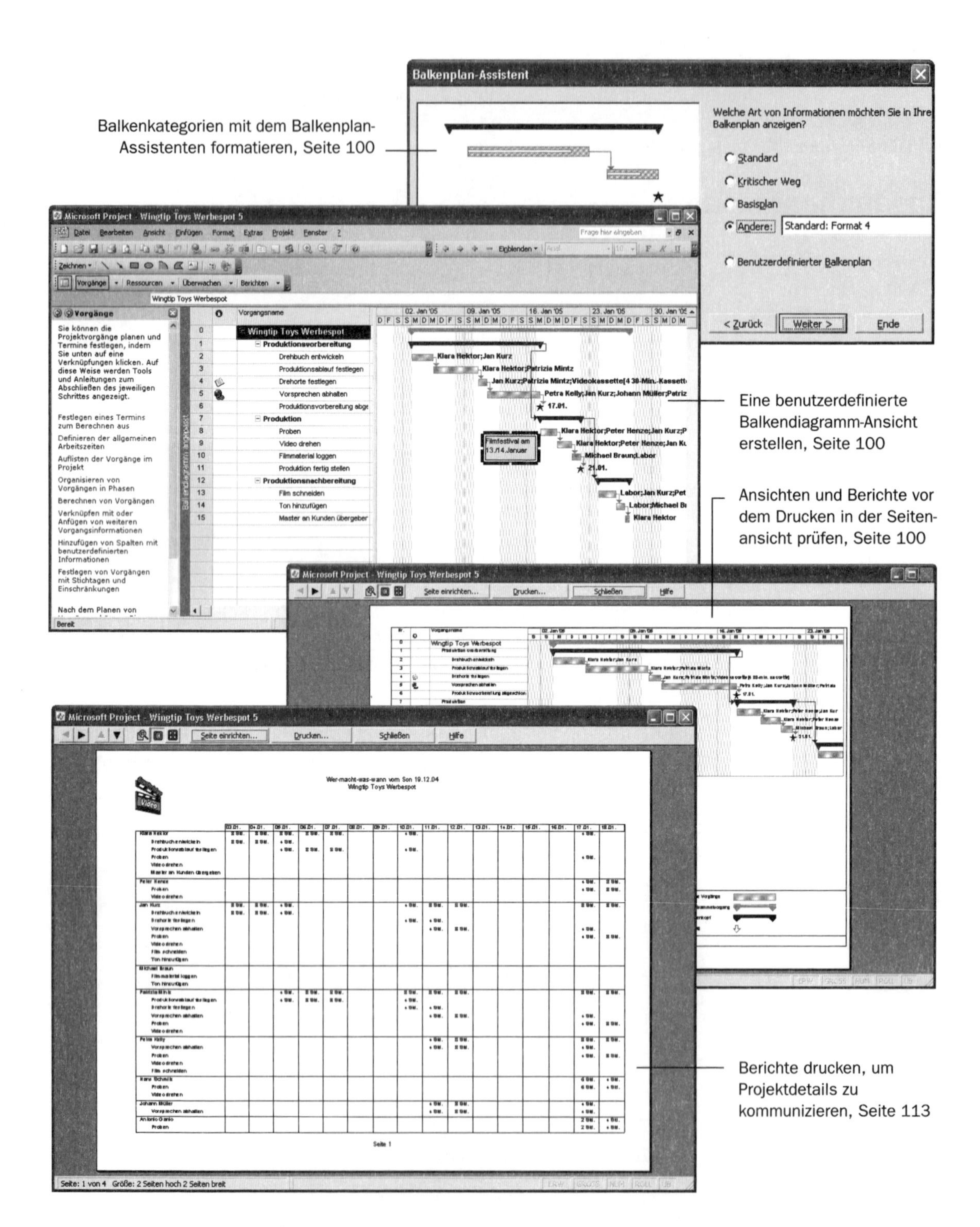

Kapitel 5 auf einen Blick

5 Projektpläne formatieren und drucken

In diesem Kapitel lernen Sie,

- ✔ **wie Sie eine Ansicht anpassen und in der Seitenansicht betrachten.**
- ✔ **wie Sie Objekte in ein Balkendiagramm einzeichnen.**
- ✔ **wie Sie die Textformatierung in einem Projektplan anpassen.**
- ✔ **wie Sie Berichte bearbeiten und ausdrucken.**

Siehe auch Falls Sie nur eine kurze Wiederholung zu den Themen benötigen, die in diesem Kapitel behandelt werden, lesen Sie den Schnellüberblick zu Kapitel 5 am Anfang dieses Buches.

In diesem Kapitel nutzen Sie die Formatierungsfunktionen von Microsoft Project, um die Art und Weise zu verändern, in der Daten angezeigt werden, und betrachten die Ergebnisse in der Seitenansicht. Wie Sie sich vielleicht noch aus Kapitel 1 erinnern werden, ist ein Microsoft Project-Plan eigentlich eine Datenbank, ähnlich wie eine Microsoft Access-Datenbankdatei. Anders als in einem Word-Dokument sind in einem Projektplan normalerweise nicht alle Daten gleichzeitig sichtbar. Stattdessen müssen Sie sich auf die Aspekte des Plans konzentrieren, an denen Sie momentan interessiert sind. *Ansichten* und *Berichte* sind die wichtigsten Arten, in denen die Daten eines Projektplans betrachtet oder gedruckt werden können. In beiden Fällen (insbesondere bei Ansichten) können Sie die Daten nach Ihren Anforderungen formatieren.

Vorgänge werden in Microsoft Project in erster Linie als Balken in einem Balkendiagramm repräsentiert. Im Balkendiagramm werden jedoch nicht nur Vorgänge, sondern auch Sammelvorgänge und Meilensteine als Gantt-Balken dargestellt und jeder Balkentyp hat sein eigenes Format. Wenn Sie mit Gantt-Balken arbeiten, sollten Sie immer daran denken, dass sie Vorgänge in einem Projektplan repräsentieren.

TIPP Dieses Kapitel stellt einige der einfacheren Ansicht- und Berichtformatierungsfunktionen in Microsoft Project vor. Weitere Informationen zum Formatieren, zum Ausdrucken und zum Publizieren von Projektplänen finden Sie in den Kapiteln 10, 11, 12 und 17 und in der Onlinehilfe von Microsoft Project. Geben Sie dazu in das Feld **Frage hier eingeben** in der rechten oberen Ecke des Microsoft Project-Fensters den Text ***Drucken von Ansichten und Berichten*** ein.

WICHTIG Bevor Sie die Übungsdateien in diesem Kapitel benutzen können, müssen Sie sie von der Begleit-CD in den vorgegebenen Standardordner installieren. Einzelheiten dazu finden Sie im Abschnitt „Die Übungsdateien installieren" am Anfang dieses Buches.

Ein benutzerdefiniertes Balkendiagramm erstellen

Für viele ist die Ansicht **Balkendiagramm (Gantt)**, kurz Gantt-Diagramm, gleichbedeutend mit dem Projektplan. In Microsoft Project ist das Balkendiagramm die Standardansicht. Die Balken werden auch Gantt-Balken genannt. Sie werden sehr wahrscheinlich die meiste Zeit mit dieser Ansicht arbeiten.

Die Ansicht **Balkendiagramm (Gantt)** besteht aus zwei Teilen: links steht eine *Tabelle* und rechts ein Balkendiagramm mit *Zeitskala*. Die Balken im Diagramm stellen die Vorgänge aus der Tabelle im Zeitverlauf mit Anfangs- und Endtermin, Dauer und Status dar. So wird beispielsweise angegeben, ob der Vorgang bereits begonnen hat. Andere Elemente im Diagramm, zum Beispiel Verbindungslinien, repräsentieren *Beziehungen* zwischen Vorgängen. Das Balkendiagramm ist beliebt und wird unabhängig von Microsoft Project allgemein eingesetzt, um Projektdaten im Rahmen des Projektmanagements zu repräsentieren.

TIPP Standardmäßig ist die Ansicht **Balkendiagramm (Gantt)** aktiviert, wenn Sie Microsoft Project starten. Sie können diese Option jedoch auch ändern und eine beliebige andere Ansicht festlegen, die beim Start angezeigt werden soll. Wählen Sie dazu im Menü **Extras** den Befehl **Optionen** und legen Sie dann im Dialogfeld **Optionen** auf der Registerkarte **Ansicht** im Listenfeld **Standardansicht** die gewünschte Standardansicht fest. Diese Ansicht ist beim nächsten Programmstart aktiv.

Die Standardformatierung der Ansicht **Balkendiagramm (Gantt)** eignet sich hervorragend dafür, Projektinformationen am Bildschirm zu betrachten, Daten mit anderen Programmen auszutauschen und auch dafür, Daten auszudrucken. Prinzipiell können Sie jedoch fast jedes Element im Balkendiagramm umformatieren. In der folgenden Übung konzentrieren wir uns auf die Formatierung der Gantt-Balken.

Gantt-Balken lassen sich auf drei Arten formatieren:

- Formatierung einer Balkenart im Dialogfeld **Balkenarten**, das über den Befehl **Balkenarten** im Menü **Format** geöffnet wird. Bei dieser Formatierungsart wirken sich die Formatänderungen auf alle Gantt-Balken eines bestimmten Typs (zum Beispiel Sammelvorgänge) aus.

- Formatierung einer Balkenart mit dem Balkenplan-Assistenten, der über den Befehl **Balkenplan-Assistent** im Menü **Format** geöffnet wird. Dieser Assistent führt Sie durch mehrere Seiten, in denen Sie Formatierungsoptionen für die gebräuchlichsten Balkenarten des Balkendiagramms festlegen können.
- Direkte Formatierung einzelner Balken. Die Formatänderungen wirken sich nicht auf andere Balken im Balkendiagramm aus. Doppelklicken Sie auf einen Balken, werden seine Formatierungsoptionen eingeblendet.

In der folgenden Übung erstellen Sie ein benutzerdefiniertes Balkendiagramm und wenden vordefinierte Formatierungen über den Balkenplan-Assistenten an. Anschließend betrachten Sie das Ergebnis in der Seitenansicht.

ACHTEN SIE DARAUF, dass Microsoft Project gestartet ist, bevor Sie mit der Übung beginnen.

WICHTIG Wenn Sie mit Microsoft Project Professional arbeiten, müssen Sie unter Umständen eine einmalige Einstellung vornehmen, damit Sie mit dem eigenen Arbeitsplatz-Account und offline arbeiten können. So wird sichergestellt, dass die Übungsdateien, mit denen Sie in diesem Kapitel arbeiten, keine Auswirkungen auf Ihre Microsoft Project Server-Daten haben. Mehr Informationen hierzu finden Sie in Kapitel 1 im Abschnitt „Microsoft Office Project Professional starten“.

ÖFFNEN SIE die Datei **Wingtip Toys Werbespot 5a**, ***die Sie im Ordner*** **Eigene Dateien\Microsoft Press\Project 2003 Training\05_ProjektpläneFormatierenDrucken** ***finden. Sie können den Ordner auch über*** **Start/Alle Programme/Microsoft Press/Project 2003 Training** ***öffnen.***

1. Wählen Sie im Menü **Datei** den Befehl **Speichern unter**.

   Das Dialogfeld **Speichern unter** öffnet sich.

2. Geben Sie im Feld **Dateiname** die Bezeichnung ***Wingtip Toys Werbespot 5*** ein und klicken Sie dann auf **Speichern**.

   Als Nächstes betrachten Sie den *Projektsammelvorgang*. Projektsammelvorgänge werden von Microsoft Project zwar automatisch erzeugt, jedoch nicht standardmäßig angezeigt.

3. Wählen Sie im Menü **Extras** den Befehl **Optionen**.
4. Aktivieren Sie im Dialogfeld **Optionen** die Registerkarte **Ansicht**.
5. Aktivieren Sie unter **Gliederungsoptionen** das Kontrollkästchen **Projektsammelvorgang anzeigen** und klicken Sie dann auf **OK**.

   Microsoft Project zeigt nun den Projektsammelvorgang im Balkendiagramm an. Möglicherweise sehen Sie im Feld **Dauer** des Projektsammelvorgangs nur Nummernzeichen (#). In diesem Fall führen Sie die Schritte 6 und 7 aus.

6 Ziehen Sie die vertikale Trennlinie zwischen der Tabelle und dem Diagramm nach rechts, bis die Spalte **Dauer** in voller Breite zu sehen ist.

TIPP Wenn Sie auf die Trennlinie zwischen Tabelle und Diagramm doppelklicken, wird die Trennlinie automatisch zum nächstgelegenen Spaltenende verschoben.

7 Doppelklicken Sie in der Tabelle auf die Trennlinie zwischen der Spalte **Dauer** und der Spalte **Anfang**.

TIPP Sie können auch auf eine beliebige Stelle im Spaltenkopf der Tabelle doppelklicken und dann im Dialogfeld **Definition Spalte** auf die Schaltfläche **Optimale Breite** klicken.

Die Spaltenbreite der Spalte **Dauer** wird nun an den breitesten Wert angepasst. Im Beispiel ist dies die Dauer für den Projektsammelvorgang. Ihr Bildschirm sollte in etwa so wie in der folgenden Abbildung aussehen.

Doppelklicken Sie auf den rechten Spaltenrand, um die Spalten zu verbreitern

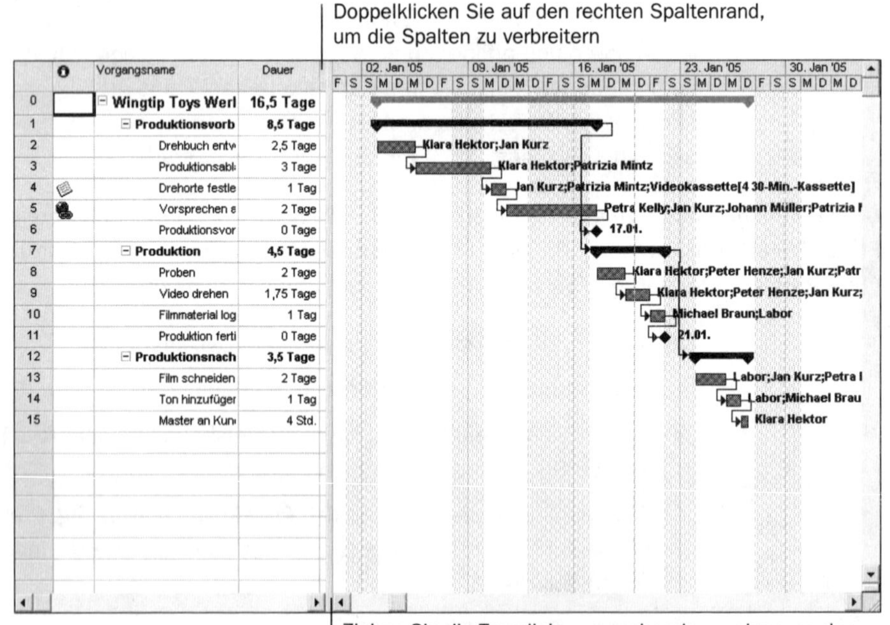

Ziehen Sie die Trennlinie, um mehr oder weniger von der Tabelle bzw. dem Diagramm zu sehen.

Als Nächstes kopieren Sie die Ansicht **Balkendiagramm (Gantt)**, damit die Formatänderungen, die Sie vornehmen, die Originalansicht nicht beeinflussen.

8 Wählen Sie im Menü **Ansicht** den Befehl **Weitere Ansichten**.

Das Dialogfeld **Weitere Ansichten** öffnet sich. Die aktuelle Ansicht **Balkendiagramm (Gantt)** ist markiert.

9 Klicken Sie auf die Schaltfläche **Kopieren**.

Das Dialogfeld **Definition der Ansicht** öffnet sich.

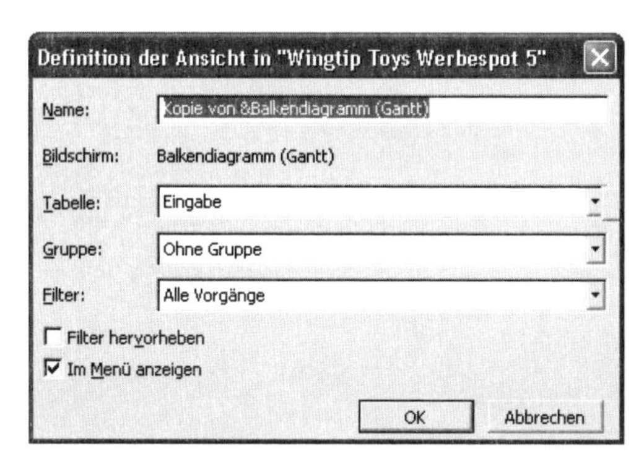

Im Feld **Name** wird der von Microsoft Project vorgeschlagene Name angezeigt. Der hier definierte Name wird im Dialogfeld **Weitere Ansichten** und – wenn das entsprechende Kontrollkästchen aktiviert ist – auch im Menü **Ansicht** übernommen. Beachten Sie das &-Zeichen im Namen, mit dem der nachfolgende Buchstabe als Abkürzungstaste zum Aufrufen des Befehls im Menü definiert wird.

10 Geben Sie im Feld **Name** den Text ***Balkendiagramm angepasst*** ein und klicken Sie dann auf die Schaltfläche **OK**.

Das Dialogfeld **Definition der Ansicht** schließt sich. Die neue Ansicht wird im Dialogfeld **Weitere Ansichten** aufgelistet und ist bereits markiert.

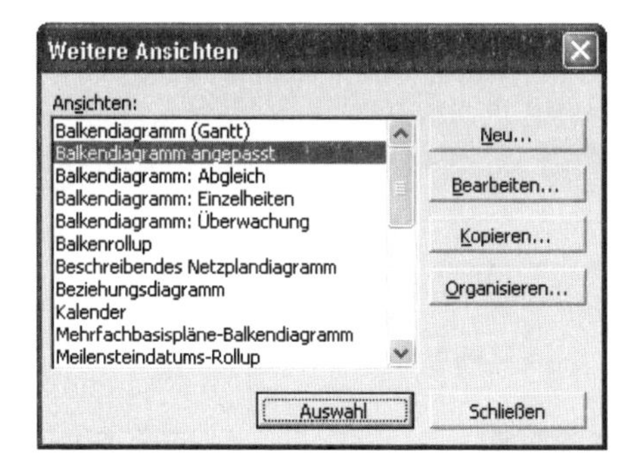

11 Klicken Sie auf die Schaltfläche **Auswahl**.

Die Ansicht **Balkendiagramm angepasst** unterscheidet sich bisher noch nicht von der Ansicht **Balkendiagramm (Gantt)**. Beachten Sie jedoch, dass der Name der Ansicht am linken Rand des Diagramms angepasst wurde.

Als Nächstes verwenden Sie den Balkenplan-Assistenten, um die Balken und Meilensteine in der Ansicht **Balkendiagramm angepasst** zu formatieren.

12 Wählen Sie im Menü **Format** den Befehl **Balkenplan-Assistent.**

Der Willkommensbildschirm des Balkenplan-Assistenten öffnet sich.

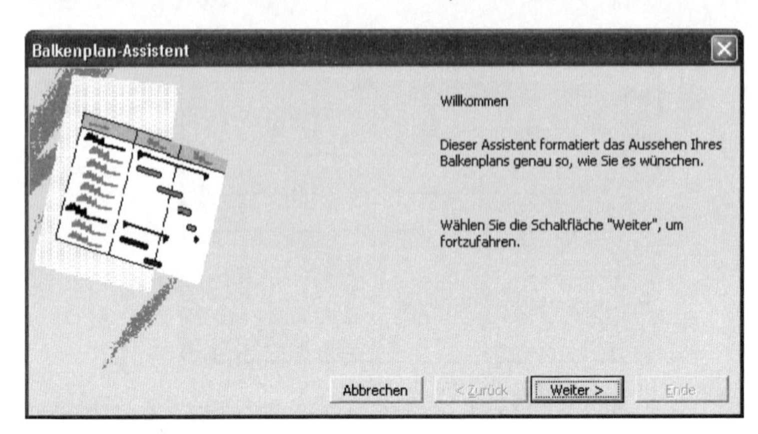

TIPP Den Balkenplan-Assistenten und andere Formatierungsfunktionen können Sie auch über den Seitenbereich **Berichten** des Projektberaters starten.

13 Klicken Sie auf **Weiter.**

Der nächste Schritt des Balkenplan-Assistenten öffnet sich.

14 Aktivieren Sie die Option **Andere** und wählen Sie im Listenfeld den Eintrag **Standard: Format 4**.

Ihr Bildschirm sollte in etwa so wie in der folgenden Abbildung aussehen.

In der Vorschau sehen Sie, wie die im rechten Bereich gewählten Optionen in der Grafik aussehen.

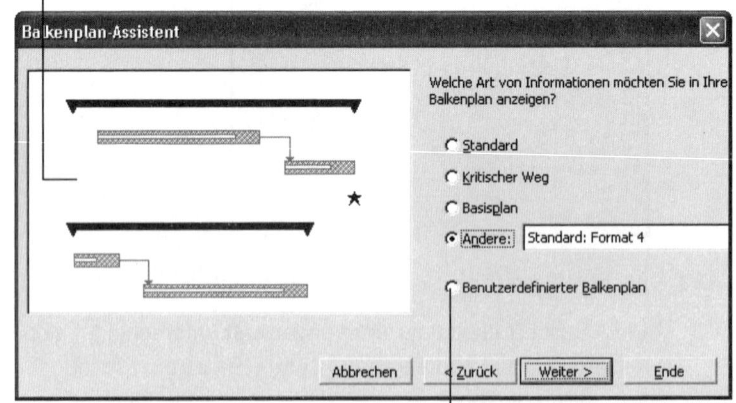

Aktivieren Sie diese Option, wenn Sie sehen wollen, welche Elemente mit dem Balkenplan-Assistenten bearbeitet werden können.

TIPP Wollen Sie die anderen vordefinierten Balkenformate sehen, wählen Sie sie im Listenfeld **Andere** aus und betrachten sie in der Vorschau auf der linken Seite des Dialogfelds **Balkenplan-Assistent**. Aktivieren Sie anschließend wieder das Format **Standard: Format 4**.

15 Da dies die einzige Wahl ist, die Sie im Balkenplan-Assistenten vornehmen, klicken Sie nun auf die Schaltfläche **Ende**.

Die letzte Seite des Balkenplan-Assistenten öffnet sich.

16 Klicken Sie auf die Schaltfläche **Jetzt formatieren** und anschließend auf **Assistent beenden**.

Der Balkenplan-Assistent wendet die Formatierung **Standard: Format 4** auf die Ansicht **Balkendiagramm angepasst** an und wird dann beendet. Ihr Bildschirm sollte in etwa so wie in der folgenden Abbildung aussehen.

Das Balkendiagramm wird nun mit den neu formatierten Balken angezeigt.

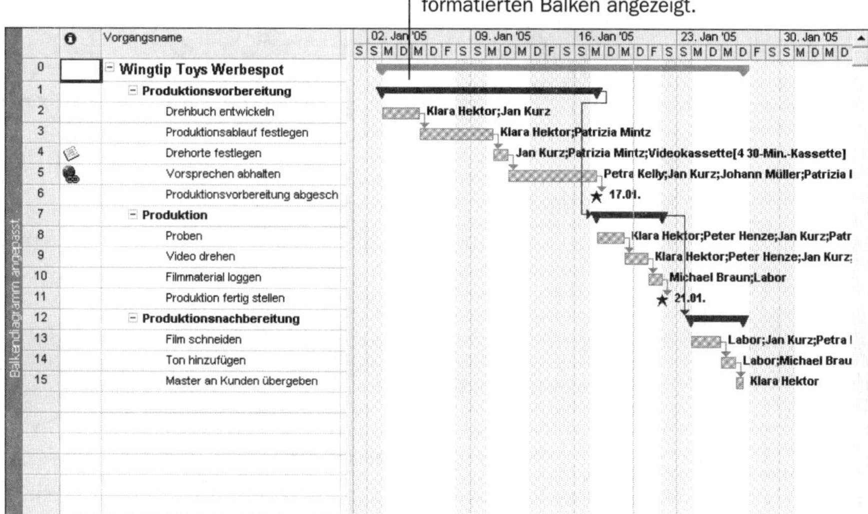

Sie können nun betrachten, wie sich die Formatierung **Standard: Format 4** auf den Projektplan auswirkt. Beachten Sie, dass sich die Daten im Projektplan nicht geändert haben, sondern nur die Formatierung. Die Formatänderungen wirken sich nur auf die Ansicht **Balkendiagramm angepasst** aus. Alle anderen Ansichten von Microsoft Project sind unverändert.

Zum Abschluss dieser Übung betrachten Sie die neue Ansicht nun noch in der Seitenansicht. Was Sie am Bildschirm sehen, kommt dem Ausdruck sehr nahe.

17 Wählen Sie im Menü **Datei** den Befehl **Seitenansicht**.

Microsoft Project öffnet die Ansicht **Balkendiagramm angepasst** in der Seitenansicht. Mehr zur Arbeit mit der Seitenansicht erfahren Sie weiter unten in diesem

Kapitel und in Kapitel 11. Ihr Bildschirm sollte in etwa so wie in der folgenden Abbildung aussehen.

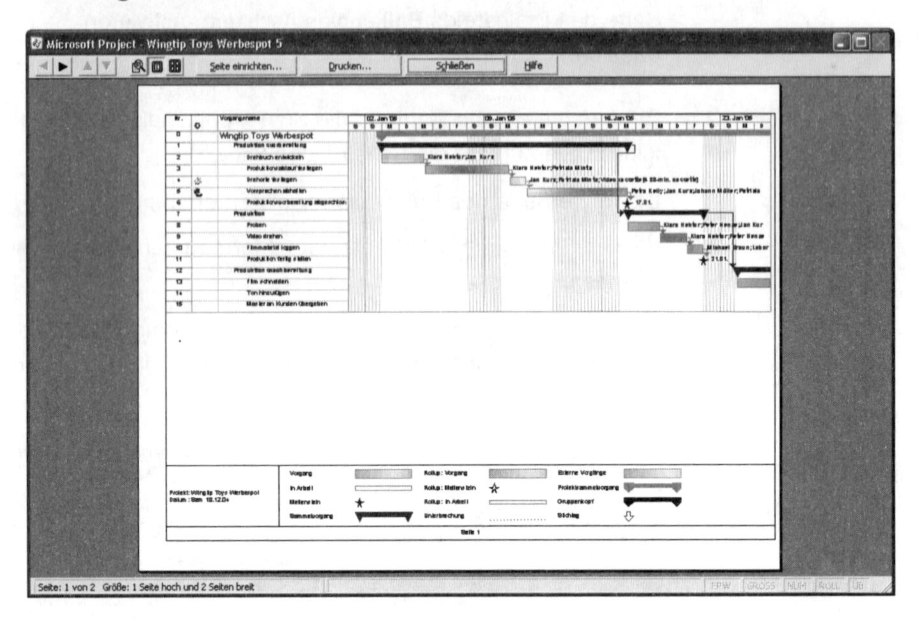

TIPP Falls Sie einen Plotter (ein Gerät zur Ausgabe von Diagrammen und anderen linienbasierten Grafiken) als Standarddrucker gewählt haben oder sich die gewählte Seitengröße von der des Standarddruckers unterscheidet, sieht Ihr Bildschirm wahrscheinlich etwas anders aus.

18 Klicken Sie in der Symbolleiste der Seitenansicht auf die Schaltfläche **Schließen**.

Sie können den Projektplan nun ausdrucken, wenn Sie wünschen. Im Augenblick genügt es jedoch, wenn Sie ihn in der Seitenansicht betrachten. Für den Ausdruck stehen Ihnen im Dialogfeld **Drucken**, das Sie über den Befehl **Drucken** im Menü **Datei** öffnen, weitere Optionen zur Verfügung. So können Sie beispielsweise eine ganz bestimmte Zeitspanne ausdrucken oder aber einen bestimmten Seitenbereich.

Auf einem Balkendiagramm zeichnen

Microsoft Project verfügt über die Symbolleiste **Zeichnen**, mit deren Hilfe Sie Objekte direkt auf ein Balkendiagramm übertragen können. Falls Sie zum Beispiel auf ein bestimmtes Ereignis hinweisen oder ein bestimmtes Element mit einer Grafik hervorheben wollen, könnten Sie Textfelder, Pfeile oder andere Objekte direkte auf ein Balkendiagramm zeichnen. Wenn Sie wollen, können Sie das betreffende Objekt mit Anfang oder Ende eines Balkens oder mit einem bestimmten Datum in der Zeitskala verknüpfen. Wann sich welche Verknüpfung eignet, wird nachfolgend erklärt:

- Ein Objekt sollte mit einem Balken verknüpft werden, wenn es spezifisch für den Vorgang ist, den der Balken repräsentiert. Das Objekt verschiebt sich dann, wenn der Vorgang verschoben wird, mit dem Balken.
- Ein Objekt sollte mit einem Datum verknüpft werden, wenn die Informationen, auf die sich das Objekt bezieht, an ein bestimmtes Datum gebunden sind. Das Objekt bleibt dann an derselben Position, unabhängig davon, welcher Bereich der Zeitskala angezeigt wird.

TIPP Wenn Sie in der Symbolleiste **Zeichnen** nicht das Objekt finden, das Sie gerne einfügen möchten, könnten Sie auch Bitmapgrafiken und sogar ganze Dokumente mit dem Befehl **Objekt** im Menü **Einfügen** hinzufügen.

In der folgenden Übung zeigen Sie die Symbolleiste **Zeichnen** an und fügen in das Balkendiagramm ein Textfeld ein.

1. Zeigen Sie im Menü **Ansicht** auf **Symbolleisten** und klicken Sie dann auf **Zeichnen.**

   Die Symbolleiste **Zeichnen** wird eingeblendet.

   TIPP Sie können auch mit der rechten Maustaste auf eine beliebige Stelle in einer der Symbolleisten klicken und dann im Kontextmenü die gewünschte Symbolleiste aktivieren oder deaktivieren.

Textfeld

2. Klicken Sie in der Symbolleiste **Zeichnen** auf die Schaltfläche **Textfeld** und ziehen Sie dann ein kleines Quadrat an der gewünschten Position im Balkendiagramm auf.
3. Geben Sie in das Textfeld, das Sie soeben angelegt haben, den Text ***Filmfestival am 13./14. Januar*** ein.
4. Zeigen Sie im Menü **Format** auf **Zeichnung** und klicken Sie dann auf **Eigenschaften.**

   Das Dialogfeld **Zeichnung formatieren** öffnet sich.

   TIPP Das Dialogfeld **Zeichnung formatieren** lässt sich auch durch einen Doppelklick auf den Rand des Textfeldes öffnen.

5. Aktivieren Sie die Registerkarte **Linie/Ausfüllen**, falls diese nicht bereits angezeigt wird.
6. Wählen Sie im Listenfeld **Farbe** im Bereich **Ausfüllen** die Farbe **Gelb.**

   Als Nächstes verknüpfen Sie das Textfeld mit einem bestimmten Datum auf der Zeitskala.

7 Aktivieren Sie die Registerkarte **Größe/Position**.

8 Vergewissern Sie sich, dass die Option **Mit Zeitskala verbinden** aktiviert ist, und geben Sie dann in das Feld **Datum** das Datum ***13.01.05*** ein oder wählen Sie dieses Datum aus.

9 Geben Sie in das Feld **Vertikal** den Wert ***4,5*** ein und klicken Sie dann auf **OK**, um das Dialogfeld **Zeichnung formatieren** zu schließen.

Microsoft Project füllt das Textfeld nun gelb aus und positioniert es unterhalb des angegebenen Datums. Ihr Bildschirm sollte in etwa so wie in der folgenden Abbildung aussehen.

Wenn Sie auf den Rahmen des Textfeldes doppelklicken, können Sie das Format und sonstige Eigenschaften des Textfeldes bearbeiten.

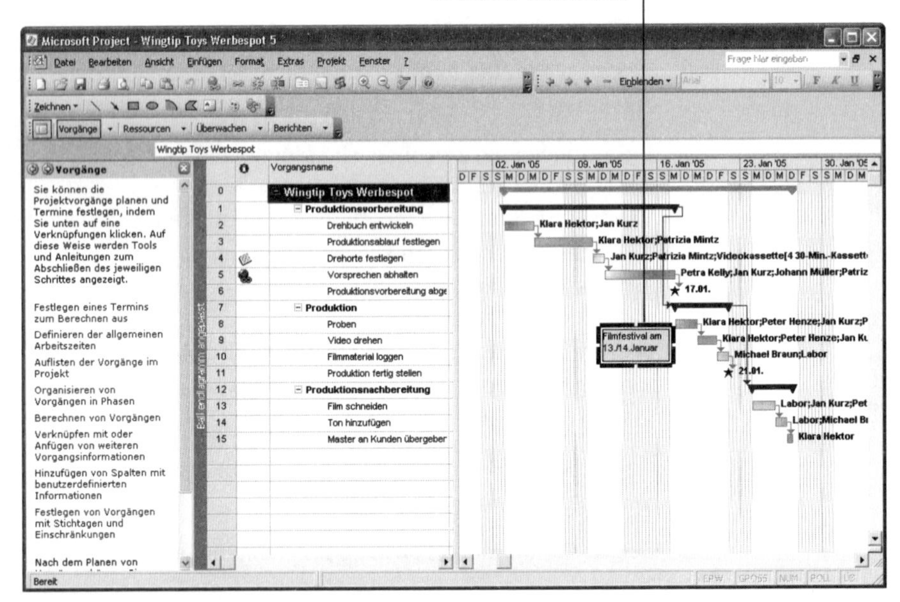

Weil das Textfeld mit einem bestimmten Datum verknüpft wurde, wird es in der Zeitskala immer an diesem Datum angezeigt, selbst wenn die Ansicht vergrößert oder verkleinert wird. Wenn Sie das Textfeld mit einem Balken verknüpfen, wird es mit dem Balken verschoben, wenn sich das Datum des Vorgangs ändert.

10 Zeigen Sie im Menü **Ansicht** auf **Symbolleisten** und klicken Sie anschließend auf **Zeichnen**.

Die Symbolleiste **Zeichnen** wird ausgeblendet.

Text in einer Ansicht formatieren

Der Text, der in der Tabelle eines Balkendiagramms angezeigt wird, kann formatiert werden. Dazu gibt es zwei Vorgehensweisen:

- Formatierung einer Textkategorie im Dialogfeld **Textarten**, das Sie über den Befehl **Textarten** im Menü **Format** öffnen. Die Änderungen, die Sie an der Formatierung einer Textart vornehmen, gelten dann für den gesamten Text dieser Art (zum Beispiel Sammelvorgänge oder Meilensteine) in der aktuellen Ansicht. Im Listenfeld **Zu ändernder Eintrag** können Sie sehen, welche Textarten bearbeitet werden können.
- Direkte Formatierung einzelner Textteile. Die Formatierung wirkt sich nicht auf andere Textteile in der Ansicht aus.

TIPP Sie haben vielleicht bereits bemerkt, dass es beim Formatieren von Text Ähnlichkeiten zwischen Microsoft Project und Microsoft Word gibt. Das Formatieren von Textarten (Befehl **Textarten** im Menü **Format**) in Microsoft Project entspricht in etwa dem Arbeiten mit Absatzformatvorlagen in Microsoft Word. Während das direkte Formatieren von Text (Befehl **Schrift** im Menü **Format**) in Microsoft Project der direkten Textformatierung (auch Hartformatierung genannt) in Microsoft Word entspricht.

Wie bei allen Formatierungsoptionen in Microsoft Project wirken sich die Formatänderungen, die Sie an einer Ansicht oder einem Bericht vornehmen, nur auf diese Ansicht bzw. auf diesen Bericht aus und gelten nur für den aktiven Projektplan. In späteren Kapiteln erfahren Sie, wie Sie benutzerdefinierte Ansichten oder Berichte in andere Projektpläne kopieren können.

In der folgenden Übung wechseln Sie zu einer anderen Ansicht und verwenden dann die Textartenformatierung und die direkte Formatierung, um das Aussehen des Textes in der Ansicht zu verändern.

1. Wählen Sie im Menü **Ansicht** den Befehl **Weitere Ansichten**.

   Das Dialogfeld **Weitere Ansichten** öffnet sich, wobei die aktuelle Ansicht (**Balkendiagramm angepasst**) markiert ist.

2. Markieren Sie im Feld **Ansichten** den Eintrag **Vorgang: Tabelle** und klicken Sie dann auf die Schaltfläche **Auswahl**.

   Die Ansicht **Vorgang: Tabelle** wird aktiviert. Anders als die Balkendiagrammansicht enthält diese Ansicht keine Diagrammkomponente. Sie besteht nur aus einer Tabelle. Als Nächstes passen Sie die Tabelle an.

3. Zeigen Sie im Menü **Ansicht** auf **Tabelle: Eingabe** und klicken Sie dann im Untermenü auf **Sammelvorgang**.

Die Tabelle **Sammelvorgänge** wird in der Ansicht **Vorgang: Tabelle** angezeigt. Wie die Tabelle **Eingabe** ist auch diese Tabelle auf Vorgangsdetails ausgerichtet, enthält jedoch andere Felder. Wir interessieren uns momentan am meisten für das Feld **Kosten**. Ihr Bildschirm sollte in etwa so wie in der folgenden Abbildung aussehen.

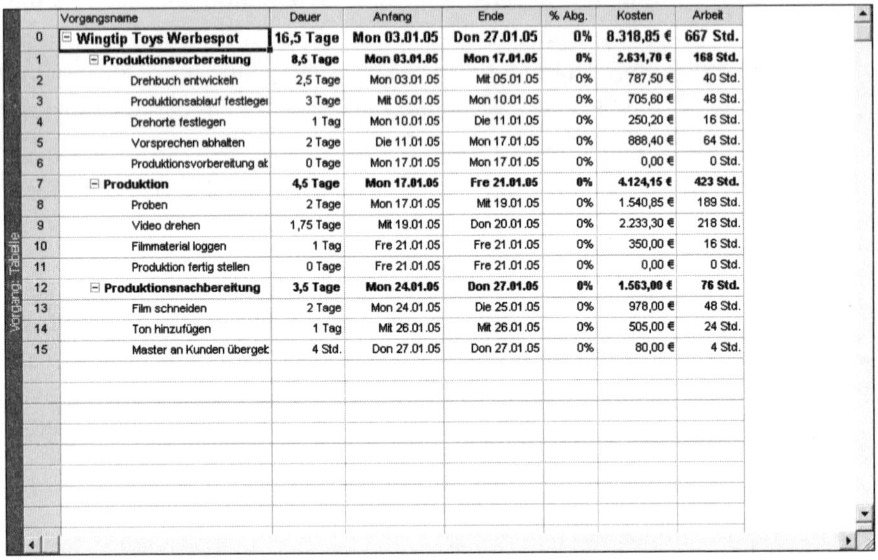

Vorgang: Tabelle

	Vorgangsname	Dauer	Anfang	Ende	% Abg.	Kosten	Arbeit
0	**Wingtip Toys Werbespot**	**16,5 Tage**	**Mon 03.01.05**	**Don 27.01.05**	**0%**	**8.318,85 €**	**667 Std.**
1	**Produktionsvorbereitung**	**8,5 Tage**	**Mon 03.01.05**	**Mon 17.01.05**	**0%**	**2.631,70 €**	**168 Std.**
2	Drehbuch entwickeln	2,5 Tage	Mon 03.01.05	Mit 05.01.05	0%	787,50 €	40 Std.
3	Produktionsablauf festleger	3 Tage	Mit 05.01.05	Mon 10.01.05	0%	705,60 €	48 Std.
4	Drehorte festlegen	1 Tag	Mon 10.01.05	Die 11.01.05	0%	250,20 €	16 Std.
5	Vorsprechen abhalten	2 Tage	Die 11.01.05	Mon 17.01.05	0%	888,40 €	64 Std.
6	Produktionsvorbereitung ak	0 Tage	Mon 17.01.05	Mon 17.01.05	0%	0,00 €	0 Std.
7	**Produktion**	**4,5 Tage**	**Mon 17.01.05**	**Fre 21.01.05**	**0%**	**4.124,15 €**	**423 Std.**
8	Proben	2 Tage	Mon 17.01.05	Mit 19.01.05	0%	1.540,85 €	189 Std.
9	Video drehen	1,75 Tage	Mit 19.01.05	Don 20.01.05	0%	2.233,30 €	218 Std.
10	Filmmaterial loggen	1 Tag	Fre 21.01.05	Fre 21.01.05	0%	350,00 €	16 Std.
11	Produktion fertig stellen	0 Tage	Fre 21.01.05	Fre 21.01.05	0%	0,00 €	0 Std.
12	**Produktionsnachbereitung**	**3,5 Tage**	**Mon 24.01.05**	**Don 27.01.05**	**0%**	**1.563,00 €**	**76 Std.**
13	Film schneiden	2 Tage	Mon 24.01.05	Die 25.01.05	0%	978,00 €	48 Std.
14	Ton hinzufügen	1 Tag	Mit 26.01.05	Mit 26.01.05	0%	505,00 €	24 Std.
15	Master an Kunden übergek	4 Std.	Don 27.01.05	Don 27.01.05	0%	80,00 €	4 Std.

Als Nächstes verändern Sie die Art und Weise, in der Microsoft Project eine Kategorie von Informationen formatiert – in diesem Fall die Sammelvorgänge.

4 Wählen Sie im Menü **Format** den Befehl **Textarten**.

Das Dialogfeld **Textarten** öffnet sich.

TIPP Die Textarten in Microsoft Project entsprechen in etwa den Formatvorlagen in Microsoft Word. In der Liste **Zu ändernder Eintrag** sind alle Informationsarten aus einem Projektplan enthalten, die Sie konsistent formatieren können.

5 Markieren Sie im Dropdown-Listenfeld **Zu ändernder Eintrag** nun den Eintrag **Sammelvorgänge**.

Im Dialogfeld **Textarten** sehen Sie nun, welche Formatierung momentan für diese Informationsart gilt. Im Bereich **Beispiel** erhalten Sie einen Eindruck vom Aussehen der Formatierung. Ändern Sie nun die Formatierung wie folgt.

6 Wählen Sie im Feld **Schriftgrad** den Wert **10**.

7 Klicken Sie im Feld **Farbe** auf **Blau**.

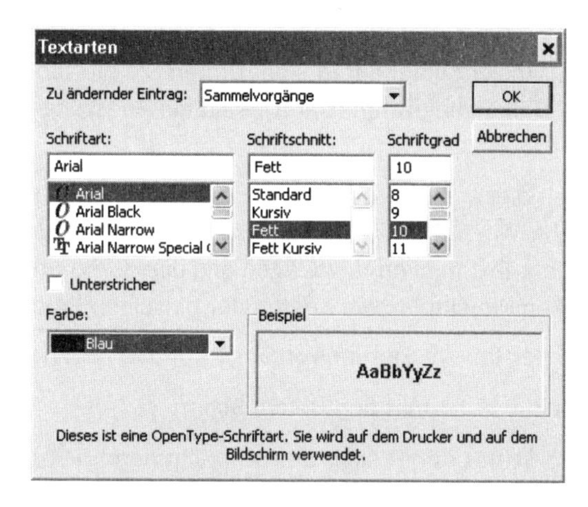

8 Klicken Sie auf **OK**.

Microsoft Project wendet die neue Formatierung direkt auf alle Sammelvorgänge im Projekt an (außer auf den Projektsammelvorgang ganz am Anfang der Vorgangsliste). Alle neuen Sammelvorgänge, die zu dem Projektplan hinzugefügt werden, wird automatisch die neue Formatierung zugewiesen.

9 Doppelklicken Sie auf die Trennlinien zwischen allen Spalten, in denen nur Nummernzeichen zu sehen sind (#).

Ihr Bildschirm sollte in etwa so wie in der folgenden Abbildung aussehen.

Falls Nummernzeichen (#) zu sehen sind, doppelklicken Sie auf die Trennlinie, um die Spalte zu verbreitern.

Vorgang: Tabelle

	Vorgangsname	Dauer	Anfang	Ende	% Abg.	Kosten	Arbeit
0	**Wingtip Toys Werbespot**	**16,5 Tage**	**Mon 03.01.05**	**Don 27.01.05**	**0%**	**8.318,85 €**	**667 Std.**
1	**Produktionsvorbereitung**	**8,5 Tage**	**Mon 03.01.05**	**Mon 17.01.05**	**0%**	**2.631,70 €**	**168 Std.**
2	Drehbuch entwickeln	2,5 Tage	Mon 03.01.05	Mit 05.01.05	0%	787,50 €	40 Std.
3	Produktionsablauf festlegei	3 Tage	Mit 05.01.05	Mon 10.01.05	0%	705,60 €	48 Std.
4	Drehorte festlegen	1 Tag	Mon 10.01.05	Die 11.01.05	0%	250,20 €	16 Std.
5	Vorsprechen abhalten	2 Tage	Die 11.01.05	Mon 17.01.05	0%	888,40 €	64 Std.
6	Produktionsvorbereitung ak	0 Tage	Mon 17.01.05	Mon 17.01.05	0%	0,00 €	0 Std.
7	**Produktion**	**4,5 Tage**	**Mon 17.01.05**	**Fre 21.01.05**	**0%**	**4.124,15 €**	**423 Std.**
8	Proben	2 Tage	Mon 17.01.05	Mit 19.01.05	0%	1.540,85 €	189 Std.
9	Video drehen	1,75 Tage	Mit 19.01.05	Don 20.01.05	0%	2.233,30 €	218 Std.
10	Filmmaterial loggen	1 Tag	Fre 21.01.05	Fre 21.01.05	0%	350,00 €	16 Std.
11	Produktion fertig stellen	0 Tage	Fre 21.01.05	Fre 21.01.05	0%	0,00 €	0 Std.
12	**Produktionsnachbereitui**	**3,5 Tage**	**Mon 24.01.05**	**Don 27.01.05**	**0%**	**1.563,00 €**	**76 Std.**
13	Film schneiden	2 Tage	Mon 24.01.05	Die 25.01.05	0%	978,00 €	48 Std.
14	Ton hinzufügen	1 Tag	Mit 26.01.05	Mit 26.01.05	0%	505,00 €	24 Std.
15	Master an Kunden übergek	4 Std.	Don 27.01.05	Don 27.01.05	0%	80,00 €	4 Std.

Nach der Anpassung der Textformatierung werden alle Sammelvorgänge neu formatiert.

Die Formatänderungen, die Sie soeben vorgenommen haben, gelten für alle Tabellen in der Ansicht **Vorgang: Tabelle.** Öffnen Sie die Tabelle **Sammelvorgänge** in der Ansicht **Balkendiagramm (Gantt)**, sind die Änderungen jedoch nicht sichtbar.

Zum Abschluss dieser Übung formatieren Sie nun noch ein bestimmtes Element in einer Ansicht. Wie bei Formatvorlagen in Microsoft Word können Sie auch in Microsoft Project Text mit Formatvorlagen und direkt formatieren. Formatieren Sie nun im aktuellen Projektplan die Kosten der einzelnen Produktionsphasen kursiv.

10 Klicken Sie in der Tabelle **Sammelvorgänge** auf das Feld **Kosten** für Vorgang 7.

11 Wählen Sie im Menü **Format** den Befehl **Schrift**.

Das Dialogfeld **Schrift** öffnet sich. Es entspricht dem Dialogfeld **Textarten**, mit dem Sie bereits in dieser Übung gearbeitet haben. Die Optionen, die Sie hier wählen, werden jedoch nur auf den markierten Text angewendet.

TIPP Mit dem Befehl **Schrift** im Menü **Format** wird die Darstellung des markierten Textes geändert. Es ist nicht möglich, damit leere Zeilen in der Tabelle zu formatieren. Die Standardformatierung von Zeilen wird über den Befehl **Textarten** im Menü **Format** definiert.

12 Aktivieren Sie im Dialogfeld **Schrift** den Schriftschnitt **Kursiv**.

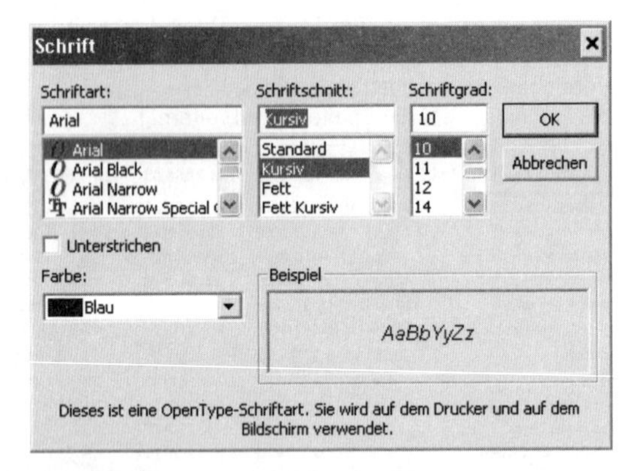

13 Klicken Sie auf die Schaltfläche **OK**.

Microsoft Project wendet die Kursivschrift nun auf den Inhalt des Kostenfelds für Vorgang 7 an. Ihr Bildschirm sollte in etwa so wie in der folgenden Abbildung aussehen.

Nur der markierte Wert wird neu formatiert.

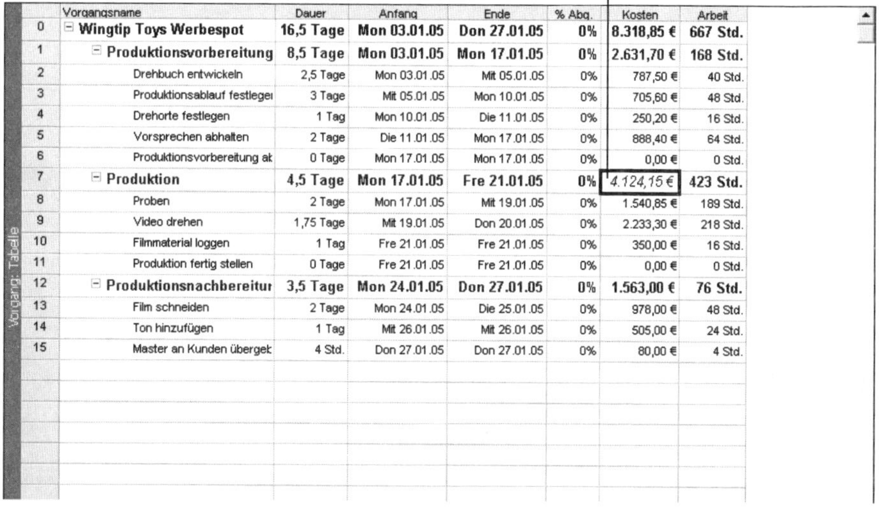

Vorgang: Tabelle

	Vorgangsname	Dauer	Anfang	Ende	% Abg.	Kosten	Arbeit
0	**⊟ Wingtip Toys Werbespot**	**16,5 Tage**	**Mon 03.01.05**	**Don 27.01.05**	**0%**	**8.318,85 €**	**667 Std.**
1	**⊟ Produktionsvorbereitung**	**8,5 Tage**	**Mon 03.01.05**	**Mon 17.01.05**	**0%**	**2.631,70 €**	**168 Std.**
2	Drehbuch entwickeln	2,5 Tage	Mon 03.01.05	Mit 05.01.05	0%	787,50 €	40 Std.
3	Produktionsablauf festlegei	3 Tage	Mit 05.01.05	Mon 10.01.05	0%	705,60 €	48 Std.
4	Drehorte festlegen	1 Tag	Mon 10.01.05	Die 11.01.05	0%	250,20 €	16 Std.
5	Vorsprechen abhalten	2 Tage	Die 11.01.05	Mon 17.01.05	0%	888,40 €	64 Std.
6	Produktionsvorbereitung ak	0 Tage	Mon 17.01.05	Mon 17.01.05	0%	0,00 €	0 Std.
7	**⊟ Produktion**	**4,5 Tage**	**Mon 17.01.05**	**Fre 21.01.05**	**0%**	*4.124,15 €*	**423 Std.**
8	Proben	2 Tage	Mon 17.01.05	Mit 19.01.05	0%	1.540,85 €	189 Std.
9	Video drehen	1,75 Tage	Mit 19.01.05	Don 20.01.05	0%	2.233,30 €	218 Std.
10	Filmmaterial loggen	1 Tag	Fre 21.01.05	Fre 21.01.05	0%	350,00 €	16 Std.
11	Produktion fertig stellen	0 Tage	Fre 21.01.05	Fre 21.01.05	0%	0,00 €	0 Std.
12	**⊟ Produktionsnachbereitur**	**3,5 Tage**	**Mon 24.01.05**	**Don 27.01.05**	**0%**	**1.563,00 €**	**76 Std.**
13	Film schneiden	2 Tage	Mon 24.01.05	Die 25.01.05	0%	978,00 €	48 Std.
14	Ton hinzufügen	1 Tag	Mit 26.01.05	Mit 26.01.05	0%	505,00 €	24 Std.
15	Master an Kunden übergek	4 Std.	Don 27.01.05	Don 27.01.05	0%	80,00 €	4 Std.

TIPP Sie können direkt formatierten Text wieder auf seine im Dialogfeld **Textarten** (Befehl **Textarten** im Menü **Format**) definierte Formatierung zurücksetzen, indem Sie den Text markieren und im Menü **Bearbeiten** den Befehl **Inhalte löschen** und anschließend den Eintrag **Formate** wählen.

Noch einmal zusammengefasst: Ändern Sie bei Bedarf über den Befehl **Textarten** im Menü **Format** die Formatierung einer ganzen Kategorie von Informationen, wie zum Beispiel die der Sammelvorgänge. Wollen Sie hingegen nur ein ganz bestimmtes Element hervorheben, verwenden Sie den Befehl **Schrift** im Menü **Format.** Beachten Sie, dass der Befehl **Schrift** in einigen Ansichten, zum Beispiel der Kalenderansicht, nicht verfügbar ist.

TIPP Einige Schaltflächen der Formatsymbolleiste entsprechen den Optionen, die über den Befehl **Schrift** im Menü **Format** zur Verfügung stehen. Diese Optionen legen die Formatierung einzelner Textpassagen, nicht aber einer Textart fest.

Berichte formatieren und drucken

Berichte sind vordefinierte Formate für den Ausdruck von Microsoft Project-Daten. Anders als Ansichten, die am Bildschirm bearbeitet und ausgedruckt werden können, eignen sich Berichte nur für den Ausdruck und für die Betrachtung in der Seitenansicht. In einen Bericht können Sie nicht direkt Daten eingeben. Microsoft Project enthält mehrere vordefinierte Vorgangs-, Ressourcen- und Zuordnungsberichte, die Sie so bearbeiten können, dass sie die von Ihnen gewünschten Daten anzeigen.

In der folgenden Übung zeigen Sie einen Bericht im Seitenansichtfenster an. Danach ändern Sie sein Format so, dass noch weitere Daten angezeigt werden können.

1 Klicken Sie im Menü **Ansicht** auf **Berichte**.

Das Dialogfeld **Berichte** wird geöffnet. In ihm sehen Sie die sechs Hauptkategorien der in Microsoft Project verfügbaren Berichte.

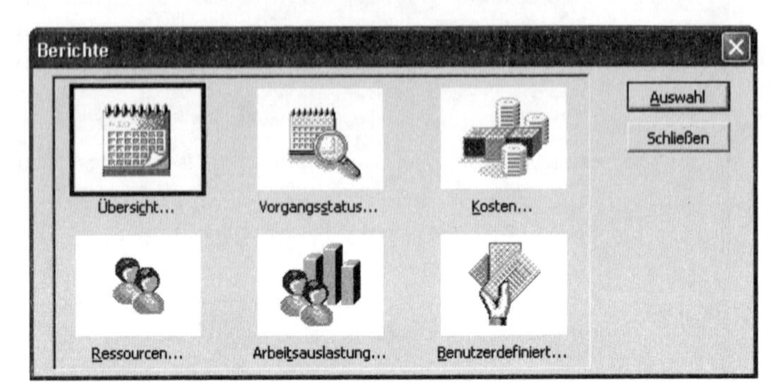

2 Klicken Sie auf die Kategorie **Übersicht** und anschließend auf die Schaltfläche **Auswahl**.

Das Dialogfeld **Übersichtsberichte** wird geöffnet. Die dort angezeigte Liste enthält die fünf vordefinierten Microsoft Project-Berichte, die einen Überblick bieten.

3 Klicken Sie im Dialogfeld **Übersichtsberichte** auf **Projektübersicht** und anschließend auf die Schaltfläche **Auswahl**.

Microsoft Project zeigt den Bericht **Projektübersicht** im Fenster **Seitenansicht** an. Dieser Bericht bietet eine nützliche Zusammenfassung der Vorgänge, der Ressourcen, der Kosten und des aktuellen Status eines Projektplans. Sie könnten diesen Bericht beispielsweise als Statusbericht für Kunden oder Interessenten an dem Projekt verwenden.

Ist die Auflösung Ihres Bildschirms eher gering, ist der Text des Berichts möglicherweise nicht lesbar, wenn Sie die Ansicht so verkleinern, dass die ganze Seite sichtbar ist.

TIPP Um wichtige Projektstatistiken zu betrachten, wählen Sie im Menü **Projekt** den Befehl **Projektinfo** und klicken dann im Dialogfeld **Projektinfo** auf die Schaltfläche **Statistik**.

4 Klicken Sie in der Seitenansicht auf die obere Hälfte der Seite.

Microsoft Project vergrößert den Ausschnitt so, dass er lesbar ist.

Zum Zoomen klicken Sie mit der Lupe.

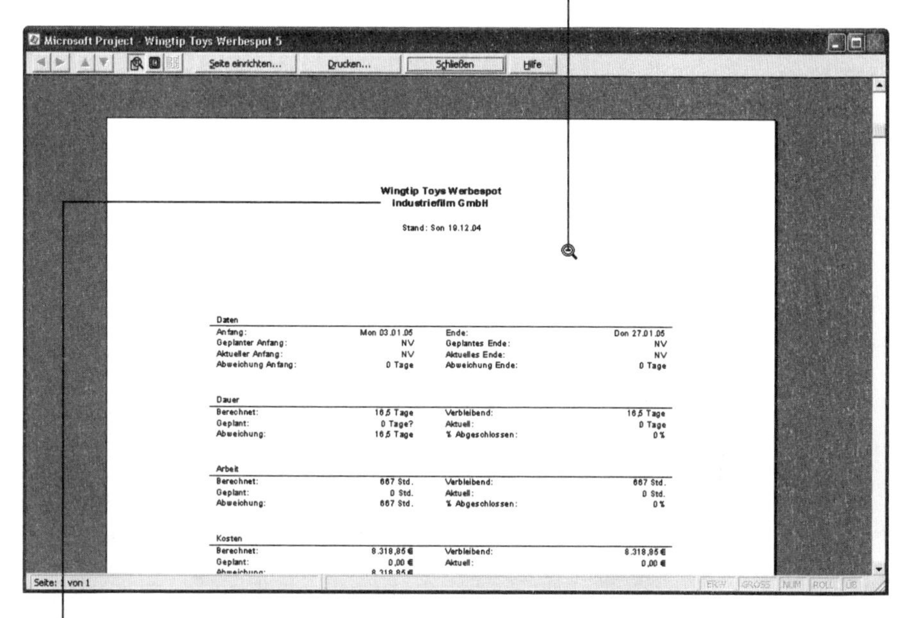

Der Projekttitel und der Firmenname stammen aus dem Eigenschaftendialogfeld (Befehl **Eigenschaften** im Menü **Datei**).

An dieser Stelle im Projektlebenszyklus sind der geplante Anfangs- und Endtermin sowie die Gesamtkosten die nützlichsten Informationen im Bericht. Falls einer dieser Werte den Erwartungen des Projektsponsors oder der Interessenten nicht entspricht, sollte das jetzt ermittelt werden.

5 Klicken Sie in der Symbolleiste der Seitenansicht auf die Schaltfläche **Schließen**.

Das Seitenansichtfenster wird geschlossen und das Dialogfeld **Benutzerdefinierte Berichte** wieder angezeigt.

Bei einem kleinen, einfachen Projekt wie dem TV-Werbespot dient ein Bericht dazu, die Zuordnung der Ressourcen deutlich zu machen. Dazu eignen sich Wer-macht-was-wann-Berichte am besten.

TIPP Unternehmensübergreifendes Projektmanagement (*Enterprise Project Management – EPM*): In detaillierteren Projekten kann die Kommunikation von Ressourcenzuordnungen (und den damit verbundenen Änderungen) und anderen Projektdetails eine wichtige Aufgabe für den Projektmanager darstellen. Microsoft Project Server bietet zusammen mit Microsoft Project Professional eine intranetbasierte Lösung für die Kommunikation solcher Projektdetails.

6 Klicken Sie im Dialogfeld **Berichte** auf **Ressourcen** und dann auf die Schaltfläche **Auswahl.**

Das Dialogfeld **Ressourcenberichte** öffnet sich, das vier vordefinierte Berichte enthält.

7 Markieren Sie den Bericht **Wer-macht-was-wann** und klicken Sie dann auf die Schaltfläche **Auswahl.**

Microsoft Project zeigt die erste Seite des Wer-macht-was-wann-Berichts in der Seitenansicht.

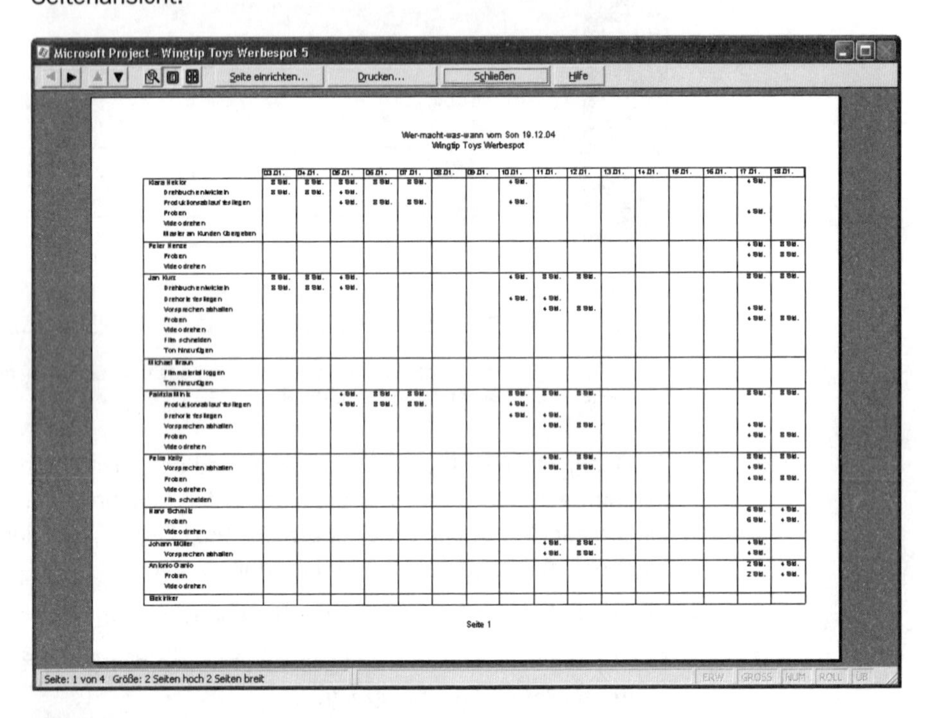

Beachten Sie, dass der Bericht laut Statusleiste vier Seiten umfasst. Um einen besseren Überblick zu erhalten, wechseln Sie in die Ansicht **Mehrere Seiten.**

Mehrere Seiten

8 Klicken Sie in der Symbolleiste der Seitenansicht auf die Schaltfläche **Mehrere Seiten.**

Nun ist der gesamte Bericht in der Seitenansicht sichtbar.

Zum Abschluss dieser Übung passen Sie nun die Kopfzeile an, die auf jeder Seite des Berichts angezeigt wird. Sie soll ein Logo enthalten.

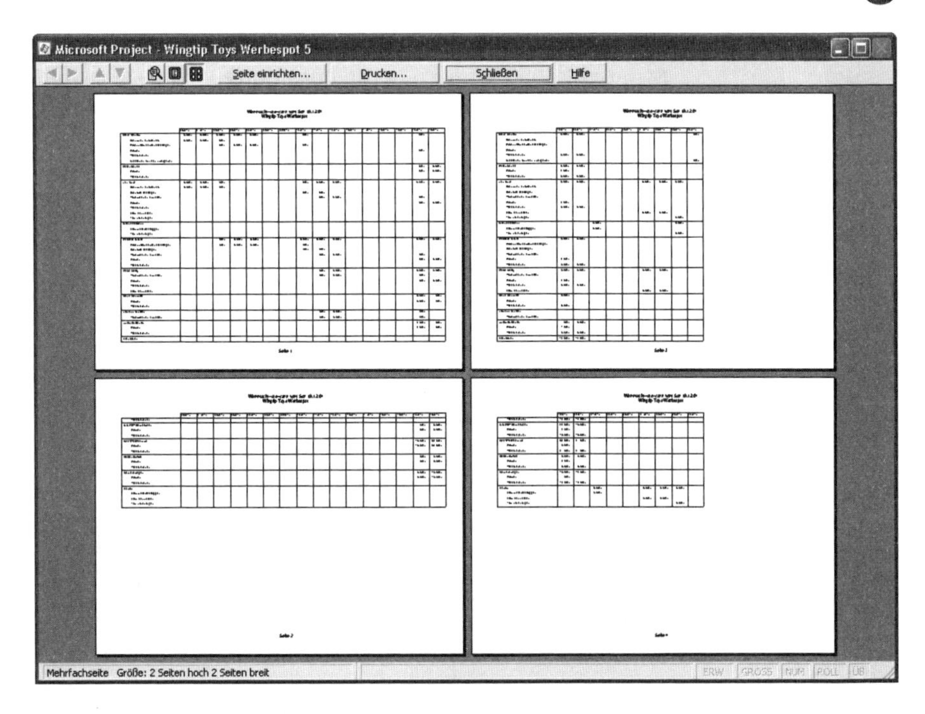

9 Klicken Sie in der Symbolleiste der Seitenansicht auf die Schaltfläche **Seite einrichten.**

Das Dialogfeld **Seite einrichten – Wer-macht-was-wann** öffnet sich.

10 Aktivieren Sie die Registerkarte **Kopfzeile.**

Ihr Bildschirm sollte in etwa so wie in der folgenden Abbildung aussehen.

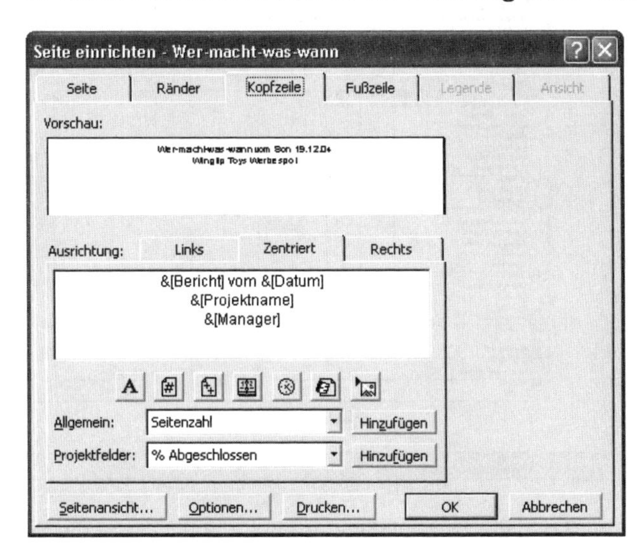

Wie Sie in den Feldern **Vorschau** und **Ausrichtung** sehen können, legen Codes wie **&[Datum]** den Text fest, der in der Kopfzeile angezeigt wird. Fügen Sie nun das Logo links neben der Kopfzeile ein.

11 Klicken Sie im Bereich **Ausrichtung** auf die Registerkarte **Links**.

Wie in allen Bereichen der Kopf- und der Fußzeile können Sie Standardelemente wie Seitennummern und auch alle anderen Microsoft Project-Felder einfügen. In dieser Übung fügen Sie ein Logo ein, das für Sie bereitgestellt wird.

Bild einfügen

12 Klicken Sie auf die Schaltfläche **Bild einfügen**.

13 Wechseln Sie zum Ordner *Eigene Dateien\Microsoft Press\Project 2003 Training\05_ProjektpläneFormatierenDrucken* und doppelklicken Sie dort auf die Datei *Logo.jpg*.

Das Logo wird nun im Dialogfeld **Seite einrichten** auf der linken Seite angezeigt.

14 Klicken Sie auf **OK**, um das Dialogfeld **Seite einrichten** zu schließen.

Die aktualisierte Kopfzeile ist nun in der Seitenansicht zu sehen.

Eine Seite

15 Um die aktualisierte Kopfzeile genauer betrachten zu können, klicken Sie in der Symbolleiste der Seitenansicht auf die Schaltfläche **Eine Seite**.

Microsoft Project zeigt die erste Seite des Berichts an.

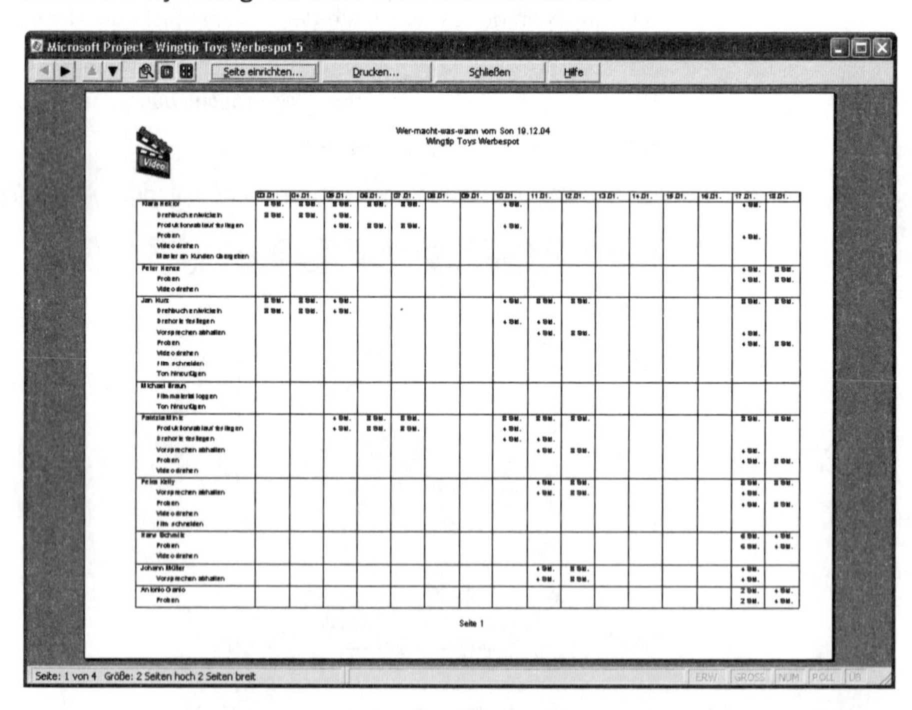

16 Klicken Sie in der Symbolleiste der Seitenansicht auf die Schaltfläche **Schließen**.

17 Klicken Sie noch einmal auf die Schaltfläche **Schließen**, um das Dialogfeld **Berichte** zu schließen.

Die Ansicht **Vorgang: Tabelle** ist nun wieder zu sehen.

TIPP Die Kopf- und Fußzeilen von Ansichten lassen sich auf dieselbe Weise bearbeiten wie die von Berichten. Beachten Sie, dass die Änderungen, die Sie an Ansichten oder Berichten vornehmen, nur für diese Ansicht bzw. diesen Bericht gelten.

***SCHLIESSEN SIE den Projektplan* Wingtip Toys Werbespot 5.**

Zusammenfassung

- Sie können Gantt-Balkenkategorien mit dem Befehl **Balkenarten** im Menü **Format** oder mithilfe des Balken-Assistenten (Menü **Format**) formatieren. Einzelne Balken werden dagegen mit dem Befehl **Balken** im Menü **Format** bearbeitet.
- Sie können integrierte Ansichten bearbeiten oder eine Kopie der Ansicht erstellen und diese anschließend formatieren.
- Sie können auf einen Gantt-Balken zeichnen bzw. eine Grafik auf einem Gantt-Balken einfügen. Im Tabellenteil ist dies nicht möglich.
- Berichte können in der Seitenansicht angezeigt und gedruckt werden. Sie können keine Daten direkt in einen Bericht eingeben. Es ist aber möglich, Elemente des Berichts zu bearbeiten, zum Beispiel die Kopfzeile der Seiten.

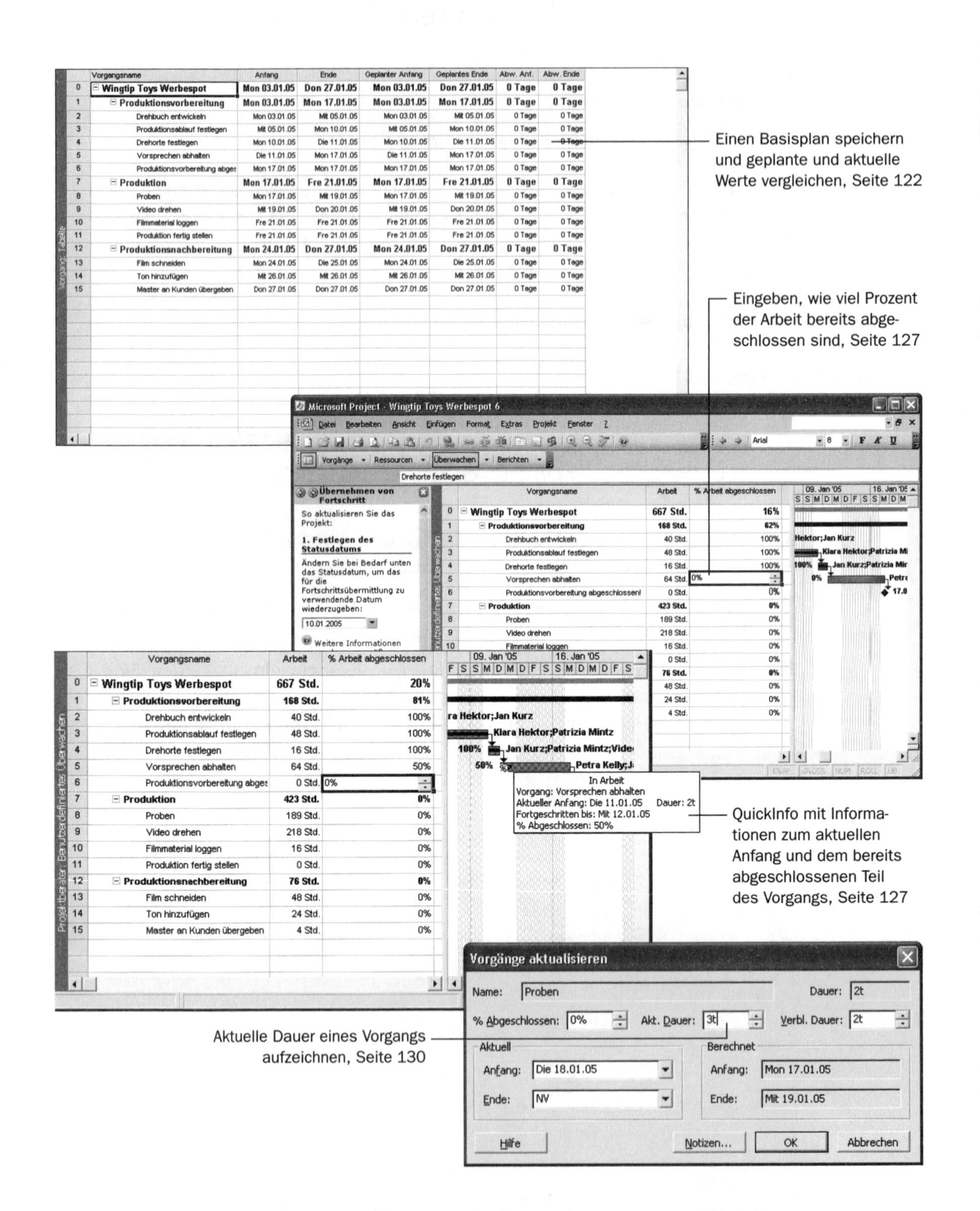

Kapitel 6 auf einen Blick

6 Projektfortschritt von Vorgängen verfolgen

In diesem Kapitel lernen Sie,

- ✔ **wie Sie aktuelle Werte im Terminplan als Basisplan speichern.**
- ✔ **wie Sie die bis zu einem bestimmten Termin geleistete Arbeit aufzeichnen.**
- ✔ **wie Sie Vorgänge als teilweise abgeschlossen aufzeichnen.**
- ✔ **wie die tatsächlichen Werte für Anfang, Ende und Dauer von Vorgängen eingegeben werden.**

Siehe auch Falls Sie nur eine kurze Wiederholung zu den Themen benötigen, die in diesem Kapitel behandelt werden, lesen Sie den Schnellüberblick zu Kapitel 6 am Anfang dieses Buches.

Bis jetzt haben sich alle Kapitel mit der Projekt*planung* – das heißt der Entwicklung und Weitergabe der Einzelheiten vor dem Beginn der eigentlichen Projektarbeit – beschäftigt. Mit dem Arbeitsbeginn beginnt auch die nächste Phase der Projektverwaltung: die Überwachung des Arbeitsfortschritts. *Überwachung* bedeutet in diesem Zusammenhang die Aufzeichnung von Projekteinzelheiten, zum Beispiel wer welche Arbeiten erledigt hat, wann die Arbeit erledigt wurde und welche Kosten entstanden sind. Diese Daten werden auch als *aktuelle Werte* oder *tatsächliche Werte* bezeichnet.

Die Überwachung von aktuellen Werten ist im Projektmanagement von entscheidender Bedeutung. Ein Projektmanager muss stets wissen, welche Arbeit das Projektteam leistet und wann er korrigierend eingreifen sollte. Eine ordnungsgemäße Überwachung des Projektfortschritts und der Vergleich mit dem Ausgangsplan können folgende Fragen beantworten:

- Werden die geplanten Anfangs- und Endtermine der Vorgänge eingehalten? Wenn nicht, welche Auswirkungen hat das auf den Endtermin des Projekts?
- Brauchen die Ressourcen zur Bearbeitung der einzelnen Vorgänge mehr oder weniger Zeit als geplant?
- Wird zur Bearbeitung der einzelnen Vorgänge mehr oder weniger Geld gebraucht als geplant?

Microsoft Project unterstützt verschiedene Verfahren zur Überwachung des Projektfortschritts, die darauf abgestimmt sind, wie genau Sie selbst, der Projektauftraggeber oder ein anderer Beteiligter die Überwachung wünschen. Die Überwachung des Projektfortschritts in allen Einzelheiten erfordert mehr Arbeit von Ihnen selbst und den am Projekt beteiligten Ressourcen. Bevor Sie deshalb mit der Projektüberwachung beginnen, sollten Sie genau festlegen, wie detailliert die Überwachung sein soll. Zu den Überwachungsarten gehören folgende Verfahren:

- Sie können die berechnete Projektarbeit aufzeichnen. Das funktioniert am besten, wenn das Projekt genau nach Plan abläuft. Ja, auch das kann passieren!
- Sie können aufzeichnen, inwieweit die Vorgänge abgeschlossen sind – entweder mit genauen oder mit abgestuften Werten wie etwa 25 Prozent, 50 Prozent, 75 Prozent oder 100 Prozent.
- Sie können den tatsächlichen Anfangs- und Endtermin, die tatsächliche Arbeit sowie die tatsächliche und die verbleibende Dauer für jeden Vorgang und für jede Zuordnung aufzeichnen.
- Sie können den Arbeitsfortschritt nach Zeitintervallen aufzeichnen. Dies ist die genaueste Überwachungsart. Hierbei wird die tatsächlich pro Tag, pro Woche oder in einem anderen Zeitintervall geleistete Arbeit aufgezeichnet.

Sie werden wahrscheinlich feststellen, dass Sie für Ihre Projekte eine Kombination dieser Lösungen verwenden müssen, da unterschiedliche Abschnitte eines Projekts auch unterschiedliche Überwachungsmethoden erfordern. Wahrscheinlich werden Sie wichtigere Vorgänge genauer verfolgen wollen als Vorgänge mit einem geringen Risiko. In diesem Kapitel werden die ersten drei Überwachungsmethoden aus der obigen Liste beschrieben. Die vierte Art lernen Sie in Teil II „ Komplexe Projekte verwalten" kennen.

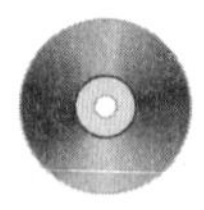

WICHTIG Bevor Sie die Übungsdateien in diesem Kapitel benutzen können, müssen Sie sie von der Begleit-CD in den vorgegebenen Standardordner installieren. Einzelheiten dazu finden Sie im Abschnitt „Die Übungsdateien installieren" am Anfang dieses Buches.

Einen Projektbasisplan speichern

Eine der wichtigsten Aufgaben eines Projektmanagers nach der Entwicklung des Projektplans ist die Aufzeichnung der aktuellen Werte und die Kontrolle des Projektfortschritts. Um den Projektfortschritt richtig beurteilen zu können, müssen Sie die aktuellen Werte mit den Planwerten vergleichen. Der Ausgangsplan wird als *Basisplan* bezeichnet. Ein Basisplan besteht aus den wichtigen Werten eines Projektplans, etwa den geplanten Anfangs- und Endterminen der verschiedenen Vorgänge und Zuordnungen sowie den damit zusammenhängenden Kosten. Beim Speichern eines

Basisplans fertigt Microsoft Project eine Momentaufnahme der vorhandenen Werte an und speichert sie für künftige Vergleiche in der Microsoft Project-Datei.

Zu den Werten, die in einem Basisplan gespeichert werden, gehören die in der folgenden Tabelle angegebenen Vorgangs-, Ressourcen- und Zuordnungsfelder sowie *Zeitphasenfelder*.

Vorgangsfelder	Ressourcenfelder	Zuordnungsfelder
Anfangstermin	Arbeits- und Zeitphasenarbeitswerte	Anfangstermin
Endtermin	Kosten und Zeitphasenkosten	Endtermin
Dauer		Arbeits- und Zeitphasenarbeitswerte
Arbeits- und Zeitphasenarbeitswerte		Kosten und Zeitphasenkosten
Kosten und Zeitphasenkosten		

TIPP Zeitphasenfelder zeigen auf einen bestimmten Zeitraum aufgeteilte Vorgangs-, Ressourcen- und Zuordnungswerte. Beispiel: Der Wert in einem Arbeitsfeld eines Vorgangs beträgt 40 Stunden. Die Zeitphasenwerte könnten dabei aber wöchentlich, täglich oder stündlich betrachtet werden. Mehr hierzu erfahren Sie in Teil II dieses Buches.

In folgenden Fällen sollten Sie einen Basisplan speichern:

- Sie haben Ihren Projektplan so weit wie möglich entwickelt. (Das bedeutet aber nicht, dass Sie nicht auch noch nach Projektbeginn weitere Vorgänge, Ressourcen oder Zuordnungen aufnehmen könnten. Meistens lässt sich das gar nicht vermeiden.)
- Sie haben noch keine aktuellen Werte, also zum Beispiel einen Prozentwert für die Fertigstellung eingegeben.

Die Planungsphase des Werbespot-Projekts ist jetzt beendet, und die tatsächliche Projektarbeit soll in Kürze beginnen. In der folgenden Übung speichern Sie den Basisplan für das Projekt und zeigen anschließend verschiedene Vorgangs-, Ressourcen- und Zuordnungswerte des Basisplans an.

***ACHTEN SIE DARAUF,* dass Microsoft Project gestartet ist, bevor Sie mit der Übung beginnen.**

WICHTIG Wenn Sie mit Microsoft Project Professional arbeiten, müssen Sie unter Umständen eine einmalige Einstellung vornehmen, damit Sie mit dem eigenen Arbeitsplatz-Account und offline arbeiten können. So wird sichergestellt, dass die Übungsdateien, mit denen Sie in diesem Kapitel arbeiten, keine Auswirkungen auf Ihre Microsoft Project Server-Daten haben. Mehr Informationen hierzu finden Sie in Kapitel 1 im Abschnitt „Microsoft Office Project Professional starten".

ÖFFNEN SIE die Datei* Wingtip Toys Werbespot 6a*, die Sie im Ordner* Eigene Dateien\Microsoft Press\Project 2003 Training\06_ProjektfortschrittVorgänge *finden. Sie können den Ordner auch über* Start/Alle Programme/Microsoft Press/Project 2003 Training *öffnen.

1 Wählen Sie im Menü **Datei** den Befehl **Speichern unter**.

   Das Dialogfeld **Speichern unter** öffnet sich.

2 Geben Sie im Feld **Dateiname** die Bezeichnung ***Wingtip Toys Werbespot 6*** ein und klicken Sie dann auf **Speichern**.

3 Klicken Sie in der Symbolleiste **Projektberater** auf die Schaltfläche **Überwachen**.

   Der Seitenbereich **Überwachen** öffnet sich.

4 Klicken Sie im Seitenbereich **Überwachen** auf den Link **Speichern eines Basisplans für den Vergleich mit späteren Versionen**.

   Der Seitenbereich **Basisplan speichern** öffnet sich.

5 Klicken Sie auf die Schaltfläche **Basisplan speichern**.

   Microsoft Project speichert den Basisplan. Selbst wenn es in der Ansicht **Balkendiagramm (Gantt)** keinen Hinweis darauf gibt, dass sich etwas geändert hat. Sie werden die Änderungen, die durch das Speichern des Basisplans hervorgerufen werden, jetzt gleich sehen.

   TIPP Um einen Basisplan zu speichern, können Sie auch im Menü **Extras** auf den Befehl **Überwachung** zeigen und dann auf den Befehl **Basisplan speichern** klicken.

Einblenden/Ausblenden des Projektberaters

6 Klicken Sie auf die Schaltfläche **Einblenden/Ausblenden des Projektberaters**.

   Der Projektberater wird ausgeblendet.

   TIPP Sie können bis zu elf Basispläne in einem Projektplan speichern. Der erste heißt Basisplan und die restlichen heißen Basisplan 1 bis Basisplan 10. Das Speichern mehrerer Basispläne kann bei Projekten mit ungewöhnlich langer Planungsphase sehr nützlich sein, um verschiedene Sätze von Basiswerten miteinander vergleichen zu können. So können Sie den Basisplan beispielsweise monatlich speichern, sobald sich Änderungen ergeben, und den Basisplan dann mit dem vorhergehenden vergleichen. Um mehr über Basispläne zu erfahren, geben Sie in das Feld **Frage hier eingeben** in der rechten oberen Ecke des Microsoft Project-Fensters den Begriff ***Basisplan*** ein.

7 Wählen Sie im Menü **Ansicht** den Befehl **Weitere Ansichten**.

Das gleichnamige Dialogfeld öffnet sich.

8 Markieren Sie im Feld **Ansichten** den Eintrag **Vorgang: Tabelle** und klicken Sie dann auf die Schaltfläche **Auswahl**.

Weil die Ansicht **Vorgang: Tabelle** kein Balkendiagramm enthält, steht mehr Platz zur Verfügung, um die Felder in der Tabelle zu betrachten. Nun wechseln Sie in der Ansicht **Vorgang: Tabelle** zu einer anderen Tabelle.

9 Zeigen Sie im Menü **Ansicht** auf den Befehl **Tabelle: Sammelvorgang** und klicken Sie dann auf **Abweichung**.

Die Tabelle **Abweichung** wird nun eingeblendet. Diese Tabelle enthält die geplanten und die tatsächlichen Anfangs- und Endtermine in nebeneinander liegenden Spalten, was den Vergleich erleichtert.

TIPP Falls eine der Spalten Nummernzeichen (#) enthält, doppelklicken Sie auf den rechten Spaltenrand, um die Spalte zu verbreitern.

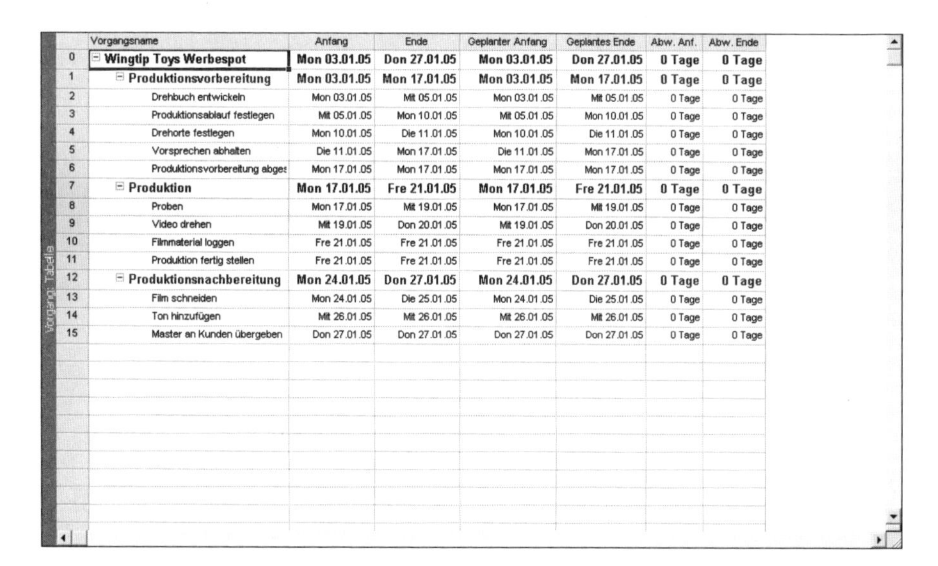

	Vorgangsname	Anfang	Ende	Geplanter Anfang	Geplantes Ende	Abw. Anf.	Abw. Ende
0	**Wingtip Toys Werbespot**	**Mon 03.01.05**	**Don 27.01.05**	**Mon 03.01.05**	**Don 27.01.05**	**0 Tage**	**0 Tage**
1	**Produktionsvorbereitung**	**Mon 03.01.05**	**Mon 17.01.05**	**Mon 03.01.05**	**Mon 17.01.05**	**0 Tage**	**0 Tage**
2	Drehbuch entwickeln	Mon 03.01.05	Mit 05.01.05	Mon 03.01.05	Mit 05.01.05	0 Tage	0 Tage
3	Produktionsablauf festlegen	Mit 05.01.05	Mon 10.01.05	Mit 05.01.05	Mon 10.01.05	0 Tage	0 Tage
4	Drehorte festlegen	Mon 10.01.05	Die 11.01.05	Mon 10.01.05	Die 11.01.05	0 Tage	0 Tage
5	Vorsprechen abhalten	Die 11.01.05	Mon 17.01.05	Die 11.01.05	Mon 17.01.05	0 Tage	0 Tage
6	Produktionsvorbereitung abges	Mon 17.01.05	Mon 17.01.05	Mon 17.01.05	Mon 17.01.05	0 Tage	0 Tage
7	**Produktion**	**Mon 17.01.05**	**Fre 21.01.05**	**Mon 17.01.05**	**Fre 21.01.05**	**0 Tage**	**0 Tage**
8	Proben	Mon 17.01.05	Mit 19.01.05	Mon 17.01.05	Mit 19.01.05	0 Tage	0 Tage
9	Video drehen	Mit 19.01.05	Don 20.01.05	Mit 19.01.05	Don 20.01.05	0 Tage	0 Tage
10	Filmmaterial loggen	Fre 21.01.05	Fre 21.01.05	Fre 21.01.05	Fre 21.01.05	0 Tage	0 Tage
11	Produktion fertig stellen	Fre 21.01.05	Fre 21.01.05	Fre 21.01.05	Fre 21.01.05	0 Tage	0 Tage
12	**Produktionsnachbereitung**	**Mon 24.01.05**	**Don 27.01.05**	**Mon 24.01.05**	**Don 27.01.05**	**0 Tage**	**0 Tage**
13	Film schneiden	Mon 24.01.05	Die 25.01.05	Mon 24.01.05	Die 25.01.05	0 Tage	0 Tage
14	Ton hinzufügen	Mit 26.01.05	Mit 26.01.05	Mit 26.01.05	Mit 26.01.05	0 Tage	0 Tage
15	Master an Kunden übergeben	Don 27.01.05	Don 27.01.05	Don 27.01.05	Don 27.01.05	0 Tage	0 Tage

Da bisher noch keine Arbeit verrichtet wurde und somit keine Änderungen an den geplanten Terminen vorgenommen wurden, sind die Werte in den Spalten **Anfang** und **Geplanter Anfang** sowie **Ende** und **Geplantes Ende** identisch. Das ändert sich jedoch, sobald Anpassungen an den Zeitwerten vorgenommen werden. Die Abweichungen sind dann in den Spalten **Abw. Anf.** und **Abw. Ende** zu sehen.

Nachdem Sie sich jetzt verschiedene Felder für die geplanten Vorgangs-, Ressourcen- und Zuordnungswerte sowie Zeitphasenwerte angeschaut haben, wird es Zeit, auch einige aktuelle Werte einzugeben.

Die Planwerte eines Projekts überwachen

Am einfachsten lässt sich der Arbeitsfortschritt verfolgen, wenn die Arbeit genau nach Plan abläuft. Wenn beispielsweise der erste Monat eines 5-Monate-Projekts abgelaufen ist und alle Vorgänge nach Plan begonnen und beendet worden sind, können Sie diese Tatsache im Dialogfeld **Projekt aktualisieren** aufzeichnen.

Angenommen, im Werbespot-Projekt sei nun einige Zeit vergangen, seit der Basisplan gespeichert wurde. Es wurde inzwischen mit der Arbeit begonnen, und alles läuft nach Plan. In der folgenden Übung zeichnen Sie die aktuellen Werte auf, indem Sie die Arbeit bis zum aktuellen Datum aktualisieren.

1. Klicken Sie im Menü **Ansicht** auf **Balkendiagramm (Gantt)**.

   Microsoft Project wechselt in die Ansicht **Balkendiagramm (Gantt)**.

2. Zeigen Sie im Menü **Extras** auf **Überwachung** und klicken Sie dann auf **Projekt aktualisieren**.

   Das Dialogfeld **Projekt aktualisieren** wird geöffnet.

3. Sorgen Sie dafür, dass die Option **Arbeit als abgeschlossen aktualisieren bis einschließlich** markiert ist. Geben Sie ***Mon 10.01.05*** in das daneben stehende Datumsfeld ein oder wählen Sie dieses Datum aus.

   TIPP Sie können auch auf den Abwärtspfeil neben dem Feld **Arbeit als abgeschlossen aktualisieren bis einschließlich** klicken und im Kalender, der sich daraufhin öffnet, das Datum **10. Januar 2005** auswählen.

   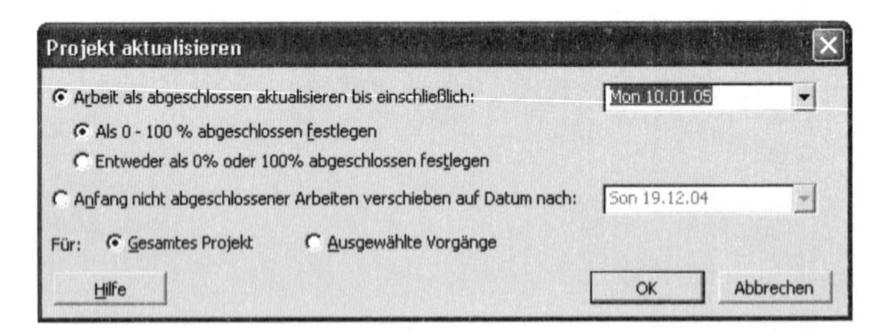

4. Bestätigen Sie mit **OK**.

   Microsoft Project zeichnet die aktuelle Arbeit für die Vorgänge auf, deren Anfangstermin vor dem 10. Januar 2005 liegt. Danach wird der Fortschritt durch *Fortschrittsbalken* innerhalb der Gantt-Balken für diese Vorgänge angezeigt.

In der Indikatorenspalte zeigen Häkchen an, dass der betreffende Vorgang abgeschlossen ist.

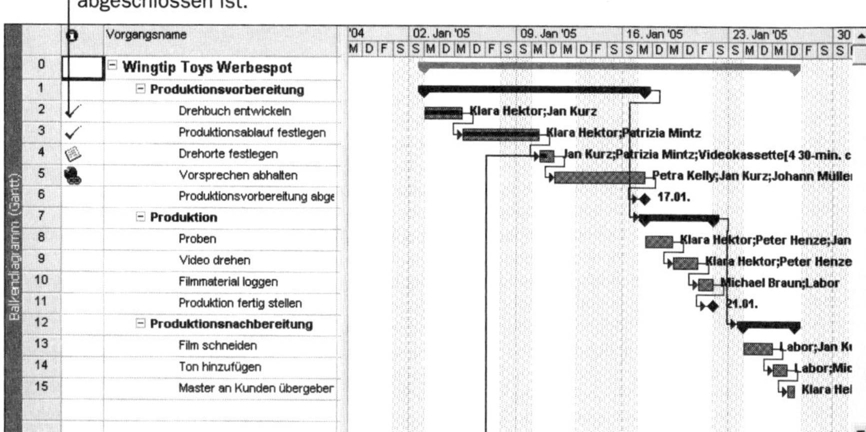

Fortschrittsbalken zeigen den Teil des Vorgangs an, der bereits abgeschlossen ist.

In der Ansicht **Balkendiagramm (Gantt)** zeigen die Fortschrittsbalken an, welcher Teil eines Vorgangs bereits abgeschlossen ist. Da die Vorgänge 2 und 3 abgeschlossen sind, wird für sie im Indikatorenfeld ein Häkchen angezeigt. Außerdem erstreckt sich der Fortschrittsbalken über die volle Länge der Gantt-Balken für diese Vorgänge.

Vorgänge als teilweise abgeschlossen kennzeichnen

Nachdem mit der Bearbeitung eines Vorgangs begonnen wurde, können Sie den Arbeitsfortschritt als Prozentwert aufzeichnen. Wenn Sie einen Prozentsatz von mehr als 0 eingeben, berechnet Microsoft Project die tatsächliche Dauer, die verbleibende Dauer, die aktuellen Kosten und sonstige Werte auf der Grundlage des von Ihnen eingegebenen Prozentsatzes. Wenn Sie zum Beispiel angeben, dass ein 4-Tage-Vorgang zu 50 Prozent abgeschlossen ist, berechnet Microsoft Project, dass dieser Vorgang zwei Tage der aktuellen Dauer verbraucht und zwei Tage Restdauer hat.

Sie können den Arbeitsfortschritt als Prozentwert folgendermaßen aufzeichnen:

- Arbeiten Sie mit der Symbolleiste **Überwachen** (im Menü **Ansicht** den Befehl **Symbolleisten** und dann **Überwachen** wählen). In dieser Symbolleiste gibt es Schaltflächen, mit denen Sie schnell und einfach einen Vorgang als zu 0, 25, 50, 75 oder 100 Prozent abgeschlossen aufzeichnen können.

- Sie können im Dialogfeld **Informationen zum Vorgang** genau angeben, zu welchem Prozentsatz ein Vorgang abgeschlossen ist. Klicken Sie zum Öffnen dieses Dialogfelds im Menü **Projekt** auf **Informationen zum Vorgang**.

- Sie können den Projektberater zu diesem Zweck einsetzen (was Sie in dieser Übung auch tun werden).

In der folgenden Übung zeichnen Sie mit dem Projektberater auf, zu wie viel Prozent bestimmte Vorgänge abgeschlossen sind.

1. Klicken Sie in der Symbolleiste **Projektberater** auf die Schaltfläche **Überwachen.**

   Der Seitenbereich **Überwachen** öffnet sich.

2. Klicken Sie auf den Link **Vorbereiten der Überwachung des Projektfortschritts.**

3. Wenn Sie mit Microsoft Project Professional arbeiten, wird abgefragt, ob über Microsoft Project Server die aktuellen Werte aus Ressourcen gesammelt werden sollen. Da Sie Microsoft Project Server in dieser Übung nicht nutzen werden, aktivieren Sie die Option **Nein**. Klicken Sie auf den Link **Speichern Sie, und gehen Sie zu Schritt 2**. Wenn Sie mit Microsoft Project Standard arbeiten, sehen Sie diese Abfrage nicht.

4. Wählen Sie im Seitenbereich **Einrichten der Überwachung** die Option **Immer mithilfe der Eingabe von Werten für % Arbeit abgeschlossen überwachen** und klicken Sie dann unten im Seitenbereich auf den Link **Fertig**.

   Microsoft Project aktualisiert die Ansicht **Projektberater: Benutzerdefiniertes Überwachen** mit einer Spalte namens **% Arbeit abgeschlossen**. Sie geben nun für einige Vorgänge Prozentwerte für die bereits verrichtete Arbeit ein.

5. Klicken Sie im Seitenbereich **Überwachen** auf den Link **Übernehmen von Fortschrittsinformationen in das Projekt.**

   Der Seitenbereich **Übernehmen von Fortschritt** öffnet sich. Hier können Sie das *Statusdatum* eingeben. In diesem Kapitel ändern wir das Statusdatum nicht direkt. Das Statusdatum und andere Berechnungsoptionen können Ihnen dabei helfen festzulegen, wie Microsoft Project die tatsächliche und die noch verbleibende Arbeit einplant. In Teil II werden Sie ausführlicher mit dem Statusdatum arbeiten.

6. Geben Sie in das Feld **% Arbeit abgeschlossen** für Vorgang 4 den Wert ***100*** ein und drücken Sie dann die [↵]-Taste.

   Microsoft Project zeichnet die verrichtete Arbeit für den Vorgang wie geplant auf und zeichnet dann der Fortschrittsbalken über die gesamte Länge des Gantt-Balkens. Als Nächstes verschaffen Sie sich einen besseren Blick auf den Gantt-Balken des Vorgangs.

Gehe zu ausgewähltem Vorgang

7. Klicken Sie in der Standardsymbolleiste auf die Schaltfläche **Gehe zu ausgewähltem Vorgang.**

   Ihr Bildschirm sollte jetzt etwa so wie in der folgenden Abbildung aussehen.

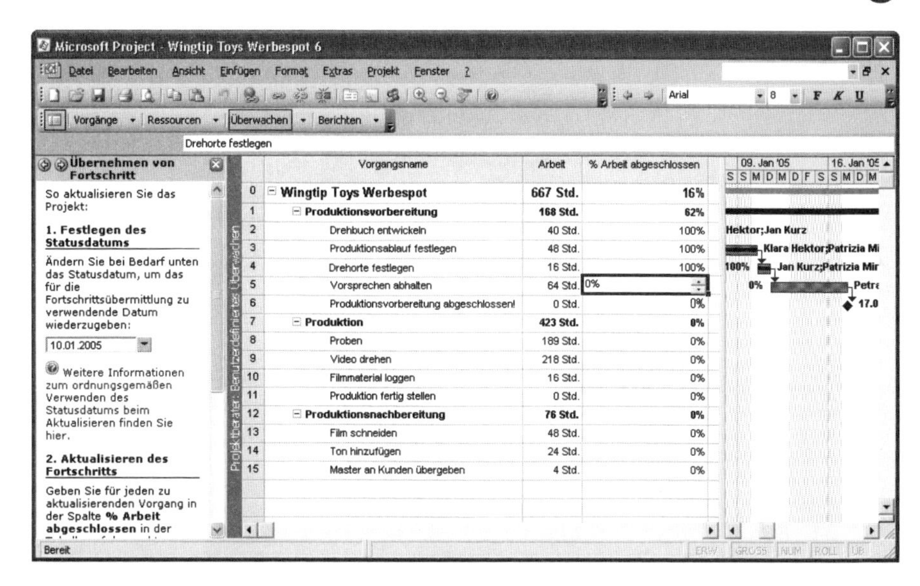

Als Nächstes geben Sie für einen anderen Vorgang einen Wert in die Spalte **% Arbeit abgeschlossen** ein.

8 Geben Sie in das Feld **% Arbeit abgeschlossen** für Vorgang 5 den Wert ***50*** ein und drücken Sie dann die [↵]-Taste.

Microsoft Project übernimmt den aktuellen Arbeitswert für den Vorgang und zeichnet einen Fortschrittsbalken über 50 Prozent der Länge des Gantt-Balkens.

9 Zeigen Sie mit dem Mauszeiger rechts im Diagrammbereich der Gantt-Ansicht auf den Fortschrittsbalken innerhalb des Gantt-Balkens für Vorgang 5.

Ihr Bildschirm sollte nun in etwa wie in der folgenden Abbildung aussehen.

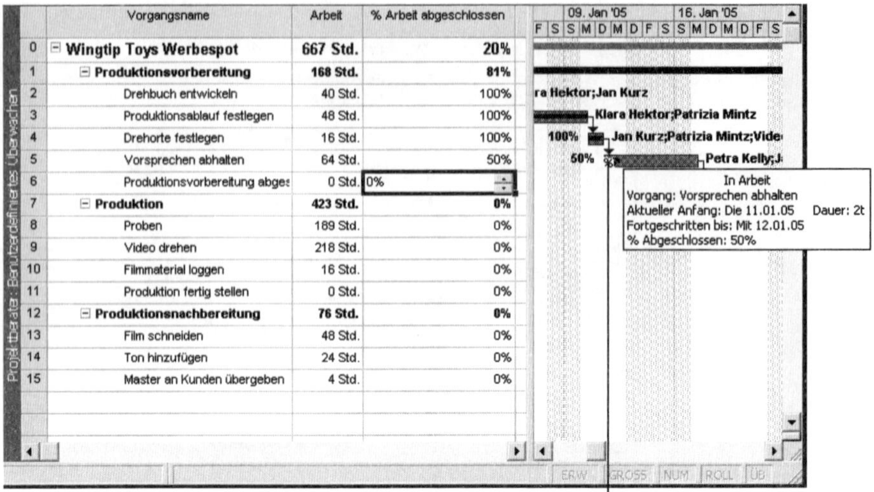

	Vorgangsname	Arbeit	% Arbeit abgeschlossen
0	Wingtip Toys Werbespot	667 Std.	20%
1	Produktionsvorbereitung	168 Std.	81%
2	Drehbuch entwickeln	40 Std.	100%
3	Produktionsablauf festlegen	48 Std.	100%
4	Drehorte festlegen	16 Std.	100%
5	Vorsprechen abhalten	64 Std.	50%
6	Produktionsvorbereitung abge:	0 Std.	0%
7	Produktion	423 Std.	0%
8	Proben	189 Std.	0%
9	Video drehen	218 Std.	0%
10	Filmmaterial loggen	16 Std.	0%
11	Produktion fertig stellen	0 Std.	0%
12	Produktionsnachbereitung	76 Std.	0%
13	Film schneiden	48 Std.	0%
14	Ton hinzufügen	24 Std.	0%
15	Master an Kunden übergeben	4 Std.	0%

Der Mauszeiger wird als Prozentzeichen angezeigt, wenn Sie auf einen Fortschrittsbalken zeigen.

10 Klicken Sie am unteren Rand des Seitenbereichs **Übernehmen von Fortschritt** auf den Link **Fertig**.

Bis jetzt haben Sie die Arbeit aufgezeichnet, die tatsächlich nach Plan begonnen und beendet worden ist. Für manche Vorgänge mag das zwar richtig sein, aber normalerweise werden Sie auch Vorgänge aufzeichnen müssen, die zu früh oder zu spät begonnen oder abgeschlossen werden oder länger als geplant dauern. Mit diesem Thema wollen wir uns in den nächsten Abschnitten beschäftigen.

Aktuelle Werte für Vorgänge eingeben

Um Ihren Terminplan auf dem letzten Stand zu halten, können Sie auch aufzeichnen, was mit den einzelnen Vorgängen Ihres Projekts tatsächlich geschehen ist. Dazu können Sie die aktuellen Werte für Anfang, Ende und Dauer der einzelnen Vorgänge eingeben. Bei der Eingabe von aktuellen Werten für Anfang, Ende und Dauer aktualisiert Microsoft Project den Terminplan und berechnet, zu wie viel Prozent ein Vorgang abgeschlossen ist. Dazu werden folgende Regeln verwendet:

- Wenn Sie einen aktuellen Anfangstermin für einen Vorgang eingeben, verschiebt Microsoft Project den geplanten Anfangstermin, um ihn in Übereinstimmung mit dem tatsächlichen Anfangstermin zu bringen.
- Wenn Sie den aktuellen Endtermin eines Vorgangs eingeben, verschiebt Microsoft Project den geplanten Endtermin, um ihn in Übereinstimmung mit dem tatsächlichen Endtermin zu bringen, und setzt den Vorgang auf 100 % abgeschlossen.

- Wenn Sie den aktuellen Arbeitswert eines Vorgangs eingeben, berechnet Microsoft Project automatisch den restlichen Arbeitswert.
- Wenn Sie die aktuelle Vorgangsdauer eingeben und diese kürzer als die geplante Dauer ist, subtrahiert Microsoft Project die aktuelle Dauer von der geplanten Dauer, um die Restdauer zu ermitteln.
- Wenn Sie eine Vorgangsdauer eingeben, die gleich der geplanten Dauer ist, setzt Microsoft Project den Vorgang auf 100 % abgeschlossen.
- Wenn Sie eine Vorgangsdauer angeben, die länger ist als die geplante Dauer, passt Microsoft Project die geplante Dauer so an, dass sie mit der tatsächlichen Dauer übereinstimmt, und setzt den Vorgang auf 100 % abgeschlossen.

Angenommen, es sind bereits wieder ein paar Tage vergangen und die Umsetzung des Projekts hat weiterhin Fortschritte gemacht. In der folgenden Übung zeichnen Sie die aktuelle Arbeit, die aktuellen Anfangs- und Endtermine sowie die tatsächliche Dauer verschiedener Vorgänge auf.

1. Klicken Sie im Seitenbereich **Überwachen** auf den Link **Vorbereiten der Überwachung des Projektfortschritts.**
2. Wenn Sie mit Microsoft Project Professional arbeiten, wird abgefragt, ob über Microsoft Project Server die aktuellen Werte aus Ressourcen gesammelt werden sollen. Da Sie Microsoft Project Server in dieser Übung nicht nutzen werden, aktivieren Sie die Option **Nein.** Klicken Sie auf den Link **Speichern Sie, und gehen Sie zu Schritt 2.** Wenn Sie mit Microsoft Project Standard arbeiten, sehen Sie diese Abfrage nicht.
3. Wählen Sie die Option **Immer mithilfe der Eingabe von Werten für geleistete und verbleibende Arbeit überwachen** und klicken Sie dann unten im Seitenbereich auf den Link **Fertig.**

   Microsoft Project aktualisiert die Ansicht **Projektberater: Benutzerdefiniertes Überwachen.** In den Spalten **Aktuelle Arbeit** und **Verbleibende Arbeit** geben Sie nun Werte für einige Vorgänge ein.

   Im Balkendiagramm der Ansicht **Projektberater: Benutzerdefiniertes Überwachen** können Sie sehen, dass Vorgang 5 momentan nur zu 50 Prozent fertig gestellt ist und dem Tabellenteil der Ansicht können Sie entnehmen, wie viel Arbeitsstunden dieser Prozentwert entspricht. Sie wollen jetzt angeben, dass der Vorgang nun abgeschlossen ist, jedoch länger gedauert hat als erwartet.
4. Klicken Sie im Seitenbereich **Überwachen** auf den Link **Übernehmen von Fortschrittsinformationen in das Projekt.**

   Der Seitenbereich **Übernehmen von Fortschritt** wird eingeblendet. Hier können Sie das **Statusdatum** festlegen und mehr darüber erfahren, wie Werte in die

Felder der Spalte **Aktuelle Arbeit** eingegeben werden. In diesem Kapitel ändern Sie jedoch das Statusdatum nicht direkt.

Einblenden/ Ausblenden des Projektberaters

5 Klicken Sie auf die Schaltfläche **Einblenden/Ausblenden des Projektberaters.**

Der Projektberater wird ausgeblendet.

6 Geben Sie im Feld **Aktuelle Arbeit** für Vorgang 5 den Wert ***80*** ein und drücken Sie dann die [↵]-Taste.

Microsoft Project zeichnet die 80 Stunden Arbeit auf, die für Vorgang 5 bereits verrichtet wurden. Der Gantt-Balken für den Vorgang wird entsprechend verlängert und die Anfangs- und Endtermine der nachfolgenden Vorgänge werden angepasst.

Der Bildschirm sollte nun etwa wie in der folgenden Abbildung aussehen.

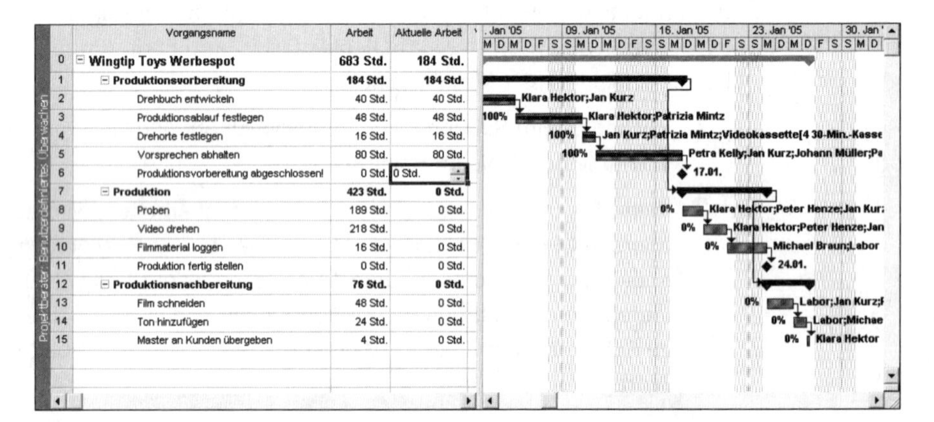

Angenommen, es ist noch mehr Zeit vergangen. Sie geben daher die aktuellen Anfangszeiten und die tatsächliche Dauer verschiedener Vorgänge ein.

7 Klicken Sie in der Spalte **Vorgangsname** auf Vorgang 8, **Proben**.

Dieser Vorgang wurde einen Arbeitstag später begonnen als geplant und die Fertigstellung dauerte insgesamt drei Tage. Diese Informationen geben Sie nun in Felder ein, die in der Ansicht **Projektberater: Benutzerdefiniertes Überwachen** standardmäßig nicht angezeigt werden.

8 Zeigen Sie im Menü **Extras** auf **Überwachung** und klicken Sie dann auf den Befehl **Vorgänge aktualisieren.**

Das gleichnamige Dialogfeld öffnet sich mit den aktuellen und den berechneten Werten für den Anfang und das Ende des Vorgangs sowie für die verbleibende Dauer. Hier können Sie nun die betreffenden Werte ändern.

9 Geben Sie unter **Aktuell** in das Feld **Anfang** das Datum ***18.01.05*** ein oder wählen Sie diesen Wert aus.

10 Geben Sie in das Feld **Akt. Dauer** den Wert *3t* ein oder wählen Sie ihn aus.

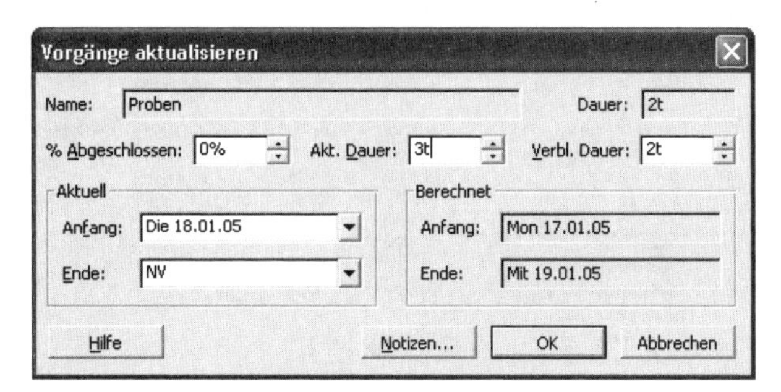

11 Klicken Sie dann auf die Schaltfläche **OK**.

Microsoft Project zeichnet nun den aktuellen Anfangstermin und die aktuelle Dauer des Vorgangs auf. Ihr Bildschirm sollte nun etwa so wie in der folgenden Abbildung aussehen.

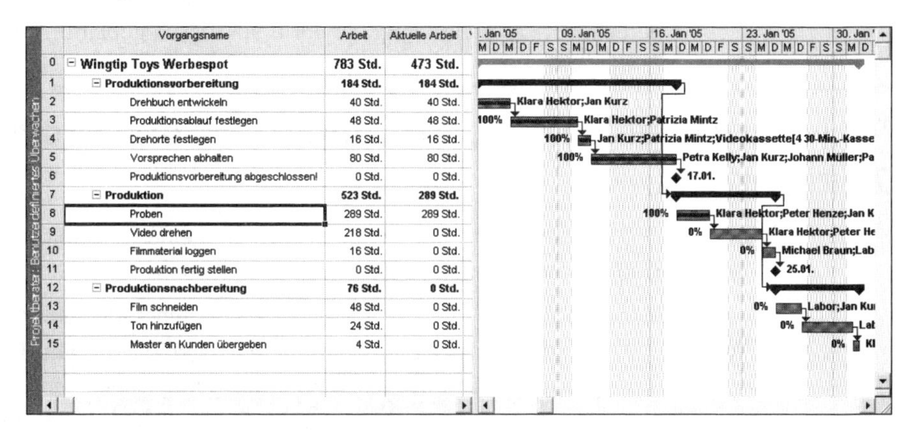

Zum Abschluss der Übung zeichnen Sie nun noch auf, dass Vorgang 9 planmäßig begonnen wurde, aber länger als geplant dauerte.

12 Klicken Sie in der Spalte **Vorgangsname** auf Vorgang 9, **Video drehen**.

13 Zeigen Sie im Menü **Extras** auf **Überwachung** und klicken Sie dann auf **Vorgänge aktualisieren**.

Das Dialogfeld **Vorgänge aktualisieren** öffnet sich.

14 Geben Sie in das Feld **Akt. Dauer** den Wert *3T* ein und klicken Sie dann auf die Schaltfläche **OK**.

Microsoft Project zeichnet die tatsächliche Dauer des Vorgangs auf. Ihr Bildschirm sollte jetzt etwa so wie in der folgenden Abbildung aussehen.

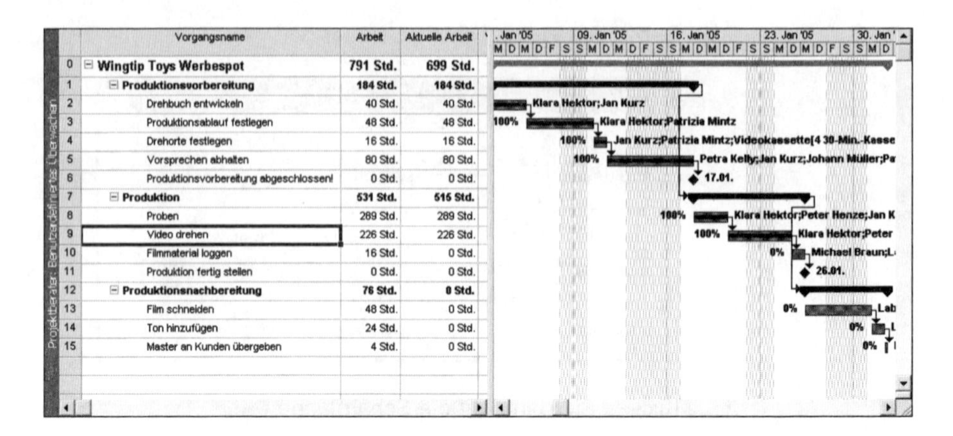

	Vorgangsname	Arbeit	Aktuelle Arbeit
0	Wingtip Toys Werbespot	791 Std.	699 Std.
1	Produktionsvorbereitung	184 Std.	184 Std.
2	Drehbuch entwickeln	40 Std.	40 Std.
3	Produktionsablauf festlegen	48 Std.	48 Std.
4	Drehorte festlegen	16 Std.	16 Std.
5	Vorsprechen abhalten	80 Std.	80 Std.
6	Produktionsvorbereitung abgeschlossen!	0 Std.	0 Std.
7	Produktion	531 Std.	515 Std.
8	Proben	289 Std.	289 Std.
9	Video drehen	226 Std.	226 Std.
10	Filmmaterial loggen	16 Std.	0 Std.
11	Produktion fertig stellen	0 Std.	0 Std.
12	Produktionsnachbereitung	76 Std.	0 Std.
13	Film schneiden	48 Std.	0 Std.
14	Ton hinzufügen	24 Std.	0 Std.
15	Master an Kunden übergeben	4 Std.	0 Std.

Da Sie keinen aktuellen Anfangstermin festgelegt haben, geht Microsoft Project davon aus, dass der Vorgang planmäßig begonnen hat. Die neu eingegebene Dauer veranlasst Microsoft Project jedoch dazu, einen aktuellen Endtermin zu berechnen, der später liegt als der ursprünglich geplante Endtermin.

Projektmanagement-Schwerpunkt: Ist das Projekt im Zeitplan?

Die richtige Einschätzung des Projektstatus kann eine schwierige Angelegenheit sein. Folgende Probleme können in diesem Zusammenhang auftreten:

- Bei vielen Vorgängen ist es schwierig, einen Prozentsatz für die Fertigstellung festzulegen. Wann hat ein Ingenieur die Entwicklung eines Montagebandes für Motoren zu 50 Prozent abgeschlossen? Wann hat ein Programmierer die Codierung eines Softwaremoduls zur Hälfte beendet? Die Ermittlung von Werten für noch nicht abgeschlossene Vorgänge ist in vielen Fällen eine Schätzung und deshalb naturgemäß recht problematisch.
- Der Teil der Vorgangsdauer, der bisher abgelaufen ist, muss nicht unbedingt mit dem Prozentsatz für die Fertigstellung übereinstimmen. Ein Vorgang, bei dem die Hauptarbeit erst gegen Ende geleistet wird, würde zum Beispiel zu Anfang relativ wenig Arbeitseinsatz erfordern. Wenn in diesem Fall 50 Prozent der geplanten Zeit für diesen Vorgang abgelaufen sind, sind weitaus weniger als 50 Prozent der Gesamtarbeit abgeschlossen.
- Die einem Vorgang zugeordneten Ressourcen bewerten den Fertigstellungsstatus eines Vorgangs vielleicht nach anderen Kriterien als der Projektmanager – oder die den Nachfolgervorgängen zugeordneten Ressourcen.

Gute Projektplanung und gute Kommunikation können diese und andere während der Durchführung eines Projekts auftretenden Probleme verhindern bzw. reduzieren. Durch

Festlegung realistischer Vorgangslängen und fester Termine für die Aufzeichnung des aktuellen Status lassen sich Vorgänge, die erheblich von den Planungsvorgaben abweichen, so früh ermitteln, dass Sie noch Änderungen durchführen können. Mit gut dokumentierten und an die Mitarbeiter vermittelten Kriterien für den Fertigstellungsstatus von Vorgängen können Sie unangenehme Überraschungen bei der Durchführung des Projekts vermeiden. Trotzdem werden aber in komplexen Projekten fast immer Abweichungen von den geplanten Werten auftreten.

SCHLIESSEN SIE den Projektplan **Wingtip Toys Werbespot 6.**

Zusammenfassung

- Bevor Sie mit dem Überwachen der aktuellen Arbeit in einem Projektplan beginnen, sollten Sie einen Basisplan des Projektplans speichern. Damit erhalten Sie ein Abbild Ihres ursprünglichen Plans, den Sie dann später mit dem tatsächlichen Projektablauf vergleichen können. Diese Vorgehensweise stellt eine Möglichkeit dar zu prüfen, ob Ihr Projekt ordnungsgemäß verläuft oder nicht.
- Die Möglichkeit, die tatsächliche Arbeit überwachen zu können, stellt einen der großen Vorteile von Microsoft Project gegenüber anderen listenbasierten Tools, zum Beispiel Microsoft Excel, dar. Die Überwachung der aktuellen Arbeit kann sowohl auf recht umfassender als auch auf sehr detaillierter Ebene stattfinden.
- Mithilfe des Projektberaters können Sie den gewünschten Überwachungsgrad für Ihren Projektplan schnell und einfach definieren.
- Zu einer erfolgreichen und korrekten Evaluierung des Projektstatus nach Beginn der Überwachung gehört sowohl eine korrekte Aufzeichnung der Daten in Microsoft Project als auch eine gutes Gespür bei der Interpretation der Ergebnisse.

II
Komplexe Projekte verwalten

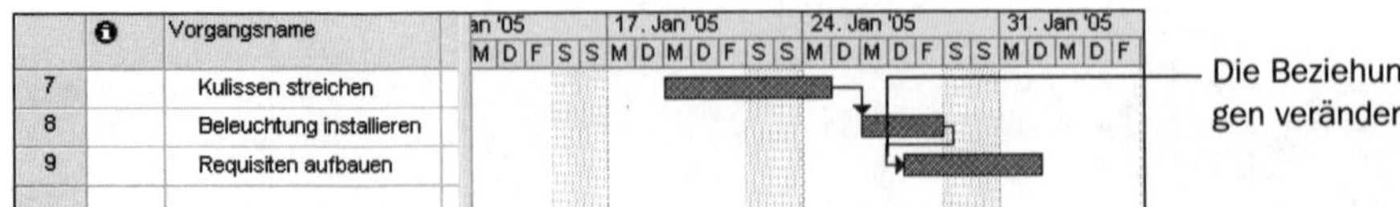

Die Beziehung zwischen Vorgängen verändern, Seite 140

Über Einschränkungen angeben, wann Vorgänge anfangen und enden müssen, Seite 145

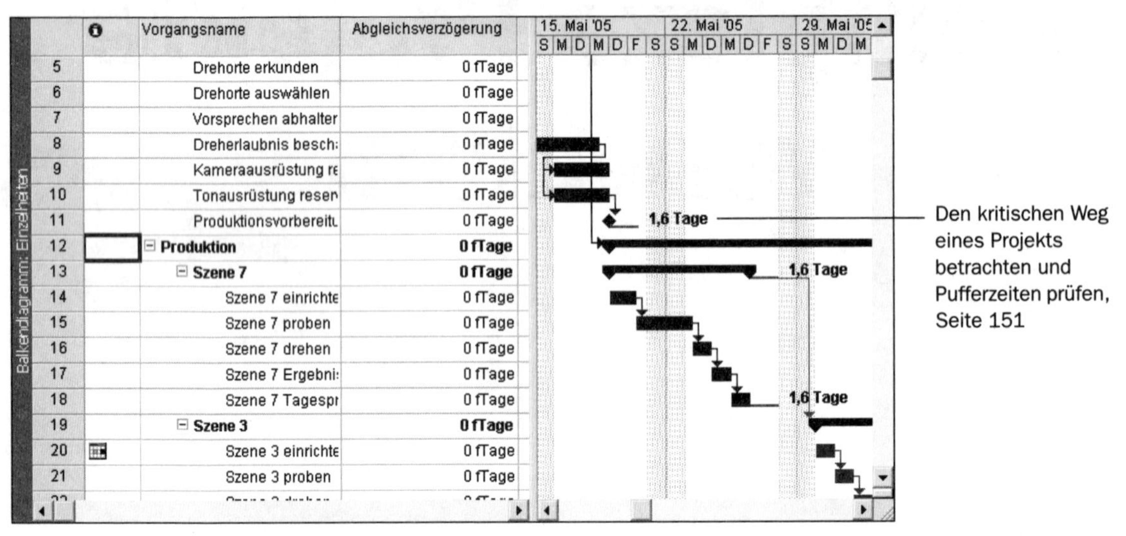

Den kritischen Weg eines Projekts betrachten und Pufferzeiten prüfen, Seite 151

Die Dauer, Arbeit oder Zuordnungseinheiten ändern und festlegen, wie Microsoft Project die Änderungen handhaben soll, Seite 159

Kapitel 7 auf einen Blick

7 Feinabstimmung von Vorgangsdetails

In diesem Kapitel lernen Sie,

- ✔ wie Sie Verknüpfungen zwischen Vorgängen anpassen, um eine bessere Kontrolle darüber zu haben, wie die Vorgänge miteinander verbunden sind.
- ✔ wie Sie eine Einschränkung auf einen Vorgang anwenden.
- ✔ wie Sie die Vorgänge anzeigen, die sich auf dem kritischen Weg befinden.
- ✔ wie Sie einen Vorgang aufteilen, um eine Arbeitsunterbrechung einzuplanen.
- ✔ wie Sie einen Vorgangskalender einrichten und auf die Vorgänge anwenden.
- ✔ wie Sie einen Vorgangstyp ändern, um zu steuern, wie Microsoft Project Vorgänge einplant.
- ✔ wie Sie Stichtage für Vorgänge aufzeichnen.
- ✔ wie Sie Fixkosten eingeben und ihre Fälligkeitsmodalitäten festlegen.
- ✔ wie Sie periodische Vorgänge in den Projektterminplan eintragen.

Siehe auch Falls Sie nur eine kurze Wiederholung zu den Themen benötigen, die in diesem Kapitel behandelt werden, lesen Sie den Schnellüberblick zu Kapitel 7 am Anfang dieses Buches.

In diesem Kapitel nutzen Sie verschiedene Spezialfunktionen von Microsoft Project, mit denen Sie eine Feinabstimmung der Vorgangsdetails vornehmen können, bevor Sie einen Basisplan speichern und mit der Arbeit an dem Projekt beginnen. Das Ziel ist es, dafür zu sorgen, dass der Zeitplan möglichst genau ist.

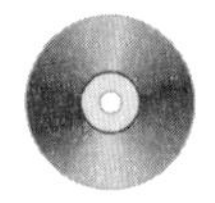

WICHTIG Bevor Sie die Übungsdateien in diesem Kapitel benutzen können, müssen Sie sie von der Begleit-CD in den vorgegebenen Standardordner installieren. Einzelheiten dazu finden Sie im Abschnitt „Die Übungsdateien installieren“ am Anfang dieses Buches.

Vorgangsbeziehungen anpassen

Wie bereits in Kapitel 2 gezeigt, gibt es vier Arten von Abhängigkeiten oder Beziehungen:

- Ende-Anfang (EA): Der Endtermin des Vorgängervorgangs bestimmt den Anfangstermin des Nachfolgervorgangs.
- Anfang-Anfang (AA): Der Anfangstermin des Vorgängervorgangs bestimmt den Anfangstermin des Nachfolgervorgangs.
- Ende-Ende (EE): Der Endtermin des Vorgängervorgangs bestimmt den Endtermin des Nachfolgervorgangs.
- Anfang-Ende (AE): Der Anfangstermin des Vorgängervorgangs bestimmt den Endtermin des Nachfolgervorgangs.

Vorgänge verknüpfen

Wenn Sie Vorgänge in Microsoft Project eingeben und sie dann miteinander verknüpfen, indem Sie in der Standardsymbolleiste auf die Schaltfläche **Vorgänge *verknüpfen*** klicken, wird zwischen den Vorgängen eine Ende-Anfang-Beziehung (EA) hergestellt. Diese Beziehung ist für sehr viele Vorgänge sinnvoll. Sie können aber für bestimmte Vorgänge eine andere Beziehung einrichten. Im Folgenden finden Sie einige Beispiele für Vorgänge, die eine andere als die Ende-Anfang-Beziehung benötigen:

- Sie können die Beleuchtung für eine Szene einrichten, sobald Sie mit dem Aufbau der Requisiten beginnen (Anfang-Anfang-Beziehung). Dieses Vorgehen verringert die Gesamtzeit, die für die Ausführung beider Vorgänge erforderlich ist, da sie parallel ausgeführt werden.

		Vorgangsname	Dauer
1		Beleuchtung installieren	3 Tage
2		Requisiten aufbauen	3 Tage

- Die Planung der Abfolge für das Drehen der einzelnen Szenen kann beginnen, bevor das Drehbuch fertig ist, kann jedoch erst dann beendet werden, wenn das Drehbuch abgeschlossen ist. Die beiden Vorgänge sollen deshalb zur selben Zeit beendet werden (Ende-Ende-Beziehung).

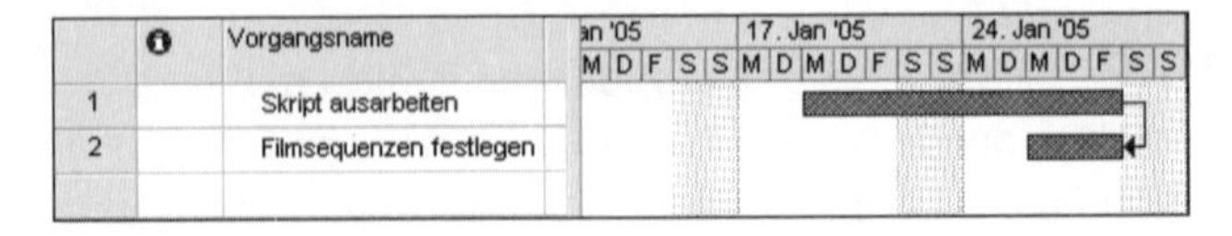

		Vorgangsname
1		Skript ausarbeiten
2		Filmsequenzen festlegen

Vorgangsbeziehungen sollten die Abfolge widerspiegeln, in der die Arbeit ausgeführt wird. Sobald Sie die richtigen Vorgangsbeziehungen hergestellt haben, können Sie für den Terminplan eine Feinabstimmung durchführen, indem Sie zwischen dem Anfangs- und Endtermin von Vorgänger- und Nachfolgervorgängen *Überschneidungen* oder *Verzögerungen* festlegen.

Wenn beispielsweise zwischen zwei Vorgängen eine Ende-Anfang-Beziehung besteht, dann

- beginnt im Falle einer Überschneidung der Nachfolgervorgang, bevor sein Vorgänger beendet ist.
- beginnt im Falle einer Verzögerung der Nachfolgervorgang einige Zeit nach Beendigung seines Vorgängers.

In den folgenden drei Abbildungen sehen Sie, wie sich Überschneidungen und Verzögerungen auf die Vorgangsbeziehungen auswirken. Angenommen, Sie haben zunächst die in der nächsten Abbildung gezeigten drei Vorgänge mit einer Ende-Anfang-Beziehung geplant:

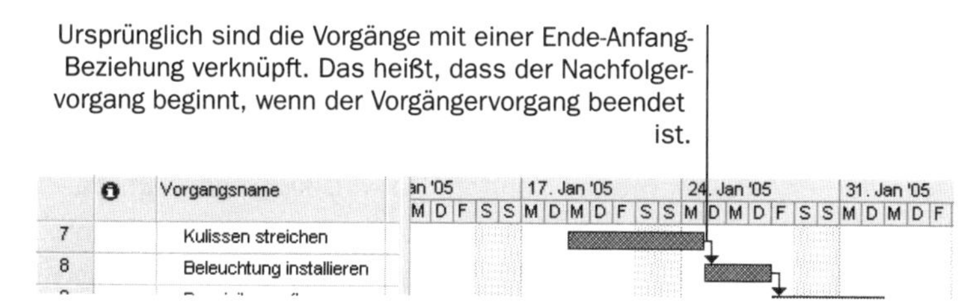

Bevor Vorgang 8 beginnen kann, müssen Sie einen zusätzlichen Tag einplanen, an dem die in Vorgang 7 gemalten Bilder trocknen können. Sie wollen aber die Dauer von Vorgang 7 nicht um einen weiteren Tag verlängern, da an diesem Tag keine konkrete Arbeit durchgeführt wird. Stattdessen geben Sie eine Verzögerung von einem Tag zwischen Vorgang 7 und Vorgang 8 ein:

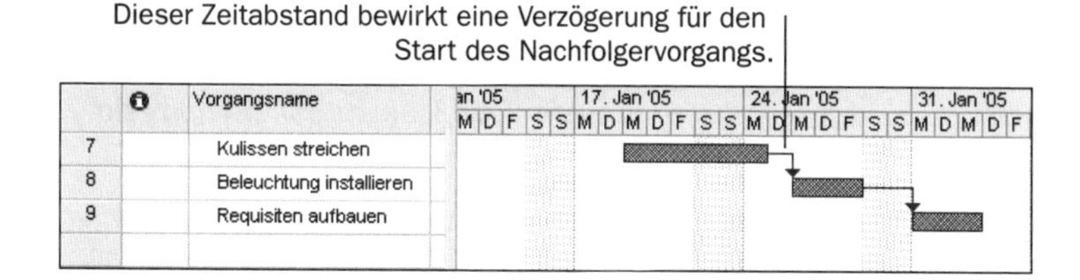

Vorgang 9 soll jedoch beginnen, sobald Vorgang 8 zur Hälfte ausgeführt ist. Zu diesem Zweck geben Sie eine Überschneidung von 50 % zwischen Vorgang 8 und Vorgang 9 ein:

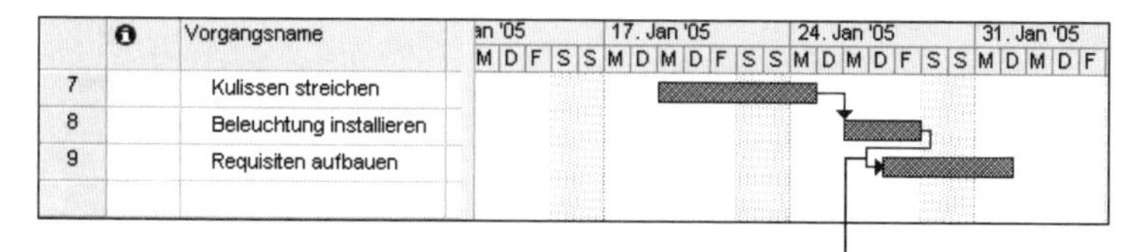

Aufgrund der Überlappungszeit beginnt der Nachfolgervorgang noch vor Beendigung des Vorgängervorgangs.

TIPP Sie geben die gewünschten Verzögerungs- und Überschneidungswerte beispielsweise in das Dialogfeld **Informationen zum Vorgang** oder in die Spalte **Vorgänger** der Eingabetabelle ein.

Sie können Überschneidungen und Verzögerungen in Form von Zeiteinheiten (beispielsweise 2 Tage) oder Prozentsätzen der Vorgängervorgangsdauer (beispielsweise 50 %) angeben. Eine Verzögerung wird mit positiven Einheiten, eine Überschneidung mit negativen Einheiten (-2 Tage oder -50 %) eingegeben. Diese Zeitabstände lassen sich auf alle Vorgangsbeziehungen anwenden: Ende-Anfang, Anfang-Anfang usw.

In der folgenden Übung ändern Sie Beziehungen zwischen Vorgängen und geben Überschneidungen und Verzögerungen zwischen Vorgänger- und Nachfolgervorgängen ein.

WICHTIG Wenn Sie mit Microsoft Project Professional arbeiten, müssen Sie unter Umständen eine einmalige Einstellung vornehmen, damit Sie mit dem eigenen Arbeitsplatz-Account und offline arbeiten können. So wird sichergestellt, dass die Übungsdateien, mit denen Sie in diesem Kapitel arbeiten, keine Auswirkungen auf Ihre Microsoft Project Server-Daten haben. Mehr Informationen hierzu finden Sie in Kapitel 1 im Abschnitt „Microsoft Office Project Professional starten“.

***ÖFFNEN SIE** die Datei* **Kurzfilmprojekt 7a**, *die Sie im Ordner* **Eigene Dateien\Microsoft Press\Project 2003 Training\07_Vorgangsdetails** *finden. Sie können den Ordner auch über* **Start/Alle Programme/Microsoft Press/Project 2003 Training** *öffnen.*

1. Wählen Sie im Menü **Datei** den Befehl **Speichern unter.**

   Das Dialogfeld **Speichern unter** öffnet sich.

2. Geben Sie im Feld **Dateiname** die Bezeichnung ***Kurzfilmprojekt 7*** ein und klicken Sie dann auf **Speichern.**

3. Doppelklicken Sie auf den Namen von Vorgang 9, **Kameraausrüstung reservieren.**

   Das Dialogfeld **Informationen zum Vorgang** öffnet sich.

4. Aktivieren Sie die Registerkarte **Vorgänger.**

   Hier können Sie sehen, dass Vorgang 9 einen Vorgänger hat: Vorgang 8.

5. Geben Sie im Feld **Zeitabstand** für den Vorgängervorgang Nr. **8** den Wert ***-50%*** ein.

Um eine Überschneidung gegenüber einem Vorgänger zu erzeugen, muss ein negativer Wert in Tagen oder als Prozentwert in das Feld **Zeitabstand** eingegeben werden.

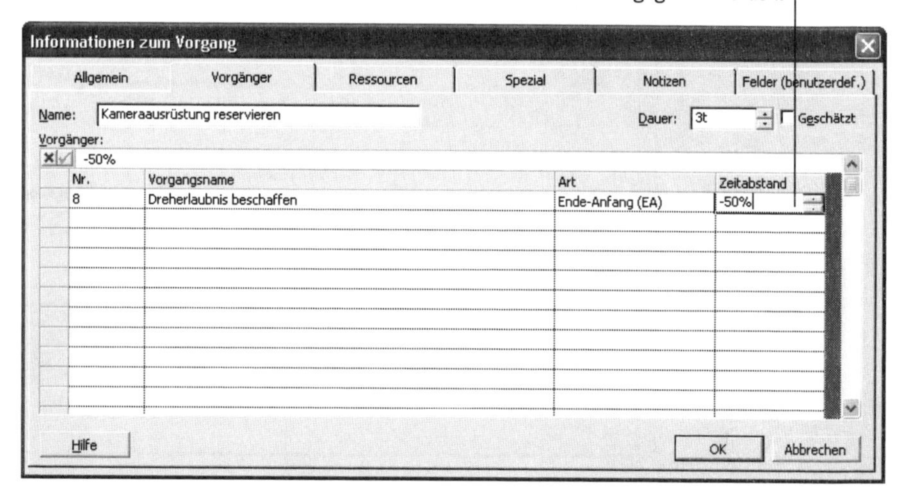

Die Eingabe eines negativen Wertes in das Feld **Zeitabstand** hat eine Überschneidung zwischen den betreffenden Vorgängen zur Folge.

6 Klicken Sie auf **OK**, um das Dialogfeld **Informationen zum Vorgang** zu schließen.

TIPP Wenn Sie auf einen Vorgangsnamen doppelklicken, wird das Dialogfeld **Informationen zum Vorgang** geöffnet, in dem Sie Überschneidungen oder Verzögerungen eingeben, die Beziehungen zwischen Vorgängen verändern oder die Verknüpfung löschen können.

Gehe zu ausgewähltem Vorgang

7 Um die Auswirkung dieses Zeitabstands auf die Terminplanung des Nachfolgervorgangs anzuzeigen, klicken Sie in der Standardsymbolleiste auf die Schaltfläche **Gehe zu ausgewähltem Vorgang**.

Im Gantt-Diagramm wird automatisch ein Bildlauf ausgeführt, um den Gantt-Balken für Vorgang 9 anzuzeigen. Die Planung für Vorgang 9 sieht nun vor, dass dieser beginnt, sobald Vorgang 8 zur Hälfte ausgeführt ist. Sollte sich die Dauer von Vorgang 8 ändern, wird auch der Beginn von Vorgang 9 automatisch neu festgelegt.

Nun ändern Sie die Beziehungsart zwischen zwei Vorgängen.

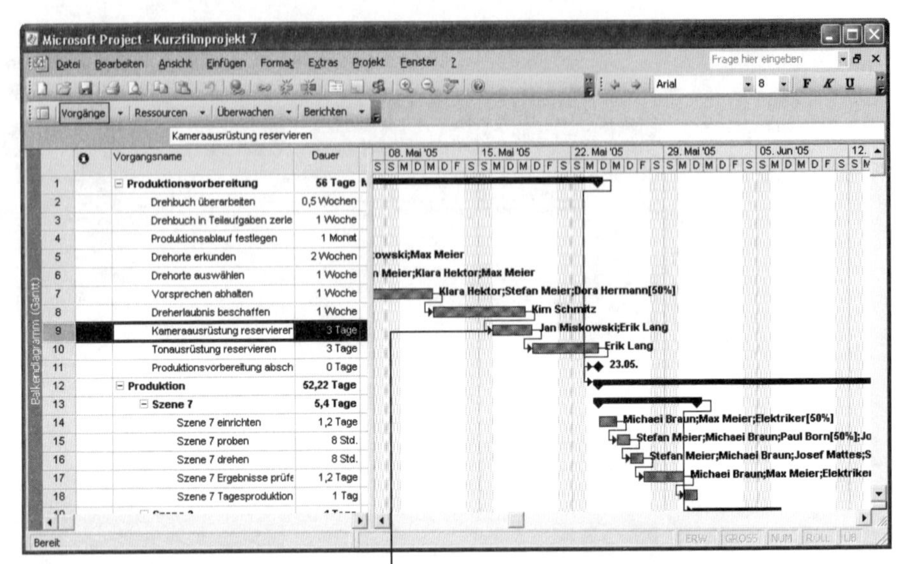

Aufgrund der Überschneidung beginnt der Nachfolgervorgang, bevor sein Vorgänger beendet ist, obwohl die beiden Vorgänge noch immer in einer Ende-Anfang-Beziehung stehen.

8 Doppelklicken Sie auf den Namen von Vorgang 10, **Tonausrüstung reservieren.**

Das Dialogfeld **Informationen zum Vorgang** wird geöffnet. Die Registerkarte **Vorgänger** sollte bereits aktiviert sein.

9 Klicken Sie in das Feld **Art** des Vorgängervorgangs 9, wählen Sie im Dropdown-Listenfeld **Anfang-Anfang (AA)** aus und klicken Sie dann auf **OK.**

Aufgrund der Anfang-Anfang-Beziehung beginnen beide Vorgänge zur selben Zeit. Sollte sich der Anfangstermin des Vorgängervorgangs ändern, würde sich der Start des Nachfolgervorgangs auch entsprechend verschieben.

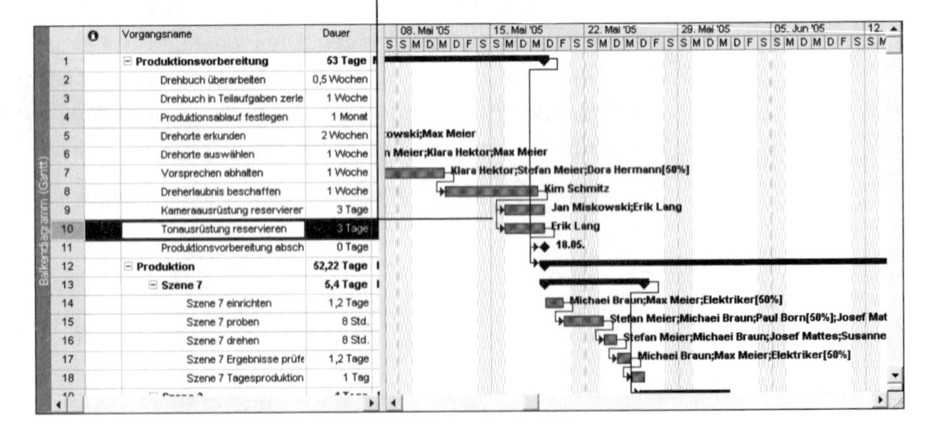

Die Beziehung zwischen Vorgang 9 und 10 wird zu einer Anfang-Anfang-Beziehung geändert.

WICHTIG Um die Gesamtdauer eines Projekts zu verkürzen, bietet es sich an, Vorgänge über eine Anfang-Anfang-Beziehung miteinander zu verknüpfen oder Überschneidungen einzugeben, wo immer dies möglich ist. Microsoft Project kann derartige Terminplananpassungen nicht automatisch ausführen. Sie müssen in Ihrer Funktion als Projektmanager die mögliche Abfolge der Vorgänge und ihre Beziehungen zueinander analysieren und entsprechende Änderungen selbst festlegen.

Vorgangseinschränkungen einrichten

Jeder Vorgang, den Sie in Microsoft Project eingeben, ist in irgendeiner Weise eingeschränkt. Eine Einschränkung legt den Anfangs- oder den Endtermin eines Vorgangs fest und den Grad, zu dem die Zeitplanung des Vorgangs verändert werden kann. Es gibt drei Kategorien von Einschränkungen:

- *Flexible Einschränkungen.* Microsoft Project kann den Anfangs- und den Endtermin eines Vorgangs ändern. Der Vorgang **Drehorte auswählen** kann beispielsweise so bald wie möglich starten. Diese Art von flexibler Einschränkung heißt **So früh wie möglich**-Einschränkung und ist die Standardeinschränkung bei Microsoft Project. Daneben gibt es noch die **So spät wie möglich**-Einschränkungen, die ab dem Enddatum berechnet werden. Flexible Einschränkungen sind nicht mit einem bestimmen Termin verknüpft.
- *Feste Einschränkungen.* Ein Vorgang muss an einem bestimmten Termin beginnen oder enden. Ein Vorgang wie **Beleuchtung installieren** muss am 8. April 2005 enden.
- *Semiflexible Einschränkungen.* Ein Vorgang hat einen Start- oder einen Endtermin als Einschränkung. Innerhalb dieser Einschränkung hat Microsoft Project jedoch die Flexibilität, das Start- und das Enddatum eines Vorgangs zu ändern. So könnte es beispielsweise die Einschränkung geben, dass eine Installation bis zum 25. März 2005 fertig gestellt sein muss. Der Vorgang könnte jedoch auch bereits früher fertig gestellt werden. Semiflexible Einschränkungen werden manchmal auch als softe oder als moderate Einschränkungen bezeichnet.

Insgesamt gibt es acht Arten von Vorgangseinschränkungen:

Kategorie	Einschränkung	Bedeutung
Flexibel	So früh wie möglich	Microsoft Project plant einen Vorgang so ein, dass er so bald wie möglich ausgeführt wird. Diese Standardeinschränkung wird auf alle neuen Vorgänge angewendet, wenn sie vom Projektanfangstermin aus geplant werden.
	So spät wie möglich	Microsoft Project plant einen Vorgang so ein, dass er so spät wie möglich gestartet wird. Diese Standardeinschränkung wird auf alle neuen Vorgänge angewendet, wenn die Planung vom Endtermin ausgeht.
Semiflexibel	Anfang nicht früher als	Microsoft Project plant einen Vorgang so ein, dass er am angegebenen Anfangstermin oder später gestartet wird. Diese Einschränkung eignet sich, um sicherzustellen, dass ein Vorgang nicht vor einem bestimmten Datum gestartet wird.
	Anfang nicht später als	Microsoft Project plant einen Vorgang so ein, dass er zum angegebenen Anfangstermin oder früher gestartet wird. Diese Einschränkung eignet sich, um sicherzustellen, dass ein Vorgang nicht nach einem angegebenen Datum gestartet wird.
	Ende nicht früher als	Microsoft Project plant einen Vorgang so ein, dass er zum angegebenen Endtermin oder später beendet wird. Diese Einschränkung eignet sich, um sicherzustellen, dass ein Vorgang nicht vor einem angegebenen Datum beendet wird.
	Ende nicht später als	Microsoft Project plant einen Vorgang so ein, dass er vor dem angegebenen Endtermin beendet wird. Diese Einschränkung eignet sich, um sicherzustellen, dass ein Vorgang nicht nach dem angegebenen Endtermin beendet wird. ▸

Kategorie	Einschränkung	Bedeutung
Fest	Muss anfangen am	Microsoft Project plant einen Vorgang so ein, dass er zum angegebenen Anfangstermin gestartet wird. Diese Einschränkung eignet sich, um sicherzustellen, dass ein Vorgang an einem festgelegten Datum startet.
	Muss enden am	Microsoft Project plant einen Vorgang so ein, dass er am angegebenen Endtermin beendet wird. Diese Einschränkung eignet sich, um sicherzustellen, dass ein Vorgang an einem festgelegten Termin endet.

WICHTIG Einsteiger in Microsoft Project versuchen häufig, Anfangs- oder Endtermine für Vorgänge einzugeben. Damit werden jedoch semiflexible Einschränkungen wie **Anfang nicht früher als** oder **Ende nicht früher als** angewendet, so dass die Vorteile des Microsoft Project-Planungsmoduls nicht voll genutzt werden können. Dieses Problem tritt zwar im Zusammenhang mit Microsoft Project sehr häufig auf, es lässt sich jedoch vermeiden.

Die drei genannten Einschränkungsarten wirken sich auf die Planung von Vorgängen sehr unterschiedlich aus:

- Flexible Einschränkungen wie die Einschränkung **So früh wie möglich** ermöglichen eine Planung, die durch die Beziehungen zum Vorgänger- und Nachfolgervorgang beschränkt ist. Es gibt keine festen Anfangs- oder Endtermine. Nutzen Sie diese Einschränkungsart so oft wie möglich.

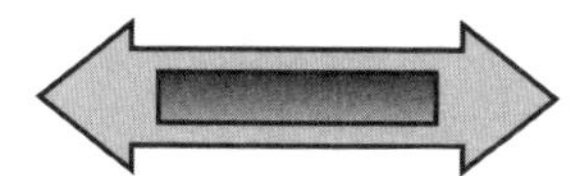

- Semiflexible Einschränkungen wie die Einschränkung **Anfang nicht früher als** oder **Ende nicht früher als** beschränken die Planung der Vorgänge auf die angegebenen zeitlichen Grenzen.

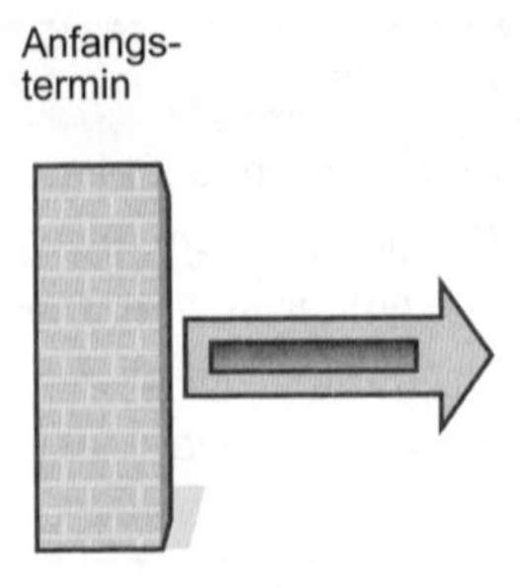

- Feste Einschränkungen wie die Einschränkung **Muss anfangen am** verhindern die Neuplanung eines Vorgangs. Dieser Einschränkungstypus sollte nur im Notfall verwendet werden.

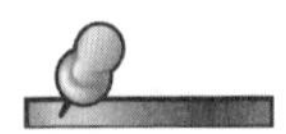

Die Art der Einschränkung, die Sie auf die Vorgänge in Ihren Projekten anwenden, hängt davon ab, wofür Sie Microsoft Project einsetzen. Feste Einschränkungen sollten Sie nur dann verwenden, wenn der Anfangs- oder der Endtermin durch Faktoren festgelegt sind, die nicht durch das Projektteam kontrolliert werden können. Beispiele hierfür sind das Ende eines Finanzierungszeitraums oder der Übergabetermin an einen Kunden. In allen anderen Fällen sollten Sie flexible Einschränkungen nutzen. Flexible Einschränkungen bieten den größten Spielraum bei der Anpassung von Anfangs- und Endterminen und Microsoft Project kann die Anpassungen selbst vornehmen, wenn sich Termine im Projektplan ändern. Verwenden Sie beispielsweise eine flexible Einschränkung des Typs **So früh wie möglich** und verlängert sich die Dauer des Vorgängervorgangs von zwei auf vier Tage, passt Microsoft Project die Anfangs- und Endtermine aller Nachfolgervorgänge an. Wäre jedoch auf einen der Nachfolgervorgänge eine feste Einschränkung angewendet worden, könnte Microsoft Project den Anfangs- und den Endtermin nicht anpassen.

In der folgenden Übung wenden Sie eine Einschränkung des Typs **Anfang nicht früher als** auf einen Vorgang an:

Vorgänge

1. Klicken Sie in der Symbolleiste **Projektberater** auf die Schaltfläche **Vorgänge**.

   Der Seitenbereich **Vorgänge** wird eingeblendet.

2. Klicken Sie im Seitenbereich **Vorgänge** auf den Link **Festlegen von Vorgängen mit Stichtagen und Einschränkungen**.

   Der Seitenbereich **Stichtage und Einschränkungen** öffnet sich.

3. Klicken Sie auf Vorgang 20, **Szene 3 einrichten**.

   Diese Szene muss an einem Drehort gedreht werden, der erst ab dem 30. Mai 2005 verfügbar ist.

4 Wählen Sie im Seitenbereich **Stichtage und Einschränkungen** unter **Einschränken eines Vorgangs** im ersten Listenfeld den Einschränkungstyp **Anfang nicht früher als** aus.

5 Geben Sie in das zweite Listenfeld das Datum ***30.05.05*** ein oder wählen Sie dieses Datum im Kalender aus. Ihr Bildschirm sollte nun in etwa wie in der folgenden Abbildung aussehen.

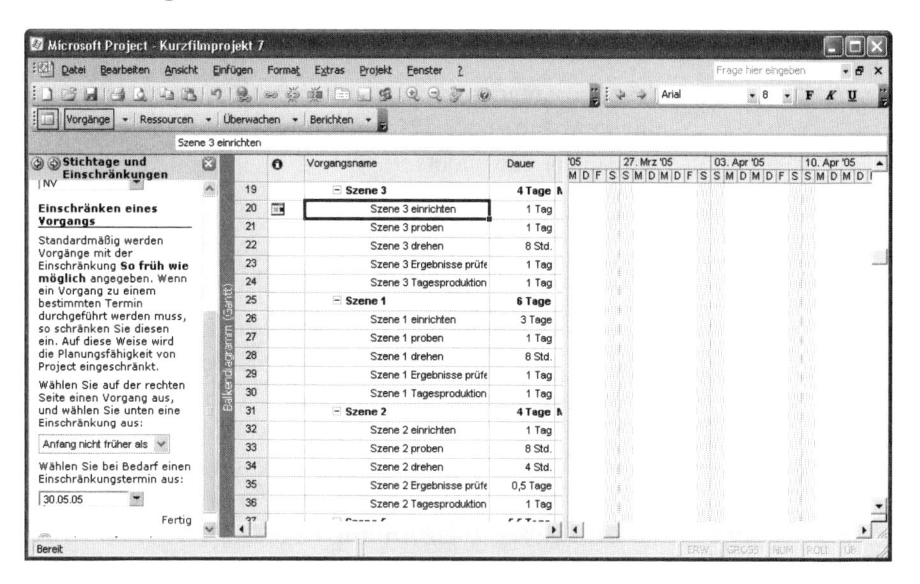

6 Klicken Sie am unteren Rand des Seitenbereichs **Stichtage und Einschränkungen** auf den Link **Fertig.**

Microsoft Project wendet die Einschränkung des Typs **Anfang nicht früher als** auf den Vorgang an und im Indikatorenfeld ist das Einschränkungssymbol zu sehen.

Wenn Sie mit der Maus auf das Einschränkungssymbol zeigen, werden Details zur Einschränkung in einer QuickInfo angezeigt.

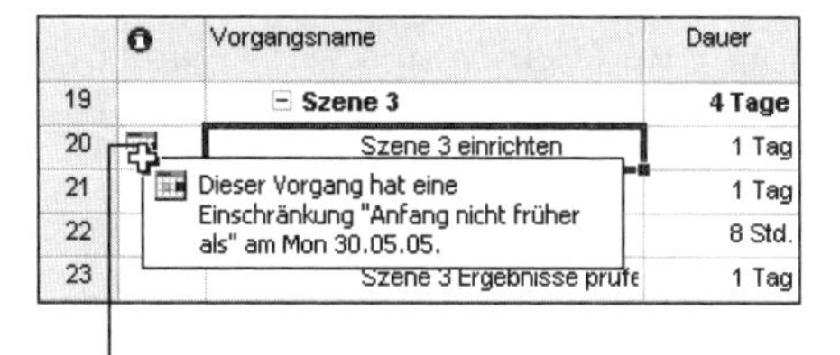

Positionieren Sie den Mauszeiger hier, um die QuickInfo zur Einschränkung einzublenden.

Vorgang 20 wird neu eingeplant und startet nun am 30. Mai. Alle anderen Vorgänge, die von Vorgang 20 abhängen, werden ebenfalls neu geplant.

Einblenden/ Ausblenden des Projektberaters

7 Klicken Sie auf die Schaltfläche **Einblenden/Ausblenden des Projektberaters.**

Der Projektberater wird ausgeblendet.

Wenn Sie Einschränkungen auf Vorgänge anwenden, sollten Sie folgende Punkte berücksichtigen:

- Wird ein Endtermin für einen Vorgang eingegeben (zum Beispiel in der Spalte **Ende**), wird eine **Ende nicht früher als**-Einschränkung auf den Vorgang angewendet.
- Wird ein Anfangstermin für einen Vorgang angegebenen (zum Beispiel in der Spalte **Anfang**), wird eine **Anfang nicht früher als**-Einschränkung auf den Vorgang angewendet.
- In vielen Fällen ist es sinnvoller, einen Stichtag einzugeben, als eine semiflexible oder eine feste Einschränkung einzurichten. Stichtage lernen Sie weiter hinten in diesem Kapitel kennen.
- Wird keine Zeit angegeben, plant Microsoft Project die Anfangs- und die Endzeit entsprechend der Standardzeiten, die auf der Registerkarte **Kalender** (**Extras/Optionen)** festgelegt sind. In diesem Projekt ist die Standardanfangszeit 8:00 Uhr. Soll ein beschränkter Vorgang zu einer anderen Zeit beginnen, müssen Sie die entsprechende Zeit zusammen mit dem Datum in das Feld **Anfang** eingeben. Soll der Vorgang beispielsweise am 30.5. um 10:00 beginnen, geben Sie in das **Anfang**-Feld den Wert ***30.05.05 10:00*** ein.
- Um eine Einschränkung zu entfernen, wählen Sie im Menü **Projekt** den Befehl **Informationen zum Vorgang**, aktivieren im Dialogfeld **Informationen zum Vorgang** die Registerkarte **Spezial** und wählen dann im Listenfeld **Einschränkungsart** den Eintrag **So früh wie möglich** oder, falls das Projekt vom Endtermin aus geplant wird, den Eintrag **So spät wie möglich**.
- Müssen auf Vorgänge zusätzlich zu Beziehungen semiflexible oder feste Einschränkungen angewendet werden, entsteht möglicherweise eine *negative Pufferzeit*. Dies ist beispielsweise der Fall, wenn eine Ende-Anfang-Beziehung zwischen einem Vorgang und dem Vorgängervorgang besteht. Wird eine **Muss anfangen am**-Einschränkung auf den Vorgang angewendet, der vor dem Endtermin des Vorgängervorgangs liegt, ergeben sich eine negative Pufferzeit und ein Planungskonflikt. Standardmäßig überschreibt das Datum, das durch die Einschränkung auf einen Vorgang angewendet wird, das Datum, das durch die Beziehung vorgegeben wird. Diese Voreinstellung können Sie jedoch auch ändern. Wählen Sie dazu im Menü **Extras** den Befehl **Optionen**, aktivieren Sie im Dialogfeld **Optionen** die Registerkarte **Terminplan** und deaktivieren Sie dort das Kontrollkästchen **Vorgänge beachten stets ihre Einschränkungstermine**. Diese Änderung der Voreinstellung gilt jedoch nur für das aktuelle Projekt.

- Muss ein Projekt von einem Endtermin statt vom Anfangstermin aus geplant werden, ändert sich die Verhaltensweise einiger Einschränkungen. Einschränkungen des Typs **So spät wie möglich** werden dann zur Standardeinschränkung für neue Vorgänge. Wenn ein Projekt vom Endtermin aus geplant wird, sollten Sie sehr vorsichtig mit Einschränkungen sein, um sicherzustellen, dass sie die beabsichtigten Auswirkungen haben.

Den kritischen Weg des Projekts anzeigen

Unter dem *kritischen Weg* versteht man eine Reihe von Vorgängen, die im Falle einer Verzögerung den Endtermin des Projekts hinausschieben. Dabei spielt die inhaltliche Wichtigkeit der Vorgänge für das Projekt keine Rolle. Ausschlaggebend ist nur, auf welche Weise die Planung dieser Vorgänge den Endtermin des Projekts beeinflusst. In den meisten Projekten ist der Projektendtermin von größter Bedeutung. Wenn Sie die Dauer eines Projekts verringern wollen, müssen Sie zunächst den kritischen Weg verkürzen.

Im Verlauf eines Projekts ändert sich der kritische Weg immer wieder, je nachdem, ob Vorgänge vor oder nach ihrem geplanten Endtermin abgeschlossen werden. Planänderungen wie die Zuordnung von Ressourcen an Vorgänge ändern ebenfalls den kritischen Weg. Sobald ein Vorgang auf dem kritischen Weg beendet ist, ist er kein kritischer Vorgang mehr, da er keine Auswirkungen auf den Projektendtermin mehr haben kann. Mehr zu diesem Thema erfahren Sie in Kapitel 16.

Um die Funktion des kritischen Wegs zu verstehen, müssen Sie wissen, was eine *Pufferzeit* ist. Es gibt zwei Arten von Puffern: die *freie Pufferzeit* und die *gesamte Pufferzeit.* Die freie Pufferzeit umfasst den Zeitraum, um den ein Vorgang verzögert werden kann, bevor ein anderer *Vorgang* ebenfalls verzögert wird. Die gesamte Pufferzeit gibt den Zeitraum an, um den ein Vorgang verzögert werden kann, bevor sich der Endtermin des Projekts verschiebt.

Ein Vorgang befindet sich dann auf dem kritischen Weg, wenn seine gesamte Pufferzeit niedriger als ein bestimmter Wert ist (normalerweise Null). Im Gegensatz dazu verfügen *nicht kritische Vorgänge* immer über eine Pufferzeit. Das bedeutet, dass sie innerhalb dieses Zeitraums früher oder später beginnen können, ohne dadurch den Endtermin des Projekts zu beeinflussen.

In der folgenden Übung zeigen Sie den kritischen Weg des Projekts an.

1. Klicken Sie im Menü **Ansicht** auf **Weitere Ansichten**.
2. Markieren Sie im Dialogfeld **Weitere Ansichten** die Ansicht **Balkendiagramm: Einzelheiten** und klicken Sie anschließend auf **Auswahl**.

   Das Projekt wird in der gewählten Ansicht angezeigt.
3. Klicken Sie im Menü **Bearbeiten** auf den Befehl **Gehe zu**.

TIPP Sie können auch die Tastenkombination [Strg] + [G] nutzen, um das Dialogfeld **Gehe zu** zu öffnen.

4 Geben Sie in das Feld **Nr.** die Zahl ***12*** ein und klicken Sie dann auf **OK**.

Microsoft Project zeigt Vorgang 12 an, den Sammelvorgang **Produktion**.

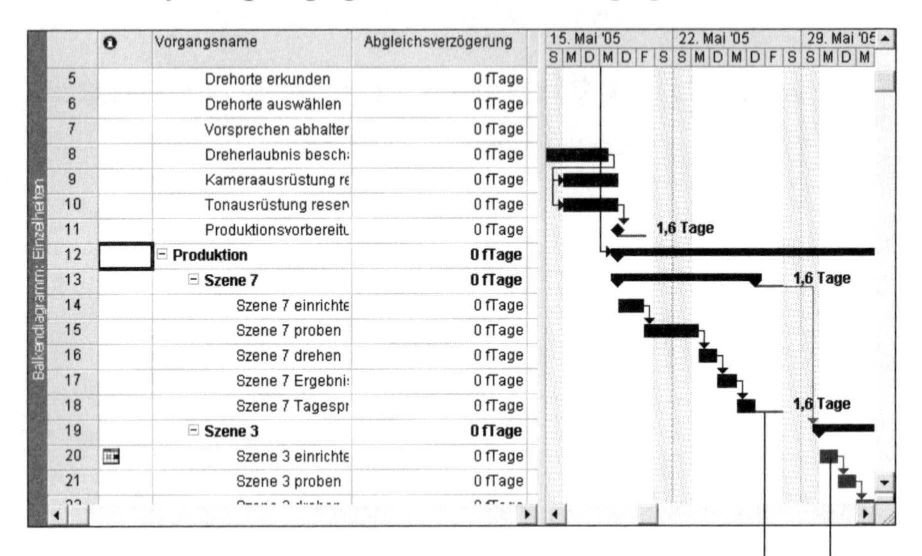

Nicht kritische Vorgänge haben freie Pufferzeiten.

Dies ist ein kritischer Vorgang.

Die Vorgänge ab Szene 3 sind kritische Vorgänge. In der Ansicht **Balkendiagramm: Einzelheiten** wird zwischen kritischen und nicht kritischen Vorgängen unterschieden. Kritische Vorgänge haben rote Balken, nicht kritische blaue. Außerdem werden in dieser Ansicht auch Vorgänge mit freier Pufferzeit angezeigt.

Betrachten Sie einmal Vorgang 18. Der blaue Balken stellt die Dauer des Vorgangs dar. Die dünne blaugrüne Linie und die Zahl daneben geben die freie Pufferzeit des Vorgangs an. Wie Sie sehen, verfügt dieser Vorgang über relativ viel freie Pufferzeit und stellt somit einen deutlich nicht kritischen Vorgang dar. (Wie bereits erwähnt, spielt es keine Rolle, wie wichtig die Vorgänge inhaltlich für das Projekt sind. Ausschlaggebend ist nur, in welchem Umfang diese Vorgänge über eine gesamte Pufferzeit verfügen.) Die Pufferzeit für Vorgang 18 wird durch die Einschränkung **Anfang nicht früher als** verursacht, die auf Vorgang 20 angewendet wurde.

5 Klicken Sie im Menü **Ansicht** auf die Option **Balkendiagramm (Gantt)**.

Die Arbeit mit dem kritischen Weg ist für die Verwaltung der Projektgesamtdauer von großer Wichtigkeit. In späteren Übungen werden Sie weitere Anpassungen vornehmen, die zu einer Verlängerung der Projektdauer führen. Die Überprüfung des kritischen Wegs und die gegebenenfalls erforderliche Verkürzung der Projektdauer gehören zu den wichtigsten Aufgaben eines Projektmanagers.

TIPP Die Bezeichnung *kritischer Weg* wird in vielen Projekten falsch angewendet. Achten Sie deshalb darauf, dass dies in Ihrem Projekt nicht der Fall ist. Denken Sie daran, dass „kritisch" nichts mit der Wichtigkeit eines Vorgangs zu tun hat, sondern nur mit der Auswirkung auf den Endtermin des Projekts.

Bei der Arbeit mit kritischen Wegen sollten Sie folgende Punkte berücksichtigen:

- Microsoft Project definiert einen Vorgang standardmäßig als kritisch, wenn es keine Pufferzeiten gibt. Sie können jedoch angeben, ab welcher Pufferzeit ein Vorgang als kritisch betrachtet wird. Wählen Sie dazu im Menü **Extras** den Befehl **Optionen**, aktivieren Sie im Dialogfeld **Optionen** die Registerkarte **Berechnen** und geben Sie dann im Feld **Vorgänge sind kritisch, falls Puffer kleiner oder gleich** den gewünschten Wert ein.
- Microsoft Project berechnet den kritischen Weg ständig neu, auch wenn Sie ihn niemals einblenden.
- Im Diagrammteil der Ansicht **Balkendiagramm: Einzelheiten** wird die freie Pufferzeit angezeigt. Die Werte für die freie und die gesamte Pufferzeit lassen sich auch in der Tabelle für berechnete Termine prüfen. Diese Tabelle kann auf jede Ansicht des Typs **Balkendiagramm** und **Vorgang: Tabelle** angewendet werden.

  TIPP Um mehr über die Verwaltung eines kritischen Wegs zu erfahren, geben Sie in das Feld **Frage hier eingeben** in der rechten oberen Ecke des Microsoft Project-Fensters den Text ***Alles über den kritischen Weg*** ein.

Vorgänge unterbrechen

Unter Umständen wissen Sie bereits bei der anfänglichen Planung, dass die Arbeit an einem bestimmten Vorgang ausgesetzt werden muss. Sie können den Vorgang dann unterbrechen und die Zeiten angeben, zu denen seine Ausführung gestoppt und wieder aufgenommen werden soll. Nachstehend sind einige mögliche Gründe für die Unterbrechung eines Vorgangs aufgeführt.

- Es tritt eine vorhersehbare Unterbrechung ein. Ein Beispiel: Eine Ressource ist einem eine Woche dauernden Vorgang zugeordnet, muss aber am Mittwoch an einem Treffen teilnehmen, das nicht mit dem Vorgang in Zusammenhang steht.
- Es tritt eine nicht vorhersehbare Unterbrechung ein. Beispielsweise muss eine Ressource unter Umständen die Arbeit an dem Vorgang abbrechen, weil ein anderer Vorgang plötzlich eine höhere Priorität hat. Sobald dieser zweite Vorgang beendet ist, kann die Ressource die Arbeit am ersten Vorgang wieder aufnehmen.

In der folgenden Übung unterbrechen Sie einen Vorgang.

1 Wählen Sie im Menü **Bearbeiten** den Befehl **Gehe zu**.

2 Geben Sie in das Feld **Nr.** den Wert **4** ein und klicken Sie dann auf **OK**.

Microsoft Project markiert Vorgang 4, **Produktionsablauf festlegen**.

Sie wissen, dass die Arbeit an diesem Vorgang vom 21. März an für zwei Tage unterbrochen werden muss.

Die Zeitskala ist in die obere und die untere Skala aufgeteilt. Die untere Skala legt fest, wie Vorgänge aufgeteilt werden können. In diesem Beispiel lässt sich der Vorgang in 1-Tages-Einheiten aufteilen.

	Vorgangsname	Dauer
1	Produktionsvorbereitung	53 Tage
2	Drehbuch überarbeiten	0,5 Wochen
3	Drehbuch in Teilaufgaben zerle	1 Woche
4	Produktionsablauf festlegen	1 Monat
5	Drehorte erkunden	2 Wochen
6	Drehorte auswählen	1 Woche

Vorgang unterbrechen

3 Klicken Sie in der Standardsymbolleiste auf die Schaltfläche **Vorgang unterbrechen**.

Eine QuickInfo wird eingeblendet und der Mauszeiger verändert seine Form.

Mauszeiger zum Unterbrechen von Vorgängen

4 Bewegen Sie den Mauszeiger auf den Gantt-Balken von Vorgang 4. Ihr Bildschirm sollte nun in etwa so wie in der folgenden Abbildung aussehen.

Diese QuickInfo ist sehr wichtig für die exakte Festlegung der Vorgangsunterbrechung. Während Sie den Mauszeiger auf dem Gantt-Balken verschieben, ändert sich das Anfangsdatum in der QuickInfo.

Über die QuickInfo lassen sich Vorgänge genau unterbrechen.

	Vorgangsname	Dauer
4	Produktionsablauf festlegen	1 Monat
5	Drehorte erkunden	2 Wochen
6	Drehorte auswählen	1 Woche
7	Vorsprechen abhalten	1 Woche

Mauszeiger zum Unterbrechen von Vorgängen

5 Zeigen Sie mit dem Mauszeiger (nicht klicken!) auf die Stelle im Gantt-Balken, an der in der QuickInfo das Anfangsdatum **21.03.05** angezeigt wird.

6 Ziehen Sie mit gedrückter Maustaste nach rechts, bis in der QuickInfo das Anfangsdatum **23.03.05** angezeigt wird. Lassen Sie dann die Maustaste los.

Es wird eine Vorgangsunterbrechung eingefügt, die im Gantt-Diagramm als gepunktete Linie zwischen den beiden Segmenten des Vorgangs dargestellt wird.

Die Unterbrechung wird als gepunktete Verbindungslinie zwischen den beiden Segmenten angezeigt.

	Vorgangsname	Dauer
1	**Produktionsvorbereitung**	**55 Tage**
2	Drehbuch überarbeiten	0,5 Wochen
3	Drehbuch in Teilaufgaben zerle	1 Woche
4	Produktionsablauf festlegen	1 Monat
5	Drehorte erkunden	2 Wochen
6	Drehorte auswählen	1 Woche
7	Vorsprechen abhalten	1 Woche
8	Dreherlaubnis beschaffen	1 Woche
9	Kameraausrüstung reservierer	3 Tage
10	Tonausrüstung reservieren	3 Tage
11	Produktionsvorbereitung absch	0 Tage
12	**Produktion**	**52,22 Tage**
13	**Szene 7**	**5,4 Tage**
14	Szene 7 einrichten	1,2 Tage
15	Szene 7 proben	8 Std.
16	Szene 7 drehen	8 Std.
17	Szene 7 Ergebnisse prüfe	1,2 Tage
18	Szene 7 Tagesproduktion	1 Tag

Vierfachpfeil

TIPP Die Unterbrechung von Vorgängen mit der Maus erfordert etwas Übung. Falls Sie Vorgang 4 nicht so unterbrochen haben, dass das zweite Segment am 23.03.05 beginnt, zeigen Sie noch einmal mit der Maus darauf. Sobald der Mauszeiger die Form eines Vierfachpfeils annimmt, ziehen Sie das Segment auf den korrekten Anfangstermin.

Im Folgenden sind einige Punkte aufgeführt, die Sie bei der Unterbrechung von Vorgängen beachten sollten:

- Für die Unterbrechung von Vorgängen ist die Anpassung der unteren Leiste der Zeitskala wichtig, denn sie legt die Schritte fest, in der Unterbrechungen vorgenommen werden können. Ist die untere Leiste auf die Einheit **Tage** gesetzt, können Unterbrechungen nur auf Tagesbasis vorgenommen werden. Ist sie hingegen auf **Stunden** eingestellt, sind Unterbrechungen auf Stundenbasis möglich. Die Zeitskala kann mit dem Befehl **Zeitskala** im Menü **Format** angepasst werden.
- Sie können einen Vorgang in beliebig viele Segmente aufteilen.
- Sie können ein Segment eines unterbrochenen Vorgangs nach links oder rechts ziehen, um die Dauer der Unterbrechung zu ändern.

- Die Unterbrechungsdauer (dargestellt als gepunktete Linie) wird nicht zur Dauer des Vorgangs hinzugezählt, da während der Unterbrechung keine Arbeit ausgeführt wird. (Dies gilt nicht, wenn der Vorgang von der Art **Feste Dauer** ist.)
- Wenn sich die Dauer einer Unterbrechung ändert, vergrößert oder verkleinert sich das letzte Segment des Vorgangs.
- Bei einer Neuplanung eines unterbrochenen Vorgangs (beispielsweise bei einer Änderung des Anfangstermins) wird der gesamte Vorgang einschließlich der Unterbrechungen neu geplant. Das Segment-/Unterbrechungsmuster des Vorgangs wird aber beibehalten.
- Um die beiden Segmente eines unterbrochenen Vorgangs wieder zusammenzufügen, ziehen Sie ein Segment so lange, bis es das andere Segment berührt.
- Aufgrund von Änderungen in Ressourcendetails oder eines manuellen Kapazitätsabgleichs kann es zu Vorgangsunterbrechungen kommen. Weitere Informationen hierzu finden Sie in den Kapiteln 8 und 9.
- Wenn Unterbrechungen nicht als gepunktete Linie angezeigt werden sollen, klicken Sie im Menü **Format** auf den Befehl **Layout** und deaktivieren das Kontrollkästchen **Balkenunterbrechungen anzeigen**.

Arbeitszeit für einzelne Vorgänge anpassen

Ein Projekt kann Vorgänge enthalten, die zu einem Zeitpunkt ausgeführt werden müssen, der außerhalb der im Projektkalender definierten Arbeitszeit liegt (bzw. im Fall von zugewiesenen Ressourcen außerhalb des Ressourcenkalenders). In solchen Fällen verwenden Sie für die betreffenden Vorgänge einen *Vorgangskalender*. Dabei legen Sie fest, welcher Basiskalender als Vorgangskalender dienen soll. Sie benötigen einen Vorgangskalender nur dann, wenn ein Vorgang Arbeitszeiten und arbeitsfreie Zeiten enthalten soll, die von den im Projektkalender definierten Zeiten abweichen. Vorgangskalender sind beispielsweise in folgenden Fällen erforderlich:

- Sie verwenden den Basiskalender **Standard** als Projektkalender, ein Vorgang muss jedoch über Nacht ausgeführt werden.
- Ein Vorgang muss über ein Wochenende ausgeführt werden.
- Ein Vorgang muss an einem bestimmten Wochentag ausgeführt werden.

Im Gegensatz zu Ressourcen und Ressourcenkalendern werden Vorgangskalender nicht automatisch angelegt, sobald ein Vorgang erstellt wird. Wenn Sie einen benutzerdefinierten Vorgangskalender benötigen, weisen Sie dem betreffenden Vorgang einen der integrierten (oder einen neuen, von Ihnen erstellten) Basiskalender zu.

Wenn Sie beispielsweise einem Vorgang den Basiskalender **24 Stunden** zuweisen, wird der betreffende Vorgang für einen 24-Stunden-Arbeitstag geplant und nicht der im Projektkalender festgelegten Arbeitszeit entsprechend.

Bei Vorgängen, die über einen Vorgangskalender und eine Ressourcenzuordnung verfügen, plant Microsoft Project die Arbeitszeiten ein, die für beide Kalender gelten. Gibt es keine gemeinsame Arbeitszeit, gibt Microsoft Project einen Warnhinweis aus, wenn der Vorgangskalender angewendet wird oder wenn eine Ressource einem Vorgang zugeordnet wird.

TIPP Wenn Sie einem Vorgang einen Basiskalender zuweisen, können Sie festlegen, dass die Kalender der zugeordneten Ressourcen ignoriert werden sollen. In diesem Fall wird die Arbeit der Ressourcen gemäß den Angaben im Vorgangskalender geplant und nicht gemäß der Festlegungen im jeweiligen Ressourcenkalender (auf diese Weise können Sie zum Beispiel eine tägliche Arbeitszeit von 24 Stunden festlegen). Wenn dadurch Personalressourcen in ihrer arbeitsfreien Zeit Arbeiten ausführen müssen, sollten Sie dies zunächst mit den betroffenen Mitarbeitern besprechen.

Im Kurzfilmprojekt müssen einige Szenen bei Nacht gedreht werden. Im Projektkalender ist aber keine Arbeitszeit festgelegt, die das Drehen nächtlicher Szenen vorsieht. Da es sich bei den entsprechenden Vorgängen um echte Ausnahmen von der normalen Projektarbeitszeit handelt, möchten Sie auf keinen Fall den Projektkalender ändern. In der folgenden Übung erstellen Sie daher einen neuen Basiskalender und wenden ihn auf die entsprechenden Vorgänge an.

1. Klicken Sie im Menü **Extras** auf den Befehl **Arbeitszeit ändern**.
2. Klicken Sie im Dialogfeld **Arbeitszeit ändern** auf die Schaltfläche **Neu**.

   Das Dialogfeld **Neuen Basiskalender erstellen** öffnet sich.
3. Geben Sie in das Feld **Name** die Bezeichnung ***Nachtaufnahmen*** ein.
4. Vergewissern Sie sich, dass für die Option **Kopie erstellen von** der Eintrag **Standard** gewählt ist, und klicken Sie dann auf **OK**.
5. Markieren Sie im Kalender unter der Beschriftung **Zeitraum markieren** die Spaltenüberschriften **Mo** bis **Fr**.
6. Geben Sie in der ersten Zeile der Felder **Von** und **Bis** die Werte *17:00* und *23:00* ein und löschen Sie anschließend die Angaben in der zweiten Zeile. Das Dialogfeld **Arbeitszeit ändern** sollte nun in etwa so wie in der folgenden Abbildung aussehen.

Dieser benutzerdefinierte Basiskalender enthält Arbeitszeiten, die im vordefinierten Basiskalender nicht enthalten sind.

7 Klicken Sie auf **OK**, um das Dialogfeld zu schließen.

Jetzt weisen Sie den Kalender **Nachtaufnahmen** einem Vorgang zu.

8 Markieren Sie den Vorgang 34, **Szene 2 drehen**.

Gehe zu ausgewähltem Vorgang

9 Klicken Sie in der Standardsymbolleiste auf die Schaltfläche **Gehe zu ausgewähltem Vorgang**, um den Gantt-Balken für Vorgang 34 im Diagrammteil anzuzeigen.

10 Klicken Sie in der Standardsymbolleiste auf die Schaltfläche **Informationen zum Vorgang**.

Informationen zum Vorgang

Das gleichnamige Dialogfeld öffnet sich.

11 Aktivieren Sie die Registerkarte **Spezial**.

12 Wählen Sie im Feld **Kalender** den Eintrag **Nachtaufnahmen** in der Dropdownliste aus.

13 Klicken Sie auf das Kontrollkästchen **Terminplanung ignoriert Ressourcenkalender**, so dass es mit einem Häkchen markiert ist. Klicken Sie danach auf **OK**, um das Dialogfeld zu schließen.

Der Kalender **Nachtaufnahmen** wird nun auf den Vorgang 34 angewendet. Im Indikatorenfeld wird ein Kalendersymbol angezeigt, um kenntlich zu machen, dass diesem Vorgang ein Vorgangskalender zugewiesen ist.

TIPP Um einen Vorgangskalender von einem Vorgang zu lösen, wählen Sie im Dialogfeld **Informationen zum Vorgang** auf der Registerkarte **Spezial** im Listenfeld **Kalender** den Eintrag **Ohne**.

Vorgangsarten ändern

In Kapitel 4 haben Sie erfahren, dass in Microsoft Project anhand folgender Formel, der so genannten *Planungsformel*, die Arbeitszeit eines Vorgangs berechnet wird:

Arbeit = Dauer x Einheiten

Ein Vorgang verfügt über Arbeit, sobald ihm zumindest eine Arbeitsressource zugewiesen wurde. Jeder Wert in dieser Planungsformel korrespondiert mit einer *Vorgangsart*. Die Vorgangsart bestimmt, welcher der drei Formelwerte unverändert bleibt, während sich die beiden anderen Werte ändern.

Als Standardvorgangsart ist *feste Einheiten* definiert. Wenn Sie die Dauer eines Vorgangs ändern, wird die Arbeit automatisch neu berechnet. Bei einer Änderung der Arbeit wiederum wird die Dauer des Vorgangs neu festgelegt. In beiden Fällen bleiben die *Einheiten* unverändert. Die beiden anderen Vorgangsarten sind *feste Dauer* und *feste Arbeit*.

Bei einer festen Dauer können Sie die Einheiten des Vorgangs oder den Arbeitswert ändern. Der jeweils andere Wert wird dann neu berechnet. Bei einer festen Arbeit können Sie die Einheiten des Vorgangs oder den Wert für die Dauer ändern. Auch hier wird dann der jeweils andere Wert neu berechnet. Für diese Vorgangsart kann die leistungsgesteuerte Planung nicht deaktiviert werden.

Welche Vorgangsart sollte nun auf die einzelnen Vorgänge angewendet werden? Die Antwort auf diese Frage hängt davon ab, wie die Vorgänge von Microsoft Project geplant werden sollen. Die folgende Grafik enthält eine Übersicht über die Auswirkungen, die durch die Änderung eines Wertes in einer Vorgangsart entstehen.

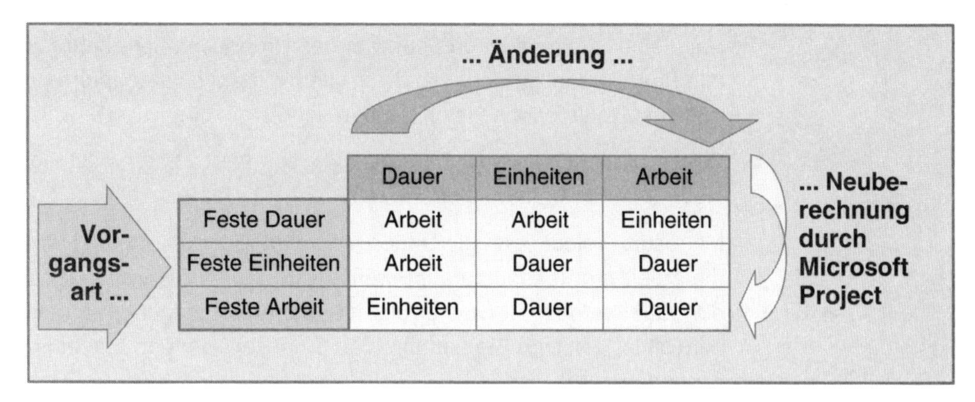

	Dauer	Einheiten	Arbeit
Feste Dauer	Arbeit	Arbeit	Einheiten
Feste Einheiten	Arbeit	Dauer	Dauer
Feste Arbeit	Einheiten	Dauer	Dauer

Informationen zum Vorgang

Um die eingestellte Vorgangsart anzuzeigen, klicken Sie in der Standardsymbolleiste auf die Schaltfläche **Informationen zum Vorgang** und aktivieren anschließend die Registerkarte **Spezial**. Die Vorgangsart können Sie auch im Vorgangsformular ablesen. (Sie zeigen das Vorgangsformular an, indem Sie in der Ansicht **Balkendiagramm (Gantt)** das Menü **Fenster** öffnen und auf den Befehl **Teilen** klicken.) Die

Vorgangsart kann jederzeit geändert werden. Beachten Sie, dass durch die Definition einer festen Vorgangsart die Werte für Dauer, Einheiten und Arbeit durchaus geändert werden können. Sie können jeden Wert in jeder Vorgangsart ändern.

In der folgenden Übung ändern Sie Vorgangsarten und Berechnungsformeln.

Überwachen

1 Klicken Sie in der Symbolleiste **Projektberater** auf die Schaltfläche **Überwachen.**

Der Seitenbereich **Überwachen** öffnet sich.

2 Klicken Sie im Seitenbereich **Überwachen** auf den Link **Durchführen von Änderungen am Projekt.**

Der Seitenbereich **Ändern des Projekts** öffnet sich und die Ansicht **Balkendiagramm (Gantt)** wird durch die Ansicht **Projektberater: Bearbeiten einer Zuordnungsansicht** ersetzt. Diese Ansicht gruppiert unter jedem Vorgang die ihm zugeordneten Ressourcen und zeigt unter anderem für jeden Vorgang die Dauer, die Arbeit und die Zuordnungseinheiten, das heißt die drei Variablen für die Berechnungsformel.

3 Wählen Sie im Menü **Bearbeiten** den Befehl **Gehe zu.**

4 Geben Sie in das Feld **Nr.** die Zahl **2** ein und klicken Sie dann auf **OK.**

Microsoft Project markiert Vorgang 2, **Drehbuch überarbeiten**, und seine zugeordneten Ressourcen.

Wie Sie sehen, hat Vorgang 2 einen Gesamtarbeitswert von 40 Stunden, das heißt 20 Stunden pro Ressource, Zuordnungseinheiten von jeweils 100 % und eine Dauer von einer halben Woche. Als Nächstes werden Sie die Dauer des Vorgangs ändern, um zu sehen, wie sich dies auf die anderen Werte auswirkt.

Nach einer Diskussion darüber, wer das Drehbuch überarbeiten soll, stimmen alle Ressourcen zu, dass die Dauer des Vorgangs verdoppelt werden, die erforderliche Arbeit jedoch gleich bleiben sollte.

5 Geben Sie im Feld **Dauer** für Vorgang 2 den Wert ***1W*** ein oder wählen Sie ihn im Listenfeld aus und drücken Sie dann die [↵]-Taste.

Microsoft Project setzt die Dauer von Vorgang 2 nun auf eine Woche und erhöht die Arbeit pro Ressource auf jeweils 40 Stunden. Sie wollen jedoch, dass sich die Dauer verdoppelt (was erfolgt ist), die Arbeit jedoch gleich bleibt (was nicht der Fall ist). Nutzen Sie deshalb das Smarttag, um das Ergebnis der neuen Vorgangsdauer anzupassen.

Smarttag-Aktionen

6 Zeigen Sie auf das Feld **Dauer** und klicken Sie dann auf die Schaltfläche **Smarttag-Aktionen.**

Betrachten Sie die Liste der Optionen, die eingeblendet wird. Ihr Bildschirm sollte nun etwa wie in der folgenden Abbildung aussehen.

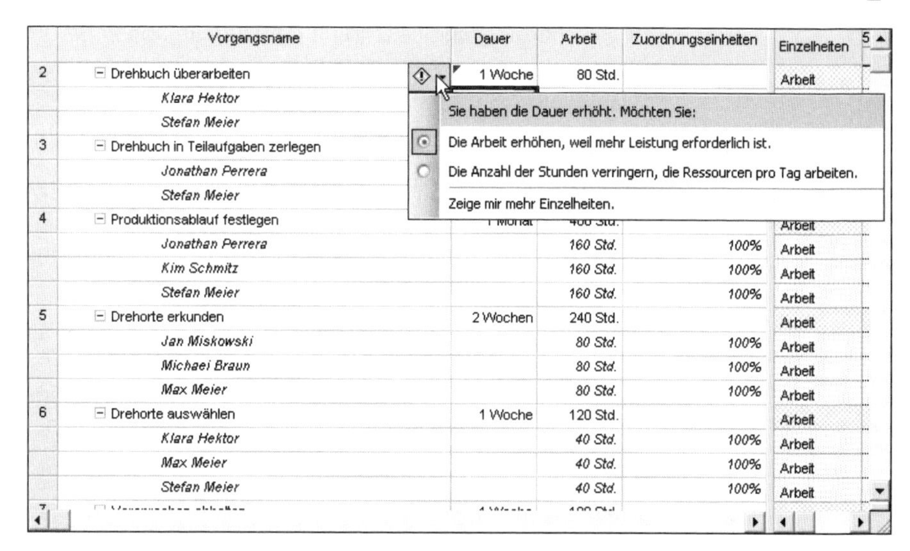

	Vorgangsname	Dauer	Arbeit	Zuordnungseinheiten	Einzelheiten
2	⊟ Drehbuch überarbeiten	1 Woche	80 Std.		Arbeit
	Klara Hektor				
	Stefan Meier				
3	⊟ Drehbuch in Teilaufgaben zerlegen				
	Jonathan Perrera				
	Stefan Meier				
4	⊟ Produktionsablauf festlegen				Arbeit
	Jonathan Perrera		*160 Std.*	*100%*	Arbeit
	Kim Schmitz		*160 Std.*	*100%*	Arbeit
	Stefan Meier		*160 Std.*	*100%*	Arbeit
5	⊟ Drehorte erkunden	2 Wochen	240 Std.		Arbeit
	Jan Miskowski		*80 Std.*	*100%*	Arbeit
	Michael Braun		*80 Std.*	*100%*	Arbeit
	Max Meier		*80 Std.*	*100%*	Arbeit
6	⊟ Drehorte auswählen	1 Woche	120 Std.		Arbeit
	Klara Hektor		*40 Std.*	*100%*	Arbeit
	Max Meier		*40 Std.*	*100%*	Arbeit
	Stefan Meier		*40 Std.*	*100%*	Arbeit

Weil Vorgang 2 die Standardvorgangsart **Feste Einheiten** hat, ist die Option **Die Arbeit erhöhen, weil mehr Leistung erforderlich ist** aktiviert. Sie möchten jedoch gerne den Wert für **Arbeit** gleich halten und lieber die Anzahl der Stunden an die neue Dauer anpassen.

7 Aktivieren Sie in der Liste der Smarttag-Aktionen die Option **Die Anzahl der Stunden verringern, die Ressourcen pro Tag arbeiten.**

Die Arbeitszeit pro Ressource verringert sich nun um 50 Prozent auf 20 Stunden und die Gesamtarbeitszeit bleibt bei 40 Stunden.

	Vorgangsname	Dauer	Arbeit	Zuordnungseinheiten	Einzelheiten
2	⊟ Drehbuch überarbeiten	1 Woche	40 Std.		Arbeit
	Klara Hektor		*20 Std.*	*50%*	Arbeit
	Stefan Meier		*20 Std.*	*50%*	Arbeit

Als Nächstes ändern Sie eine Vorgangsart im Dialogfeld **Informationen zum Vorgang.**

8 Wählen Sie im Menü **Bearbeiten** den Befehl **Gehe zu.**

9 Geben Sie in das Feld **Nr.** den Wert **67** ein und klicken Sie dann auf **OK.**

Microsoft Project zeigt nun Vorgang 67, **Formelle Abnahmevorführung**, an.

Informationen zum Vorgang

10 Klicken Sie in der Standardsymbolleiste auf die Schaltfläche **Informationen zum Vorgang.**

Das gleichnamige Dialogfeld öffnet sich.

11 Aktivieren Sie die Registerkarte **Spezial**, falls diese nicht bereits angezeigt wird.

Der gewählte Vorgang beschreibt die formelle Abnahmevorführung des Films für die Finanzgeber des Projekts. Wie Sie dem Feld **Vorgangsart** entnehmen können, ist momentan die Standardart **Feste Einheiten** aktiviert.

Der Vorgang ist für einen vollen Arbeitstag eingeplant, obwohl einige der zugeordneten Ressourcen nur einen halben Tag arbeiten werden. Um dies wiederzuspiegeln (und die Ressourcenkosten für den Vorgang korrekt zu verwalten), wählen Sie die Vorgangsart **Feste Dauer** und passen die Zuordnungseinheiten für einige der zugeordneten Ressourcen an.

12 Wählen Sie im Listenfeld **Vorgangsart** den Eintrag **Feste Dauer**.

13 Aktivieren Sie die Registerkarte **Ressourcen**.

14 Legen Sie in der Spalte **Einheiten** die Werte für **Mark Müller** und **Stefan Meier** jeweils auf ***50%*** fest.

Ihr Bildschirm sollte nun in etwa so wie in der folgenden Abbildung aussehen.

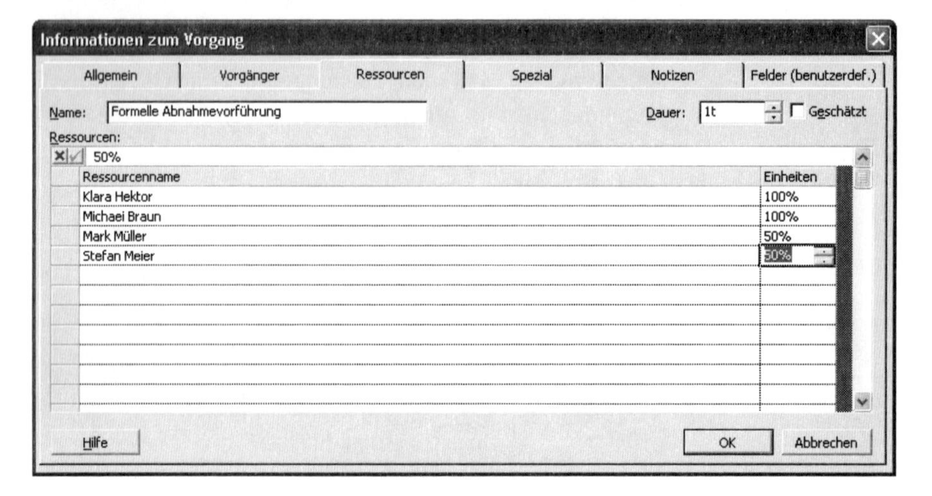

15 Klicken Sie auf **OK**, um das Dialogfeld **Informationen zum Vorgang** zu schließen.

Sie sehen nun die aktualisierten Werte in den Spalten **Arbeit** und **Zuordnungseinheiten**.

16 Wählen Sie im Menü **Ansicht** den Befehl **Balkendiagramm (Gantt)**.

TIPP Ein Sammelvorgang hat immer die Vorgangsart **Feste Dauer**. Diese lässt sich nicht ändern. Weil ein Sammelvorgang auf dem am frühesten möglichen Anfangstermin und dem am spätesten möglichen Endtermin der untergeordneten Vorgänge basiert, wird die Dauer auf der Basis der untergeordneten Vorgänge berechnet und kann nicht direkt bearbeitet werden. Sie können dies prüfen, indem Sie auf Vorgang 1 oder einen anderen Sammelvorgang doppelklicken und die Registerkarte **Spezial** im Dialogfeld **Informationen zum Vorgang** betrachten.

Vorgangsarten und leistungsgesteuerte Planung

Viele Projektplaner sind fälschlicherweise der Meinung, dass Vorgangsarten und leistungsgesteuerte Planung in einem engeren Zusammenhang stehen, als dies tatsächlich der Fall ist. Beide Einstellungen betreffen Ihren Terminplan. Die Vorgangsart wirkt sich stets aus, wenn Sie den Wert für Arbeit, Dauer oder Einheiten ändern. Bei leistungsgesteuerter Planung ergeben sich jedoch nur dann Auswirkungen auf den Terminplan, wenn Sie bestimmten Vorgängen Ressourcen zuordnen oder deren Zuordnung aufheben. Eine Änderung der Vorgangsart wirkt sich andererseits nur auf die Ressourcen aus, die dem Vorgang aktuell zugeordnet sind. Ausführliche Informationen zur leistungsgesteuerten Planung finden Sie in Kapitel 4.

Stichtage eingeben

Neue Microsoft Project-Benutzer begehen häufig folgenden Fehler: Sie weisen zu vielen Vorgängen in ihren Projekten semiflexible oder feste Einschränkungen zu. Wie bereits erwähnt, engen diese Einschränkungsarten die Planungsflexibilität stark ein.

Sie werden sich nun sicherlich fragen, warum Sie für einen Vorgang, von dem Sie genau wissen, dass er zu einem bestimmten Termin beendet sein muss, nicht die Einschränkung **Muss enden am** verwenden sollen? Der Grund hierfür wird am folgenden Beispiel deutlich: Angenommen, Sie haben einen Vorgang mit einer Dauer von fünf Tagen geplant, der am 14. Oktober beendet sein soll, und heute ist der 3. Oktober. Wenn Sie dem Vorgang die Einschränkung „ Muss enden am 14. Oktober" zuweisen, wird dieser Vorgang so geplant, dass er auf jeden Fall genau am 14. Oktober abgeschlossen ist.

Dieser Vorgang hat die Einschränkung **Muss enden am** und Microsoft Project plant ihn so ein, dass er zum angegebenen Termin, aber nicht früher endet.

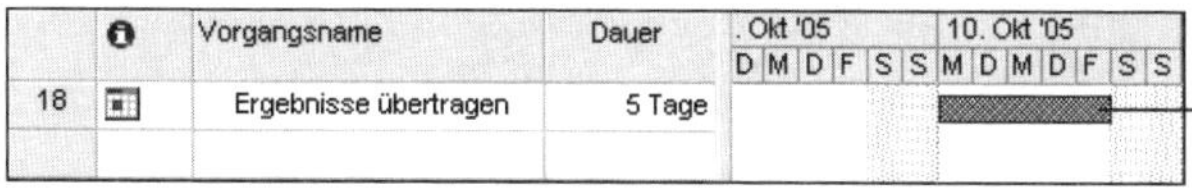

	ⓘ	Vorgangsname	Dauer	. Okt '05 D M D F S S	10. Okt '05 M D M D F S S
18	▦	Ergebnisse übertragen	5 Tage		

Selbst wenn der Vorgang früher beendet werden könnte, plant Microsoft Project kein früheres Anfangsdatum ein. Durch die Einführung einer Einschränkung haben Sie das Risiko für diesen Vorgang erhöht. Denn verzögert er sich um einen Tag, weil zum Beispiel eine benötigte Ressource erkrankt ist, kann der geplante Stichtag nicht eingehalten werden.

Aus diesem Grund sollten Sie diesem Vorgang die Einschränkung **So früh wie möglich** zuweisen und als *Stichtag* den 14. Oktober eingeben. Ein Stichtag ist ein

Datumswert, der den Termin angibt, an dem ein Vorgang spätestens beendet sein soll. Der Stichtag bedeutet aber keine Einschränkung für den Vorgang. Wenn Sie einen Stichtag eingeben, wird im Gantt-Diagramm eine entsprechende Markierung angezeigt. Außerdem wird eine Warnung eingeblendet, wenn sich der Vorgang verzögert und der geplante Endtermin hinter dem Stichtag liegt.

Wenn einem Vorgang die Einschränkung **So früh wie möglich** zugewiesen wird, kann seine Ausführung früher beginnen, und zwischen dem Endtermin und dem Stichtag entsteht eine Pufferzeit.

	ℹ	Vorgangsname	Dauer	26. Sep '05 M D M D F S S	03. Okt '05 M D M D F S S	10. Okt '05 M D M D F S S
1		Ergebnisse übergeben	5 Tage			

Der Stichtag-Indikator wird im Gantt-Diagramm angezeigt.

Jetzt besteht für den Vorgang die größtmögliche Planungsflexibilität. Er kann nun auch vor dem Stichtag beendet werden, wenn dies aufgrund der Ressourcenverfügbarkeit, der Vorgängervorgänge oder anderer Planungsumstände möglich ist.

Stichtag-Indikator

Wenn Sie einen Stichtag eingeben, zeigt Microsoft Project in der Ansicht **Balkendiagramm (Gantt)** einen Stichtag-Indikator an. Wird der Stichtag überschritten, zeigt Microsoft Project im Indikatorenfeld des Vorgangs einen **Stichtag überschritten-**Indikator an.

Stichtag überschritten

In der folgenden Übung geben Sie Stichtage für einige Vorgänge ein.

1. Wählen Sie im Menü **Bearbeiten** den Befehl **Gehe zu**.
2. Geben Sie in das Feld **Nr.** die Zahl ***11*** ein und klicken Sie dann auf **OK**.

   Microsoft Project zeigt nun Vorgang 11 an. Dieser Vorgang ist ein Meilenstein, der den geplanten Endtermin der Produktionsvorbereitungsphase kennzeichnet. Sie wollen sichergehen, dass die Vorgänge der Produktionsvorbereitungsphase spätestens am 27. Mai 2005 abgeschlossen sind. Deshalb geben Sie für den Meilenstein einen Stichtag ein.

3. Ist der Seitenbereich **Vorgänge** nicht bereits sichtbar, klicken Sie in der Symbolleiste **Projektberater** auf die Schaltfläche **Vorgänge**.

   Der Seitenbereich **Vorgänge** wird eingeblendet.

4. Klicken Sie im Seitenbereich **Vorgänge** auf den Link **Festlegen von Vorgängen mit Stichtagen und Einschränkungen**.

   Der Seitenbereich **Stichtage und Einschränkungen** öffnet sich.

5 Wählen Sie im Bereich **Festlegen eines Stichtages** im Listenfeld das Datum ***27.5.05*** aus oder geben Sie es ein und drücken Sie dann die [⇆]-Taste.

Microsoft Project fügt einen Stichtag-Indikator in den Diagrammteil der Ansicht **Balkendiagramm (Gantt)** ein. Ihr Bildschirm sollte nun etwa wie in der folgenden Abbildung aussehen.

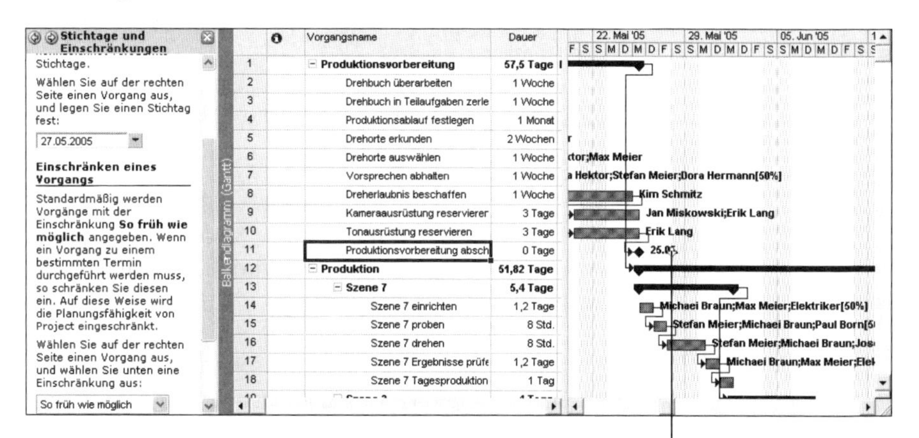

Stichtag-Indikator

Nun können Sie auf einen Blick erkennen, ob die Produktionsvorbereitungsphase den Stichtagtermin einhalten kann oder nicht. Falls sich der geplante Endtermin für diese Phase auf ein Datum nach dem 27.05.2005 verschiebt, wird im Indikatorenfeld ein Warnindikator angezeigt.

Als Nächstes geben Sie einen Stichtagtermin für einen Sammelvorgang ein.

6 Klicken Sie in der Eingabetabelle auf den Namen von Vorgang 12, **Produktion**.

Bei diesem Vorgang handelt es sich um den Sammelvorgang **Produktion**. Sie möchten nun festlegen, dass die Dreharbeiten Mitte August 2005 abgeschlossen sein müssen.

7 Geben Sie im Seitenbereich **Stichtage und Einschränkungen** in das Datumsfeld das Datum ***19.08.05*** ein (oder wählen Sie dieses Datum aus) und drücken Sie dann die [⇆]-Taste.

Microsoft Project fügt einen Stichtag-Indikator für den Sammelvorgang in das Diagramm ein. Falls Sie ihn sehen wollen, müssen Sie im Diagrammteil der Ansicht **Balkendiagramm (Gantt)** zur entsprechenden Woche blättern.

8 Klicken Sie am unteren Rand des Seitenbereichs **Stichtage und Einschränkungen** auf den Link **Fertig**.

Einblenden/
Ausblenden
des Projektberaters

9 Klicken Sie auf die Schaltfläche **Einblenden/Ausblenden des Projektberaters.**

Der Projektberater wird ausgeblendet.

TIPP Sie können einen Stichtag auch über die Registerkarte **Spezial** des Dialogfelds **Informationen zum Vorgang** eingeben, das Sie über den Befehl **Informationen zum Vorgang** im Menü **Projekt** öffnen.

Mit einer Ausnahme wirkt sich die Eingabe eines Stichtags nicht auf die Planung eines Sammel- oder Teilvorgangs aus. Sollte allerdings der geplante Endtermin des Vorgangs nach dem Stichtagtermin liegen, erhalten Sie eine Warnung.

Die Ausnahme, bei der ein Stichtag die Planung eines Sammelvorgangs (oder auch eines normalen Vorgangs) beeinflusst, betrifft den Umfang seiner Pufferzeit. Wenn einem Vorgang ein Stichtag zugewiesen wird, kann seine Pufferzeit nicht mehr über das Datum dieses Stichtags hinausreichen.

TIPP Um einen Stichtag zu entfernen, löschen Sie den Inhalt des Feldes **Stichtag** im Seitenbereich **Stichtage und Einschränkungen** oder auf der Registerkarte **Spezial** im Dialogfeld **Informationen zum Vorgang.**

Feste Kosten eingeben

In den meisten Projekten verursachen die Arbeits- und Materialressourcen einen Großteil der Kosten. In Kapitel 4 haben Sie die Stunden- und Wochensätze für Ressourcen eingegeben. Zusätzlich oder anstelle dieser Ressourcenkosten kann ein Vorgang auch über *feste Kosten* verfügen. Unter festen Kosten versteht man einen bestimmten Geldbetrag, der einem Vorgang zugewiesen wird. Die festen Kosten bleiben immer unverändert, unabhängig vom Zeit- oder Arbeitsaufwand, den die Ressourcen für die Ausführung des Vorgangs leisten. Nachstehend finden Sie einige Beispiele für feste Kosten in Projekten:

- Reisekosten für einen Berater, die zusätzlich zum vereinbarten Stunden- oder Tagessatz gezahlt werden
- Eine Einrichtungsgebühr, die zusätzlich zur Tagesleihgebühr für eine Ausrüstungskomponente entrichtet werden muss
- Gebühren für die Dreherlaubnis an öffentlichen Orten

Wenn Sie Ressourcenkosten und feste Kosten für einen Vorgang eingeben, werden beide Beträge zur Berechnung der Gesamtkosten addiert. Auch wenn Sie keine Ressourcenkosten in einen Projektplan eingeben (weil Sie beispielsweise die Höhe der Zahlungen an Mitarbeiter nicht kennen), können Sie trotzdem eine gewisse Kontrolle über die Gesamtkosten des Projekts erhalten, indem Sie zumindest feste Kosten pro Vorgang veranschlagen.

Sie haben folgende Möglichkeiten, um die Fälligkeitsmodalitäten für feste Kosten festzulegen:

- **Anfang:** Die Fälligkeit der festen Kosten wird für den Anfang des Vorgangs geplant. Die Kosten werden somit fällig, sobald der Vorgang gestartet wird.
- **Ende:** Die Fälligkeit der festen Kosten wird für das Ende des Vorgangs geplant. Die Kosten werden somit fällig, sobald der Vorgang abgeschlossen ist.
- **Anteilig:** Die festen Kosten werden gleichmäßig über die Dauer des Vorgangs verteilt. Die Kostenfälligkeit basiert auf dem Prozentsatz, zu dem der Vorgang erledigt ist. Wenn für einen Vorgang beispielsweise 100,00 € Festkosten eingeplant sind und der Vorgang zu 75 % ausgeführt ist, werden 75,00 € fällig.

Bei der Planung eines Projekts bestimmt die Methode zur Fälligkeitsberechnung die Art und Weise, wie die festen Kosten im Projektverlauf geplant werden. Die Fälligkeitsmodalitäten können bei der Vorausberechnung des Budgets und des Cashflows eine wichtige Rolle spielen. In Microsoft Project wird für feste Kosten standardmäßig die Fälligkeitsmethode **Anteilig** verwendet. Sie können diese Voreinstellung aber ändern, um die Kosten beispielsweise den Buchhaltungsrichtlinien Ihres Unternehmens anzupassen.

In Bezug auf das Kurzfilmprojekt wissen Sie aus Erfahrung, dass die Dreherlaubnis ungefähr 500,00 € kosten wird. In der folgenden Übung weisen Sie einem Vorgang feste Kosten zu und legen die Fälligkeitsmodalitäten fest.

1. Wählen Sie im Menü **Ansicht** den Befehl **Weitere Ansichten**.
2. Markieren Sie im Dialogfeld **Weitere Ansichten** die Ansicht **Vorgang: Tabelle** und klicken Sie dann auf die Schaltfläche **Auswahl**.

   Die Ansicht **Vorgang: Tabelle** wird nun aktiviert.
3. Zeigen Sie im Menü **Ansicht** auf **Tabelle: Eingabe** und wählen Sie dann im Untermenü den Befehl **Kosten**.

   Die Kostentabelle öffnet sich und ersetzt die Eingabetabelle.
4. Geben Sie im Feld **Feste Kosten** für Vorgang 8, **Dreherlaubnis beschaffen**, den Wert ***500*** ein und drücken Sie dann die [Tab]-Taste.
5. Wählen Sie im Feld **Fälligkeit fester Kosten** den Wert **Anfang** und drücken Sie dann die [Tab]-Taste.

	Vorgangsname	Feste Kosten	Fälligkeit fester Kosten	Gesamtkosten	Geplant	Abweichung	Aktuell	V
1	⊟ **Produktionsvorb**	**0,00 €**	**Anteilig**	**21.926,50 €**	**0,00 €**	**21.926,50 €**	**0,00 €**	
2	Drehbuch übe	0,00 €	Anteilig	787,50 €	0,00 €	787,50 €	0,00 €	
3	Drehbuch in T	0,00 €	Anteilig	1.655,00 €	0,00 €	1.655,00 €	0,00 €	
4	Produktionsak	0,00 €	Anteilig	8.124,00 €	0,00 €	8.124,00 €	0,00 €	
5	Drehorte erku	0,00 €	Anteilig	4.920,00 €	0,00 €	4.920,00 €	0,00 €	
6	Drehorte aus	0,00 €	Anteilig	2.535,00 €	0,00 €	2.535,00 €	0,00 €	
7	Vorsprechen	0,00 €	Anteilig	1.835,00 €	0,00 €	1.835,00 €	0,00 €	
8	Dreherlaubnis	500,00 €	Anfang	876,00 €	0,00 €	876,00 €	0,00 €	
9	Kameraausrü	0,00 €	Anteilig	822,00 €	0,00 €	822,00 €	0,00 €	

Ein fester Kostenanteil wird entweder am Anfang oder am Ende eines Vorgangs bzw. anteilig am bereits erledigten Teil des Vorgangs fällig.

Für den Vorgang **Dreherlaubnis beschaffen** werden nun am Anfang seiner Ausführung Kosten von 500 € eingeplant. Diese Kosten werden fällig, sobald die Ausführung des Vorgangs beginnt. Sie sind unabhängig von der Dauer des Vorgangs und den Kosten für die Ressourcen, die diesem Vorgang zugeordnet sind.

Periodische Vorgänge einrichten

In den meisten Projekten fallen periodische Vorgänge an, beispielsweise Mitarbeitertreffen, Erstellen und Veröffentlichen von Statusberichten und Qualitätskontrollen. Häufig werden diese Vorgänge bei der anfänglichen Planung übersehen. Es ist aber durchaus sinnvoll, diese Ereignisse in den Projektplan aufzunehmen. Vor allem Mitarbeitertreffen und ähnliche Termine, die den Fortgang des Projekts nur indirekt fördern, belegen Ressourcenzeit. Diese Zeit muss daher von den anderen Vorgangszuordnungen dieser Ressourcen abgezweigt werden.

Derartige Ereignisse werden als *periodische Vorgänge* in den Projektplan eingegeben. Wie diese Bezeichnung bereits signalisiert, handelt es sich hierbei um Vorgänge, die in einem bestimmten Zeitabstand immer wieder ausgeführt werden, beispielsweise täglich, wöchentlich oder jährlich. Wenn Sie einen periodischen Vorgang anlegen, erstellt Microsoft Project eine entsprechende Reihe von Vorgängen mit der Einschränkung **Anfang nicht früher als**, ohne Beziehungen und mit deaktivierter leistungsgesteuerte Planung.

In der folgenden Übung erstellen Sie einen periodischen Vorgang.

1. Wählen Sie im Menü **Ansicht** den Befehl **Balkendiagramm (Gantt)**.

   Die Ansicht wird aktiviert.

2. Markieren Sie Vorgang 12, **Produktion**.

   Sie möchten die periodischen Vorgänge als letzte Elemente der Produktionsvorbereitungsphase direkt oberhalb von Vorgang 12 einfügen.

3 Klicken Sie im Menü **Einfügen** auf den Befehl **Periodischer Vorgang**.

Das Dialogfeld **Informationen zum periodischen Vorgang** wird geöffnet.

4 Geben Sie in das Feld **Vorgangsname** die Bezeichnung ***Terminplanungsmeeting*** ein.

5 Geben Sie in das Feld **Dauer** den Wert ***2h*** ein.

6 Vergewissern Sie sich, dass unter **Auftreten** die Option **Wöchentlich** ausgewählt ist, und aktivieren Sie das Kontrollkästchen **Montag**.

Nun legen Sie das Datum für das erste Auftreten des Vorgangs fest. Standardmäßig wird der Projektanfangstermin vorgeschlagen. Sie möchten aber erst in der darauf folgenden Woche damit beginnen.

7 Geben Sie in das Feld **Anfang** die Zeitangabe ***14.03.05*** ein.

Jetzt legen Sie die Anzahl der Ausführungen fest. Dazu geben Sie entweder die genaue Anzahl der Vorgangsausführungen ein oder legen das Datum fest, an dem der Vorgang beendet sein soll.

8 Wählen Sie **Beenden nach** und geben Sie den Wert ***10*** in das Feld ein (oder wählen Sie diesen Wert aus).

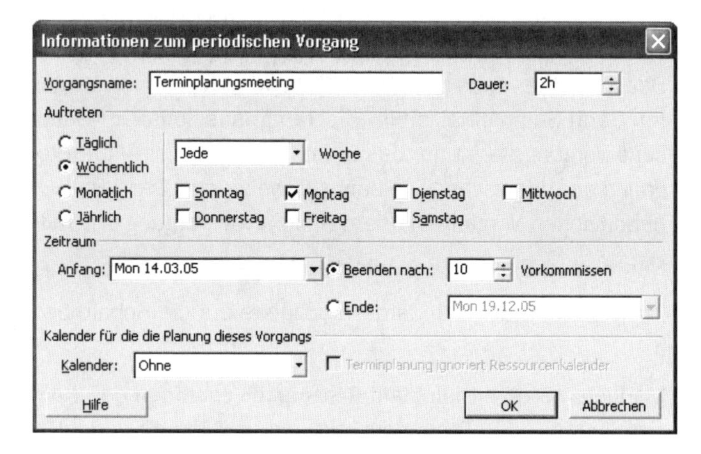

9 Klicken Sie auf **OK**, um den periodischen Vorgang anzulegen.

Die periodischen Vorgänge werden in die Produktionsvorbereitungsphase eingefügt. Der Sammelvorgang ist zunächst reduziert, und im Indikatorenfeld wird das Symbol für periodische Vorgänge angezeigt.

Gehe zu ausgewähltem Vorgang

10 Klicken Sie auf die Schaltfläche **Gehe zu ausgewähltem Vorgang** in der Standardsymbolleiste, um die ersten Einträge für den periodischen Vorgang zu sehen.

Im Gegensatz zu anderen Sammelvorgängen wird für einen periodischen Sammelvorgang nur das jeweilige Auftreten des Ereignisses angezeigt.

	Vorgangsname	Dauer
1	Produktionsvorbereitung	57,5 Tage
2	Drehbuch überarbeiten	1 Woche
3	Drehbuch in Teilaufgaben zerle	1 Woche
4	Produktionsablauf festlegen	1 Monat
5	Drehorte erkunden	2 Wochen
6	Drehorte auswählen	1 Woche
7	Vorsprechen abhalten	1 Woche
8	Dreherlaubnis beschaffen	1 Woche
9	Kameraausrüstung reservierer	3 Tage
10	Tonausrüstung reservieren	3 Tage
11	Produktionsvorbereitung absch	0 Tage
12	Terminplanungsmeeting	45,25 Tage
23	Produktion	51,82 Tage
24	Szene 7	5,4 Tage
25	Szene 7 einrichten	1,2 Tage
26	Szene 7 proben	8 Std.
27	Szene 7 drehen	8 Std.
28	Szene 7 Ergebnisse prüfe	1,2 Tage

Stefan Meier[50%];Klara Hektor[50%]

Stefan Meier;Jonathan Perrera

Dieses Symbol kennzeichnet einen periodischen Vorgang.

Beachten Sie, dass der Balken für den periodischen Vorgang nicht wie die anderen Gantt-Sammelbalken im Diagramm aussieht. Der Gantt-Balken für periodische Vorgänge zeigt nur das jeweilige tatsächliche Auftreten (Rollup) des Vorgangs an. Vergleichen Sie beispielsweise den Gantt-Balken für einen periodischen Vorgang mit dem Balken von Vorgang 1, **Produktionsvorbereitung**.

Nun weisen Sie dem periodischen Vorgang Ressourcen zu.

Ressourcen zuordnen

11 Klicken Sie in der Standardsymbolleiste auf die Schaltfläche **Ressourcen zuordnen**.

12 Markieren Sie im Dialogfeld **Ressourcen zuordnen** den Namen **Klara Hektor**, halten Sie die Strg-Taste gedrückt und markieren Sie dann die Namen **Jonathan Perrera** und **Stefan Meier**.

13 Klicken Sie auf die Schaltfläche **Zuordnen** und anschließend auf **Schließen**.

Das Dialogfeld wird geschlossen und die ausgewählten Ressourcen werden dem periodischen Vorgang zugeordnet. Nun zeigen Sie alle Auftreten des periodischen Vorgangs an.

14 Klicken Sie auf das Pluszeichen neben dem Titel des periodischen Sammelvorgangs **Terminplanungsmeeting**. Ihr Bildschirm sollte nun in etwa so wie in der folgenden Abbildung aussehen.

Periodische Vorgänge sind automatisch durchnummeriert.

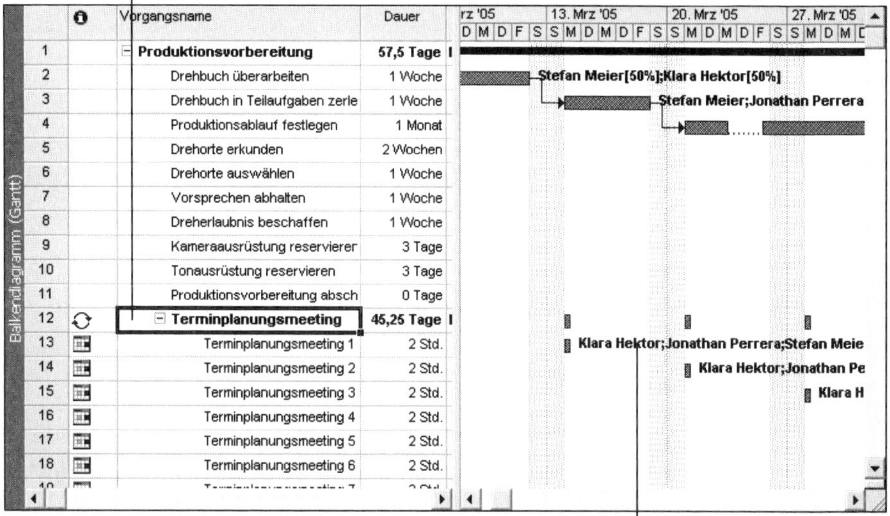

Sie können außerdem die Ressourcenzuordnungen für die einzelnen periodischen Vorgänge betrachten.

Die aufeinander folgenden Ausführungen des periodischen Sammelvorgangs werden fortlaufend nummeriert. Außerdem werden die den Teilvorgängen zugeordneten Ressourcen angezeigt.

15 Klicken Sie auf das Minuszeichen neben dem Titel des periodischen Sammelvorgangs **Terminplanungsmeeting**, um die Teilvorgänge wieder auszublenden.

Im Folgenden sind einige Punkte aufgeführt, die Sie bei der Erstellung von periodischen Vorgängen beachten sollten:

- Standardmäßig plant Microsoft Project periodische Vorgänge so ein, dass sie zur Standardanfangszeit beginnen, die auf der Registerkarte **Kalender** des Dialogfelds **Optionen** (**Extras/Optionen**) angegeben ist. In diesem Projekt ist dies die Uhrzeit 8:00 Uhr. Soll ein periodischer Vorgang zu einer anderen Zeit beginnen, geben Sie diese in das Dialogfeld **Anfang** des Dialogfelds **Informationen zum periodischen Vorgang** ein. Soll beispielsweise das Terminplanungsmeeting um 10:00 Uhr am 14.3. beginnen, geben Sie den Wert ***14.03.05 10:00*** ein.

- Soll ein periodischer Vorgang an einem bestimmten Datum abgeschlossen werden, wird automatisch der aktuelle Projektendtermin vorgeschlagen. Wenn Sie dieses Datum übernehmen und der Projektendtermin später geändert wird, müssen Sie das Enddatum für den periodischen Vorgang manuell anpassen.

- Wenn Sie einen periodischen Vorgang erstellen, der während der arbeitsfreien Zeit (beispielsweise an einem Feiertag) auftritt, wird eine Warnung angezeigt. Sie können dann das Auftreten des Vorgangs unterdrücken oder es auf den nächsten Arbeitstag verlegen.
- Nehmen Sie die Ressourcenzuordnung für periodische Vorgänge immer im Dialogfeld **Ressourcen zuordnen** vor. Wenn Sie Ressourcennamen in das Feld **Ressourcenname** des periodischen Sammelvorgangs eingeben, werden die betreffenden Ressourcen nur dem Sammelvorgang, nicht seinen einzelnen Teilvorgängen zugeordnet.

SCHLIESSEN SIE den Projektplan Kurzfilmprojekt 7.

Zusammenfassung

- Mithilfe einer Kombination aus Vorgangsbeziehungen sowie Überschneidungen und Verzögerungen können Sie sehr präzise steuern, wie die Arbeit erledigt wird.
- Wenn Sie bei der Eingabe von Überschneidungen zwischen einem Vorgänger- und einem Nachfolgervorgang einen prozentualen Wert angeben, ist Ihre Planung flexibler, da Microsoft Project den Überschneidungswert stets neu berechnet, sobald sich die Dauer des Vorgängervorgangs ändert.
- Mithilfe der Einschränkungsoptionen in Microsoft Project können Sie sich den Leistungsumfang der Terminplanungsfunktion von Microsoft Project voll zunutze machen bzw. diese Funktion vollständig deaktivieren. Durchdenken Sie stets die Auswirkungen von semiflexiblen und festen Einschränkungen und vermeiden Sie diese wenn möglich.
- Anstelle einer festen Einschränkung wie **Muss enden am** empfiehlt sich der Einsatz von Stichtagen.
- Mit dem kritischen Weg sind die Vorgänge gemeint, die unter Umständen zu einem späteren Endtermin im Projekt führen. Microsoft Project berechnet den kritischen Weg stets neu, da sich dieser mit dem Stand des Projekts verändert.
- Sie können für Vorgänge, die außerhalb der normalen Arbeitszeit (die durch den Projektkalender definiert ist) im Projekt erledigt werden müssen, einen neuen Kalender definieren und diesen dem entsprechenden Vorgang zuweisen.
- Microsoft Project stellt drei verschiedene Vorgangsarten zur Verfügung. Standardmäßig ist die Vorgangsart **Feste Einheiten** aktiviert. Über die Vorgangsart wird festgelegt, wie Microsoft Project einen Vorgang einplant, wenn Sie einen der Werte für Arbeit, Dauer oder Einheiten ändern.

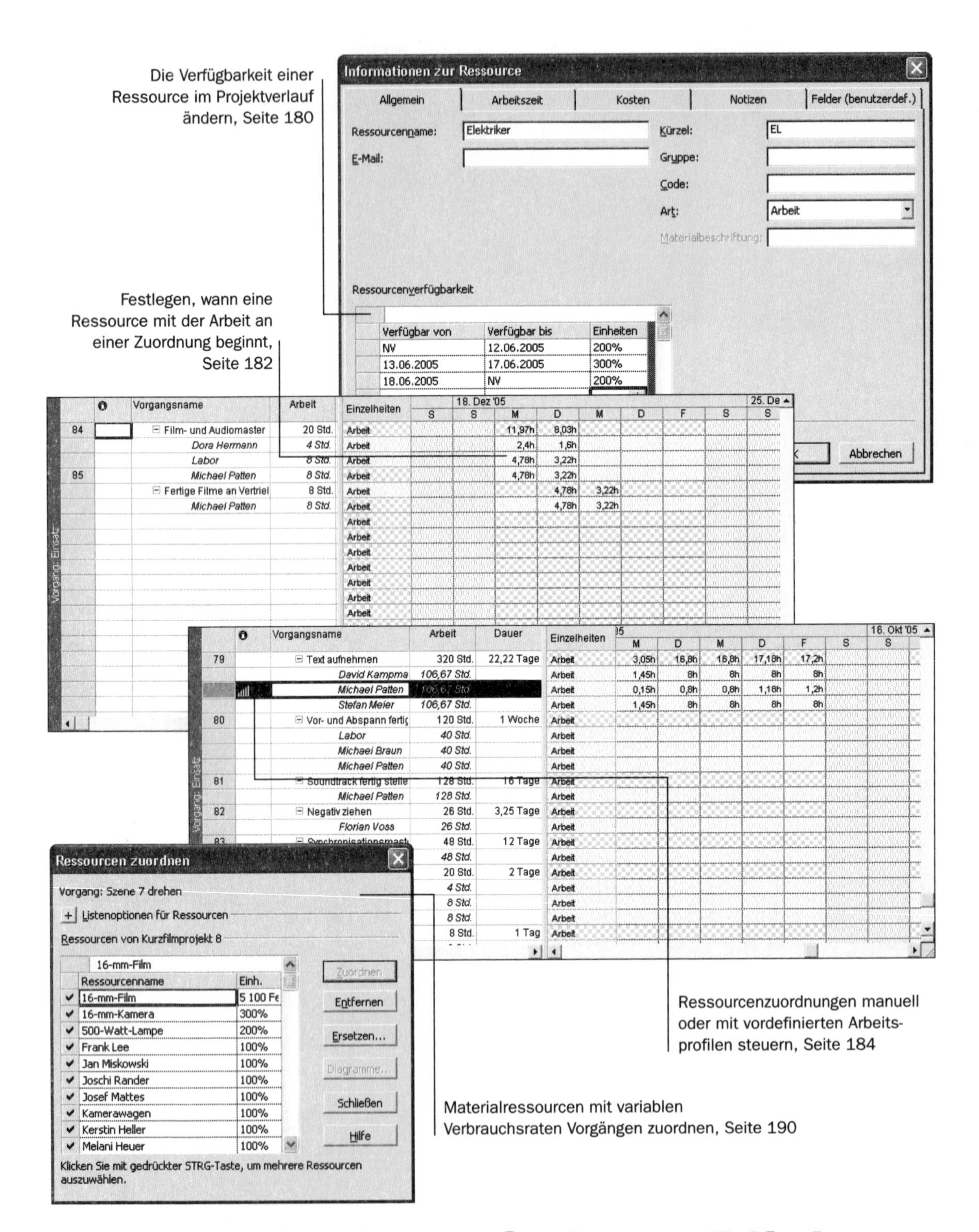

Kapitel 8 auf einen Blick

8 Feinabstimmung von Ressourcen- und Zuordnungsdetails

In diesem Kapitel lernen Sie,

- ✔ **wie Sie unterschiedliche Kostensätze für Ressourcen eingeben.**
- ✔ **wie Sie Kostensätze einrichten, die sich im Laufe der Zeit für eine Ressource ändern.**
- ✔ **wie Sie unterschiedliche Kostensätze für eine Ressource festlegen, die verschiedenen Vorgangsarten zugewiesen werden.**
- ✔ **wie Sie die Ressourcenverfügbarkeit festlegen, um sie im Projektverlauf zu ändern.**
- ✔ **wie Sie den Beginn einer Ressourcenzuordnung verzögern.**
- ✔ **wie Sie mehrere Kostensätze für eine Ressource anwenden, die unterschiedlichen Vorgängen zugewiesen ist.**
- ✔ **wie Sie eine variable Verbrauchsrate für Materialressourcen eingeben.**

Siehe auch Falls Sie nur eine kurze Wiederholung zu den Themen benötigen, die in diesem Kapitel behandelt werden, lesen Sie den Schnellüberblick zu Kapitel 8 am Anfang dieses Buches.

Weil die Mitarbeiter und die Ausrüstung häufig die kostspieligsten Bestandteile eines Projekts sind, ist es bei der Planung sehr wichtig, die Ressourcenzeit optimal einzusetzen. In diesem Kapitel lernen Sie die Spezialfunktionen von Microsoft Project zum Arbeiten mit Ressourcen und ihrer Zuordnung zu Vorgängen kennen.

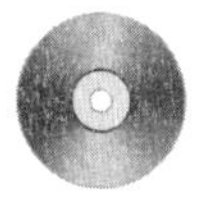

WICHTIG Bevor Sie die Übungsdateien in diesem Kapitel benutzen können, müssen Sie sie von der Begleit-CD in den vorgegebenen Standardordner installieren. Einzelheiten dazu finden Sie im Abschnitt „Die Übungsdateien installieren“ am Anfang dieses Buches.

Mehrere Kostensätze für eine Ressource eingeben

Sie können für eine Ressource mehrere Kostensätze festlegen und je nach Vorgang einen anderen Kostensatz anwenden. Im Kurzfilmprojekt kann beispielsweise der Aufnahmeleiter auch als Kameramann arbeiten. Da für diese beiden Funktionen unterschiedliche Kostensätze zur Anwendung kommen, erstellen Sie für die Ressource zwei *Kostensatztabellen*. Nachdem Sie die Ressource den betreffenden Vorgängen zugewiesen haben, legen Sie fest, welche Kostensatztabelle für den jeweiligen Vorgang verwendet werden soll. Jeder Ressource können bis zu fünf Kostentabellen zugewiesen werden.

In der folgenden Übung legen Sie für eine Ressource eine zweite Kostensatztabelle an.

WICHTIG Wenn Sie mit Microsoft Project Professional arbeiten, müssen Sie unter Umständen eine einmalige Einstellung vornehmen, damit Sie mit dem eigenen Arbeitsplatz-Account und offline arbeiten können. So wird sichergestellt, dass die Übungsdateien, mit denen Sie in diesem Kapitel arbeiten, keine Auswirkungen auf Ihre Microsoft Project Server-Daten haben. Mehr Informationen hierzu finden Sie in Kapitel 1 im Abschnitt „Microsoft Office Project Professional starten".

ÖFFNEN SIE die Datei* Kurzfilmprojekt 8a*, die Sie im Ordner* Eigene Dateien\Microsoft Press\Project 2003 Training\08_RessourcenZuordnungsdetails *finden. Sie können den Ordner auch über* Start/Alle Programme/Microsoft Press/Project 2003 Training *öffnen.

1. Wählen Sie im Menü **Datei** den Befehl **Speichern unter.**

   Das Dialogfeld **Speichern unter** öffnet sich.

2. Geben Sie im Feld **Dateiname** die Bezeichnung ***Kurzfilmprojekt 8*** ein und klicken Sie dann auf **Speichern.**

3. Wählen Sie im Menü **Ansicht** den Befehl **Ressource: Tabelle.**

   Die Ansicht ersetzt die Ansicht **Balkendiagramm (Gantt).**

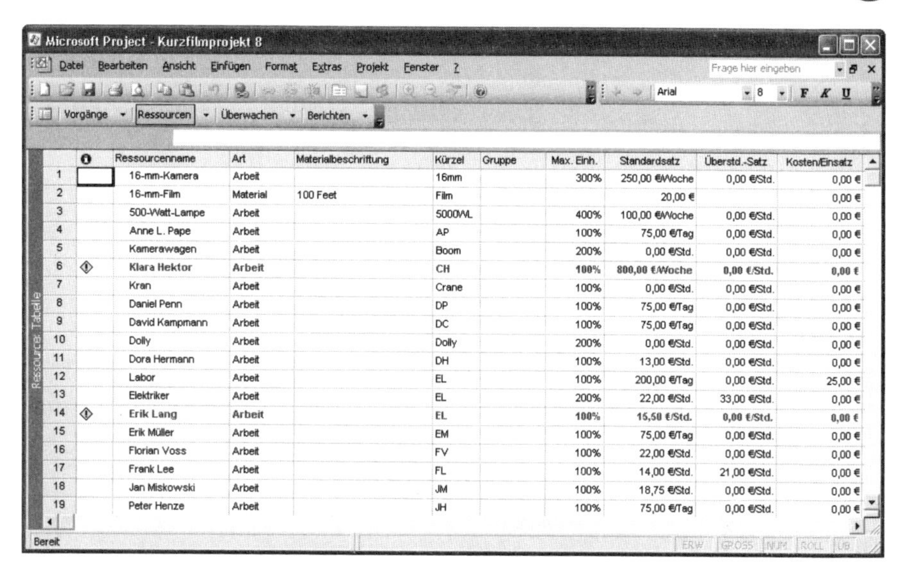

		Ressourcenname	Art	Materialbeschriftung	Kürzel	Gruppe	Max. Einh.	Standardsatz	Überstd.-Satz	Kosten/Einsatz
1		16-mm-Kamera	Arbeit		16mm		300%	250,00 €/Woche	0,00 €/Std.	0,00 €
2		16-mm-Film	Material	100 Feet	Film			20,00 €		0,00 €
3		500-Watt-Lampe	Arbeit		5000WL		400%	100,00 €/Woche	0,00 €/Std.	0,00 €
4		Anne L. Pape	Arbeit		AP		100%	75,00 €/Tag	0,00 €/Std.	0,00 €
5		Kamerawagen	Arbeit		Boom		200%	0,00 €/Std.	0,00 €/Std.	0,00 €
6	◊	**Klara Hektor**	**Arbeit**		CH		**100%**	**800,00 €/Woche**	**0,00 €/Std.**	**0,00 €**
7		Kran	Arbeit		Crane		100%	0,00 €/Std.	0,00 €/Std.	0,00 €
8		Daniel Penn	Arbeit		DP		100%	75,00 €/Tag	0,00 €/Std.	0,00 €
9		David Kampmann	Arbeit		DC		100%	75,00 €/Tag	0,00 €/Std.	0,00 €
10		Dolly	Arbeit		Dolly		200%	0,00 €/Std.	0,00 €/Std.	0,00 €
11		Dora Hermann	Arbeit		DH		100%	13,00 €/Std.	0,00 €/Std.	0,00 €
12		Labor	Arbeit		EL		100%	200,00 €/Tag	0,00 €/Std.	25,00 €
13		Elektriker	Arbeit		EL		200%	22,00 €/Std.	33,00 €/Std.	0,00 €
14	◊	**Erik Lang**	**Arbeit**		EL		**100%**	**15,50 €/Std.**	**0,00 €/Std.**	**0,00 €**
15		Erik Müller	Arbeit		EM		100%	75,00 €/Tag	0,00 €/Std.	0,00 €
16		Florian Voss	Arbeit		FV		100%	22,00 €/Std.	0,00 €/Std.	0,00 €
17		Frank Lee	Arbeit		FL		100%	14,00 €/Std.	21,00 €/Std.	0,00 €
18		Jan Miskowski	Arbeit		JM		100%	18,75 €/Std.	0,00 €/Std.	0,00 €
19		Peter Henze	Arbeit		JH		100%	75,00 €/Tag	0,00 €/Std.	0,00 €

4 Klicken Sie in der Ansicht **Ressource: Tabelle** auf Ressource 18, **Jan Miskowski**.

Informationen zur Ressource

5 Klicken Sie in der Standardsymbolleiste auf die Schaltfläche **Informationen zur Ressource**.

Das Dialogfeld **Informationen zur Ressource** wird geöffnet.

TIPP Sie können auch auf das Feld **Ressourcenname** doppelklicken, um das Dialogfeld **Informationen zur Ressource** zu öffnen.

6 Klicken Sie auf die Registerkarte **Kosten**.

In der Kostensatztabelle **A** wird der Standardstundensatz von 18,75 € pro Stunde für Jan Miskowski angezeigt. Jede Tabelle (beschriftet mit **A**, **B** etc.) entspricht einer der fünf Kostensätze, die einer Ressource zugeordnet werden können.

7 Klicken Sie unter **Kostensatztabelle** auf die Registerkarte **B**.

8 Markieren Sie im Feld unter der Spaltenüberschrift **Standardsatz** den voreingestellten Eintrag **0,00 €/h** und geben Sie dann den Wert ***14/h*** ein.

9 Geben Sie in das Feld in der Spalte **Überstundensatz** in derselben Zeile den Wert ***21/h*** ein und drücken Sie dann die [↵]-Taste.

Wenn Sie einen Kostensatz eingeben, wird das Währungssymbol automatisch hinzugefügt

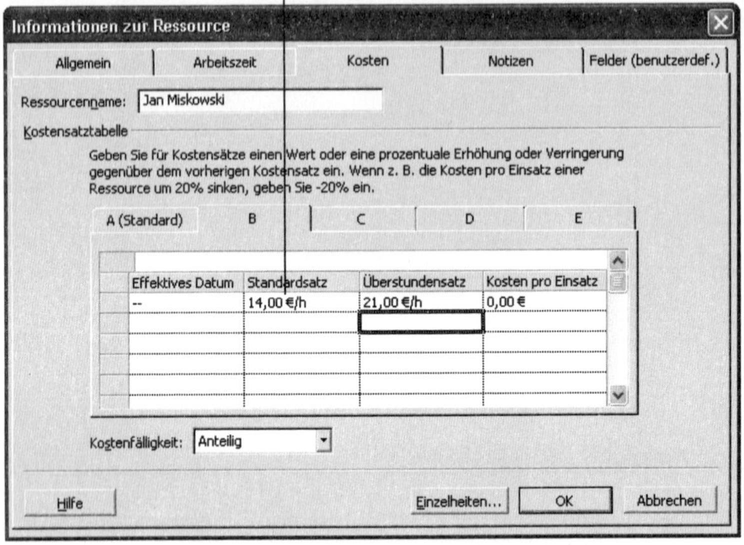

Informationen zur Ressource

Allgemein | Arbeitszeit | Kosten | Notizen | Felder (benutzerdef.)

Ressourcenname: Jan Miskowski

Kostensatztabelle

Geben Sie für Kostensätze einen Wert oder eine prozentuale Erhöhung oder Verringerung gegenüber dem vorherigen Kostensatz ein. Wenn z. B. die Kosten pro Einsatz einer Ressource um 20% sinken, geben Sie -20% ein.

A (Standard) | B | C | D | E

Effektives Datum	Standardsatz	Überstundensatz	Kosten pro Einsatz
--	14,00 €/h	21,00 €/h	0,00 €

Kostenfälligkeit: Anteilig

Hilfe | Einzelheiten... | OK | Abbrechen

10 Klicken Sie auf **OK**, um das Dialogfeld **Informationen zur Ressource** zu schließen.

In der Ansicht **Ressource: Tabelle** beträgt der Standardkostensatz für Jan Miskowski weiterhin 18,75 € pro Stunde. Dieser Wert entspricht dem Wert in Tabelle **A**, der Standardkostensatztabelle. Diese Tabelle wird für alle Ressourcenzuordnungen von Jan Miskowski verwendet, solange Sie keine andere Kostensatztabelle angeben. Weitere Informationen dazu finden Sie weiter hinten in diesem Kapitel.

Kostensätze für unterschiedliche Zeiträume festlegen

Ressourcen können Standard- und Überstundenkostensätze zugewiesen werden. Diese Kostensätze werden per Voreinstellung für die gesamte Dauer des Projekts angewendet. Sie haben aber auch die Möglichkeit, neue Kostensätze für eine Ressource festzulegen, die ab einem bestimmten Datum gelten sollen. So könnten Sie beispielsweise einer Ressource zum 1. Januar einen Standardkostensatz von 10,00 € pro Stunde zuweisen und zum 1. Juli eine Erhöhung des Kostensatzes auf 13,00 € pro Stunde einplanen.

Microsoft Project verwendet diese Kostensätze für die Berechnung der Ressourcenkosten. Die Berechnung erfolgt auf der Grundlage des Zeitraums, für den der Einsatz der betreffenden Ressource geplant ist. Wie bereits erwähnt, können jeder Ressource bis zu fünf Kostensatztabellen zugewiesen werden. In diesen Kostensatztabellen können Sie jeweils bis zu 25 Kostensätze definieren, die für verschiedene Zeiträume gelten sollen.

In der folgenden Übung geben Sie unterschiedliche Kostensätze für eine Ressource ein, die dann später im Projekt angewendet werden.

1. Markieren Sie in der Spalte **Ressourcenname** Ressource 11, **Dora Hermann.**

2. Klicken Sie in der Standardsymbolleiste auf die Schaltfläche **Informationen zur Ressource.**

   Informationen zur Ressource

   Das gleichnamige Dialogfeld öffnet sich.

3. Klicken Sie auf die Registerkarte **Kosten**.

   Sie geben nun einen zweiten Kostensatz in Kostensatztabelle **A** ein.

4. Geben Sie in der Kostensatztabelle **A** in die zweite Zeile der Spalte **Effektives Datum** das Datum ***1.7.05*** ein oder wählen Sie dieses Datum aus.

5. Geben Sie in die zweite Zeile der Spalte **Standardsatz** den Wert ***20%*** ein und drücken Sie anschließend die [↵]-Taste.

   Ihr Bildschirm sollte nun in etwa so wie in der folgenden Abbildung aussehen.

Bei Eingabe eines positiven oder negativen Prozentwertes berechnet Microsoft Project automatisch den neuen Satz auf der Basis des vorhergehenden Satzes.

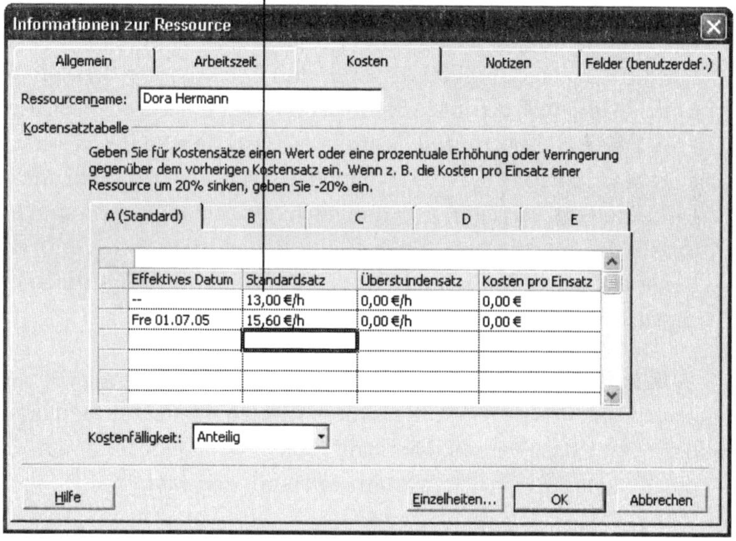

Microsoft Project berechnet anhand der Erhöhung um 20 % einen Kostensatz von 15,60 € pro Stunde. Dieser Satz ergibt sich aus dem vorhergehenden Kostensatz von 13,00 € pro Stunde plus 20 %. Sie können entweder einen genauen Wert oder einen Prozentsatz für eine Erhöhung oder Verringerung des Kostensatzes gegenüber dem vorherigen Satz eingeben. Sollten Sie den ursprünglichen Standardstundensatz von Dora Hermann (13,00 €) nachträglich ändern, ist der zweite Stundensatz davon nicht betroffen und bleibt unverändert (hier: 15,60 €

TIPP Neben dem Standard- und dem Überstundensatz, die sich im Laufe der Zeit ändern können, kann eine Ressource auch Kosten pro Einsatz haben, die sich im Laufe der Zeit ändern.

6 Klicken Sie auf **OK**, um das Dialogfeld **Informationen zur Ressource** zu schließen.

Im Feld **Standardsatz** wird der ursprüngliche Kostensatz für Dora Hermann (13,00 € pro Stunde) angezeigt. Das Feld enthält diesen Wert, bis der 1.7.05 erreicht ist. Danach wird der neue Standardsatz von 15,60 € pro Stunde angezeigt.

Die Verfügbarkeit von Ressourcen zu unterschiedlichen Zeiten festlegen

Microsoft Project speichert zu jeder Ressource den Wert **Max. Einh.** Dieser Wert beschreibt die maximale Arbeitskapazität einer Ressource. Die Arbeitszeit, die im Ressourcenkalender jeder Ressource festgelegt wird, definiert, zu welchen Zeiten Arbeit für eine Ressource eingeplant werden kann. Die Arbeitskapazität einer Ressource (die in Einheiten gemessen wird und durch den Wert **Max. Einh.** beschränkt wird) legt fest, in welchem Ausmaß die Ressource innerhalb dieser Arbeitsstunden tätig sein kann, ohne *überlastet* zu werden.

Für die verschiedenen Projektperioden können einer Ressource unterschiedliche **Max. Einh.**-Werte zugeordnet werden. Wenn Sie die Auslastung einer Ressource im Projektverlauf überprüfen, können Sie präzise steuern, welche Werte jeweils für das Feld **Max. Einh.** gelten. So stehen beispielsweise in den ersten acht Wochen zwei Elektriker zur Verfügung, in den nächsten sechs Wochen drei und für die restliche Projektdauer nur zwei. Die Verfügbarkeit einer Ressource legen Sie in der Tabelle **Ressourcenverfügbarkeit** auf der Registerkarte **Allgemein** des Dialogfelds **Informationen zur Ressource** fest.

WICHTIG Wenn einer Ressource unterschiedliche **Max. Einh.**-Werte für unterschiedliche Projektzeiten zugeordnet werden, kann die Überlastung der Ressource nicht verhindert werden. Microsoft Project weist jedoch darauf hin, wenn die maximale Arbeitskapazität einer Ressource überschritten wird.

In der folgenden Übung ändern Sie die Verfügbarkeit einer Ressource im Projektverlauf.

1 Markieren Sie in der Spalte **Ressourcenname** den Namen von Ressource 13, **Elektriker**.

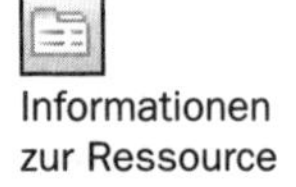

Informationen zur Ressource

2 Klicken Sie in der Standardsymbolleiste auf die Schaltfläche **Informationen zur Ressource**.

3 Aktivieren Sie die Registerkarte **Allgemein**.

Sie gehen davon aus, dass ab Beginn des Projekts bis zum 12. Juni 2005 zwei Elektriker, vom 13. Juni bis zum 17. Juni drei und für die Restlaufzeit des Projekts zwei Elektriker zur Verfügung stehen.

4 Behalten Sie in der Tabelle **Ressourcenverfügbarkeit** in der ersten Zeile der Spalte **Verfügbar von** den Eintrag **NV** (Nicht Verfügbar) bei.

5 Geben Sie in die erste Zelle der Spalte **Verfügbar bis *12.6.05*** ein oder wählen Sie dieses Datum aus.

6 Geben Sie in die zweite Zelle der Spalte **Verfügbar von *13.6.05*** ein oder wählen Sie dieses Datum aus.

7 Geben Sie in die zweite Zelle der Spalte **Verfügbar bis *17.6.05*** ein oder wählen Sie dieses Datum aus.

8 Geben Sie in die zweite Zelle der Spalte **Einheiten *300%*** ein oder wählen Sie diesen Wert aus.

9 Geben Sie in die dritte Zelle der Spalte **Verfügbar von *18.6.05*** ein oder wählen Sie dieses Datum aus.

10 Lassen Sie die dritte Zelle der Spalte **Verfügbar bis** leer (der Eintrag **NV** wird automatisch eingefügt).

11 Geben Sie in die dritte Zelle der Spalte **Einheiten *200%*** ein oder wählen Sie diesen Wert aus. Drücken Sie anschließend die [↵]-Taste.

Ihr Bildschirm sollte nun so wie in der folgenden Abbildung aussehen.

Wenn Sie Datumsangaben im Kurzformat eingeben (etwa 12.6.05), werden diese automatisch in das erweiterte Format umgewandelt.

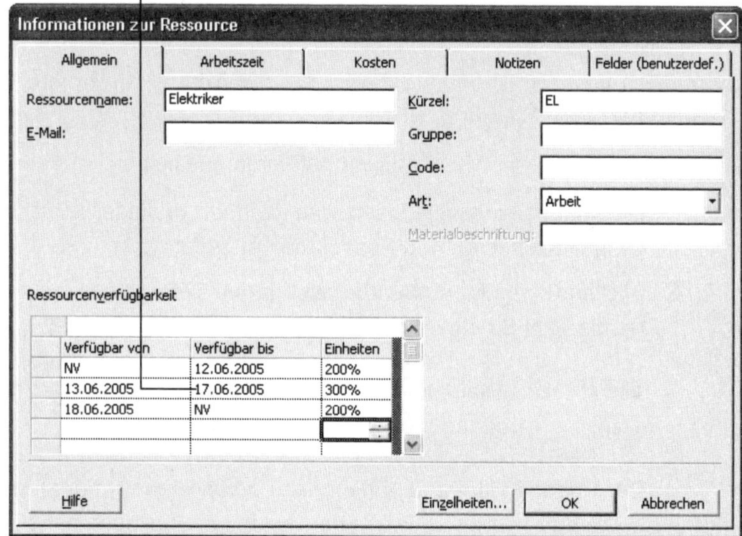

TIPP Unternehmensübergreifendes Projektmanagement (*Enterprise Project Management - EPM*): Wenn Sie mit Microsoft Project Professional und Microsoft Project Server arbeiten, enthält das Dialogfeld **Informationen zur Ressource** weitere Optionen für unternehmensweite Ressourcenfunktionen.

Nun können Sie für den Zeitraum zwischen dem 13. und dem 17. Juni bis zu drei Elektriker einplanen, ohne dass diese überlastet werden. Vor und nach dieser Zeitspanne planen Sie nur zwei Elektriker ein.

12 Klicken Sie auf **OK**, um das Dialogfeld **Informationen zur Ressource** zu schließen.

TIPP Das Feld **Max. Einh.** für die Ressource **Elektriker** enthält nur dann den Wert **300%**, wenn das aktuelle Datum (basierend auf der Systemuhr des Computers) im Zeitraum zwischen dem 13. und 17. Juni liegt. An allen anderen Tagen wird der Wert **200%** angezeigt.

Den Anfangstermin von Zuordnungen verzögern

Es kann vorkommen, dass einem Vorgang mehrere Ressourcen zugeordnet sind, die aber nicht gleichzeitig mit der Ausführung ihrer Arbeit beginnen sollen. Sie können in diesem Fall den Anfangstermin einer oder mehrerer Ressourcen verzögern.

Angenommen, einem Vorgang sind vier Ressourcen zugeordnet. Zu Beginn arbeiten an dem Vorgang drei Ressourcen. Die vierte Ressource wird später die Qualität der Arbeit überprüfen. Diese Ressource sollte ihre Arbeit später als die anderen drei Ressourcen aufnehmen.

TIPP Wenn Sie den Start aller Ressourcen verzögern müssen, die einem Vorgang zugeordnet sind, sollten Sie den Anfangstermin des Vorgangs neu planen, anstatt die einzelnen Ressourcenzuordnungen zu ändern.

In der folgenden Übung verzögern Sie den Anfangstermin einer Ressourcenzuordnung für einen Vorgang.

1 Klicken Sie im Menü **Ansicht** auf **Vorgang: Einsatz**.

Die Ansicht **Vorgang: Einsatz** wird geöffnet. In dieser Ansicht werden zu jedem Vorgang die zugeordneten Ressourcen aufgeführt.

2 Klicken Sie im Menü **Bearbeiten** auf den Befehl **Gehe zu**, geben Sie in das Feld **Nr.** die Zahl ***84*** ein und klicken Sie anschließend auf **OK**.

TIPP Das Dialogfeld **Gehe zu** können Sie auch mit der Tastenkombination [Strg] + [G] öffnen.

Der Vorgang **Film- und Audiomaster archivieren** wird angezeigt. Ihr Bildschirm sollte nun in etwa so wie in der folgenden Abbildung aussehen.

Vorgang: Einsatz

		Vorgangsname	Arbeit	Einzelheiten	S	18. Dez '05 S	M	D	M	D	F	S	25. De S
84		⊟ Film- und Audiomaster	20 Std.	Arbeit			11,97h	8,03h					
		Dora Hermann	*4 Std.*	Arbeit			2,4h	1,6h					
		Labor	*8 Std.*	Arbeit			4,78h	3,22h					
85		*Michael Patten*	*8 Std.*	Arbeit			4,78h	3,22h					
		⊟ Fertige Filme an Vertriel	8 Std.	Arbeit				4,78h	3,22h				
		Michael Patten	*8 Std.*	Arbeit				4,78h	3,22h				
				Arbeit									
				Arbeit									
				Arbeit									
				Arbeit									
				Arbeit									
				Arbeit									
				Arbeit									
				Arbeit									
				Arbeit									
				Arbeit									
				Arbeit									
				Arbeit									
				Arbeit									

Diesem Vorgang sind momentan drei Ressourcen zugeordnet (zwei Personen und das Labor). Sie möchten nun den Anfangstermin für die Arbeit von Dora Hermann auf Mittwoch, den 21. Dezember verzögern.

3 Wählen Sie in der Spalte **Vorgangsname** den Namen der Ressource **Dora Hermann** aus.

4 Klicken Sie in der Standardsymbolleiste auf die Schaltfläche **Informationen zur Zuordnung.**

Informationen zur Zuordnung

Das Dialogfeld **Informationen zur Zuordnung** wird geöffnet.

5 Klicken Sie auf die Registerkarte **Allgemein.**

6 Geben Sie in das Feld **Anfang** das Datum ***21.12.05*** ein oder wählen Sie es aus und klicken Sie anschließend auf **OK**, um das Dialogfeld **Informationen zur Zuordnung** zu schließen.

Die Arbeit insgesamt ändert sich für den Vorgang nicht.

Vorgang: Einsatz

		Vorgangsname	Arbeit	Einzelheiten	18. Dez '05 S	M	D	M	D	F	S	25. Dez '05 S	M
84		⊟ Film- und Audiomaster	20 Std.	Arbeit		9,58h	6,42h	4h					
		Dora Hermann	*4 Std.*	Arbeit		0h	0h	4h					
		Labor	*8 Std.*	Arbeit		4,78h	3,22h						
		Michael Patten	*8 Std.*	Arbeit		4,78h	3,22h						
85		⊟ Fertige Filme an Vertrie	8 Std.	Arbeit					8h				
		Michael Patten	*8 Std.*	Arbeit					8h				
				Arbeit									
				Arbeit									
				Arbeit									
				Arbeit									
				Arbeit									
				Arbeit									
				Arbeit									
				Arbeit									
				Arbeit									
				Arbeit									
				Arbeit									
				Arbeit									
				Arbeit									

Wenn Sie den Start der Ressourcenzuordnung verzögern, wird die Arbeit auf den nächsten Wochentag verschoben.

TIPP Falls eine Zuordnung zu einem bestimmten Datum und zu einer bestimmten Uhrzeit beginnen soll, können Sie die Uhrzeit zusammen mit dem Datum in das Feld **Anfang** eingeben. Soll beispielsweise die Zuordnung von Dora Hermann am 21.12.05 um 13:00 beginnen, geben Sie in das Feld **Anfang** den Wert ***21.12.05 13:00*** ein. Wird keine Uhrzeit angegeben, verwendet Microsoft Project die Standardzeit, die auf der Registerkarte **Kalender** im Dialogfeld **Optionen** angegeben ist.

Die Zuordnung der Personalressource Dora Hermann zu diesem Vorgang wurde nun so geändert, dass sie am Montag und am Dienstag keine Arbeit ausführt. Dafür werden aber am Mittwoch vier Arbeitsstunden für sie eingeplant. Die anderen diesem Vorgang zugeordneten Ressourcen sind von dieser Änderung nicht betroffen. Beachten Sie jedoch, dass sich zwar die Gesamtarbeitszeit nicht geändert hat, jedoch die Dauer. Die Arbeit erstreckt sich nun statt über zwei über drei Tage.

TIPP Über den Projektberater können Sie auch andere Ressourcenzuordnungen verändern. Klicken Sie in der Symbolleiste **Projektberater** auf die Schaltfläche **Überwachen** und anschließend auf den Link **Durchführen von Änderungen am Projekt.** In der Ansicht **Projektberater: Bearbeiten einer Zuordnungsansicht** können Sie nun Ihre Änderungen vornehmen.

Arbeitsprofile auf Zuordnungen anwenden

In den Ansichten **Ressource: Einsatz** und **Vorgang: Einsatz** lässt sich genau ablesen, wie lange jede Ressource für die Arbeit an einem Vorgang eingeplant ist. Sie können die Zuordnungsdetails aber nicht nur anzeigen, sondern auch den Zeitumfang ändern, den eine Ressource innerhalb eines bestimmten Zeitraums für den Vorgang tätig ist. Diese Änderung kann auf zwei Arten durchgeführt werden:

- Weisen Sie einer Zuordnung ein vordefiniertes *Arbeitsprofil* zu. Vordefinierte Arbeitsprofile beschreiben in grafischer Form, wie die Arbeit im Projektverlauf verteilt ist. Das vordefinierte Arbeitsprofil **Glocke** verteilt die Arbeit beispielsweise so, dass sie größtenteils in der Mitte der Zuordnung und nur in geringerem Umfang am Anfang und am Ende ausgeführt wird. Wenn Sie diesen Arbeitsverlauf in einem Diagramm darstellen, erhalten Sie eine Grafik, die einer Glocke ähnelt.
- Nehmen Sie manuelle Änderungen an den Zuordnungsdetails vor. Sie können beispielsweise in den Ansichten **Ressource: Einsatz** und **Vorgang: Einsatz** die Zuordnungswerte direkt im Zeitraster ändern.

Welches Arbeitsprofil Sie zuweisen oder welche Änderungen Sie an einer Zuordnung vornehmen, hängt vom gewünschten Resultat ab. Vordefinierte Arbeitsprofile eignen sich vor allem für Zuordnungen, deren Arbeitsverlauf sich einigermaßen vorhersagen lässt. So könnte für einen Vorgang, der eine erhebliche Anlaufzeit benötigt, ein endlastiges Arbeitsprofil verwendet werden. Dieses Profil impliziert, dass die Ressource gegen Ende der Zuordnung am produktivsten sein wird.

In der folgenden Übung wenden Sie auf die Zuordnungen eines Vorgangs ein vordefiniertes Arbeitsprofil an und bearbeiten eine andere Zuordnung manuell.

1 Klicken Sie im Menü **Bearbeiten** auf den Befehl **Gehe zu**, geben Sie in das Feld **Nr.** die Zahl **79** ein und klicken Sie anschließend auf **OK**.

Der Vorgang 79, **Text aufnehmen**, wird angezeigt. Diesem Vorgang sind drei Ressourcen zugeordnet. Ihr Bildschirm sollte nun in etwa so wie in der folgenden Abbildung aussehen.

Vorgang: Einsatz

	❶	Vorgangsname	Arbeit	Einzelheiten		09. Okt '05							16. Ok
					S	S	M	D	M	D	F	S	S
79		⊟ Text aufnehmen	320 Std.	Arbeit			4,37h	24h	24h	24h	24h		
		David Kampma	*106,67 Std.*	Arbeit			1,45h	8h	8h	8h	8h		
		Michael Patten	*106,67 Std.*	Arbeit			1,45h	8h	8h	8h	8h		
		Stefan Meier	*106,67 Std.*	Arbeit			1,45h	8h	8h	8h	8h		
80		⊟ Vor- und Abspann fertiç	120 Std.	Arbeit									
		Labor	*40 Std.*	Arbeit									
		Michael Braun	*40 Std.*	Arbeit									
		Michael Patten	*40 Std.*	Arbeit									
81		⊟ Soundtrack fertig stelle	128 Std.	Arbeit									
		Michael Patten	*128 Std.*	Arbeit									
82		⊟ Negativ ziehen	26 Std.	Arbeit									
		Florian Voss	*26 Std.*	Arbeit									
83		⊟ Synchronisationsmast	48 Std.	Arbeit									
		Dora Hermann	*48 Std.*	Arbeit									
84		⊟ Film- und Audiomaster	20 Std.	Arbeit									
		Dora Hermann	*4 Std.*	Arbeit									
		Labor	*8 Std.*	Arbeit									
		Michael Patten	*8 Std.*	Arbeit									
85		⊟ Fertige Filme an Vertrie	8 Std.	Arbeit									

Auf der rechten Seite sehen Sie anhand der terminbezogenen Daten, dass alle vier Ressourcen regelmäßig acht Stunden pro Tag für diesen Vorgang arbeiten, mit Ausnahme des ersten und des letzten Tages. Die Zuordnung hat in diesem Fall ein flaches Arbeitsprofil. Dieses Arbeitsprofil wird standardmäßig von Microsoft Project bei der Arbeitsplanung verwendet.

Sie möchten nun die Zuordnung von Michael Patten zu diesem Vorgang ändern. Während die anderen zugeordneten Ressourcen einen vollen Arbeitstag beschäftigt sind, soll Michael Patten mit einer kurzen täglichen Arbeitszeit beginnen, die sich aber im Verlauf der Vorgangsausführung ständig erhöht. Michael Patten soll auch dann noch an dem Vorgang arbeiten, wenn die Arbeit der anderen zugeordneten Ressourcen bereits abgeschlossen ist. Zu diesem Zweck wenden Sie auf diese Zuordnung ein endlastiges Arbeitsprofil an.

2 Klicken Sie im Feld **Vorgangsname** auf den Namen **Michael Patten** (die zweite Ressource, die dem Vorgang 79 zugeordnet ist).

Informationen zur Zuordnung

3 Klicken Sie in der Standardsymbolleiste auf die Schaltfläche **Informationen zur Zuordnung**.

Das Dialogfeld **Informationen zur Zuordnung** wird geöffnet.

4 Klicken Sie auf die Registerkarte **Allgemein**.

5 Wählen Sie im Feld **Arbeitsprofil** den Eintrag **Endlastig** und klicken Sie anschließend auf **OK**, um das Dialogfeld **Informationen zur Zuordnung** zu schließen.

Das Arbeitsprofil wird auf diese Zuordnung der Ressource angewendet und die Arbeit für den Vorgang neu geplant. Ihr Bildschirm sollte nun in etwa so wie in der folgenden Abbildung aussehen.

Das endlastige Arbeitsprofil sorgt dafür, dass Microsoft Project der Ressource am Anfang wenig Arbeit zuweist und dann immer mehr.

		Vorgangsname	Arbeit	Dauer	Einzelheiten	M	D	M	D	F	S	S
79		⊟ Text aufnehmen	320 Std.	22,22 Tage	Arbeit	3,05h	16,8h	16,8h	17,18h	17,2h		
		David Kampma	*106,67 Std.*		Arbeit	1,45h	8h	8h	8h	8h		
		Michael Patten	*106,67 Std.*		Arbeit	0,15h	0,8h	0,8h	1,18h	1,2h		
		Stefan Meier	*106,67 Std.*		Arbeit	1,45h	8h	8h	8h	8h		
80		⊟ Vor- und Abspann fertig	120 Std.	1 Woche	Arbeit							
		Labor	*40 Std.*		Arbeit							
		Michael Braun	*40 Std.*		Arbeit							
		Michael Patten	*40 Std.*		Arbeit							
81		⊟ Soundtrack fertig stelle	128 Std.	16 Tage	Arbeit							
		Michael Patten	*128 Std.*		Arbeit							
82		⊟ Negativ ziehen	26 Std.	3,25 Tage	Arbeit							
		Florian Voss	*26 Std.*		Arbeit							
83		⊟ Synchronisationsmast	48 Std.	12 Tage	Arbeit							
		Dora Hermann	*48 Std.*		Arbeit							
84		⊟ Film- und Audiomaster	20 Std.	2 Tage	Arbeit							
		Dora Hermann	*4 Std.*		Arbeit							
		Labor	*8 Std.*		Arbeit							
		Michael Patten	*8 Std.*		Arbeit							
85		⊟ Fertige Filme an Vertrie	8 Std.	1 Tag	Arbeit							

Der Arbeitsprofil-Indikator gibt den Typ des angewendeten Arbeitsprofils wieder.

Wenn Sie für die terminbezogenen Daten einen Bildlauf nach rechts ausführen, können Sie an der Arbeitsdauer der aufeinander folgenden Tage erkennen, dass sich die Arbeitszeit von Michael Patten in dieser Zuordnung allmählich erhöht. Im Indikatorenfeld wird ein Arbeitsprofil-Indikator angezeigt, der das für die Zuordnung verwendete Arbeitsprofil repräsentiert.

6 Zeigen Sie auf den Indikator.

Microsoft Project blendet eine QuickInfo ein, die die Art des zugeordneten Arbeitsprofils beschreibt.

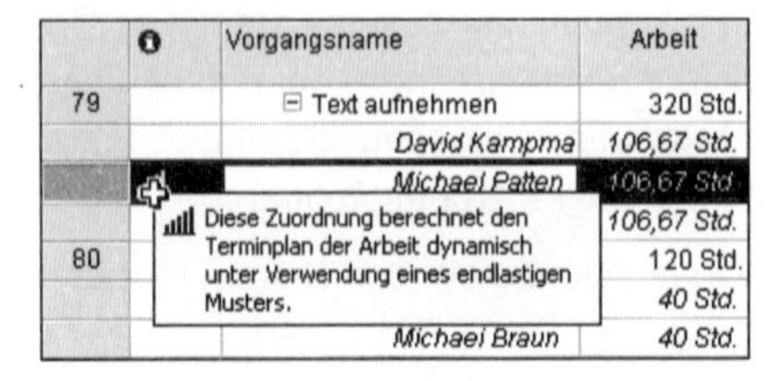

Da die Zuordnung Michael Pattens zu diesem Vorgang später als die Zuordnungen der anderen Ressourcen endet, hängt der Endtermin des Vorgangs von

Michael Patten ab. Michael Patten ist damit die bestimmende Ressource für diesen Vorgang.

Als Nächstes nehmen Sie direkte Änderungen an den Zuordnungswerten eines Vorgangs vor.

TIPP Die Anwendung eines Arbeitsprofils auf diese Zuordnung hat zur Verlängerung der Vorgangsgesamtdauer geführt. Wenn Sie dies nicht wollen, können Sie die Vorgangsart in **Feste Dauer** ändern, bevor Sie ein Profil zuweisen. (Hierzu klicken Sie im Menü **Projekt** auf den Befehl **Informationen zum Vorgang** und wählen dann auf der Registerkarte **Spezial** als Vorgangsart **Feste Dauer**.) Wenn Sie nach der Änderung der Vorgangsart ein Profil zuweisen, berechnet Microsoft Project den Arbeitswert der Ressource neu, so dass sie im selben Zeitraum weniger Arbeitsleistung erbringt.

7 Klicken Sie im Menü **Bearbeiten** auf den Befehl **Gehe zu**, geben Sie in das Feld **Nr.** die Zahl **2** und klicken Sie anschließend auf **OK**.

Es wird ein vertikaler Bildlauf zu Vorgang 2, **Drehbuch überarbeiten**, ausgeführt.

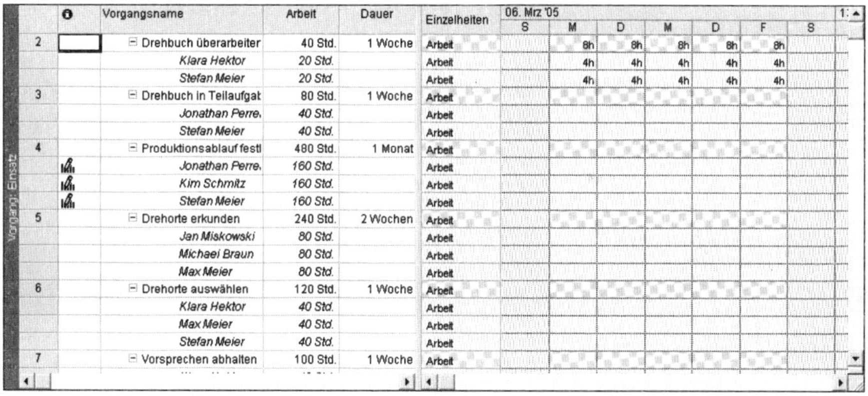

Vorgang: Einsatz

	❶	Vorgangsname	Arbeit	Dauer	Einzelheiten	06. Mrz '05 S	M	D	M	D	F	S
2		⊟ Drehbuch überarbeiter	40 Std.	1 Woche	Arbeit		8h	8h	8h	8h	8h	
		Klara Hektor	*20 Std.*		Arbeit		4h	4h	4h	4h	4h	
		Stefan Meier	*20 Std.*		Arbeit		4h	4h	4h	4h	4h	
3		⊟ Drehbuch in Teilaufgat	80 Std.	1 Woche	Arbeit							
		Jonathan Perre.	*40 Std.*		Arbeit							
		Stefan Meier	*40 Std.*		Arbeit							
4		⊟ Produktionsablauf festl	480 Std.	1 Monat	Arbeit							
		Jonathan Perre.	*160 Std.*		Arbeit							
		Kim Schmitz	*160 Std.*		Arbeit							
		Stefan Meier	*160 Std.*		Arbeit							
5		⊟ Drehorte erkunden	240 Std.	2 Wochen	Arbeit							
		Jan Miskowski	*80 Std.*		Arbeit							
		Michael Braun	*80 Std.*		Arbeit							
		Max Meier	*80 Std.*		Arbeit							
6		⊟ Drehorte auswählen	120 Std.	1 Woche	Arbeit							
		Klara Hektor	*40 Std.*		Arbeit							
		Max Meier	*40 Std.*		Arbeit							
		Stefan Meier	*40 Std.*		Arbeit							
7		⊟ Vorsprechen abhalten	100 Std.	1 Woche	Arbeit							

Beachten Sie, dass Klara Hektor momentan für vier Stunden pro Tag über die gesamte Zuordnungsdauer hinweg zugeordnet ist. Warum vier Stunden? Klara arbeitet normalerweise acht Stunden pro Tag (wird über ihren Ressourcenkalender festgelegt). Sie wurde diesem Vorgang mit 50 Prozent zugeordnet. Das entspricht vier Stunden pro Tag.

Sie möchten die Zuordnung von Klara Hektor für die letzten zwei Tage des Vorgangs so ändern, dass sie Vollzeit arbeitet. Zu diesem Zweck ändern Sie die entsprechenden Zuordnungswerte manuell.

8 Markieren Sie bei Klara Hektor die 4-Stunden-Zuordnung für Donnerstag, den 10. März.

9 Geben Sie ***8h*** ein und drücken Sie dann die [Tab]-Taste.

10 Geben Sie bei Klaras Zuordnung für Freitag den Wert ***8h*** ein und drücken Sie dann die [↵]-Taste.

Dieser Indikator kennzeichnet Zuordnungen, die manuell geändert wurden.

	Vorgangsname	Arbeit	Dauer	Einzelheiten	06. Mrz '05 S	M	D	M	D	F	S
2	⊟ Drehbuch überarbeiter	48 Std.	1 Woche	Arbeit		8h	8h	8h	12h	12h	
	Klara Hektor	*28 Std.*		Arbeit		4h	4h	4h	8h	8h	
	Stefan Meier	*20 Std.*		Arbeit		4h	4h	4h	4h	4h	
3	⊟ Drehbuch in Teilaufgak	80 Std.	1 Woche	Arbeit							
	Jonathan Perre.	*40 Std.*		Arbeit							
	Stefan Meier	*40 Std.*		Arbeit							
4	⊟ Produktionsablauf festl	480 Std.	1 Monat	Arbeit							
	Jonathan Perre.	*160 Std.*		Arbeit							
	Kim Schmitz	*160 Std.*		Arbeit							
	Stefan Meier	*160 Std.*		Arbeit							
5	⊟ Drehorte erkunden	240 Std.	2 Wochen	Arbeit							
	Jan Miskowski	*80 Std.*		Arbeit							
	Michael Braun	*80 Std.*		Arbeit							
	Max Meier	*80 Std.*		Arbeit							
6	⊟ Drehorte auswählen	120 Std.	1 Woche	Arbeit							
	Klara Hektor	*40 Std.*		Arbeit							
	Max Meier	*40 Std.*		Arbeit							
	Stefan Meier	*40 Std.*		Arbeit							
7	⊟ Vorsprechen abhalten	100 Std.	1 Woche	Arbeit							

Nun haben Sie Klara für die zwei Tage eine Arbeitszeit von acht Stunden zugeordnet. Microsoft Project zeigt einen Arbeitsprofil-Indikator an, der besagt, dass ein manuell bearbeitetes Arbeitsprofil angewendet wurde.

Zuordnungsnotiz

WICHTIG Falls Sie Details zu einer Profilzuordnung dokumentieren wollen, können Sie eine Zuordnungsnotiz anlegen. Markieren Sie dazu die Zuordnung in der Ansicht **Vorgang: Einsatz** oder der Ansicht **Ressource: Einsatz** und klicken Sie dann in der Standardsymbolleiste auf die Schaltfläche **Zuordnungsnotizen**. Zuordnungsnotizen entsprechen Vorgangs- und Ressourcennotizen.

Unterschiedliche Kostensätze für Zuordnungen auswählen

Pro Ressource können bis zu fünf unterschiedliche Kostensätze definiert werden. Damit besteht die Möglichkeit, für verschiedene Zuordnungen einer Ressource unterschiedliche Kostensätze anzuwenden. Sie können den Kostensatz beispielsweise auf die jeweilige Tätigkeit abstimmen. Standardmäßig wird für jede Zuordnung zunächst die Kostensatztabelle A verwendet. Sie können aber bei Bedarf auch eine andere Tabelle angeben.

Weiter vorn in diesem Kapitel haben Sie für Jan Miskowski eine zweite Kostensatztabelle erstellt. Sie kommt zur Anwendung, wenn Jan Miskowski nicht als Aufnahmeleiter, sondern als Kameramann arbeitet. Jan Miskowski ist derzeit Vorgang 27, **Szene 7 drehen**, als Kameramann zugeordnet. Die entsprechende Zuordnung enthält aber noch den Kostensatz für seine Tätigkeit als Aufnahmeleiter. In der folgenden Übung wechseln Sie die Kostensatztabelle für diese Zuordnung.

1 Wählen Sie im Menü **Bearbeiten** den Befehl **Gehe zu**, geben Sie in das Feld **Nr.** den Wert ***27*** ein und klicken Sie dann auf **OK**.

Microsoft Project blättert in der Ansicht **Vorgang: Einsatz** zum Vorgang 27, **Szene 7 drehen.**

2 Zeigen Sie im Menü **Ansicht** auf **Tabelle: Einsatz** und klicken Sie dann auf **Kosten.**

Microsoft Project zeigt die Kostentabelle an.

3 Klicken Sie auf den Zeilenkopf direkt links neben **Jan Miskowski**, um die gesamte Zuordnung zu markieren.

4 Blättern Sie in der Tabelle nach rechts, bis die Spalte **Gesamtkosten** zu sehen ist.

In der Kostentabelle können Sie die Gesamtkosten für den Vorgang und jede Zuordnung prüfen. Um weitere Kostenwerte für die Zuordnungen anzuzeigen, blättern Sie in der Tabelle nach rechts.

Vorgang: Einsatz

	Fälligkeit fester Kosten	Gesamtkosten	Geplant	Abw	Einzelheiten				29. Mai '05				
						D	F	S	S	M	D	M	D
27	Anteilig	1.483,00 €	0,00 €		Arbeit		40,8h			95,2h			
		150,00 €	*0,00 €*		Arbeit		7,2h			16,8h			
		40,00 €	*0,00 €*		Arbeit		4,8h			11,2h			
		0,00 €	*0,00 €*		Arbeit		2,4h			5,6h			
		112,00 €	*0,00 €*		Arbeit		2,4h			5,6h			
		150,00 €	*0,00 €*		Arbeit		2,4h			5,6h			
		150,00 €	*0,00 €*		Arbeit		2,4h			5,6h			
		75,00 €	*0,00 €*		Arbeit		2,4h			5,6h			
		96,00 €	*0,00 €*		Arbeit		2,4h			5,6h			
		112,00 €	*0,00 €*		Arbeit		2,4h			5,6h			
		144,00 €	*0,00 €*		Arbeit		2,4h			5,6h			
		155,00 €	*0,00 €*		Arbeit		2,4h			5,6h			
		75,00 €	*0,00 €*		Arbeit		2,4h			5,6h			
		112,00 €	*0,00 €*		Arbeit		2,4h			5,6h			
		112,00 €	*0,00 €*		Arbeit		2,4h			5,6h			
28	Anteilig	516,00 €	0,00 €		Arbeit					6h	18h		
		105,60 €	*0,00 €*		Arbeit					1,2h	3,6h		
		180,00 €	*0,00 €*		Arbeit					2,4h	7,2h		
		230,40 €	*0,00 €*		Arbeit					2,4h	7,2h		

Die aktuellen Kosten für die Zuordnung zu diesem Vorgang betragen 150,00 €.

Informationen zur Zuordnung

5 Klicken Sie in der Standardsymbolleiste auf die Schaltfläche **Informationen zur Zuordnung.**

Das Dialogfeld **Informationen zur Zuordnung** wird geöffnet.

6 Klicken Sie auf die Registerkarte **Allgemein**, falls diese nicht bereits aktiviert ist.

7 Geben Sie in das Feld **Kostensatztabelle** den Buchstaben ***B*** ein (oder wählen Sie ihn im Dropdown-Listenfeld aus) und klicken Sie anschließend auf **OK**, um das Dialogfeld **Informationen zur Zuordnung** zu schließen.

Für die Zuordnung wird nun die Kostensatztabelle **B** der Ressource Jan Miskowski angewendet und die Zuordnungsgesamtkosten werden neu berechnet. Diese neuen Kosten werden in der Spalte **Gesamtkosten** angezeigt und betragen 112,00 €.

TIPP Wenn Sie häufig Kostensatztabellen für Zuordnungen ersetzen, sollten Sie das Feld **Kostensatztabelle** direkt in die Ansicht **Ressource: Einsatz** oder **Vorgang: Einsatz** einfügen. Markieren Sie dazu zunächst eine Spaltenüberschrift und klicken Sie danach im Menü **Einfügen** auf den Befehl **Spalte**. Wählen Sie dann in der Dropdownliste **Feldname** den Eintrag **Kostensatztabelle** aus und klicken Sie abschließend auf **OK**.

Verbrauchsraten für Materialressourcen eingeben

Wenn Sie Kapitel 4 durchgearbeitet haben, haben Sie dort eine Materialressource mit einem festen Materialumfang – einer *festen Materialverbrauchsrate* – einem Vorgang zugeordnet. Sie können für Materialressourcen aber auch *variable Materialverbrauchsraten* festlegen. Zwischen den beiden Zuordnungsraten bestehen folgende Unterschiede:

- Eine feste Materialverbrauchsrate definiert eine unveränderliche Menge an Material. Sie ist nicht von der Dauer des Vorgangs abhängig, dem die Materialressource zugeordnet ist. Für das Gießen eines Fundaments ist beispielsweise eine bestimmte Menge Beton erforderlich, unabhängig davon, wie lange der Vorgang dauert.
- Eine variable Materialverbrauchsrate legt den Verbrauch der Materialressource in Abhängigkeit von der Dauer des Vorgangs fest. Beispielsweise werden beim Drehen eines Films in vier Stunden Drehzeit mehr Meter Film als in zwei Stunden verbraucht. Sie können deshalb eine Verbrauchsrate pro Stunde festlegen. Wenn Sie für die Zuordnung einer Materialressource eine variable Verbrauchsrate definieren, berechnet Microsoft Project den Gesamtumfang des verbrauchten Materials basierend auf der Vorgangsdauer. Der Vorteil einer variablen Verbrauchsrate liegt darin, dass der Materialverbrauch an die Dauer des Vorgangs gekoppelt ist. Sobald sich die Vorgangsdauer ändert, werden die berechnete Menge und die Kosten der Materialressource entsprechend angepasst.

In beiden Fällen berechnet Microsoft Project die Gesamtkosten der Zuordnung, wenn Sie einen Standardkostensatz pro Materialressourceneinheit eingeben. Wir gehen beispielsweise davon aus, dass eine 100-ft-Spule eines 16-mm-Films 20 € an Produktions- und Verarbeitungskosten verbraucht.

In der folgenden Übung geben Sie für einen Vorgang, der mit dem Drehen von Filmszenen in Zusammenhang steht, eine variable Materialverbrauchsrate pro Stunde ein.

1. Wählen Sie im Menü **Ansicht** den Befehl **Balkendiagramm (Gantt)**.

   Die Ansicht **Balkendiagramm (Gantt)** wird aktiviert.

2. Wählen Sie im Menü **Bearbeiten** den Befehl **Gehe zu**, geben Sie in das Feld **Nr.** den Wert ***27*** ein und klicken Sie dann auf **OK**.

Microsoft Project zeigt nun Vorgang 27 an, **Szene 7 drehen**. Dieser Vorgang ist der erste von mehreren erforderlichen, um den Film zu drehen. Als Nächstes ordnen Sie diesem Vorgang die Materialressource **16-mm-Film** zu.

Ressourcen zuordnen

3 Klicken Sie in der Standardsymbolleiste auf die Schaltfläche **Ressourcen zuordnen**.

Das Dialogfeld **Ressourcen zuordnen** öffnet sich.

4 Geben Sie in das Feld **Einh.** für die Ressource **16-mm-Film** den Wert ***5/h*** ein und klicken Sie dann auf die Schaltfläche **Zuordnen**.

ACHTUNG Vergewissern Sie sich, dass Sie im Dialogfeld **Ressourcen zuordnen** nicht die Ressource **16-mm-Kamera** gewählt haben.

Microsoft Project weist den Film dem Vorgang mit einem Verbrauch von fünf 100-ft-Spulen pro Tag zu.

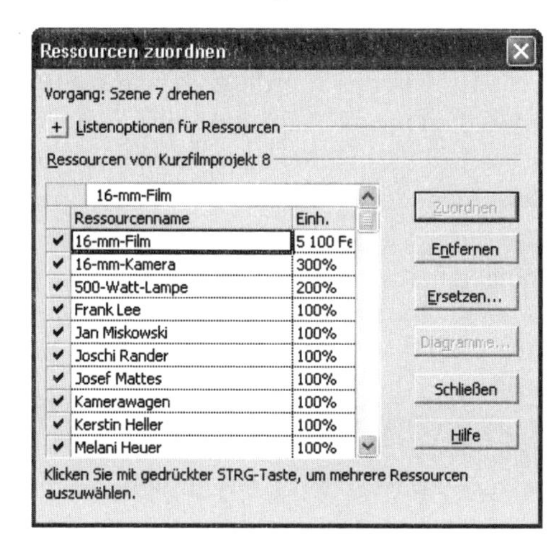

Da dieser Vorgang momentan die Dauer von acht Stunden hat, sollte die Filmgesamtzuordnung 40 Filmspulen betragen. Um dies zu überprüfen und die resultierenden Kosten der Materialressourcenzuordnung zu sehen, müssen Sie die Ansicht ändern.

5 Klicken Sie im Dialogfeld **Ressourcen zuordnen** auf die Schaltfläche **Schließen**.

6 Wählen Sie im Menü **Ansicht** den Befehl **Vorgang: Einsatz**.

Als Nächstes prüfen Sie die Kosten und Arbeitswerte der 16-mm-Film-Zuordnung zu Vorgang 27 im Dialogfeld **Informationen zur Zuordnung**.

7 Klicken Sie auf den Zeilenkopf direkt links neben der Ressource **16-mm-Film**, um die gesamte Zuordnung auszuwählen.

Informationen zur Zuordnung

8 Klicken Sie in der Standardsymbolleiste auf die Schaltfläche **Informationen zur Zuordnung**.

Das Dialogfeld **Informationen zur Zuordnung** wird geöffnet.

9 Aktivieren Sie bei Bedarf die Registerkarte **Allgemein**.

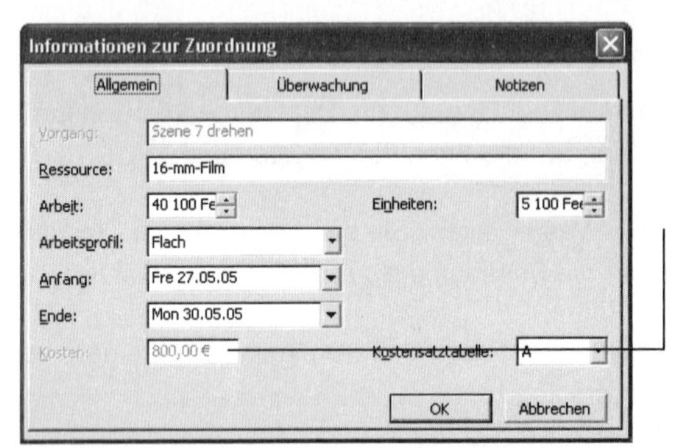

Da die Kosten für die Zuordnung von Microsoft Project berechnet werden, können Sie diesen Wert nicht direkt ändern.

Hier können Sie die Gesamtkosten der Zuordnung **16-mm-Film** für diesen Vorgang prüfen. Die berechneten Kosten für die Filmzuordnung liegen bei 800 €, was 40 Einheiten der Materialressource für diese Zuordnung entspricht (20 € pro Einheit. Dieser Wert wird im Feld **Standardsatz** für die Ressource aufgezeichnet.) Sollte sich die Dauer des Vorgangs verändern, werden die Anzahl der verbrauchten Filmeinheiten und die Gesamtkosten angepasst.

SCHLIESSEN SIE den Projektplan Kurzfilmprojekt 8.

Zusammenfassung

- Beim Arbeiten mit Ressourcenkosten können Sie unterschiedliche Kostensätze für Zuordnungen definieren und diese für bestimmte Zeiten im Projektablauf zuweisen.
- Mithilfe des Wertes **Max. Einheit** können Sie mit einer flexiblen Ressourcenverfügbarkeit im Projektverlauf arbeiten. Damit kann besser gesteuert werden, dass es nicht zu Ressourcenüberlastungen kommt.
- In einer Ansicht des Typs **Einsatz** können Sie die geplanten Arbeitswerte einer Ressourcenzuordnung im Projektverlauf bearbeiten. So ist es beispielsweise möglich, den Arbeitsbeginn einer Ressourcenzuordnung zu verzögern, ohne dass die anderen Ressourcen, die diesem Vorgang zugewiesen sind, davon betroffen sind.
- Materialressourcen, die einem Vorgang zugewiesen sind, haben entweder eine feste oder eine variable Verbrauchsrate.

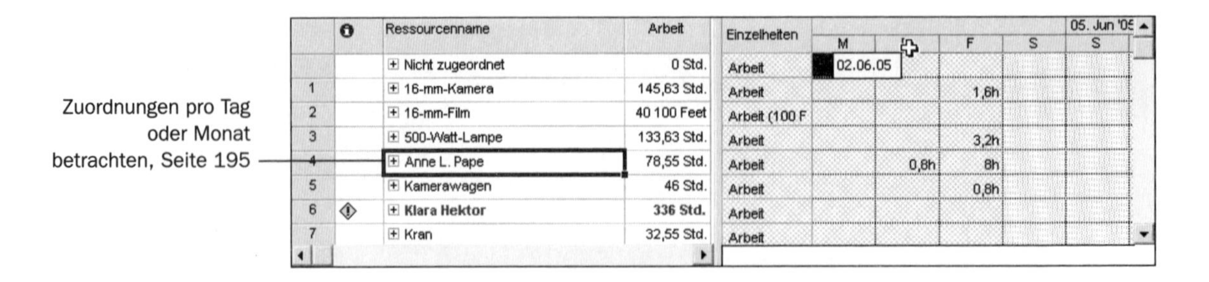

Ressourcenzuordnungen bearbeiten, um Ressourcenüberlastungen manuell aufzulösen, Seite 203

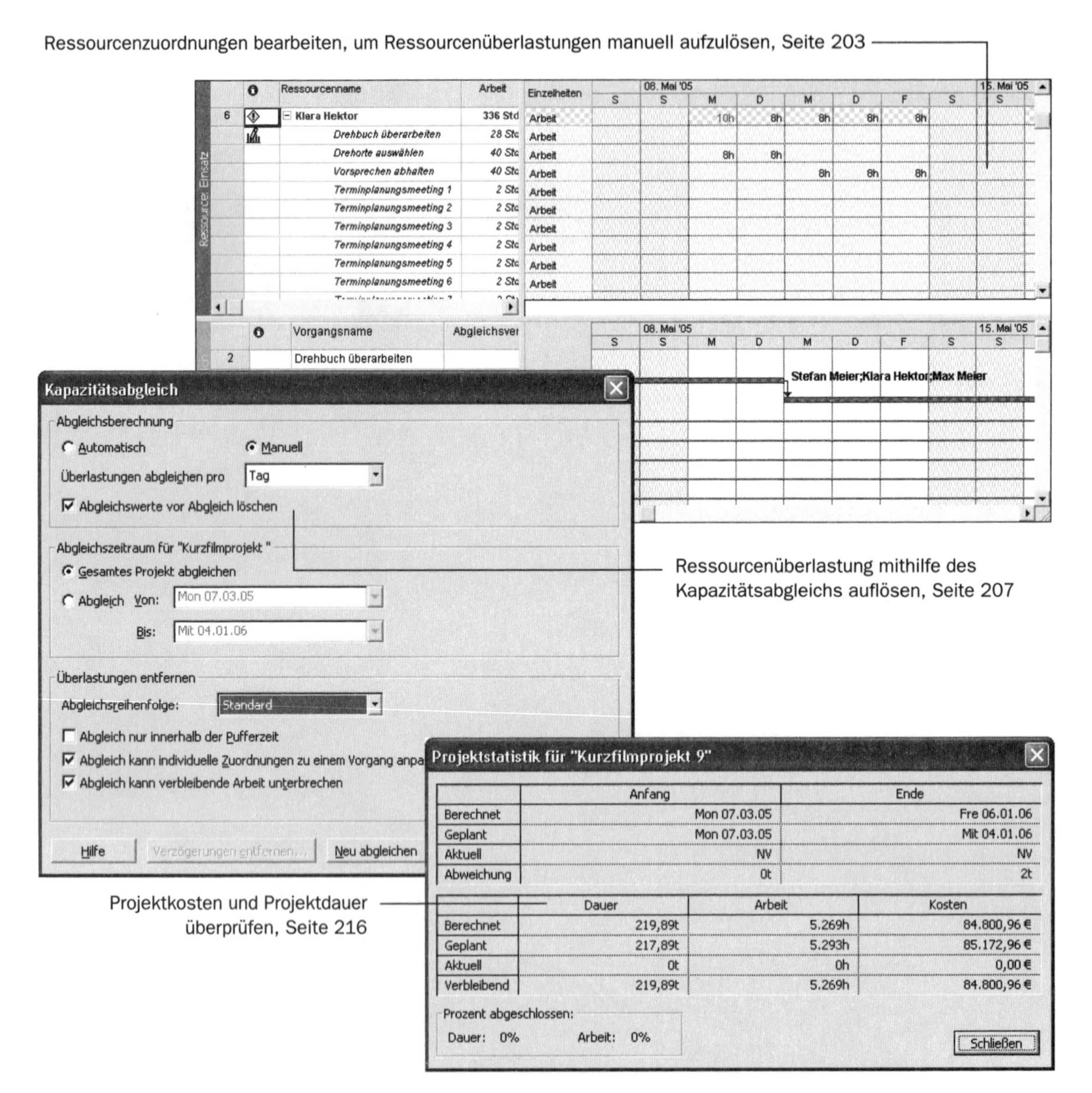

Kapitel 9 auf einen Blick

9 Projektpläne optimieren

In diesem Kapitel lernen Sie,

- ✔ **wie Sie die Ressourcenauslastung im Projektverlauf überprüfen.**
- ✔ **wie Sie eine Ressourcenüberlastung aufheben.**
- ✔ **wie Sie Ressourcenüberlastungen automatisch auflösen.**
- ✔ **wie Sie Projektkosten überprüfen.**
- ✔ **wie Sie Vorgänge auf dem kritischen Weg finden, die den Endtermin eines Projekts bestimmen.**

Siehe auch Falls Sie nur eine kurze Wiederholung zu den Themen benötigen, die in diesem Kapitel behandelt werden, lesen Sie den Schnellüberblick zu Kapitel 9 am Anfang dieses Buches.

Bisher haben Sie getrennt mit Vorgängen, Ressourcen und Zuordnungen gearbeitet. Nun werden Sie einige Einstellungen anpassen, die alle drei Elemente beeinflussen. Wenn Sie einen Projektplan erstellen, arbeiten Sie mit Vorgängen, Ressourcen und Zuordnungen. Änderungen, die Sie beispielsweise an Vorgängen vornehmen, beeinflussen die Ressourcen, die diesen Vorgängen zugeordnet sind.

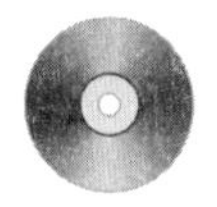

WICHTIG Bevor Sie die Übungsdateien in diesem Kapitel benutzen können, müssen Sie sie von der Begleit-CD in den vorgegebenen Standardordner installieren. Einzelheiten dazu finden Sie im Abschnitt „Die Übungsdateien installieren" am Anfang dieses Buches.

Ressourcenauslastungen im Projektverlauf überprüfen

In dieser Übung werden Sie sich mit der Auslastung von Ressourcen beschäftigen. Sie werden dabei überprüfen, welche Auswirkungen die vorgenommenen Vorgangszuordnungen auf die Arbeitsauslastung von Personal- und Ausrüstungsressourcen haben. Die Art und Weise, wie die verfügbare Zeit einer Ressource im Projektverlauf verwaltet wird, bezeichnet man als *Auslastung*. Die Auslastung einer Ressource lässt sich in drei Kategorien einteilen:

- *Nicht ausgelastet*: Die maximale Kapazität einer Ressource wird durch die vorhandenen Zuordnungen nicht ausgeschöpft. Eine Ressource, die als Vollzeitressource definiert ist und der in einer 40-Stunden-Woche nur 25 Arbeitsstunden zugewiesen werden, wird als nicht ausgelastet bezeichnet.

- *Voll ausgelastet:* Die maximale Kapazität einer Ressource wird durch die vorhandenen Zuordnungen voll ausgeschöpft. Eine Ressource, die als Vollzeitressource definiert ist und der in einer 40-Stunden-Woche 40 Arbeitsstunden zugewiesen sind, wird als voll ausgelastet bezeichnet.
- *Überlastet:* Die maximale Kapazität einer Ressource wird durch die vorhandenen Zuordnungen überschritten. Eine Ressource, die als Vollzeitressource definiert ist und der in einer 40-Stunden-Woche 65 Arbeitsstunden zugewiesen sind, wird als überlastet bezeichnet.

In Microsoft Project wird die Kapazität einer Ressource in Einheiten bemessen. Die maximale Kapazität einer Ressource wird als *maximale Einheit* bezeichnet. Einheiten werden als Zahlenwerte (zum Beispiel 3 Einheiten) oder als Prozentwerte gemessen (zum Beispiel 300 %).

Projektmanagement-Schwerpunkt: Die Ressourcenauslastung kontrollieren

Man könnte durchaus der Meinung sein, dass es für den Projektmanager ein wichtiges Ziel sei, alle Ressourcen während der gesamten Projektlaufzeit voll auszulasten. Doch dies wäre angesichts der komplexen Zusammenhänge in einem Projekt eine zu starke Vereinfachung. Abhängig von der speziellen Natur Ihres Projekts und den daran beteiligten Ressourcen können einige nicht ausgelastete Ressourcen durchaus von Vorteil sein. Überlastete Ressourcen dagegen müssen nicht in jedem Fall ein Problem darstellen, vor allem dann nicht, wenn sich das Ausmaß der Überlastung in Grenzen hält. Wenn eine Ressource nur mit einer halben Stunde überlastet ist, erhalten Sie eine Warnung. Eine derartig geringe Überlastung muss aber nicht unbedingt bereinigt werden, wenn dies aufgrund der betroffenen Ressource und der Zuordnungsart nicht zwingend erforderlich ist. Schwerwiegende Überlastungen (beispielsweise wenn einer Ressource doppelt so viel Arbeit zugewiesen wurde, als sie normalerweise an einem Tag erledigen kann) sind dagegen immer problematisch. Aus diesem Grund sollten Sie wissen, woran Sie kritische Überlastungen erkennen und wie Sie diesen begegnen können.

In der folgenden Übung überprüfen Sie die Ressourcenauslastungen und beschäftigen sich mit zwei überlasteten Ressourcen.

WICHTIG Wenn Sie mit Microsoft Project Professional arbeiten, müssen Sie unter Umständen eine einmalige Einstellung vornehmen, damit Sie mit dem eigenen Arbeitsplatz-Account und offline arbeiten können. So wird sichergestellt, dass die Übungsdateien, mit denen Sie in diesem Kapitel arbeiten, keine Auswirkungen auf Ihre Microsoft Project Server-Daten haben. Mehr Informationen hierzu finden Sie in Kapitel 1 im Abschnitt „Microsoft Office Project Professional starten".

ÖFFNEN SIE die Datei* Kurzfilmprojekt 9a*, die Sie im Ordner* Eigene Dateien\Microsoft Press\Project 2003 Training\09_ProjektpläneOptimieren *finden. Sie können den Ordner auch über* Start/Alle Programme/Microsoft Press/Project 2003 Training *öffnen.

1 Wählen Sie im Menü **Datei** den Befehl **Speichern unter**.

Das Dialogfeld **Speichern unter** öffnet sich.

2 Geben Sie im Feld **Dateiname** die Bezeichnung ***Kurzfilmprojekt 9*** ein und klicken Sie dann auf **Speichern**.

Als Nächstes setzen Sie den Projektberater ein, um die Ressourcenauslastung zu betrachten.

3 Klicken Sie in der Symbolleiste **Projektberater** auf die Schaltfläche **Berichten**.

4 Klicken Sie im Seitenbereich **Berichten** auf den Link **Anzeigen der Zeitzuteilung bei Ressourcen**.

Die entsprechende Zuteilung wird nun angezeigt.

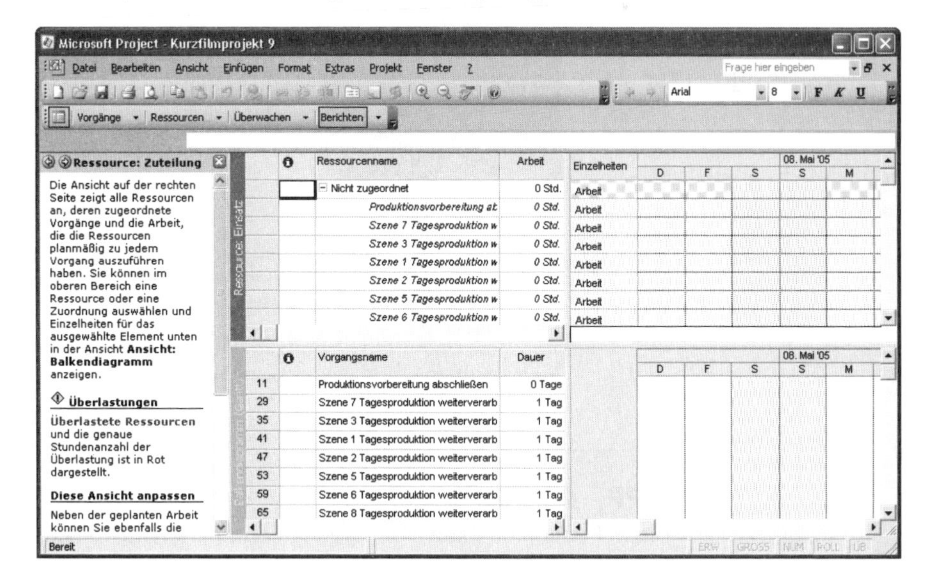

Auf der linken Seite des Bildschirms ist die Ansicht **Ressource: Einsatz** zu sehen, der Sie die Zuordnungen gruppiert nach Ressource, die Gesamtarbeit pro Ressource und die Arbeit pro Zuordnung entnehmen können. Die Daten sind in Form einer *Gliederung* organisiert, bei der weitere Ebenen ein- und ausgeblendet werden können.

Die rechte Seite der Ansicht enthält Zuordnungsdetails (standardmäßig nach Arbeit), die auf einer Zeitskala angeordnet sind. In der Zeitskala können Sie vertikal blättern, um die verschiedenen Zeitperioden zu betrachten. Sie können außerdem die Ebenen der Zeitskala ändern, um als Einheiten Wochen, Tage, Stunden etc. zu verwenden.

Als Nächstes blenden Sie eine Ebene der Gliederung in der Tabelle aus, um die Ressourcenauslastung im Projektverlauf prüfen zu können.

5 Klicken Sie auf den Spaltenkopf der Spalte **Ressourcenname.**

Teilvorgänge ausblenden

6 Klicken Sie in der Formatsymbolleiste auf die Schaltfläche **Teilvorgänge ausblenden.**

Die Ansicht **Ressource: Einsatz** wird reduziert. In der Einsatztabelle werden nur die Ressourcennamen und im Zeitraster auf der rechten Seite nur die entsprechenden Gesamtarbeitswerte angezeigt. Ihr Bildschirm sollte nun in etwa so wie in der folgenden Abbildung aussehen.

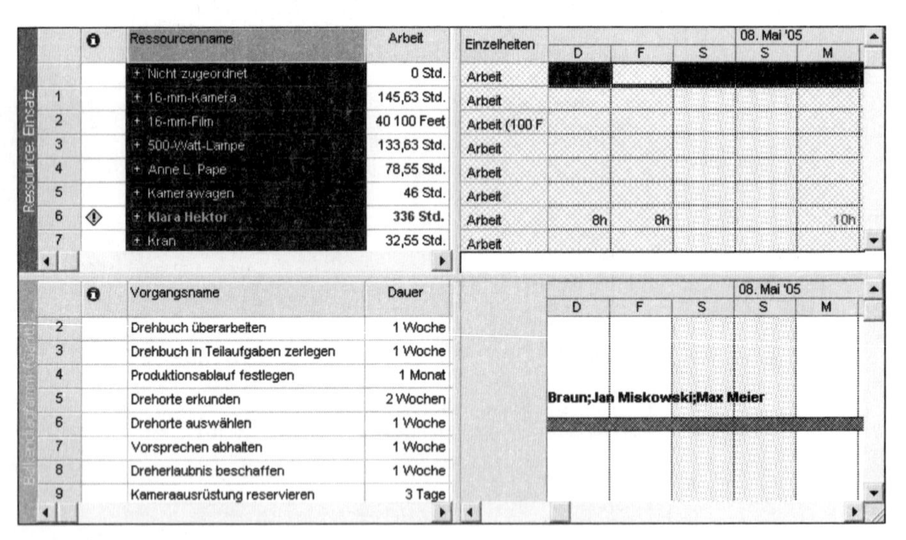

TIPP Beachten Sie den Namen der ersten Ressource, **Nicht zugeordnet.** Diese Ressource listet alle Vorgänge auf, denen keine spezifischen Ressourcen zugeordnet sind.

Als Nächstes überprüfen Sie zwei Personalressourcen und ihre Auslastung.

7 Klicken Sie in der Spalte **Ressourcenname** auf den Namen von Ressource 4, **Anne L. Pape**.

Gehe zu ausgewähltem Vorgang

8 Klicken Sie in der Standardsymbolleiste auf die Schaltfläche **Gehe zu ausgewähltem Vorgang**.

Im Zeitraster wird ein Bildlauf ausgeführt, um die früheste Zuordnung von **Anne L. Pape** anzuzeigen: 0,8 Stunden an einem Donnerstag. Unterhalb der Ansicht **Ressource: Einsatz** werden in einem Gantt-Diagramm die Vorgänge angezeigt, denen Anne L. Pape zugeordnet ist.

9 Zeigen Sie im oberen Bereich des Zeitrasters auf die Spaltenüberschrift **D**. Ihr Bildschirm sollte nun in etwa so wie in der folgenden Abbildung aussehen.

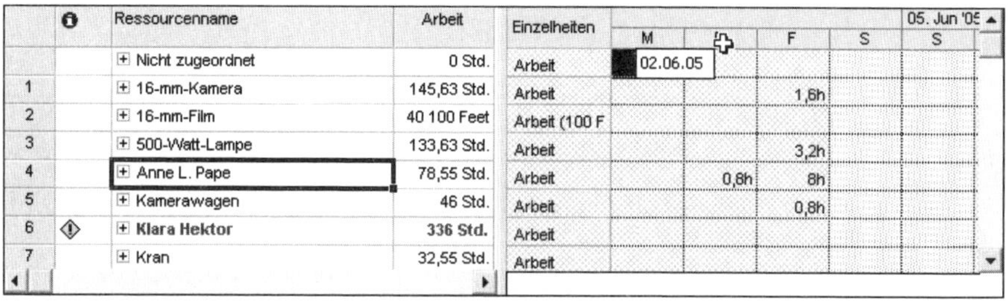

		Ressourcenname	Arbeit	Einzelheiten	M	D	F	S	S
		Nicht zugeordnet	0 Std.	Arbeit	02.06.05				
1		16-mm-Kamera	145,63 Std.	Arbeit			1,6h		
2		16-mm-Film	40 100 Feet	Arbeit (100 F					
3		500-Watt-Lampe	133,63 Std.	Arbeit			3,2h		
4		Anne L. Pape	78,55 Std.	Arbeit		0,8h	8h		
5		Kamerawagen	46 Std.	Arbeit			0,8h		
6	◈	**Klara Hektor**	**336 Std.**	Arbeit					
7		Kran	32,55 Std.	Arbeit					

Eine QuickInfo wird eingeblendet, die das Datum der Zuordnung angibt (2.6.05). Solche nützlichen QuickInfos sind in allen Zeitskala-Ansichten sowie in den Ansichten **Ressource: Einsatz** und **Balkendiagramm (Gantt)** vorhanden.

Die Zeitskala ist augenblicklich im oberen Bereich in Wochen und im unteren Teil in Tage eingeteilt. Sie ändern diese Einstellungen nun, so dass die Arbeitsdaten in größeren Zeiträumen dargestellt werden.

10 Klicken Sie am unteren Rand des Seitenbereichs **Ressource: Zuteilung** auf den Link **Zeitskala ändern**.

Das Dialogfeld **Zeitskala** öffnet sich.

TIPP Sie können auch im Menü **Format** den Befehl **Zeitskala** wählen.

Die Zeitskala kann bis zu drei Stufen enthalten, wobei der Detaillierungsgrad in der Regel abgestuft ist, wie zum Beispiel Jahre, Monate und Tage. Standardmäßig ist jedoch die oberste Ebene deaktiviert.

11 Vergewissern Sie sich, dass die Registerkarte **Mittlere Leiste** aktiviert ist und wählen Sie dann im Dropdown-Listenfeld **Einheiten** den Eintrag **Monate**.

12 Wählen Sie im Dropdown-Listenfeld **Anzeigen** im Bereich **Zeitskalaoptionen** den Eintrag **Eine Leiste (Mitte)**.

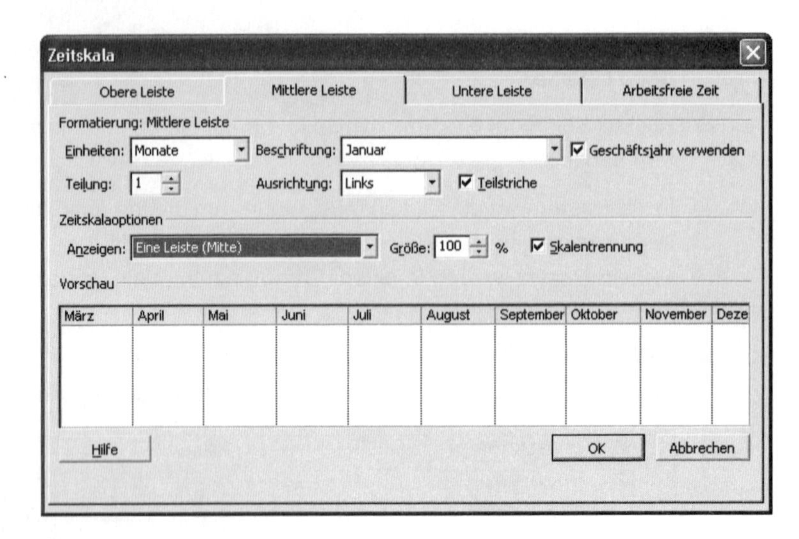

13 Klicken Sie auf **OK**, um das Dialogfeld **Zeitskala** zu schließen.

Microsoft Project ändert die Zeitskala und zeigt nun die Arbeitswerte pro Monat an.

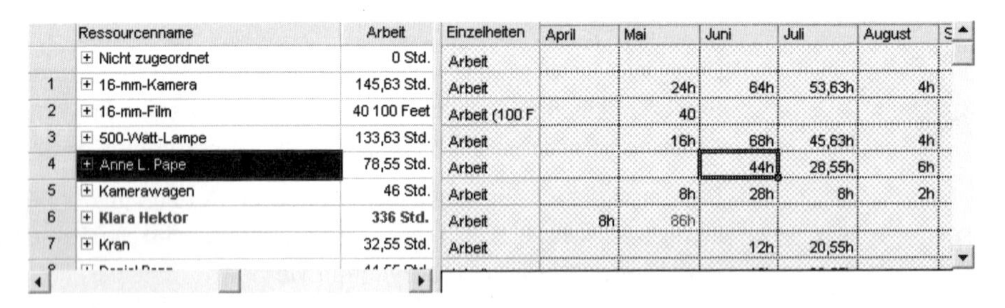

	Ressourcenname	Arbeit	Einzelheiten	April	Mai	Juni	Juli	August
	Nicht zugeordnet	0 Std.	Arbeit					
1	16-mm-Kamera	145,63 Std.	Arbeit		24h	64h	53,63h	4h
2	16-mm-Film	40 100 Feet	Arbeit (100 F		40			
3	500-Watt-Lampe	133,63 Std.	Arbeit		16h	68h	45,63h	4h
4	Anne L. Pape	78,55 Std.	Arbeit			44h	28,55h	6h
5	Kamerawagen	46 Std.	Arbeit		8h	28h	8h	2h
6	**Klara Hektor**	**336 Std.**	Arbeit	8h	86h			
7	Kran	32,55 Std.	Arbeit			12h	20,55h	

Sie können nun im Zeitraster erkennen, dass Anne L. Pape in den Monaten Juni, Juli und August, in denen für sie Zuordnungen zum Projekt vorhanden sind, nicht ausgelastet ist. Anne gehört zu den Schauspielerinnen, die nur in bestimmten Szenen benötigt werden. Die Nichtauslastung stellt somit kein Problem dar, das gelöst werden muss.

Neben dem Namen von Klara Hektor, der in roter Farbe angezeigt wird, sehen Sie einen Indikator in Form eines Ausrufezeichens. Diese Markierungen weisen darauf hin, dass die betreffenden Ressourcen überlastet sind: an einer oder mehreren Positionen im Terminplan überschreiten die ihnen zugeordneten Vorgänge ihre Arbeitskapazität. Sie bearbeiten nun die Überlastung von Klara Hektor und ändern zunächst die Einstellungen in der Zeitskala.

14 Klicken Sie am unteren Rand des Seitenbereichs **Ressource: Zuteilung** auf den Link **Zeitskala ändern**.

Das Dialogfeld **Zeitskala** öffnet sich.

15 Vergewissern Sie sich, dass die Registerkarte **Mittlere Leiste** aktiviert ist und wählen Sie dann im Dropdown-Listenfeld **Einheiten** den Eintrag **Wochen**.

16 Wählen Sie im Dropdown-Listenfeld **Anzeigen** im Bereich **Zeitskalaoptionen** den Eintrag **Zwei Leisten (Mitte, Unten)** und klicken Sie dann auf **OK**, um das Dialogfeld **Zeitskala** zu schließen.

17 Klicken Sie in der Spalte **Ressourcenname** auf den Namen von Ressource 6, **Klara Hektor**.

18 Klicken Sie in der Standardsymbolleiste auf die Schaltfläche **Gehe zu ausgewähltem Vorgang**.

Im Zeitraster wird ein Bildlauf ausgeführt, um die frühesten Zuordnungen von Klara Hektor anzuzeigen. Zu Beginn des Projekts ist Klara Hektor nicht überlastet.

19 Blättern Sie in der Ansicht **Ressource: Einsatz** so, dass **Klara Hektor** ganz oben in der Ansicht zu sehen ist, und blättern Sie dann im Zeitskala-Teil der Ansicht, um die Woche vom 8. Mai 2005 anzuzeigen.

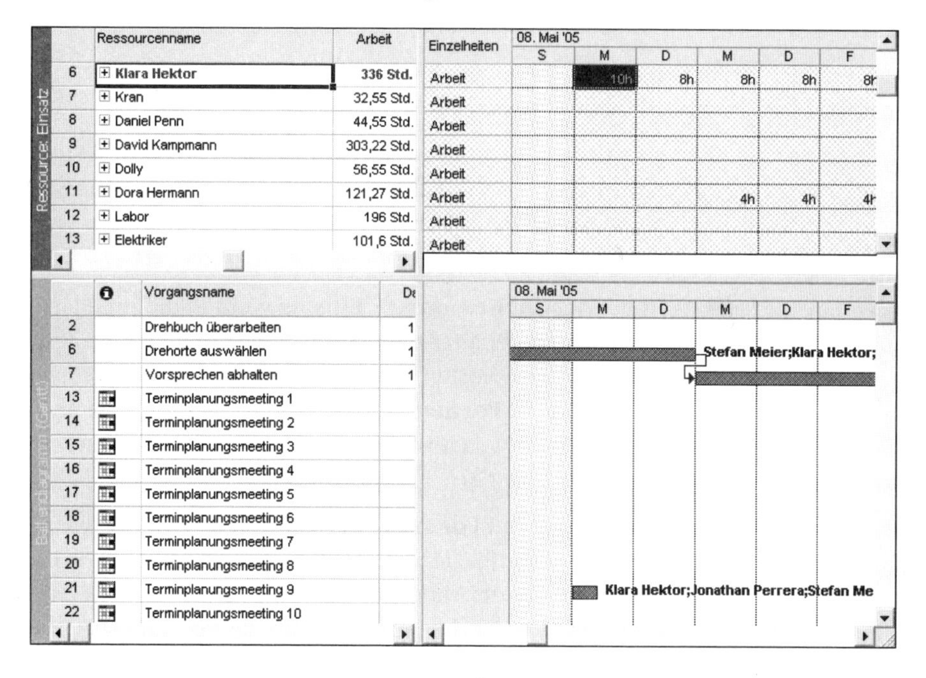

Am Montag, 9. Mai, findet sich die erste Überlastung von Klara Hektor: 10 Stunden. In der Ansicht **Balkendiagramm (Gantt)** sehen Sie am Montag zwei Vorgänge, denen Klara Hektor zugeordnet ist.

20 Klicken Sie in der Spalte **Ressourcenname** auf das Pluszeichen (+) neben dem Namen **Klara Hektor**.

Microsoft Project erweitert nun die Ansicht **Ressource: Einsatz** so, dass die individuellen Zuordnungen für Klara Hektor angezeigt werden.

21 Blättern Sie in der Ansicht **Ressource: Einsatz**, so dass alle Zuordnungen von Klara Hektor für den 9. Mai zu sehen sind.

Am 9. Mai gibt es zwei Zuordnungen: eine Zuordnung zum Vorgang **Drehort auswählen** mit acht Arbeitsstunden und eine Zuordnung zum Vorgang **Terminplanungsmeeting 9** mit zwei Arbeitsstunden. Es stellt sich nun heraus, dass beide Vorgänge so geplant wurden, dass es zwischen 8:00 Uhr und 10:00 Uhr zu einer Überschneidung kommt. (Wenn Sie diese Überschneidung anzeigen wollen, stellen Sie die Zeitskala so ein, dass die obere Skala nach Tagen und die untere Skala nach Stunden eingeteilt ist.) In diesem Fall handelt es sich um eine tatsächliche Überlastung. Klara kann nicht beide Vorgänge gleichzeitig abschließen. Da es sich jedoch in Bezug auf den Projektumfang um eine relativ geringe Überlastung handelt, werden Sie sich nicht mit der Bereinigung dieser Überlastung befassen.

Der Projektplan enthält weitaus schwerwiegendere Überlastungen. Diese werden Sie später in diesem Kapitel kennen lernen.

Im Folgenden sind einige Punkte aufgeführt, die Sie bei der Überprüfung von Ressourcenüberlastungen beachten sollten.

- Die Ansicht **Ressource: Einsatz** enthält standardmäßig die Einsatztabelle. Sie haben aber die Möglichkeit, andere Tabellen einzublenden. Klicken Sie im Menü **Ansicht** auf **Tabelle: Einsatz** und wählen Sie dann die gewünschte Tabelle.
- In der Ansicht **Ressource: Einsatz** werden die Arbeitswerte standardmäßig in einem Zeitraster angezeigt. Sie können aber auch weitere Zuordnungswerte, beispielsweise Kosten und verbleibende Verfügbarkeit, einblenden. Zeigen Sie dazu im Menü **Format** auf den Befehl **Einzelheiten** und wählen Sie dann den gewünschten Wert aus.

Vergrößern/
Verkleinern

- Zum Ändern der Einstellung im oberen und unteren Bereich der Zeitskala wählen Sie im Menü **Format** den Befehl **Zeitskala**. Sie können zu diesem Zweck auch die Schaltflächen **Vergrößern** und **Verkleinern** in der Standardsymbolleiste verwenden. Mit dieser Methode lassen sich die Daten aber unter Umständen nicht detailliert genug anzeigen. In solchen Fällen greifen Sie auf den Befehl **Zeitskala** des Menüs **Format** zurück.
- Wenn Sie die Auslastung der einzelnen Ressourcen grafisch darstellen wollen, öffnen Sie die Ansicht **Ressource: Grafik**. Wählen Sie dazu im Menü **Ansicht** den Befehl **Ressource: Grafik**. In dieser Ansicht können Sie mit den Pfeiltasten oder der horizontalen Bildlaufleiste zwischen den Ressourcen hin- und herwechseln.

Eine Ressourcenüberlastung manuell auflösen

In dieser und der nächsten Übung geht es noch einmal um die Ressourcenzuordnung, das heißt darum, wie sich Vorgangszuordnungen auf die Auslastung der Personal- und der Ausrüstungsressourcen eines Projekts auswirken. In dieser Übung bearbeiten Sie eine Zuordnung manuell, um eine Ressourcenüberlastung aufzulösen. In der darauf folgenden Übung erfahren Sie dann, wie Sie Ressourcenüberlastungen automatisch auflösen.

Die manuelle Bearbeitung einer Ressourcenzuordnung ist nur eine Möglichkeit, um eine Ressourcenüberlastung aufzulösen. Es gibt auch andere Lösungen:

- Die überlastete Ressource über die Schaltfläche **Ersetzen** im Dialogfeld **Ressourcen zuordnen** durch eine andere Ressource ersetzen.
- Den Wert im Feld **Einheiten** des Dialogfelds **Informationen zur Zuordnung** oder im Dialogfeld **Ressourcen zuordnen** reduzieren.

Ist die Überlastung gering (zum Beispiel 10 zugeordnete Arbeitsstunden bei einem normalen 8-Stunden-Arbeitstag), können Sie die Überlastung häufig im Projektplan stehen lassen.

TIPP Um mehr über die Auflösung von Ressourcenüberlastungen zu erfahren, geben Sie den Begriff ***Überlastung*** in das Feld **Frage hier eingeben** in der rechten oberen Ecke des Microsoft Project-Fensters ein.

In der folgenden Übung nutzen Sie die Ansicht **Ressource: Zuteilung**, um Ressourcenüberlastungen zu finden und zu bearbeiten.

1. Wählen Sie im Menü **Fenster** den Befehl **Teilung aufheben**.
2. Klicken Sie auf die Schaltfläche **Einblenden/Ausblenden des Projektberaters.**

Einblenden/ Ausblenden des Projektberaters

   Der Projektberater wird ausgeblendet.
3. Wählen Sie im Menü **Ansicht** den Befehl **Weitere Ansichten**, markieren Sie die Ansicht **Ressource: Zuteilung** und klicken Sie dann auf die Schaltfläche **Auswahl**.

   Ihr Bildschirm sollte nun etwa so wie in der folgenden Abbildung aussehen.

   Microsoft Project aktiviert eine Ansicht, die aus einer Kombination der Ansicht **Ressource: Einsatz** und der Ansicht **Balkendiagramm: Abgleich** besteht.

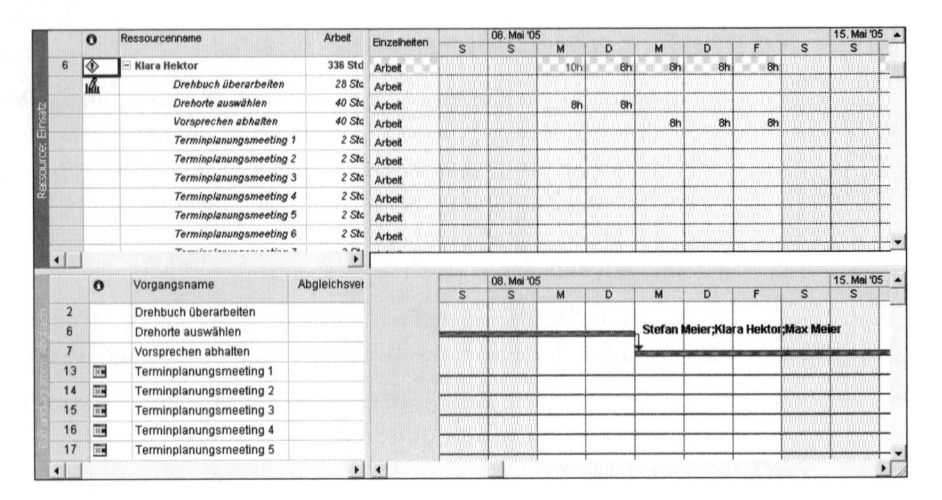

4 Blättern Sie in der Ansicht **Ressource: Einsatz**, um die Einträge in der Spalte **Ressourcenname** zu betrachten.

Beachten Sie, dass mehrere Namen rot angezeigt werden. Dabei handelt es sich um überlastete Ressourcen.

5 Klicken Sie in der Spalte **Ressourcenname** auf die Ressource 14, **Erik Lang**.

6 Klicken Sie auf das Pluszeichen neben dem Namen, um die Zuordnungen einzublenden.

7 Klicken Sie in der Standardsymbolleiste auf die Schaltfläche **Gehe zu ausgewähltem Vorgang**.

Gehe zu ausgewähltem Vorgang

Ihr Bildschirm sollte nun etwa wie in der folgenden Abbildung aussehen.

Auch wenn diese Ressourcenzuordnung die tägliche Arbeitskapazität nicht überschreitet, so kommt es dennoch zu einer Überlastung, da sich die Termine überlappen.

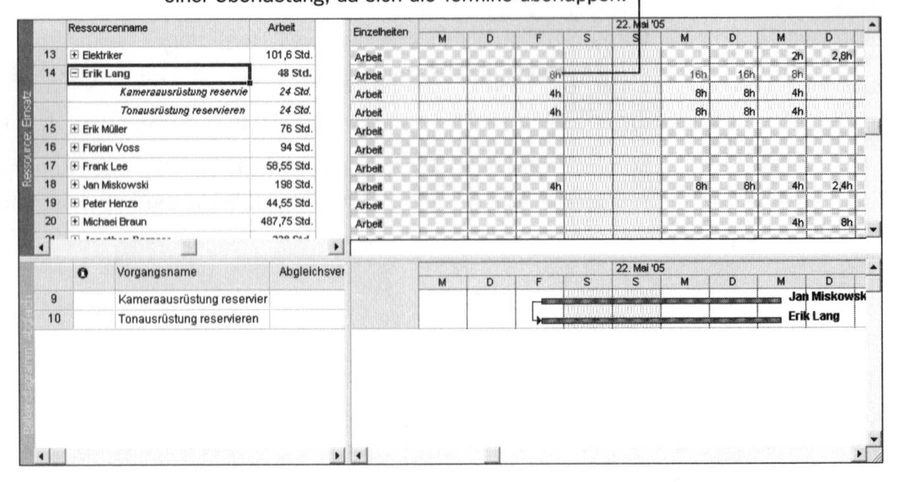

In der oberen Fensterhälfte sehen Sie, dass Erik zwei Vorgängen Vollzeit zugeordnet ist, die beide am Freitag, 20. Mai, beginnen. Er ist für die Dauer beider Vorgänge überlastet. In der unteren Ebene sehen Sie die Gantt-Balken für die Vorgänge, die die Überlastung hervorrufen. Für die Vorgänge 9 und 10 ist Erik jeweils für Montag und Dienstag mit einer Arbeitszeit von acht Stunden eingeplant. Dies resultiert in einer Gesamtarbeitszeit von 16 Stunden pro Tag, was die Arbeitskapazität von Erik übersteigt.

Ihnen ist möglicherweise auch aufgefallen, dass für Erik am Freitag und am darauf folgenden Mittwoch eine Gesamtarbeitszeit von acht Stunden eingetragen ist, die jeweils rot hervorgehoben werden. Daran erkennen Sie, dass Erik auch an diesen Tagen überlastet ist. Das liegt daran, dass die beiden Vorgänge beide am Freitag zur gleichen Uhrzeit beginnen und am Mittwoch zur gleichen Uhrzeit enden. Obwohl Erik also am Freitag und am Mittwoch nur eine Arbeitszeit von acht Stunden hat, handelt es sich um zwei parallele vierstündige Zuordnungen. Auch hier ist eine Überlastung gegeben.

Als Nächstes lösen Sie die Überlastung manuell auf.

8 Klicken Sie in der Ansicht **Ressource: Einsatz** in der Spalte **Ressourcenname** auf Eriks erste Zuordnung, **Kameraausrüstung reservieren**.

Informationen zur Zuordnung

9 Klicken Sie in der Standardsymbolleiste auf die Schaltfläche **Informationen zur Zuordnung**.

Das gleichnamige Dialogfeld öffnet sich.

10 Aktivieren Sie die Registerkarte **Allgemein**.

11 Geben Sie in das Feld **Einheiten** den Wert ***50%*** ein und klicken Sie dann auf **OK**, um das Dialogfeld zu schließen.

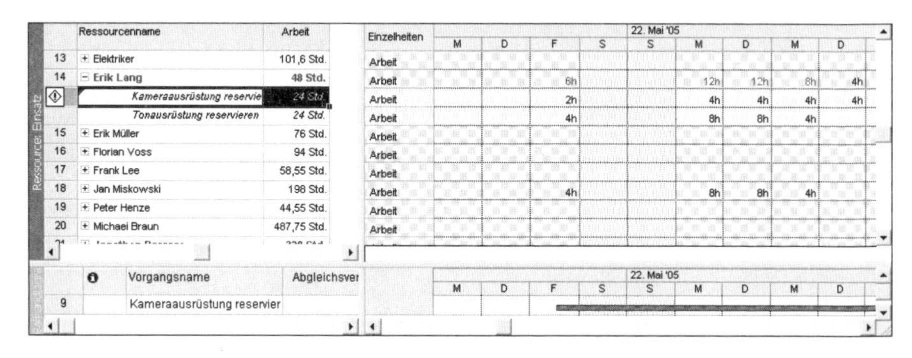

Eriks tägliche Arbeitszeit für diesen Vorgang wird nun auf zwei oder vier Arbeitsstunden pro Tag reduziert. Dadurch erhöht sich jedoch die Vorgangsdauer. Beachten Sie den Smarttag-Indikator neben dem Namen der Zuordnung. Über die Schaltfläche **Smarttag-Aktionen** können Sie die Auswirkungen der veränderten Einheiten auf die Vorgangsplanung verändern.

12 Klicken Sie auf die Schaltfläche **Smarttag-Aktionen**.

Betrachten Sie die Optionen in der Liste, die sich nun öffnet.

13 Wählen Sie in der Liste der Smarttag-Aktionen die Option **die Gesamtarbeit des Vorgangs verändern, um eine Übereinstimmung zu erhalten.**

Microsoft Project reduziert die Arbeitszeit, die Erik für diesen Vorgang zugeordnet ist und stellt die ursprüngliche Vorgangsdauer wieder her.

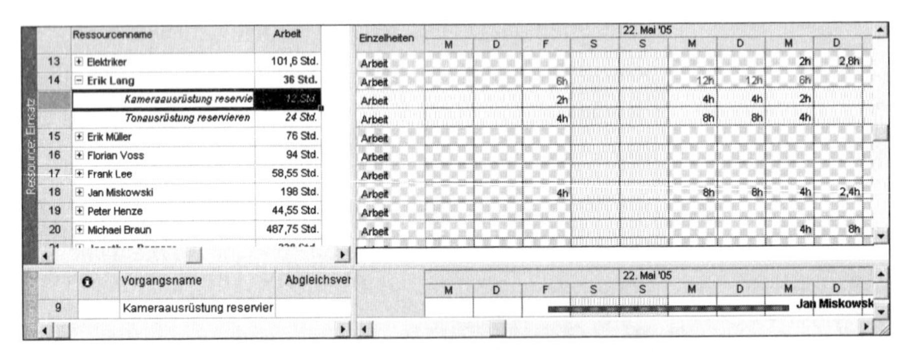

Erik ist jedoch noch immer überlastet. Deshalb müssen Sie noch die Zuordnungseinheiten für den zweiten Vorgang reduzieren, dem er zugeordnet ist.

14 Klicken Sie in der Spalte **Ressourcenname** auf Eriks zweite Zuordnung, **Tonausrüstung reservieren.**

15 Klicken Sie in der Standardsymbolleiste auf die Schaltfläche **Informationen zur Zuordnung.**

Das gleichnamige Dialogfeld öffnet sich.

16 Aktivieren Sie die Registerkarte **Allgemein**.

17 Geben Sie in das Feld **Einheiten** den Wert ***50%*** ein und klicken Sie dann auf **OK**, um das Dialogfeld **Informationen zur Zuordnung** zu schließen.

18 Klicken Sie auf die Schaltfläche **Smarttag-Aktionen**.

19 Wählen Sie die Option **die Gesamtarbeit des Vorgangs verändern, um eine Übereinstimmung zu erhalten.**

Ihr Bildschirm sollte nun etwa wie in der folgenden Abbildung aussehen.

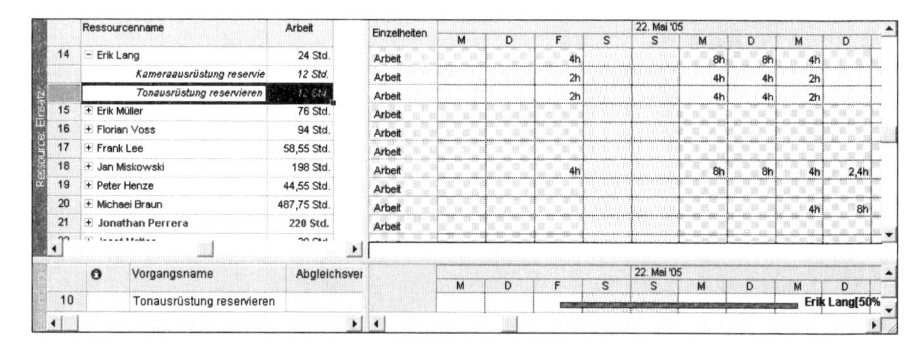

Eriks Arbeitszeit von Montag und Dienstag wurde nun auf jeweils acht Stunden reduziert. Nun ist er voll ausgelastet. Dadurch, dass Sie die Zuordnungen von Erik manuell bearbeitet haben, haben Sie seine Überlastung aufgelöst. In dem Kurzfilmprojekt gibt es jedoch noch andere Ressourcenüberlastungen, die Sie im nächsten Abschnitt automatisch auflösen werden.

Kapazitätsabgleich überlasteter Ressourcen

In der vorhergehenden Übung haben Sie sich mit der Auslastung von Ressourcen und den Gründen für eine Überlastung beschäftigt. Im Folgenden werden Sie den so genannten *Kapazitätsabgleich* kennen lernen. Darunter versteht man das Verzögern oder Aussetzen der Arbeit für einen Vorgang, um eine Überlastung der Ressource zu beseitigen. Je nachdem, für welche Möglichkeit Sie sich entscheiden, verzögern Sie entweder den Anfangstermin einer Zuordnung bzw. des gesamten Vorgangs oder unterbrechen die Arbeit für den Vorgang.

Sehen Sie sich die folgenden Vorgänge an, denen dieselbe Vollzeitressource zugeordnet ist.

In der geteilten Ansicht befindet sich die Ansicht **Ressource: Grafik** unterhalb der Ansicht **Balkendiagramm (Gantt)**. Bei dem in der vorherigen Abbildung gezeigten Vorgang ist an Tag 1 die Ressource mit 200 % überlastet, an Tag 2 vollständig ausgelastet und an Tag 3 wieder mit 200 % überlastet. Ab Tag 4 ist sie mit 100 % vollständig ausgelastet.

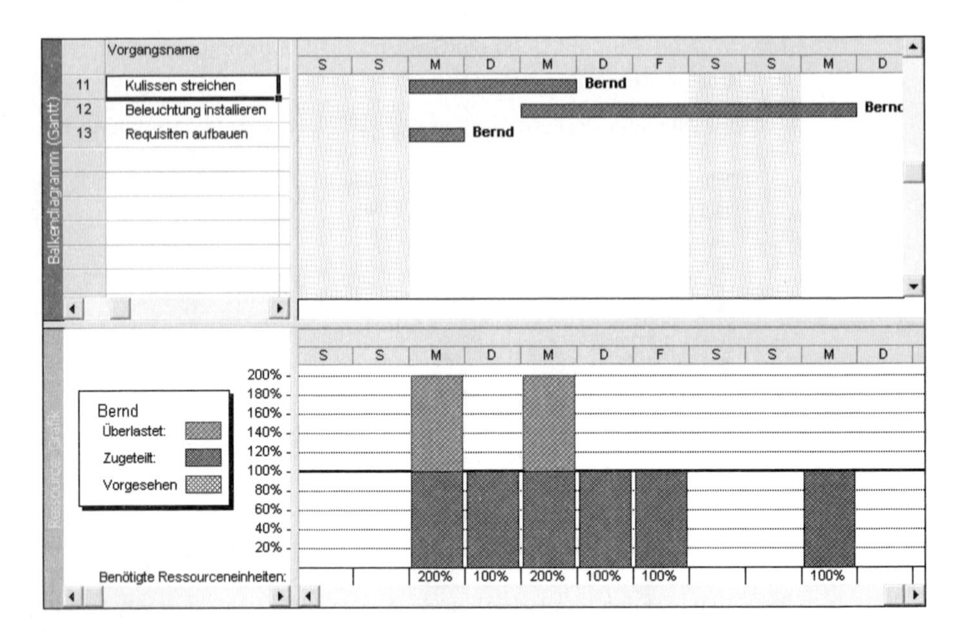

Durch den Kapazitätsabgleich werden, wie in der folgenden Abbildung zu sehen, die Anfangstermine des zweiten und des dritten Vorgangs verschoben; dadurch wird die Überlastung der Ressource beseitigt.

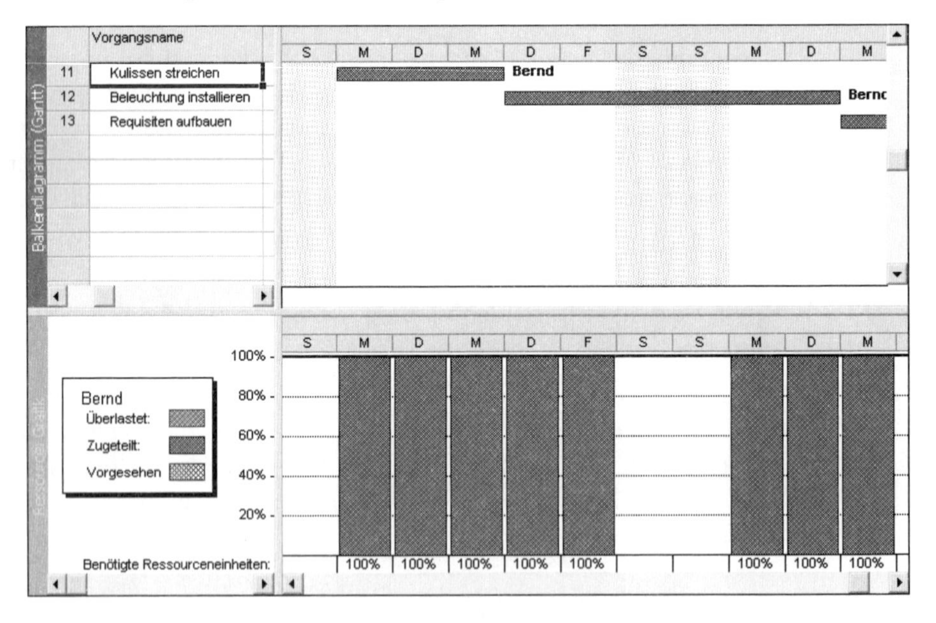

Sie sehen, dass der Endtermin des letzten Vorgangs von Tag 6 auf Tag 8 verschoben wurde. Dies ist ein Resultat des Kapazitätsabgleichs, bei dessen Durchführung häufig auch der Projektendtermin hinausgeschoben wird (falls Sie diese Möglichkeit nicht explizit ausschließen). Vor dem Kapazitätsabgleich waren insgesamt acht Arbeitstage vorhanden. Zwei dieser Tage wiesen Überschneidungen auf, so dass die Ressource an diesen Tagen überlastet war. Nach dem Kapazitätsabgleich sind immer noch acht Arbeitstage vorhanden, aber die Überlastung der Ressource ist beseitigt.

Der Kapazitätsabgleich ist ein leistungsstarkes Tool, das im Grunde aber nur einige wenige Aktionen ausführt. Der Kapazitätsabgleich weist Vorgängen Verzögerungen zu, unterbricht Vorgänge und passt Ressourcenzuordnungen an. Diese Aktionen erfolgen gemäß relativ komplexer Regeln und Optionen, die Sie im Dialogfeld **Kapazitätsabgleich** festlegen. (Diese Optionen werden im Folgenden erläutert.) Der Kapazitätsabgleich ist für die Feinabstimmung von Ressourcen sehr hilfreich, kann aber niemals Ihre fachkundige Einschätzung zu der Dauer von Vorgängen, den Beziehungen, den Einschränkungen und der Ressourcenverfügbarkeit ersetzen. Der Kapazitätsabgleich nutzt alle Informationen genau so, wie sie in den Projektplan eingegeben wurden. Dabei ist es unter Umständen nicht möglich, alle Ressourcenüberlastungen innerhalb des festgelegten Zeitrahmens vollständig zu beseitigen, ohne dass grundlegende Vorgangs- und Ressourceninformationen geändert werden.

TIPP Um mehr über den Kapazitätsabgleich zu erfahren, geben Sie den Begriff ***Abgleich*** in das Feld **Frage hier eingeben** in der rechten oberen Ecke des Microsoft Project-Fensters ein und wählen dann im Aufgabenbereich **Suchergebnisse** das Thema **Informationen zum Kapazitätsabgleich.**

In der folgenden Übung führen Sie einen Kapazitätsabgleich durch und sehen sich seine Auswirkungen auf die Zuordnungen und den Projektendtermin an.

1. Wählen Sie im Menü **Fenster** den Befehl **Teilung aufheben.**
2. Wählen Sie im Menü **Ansicht** den Befehl **Ressource: Tabelle.**

   Die Ansicht wird nun aktiviert. Beachten Sie, dass einige Namen rot hervorgehoben und im Indikatorenfeld mit einem Indikatorsymbol versehen sind.

Überlastet

ACHTUNG Ist das Indikatorsymbol nicht zu sehen, wählen Sie im Menü **Extras** den Befehl **Kapazitätsabgleich.** Im Dialogfeld **Kapazitätsabgleich**, das sich daraufhin öffnet, stellen Sie sicher, dass im Feld **Überlastung abgleichen pro** der Eintrag **Tag** ausgewählt ist. Klicken Sie dann auf **OK.**

3. Wählen Sie im Menü **Extras** den Befehl **Kapazitätsabgleich.**

   Das Dialogfeld **Kapazitätsabgleich** öffnet sich. In den nächsten Schritten lernen Sie die Optionen dieses Dialogfelds kennen.
4. Vergewissern Sie sich, dass unter **Abgleichsberechnung** die Option **Manuell** gewählt ist.

Mit den Einstellungen unter dieser Überschrift legen Sie fest, ob Microsoft Project den Abgleich fortlaufend ausführt (Option **Automatisch**) oder nur dann, wenn Sie dies explizit angeben (Option **Manuell**). Der automatische Abgleich wird ausgeführt, sobald für eine Ressource eine Überlastung auftritt.

TIPP Die Einstellungen im Dialogfeld **Kapazitätsabgleich** werden auf alle Projektpläne angewendet, die Sie in Microsoft Project bearbeiten, nicht nur auf den aktuellen Plan. Der automatische Kapazitätsabgleich klingt zwar verlockend, sorgt jedoch dafür, dass der Projektplan sehr häufig abgeglichen wird, ob Sie es wollen oder nicht. Aus diesem Grund ist die Einstellung **Manuell** empfehlenswert.

5 Vergewissern Sie sich, dass im Dropdown-Listenfeld **Überlastungen abgleichen pro** die Option **Tag** gewählt ist.

Mit dieser Einstellung legen Sie den Zeitraum fest, in dem Microsoft Project nach Überlastungen suchen soll. Ist eine Ressource insgesamt überlastet, wird der Name rot formatiert. Ist die Ressource auf der Zeitebene überlastet, die Sie hier angeben, wird der Überlastet-Indikator neben dem Ressourcennamen angezeigt.

TIPP Bei den meisten Projekten kann ein Abgleich kleiner als ein Tag zu unrealistisch genauen Anpassungen der Zuordnungen führen.

6 Vergewissern Sie sich, dass das Kontrollkästchen **Abgleichswerte vor Abgleich löschen** aktiviert ist.

Manchmal müssen Sie einen Kapazitätsabgleich für bestimmte Ressourcen mehrmals durchführen, um das gewünschte Resultat zu erzielen. So könnten Sie beispielsweise zunächst einen Abgleich pro Woche und danach einen Abgleich pro Tag durchführen. Wenn das Kontrollkästchen **Abgleichswerte vor Abgleich löschen** aktiviert ist, löscht Microsoft Project vor der Durchführung des Kapazitätsabgleichs alle Verzögerungen, die für Vorgänge festgelegt wurden. Normalerweise werden Sie diese Option nur dann deaktivieren, wenn Sie Vorgänge manuell verzögert haben und diese Verzögerungen beibehalten wollen.

7 Vergewissern Sie sich, dass unter **Abgleichszeitraum** die Option **Gesamtes Projekt abgleichen** markiert ist.

Hier legen Sie fest, ob der Kapazitätsabgleich für das gesamte Projekt oder nur für die Zuordnungen ausgeführt werden soll, die in einen festgelegten Zeitraum fallen. Ein Kapazitätsabgleich innerhalb eines bestimmten Zeitraums ist sehr nützlich, wenn die Ausführung der Projektarbeit begonnen hat und Sie nur für die verbleibenden Zuordnungen einen Abgleich durchführen wollen.

8 Vergewissern Sie sich, dass im Dropdown-Listenfeld **Abgleichsreihenfolge** der Eintrag **Standard** gewählt ist.

Hier legen Sie die Priorität fest, anhand der Microsoft Project bestimmt, welche Vorgänge zur Lösung eines Ressourcenkonflikts verzögert werden. Wenn Sie die Option **Nur Nr.** wählen, werden die Vorgänge gemäß ihrer Vorgangsnummern verzögert, wobei die Vorgänge mit höheren Nummern Vorrang vor denjenigen mit niedrigeren Nummern haben. Verwenden Sie diese Option, wenn Ihr Projektplan weder Vorgangsbeziehungen noch Vorgangseinschränkungen enthält. Bei Auswahl der Option **Standard** werden die Vorgänge gemäß der Vorgängerbeziehungen, Anfangstermine, Vorgangseinschränkungen, *Pufferzeiten*, Prioritäten und Vorgangsnummern verzögert. Wenn Sie die Option **Priorität, Standard** angeben, hat der Prioritätswert des Vorgangs Vorrang vor allen anderen Standardkriterien. (Sie können einen Prioritätswert zwischen 0 und 1000 vergeben. Vorgänge mit der geringsten Priorität werden zurückgestellt oder zuerst aufgeteilt.)

9 Vergewissern Sie sich, dass das Kontrollkästchen **Abgleich nur innerhalb der Pufferzeit** deaktiviert ist.

TIPP Ein Kontrollkästchen zu *deaktivieren* heißt, das Häkchen aus dem Kontrollkästchen zu entfernen. Ein Kontrollkästchen zu *aktivieren* bedeutet, ein Häkchen einzusetzen. Über ein Kontrollkästchen können Sie zwischen zwei Zuständen wechseln.

Wenn Sie das Kontrollkästchen deaktivieren, hat Microsoft Project die Möglichkeit, den Endtermin des Projekts bei Bedarf zu verschieben, um die Ressourcenüberlastung aufzulösen.

Wenn dieses Kontrollkästchen aktiviert ist, kann Microsoft Project den Endtermin des Projekts nicht hinausschieben, um Ressourcenüberlastungen zu beseitigen. Stattdessen wird nur die *freie Pufferzeit* von Vorgängen genutzt, die aber unter Umständen nicht zur vollständigen Beseitigung der Ressourcenüberlastung ausreicht.

10 Vergewissern Sie sich, dass das Kontrollkästchen **Abgleich kann individuelle Zuordnungen zu einem Vorgang anpassen** aktiviert ist.

Microsoft Project kann nun überlastete Ressourcen, die einem Vorgang zugeordnet sind, unabhängig von anderen diesem Vorgang zugeordneten Ressourcen anpassen. Dies kann dazu führen, dass sich der Zeitpunkt ändert, an dem Ressourcen die Arbeit an einem Vorgang beginnen oder beenden.

11 Vergewissern Sie sich, dass das Kontrollkästchen **Abgleich kann verbleibende Arbeit unterbrechen** aktiviert ist.

Die Arbeit an einem Vorgang kann zur Beseitigung von Überlastungen unterbrochen werden.

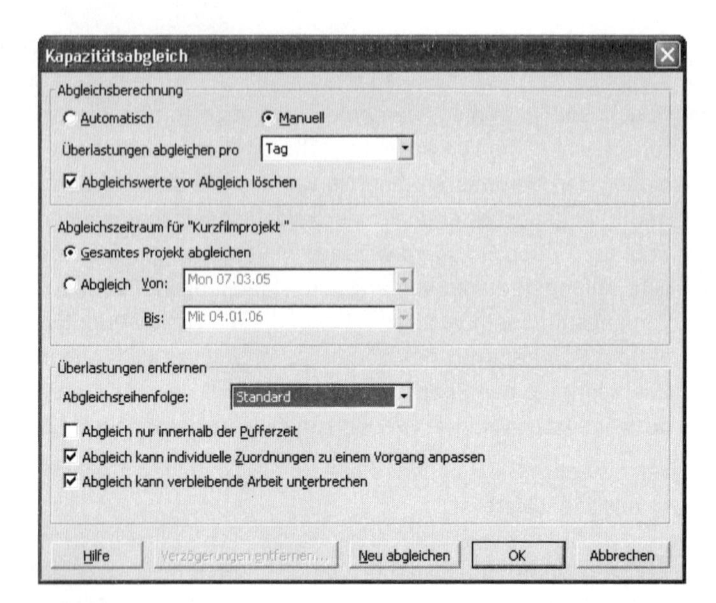

TIPP Unternehmensübergreifendes Projektmanagement (*Enterprise Project Management – EPM*): Wenn Sie mit Microsoft Project Professional und Microsoft Project Server arbeiten, gibt es noch weitere Optionen im Dialogfeld Kapazitätsabgleich, die sich auf unternehmensübergreifende Ressourcenfunktionen beziehen.

12 Klicken Sie auf **Neu abgleichen**.

13 Sie werden gefragt, ob der gesamte Pool oder nur ausgewählte Ressourcen abgeglichen werden sollen. Wählen Sie **Gesamter Ressourcenpool** und klicken Sie dann auf **OK**.

Die überlasteten Ressourcen werden jetzt abgeglichen. Ihr Bildschirm sollte nun in etwa so wie in der folgenden Abbildung aussehen.

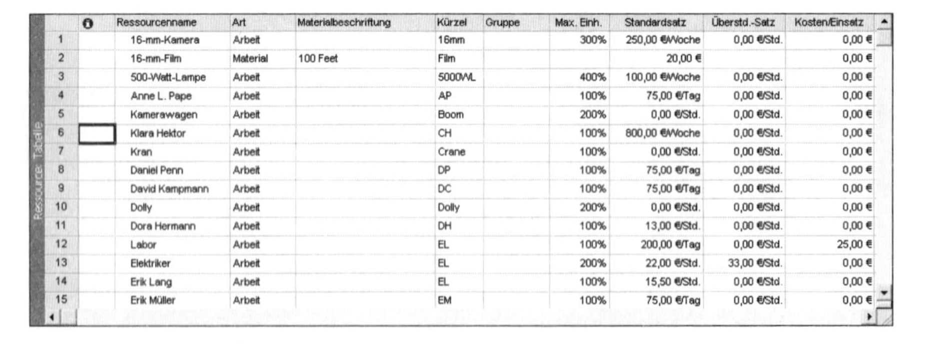

		Ressourcenname	Art	Materialbeschriftung	Kürzel	Gruppe	Max. Einh.	Standardsatz	Überstd.-Satz	Kosten/Einsatz
1		16-mm-Kamera	Arbeit		16mm		300%	250,00 €/Woche	0,00 €/Std.	0,00 €
2		16-mm-Film	Material	100 Feet	Film			20,00 €		0,00 €
3		500-Watt-Lampe	Arbeit		5000WL		400%	100,00 €/Woche	0,00 €/Std.	0,00 €
4		Anne L. Pape	Arbeit		AP		100%	75,00 €/Tag	0,00 €/Std.	0,00 €
5		Kamerawagen	Arbeit		Boom		200%	0,00 €/Std.	0,00 €/Std.	0,00 €
6		Klara Hektor	Arbeit		CH		100%	800,00 €/Woche	0,00 €/Std.	0,00 €
7		Kran	Arbeit		Crane		100%	0,00 €/Std.	0,00 €/Std.	0,00 €
8		Daniel Penn	Arbeit		DP		100%	75,00 €/Tag	0,00 €/Std.	0,00 €
9		David Kampmann	Arbeit		DC		100%	75,00 €/Tag	0,00 €/Std.	0,00 €
10		Dolly	Arbeit		Dolly		200%	0,00 €/Std.	0,00 €/Std.	0,00 €
11		Dora Hermann	Arbeit		DH		100%	13,00 €/Std.	0,00 €/Std.	0,00 €
12		Labor	Arbeit		EL		100%	200,00 €/Tag	0,00 €/Std.	25,00 €
13		Elektriker	Arbeit		EL		200%	22,00 €/Std.	33,00 €/Std.	0,00 €
14		Erik Lang	Arbeit		EL		100%	15,50 €/Std.	0,00 €/Std.	0,00 €
15		Erik Müller	Arbeit		EM		100%	75,00 €/Tag	0,00 €/Std.	0,00 €

Beachten Sie, dass die Indikatoren für die Kennzeichnung von überlasteten Ressourcen nicht mehr vorhanden sind, obwohl einige Ressourcennamen weiterhin rot formatiert angezeigt werden. Das bedeutet, dass für diese Ressourcen noch immer eine Stunden- oder Minutenüberlastung besteht. Überlastungen pro Tag sind nun aber bereinigt.

Als Nächstes überprüfen Sie in der Ansicht **Balkendiagramm: Abgleich** den Projektplan vor und nach der Ausführung des Kapazitätsabgleichs.

14 Klicken Sie im Menü **Ansicht** auf **Weitere Ansichten**, markieren Sie **Balkendiagramm: Abgleich** und klicken Sie dann auf **Auswahl**.

Die ausgewählte Ansicht wird geöffnet.

15 Klicken Sie auf den Namen von Vorgang 8, **Dreherlaubnis beschaffen**.

Gehe zu ausgewähltem Vorgang

16 Klicken Sie in der Standardsymbolleiste auf die Schaltfläche **Gehe zu ausgewähltem Vorgang**.

In dieser Ansicht haben Sie einen besseren Überblick über die Vorgänge, die vom Kapazitätsabgleich betroffen sind.

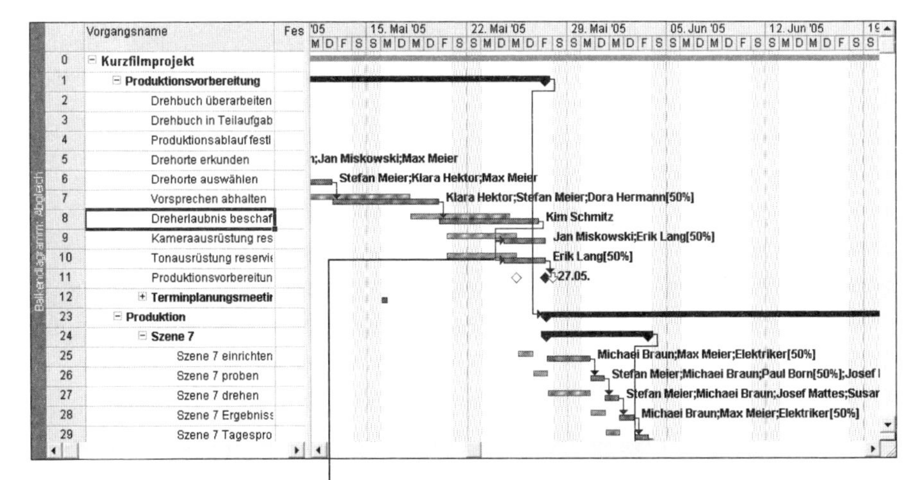

Für jeden Vorgang werden zwei Balken angezeigt. Der obere grüne Balken stellt den Vorgang vor dem Kapazitätsabgleich dar. Hier sehen Sie den Anfangstermin, den Endtermin und die Dauer des Vorgangs vor dem Abgleich. Der darunter liegende blaue Balken zeigt den Vorgang nach Ausführung des Kapazitätsabgleichs an.

Microsoft Project konnte die meisten Ressourcenüberlastungen beseitigen. Der Projektendtermin wurde durch den Kapazitätsabgleich um zwei Tage verschoben.

Projektkosten prüfen

Nicht alle Projektpläne beinhalten Kosteninformationen. Sind diese jedoch vorhanden, kann die Überwachung der Projektkosten genauso wichtig oder sogar noch wichtiger sein wie die des geplanten Endtermins. Bei der Überwachung der Projektkosten sind zwei Faktoren zu berücksichtigen: die Art der Kosten, die betrachtet werden sollen, und die Art und Weise, in der sie am besten sichtbar gemacht werden können.

Im Projektverlauf können folgende Kosten anfallen:

- Geplante Kosten: Kosten, die sich aus den Vorgangs-, Ressourcen- und Zuordnungskosten, die im Basisplan gespeichert sind, zusammensetzen
- Laufende Kosten: Kosten, die aus den Vorgangs-, Ressourcen- und Zuordnungskosten eines Projektplans berechnet werden. Werden Anpassungen am Projektplan vorgenommen, zum Beispiel Ressourcen entfernt, berechnet Microsoft Project die laufenden Kosten neu. Wenn die aktuellen Kosten übernommen werden (normalerweise, indem die tatsächliche Arbeit überwacht wird), entsprechen die laufenden Kosten den aktuellen plus der verbleibenden Kosten pro Vorgang, Ressource oder Zuordnung. Laufende Kosten sind die Werte, die in den Feldern **Kosten** oder **Gesamtkosten** angezeigt werden.
- Aktuelle Kosten: Kosten, die für Vorgänge, Ressourcen oder Zuordnungen bereits angefallen sind
- Verbleibende Kosten: Differenz zwischen den laufenden Kosten und den aktuellen Kosten für Vorgänge, Ressourcen und Zuordnungen

Möglicherweise müssen Sie diese Kosten vergleichen oder aber individuell pro Vorgang, Ressource oder Zuordnung prüfen. Oder Sie müssen die Kosten für Sammelvorgänge oder einen gesamten Projektplan betrachten.

- Betrachten Sie die laufenden, die geplanten, die aktuellen und die verbleibenden Kosten eines Projekts im Dialogfeld **Projektstatistik**, das Sie öffnen, indem Sie im Menü **Projekt** den Befehl **Projektinfo** wählen und dann auf die Schaltfläche **Statistik** klicken.
- Betrachten oder drucken Sie Berichte wie **Vorgangskosten**, **Kostenrahmen**, **Vorgangskostenrahmen überschritten**, **Ressourcenkostenrahmen überschritten** oder **Kostenanalyse**, indem Sie im Menü **Ansicht** den Befehl **Berichte** wählen und dann auf **Kosten** doppelklicken.

Siehe auch Die Ertragswertanalyse stellt ein leistungsstarkes Planungsanalysetool dar, das auf den Kostendaten in einem Projektplan basiert. Mehr hierzu finden Sie in Kapitel 19 „Ertragswertanalysen durchführen".

- Betrachten Sie Kosteninformationen auf Vorgangs-, Ressourcen- oder Zuordnungsebene, indem Sie die Tabelle **Kosten** einblenden. Zeigen Sie dazu im Menü **Ansicht** auf **Tabelle: Eingabe** und klicken Sie dann auf **Kosten**.

TIPP Beim Ausdruck von Ansichten können Sie die Gesamtkosten integrieren. Dies können die Zeilen- und Spaltensummen sein. Wählen Sie dazu im Menü **Datei** den Befehl **Seite einrichten**, klicken Sie im gleichnamigen Dialogfeld auf die Registerkarte **Ansicht** und aktivieren Sie dann das Kontrollkästchen **Zeilensummen für Werte innerhalb des Druckzeitraums drucken** oder das Kontrollkästchen **Zeilensummen drucken**.

In der folgenden Übung betrachten Sie die Projektgesamtkosten und die Kosten für einzelne Vorgänge.

1. Wählen Sie im Menü **Ansicht** den Befehl **Weitere Ansichten**, markieren Sie die Ansicht **Vorgang: Tabelle** und klicken Sie dann auf die Schaltfläche **Auswahl**.

   Microsoft Project wechselt nun in die gewählte Ansicht. Als Nächstes blenden Sie den Projektsammelvorgang ein, um die Werte auf oberster Projektebene zu betrachten.

2. Klicken Sie im Menü **Extras** auf den Befehl **Optionen**.
3. Aktivieren Sie im Dialogfeld **Optionen** die Registerkarte **Ansicht**.
4. Aktivieren Sie im Bereich **Gliederungsoptionen** das Kontrollkästchen **Projektsammelvorgang anzeigen** und klicken Sie dann auf **OK**.

   Microsoft Project zeigt den Projektsammelvorgang an erster Stelle in der Ansicht **Vorgang: Tabelle** an. Wechseln Sie als Nächstes zur Tabelle **Kosten**.

5. Zeigen Sie im Menü **Ansicht** auf **Tabelle: Eingabe** und klicken Sie dann auf **Kosten**.

   Die Kostentabelle wird eingeblendet.

6. Wenn in einer Spalte Nummernzeichen (#) zu sehen sind, doppelklicken Sie auf den rechten Spaltenrand, um die Spalte zu verbreitern.

   Ihr Bildschirm sollte nun etwa wie in der folgenden Abbildung aussehen.

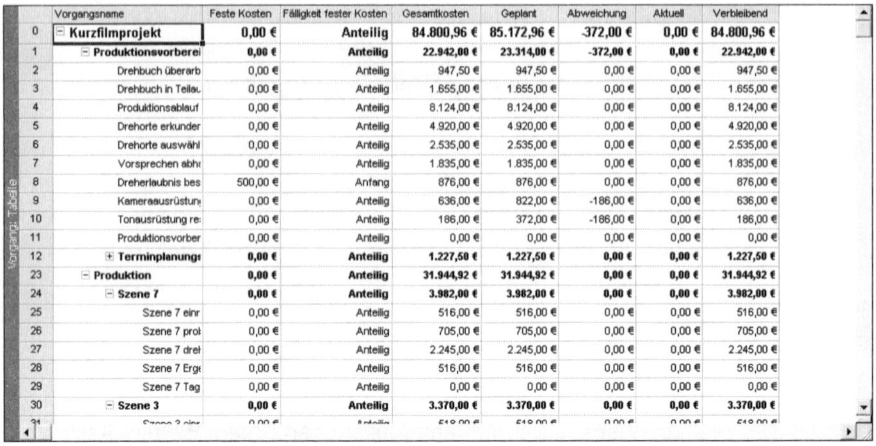

	Vorgangsname	Feste Kosten	Fälligkeit fester Kosten	Gesamtkosten	Geplant	Abweichung	Aktuell	Verbleibend
0	**Kurzfilmprojekt**	**0,00 €**	**Anteilig**	**84.800,96 €**	**85.172,96 €**	**-372,00 €**	**0,00 €**	**84.800,96 €**
1	**Produktionsvorberei**	**0,00 €**	**Anteilig**	**22.942,00 €**	**23.314,00 €**	**-372,00 €**	**0,00 €**	**22.942,00 €**
2	Drehbuch überarb	0,00 €	Anteilig	947,50 €	947,50 €	0,00 €	0,00 €	947,50 €
3	Drehbuch in Teilau	0,00 €	Anteilig	1.655,00 €	1.655,00 €	0,00 €	0,00 €	1.655,00 €
4	Produktionsablauf	0,00 €	Anteilig	8.124,00 €	8.124,00 €	0,00 €	0,00 €	8.124,00 €
5	Drehorte erkunder	0,00 €	Anteilig	4.920,00 €	4.920,00 €	0,00 €	0,00 €	4.920,00 €
6	Drehorte auswähl	0,00 €	Anteilig	2.535,00 €	2.535,00 €	0,00 €	0,00 €	2.535,00 €
7	Vorsprechen abh	0,00 €	Anteilig	1.835,00 €	1.835,00 €	0,00 €	0,00 €	1.835,00 €
8	Dreherlaubnis bes	500,00 €	Anfang	876,00 €	876,00 €	0,00 €	0,00 €	876,00 €
9	Kameraausrüstun	0,00 €	Anteilig	636,00 €	822,00 €	-186,00 €	0,00 €	636,00 €
10	Tonausrüstung re:	0,00 €	Anteilig	186,00 €	372,00 €	-186,00 €	0,00 €	186,00 €
11	Produktionsvorber	0,00 €	Anteilig	0,00 €	0,00 €	0,00 €	0,00 €	0,00 €
12	**Terminplanung**	**0,00 €**	**Anteilig**	**1.227,50 €**	**1.227,50 €**	**0,00 €**	**0,00 €**	**1.227,50 €**
23	**Produktion**	**0,00 €**	**Anteilig**	**31.944,92 €**	**31.944,92 €**	**0,00 €**	**0,00 €**	**31.944,92 €**
24	**Szene 7**	**0,00 €**	**Anteilig**	**3.982,00 €**	**3.982,00 €**	**0,00 €**	**0,00 €**	**3.982,00 €**
25	Szene 7 einr	0,00 €	Anteilig	516,00 €	516,00 €	0,00 €	0,00 €	516,00 €
26	Szene 7 prol	0,00 €	Anteilig	705,00 €	705,00 €	0,00 €	0,00 €	705,00 €
27	Szene 7 dreh	0,00 €	Anteilig	2.245,00 €	2.245,00 €	0,00 €	0,00 €	2.245,00 €
28	Szene 7 Erge	0,00 €	Anteilig	516,00 €	516,00 €	0,00 €	0,00 €	516,00 €
29	Szene 7 Tag	0,00 €	Anteilig	0,00 €	0,00 €	0,00 €	0,00 €	0,00 €
30	**Szene 3**	**0,00 €**	**Anteilig**	**3.370,00 €**	**3.370,00 €**	**0,00 €**	**0,00 €**	**3.370,00 €**
31	Szene 3 einr	0,00 €	Anteilig	518,00 €	518,00 €	0,00 €	0,00 €	518,00 €

Hier können Sie verschiedene Kostenarten für das Gesamtprojekt, für einzelne Projektphasen (Sammelvorgänge) und für einzelne Vorgänge betrachten. Der Projektplan enthält an diesem Punkt im Projektlebenszyklus die geplanten Kosten. Deshalb sehen Sie Werte in der Spalte **Geplant**. Nachdem einige Anpassungen an Zuordnungen vorgenommen wurden, enthält die Spalte **Abweichung** Werte, die Spalte **Aktuell** dagegen nur Nullwerte.

Den Projektendtermin überprüfen

Der Endtermin eines Projekts ergibt sich aus dem Anfangstermin und der Projektdauer. Für die meisten Projekte gibt es einen gewünschten oder „ weichen“ Endtermin und für viele Projekte gibt es auch einen festen Endtermin, der unbedingt erreicht werden muss. Bei der Verwaltung von Projekten ist es sehr wichtig, den laufenden und den geplanten Endtermin zu kennen und zu wissen, welche Anpassungen der Planung den Endtermin beeinflussen können.

In der Sprache des Projektmanagements wird der Endtermin eines Projekts durch den *kritischen Weg* festgelegt. Der kritische Weg besteht aus einer Folge von Vorgängen. Verzögert sich ein Vorgang, verschiebt sich der Endtermin des Projekts nach hinten. Aus diesem Grund sollten Sie sich hauptsächlich auf die Vorgänge des kritischen Wegs konzentrieren, die auch als kritische Vorgänge bezeichnet werden.

TIPP Der Begriff „kritisch“ hat nichts mit der Wichtigkeit dieser Vorgänge für das Gesamtprojekt zu tun. Es geht hier nur darum, ob sich der Endtermin eines Projekts ändert, wenn sich zeitliche Änderungen beim Vorgang ergeben.

In der folgenden Übung betrachten Sie den kritischen Weg und den Endtermin des Projekts.

1 Wählen Sie im Menü **Projekt** den Befehl **Projektinfo**.

Das gleichnamige Dialogfeld öffnet sich.

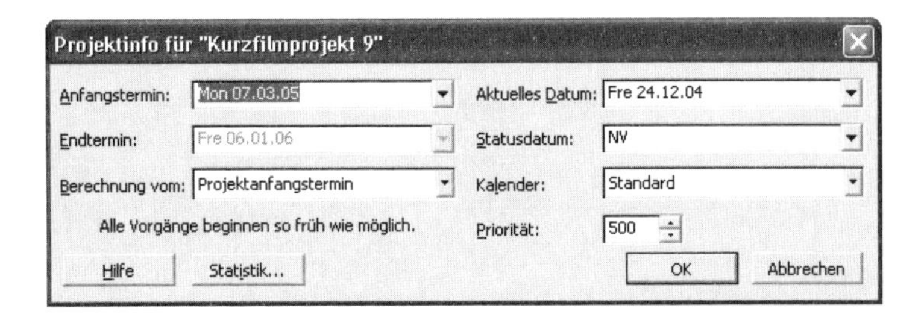

Wie Sie sehen, ist der Endtermin für dieses Projekt der 6.1.2006. Beachten Sie, dass Sie nur den Anfangstermin des Projekts bearbeiten können, nicht aber den Endtermin, da Microsoft Project diesen auf der Basis des Anfangstermins und der Projektdauer berechnet. In einigen Fällen ist es sinnvoller, ein Projekt vom Endtermin aus zu planen. Dazu geben Sie den Endtermin und die Informationen zu den Vorgängen ein und Microsoft Project berechnet dann den Anfangstermin.

TIPP Unternehmensübergreifendes Projektmanagement (*Enterprise Project Management – EPM*): Wenn Sie mit Microsoft Project Professional arbeiten, sieht Ihr Dialogfeld etwas anders aus. Es enthält zusätzlich den Bereich **Enterprise-Felder (benutzerdefiniert)**. Diese Felder werden nur mit Microsoft Project Server verwendet.

TIPP Es mag verlockend klicken, ein Projekt von seinem Endtermin aus zu planen. Dies gilt insbesondere dann, wenn es einen festen Abgabetermin gibt. In fast allen Fällen ist es jedoch sinnvoller, dieser Versuchung zu widerstehen und das Projekt stattdessen vom Anfangstermin aus zu planen. Mehr zu den Auswirkungen der Planung vom Endtermin aus erfahren Sie, wenn Sie den Text ***Verfahren zum Planen von Projekten ausgehend vom Endtermin*** in das Feld **Frage hier eingeben** in der rechten oberen Ecke des Microsoft Project-Fensters eingeben.

Als Nächstes betrachten Sie die Dauer des Projekts.

2 Klicken Sie im Dialogfeld **Projektinfo** auf die Schaltfläche **Statistik**.

Das Dialogfeld **Projektstatistik** öffnet sich.

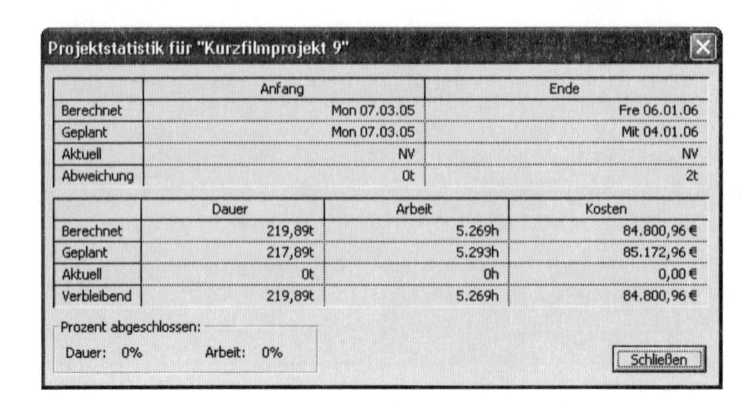

	Anfang	Ende
Berechnet	Mon 07.03.05	Fre 06.01.06
Geplant	Mon 07.03.05	Mit 04.01.06
Aktuell	NV	NV
Abweichung	0t	2t

	Dauer	Arbeit	Kosten
Berechnet	219,89t	5.269h	84.800,96 €
Geplant	217,89t	5.293h	85.172,96 €
Aktuell	0t	0h	0,00 €
Verbleibend	219,89t	5.269h	84.800,96 €

Hier können Sie die geplante, die aktuelle und die berechnete Dauer sehen und auch die Abweichung.

Da am Projekt momentan nicht gearbeitet wird, wird für den aktuellen Anfang und das aktuelle Ende der Wert **NV** (nicht verfügbar) angezeigt. Die aktuelle Dauer und die aktuelle Arbeit beträgt jeweils 0.

3 Klicken Sie auf die Schaltfläche **Schließen**, um das Dialogfeld **Projektstatistik** zu schließen.

Zum Abschluss dieser Übung betrachten Sie nun noch den kritischen Weg.

4 Klicken Sie in der Symbolleiste **Projektberater** auf die Schaltfläche **Berichten**.

5 Klicken Sie im Seitenbereich **Berichten** auf den Link **Anzeigen der kritischen Vorgänge im Projekt**.

Der Seitenbereich **Kritischer Weg** wird nun eingeblendet. In diesem können Sie den geplanten Endtermin betrachten und die Ansicht *filtern*.

Einblenden/ Ausblenden des Projektberaters

6 Klicken Sie auf die Schaltfläche **Einblenden/Ausblenden des Projektberaters**.

Der Projektberater wird ausgeblendet.

7 Wählen Sie im Menü **Bearbeiten** den Befehl **Gehe zu**.

8 Geben Sie in das Feld **Nr.** den Wert ***48*** ein und klicken Sie dann auf **OK**.

Microsoft Project passt die Ansicht so an, dass der Sammelvorgang 48 zu sehen ist.

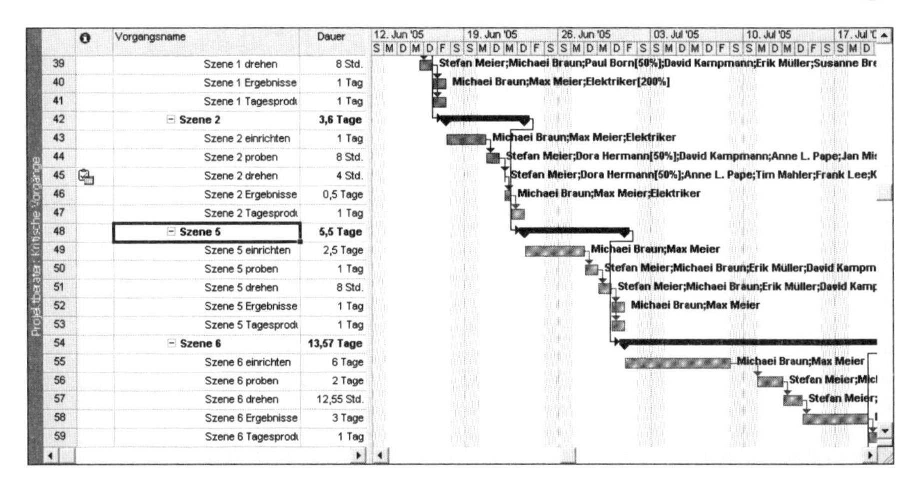

Hier können Sie die kritischen (die roten Gantt-Balken) und die nicht kritischen Vorgänge (blau) betrachten. Alle Änderungen, die an der Dauer von kritischen Vorgängen vorgenommen werden, ändern den Projektendtermin. Für nicht kritische Vorgänge gilt dies jedoch nicht. Wenn Sie den Projektplan anpassen, nachdem mit der Arbeit begonnen wurde, ändern sich die Vorgänge auf dem kritischen Weg sehr wahrscheinlich. Deshalb sollten Sie den Projektendtermin und die kritischen Vorgänge regelmäßig überprüfen.

SCHLIESSEN SIE den Projektplan **Kurzfilmprojekt 9.**

Zusammenfassung

- Durch den maximalen Einheitenwert (Max. Einheiten) einer Ressource wird bestimmt, wann die Ressource überlastet ist.
- In der Ansicht **Ressource: Einsatz** sehen Sie die Zuordnungsdetails, die die Überlastung der Ressource verursachen.
- Sie können eine Ressourcenüberlastung manuell oder automatisch auflösen.
- Beim Bearbeiten eines Zuordnungswertes für eine Ressource (zum Beispiel der Zuordnungseinheiten) können Sie mithilfe der Schaltfläche **Smarttag-Aktionen** festlegen, wie sich der geänderte Wert auf den Terminplan auswirken soll.
- Sie können sich Kostendetails auf der Ebene einzelner Zuordnungen oder des Gesamtprojekts anzeigen lassen.
- Die Vorgänge auf dem kritischen Weg bestimmen den Projektendtermin.

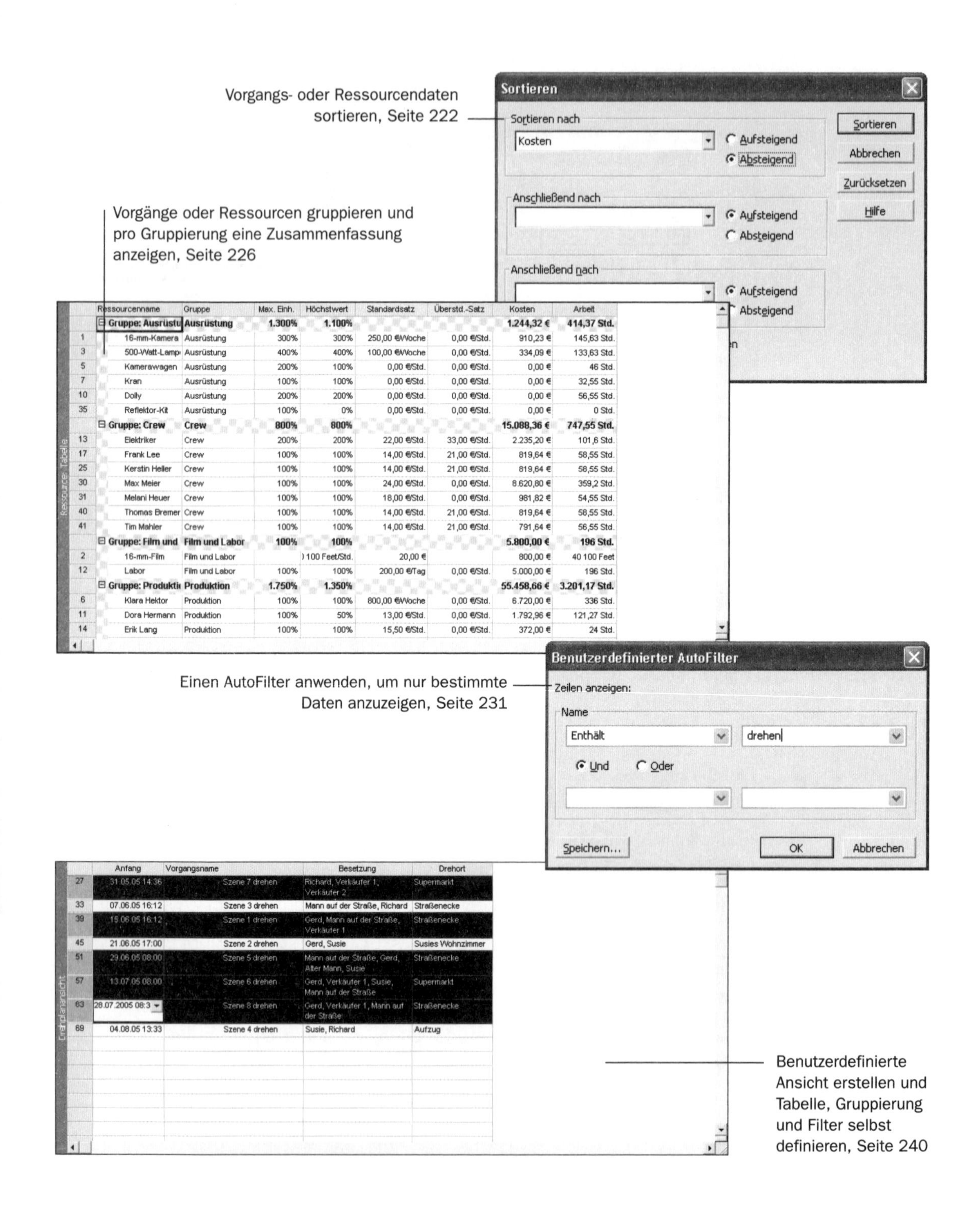

Kapitel 10 auf einen Blick

10 Projektdetails organisieren und formatieren

In diesem Kapitel lernen Sie,

- ✔ wie Sie Vorgangs- und Ressourcendaten sortieren.
- ✔ wie Sie Vorgangs- und Ressourcendaten gruppieren.
- ✔ wie Sie Vorgangs- und Ressourcendaten filtern oder hervorheben.
- ✔ wie Sie benutzerdefinierte Tabellen erstellen.
- ✔ wie Sie benutzerdefinierte Ansichten erstellen.

Siehe auch Falls Sie nur eine kurze Wiederholung zu den Themen benötigen, die in diesem Kapitel behandelt werden, lesen Sie den Schnellüberblick zu Kapitel 10 am Anfang dieses Buches.

Nachdem Sie einen Projektplan erstellt haben, werden Sie sehr wahrscheinlich bestimmte Aspekte überprüfen oder mit anderen durchgehen wollen. Die vordefinierten Ansichten, Tabellen und Berichte in Microsoft Project bieten zwar viele Möglichkeiten, um einen Projektplan zu überpüfen. Möglicherweise wollen Sie jedoch Informationen nach Ihrem eigenen Bedarf organisieren.

In diesem Kapitel werden Sie mithilfe einiger der vielen Formatierungstools von Microsoft Project das Erscheinungsbild Ihrer Daten verändern. Microsoft Project enthält einige leistungsstarke Funktionen, mit deren Hilfe Sie Ihre Daten auf eine Weise organisieren und analysieren können, für die anderenfalls spezielle Tools wie etwa eine Tabellenkalkulationsanwendung erforderlich wären.

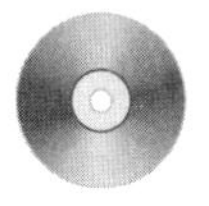

WICHTIG Bevor Sie die Übungsdateien in diesem Kapitel benutzen können, müssen Sie sie von der Begleit-CD in den vorgegebenen Standardordner installieren. Einzelheiten dazu finden Sie im Abschnitt „Die Übungsdateien installieren" am Anfang dieses Buches.

Projektdetails sortieren

Sortieren ist die einfachste Möglichkeit, Vorgangs- oder Ressourcendaten in Microsoft Project unterschiedlich darzustellen. Sie können Vorgangs- oder Ressourcendaten nach vordefinierten Kriterien sortieren oder eine eigene Sortierreihenfolge erstellen – mit Verschachtelungen bis zu einer Tiefe von drei Ebenen. So könnten Sie beispielsweise Ressourcen zunächst nach Ressourcengruppen und anschließend innerhalb jeder Gruppe nach Kosten sortieren lassen.

Wie beim Gruppieren und Filtern von Daten (mehr dazu weiter hinten in diesem Kapitel) werden die Ihrem Projektplan zugrunde liegenden Daten auch beim Sortieren nicht verändert (mit einer Ausnahme), sondern lediglich in eine andere Reihenfolge gebracht. Die erwähnte Ausnahme betrifft die Option, bei deren Wahl die Vorgänge und Ressourcen nach der Sortierung neu nummeriert werden können. Nach der Neunummerierung können Sie die ursprüngliche Reihenfolge nicht wiederherstellen.

Es kann aber sinnvoll sein, Vorgänge und Ressourcen dauerhaft neu zu nummerieren. Bei der Erstellung einer Ressourcenliste können Sie zum Beispiel die Ressourcennamen zunächst in der Reihenfolge eingeben, in der Sie die Ressourcen in Ihr Projekt aufnehmen. Wenn die Liste dann fertig ist, könnten Sie sie alphabetisch nach Namen sortieren und dauerhaft neu nummerieren lassen. Danach werden die Ressourcennamen im Dialogfeld **Ressourcen zuweisen** und in den verschiedenen Ressourcenansichten in alphabetischer Reihenfolge angezeigt.

Im Kurzfilmprojekt ist jede Ressource einer von mehreren Ressourcengruppen zugeordnet. Diese Gruppen haben Namen, die für eine Filmproduktionsgesellschaft relevant sind, beispielsweise **Crew**, **Produktion** und **Schauspieler**. Für Ihre Projektpläne können Sie Gruppen verwenden, die Funktionsteams, Abteilungen oder andere Einteilungen repräsentieren, die Gruppen ähnlicher Ressourcen logisch am besten beschreiben.

Dadurch, dass Ressourcen nach Gruppen sortiert werden, sind die Kosten, die mit jeder Gruppe verknüpft sind, deutlicher sichtbar. Außerdem lassen sich die Ressourcen innerhalb jeder Gruppe in auf- oder absteigender Reihenfolge nach ihren Kosten sortieren.

In der folgenden Übung sortieren Sie eine Ressourcenansicht.

WICHTIG Wenn Sie mit Microsoft Project Professional arbeiten, müssen Sie unter Umständen eine einmalige Einstellung vornehmen, damit Sie mit dem eigenen Arbeitsplatz-Account und offline arbeiten können. So wird sichergestellt, dass die Übungsdateien, mit denen Sie in diesem Kapitel arbeiten, keine Auswirkungen auf Ihre Microsoft Project Server-Daten haben. Mehr Informationen hierzu finden Sie in Kapitel 1 im Abschnitt „Microsoft Office Project Professional starten".

ÖFFNEN SIE die Datei Kurzfilmprojekt 10a, *die Sie im Ordner* Eigene Dateien\Microsoft Press\Project 2003 Training\10_ProjektdetailsOrganisierenFormatieren *finden. Sie können den Ordner auch über* Start/Alle Programme/Microsoft Press/Project 2003 Training *öffnen.*

1. Wählen Sie im Menü **Datei** den Befehl **Speichern unter**.

   Das Dialogfeld **Speichern unter** öffnet sich.

2. Geben Sie im Feld **Dateiname** die Bezeichnung ***Kurzfilmprojekt 10*** ein und klicken Sie dann auf **Speichern**.

3. Klicken Sie im Menü **Ansicht** auf **Ressource: Tabelle**.

   Die Ansicht **Ressource: Tabelle** wird geöffnet. In der Standardeinstellung wird in dieser Ansicht die Eingabetabelle angezeigt, die jedoch für die Ressourcen nicht das Feld **Kosten** anzeigt. Dazu müssen Sie die Sammelvorgänge anzeigen.

4. Zeigen Sie im Menü **Ansicht** auf **Tabelle: Eingabe** und klicken Sie dann auf **Sammelvorgang**.

   Die Tabelle **Sammelvorgang** wird angezeigt.

	Ressourcenname	Gruppe	Max. Einh.	Höchstwert	Standardsatz	Überstd.-Satz	Kosten	Arbeit
1	16-mm-Kamera	Ausrüstu	300%	300%	250,00 €/Woche	0,00 €/Std.	910,23 €	145,63 Std.
2	16-mm-Film	Film und L		) 100 Feet/Std.	20,00 €		800,00 €	40 100 Feet
3	500-Watt-Lampe	Ausrüstu	400%	400%	100,00 €/Woche	0,00 €/Std.	334,09 €	133,63 Std.
4	Anne L. Pape	Talent	100%	100%	75,00 €/Tag	0,00 €/Std.	736,36 €	78,55 Std.
5	Kamerawagen	Ausrüstu	200%	100%	0,00 €/Std.	0,00 €/Std.	0,00 €	46 Std.
6	Klara Hektor	Produktioı	100%	100%	800,00 €/Woche	0,00 €/Std.	6.720,00 €	336 Std.
7	Kran	Ausrüstu	100%	100%	0,00 €/Std.	0,00 €/Std.	0,00 €	32,55 Std.
8	Daniel Penn	Talent	100%	100%	75,00 €/Tag	0,00 €/Std.	417,61 €	44,55 Std.
9	David Kampmann	Talent	100%	100%	75,00 €/Tag	0,00 €/Std.	2.842,61 €	303,22 Std.
10	Dolly	Ausrüstu	200%	200%	0,00 €/Std.	0,00 €/Std.	0,00 €	56,55 Std.
11	Dora Hermann	Produktioı	100%	50%	13,00 €/Std.	0,00 €/Std.	1.792,96 €	121,27 Std.
12	Labor	Film und L	100%	100%	200,00 €/Tag	0,00 €/Std.	5.000,00 €	196 Std.
13	Elektriker	Crew	200%	200%	22,00 €/Std.	33,00 €/Std.	2.235,20 €	101,6 Std.
14	Erik Lang	Produktioı	100%	100%	15,50 €/Std.	0,00 €/Std.	372,00 €	24 Std.
15	Erik Müller	Talent	100%	100%	75,00 €/Tag	0,00 €/Std.	712,50 €	76 Std.
16	Florian Voss	Produktioı	100%	100%	22,00 €/Std.	0,00 €/Std.	2.068,00 €	94 Std.
17	Frank Lee	Crew	100%	100%	14,00 €/Std.	21,00 €/Std.	819,64 €	58,55 Std.
18	Jan Miskowski	Produktioı	100%	100%	18,75 €/Std.	0,00 €/Std.	3.674,50 €	198 Std.
19	Peter Henze	Talent	100%	100%	75,00 €/Tag	0,00 €/Std.	417,61 €	44,55 Std.
20	Michael Braun	Produktioı	100%	100%	18,75 €/Std.	0,00 €/Std.	9.145,23 €	487,75 Std.
21	Jonathan Perrera	Produktioı	100%	100%	22,00 €/Std.	0,00 €/Std.	4.840,00 €	220 Std.
22	Josef Mattes	Talent	100%	100%	75,00 €/Tag	0,00 €/Std.	356,25 €	38 Std.

   Nun können Sie die Ansicht **Ressource: Tabelle** sortieren lassen.

5. Zeigen Sie im Menü **Projekt** auf **Sortieren** und klicken Sie dann auf **Sortieren nach**.

   Das Dialogfeld **Sortieren** wird geöffnet.

6. Wählen Sie in der Dropdownliste im Bereich **Sortieren nach** den Eintrag **Kosten** und klicken Sie danach auf das Optionsfeld **Absteigend**.

7. Vergewissern Sie sich, dass das Kontrollkästchen **Dauerhafte Neunummerierung für Ressourcen** deaktiviert ist.

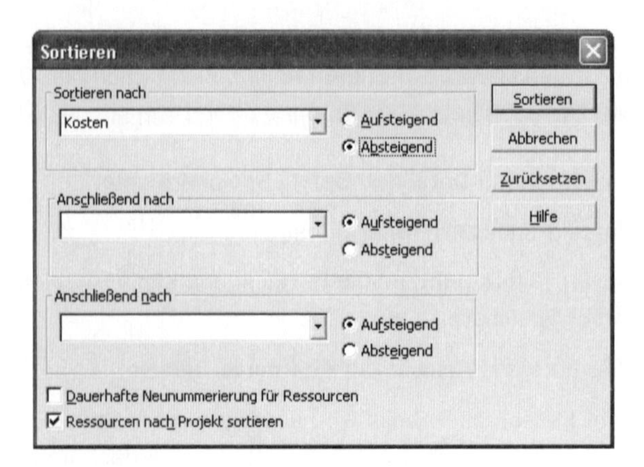

WICHTIG Die Option **Dauerhafte Neunummerierung für Ressourcen** im Dialogfeld **Sortieren** ist eine Einstellung, die auf alle Projektpläne in Microsoft Project angewendet wird. Ist das Kontrollkästchen aktiviert, werden Vorgänge oder Ressourcen in jedem Microsoft Project-Plan, den Sie sortieren, dauerhaft neu nummeriert. Weil Sie vermutlich nicht jedes Mal, wenn Sie Vorgänge oder Ressourcen sortieren, eine dauerhafte Neunummerierung wünschen, sollten Sie das Kontrollkästchen deaktivieren. (Beim Sortieren von Vorgängen lautet die Bezeichnung für das Kontrollkästchen **Dauerhafte Neunummerierung für Vorgänge**.)

8 Klicken Sie auf die Schaltfläche **Sortieren**.

Die Übersicht in der Ansicht **Ressource: Tabelle** wird in absteigender Reihenfolge nach Kosten sortiert. Ihr Bildschirm sollte nun ähnlich wie in der folgenden Abbildung aussehen.

Die Ansicht **Ressource: Tabelle** ist nun in absteigender Reihenfolge nach Kosten sortiert.

	Ressourcenname	Gruppe	Max. Einh.	Höchstwert	Standardsatz	Überstd.-Satz	Kosten	Arbeit
38	Stefan Meier	Produkti	100%	200%	775,00 €/Woche	0,00 €/Std.	11.028,48 €	569,22 Std.
20	Michael Braun	Produktio	100%	100%	18,75 €/Std.	0,00 €/Std.	9.145,23 €	487,75 Std.
30	Max Meier	Crew	100%	100%	24,00 €/Std.	0,00 €/Std.	8.620,80 €	359,2 Std.
32	Michael Patten	Produktio	100%	100%	700,00 €/Woche	0,00 €/Std.	6.766,67 €	386,67 Std.
6	Klara Hektor	Produktio	100%	100%	800,00 €/Woche	0,00 €/Std.	6.720,00 €	336 Std.
12	Labor	Film und L	100%	100%	200,00 €/Tag	0,00 €/Std.	5.000,00 €	196 Std.
21	Jonathan Perrera	Produktio	100%	100%	22,00 €/Std.	0,00 €/Std.	4.840,00 €	220 Std.
18	Jan Miskowski	Produktio	100%	100%	18,75 €/Std.	0,00 €/Std.	3.674,50 €	198 Std.
26	Kim Schmitz	Produktio	100%	100%	9,40 €/Std.	0,00 €/Std.	3.384,00 €	360 Std.
36	Richard Lund	Produktio	100%	100%	625,00 €/Woche	0,00 €/Std.	3.125,00 €	200 Std.
9	David Kampmann	Talent	100%	100%	75,00 €/Tag	0,00 €/Std.	2.842,61 €	303,22 Std.
13	Elektriker	Crew	200%	200%	22,00 €/Std.	33,00 €/Std.	2.235,20 €	101,6 Std.
16	Florian Voss	Produktio	100%	100%	22,00 €/Std.	0,00 €/Std.	2.068,00 €	94 Std.
11	Dora Hermann	Produktio	100%	50%	13,00 €/Std.	0,00 €/Std.	1.792,96 €	121,27 Std.
28	Lisa Germer	Produktio	100%	100%	9,00 €/Std.	0,00 €/Std.	1.440,00 €	160 Std.
34	Paul Born	Produktio	50%	50%	200,00 €/Tag	0,00 €/Std.	1.006,82 €	40,27 Std.
31	Melani Heuer	Crew	100%	100%	18,00 €/Std.	0,00 €/Std.	981,82 €	54,55 Std.
39	Susanne Brenner	Talent	100%	100%	75,00 €/Tag	0,00 €/Std.	980,11 €	104,55 Std.
1	16-mm-Kamera	Ausrüstu	300%	300%	250,00 €/Woche	0,00 €/Std.	910,23 €	145,63 Std.
17	Frank Lee	Crew	100%	100%	14,00 €/Std.	21,00 €/Std.	819,64 €	58,55 Std.
25	Kerstin Heller	Crew	100%	100%	14,00 €/Std.	21,00 €/Std.	819,64 €	58,55 Std.
40	Thomas Bremer	Crew	100%	100%	14,00 €/Std.	21,00 €/Std.	819,64 €	58,55 Std.

Diese Anordnung eignet sich dazu, sich einen Überblick über die Ressourcenkosten für das gesamte Projekt zu verschaffen. Nun wollen Sie die Daten außerdem nach Ressourcengruppen sortieren. Daher werden Sie als Nächstes eine zweistufige Sortierreihenfolge einrichten.

TIPP Bei der Sortierung von Daten gilt die Sortierreihenfolge immer für die gesamte aktive Ansicht – gleichgültig, welche Tabelle gerade in dieser Ansicht geöffnet ist. Wenn Sie zum Beispiel die Ansicht **Balkendiagramm (Gantt)** nach Anfangstermin sortieren, während die Eingabetabelle angezeigt wird, und danach zur Tabelle **Kosten** wechseln, werden Sie auch dort die Vorgänge nach Anfangstermin sortiert angezeigt finden.

9 Zeigen Sie im Menü **Projekt** auf **Sortieren** und klicken Sie dann auf **Sortieren nach.**

Das Dialogfeld **Sortieren** wird angezeigt. Dort können Sie Sortierkriterien in einer Verschachtelungstiefe von bis zu drei Ebenen festlegen.

10 Markieren Sie in der Dropdownliste unter **Sortieren nach** den Eintrag **Gruppe** und klicken Sie dann auf das Optionsfeld **Aufsteigend.**

TIPP Es kann nach jedem Feld sortiert werden, nicht nur nach Feldern, die in der aktiven Ansicht vorhanden sind.

11 Markieren Sie in der Dropdownliste unter **Anschließend nach** (in der Mitte des Dialogfeldes) den Eintrag **Kosten** und klicken Sie dann auf **Absteigend.**

12 Vergewissern Sie sich, dass das Kontrollkästchen **Dauerhafte Neunummerierung für Ressourcen** deaktiviert ist. Das Kontrollkästchen **Ressourcen nach Projekt sortieren** sollte hingegen aktiviert sein.

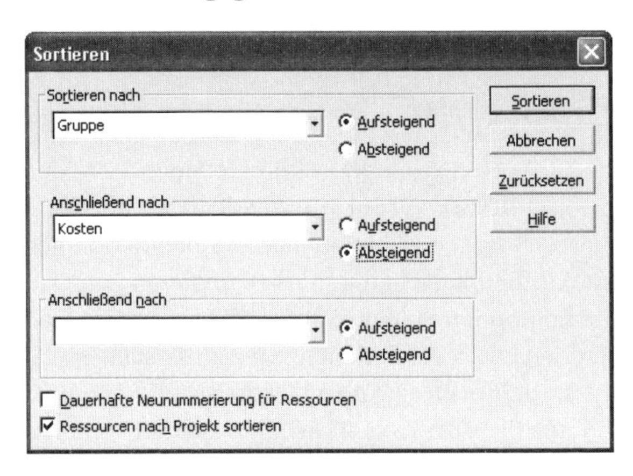

13 Klicken Sie auf **Sortieren.**

Microsoft Project sortiert die Ansicht **Ressource: Tabelle** und zeigt die Ressourcen nach Gruppen und innerhalb der Gruppen nach Kosten sortiert an. Ihr Bildschirm sollte nun ungefähr so wie in der folgenden Abbildung aussehen.

	Ressourcenname	Gruppe	Max. Einh.	Höchstwert	Standardsatz	Überstd.-Satz	Kosten	Arbeit
1	16-mm-Kamera	Ausrüstung	300%	300%	250,00 €/Woche	0,00 €/Std.	910,23 €	145,63 Std.
3	500-Watt-Lampe	Ausrüstung	400%	400%	100,00 €/Woche	0,00 €/Std.	334,09 €	133,63 Std.
5	Kamerawagen	Ausrüstung	200%	100%	0,00 €/Std.	0,00 €/Std.	0,00 €	46 Std.
7	Kran	Ausrüstung	100%	100%	0,00 €/Std.	0,00 €/Std.	0,00 €	32,55 Std.
10	Dolly	Ausrüstung	200%	200%	0,00 €/Std.	0,00 €/Std.	0,00 €	56,55 Std.
35	Reflektor-Kit	Ausrüstung	100%	0%	0,00 €/Std.	0,00 €/Std.	0,00 €	0 Std.
30	Max Meier	Crew	100%	100%	24,00 €/Std.	0,00 €/Std.	8.620,80 €	359,2 Std.
13	Elektriker	Crew	200%	200%	22,00 €/Std.	33,00 €/Std.	2.235,20 €	101,6 Std.
31	Melani Heuer	Crew	100%	100%	18,00 €/Std.	0,00 €/Std.	981,82 €	54,55 Std.
17	Frank Lee	Crew	100%	100%	14,00 €/Std.	21,00 €/Std.	819,64 €	58,55 Std.
25	Kerstin Heller	Crew	100%	100%	14,00 €/Std.	21,00 €/Std.	819,64 €	58,55 Std.
40	Thomas Bremer	Crew	100%	100%	14,00 €/Std.	21,00 €/Std.	819,64 €	58,55 Std.
41	Tim Mahler	Crew	100%	100%	14,00 €/Std.	21,00 €/Std.	791,64 €	56,55 Std.
12	Labor	Film und Labor	100%	100%	200,00 €/Tag	0,00 €/Std.	5.000,00 €	196 Std.
2	16-mm-Film	Film und Labor		) 100 Feet/Std.	20,00 €		800,00 €	40 100 Feet
38	**Stefan Meier**	**Produktion**	**100%**	**200%**	**775,00 €/Woche**	**0,00 €/Std.**	**11.028,48 €**	**569,22 Std.**
20	Michael Braun	Produktion	100%	100%	18,75 €/Std.	0,00 €/Std.	9.145,23 €	487,75 Std.
32	Michael Patten	Produktion	100%	100%	700,00 €/Woche	0,00 €/Std.	6.766,67 €	386,67 Std.
6	Klara Hektor	Produktion	100%	100%	800,00 €/Woche	0,00 €/Std.	6.720,00 €	336 Std.
21	Jonathan Perrera	Produktion	100%	100%	22,00 €/Std.	0,00 €/Std.	4.840,00 €	220 Std.
18	Jan Miskowski	Produktion	100%	100%	18,75 €/Std.	0,00 €/Std.	3.674,50 €	198 Std.
26	Kim Schmitz	Produktion	100%	100%	9,40 €/Std.	0,00 €/Std.	3.384,00 €	360 Std.

Ressource: Tabelle

Auf diese Art und Weise können Sie die teuersten Ressourcen innerhalb der verschiedenen an dem Kurzfilmprojekt beteiligten Gruppen herausfinden. Zum Abschluss dieser Übung stellen Sie die ursprüngliche Sortierreihenfolge wieder her.

14 Zeigen Sie im Menü **Projekt** auf **Sortieren** und klicken Sie dann auf **nach Nr.**

Microsoft Project sortiert die Ressourcenliste nach Ressourcennummer.

Beachten Sie, dass es keinen besonderen Hinweis darauf gibt, dass eine Vorgangs- oder Ressourcenansicht in einer bestimmten Reihenfolge sortiert wurde. Anders als beim Gruppieren und Filtern können Sie benutzerdefinierte Sortiereinstellungen nicht speichern. Allerdings bleibt die zuletzt angegebene Sortierreihenfolge so lange gültig, bis Sie die Ansicht wieder umsortieren.

Projektdetails gruppieren

Bei der Entwicklung eines Projektplans können Sie mithilfe der Standardansichten von Microsoft Project Ihre Daten auf verschiedene Art und Weise anzeigen und analysieren. Eine der wichtigsten Funktionen, die Ihnen in den Vorgangs- und Ressourcenansichten zur Verfügung stehen, ist das *Gruppieren* von Daten. Mithilfe der Gruppierungsfunktionen können Sie Vorgangs- und Ressourcendaten den von Ihnen festgelegten Kriterien entsprechend organisieren. Anstatt eine Vorgangsliste zum Beispiel in der Ansicht **Balkendiagramm (Gantt)** nach Ressourcennummer sortiert anzuzeigen, könnten Sie sie auch nach Vorgangsdauer sortiert darstellen lassen. Das Gruppieren von Daten geht allerdings einen Schritt weiter als das reine Sortieren. Die Gruppierung fügt Zwischensummen – so genannte Rollups – in Intervallen ein, die Sie selber festlegen können. So könnten Sie zum Beispiel Ressourcengruppen nach Kosten in 1000-€-Schritten bilden lassen.

TIPP In mancher Hinsicht weist das Gruppieren in Microsoft Project Ähnlichkeiten mit der Zwischensummenbildung von Microsoft Excel auf. Tatsächlich können Sie durch das Gruppieren von Daten Ihre Microsoft Project-Daten in einer Weise umorganisieren und analysieren, für die Sie sie früher in ein Tabellenkalkulationsprogramm hätten exportieren müssen.

Durch Gruppierung der Daten können Sie die Darstellung Ihrer Vorgangs- und Ressourcendaten erheblich verändern. Dadurch werden die Daten noch aussagekräftiger und erlauben eine noch ausführlichere Analyse. Die Gruppierung ändert jedoch nicht die Ihrem Projektplan zugrunde liegende Struktur, sondern organisiert die Daten lediglich neu und fasst sie zusammen. Wie beim Sortieren gilt auch das Gruppieren von Daten in einer Ansicht für alle Tabellen, die sich in der betreffenden Ansicht anzeigen lassen.

Microsoft Project enthält mehrere vordefinierte Vorgangs- und Ressourcengruppen, die zum Beispiel Vorgänge nach Dauer oder Ressourcen nach Kosten gruppieren. Sie können alle integrierten Gruppen an Ihre Anforderungen anpassen oder auch von Grund auf neue Gruppen definieren.

TIPP Sie können auch den Projektberater einsetzen, um einen Filter oder eine Gruppierung auf eine Tabelle anzuwenden oder die Daten in einer Tabelle zu sortieren. Klicken Sie dazu in der Symbolleiste **Projektberater** auf die Schaltfläche **Berichten** und dann im Seitenbereich **Berichten** auf den Link **Ändern des Inhalts oder der Reihenfolge von Informationen in einer Ansicht.**

In der folgenden Übung gruppieren Sie Ressourcen nach Gruppennamen (die Werte, die im Feld **Gruppe** enthalten sind, zum Beispiel **Ausrüstung**, **Crew** etc.). Das Gruppieren funktioniert ähnlich wie das Sortieren in der vorherigen Übung, mit dem Unterschied, dass beim Gruppieren zusammenfassende Summenzeilen für jede Ressourcengruppe eingefügt werden.

1. Zeigen Sie im Menü **Projekt** auf **Gruppieren nach: Ohne Gruppe** und klicken Sie dann auf **Ressourcengruppe.**

   Microsoft Project fasst die Ressourcendaten in Ressourcengruppen zusammen, fügt Zwischensummen für jede Gruppe ein und stellt die Daten in einer erweiterten Gliederungsansicht dar. Ihr Bildschirm sollte nun ähnlich wie in der folgenden Abbildung aussehen.

Nachdem die Ressourcen nach den Einträgen im Feld **Gruppe** gruppiert wurden, fügt Microsoft Project für jede Gruppe eine zusammenfassende Zwischensummenzeile hinzu.

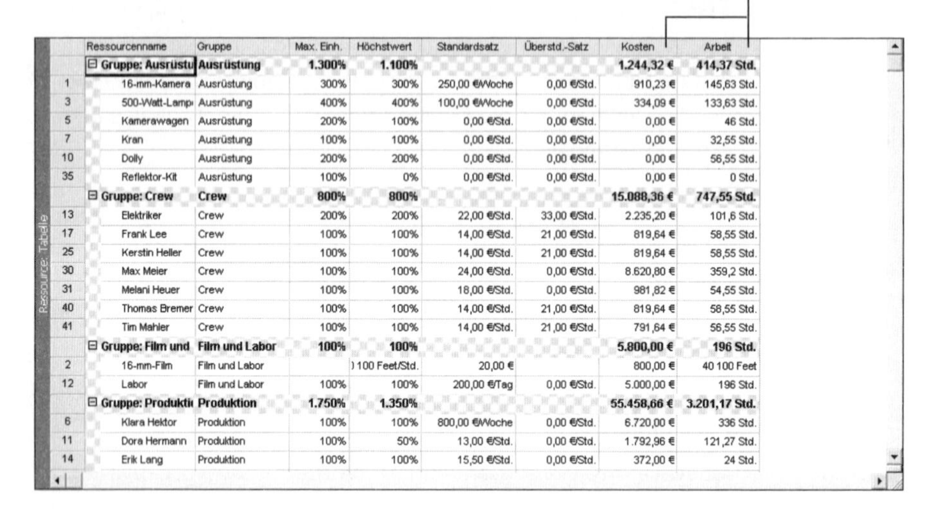

	Ressourcenname	Gruppe	Max. Einh.	Höchstwert	Standardsatz	Überstd.-Satz	Kosten	Arbeit
	Gruppe: Ausrüstu	**Ausrüstung**	**1.300%**	**1.100%**			**1.244,32 €**	**414,37 Std.**
1	16-mm-Kamera	Ausrüstung	300%	300%	250,00 €/Woche	0,00 €/Std.	910,23 €	145,63 Std.
3	500-Watt-Lamp	Ausrüstung	400%	400%	100,00 €/Woche	0,00 €/Std.	334,09 €	133,63 Std.
5	Kamerawagen	Ausrüstung	200%	100%	0,00 €/Std.	0,00 €/Std.	0,00 €	46 Std.
7	Kran	Ausrüstung	100%	100%	0,00 €/Std.	0,00 €/Std.	0,00 €	32,55 Std.
10	Dolly	Ausrüstung	200%	200%	0,00 €/Std.	0,00 €/Std.	0,00 €	56,55 Std.
35	Reflektor-Kit	Ausrüstung	100%	0%	0,00 €/Std.	0,00 €/Std.	0,00 €	0 Std.
	Gruppe: Crew	**Crew**	**800%**	**800%**			**15.088,36 €**	**747,55 Std.**
13	Elektriker	Crew	200%	200%	22,00 €/Std.	33,00 €/Std.	2.235,20 €	101,6 Std.
17	Frank Lee	Crew	100%	100%	14,00 €/Std.	21,00 €/Std.	819,64 €	58,55 Std.
25	Kerstin Heller	Crew	100%	100%	14,00 €/Std.	21,00 €/Std.	819,64 €	58,55 Std.
30	Max Meier	Crew	100%	100%	24,00 €/Std.	0,00 €/Std.	8.620,80 €	359,2 Std.
31	Melani Heuer	Crew	100%	100%	18,00 €/Std.	0,00 €/Std.	981,82 €	54,55 Std.
40	Thomas Bremer	Crew	100%	100%	14,00 €/Std.	21,00 €/Std.	819,64 €	58,55 Std.
41	Tim Mahler	Crew	100%	100%	14,00 €/Std.	21,00 €/Std.	791,64 €	56,55 Std.
	Gruppe: Film und	**Film und Labor**	**100%**	**100%**			**5.800,00 €**	**196 Std.**
2	16-mm-Film	Film und Labor		) 100 Feet/Std.	20,00 €		800,00 €	40 100 Feet
12	Labor	Film und Labor	100%	100%	200,00 €/Tag	0,00 €/Std.	5.000,00 €	196 Std.
	Gruppe: Produkti	**Produktion**	**1.750%**	**1.350%**			**55.458,66 €**	**3.201,17 Std.**
6	Klara Hektor	Produktion	100%	100%	800,00 €/Woche	0,00 €/Std.	6.720,00 €	336 Std.
11	Dora Hermann	Produktion	100%	50%	13,00 €/Std.	0,00 €/Std.	1.792,96 €	121,27 Std.
14	Erik Lang	Produktion	100%	100%	15,50 €/Std.	0,00 €/Std.	372,00 €	24 Std.

Microsoft Project stellt die Zeilen für die Zwischensummen mit einem hellgelben Hintergrund dar. Da die Zwischensummendaten von untergeordneten Daten abgeleitet sind, können Sie sie nicht direkt bearbeiten. Die Anzeige dieser Zwischensummen hat keine Auswirkungen auf die Kosten- und Terminberechnungen des Projektplans.

Die Anordnung der Ressourcenkosten ähnelt der der Sortierung im vorangegangenen Abschnitt. Sie wollen die Anordnung und Darstellung der Daten jedoch nicht allein Microsoft Project überlassen und erstellen deshalb selbst eine Gruppe.

2 Zeigen Sie im Menü **Projekt** auf **Gruppieren nach: Ressourcengruppe** und klicken Sie dann auf **Weitere Gruppen**.

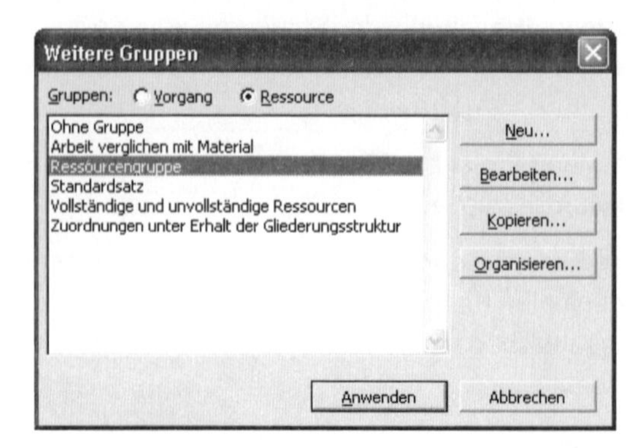

Das Dialogfeld **Weitere Gruppen** wird geöffnet. Hier werden alle verfügbaren Gruppen für Vorgänge und Ressourcen angezeigt. Da Ihre neue Gruppe ähnlich aussehen wird wie die Ressourcengruppe, werden Sie diese zunächst einmal kopieren und anschließend entsprechend anpassen.

3 Markieren Sie den Eintrag **Ressourcengruppe** und klicken Sie dann auf **Kopieren**.

   Das Dialogfeld **Gruppendefinition** wird geöffnet.

4 Geben Sie in das Feld **Name** die Bezeichnung ***Ressourcengruppen nach Kosten*** ein.

5 Klicken Sie in der Spalte **Feldname** auf die erste leere Zelle unter dem Eintrag **Gruppe**.

6 Geben Sie ***Kosten*** ein oder wählen Sie den Eintrag **Kosten** im Dropdown-Listenfeld aus.

7 Wählen Sie in der Spalte **Reihenfolge** für den Feldnamen **Kosten** die Option **Absteigend**.

   Die Ressourcen werden innerhalb ihrer Gruppen in absteigender Reihenfolge nach Kosten sortiert.

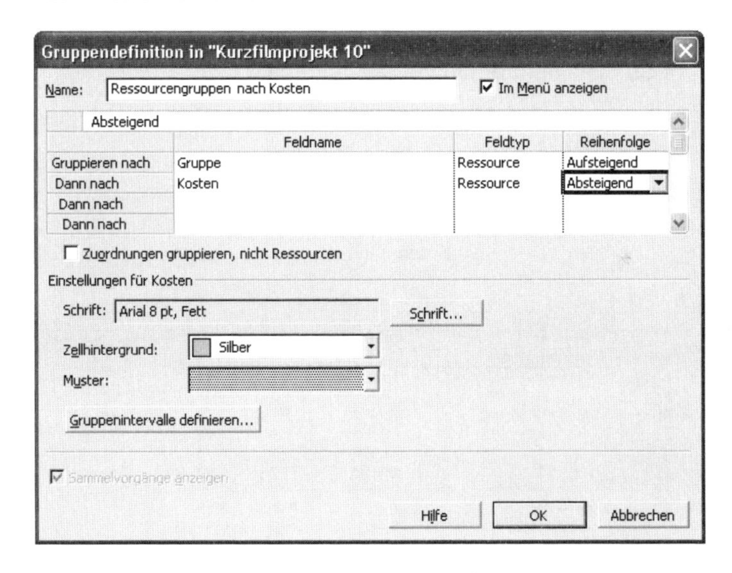

Als Nächstes legen Sie die Kostenintervalle für die Gruppierung der Ressourcen fest.

8 Klicken Sie auf die Schaltfläche **Gruppenintervalle definieren**.

   Das Dialogfeld **Gruppenintervall definieren** öffnet sich.

9 Wählen Sie im Dropdown-Listenfeld **Gruppieren nach** die Option **Intervall**.

10 Geben Sie in das Feld **Gruppenintervall** den Wert ***1000*** ein.

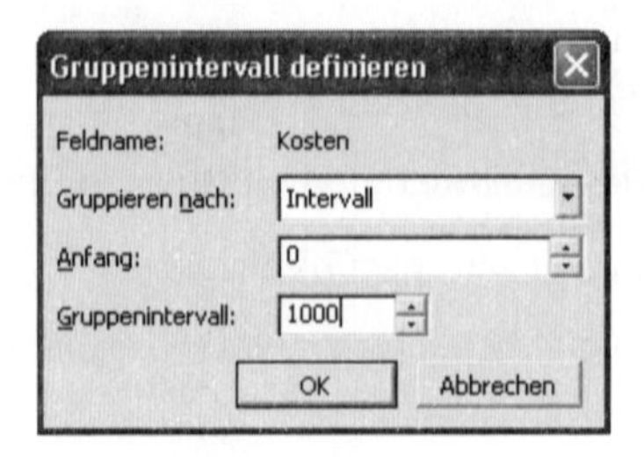

11 Klicken Sie auf **OK**.

12 Klicken Sie im Dialogfeld **Gruppendefinition** ebenfalls auf die Schaltfläche **OK**.

Die Gruppe **Ressourcengruppen nach Kosten** wird jetzt als neuer Eintrag im Dialogfeld **Weitere Gruppen** markiert angezeigt.

13 Klicken Sie auf **Anwenden**.

Microsoft Project übernimmt die neue Gruppierung für die Ansicht **Ressource: Tabelle**.

14 Doppelklicken Sie auf den Spaltenkopf der Spalte **Ressourcenname**.

Das Dialogfeld **Definition Spalte** öffnet sich.

15 Klicken Sie auf die Schaltfläche **Optimale Breite**.

Microsoft Project verbreitert die Spalte **Ressourcenname**. Ihr Bildschirm sollte nun ähnlich wie in der folgenden Abbildung aussehen.

Nun werden alle Daten nach Ressourcengruppen und innerhalb jeder Gruppe nach Kosten gruppiert.

Ressource: Tabelle

	Ressourcenname	Gruppe	Max. Einh.	Höchstwert	Standardsatz	Überstd.-Satz	Kosten	Arbeit
	⊟ Gruppe: Ausrüstung	**Ausrüstung**	**1.300%**	**1.100%**			**1.244,32 €**	**414,37 Std.**
	⊟ Kosten: 0,00 € - <1.000,00 €	**Ausrüstung**	**1.300%**	**1.100%**			**1.244,32 €**	**414,37 Std.**
1	16-mm-Kamera	Ausrüstung	300%	300%	250,00 €/Woche	0,00 €/Std.	910,23 €	145,63 Std.
3	500-Watt-Lampe	Ausrüstung	400%	400%	100,00 €/Woche	0,00 €/Std.	334,09 €	133,63 Std.
5	Kamerawagen	Ausrüstung	200%	100%	0,00 €/Std.	0,00 €/Std.	0,00 €	46 Std.
7	Kran	Ausrüstung	100%	100%	0,00 €/Std.	0,00 €/Std.	0,00 €	32,55 Std.
10	Dolly	Ausrüstung	200%	200%	0,00 €/Std.	0,00 €/Std.	0,00 €	56,55 Std.
35	Reflektor-Kit	Ausrüstung	100%	0%	0,00 €/Std.	0,00 €/Std.	0,00 €	0 Std.
	⊟ Gruppe: Crew	**Crew**	**800%**	**800%**			**15.088,36 €**	**747,55 Std.**
	⊟ Kosten: 8.000,00 € - <9.000,00 €	**Crew**	**100%**	**100%**			**8.620,80 €**	**359,2 Std.**
30	Max Meier	Crew	100%	100%	24,00 €/Std.	0,00 €/Std.	8.620,80 €	359,2 Std.
	⊟ Kosten: 2.000,00 € - <3.000,00 €	**Crew**	**200%**	**200%**			**2.235,20 €**	**101,6 Std.**
13	Elektriker	Crew	200%	200%	22,00 €/Std.	33,00 €/Std.	2.235,20 €	101,6 Std.
	⊟ Kosten: 0,00 € - <1.000,00 €	**Crew**	**500%**	**500%**			**4.232,36 €**	**286,75 Std.**
17	Frank Lee	Crew	100%	100%	14,00 €/Std.	21,00 €/Std.	819,64 €	58,55 Std.
25	Kerstin Heller	Crew	100%	100%	14,00 €/Std.	21,00 €/Std.	819,64 €	58,55 Std.
31	Melani Heuer	Crew	100%	100%	18,00 €/Std.	0,00 €/Std.	981,82 €	54,55 Std.
40	Thomas Bremer	Crew	100%	100%	14,00 €/Std.	21,00 €/Std.	819,64 €	58,55 Std.
41	Tim Mahler	Crew	100%	100%	14,00 €/Std.	21,00 €/Std.	791,64 €	56,55 Std.

Die Ressourcen werden nach Ressourcengruppen gruppiert (die gelben Markierungen, die die Gruppen **Ausrüstung**, **Crew** usw. kennzeichnen. Innerhalb jeder Gruppe werden die Kosten in 1000-€-Schritten gruppiert (die grauen Hervorhebungen).

Zum Abschluss dieser Übung entfernen Sie nun die Gruppierung wieder.

16 Öffnen Sie das Menü **Projekt**, zeigen Sie auf **Gruppieren nach: Ressourcengruppen nach Kosten** und klicken Sie dann auf **Ohne Gruppe**.

Microsoft Project entfernt die Summenwerte und die Gliederungsstruktur und die ursprünglichen Daten sind wieder zu sehen. Die Anwendung einer Gruppierung hat also keine Auswirkung auf die zugrunde liegenden Daten.

Ohne Gruppe

Gruppieren nach

TIPP Alle vordefinierten und benutzerdefinierten Gruppen stehen Ihnen über das Dropdown-Listenfeld **Gruppieren nach** in der Standardsymbolleiste zur Verfügung. Der Name der aktiven Gruppe wird im Listenfeld angezeigt. Klicken Sie auf den Abwärtspfeil neben dem Listenfeld, um die anderen Gruppennamen zu sehen. Ist auf die aktuelle Tabelle keine Gruppierung angewendet, enthält es den Eintrag **Ohne Gruppe**.

TIPP Um mehr über den Einsatz von Gruppierungen zu erfahren, geben Sie in das Feld **Frage hier eingeben** den Text ***Gruppieren von Elementen*** ein.

Projektdetails filtern

Eine weitere nützliche Funktion zur Änderung der Anzeige von Vorgangs- und Ressourcendaten ist das *Filtern*. Wie der Begriff schon sagt, filtert der Filter Vorgangs- und Ressourcendaten aus, die den von Ihnen festgelegten Kriterien nicht entsprechen, und zeigt nur die Sie interessierenden Daten an. Wie bei der Gruppierung werden auch hier durch die Anwendung von Filtern nicht die Daten Ihrer Microsoft Project-Datei geändert, sondern nur deren Darstellung.

Filter lassen sich auf zwei Arten verwenden: Sie können einen vordefinierten Filter oder einen *AutoFilter* auf eine Ansicht anwenden.

- Wenden Sie einen vordefinierten oder benutzerdefinierten Filter an, um nur die Vorgangs- oder Ressourcendaten anzuzeigen oder hervorzuheben, die den Filterkriterien entsprechen. Der Filter **Kritisch** zeigt zum Beispiel nur die Vorgänge auf dem kritischen Weg an. Einige vordefinierte Filter wie etwa der Filter **Vorgangsbereich** fordern Sie zur Eingabe eigener Kriterien auf, beispielsweise eines Bereichs von Vorgangsnummern.
- Wenden Sie für Ad-hoc-Filterungen in einer Tabelle AutoFilter an. Wenn die AutoFilter-Funktion aktiviert ist, werden neben den Namen in den Spaltenköpfen kleine Pfeile angezeigt. Mit einem Klick auf einen dieser Pfeile können Sie eine Liste mit Kriterien öffnen, nach denen sich die Daten filtern lassen. Welche Kriterien angezeigt werden, ist abhängig von den in der Spalte angezeigten Daten. Zu den AutoFilter-Kriterien für eine Datumsspalte gehören zum Beispiel die Optionen **Heute**, **Dieser Monat** und **Benutzerdefiniert**; mit letzterer

können Sie eigene Kriterien definieren. AutoFilter können Sie in Microsoft Project auf dieselbe Weise verwenden wie in Microsoft Excel.

Beide Filtertypen blenden in den Tabellenansichten die Zeilen mit Vorgängen und Ressourcen aus, die nicht den angegebenen Kriterien entsprechen (oder anders ausgedrückt: sie zeigen nur diejenigen an, die den Kriterien entsprechen). In diesem Fall werden Sie auch Lücken in der Nummerierung der Ressourcen bzw. Vorgänge bemerken. Die „fehlenden" Daten sind allerdings nur ausgeblendet und wurden nicht etwa gelöscht. Wie beim Sortieren und Gruppieren wird der betreffende Filter auf alle zu der Ansicht gehörenden Tabellen angewendet. In Ansichten, die ohne Tabellen arbeiten (zum Beispiel die Ansicht **Kalender**), können Sie mithilfe des Befehls **Filter** im Menü **Projekt** dennoch mit Filtern arbeiten. AutoFilter stehen aber nicht zur Verfügung.

Ein häufig verwendetes Format zur Anzeige von Terminplandaten in einem Filmprojekt ist der so genannte Drehplan. In dieser Übung erstellen Sie einen Filter, der nur die noch nicht fertig gestellten Drehvorgänge enthält.

1. Klicken Sie im Menü **Ansicht** auf **Balkendiagramm (Gantt)**.

   Die Ansicht **Balkendiagramm (Gantt)** wird geöffnet. Bevor Sie sich die Mühe machen, selbst einen Filter zu erstellen, versuchen Sie zuerst, die für Sie interessanten Vorgänge mithilfe eines AutoFilters anzuzeigen.

AutoFilter

2. Klicken Sie in der Formatsymbolleiste auf die Schaltfläche **AutoFilter**.

   Microsoft Project zeigt jetzt Pfeile rechts neben den Spaltenüberschriften an. Ihr Bildschirm sollte ähnlich wie in der folgenden Abbildung aussehen.

Nach Aktivierung der AutoFilter-Funktion werden diese Pfeile in den Spaltenüberschriften angezeigt.

	Vorgangsname	Dauer
0	Kurzfilmprojekt	219,89 Tage
1	Produktionsvorbereitung	59,5 Tage
2	Drehbuch überarbeiten	1 Woche
3	Drehbuch in Teilaufgaben	1,05 Wochen
4	Produktionsablauf festleg	1,05 Monate

3. Klicken Sie auf den nach unten weisenden Pfeil neben der Spaltenüberschrift **Vorgangsname** und markieren Sie dann in der Liste den Eintrag **(Benutzerdefiniert)**.

   Das Dialogfeld **Benutzerdefinierter AutoFilter** wird angezeigt.

4. Vergewissern Sie sich, dass im ersten Feld im Bereich **Name** das Filterkriterium **Enthält** angezeigt wird.

5. Geben Sie in das Feld rechts daneben das Wort ***drehen*** ein.

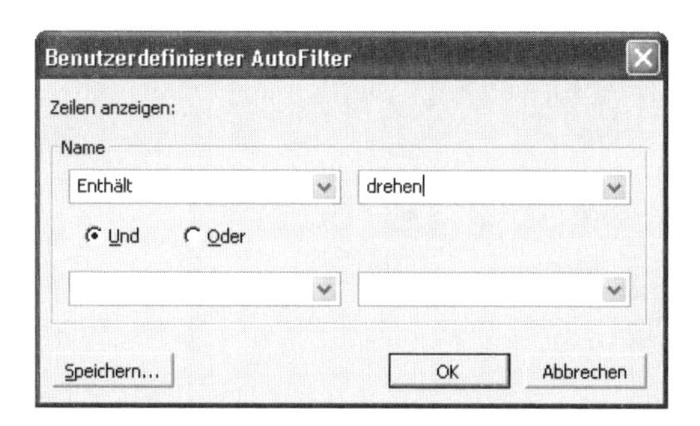

6 Klicken Sie auf **OK**, um das Dialogfeld **Benutzerdefinierter AutoFilter** zu schließen.

Microsoft Project filtert die Vorgangsliste und zeigt nur die Vorgänge, in denen das Wort „drehen" enthalten ist, sowie die Sammelvorgänge an.

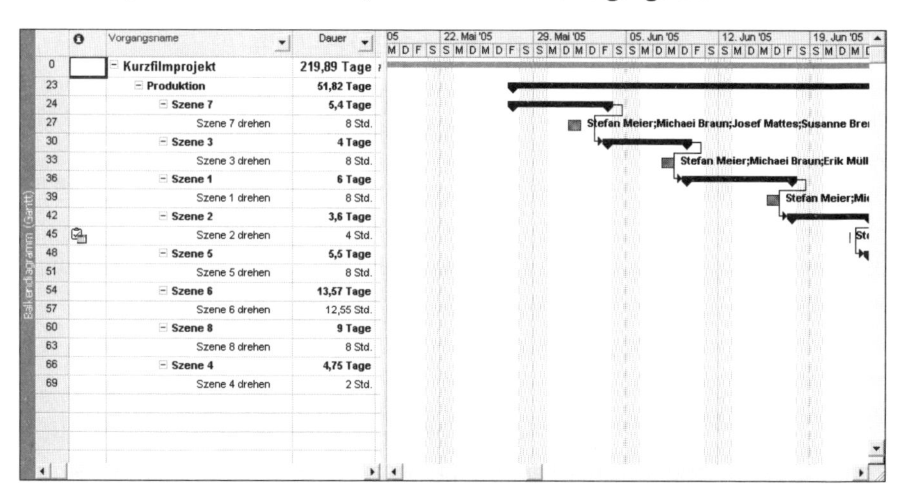

Beachten Sie, dass die Spaltenüberschrift **Vorgangsname** und der Pfeil jetzt blau formatiert angezeigt werden. Diese Formatierung weist darauf hin, dass ein AutoFilter auf diese Ansicht angewendet wurde.

Als Nächstes deaktivieren Sie den AutoFilter wieder und erstellen einen benutzerdefinierten Filter.

7 Klicken Sie in der Formatsymbolleiste auf die Schaltfläche **AutoFilter.**

Microsoft Project deaktiviert den AutoFilter und zeigt wieder alle Vorgänge des Projekts an. Nun können Sie einen benutzerdefinierten Filter erstellen.

8 Zeigen Sie im Menü **Projekt** auf **Filter: Alle Vorgänge** und klicken Sie dann auf **Weitere Filter.**

Das Dialogfeld **Weitere Filter** wird geöffnet. Dort sehen Sie alle verfügbaren vordefinierten Filter für Vorgänge (für Vorgangsansichten) und Ressourcen (für Ressourcenansichten).

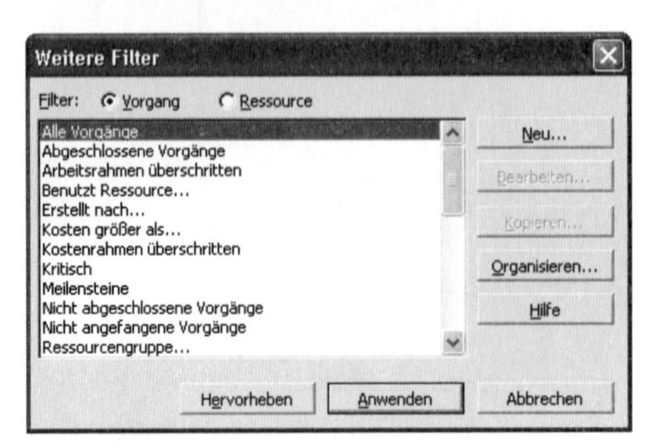

9 Klicken Sie auf die Schaltfläche **Neu**.

Das Dialogfeld **Filterdefinition** wird geöffnet.

10 Geben Sie ***Unfertige Szenen*** in das Feld **Name** ein.

11 Geben Sie ***Name*** in die erste Zelle der Spalte **Feldname** ein oder wählen Sie den Eintrag **Name** im Dropdown-Listenfeld aus.

12 Geben Sie ***Enthält*** in die erste Zelle der Spalte **Bedingung** ein oder wählen Sie den Eintrag **Enthält** aus.

13 Geben Sie ***drehen*** in die erste Zelle der Spalte **Wert(e)** ein.

Mit diesen Angaben haben Sie das erste Kriterium für den Filter festgelegt. Als Nächstes werden Sie ein zweites Kriterium definieren.

14 Geben Sie ***Und*** in die zweite Zelle der Spalte **Und/Oder** ein oder wählen Sie den Eintrag **Und** aus.

15 Geben Sie ***Aktuelles Ende*** in die zweite Zelle der Spalte **Feldname** ein oder wählen Sie den Eintrag **Aktuelles Ende** aus.

16 Geben Sie ***Gleich*** in die zweite Zelle der Spalte **Bedingung** ein oder wählen Sie den Eintrag **Gleich** aus.

17 Geben Sie ***NV*** in die zweite Zelle der Spalte **Werte** ein.

Mit der Abkürzung **NV**, die für „Nicht verfügbar" steht, werden in Microsoft Project die Felder gekennzeichnet, die noch keinen Wert enthalten. Alle Drehvorgänge, für die kein Enddatum angegeben ist, können noch nicht beendet sein. Daher werden sie durch dieses Kriterium erfasst.

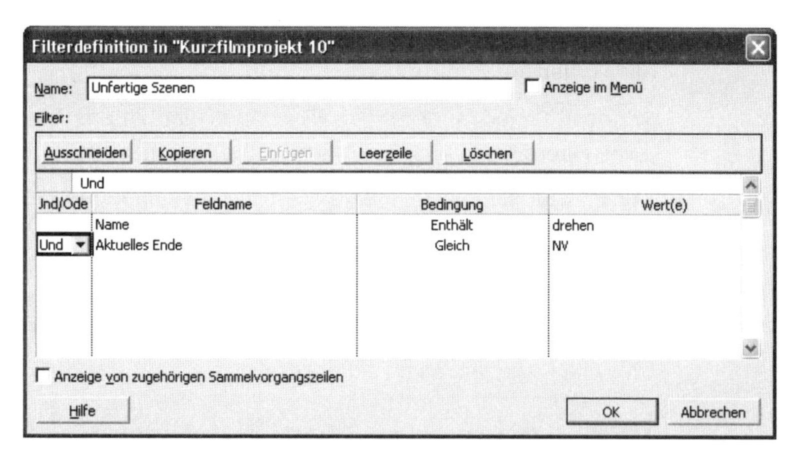

18 Klicken Sie auf **OK**, um das Dialogfeld **Filterdefinition** zu schließen.

Der neue Filter wird im Dialogfeld **Weitere Filter** markiert angezeigt.

19 Klicken Sie auf **Anwenden**.

Microsoft Project wendet den neuen Filter auf die Ansicht **Balkendiagramm (Gantt)** an. Nach der Anwendung eines Filters blendet Microsoft Project die Daten aus, die den Filterkriterien nicht entsprechen. Beachten Sie die Lücken in der Nummerierung. Dies ist einer der visuellen Hinweise darauf, dass ein Filter angewendet wird. Ihr Bildschirm sollte nun ähnlich wie in der folgenden Abbildung aussehen.

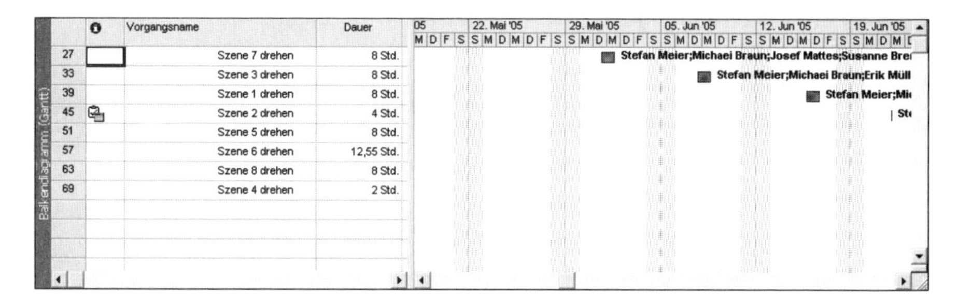

Die gefilterten Vorgänge zeigen jetzt alle noch nicht beendeten Drehvorgänge an. Da wir noch nicht begonnen haben, den tatsächlichen Arbeitsfortschritt aufzuzeichnen, werden alle Drehvorgänge als noch nicht beendet angezeigt.

TIPP Anstatt Vorgänge ausblenden zu lassen, die den Filterkriterien nicht entsprechen, können Sie sie auch in blauer Schrift hervorheben lassen. Klicken Sie dazu im Dialogfeld **Weitere Filter** auf die Schaltfläche **Hervorheben** anstatt auf **Anwenden**.

Zum Abschluss dieser Übung werden Sie jetzt alle Filter entfernen.

20 Zeigen Sie im Menü **Projekt** auf **Filter: Unfertige Szenen** und klicken Sie dann auf **Alle Vorgänge**.

Microsoft Project entfernt den Filter. Auch hier hat das Anwenden bzw. Entfernen eines Filters keine Auswirkungen auf die zugrunde liegenden Daten.

Alle Vorgänge

Filter

TIPP Auf sämtliche Filter können Sie auch über das Dropdown-Listenfeld **Filter** in der Formatsymbolleiste zugreifen. Der Name des aktuell angewendeten Filters wird im Feld angezeigt. Wenn Sie auf den Abwärtspfeil neben dem Feld klicken, wird eine Liste mit den übrigen Filtern geöffnet. Wenn die aktuelle Ansicht nicht gefiltert ist, wird je nach Ansicht die Beschriftung **Alle Vorgänge** bzw. **Alle Ressourcen** im Feld angezeigt.

TIPP Um mehr über die Filter zu erfahren, die in Microsoft Project zur Verfügung stehen, gehen Sie in das Feld **Frage hier eingeben** den Text ***Arbeiten mit Filtern*** ein.

Tabellen erstellen und anpassen

Wie Sie vielleicht bereits wissen, ist eine Tabelle eine Darstellung für Projektdaten, in der diese horizontal in Zeilen und vertikal in Spalten angeordnet sind. Jede Spalte repräsentiert eines der vielen Felder von Microsoft Project. Jede Zeile repräsentiert einen Vorgang oder eine Ressource (und im Fall von Einsatztabellen einer Zuordnung). Der Schnittpunkt von Spalten und Zeilen wird als Zelle (für diejenigen unter Ihnen, die eher kalkulationsorientiert sind) oder als Feld (für diejenigen, die in Datenbankbegriffen denken) bezeichnet.

Microsoft Project enthält eine Reihe von vordefinierten Vorgangs- und Ressourcentabellen, die sich in den verschiedenen Ansichten anwenden lassen. Sie haben bereits mit verschiedenen Tabellen wie etwa der Eingabetabelle und Sammelvorgangtabelle gearbeitet. Höchstwahrscheinlich enthalten diese beiden Tabellen bereits alle Felder, die Sie jemals benötigen werden. Sie können aber jede vordefinierte Tabelle bearbeiten und eigene Tabellen erstellen, in die Sie nur die für Sie wichtigen Daten aufnehmen.

In der folgenden Übung erstellen Sie eine Tabelle zur Anzeige der für einen Drehplan relevanten Daten.

1 Klicken Sie im Menü **Ansicht** auf **Weitere Ansichten**.

Das Dialogfeld **Weitere Ansichten** wird geöffnet.

2 Markieren Sie den Eintrag **Vorgang: Tabelle** und klicken Sie dann auf **Auswahl**.

Microsoft Project öffnet die Ansicht **Vorgang: Tabelle**.

3 Zeigen Sie im Menü **Ansicht** auf **Tabelle: Kosten** (hier wird stets die zuletzt verwendete Tabelle angezeigt) und klicken Sie dann auf **Weitere Tabellen**.

Das Dialogfeld **Weitere Tabellen** wird geöffnet. Je nachdem, welche Art Ansicht (für Vorgänge oder Ressourcen) aktuell geöffnet ist, werden alle für Vorgänge bzw. Ressourcen vordefinierten Tabellen angezeigt.

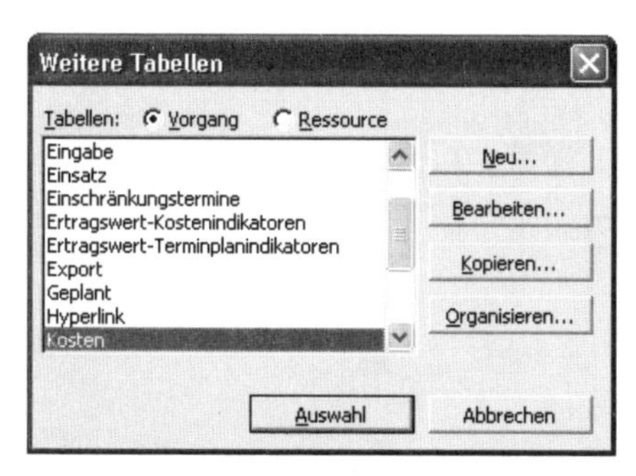

4 Markieren Sie die Tabelle **Eingabe** und vergewissern Sie sich, dass das Optionsfeld **Vorgang** aktiviert ist.

5 Klicken Sie auf **Kopieren**.

Das Dialogfeld **Tabellendefinition** wird geöffnet.

6 Geben Sie ***Drehplan*** in das Feld **Name** ein.

Als Nächstes werden Sie mehrere Felder entfernen, andere hinzufügen und danach die restlichen in eine neue Reihenfolge bringen.

7 Markieren Sie in der Spalte **Feldname** die folgenden Feldnamen. Klicken Sie nach dem Markieren der einzelnen Feldnamen jeweils auf die Schaltfläche **Löschen**.

Indikatoren

Dauer

Ende

Vorgänger

Ressourcennamen

Nachdem Sie diese Felder gelöscht haben, sollte Ihr Bildschirm so wie in der folgenden Abbildung aussehen.

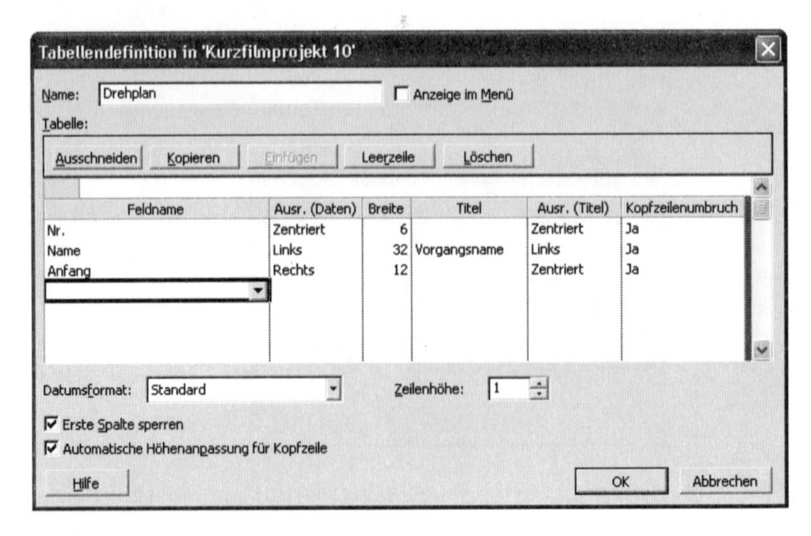

Als Nächstes werden Sie mehrere Felder in diese Tabellendefinition aufnehmen.

8 Klicken Sie in der Spalte **Feldname** auf den nach unten weisenden Pfeil im leeren Feld unter **Anfang** und markieren Sie in der Dropdownliste den Eintrag **Besetzung (Text9)**.

9 Wählen Sie in der Spalte **Ausr. (Daten)** in derselben Zeile den Eintrag **Links.**

Sobald Sie den Eintrag in der Spalte **Ausr. (Daten)** markiert haben, füllt Microsoft Project automatisch die Einträge in dieser Zeile für die Spalten **Breite** und **Ausr. (Titel)** aus.

10 Geben Sie in der Spalte **Breite** den Wert ***25*** ein.

11 Wählen Sie in der Spalte **Feldname** im nächsten leeren Feld unterhalb des Eintrags **Besetzung** in der Dropdownliste den Eintrag **Drehort (Text10)**.

12 Wählen Sie in der Spalte **Ausr. (Daten)** den Eintrag **Links.**

13 Geben Sie in das Feld **Breite** den Wert ***15*** ein.

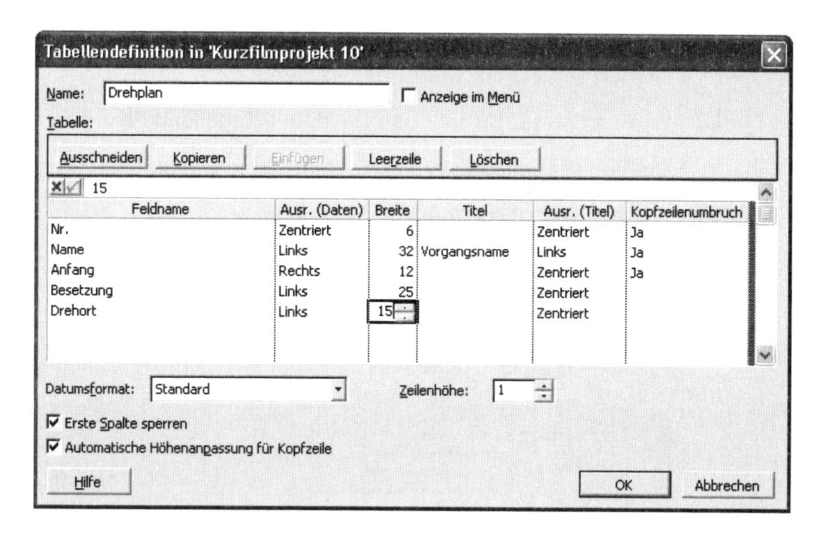

Die beiden benutzerdefinierten Textfelder **Besetzung** und **Drehort** enthalten die Namen der Schauspieler und Drehorte für die Szenen, die zuvor in den Projektplan aufgenommen wurden.

Jetzt müssen Sie nur noch die Felder in die Reihenfolge bringen, in der sie normalerweise in einem Drehplan zu finden sind.

14 Klicken Sie in der Spalte **Feldname** auf den Eintrag **Anfang** und dann auf **Ausschneiden**.

15 Klicken Sie in der Spalte **Feldname** auf den Eintrag **Name** und dann auf **Einfügen**.

16 Wählen Sie im Dropdown-Listenfeld **Datumsformat** den Eintrag **28.01.02 12:33**.

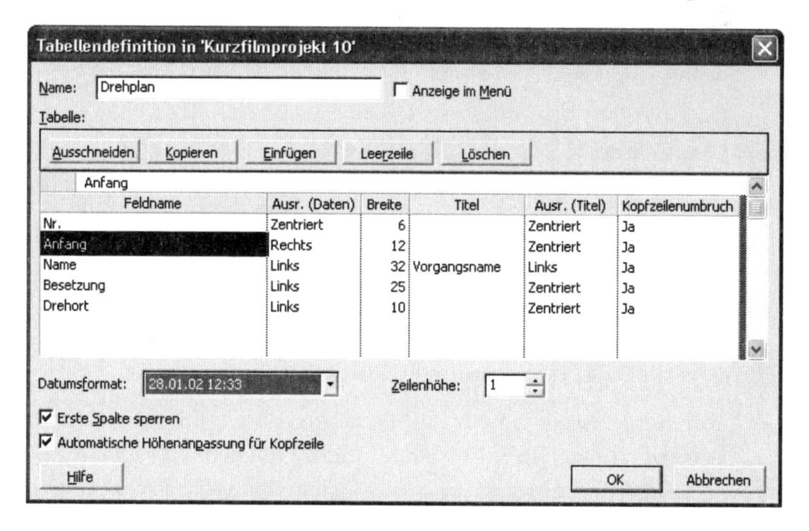

Die angegebene Reihenfolge entspricht nun derjenigen, die üblicherweise für das Drehen von Filmen verwendet werden.

17 Klicken Sie auf **OK**, um das Dialogfeld **Tabellendefinition** zu schließen.

Die neue Tabelle wird im Dialogfeld **Weitere Tabellen** angezeigt.

18 Klicken Sie auf **Auswahl**.

Microsoft Project wendet die neue Tabelle in der Ansicht **Vorgänge: Tabelle** an. Wenn in der Spalte **Anfang** Nummernzeichen (#) angezeigt werden, doppelklicken Sie auf den rechten Rand des Spaltenkopfes, um die Spalte zu verbreitern. Ihr Bildschirm sollte nun ähnlich wie in der folgenden Abbildung aussehen.

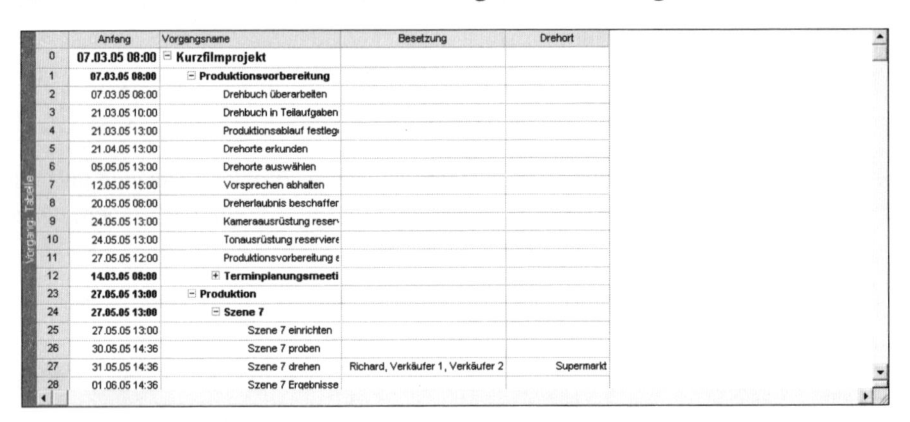

	Anfang	Vorgangsname	Besetzung	Drehort
0	07.03.05 08:00	Kurzfilmprojekt		
1	07.03.05 08:00	Produktionsvorbereitung		
2	07.03.05 08:00	Drehbuch überarbeiten		
3	21.03.05 10:00	Drehbuch in Teilaufgaben		
4	21.03.05 13:00	Produktionsablauf festleg		
5	21.04.05 13:00	Drehorte erkunden		
6	05.05.05 13:00	Drehorte auswählen		
7	12.05.05 15:00	Vorsprechen abhalten		
8	20.05.05 08:00	Dreherlaubnis beschaffer		
9	24.05.05 13:00	Kameraausrüstung reser		
10	24.05.05 13:00	Tonausrüstung reserviere		
11	27.05.05 12:00	Produktionsvorbereitung		
12	14.03.05 08:00	Terminplanungsmeeti		
23	27.05.05 13:00	Produktion		
24	27.05.05 13:00	Szene 7		
25	27.05.05 13:00	Szene 7 einrichten		
26	30.05.05 14:36	Szene 7 proben		
27	31.05.05 14:36	Szene 7 drehen	Richard, Verkäufer 1, Verkäufer 2	Supermarkt
28	01.06.05 14:36	Szene 7 Ergebnisse		

In der nächsten Übung werden Sie mit der benutzerdefinierten Tabelle und dem benutzerdefinierten Filter eine Drehplanansicht für das Kurzfilmprojekt erstellen.

TIPP Wollen Sie sich über die in Microsoft Project verfügbaren Tabellen informieren, geben Sie in das Feld **Frage hier eingeben** den Text ***Verfügbare Tabellen*** ein.

Benutzerdefinierte Ansichten erstellen

In fast allen Kapiteln dieses Buches wechseln Sie zwischen verschiedenen vordefinierten Microsoft Project-Ansichten hin und her. Eine *Ansicht* kann Elemente wie Tabellen, Gruppen und Filter enthalten. Diese lassen sich mit anderen Elementen (etwa einer Zeitskala in einer der Einsatzansichten) oder mit grafischen Elementen (wie etwa der grafischen Darstellung der Vorgänge im Diagrammausschnitt der Ansicht **Balkendiagramm (Gantt)**) kombinieren.

Microsoft Project enthält zahlreiche Ansichten, mit deren Hilfe Sie die Daten für verschiedene Zwecke anordnen können. Vielleicht werden Sie später einmal Ihre Project-Daten auf eine Art und Weise darstellen wollen, für die keine vordefinierten Ansichten verfügbar sind. In diesem Fall könnten Sie eine der vorhandenen Ansichten bearbeiten oder auch eine eigene Ansicht erstellen.

In der folgenden Übung erstellen Sie eine Ansicht für einen Drehplan, in der der benutzerdefinierte Filter und die benutzerdefinierte Tabelle, die Sie in den vorigen Abschnitten erstellt haben, kombiniert werden. Die so erstellte Ansicht wird dem in der Filmbranche verwendeten Format schon recht ähnlich sein.

1. Klicken Sie im Menü **Ansicht** auf **Weitere Ansichten**.

   Das Dialogfeld **Weitere Ansichten** wird geöffnet. Die dort angezeigt Liste enthält alle verfügbaren vordefinierten Ansichten.

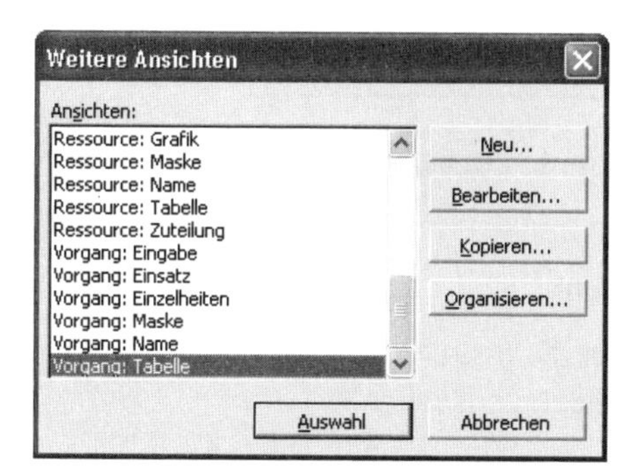

2. Klicken Sie auf die Schaltfläche **Neu**.

   Das Dialogfeld **Neue Ansicht definieren** wird geöffnet. Die meisten Ansichten nehmen das gesamte Fenster ein. Sie können aber auch eine Ansicht erstellen, die das Fenster in zwei Ausschnitte unterteilt.

3. Vergewissern Sie sich, dass das Optionsfeld **Einzelansicht** aktiviert ist, und klicken Sie dann auf **OK**.

   Das Dialogfeld **Definition der Ansicht** wird geöffnet.

4. Geben Sie ***Drehplanansicht*** in das Feld **Name** ein.

5. Wählen Sie in der Dropdownliste **Bildschirm** den Eintrag **Vorgang: Tabelle**.

6. Wählen Sie in der Dropdownliste **Tabelle** den Eintrag **Drehplan**.

   Die Tabellen, die in der Dropdownliste aufgeführt werden, hängen von der in Schritt 5 gewählten Ansichtsart ab.

7. Wählen Sie in der Dropdownliste **Gruppe** den Eintrag **Ohne Gruppe**.

   Die Gruppen, die in der Dropdownliste aufgeführt werden, hängen von der in Schritt 5 gewählten Ansichtsart ab.

8. Wählen Sie in der Dropdownliste des Feldes **Filter** den Eintrag **Unfertige Szenen**.

   Die Filter, die in der Dropdownliste aufgeführt sind, hängen davon ab, welche Ansicht in Schritt 5 gewählt wurde.

9. Aktivieren Sie das Kontrollkästchen **Im Menü anzeigen**.

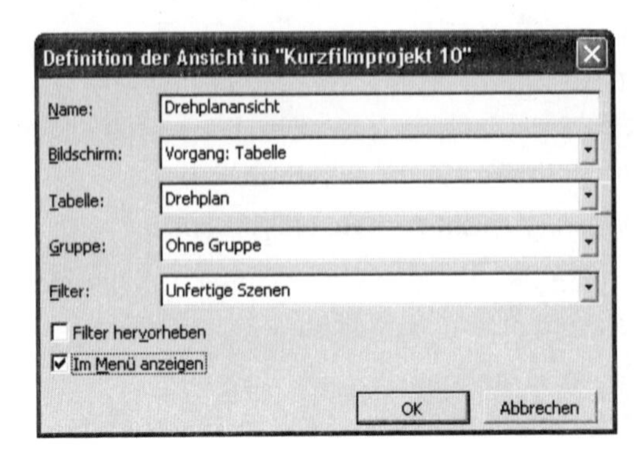

10 Klicken Sie auf **OK**, um das Dialogfeld **Definition der Ansicht** zu schließen.

Die neue Ansicht wird markiert im Dialogfeld **Weitere Ansichten** angezeigt.

11 Klicken Sie auf **Auswahl**.

Microsoft Project zeigt die neue Ansicht an. Ihr Bildschirm sollte nun ähnlich wie in der folgenden Abbildung aussehen.

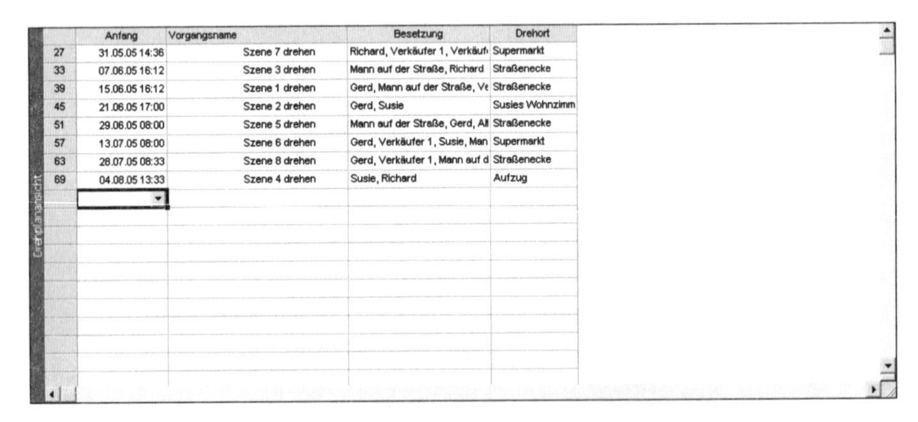

	Anfang	Vorgangsname	Besetzung	Drehort
27	31.05.05 14:36	Szene 7 drehen	Richard, Verkäufer 1, Verkäufi	Supermarkt
33	07.06.05 16:12	Szene 3 drehen	Mann auf der Straße, Richard	Straßenecke
39	15.06.05 16:12	Szene 1 drehen	Gerd, Mann auf der Straße, Ve	Straßenecke
45	21.06.05 17:00	Szene 2 drehen	Gerd, Susie	Susies Wohnzimm
51	29.06.05 08:00	Szene 5 drehen	Mann auf der Straße, Gerd, Al	Straßenecke
57	13.07.05 08:00	Szene 6 drehen	Gerd, Verkäufer 1, Susie, Man	Supermarkt
63	28.07.05 08:33	Szene 8 drehen	Gerd, Verkäufer 1, Mann auf d	Straßenecke
69	04.08.05 13:33	Szene 4 drehen	Susie, Richard	Aufzug

In dieser Ansicht werden nur die unfertigen Szenen angezeigt. Die Felder sind wie in einem in der Branche üblichen Drehplan angeordnet. Microsoft Project hat die neue Drehplanansicht außerdem in die Ansichtsliste aufgenommen. Diese Ansicht wird in der Microsoft Project-Datendatei gespeichert, um später wiederverwendet werden zu können.

Zum Abschluss dieser Übung werden Sie jetzt die Zeilenhöhe und die Spaltenbreite verändern, um die Daten anzeigen zu können, die gegenwärtig nicht zu sehen sind.

12 Markieren Sie mit gedrückter Strg-Taste die Vorgangsnummer 27, 39, 51, 57 und 63.

In diesen Zeilen wird der Eintrag in der Spalte **Besetzung** nicht komplett angezeigt.

13 Zeigen Sie mit der Maus auf den unteren Zeilenrand der Vorgangsnummer von Vorgang 27, bis eine horizontale Linie mit Doppelpfeil zu sehen ist. Ziehen Sie den unteren Zeilenrand der Vorgangsnummer für Vorgang 27 um ungefähr eine Zeile nach unten.

TIPP Während Sie mit gedrückter Maustaste ziehen, wird in der unteren, linken Ecke in der Statusleiste die aktuelle neue Höhe angezeigt.

Microsoft Project passt die Höhe der markierten Zeilen an.

14 Doppelklicken Sie auf den rechten Rand des Spaltenkopfes der Spalte **Drehort**.

Microsoft Project passt die Spaltenbreite an den breitesten Wert in der Spalte an. Ihr Bildschirm sollte nun etwa so wie in der folgenden Abbildung aussehen.

Ziehen Sie am rechten Spaltenrand der Spaltenüberschrift, um die Spaltenbreite zu ändern.

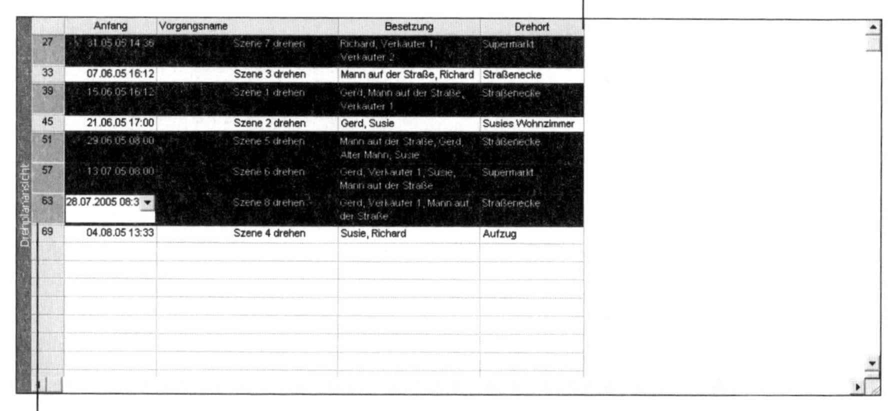

Ziehen Sie am unteren Zeilenrand der Vorgangsnummer, um die Zeilenhöhe zu ändern.

TIPP Um mehr über die Arbeit mit Ansichten zu erfahren, die in Microsoft Project zur Verfügung stehen, geben Sie in das Feld **Frage hier eingeben** den Begriff ***Ansichten*** ein.

SCHLIESSEN SIE den Projektplan **Kurzfilmprojekt 10.**

Zusammenfassung

- Das Sortieren, Gruppieren und Filtern von Daten gehört zu den wichtigsten Hilfsmitteln zur Darstellung von Vorgängen und Ressourcen in Microsoft Project. In allen drei Fällen werden keine Daten gelöscht – lediglich ihre Darstellung wird verändert.
- Zum Lieferumfang von Microsoft Project gehört eine Vielzahl von integrierten Sortierfolgen, Gruppierungen und Filtern. Darüber hinaus können Sie eigene Sortierfolgen, Gruppierungen und Filter erstellen.
- Beim Sortieren und Filtern werden die Daten neu angeordnet und teilweise ausgeblendet. Beim Gruppieren werden zusätzlich zusammenfassende Zwischensummen eingefügt, zum Beispiel die Kosten, die in einem von Ihnen vorgegebenen Intervall anfallen.
- Tabellen stellen die wichtigsten Elemente in den meisten Ansichten dar. Microsoft Project enthält eine Reihe vorab definierter Tabellen. Sie können aber auch eigene Tabellen erstellen.
- Daten werden in Ansichten bearbeitet. Die Ansichten können Tabellen, Gruppen, Filter und Diagramme enthalten. Die Ansicht **Balkendiagramm (Gantt)** enthält beispielsweise auf der linken Seite eine Tabelle und auf der rechten Seite ein auf einer Zeitskala basierendes Diagramm.
- Microsoft Project enthält eine Vielzahl von vordefinierten Ansichten. Bei Bedarf können Sie aber auch eigene Ansichten erstellen.

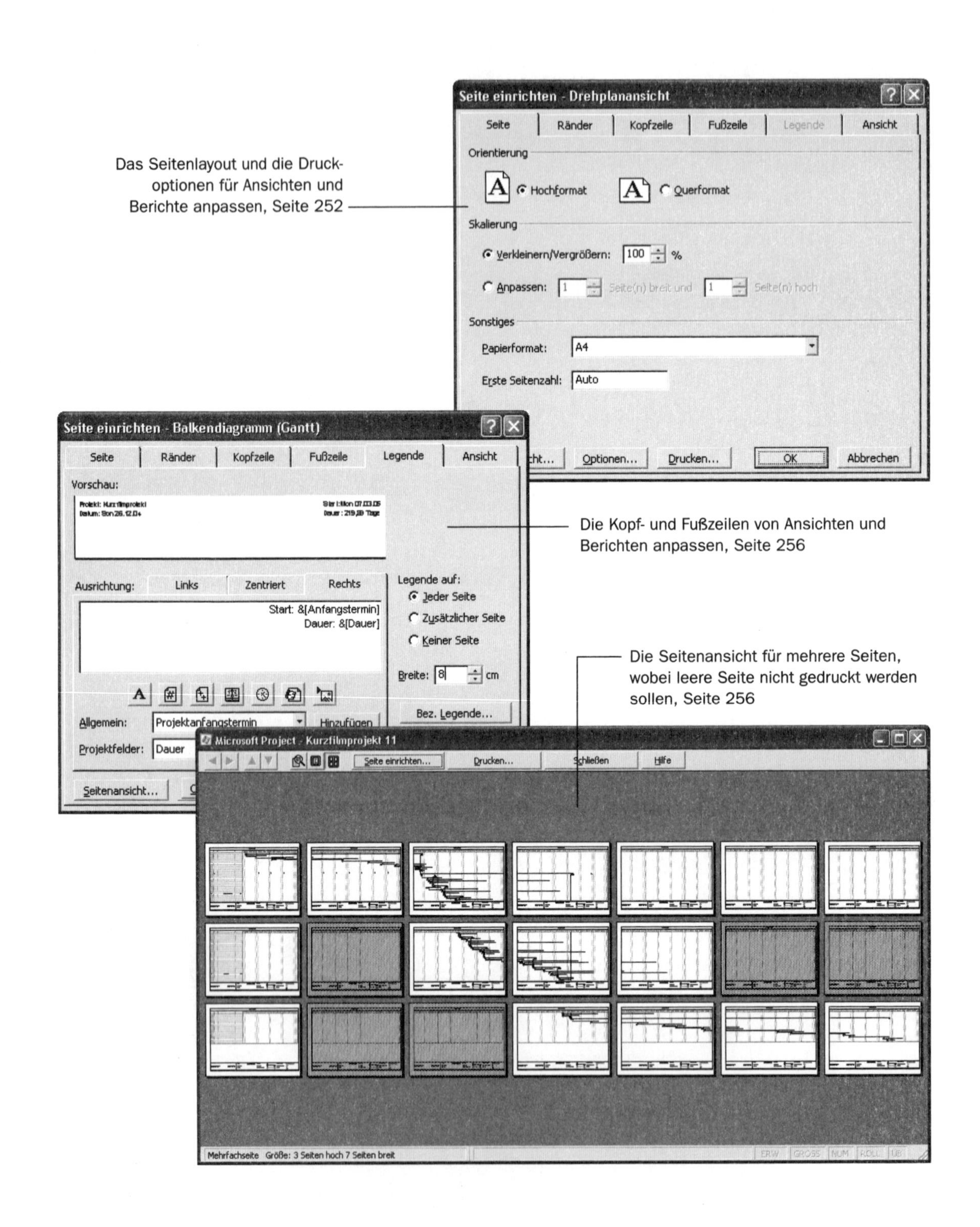

Kapitel 11 auf einen Blick

11 Projektdaten drucken

In diesem Kapitel lernen Sie,

- ✔ **wie Sie die Einstellungen für den Ausdruck einer Ansicht oder eines Berichts ändern.**
- ✔ **wie Sie eine Ansicht drucken.**
- ✔ **wie Sie einen Bericht drucken.**

Siehe auch Falls Sie nur eine kurze Wiederholung zu den Themen benötigen, die in diesem Kapitel behandelt werden, lesen Sie den Schnellüberblick zu Kapitel 11 am Anfang dieses Buches.

In diesem Kapitel werden Sie mit einigen der vielen Ansichten und Berichte von Microsoft Project arbeiten und Ihren Projektplan ausdrucken. Eine der wichtigsten Aufgaben des Projektmanagements besteht darin, den Beteiligten Projektdaten zur Verfügung zu stellen, was meistens bedeutet, dass diese ausgedruckt werden müssen. Sie können dazu die vordefinierten Ansichten und Berichte verwenden oder sie an Ihre persönlichen Anforderungen anpassen.

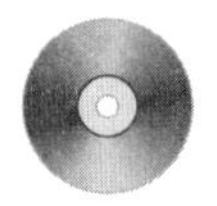

WICHTIG Bevor Sie die Übungsdateien in diesem Kapitel benutzen können, müssen Sie sie von der Begleit-CD in den vorgegebenen Standardordner installieren. Einzelheiten dazu finden Sie im Abschnitt „Die Übungsdateien installieren" am Anfang dieses Buches.

Projektpläne drucken

Projektmanager müssen häufig Ausdrucke von Projektplänen erstellen, um sie mit anderen Beteiligten besprechen zu können. In der Regel werden dabei Ansichten und Berichte ausgedruckt.

Sie haben bereits verschiedene Ansichten und einige Berichte kennen gelernt, zum Beispiel die Ansicht **Balkendiagramm (Gantt)** und den Bericht **Projektübersicht**. Ansichten und Berichte organisieren die Details eines Projektplans in einem bestimmten Format, das durch einen Zweck bedingt ist. In einer Ansicht können Sie Daten eingeben, lesen, bearbeiten und ausdrucken. Deshalb können Sie Ansichten auch als die allgemeine Arbeitsumgebung in Microsoft Project betrachten. Berichte sind hingegen spezielle Formatierungen für den Ausdruck.

Sowohl Ansichten als auch Berichte können für den Ausdruck angepasst werden. Für Berichte stehen jedoch nicht so viele Druckoptionen zur Verfügung wie für Ansichten. Der Ausdruck von Ansichten und Berichten wird über die Dialogfelder **Seite einrichten** und **Drucken** eingerichtet.

Betrachten Sie nun zunächst das Dialogfeld **Seite einrichten**. Wählen Sie dazu im Menü **Datei** den Befehl **Seite einrichten**. Um das Dialogfeld für Berichte zu sehen, öffnen Sie zunächst einen Bericht in der Seitenansicht und klicken dann auf die Schaltfläche **Seite einrichten**.

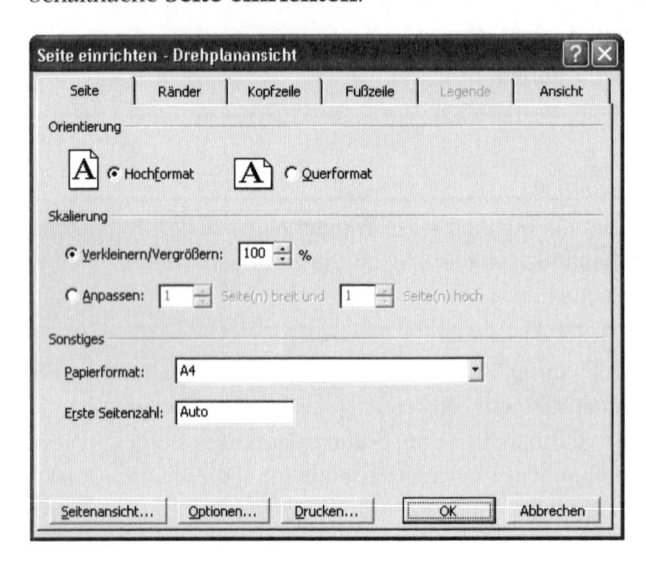

Die Registerkarten **Seite** und **Ränder** des Dialogfelds **Seite einrichten** stehen für Berichte und Ansichten zur Verfügung. Alle Einstellungen, die Sie im Dialogfeld **Seite einrichten** vornehmen, gelten nur für die aktuelle Ansicht bzw. den aktuellen Bericht.

Einige Optionen stehen nur für Berichte oder nur für Ansichten zur Verfügung und einige sogar nur für ganz bestimmte Berichte oder Ansichten. Hier eine kurze Zusammenfassung:

- Die Optionen auf den Registerkarten **Kopfzeile**, **Fußzeile** und **Ansicht** stehen für alle Ansichten zur Verfügung. Die Registerkarte **Ansicht** enthält Optionen, die von der momentan aktiven Ansicht abhängen. Für Ansichten, die eine Legende enthalten, zum Beispiel die Ansichten **Balkendiagramm (Gantt)**, **Netzplandiagramm** und **Kalender** steht zusätzlich die Registerkarte **Legende** bereit.

- Die Optionen auf den Registerkarten **Kopfzeile** und **Fußzeile** können in den meisten Berichten eingesetzt werden. Die Registerkarten **Ansicht** und **Legende** stehen jedoch für Berichte nicht zur Verfügung.

Projektmanagement-Schwerpunkt: Kommunikation mit Beteiligten

Es reicht nicht aus, zu wissen, wie Projektpläne ausgedruckt werden. Sie müssen auch wissen, was Sie drucken wollen. Die meisten Projektmanager haben mit verschiedenen Beteiligten zu tun, deren Informationsbedarf sich unterscheidet. So wollen die Finanzgeber des Projekts in der Planungsphase beispielsweise völlig andere Daten sehen als die Projektressourcen, nachdem mit der Arbeit begonnen wurde. Die vordefinierten Ansichten und Berichte decken den Informationsbedarf für fast alle Beteiligten ab (zumindest, wenn die Lösung ausgedruckt werden soll). Die folgende Übersicht zeigt, welche Ansichten und Berichte die Projektplandetails der verschiedenen Beteiligten am besten kommunizieren.

Beteiligte	Interesse an	Zu druckende Ansicht	Zu druckender Bericht
Projektsponsor oder Kunde	Projektgesamtdauer	**Balkendiagramm (Gantt)** mit eingeblendetem Projektsammelvorgang und gefiltert nach Sammelvorgängen	Projektübersicht
	Projektgesamtkosten	**Vorgang: Tabelle**, wobei Sammelvorgänge eingeblendet sind und die Tabelle **Kosten** angewendet ist	**Kostenanalyse** oder andere Berichte aus der Kategorie **Kosten**
	Planungsstatus, nachdem das Projekt gestartet wurde	**Balkendiagramm: Überwachung**, wobei die Tabelle **Überwachung** angewendet ist	Projektübersicht, **Abgeschlossene Vorgänge** oder **Bald anfangende Vorgänge**
Ressourcen, die den Projektvorgängen zugeordnet sind	Vorgänge, denen sie zugeordnet sind	**Kalender** oder **Ressource: Einsatz**, gefiltert nach der speziellen Ressource	**Vorgangszuordnungen**, **Wer-macht-was** oder **Wer-macht-was-wann** ▸

Beteiligte	Interesse an	Zu druckende Ansicht	Zu druckender Bericht
Ressourcenmanager innerhalb des Unternehmens	Gültigkeitsbereich für die Arbeit der Projektressourcen	**Ressource: Tabelle**, **Ressource: Grafik** oder **Ressource: Einsatz**	**Arbeitsauslastung nach Ressourcen**, oder **Wer-macht-was**
Andere Projektmanager innerhalb des Unternehmens	Planungslogik, kritischer Weg, Beziehungen zwischen Vorgängen	**Netzplandiagramm** oder **Balkendiagramm: Überwachung**	Kritische Vorgänge

Die Tabelle listet einige der vordefinierten Ansichten und Berichte von Microsoft Project auf. Falls Sie einen speziellen Informationsbedarf haben, sollten Sie zunächst alle Ansichten und Berichte erkunden, bevor Sie versuchen, eigene zu erstellen. Die Wahrscheinlichkeit ist hoch, dass Microsoft Project eine Ansicht oder einen Bericht enthält, der Ihren Zwecken dient oder als Ausgangspunkt für weitere Anpassungen dienen kann.

TIPP Um mehr darüber zu erfahren, welche Ansichten oder Berichte bestimmte Projektinformationen am besten übermitteln, geben Sie in das Feld **Frage hier eingeben** in der rechten oberen Ecke des Microsoft Project-Fensters den Text ***Drucken und Berichte*** ein.

Als Nächstes wollen wir das Dialogfeld **Drucken** näher betrachten. Wählen Sie dazu im Menü **Datei** den Befehl **Drucken**. Um das Dialogfeld für Berichte zu öffnen, aktivieren Sie zunächst die Seitenansicht für den Bericht und klicken dann auf die Schaltfläche **Drucken**.

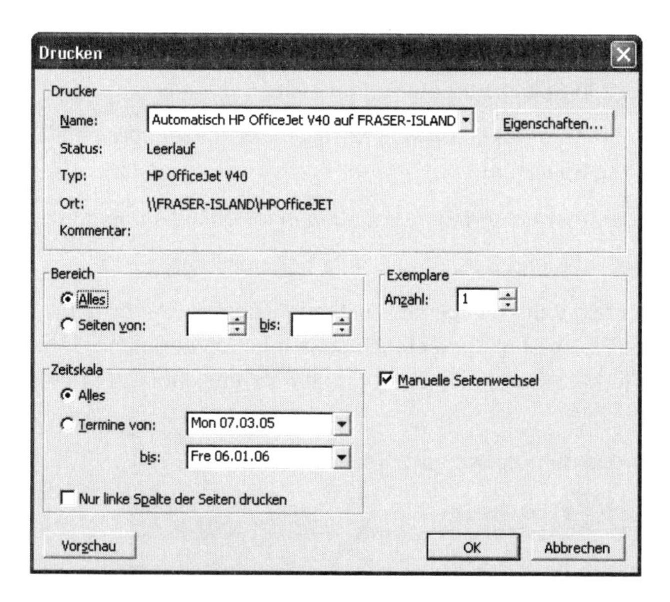

TIPP Je nachdem, auf welchen Drucker oder Plotter Sie drucken, stehen Ihnen möglicherweise weitere Optionen zur Verfügung. Um diese Optionen einzurichten, klicken Sie im Dialogfeld **Drucken** auf die Schaltfläche **Eigenschaften.**

Im Dialogfeld **Drucken** sind die meisten Optionen, die für Ansichten zur Verfügung stehen, auch für Berichte nutzbar. Einige Ansichten und Berichte unterstützen im Dialogfeld **Drucken** Zeitskala-Optionen, zum Beispiel die Ansicht **Balkendiagramm (Gantt)** und die Ansicht **Wer-macht-was-wann**. Im Dialogfeld **Drucken** können Sie für beide Ansichten angeben, welcher Bereich der Zeitskala ausgedruckt werden soll.

In der folgenden Übung vergleichen Sie die Optionen im Dialogfeld **Seite einrichten** für Ansichten und Berichte.

WICHTIG Wenn Sie mit Microsoft Project Professional arbeiten, müssen Sie unter Umständen eine einmalige Einstellung vornehmen, damit Sie mit dem eigenen Arbeitsplatz-Account und offline arbeiten können. So wird sichergestellt, dass die Übungsdateien, mit denen Sie in diesem Kapitel arbeiten, keine Auswirkungen auf Ihre Microsoft Project Server-Daten haben. Mehr Informationen hierzu finden Sie in Kapitel 1 im Abschnitt „Microsoft Office Project Professional starten“.

ÖFFNEN SIE die Datei **Kurzfilmprojekt 11a**, *die Sie im Ordner* **Eigene Dateien\Microsoft Press\Project 2003 Training\11_ProjektdatenDrucken** *finden. Sie können den Ordner auch über* **Start/Alle Programme/Microsoft Press/Project 2003 Training** *öffnen.*

1 Wählen Sie im Menü **Datei** den Befehl **Speichern unter**.

Das Dialogfeld **Speichern unter** öffnet sich.

2 Geben Sie im Feld **Dateiname** die Bezeichnung ***Kurzfilmprojekt 11*** ein und klicken Sie dann auf **Speichern**.

Als Nächstes betrachten Sie die Optionen im Dialogfeld **Seite einrichten**.

3 Wählen Sie im Menü **Datei** den Befehl **Seite einrichten**.

Das Dialogfeld **Seite einrichten – Balkendiagramm (Gantt)** öffnet sich. Weil der Inhalt des Dialogfelds **Seite einrichten** immer von der aktiven Ansicht abhängig ist, blendet Microsoft Project den Namen der Ansicht in der Titelleiste des Dialogfelds ein.

4 Aktivieren Sie die Registerkarte **Ansicht**.

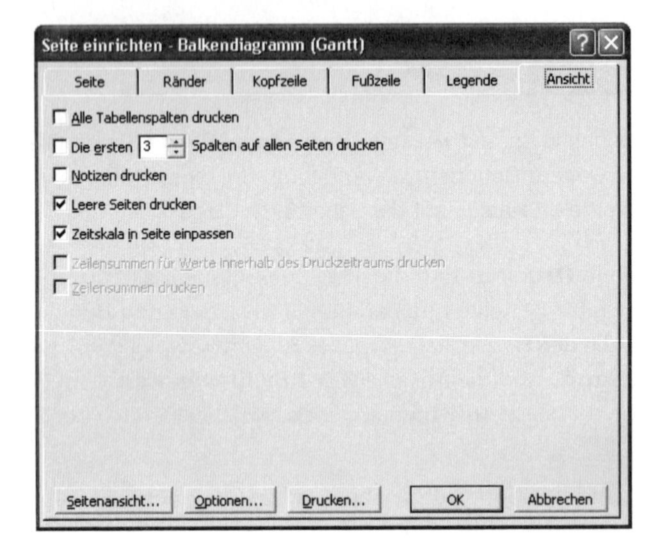

Nachdem die Ansicht **Balkendiagramm (Gantt)** eine Tabelle beinhaltet, sind auf der Registerkarte **Ansicht** einige Optionen zu sehen, die sich auf Spalten beziehen. Das Gantt-Diagramm beinhaltet auch eine Zeitskala, so dass es auch eine Option in Bezug auf die Zeitskala gibt.

5 Klicken Sie auf die Schaltfläche **Abbrechen**.

Das Dialogfeld **Seite einrichten** schließt sich. Wechseln Sie nun zu einer anderen Ansicht und betrachten Sie, wie sich die Optionen unterscheiden.

6 Wählen Sie im Menü **Ansicht** den Befehl **Kalender**.

Die Ansicht **Kalender** wird aktiviert. Diese Ansicht enthält keine Tabelle und keine Diagrammelemente, sondern bietet eine Monatsübersicht über die Vorgänge.

7 Wählen Sie im Menü **Datei** den Befehl **Seite einrichten**.

Das Dialogfeld **Seite einrichten – Kalender** öffnet sich.

8 Aktivieren Sie die Registerkarte **Ansicht**, falls sie nicht bereits angezeigt wird.

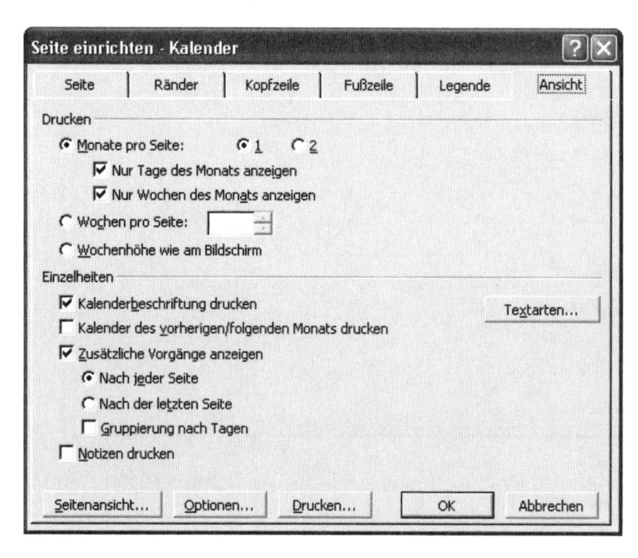

Die Optionen, die für die Ansicht **Kalender** zur Verfügung stehen, unterscheiden sich stark von denjenigen für die Ansicht **Balkendiagramm (Gantt)**. Sie haben hier verschiedene Möglichkeiten, um festzulegen, wie Details in der Ansicht **Kalender** für den Ausdruck organisiert werden.

Das Kontrollkästchen **Notizen drucken** steht für die Ansichten **Balkendiagramm (Gantt)** und **Kalender** zur Verfügung.

9 Klicken Sie auf **Abbrechen**.

Das Dialogfeld **Seite einrichten** schließt sich.

Zum Abschluss dieser Übung betrachten Sie nun noch die Optionen im Dialogfeld **Seite einrichten** für einen Bericht.

10 Wählen Sie im Menü **Ansicht** den Befehl **Berichte**.

Das gleichnamige Dialogfeld öffnet sich.

11 Klicken Sie auf die Kategorie **Benutzerdefiniert** und anschließend auf **Auswahl**.

TIPP Sie können auch einfach auf die Kategorie **Benutzerdefiniert** doppelklicken.

Das Dialogfeld **Benutzerdefinierte Berichte** öffnet sich.

12 Markieren Sie im Dialogfeld **Benutzerdefinierte Berichte** den Bericht **Wer-macht-was** und klicken Sie dann auf die Schaltfläche **Seite einrichten**.

Das Dialogfeld **Seite einrichten – Wer-macht-was** öffnet sich.

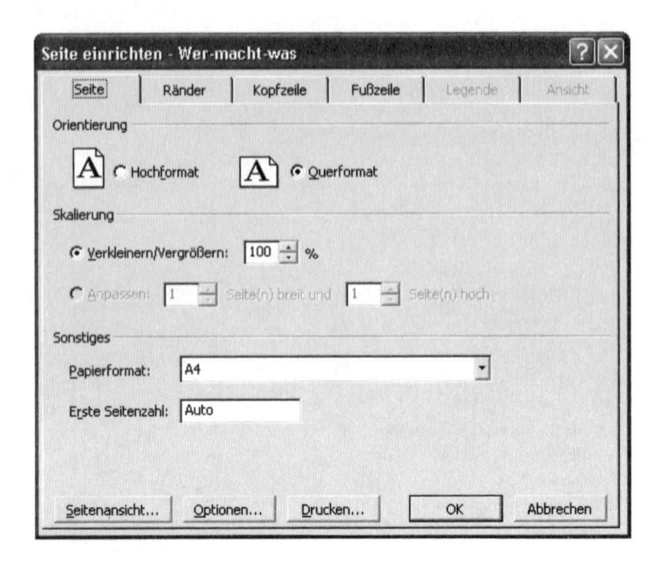

Die meisten Registerkarten, die für Ansichten zur Verfügung stehen, können Sie auch für Berichte nutzen, nicht jedoch die Registerkarten **Legende** und **Ansicht.**

13 Klicken Sie auf die Schaltfläche **Abbrechen**, um das Dialogfeld **Seite einrichten** zu schließen. Schließen Sie dann das Dialogfeld **Benutzerdefinierte Berichte**, indem Sie dort ebenfalls auf die Schaltfläche **Abbrechen** klicken.

14 Schließen Sie nun noch das Dialogfeld **Berichte**, indem Sie auf die Schaltfläche **Schließen** klicken.

15 Wählen Sie im Menü **Ansicht** den Befehl **Balkendiagramm (Gantt).**

TIPP Alle Ansichten, die in Microsoft Project zur Verfügung stehen, werden im Dialogfeld **Weitere Ansichten** aufgelistet, das Sie über den Befehl **Weitere Ansichten** im Menü **Ansicht** öffnen. Das Gleiche gilt auch für das Dialogfeld **Benutzerdefinierte Berichte.** Um dieses zu öffnen, wählen Sie im Menü **Ansicht** den Befehl **Berichte** und klicken dann zuerst auf die Schaltfläche **Benutzerdefiniert** und dann auf **Auswahl.** Eine weitere Möglichkeit, die verfügbaren Ansichten und Berichte zu betrachten, bietet der Projektberater. Klicken Sie hierzu in der Symbolleiste **Projektberater** auf die Schaltfläche **Berichten** und anschließend auf den Link **Auswählen einer Ansicht oder eines Berichts.**

Ansichten drucken

Mit dem Ausdruck einer Ansicht können Sie auf Papier fast alles darstellen, was auch auf dem Bildschirm zu sehen ist. Jede Änderung, die Sie auf dem Bildschirm vornehmen, wie etwa die Anzeige verschiedener *Tabellen* und *Gruppen*, wird auch im Ausdruck dargestellt. Bis auf wenige Ausnahmen können Sie alle Ansichten von Microsoft Project drucken. Hier die Ausnahmen:

- Sie können keine Formularansichten wie das Vorgangsformular oder das Beziehungsdiagramm drucken.
- Wenn Sie zwei Ansichten in einer Ansichtskombination im oberen und im unteren Bildschirmausschnitt geöffnet haben, wird nur die gerade aktive Ansicht gedruckt.

Bedenken Sie immer, dass der am Bildschirm angezeigte Teil Ihres Projektplans möglicherweise nur einen sehr kleinen Ausschnitt des gesamten Projekts darstellt, für dessen Ausdruck unter Umständen mehrere Seiten erforderlich wären. Das Balkendiagramm eines sechsmonatigen Projekts mit 85 Vorgängen kann 14 oder mehr DIN-A-4-Seiten erfordern. Professionelle Microsoft Project-Benutzer drucken ihre Projektpläne sogar mit Plottern in Postergröße aus.

Aber ob Sie nun mit einem Drucker oder einem Plotter arbeiten – Sie sollten alle Ansichten, die Sie ausdrucken wollen, immer zuerst in der Vorschau überprüfen. Mittels der Optionen im Dialogfeld **Seite einrichten** in Verbindung mit der Seitenansicht können Sie verschiedene Aspekte der zu druckenden Ansicht steuern. So können Sie zum Beispiel bestimmen, auf wie vielen Seiten die Ansicht gedruckt werden soll, Kopf- und Fußzeilen definieren und festlegen, was in der Legende eines Balkendiagramms und anderer Ansichten angezeigt werden soll.

TIPP Beim Ausdruck von Ansichten wie der Ansicht **Balkendiagramm (Gantt)**, die eine Zeitskala beinhalten, können Sie durch die Anpassung der Zeitskala die Anzahl der gedruckten Seiten beeinflussen. Um die Zeitskala so anzupassen, dass die größtmögliche Zeitspanne auf der geringstmöglichen Seitenzahl gedruckt wird, wählen Sie im Menü **Ansicht** den Befehl **Zoom** und aktivieren dann im Dialogfeld **Zoom** die Option **Gesamtes Projekt.**

Einblenden ▾

Um die Anzahl der erforderlichen Seiten weiter zu reduzieren, können Sie die Anzeige des Projektplans auf die Sammelvorgänge reduzieren. Klicken Sie dazu in der Formatsymbolleiste auf die Schaltfläche **Einblenden** und wählen Sie dann die Gliederungsebene, die angezeigt werden soll. Eine Ansicht, in der nur die Sammelvorgänge und die Meilensteine zu sehen sind, kann für Personen, die einen Gesamteindruck vom Projektplan erhalten möchten, informativ sein. Interessieren Sie sich für eine bestimmte Zeitperiode, können Sie speziell diesen Teil der Zeitskala ausdrucken. Um nur die Informationen anzuzeigen und zu drucken, die für einen bestimmten Personenkreis von Interesse sind, zum Beispiel die verspäteten Vorgänge oder die Vorgänge, die den Vorgangskostenrahmen überschreiten, können Sie einen Filter anwenden.

In der folgenden Übung zeigen Sie das **Balkendiagramm (Gantt)** in der Seitenansicht an und ändern verschiedene Optionen im Dialogfeld **Seite einrichten**.

1 Wählen Sie im Menü **Datei** den Befehl **Seitenansicht.**

Microsoft Project blendet die Seitenansicht für die Ansicht **Balkendiagramm (Gantt)** ein.

Mit den Schaltflächen der Symbolleiste im Seitenansichtfenster können Sie durch die Seiten blättern, Seitenbereiche vergrößern/verkleinern, Optionen zum Einrichten der Seite festlegen, drucken und die Seitenansicht schließen.

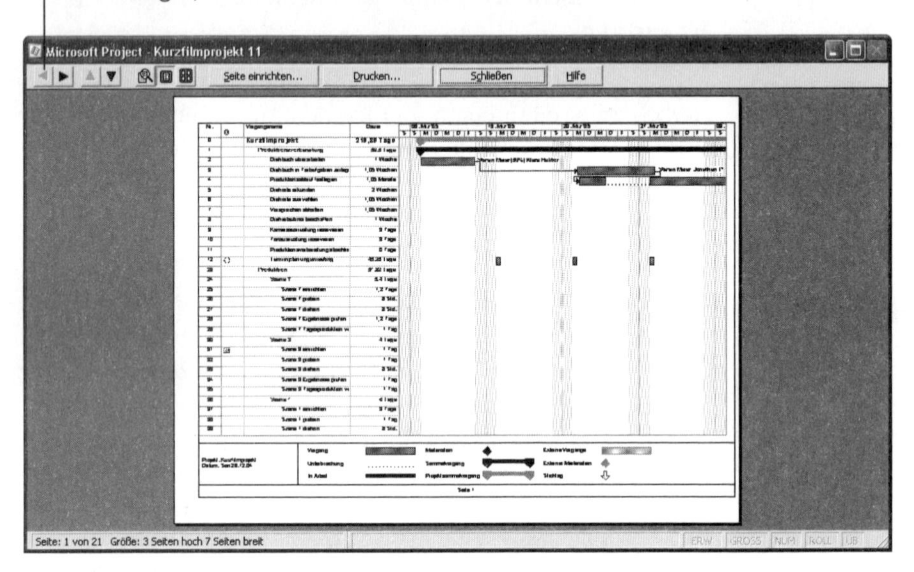

Im Seitenansichtfenster stehen Ihnen verschiedene Optionen zur Verfügung. Wir betrachten zunächst die Navigationsschaltflächen.

Seite nach rechts

2 Klicken Sie in der Symbolleiste der Seitenansicht mehrmals auf die Schaltfläche **Seite nach rechts**, um verschiedene Seiten anzuzeigen.

3 Klicken Sie ein Mal auf die Schaltfläche **Seite nach unten.**

Seite nach unten

Um sich einen Gesamtüberblick zu verschaffen, wechseln Sie jetzt in die Mehrseitenansicht.

4 Klicken Sie auf die Schaltfläche **Mehrere Seiten.**

Mehrere Seiten

Die gesamte Ansicht **Balkendiagramm (Gantt)** wird jetzt im Seitenansichtfenster angezeigt. Ihr Bildschirm sollte in etwa so wie in der folgenden Abbildung aussehen.

Hiermit wird der gesamte Ausdruck auf die Druckseiten verteilt angezeigt. (Die Seitengröße wird durch die Einstellungen Ihres Druckers bestimmt.)

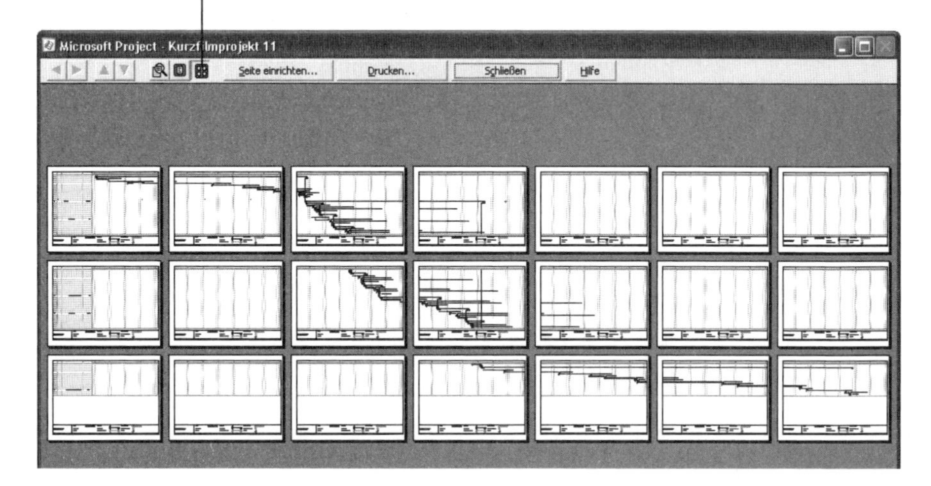

Wenn Sie als Standarddrucker einen Plotter eingestellt haben oder für den Standarddrucker eine andere Seitengröße festgelegt haben, wird Ihre Seitenansicht etwas anders aussehen.

In der Statusleiste wird die Angabe **Größe: 3 Seiten hoch 7 Seiten breit** angezeigt. Anhand dieser Zahlen können Sie erkennen, aus wie vielen Seiten Ihre gedruckte Ansicht bestehen wird.

Als Nächstes ändern Sie im Dialogfeld **Seitenansicht** einige Optionen.

Eine Seite

5 Klicken Sie in der Symbolleiste der Seitenansicht auf die Schaltfläche **Eine Seite.**

Microsoft Project zeigt die erste Seite des Balkendiagramms an.

6 Klicken Sie auf die Schaltfläche **Seite einrichten**.

Das Dialogfeld **Seite einrichten** wird geöffnet. Es handelt sich dabei um das gleiche Dialogfeld, das Sie auch mit dem Befehl **Seite einrichten** im Menü **Datei** öffnen können. Als Erstes wollen wir jetzt das aktuelle Datum in die Kopfzeile des Balkendiagrammausdrucks aufnehmen, die auf jeder Seite des Ausdrucks erscheint.

7 Klicken Sie auf die Registerkarte **Kopfzeile**.

8 Achten Sie darauf, dass im Bereich **Ausrichtung** die Registerkarte **Zentriert** aktiviert ist.

9 Wählen Sie im Dropdown-Listenfeld **Allgemein** den Eintrag **Firmenname** und klicken Sie dann auf die Schaltfläche **Hinzufügen**.

Microsoft Project fügt den Code **&[Firma]** in die Kopfzeile ein. Im Bereich **Vorschau** erhalten Sie einen Eindruck davon, wie die Kopfzeile aussehen wird.

Der Firmenname stammt aus den im Dialogfeld **Eigenschaften** (Menü **Datei**, Befehl **Eigenschaften**) festgelegten Dateieigenschaften. Als Nächstes werden Sie den Inhalt der Legende für das Balkendiagramm ändern.

10 Klicken Sie auf die Registerkarte **Legende**.

11 Aktivieren Sie auf dieser Registerkarte im Bereich **Ausrichtung** die Registerkarte **Rechts**.

Mit der aktuellen Einstellung druckt Microsoft Project den Projektnamen und das aktuelle Datum auf der linken Seite der Legende. Sie wollen nun dafür sorgen, dass das Projektstartdatum und die Dauer auf der rechten Seite der Legende zu sehen sind.

12 Klicken Sie auf der Registerkarte **Rechts** auf das Eingabefeld und geben Sie den Text ***Start:*** gefolgt von einem Leerzeichen ein.

13 Wählen Sie im Dropdown-Listenfeld **Allgemein** den Eintrag **Projektanfangstermin** und klicken Sie dann auf die Schaltfläche **Hinzufügen**.

Microsoft Project fügt nun die Beschriftung und den Code für den Projektanfangstermin zur Legende hinzu.

14 Drücken Sie die [↵]-Taste, um eine zweite Zeile in die Legende einzufügen, und geben Sie dann den Text ***Dauer:*** gefolgt von einem Leerzeichen ein.

15 Wählen Sie im Dropdown-Listenfeld **Projektfelder** den Eintrag **Dauer** und klicken Sie dann auf die Schaltfläche **Hinzufügen**.

Microsoft Project fügt die Beschriftung und den Code für die Projektdauer zur Legende hinzu.

16 Geben Sie in das Feld **Breite** den Wert ***8*** ein.

Damit wird der Kasten auf der linken Seite der Legende verbreitert.

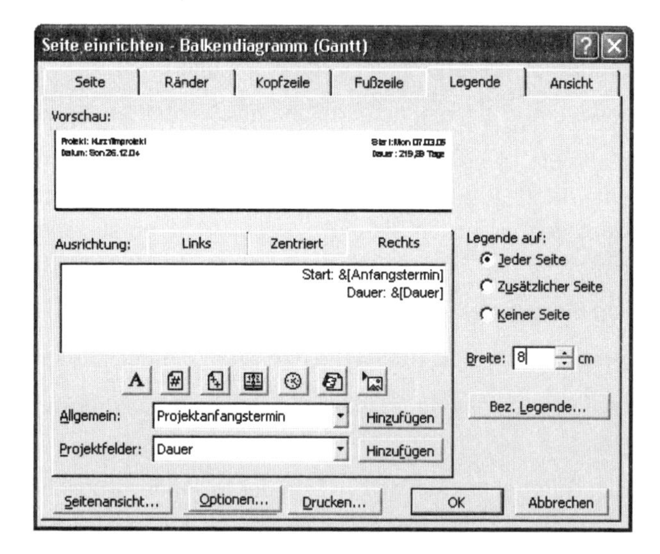

17 Klicken Sie auf **OK**, um das Dialogfeld **Seite einrichten** zu schließen.

Microsoft Project überträgt die vorgenommenen Änderungen auf die Legende. Zur genaueren Kontrolle vergrößern Sie jetzt die Darstellung der Legende.

18 Klicken Sie im Seitenansichtfenster auf die Schaltfläche **Zoom** und dann mit dem Lupen-Mauszeiger auf die linke untere Ecke der Seite.

Microsoft Project vergrößert die Seite so weit, dass Sie den Text lesen können. Ihr Bildschirm sollte ähnlich wie in der folgenden Abbildung aussehen.

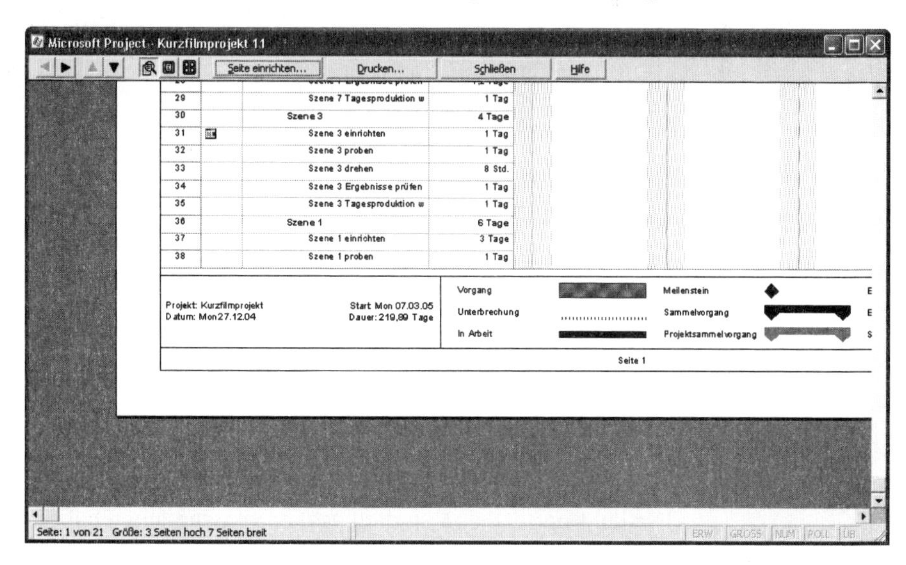

Sie können jetzt die in die Legende eingefügten Daten sehen. Die Legende wird auf jeder Seite mit ausgedruckt.

Zum Abschluss der Übung legen Sie nun noch fest, dass nur Seiten ausgedruckt werden sollen, die Balkendiagramme enthalten.

19 Klicken Sie noch einmal auf die Schaltfläche **Mehrere Seiten.**

Beachten Sie, dass zahlreiche Seiten keine Balkendiagramme enthalten. Wenn Sie eine Gantt-Diagramm-Ansicht drucken und vorhaben, die Seiten dann zusammenzustellen, brauchen Sie diese Seiten nicht, da sie keine Informationen enthalten.

20 Klicken Sie auf die Schaltfläche **Seite einrichten**.

21 Aktivieren Sie im Dialogfeld **Seite einrichten** die Registerkarte **Ansicht**.

22 Deaktivieren Sie das Kontrollkästchen **Leere Seiten drucken** und klicken Sie dann auf **OK**.

Ihr Bildschirm sollte nun etwa wie in der folgenden Abbildung aussehen.

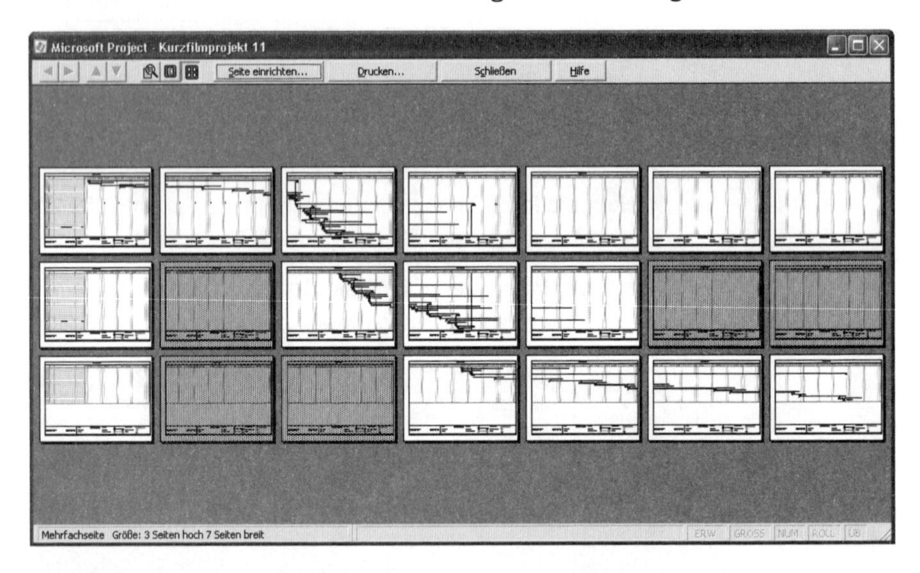

Im Seitenansichtfenster werden die leeren Seiten mit einem grauen Muster belegt, was kennzeichnet, dass diese Seiten nicht ausgedruckt werden. Die zwei Seiten in der linken unteren Ecke werden jedoch trotzdem gedruckt, weil sie den Tabellenteil der Ansicht **Balkendiagramm (Gantt)** enthalten.

23 Klicken Sie in der Symbolleiste der Seitenansicht auf die Schaltfläche **Schließen**.

Das Seitenansichtfenster schließt sich und die Ansicht **Balkendiagramm (Gantt)** ist wieder sichtbar. Sie haben zwar nichts ausgedruckt, die Änderungen, die Sie an der Kopfzeile und an der Legende vorgenommen haben, werden jedoch gespeichert, sobald Sie die Projektdatei speichern.

TIPP Wenn Sie wollen, können Sie den Projektplan jetzt ausdrucken. Für den Augenblick reicht aber auch die Anzeige der Seitenansicht völlig aus. Zum Drucken unter Microsoft Project stehen Ihnen im Dialogfeld **Drucken** mehrere Optionen zur Verfügung. Wählen Sie zum Öffnen des Dialogfelds den Befehl **Drucken** im Menü **Datei**. In diesem Dialogfeld können Sie zum Beispiel festlegen, dass nur ein bestimmter zeitlicher Abschnitt einer zeitorientierten Ansicht, wie etwa eines Balkendiagramms, oder nur bestimmte Seiten ausgedruckt werden.

Neu in Office 2003

TIPP In diesem Abschnitt haben Sie verschiedene Druckoptionen manuell angepasst. Sie können aber auch mithilfe des Projektberaters eine Ansicht mit vereinfachten Druckoptionen drucken. Klicken Sie dazu in der Symbolleiste **Projektberater** auf die Schaltfläche **Berichten** und anschließend im Seitenbereich auf den Link **Drucken einer aktuellen Ansicht als Bericht**.

Berichte drucken

Berichte sind vordefinierte Formate für den Ausdruck von Microsoft Project-Daten. Im Gegensatz zu Ansichten, die sich sowohl ausdrucken als auch am Bildschirm bearbeiten lassen, sind Berichte ausschließlich darauf ausgelegt, gedruckt oder in der Seitenansicht angezeigt zu werden. Sie können in Berichten Daten nicht direkt eingeben. Microsoft Project enthält mehrere vordefinierte Vorgangs-, Ressourcen- und Zuordnungsberichte, die Sie so bearbeiten können, dass sie nur die von Ihnen gewünschten Daten anzeigen.

Berichte unterscheiden sich zwar von Ansichten, einige Einstellungen, die Sie für Ansichten vorgenommen haben, können sich jedoch auch auf Berichte auswirken, zum Beispiel folgende:

- Werden in einer Ansicht alle Teilvorgänge ausgeblendet und sind nur die Sammelvorgänge sichtbar, enthalten Berichte, die Vorgangslisten beinhalten, nur die Sammel- und nicht die Teilvorgänge.
- Falls Zuordnungen in einer Ansicht ausgeblendet sind, sind die entsprechenden Zuordnungsdetails in Berichten wie **Vorgang: Einsatz** und **Ressource: Einsatz** ebenfalls nicht zu sehen.

In der folgenden Übung zeigen Sie einen Bericht in der Seitenansicht an. Danach ändern Sie die Berichtsdefinition so, dass noch weitere Daten angezeigt werden können.

1 Klicken Sie im Menü **Ansicht** auf **Berichte**.

   Das Dialogfeld **Berichte** wird geöffnet. In ihm sehen Sie die sechs Hauptkategorien der in Microsoft Project verfügbaren Berichte.

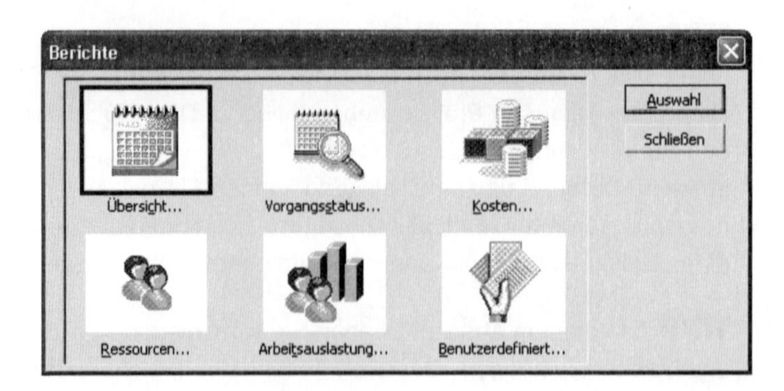

2 Klicken Sie auf die Kategorie **Benutzerdefiniert** und anschließend auf die Schaltfläche **Auswahl**.

Das Dialogfeld **Benutzerdefinierte Berichte** wird geöffnet.

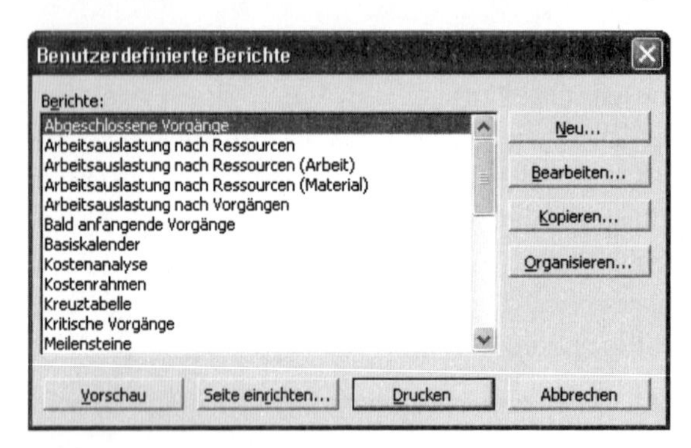

Die dort angezeigte Liste enthält alle vordefinierten Microsoft Project-Berichte und sämtliche neu aufgenommenen benutzerdefinierten Berichte.

3 Markieren Sie im Feld **Berichte** den Eintrag **Vorgang** und klicken Sie dann auf die Schaltfläche **Vorschau**.

Microsoft Project zeigt den Bericht **Vorgang** in der Seitenansicht an.

Dieser Bericht enthält eine komplette Aufstellung aller Projektvorgänge (mit Ausnahme der Sammelvorgänge) und ähnelt insofern der Eingabetabelle der Ansicht **Balkendiagramm (Gantt)**. Da Sie die Daten etwas anders anzeigen wollen, werden Sie diesen Bericht nun bearbeiten.

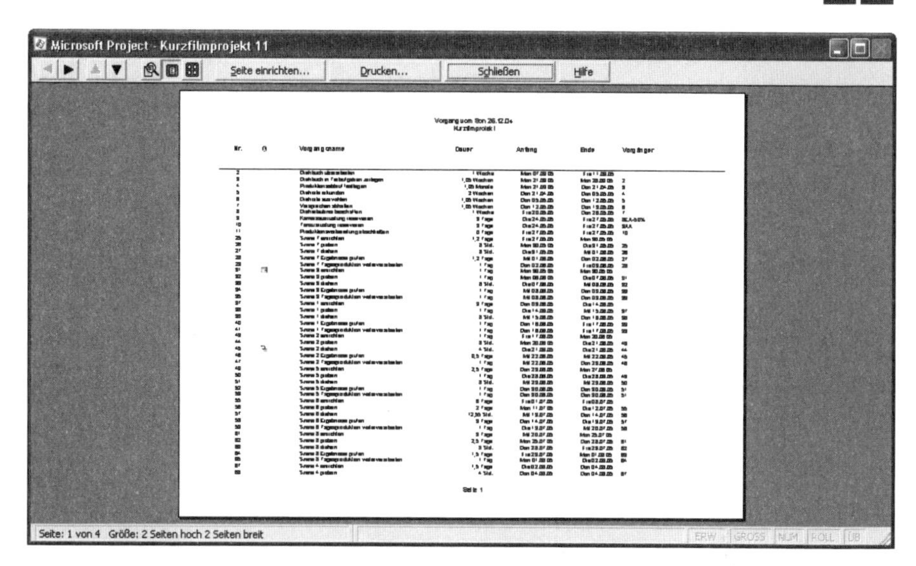

4 Klicken Sie in der Symbolleiste der Seitenansicht auf die Schaltfläche **Schließen**.

Das Seitenansichtfenster wird geschlossen und das Dialogfeld **Benutzerdefinierte Berichte** wird wieder angezeigt. Nun erstellen Sie eine Kopie eines vordefinierten Berichts und ändern diese dann.

5 Vergewissern Sie sich, dass im Listenfeld **Berichte** der Eintrag **Vorgang** markiert ist, und klicken Sie dann auf die Schaltfläche **Kopieren**.

Das Dialogfeld **Vorgangsbericht** wird geöffnet.

6 Markieren Sie im Feld **Name** den dort angezeigten Text und geben Sie ***Benutzerdefinierter Vorgangsbericht*** ein.

7 Wählen Sie im Dropdown-Listenfeld **Periode** den Eintrag **Monate**.

Mit dieser Wahl werden die Vorgänge nach Monaten gruppiert. Weil der Bericht nun ein Zeitdauerelement beinhaltet, stehen die Zeitskala-Optionen im Dialogfeld **Drucken** zur Verfügung. Dadurch ist der Ausdruck eines bestimmten Zeitrahmens möglich.

8 Wählen Sie im Dropdown-Listenfeld **Tabelle** den Eintrag **Sammelvorgang**.

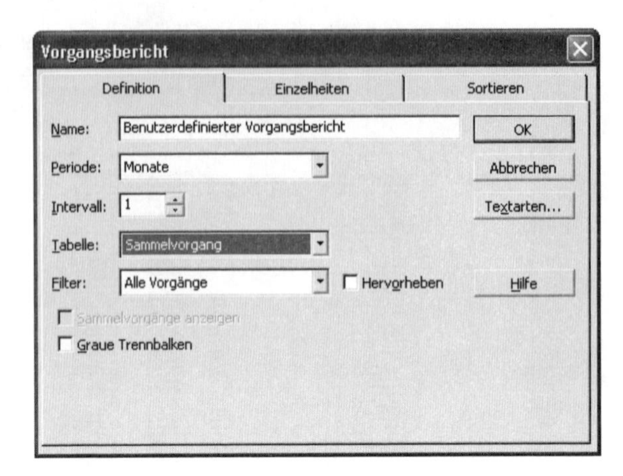

TIPP Bei den im Dialogfeld **Vorgangsbericht** aufgeführten Tabellen handelt es sich um dieselben, die Sie auch mit Ansichten verwenden können, die Tabellen enthalten. In dieser Liste ist beispielsweise auch die in Kapitel 10 erstellte Tabelle **Drehplan** enthalten. Bei der Bearbeitung eines Berichtsformats können Sie integrierte und benutzerdefinierte Tabellen und Filter anwenden, festlegen, welche Datenkategorien in den Bericht aufgenommen werden sollen, und die Daten in einer bestimmten Sortierreihenfolge anzeigen lassen – und das alles in dem Dialogfeld für den gerade bearbeiteten Bericht.

9 Klicken Sie auf **OK**, um das Dialogfeld **Vorgangsbericht** zu schließen.

10 Vergewissern Sie sich, dass im Dialogfeld **Benutzerdefinierte Berichte** im Feld **Berichte** der Eintrag **Benutzerdefinierter Vorgangsbericht** markiert ist, und klicken Sie dann auf die Schaltfläche **Vorschau**.

Microsoft Project wendet die Einstellungen auf den Bericht an, der jetzt im Seitenansichtfenster angezeigt wird.

11 Klicken Sie mit dem Lupen-Mauszeiger auf die linke obere Ecke.

Ihr Bildschirm sollte nun etwa wie in der folgenden Abbildung aussehen.

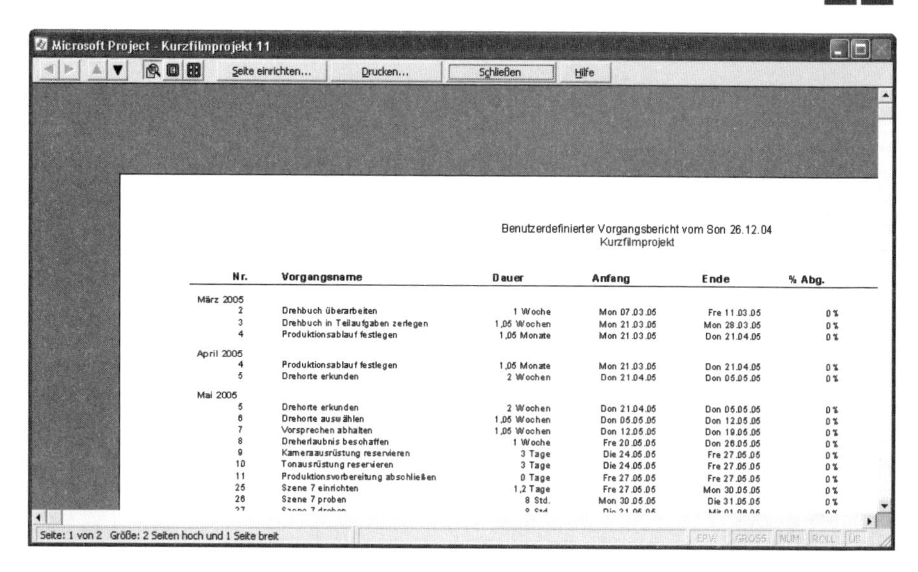

Benutzerdefinierter Vorgangsbericht vom Son 26.12.04
Kurzfilmprojekt

Nr.	Vorgangsname	Dauer	Anfang	Ende	% Abg.
März 2005					
2	Drehbuch überarbeiten	1 Woche	Mon 07.03.05	Fre 11.03.05	0 %
3	Drehbuch in Teilaufgaben zerlegen	1,05 Wochen	Mon 21.03.05	Mon 28.03.05	0 %
4	Produktionsablauf festlegen	1,05 Monate	Mon 21.03.05	Don 21.04.05	0 %
April 2005					
4	Produktionsablauf festlegen	1,05 Monate	Mon 21.03.05	Don 21.04.05	0 %
5	Drehorte erkunden	2 Wochen	Don 21.04.05	Don 05.05.05	0 %
Mai 2005					
5	Drehorte erkunden	2 Wochen	Don 21.04.05	Don 05.05.05	0 %
6	Drehorte auswählen	1,05 Wochen	Don 05.05.05	Don 12.05.05	0 %
7	Vorsprechen abhalten	1,05 Wochen	Don 12.05.05	Don 19.05.05	0 %
8	Dreherlaubnis beschaffen	1 Woche	Fre 20.05.05	Don 26.05.05	0 %
9	Kameraausrüstung reservieren	3 Tage	Die 24.05.05	Fre 27.05.05	0 %
10	Tonausrüstung reservieren	3 Tage	Die 24.05.05	Fre 27.05.05	0 %
11	Produktionsvorbereitung abschließen	0 Tage	Fre 27.05.05	Fre 27.05.05	0 %
25	Szene 7 einrichten	1,2 Tage	Fre 27.05.05	Mon 30.05.05	0 %
26	Szene 7 proben	8 Std.	Mon 30.05.05	Die 31.05.05	0 %

Dieser benutzerdefinierte Bericht zeigt die Felder so an, wie sie auch in der Tabelle **Sammelvorgänge** erscheinen, unterteilt aber die Vorgänge nach Monaten.

12 Klicken Sie in der Symbolleiste der Seitenansicht auf die Schaltfläche **Schließen.**

13 Klicken Sie im Dialogfeld **Benutzerdefinierte Berichte** auf **Schließen.**

14 Klicken Sie auf **Schließen,** um auch das Dialogfeld **Berichte** zu schließen.

Die Daten werden wieder in der Ansicht **Balkendiagramm (Gantt)** angezeigt.

SCHLIESSEN SIE den Projektplan **Kurzfilmprojekt 11.**

Zusammenfassung

- Sie können in Microsoft Project Ansichten und Berichte drucken. Berichte können nur gedruckt oder in der Seitenansicht angezeigt werden.
- Beim Drucken einer Ansicht erhalten Sie genau die Informationen, die Sie am Bildschirm sehen.
- Selbst bei kleineren Projekten werden wahrscheinlich mehr Seiten gedruckt, als Sie sich vorgestellt haben. Deshalb ist es hilfreich, vor dem Drucken den Projektplan in der Seitenansicht zu prüfen.
- Die in Microsoft Project integrierten Berichte sind in verschiedene Kategorien unterteilt, zum Beispiel **Kosten** und **Ressourcen**. Es lohnt sich, einen Blick auf die verschiedenen Berichte zu werfen, da sicherlich der eine oder andere als Basis für Ihre benutzerdefinierten Berichte dienen kann.

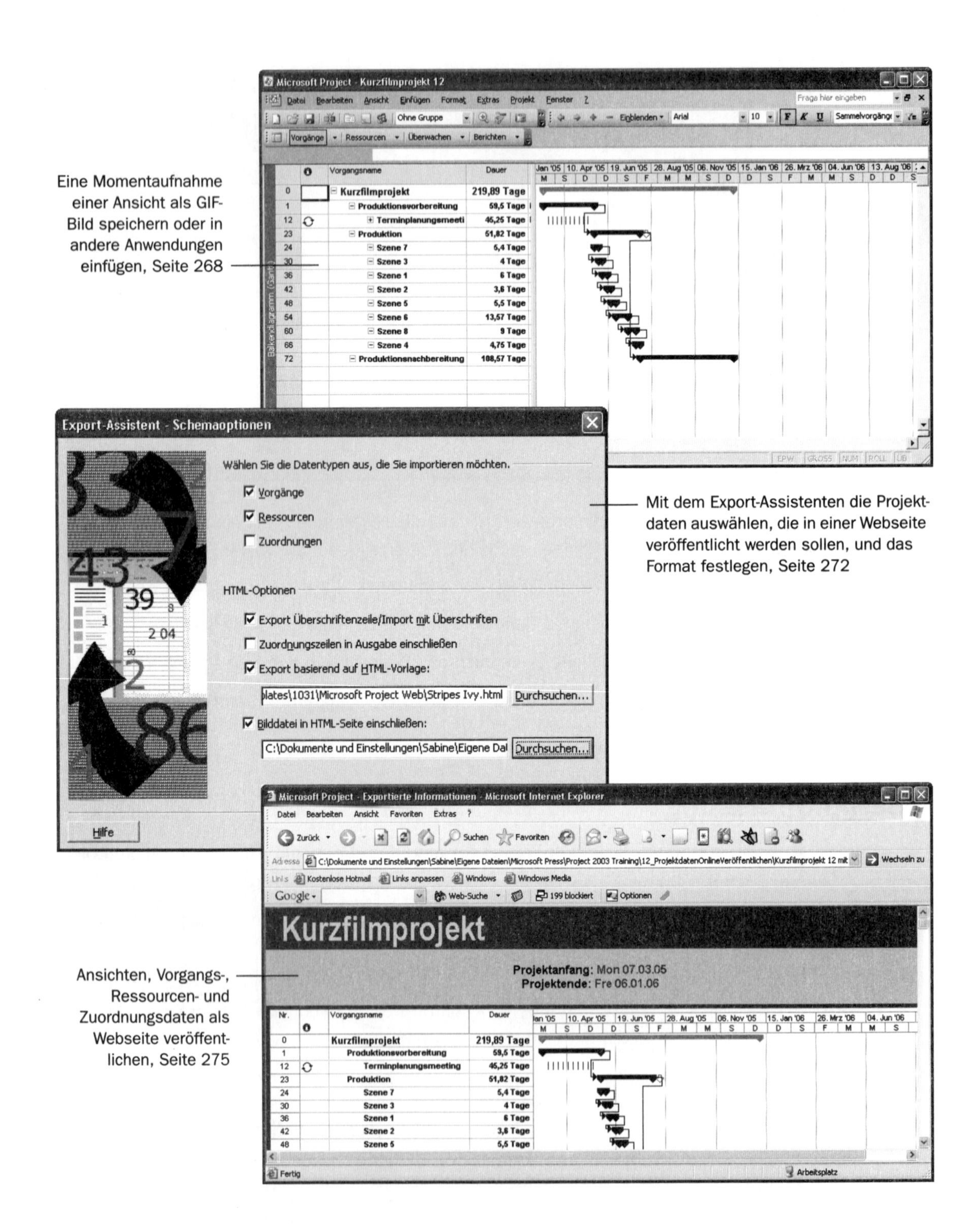

Kapitel 12 auf einen Blick

12 Projektdaten online veröffentlichen

In diesem Kapitel lernen Sie,

- ✔ **wie Sie eine Momentaufnahme der Ansicht *Balkendiagramm (Gantt)* im GIF-Format erstellen.**
- ✔ **wie Sie Microsoft Project-Daten im HTML-Format veröffentlichen.**
- ✔ **wie Sie mithilfe eines Exportschemas steuern, auf welche Art und Weise Microsoft Project-Daten im HTML-Format gespeichert werden.**

Siehe auch Falls Sie nur eine kurze Wiederholung zu den Themen benötigen, die in diesem Kapitel behandelt werden, lesen Sie den Schnellüberblick zu Kapitel 12 am Anfang dieses Buches.

Projektpläne werden häufig ausgedruckt, um Projektdetails an andere Personen weiterzugeben. Der Ausdruck bietet jedoch nur beschränkte Möglichkeiten. So können die Projektdaten beispielsweise bereits kurze Zeit nach dem Drucken veraltet sein. Außerdem sind die Möglichkeiten beim Kopieren und Verteilen der gedruckten Exemplare beschränkt. Veröffentlichen Sie hingegen Projektdaten online, können die publizierten Projektdaten leicht aktualisiert und einer größeren Zahl von Beteiligten online zur Verfügung gestellt werden.

In diesem Kapitel arbeiten Sie mit den Webpublishing-Funktionen von Microsoft Project. Hierzu gehört unter anderem die Funktion **Bild kopieren**, mit deren Hilfe Sie eine Momentaufnahme der aktiven Ansicht erstellen können. Sie können diese Momentaufnahme entweder zur Weiterverwendung in die Windows-Zwischenablage kopieren oder sie als Grafikdatei auf Ihrer Festplatte speichern. Microsoft Project-Daten lassen sich außerdem als HTML-Datei exportieren, wobei Sie genau steuern können, wie die exportierten Daten angezeigt werden sollen. In vielen Unternehmen ist die Veröffentlichung als HTML-Datei ein bedeutendes Mittel zur Information der Beteiligten über die Projektdetails.

TIPP Sie erfahren in diesem Kapitel nur, wie Sie Microsoft Project-Daten im HTML- oder GIF-Format speichern. Mit Microsoft Project Professional können jedoch zusammen mit Microsoft Project Server Projektdaten nicht nur online publiziert, sondern auch von Ressourcen und anderen Beteiligten online zusammengestellt werden.

WICHTIG Bevor Sie die Übungsdateien in diesem Kapitel benutzen können, müssen Sie sie von der Begleit-CD in den vorgegebenen Standardordner installieren. Einzelheiten dazu finden Sie im Abschnitt „Die Übungsdateien installieren" am Anfang dieses Buches.

Projektdaten als GIF-Grafik speichern

Wenn Sie Projektdetails an Ressourcen, Manager und andere Beteiligte übermitteln wollen, werden Sie wahrscheinlich Ihre Microsoft Project-Daten in andere Formate konvertieren und in andere Programme hineinkopieren müssen. Microsoft Project unterstützt die Standardfunktionalität zum Kopieren und Einfügen der meisten Windows-Programme. Daneben verfügt es jedoch über eine zusätzliche Funktion namens **Bild kopieren**, mit der Sie eine Momentaufnahme einer Ansicht erstellen können. Dazu können Sie entweder den Befehl **Bild kopieren** aus dem Menü **Bearbeiten** wählen oder in der Standardsymbolleiste auf die Schaltfläche **Bild kopieren** klicken.

Bild kopieren

Zum Erstellen einer Momentaufnahme der aktiven Ansicht mit der Funktion **Bild kopieren** haben Sie mehrere Möglichkeiten:

- Sie können die gesamte am Bildschirm sichtbare Ansicht oder nur ausgewählte Zeilen der Tabelle einer Ansicht kopieren.
- Sie können ein eigens festgelegtes oder das aktuell auf dem Bildschirm angezeigte Zeitintervall kopieren.

Für welche Möglichkeit Sie sich auch entscheiden – Sie können die Momentaufnahme als GIF-Datei (GIF = Graphics Interchange Format) speichern. Nachdem Sie die Grafik als GIF-Datei gespeichert haben, können Sie sie in allen Programmen mit Unterstützung für das GIF-Format verwenden. Wie Sie weiter hinten in diesem Kapitel sehen werden, können Sie sie auch zusammen mit HTML-Inhalten auf einer Webseite veröffentlichen. Sie können außerdem die mit dem Befehl **Bild kopieren** in die Windows-Zwischenablage kopierte Grafik zum Einfügen in ein anderes Programm (beispielsweise in Microsoft PowerPoint) oder zum Drucken (zum Beispiel in Microsoft Word) verwenden.

TIPP Wenn Sie anstelle einer Grafik Text kopieren wollen (um zum Beispiel eine Vorgangsliste in eine Excel-Tabelle einzufügen), verwenden Sie den Befehl **Kopieren (Zelle)** im Menü **Bearbeiten.**

In der folgenden Übung ändern Sie die Darstellung der Daten in der Ansicht **Balkendiagramm (Gantt)** und speichern dann mithilfe der Funktion **Bild speichern** eine Momentaufnahme dieser Ansicht als GIF-Datei. Zunächst aber filtern Sie die Ansicht **Balkendiagramm (Gantt)** so, dass nur Sammelvorgänge angezeigt werden.

WICHTIG Wenn Sie mit Microsoft Project Professional arbeiten, müssen Sie unter Umständen eine einmalige Einstellung vornehmen, damit Sie mit dem eigenen Arbeitsplatz-Account und offline arbeiten können. So wird sichergestellt, dass die Übungsdateien, mit denen Sie in diesem Kapitel arbeiten, keine Auswirkungen auf Ihre Microsoft Project Server-Daten haben. Mehr Informationen hierzu finden Sie in Kapitel 1 im Abschnitt „Microsoft Office Project Professional starten".

ÖFFNEN SIE die Datei **Kurzfilmprojekt 12a**, ***die Sie im Ordner*** **Eigene Dateien\Microsoft Press\Project 2003 Training\12_ProjektdatenOnlineVeröffentlichen** ***finden. Sie können den Ordner auch über*** **Start/Alle Programme/Microsoft Press/Project 2003 Training** ***öffnen.***

1. Wählen Sie im Menü **Datei** den Befehl **Speichern unter**.

   Das Dialogfeld **Speichern unter** öffnet sich.

2. Geben Sie im Feld **Dateiname** die Bezeichnung ***Kurzfilmprojekt 12*** ein und klicken Sie dann auf **Speichern**.

3. Zeigen Sie im Menü **Projekt** auf **Filter: Alle Vorgänge** und klicken Sie dann auf **Sammelvorgänge**.

   Microsoft Project filtert die Ansicht und zeigt anschließend nur die Sammelvorgänge an. Als Nächstes wird die Zeitskala so geändert, dass das gesamte Projekt angezeigt wird.

4. Klicken Sie im Menü **Ansicht** auf **Zoom**.

   Das Dialogfeld **Zoom** wird geöffnet.

5. Klicken Sie auf **Gesamtes Projekt** und danach auf **OK**.

   Microsoft Project ändert die Zeitskala der Ansicht **Balkendiagramm (Gantt)** und zeigt die gesamte Dauer des Projekts im Fenster an.

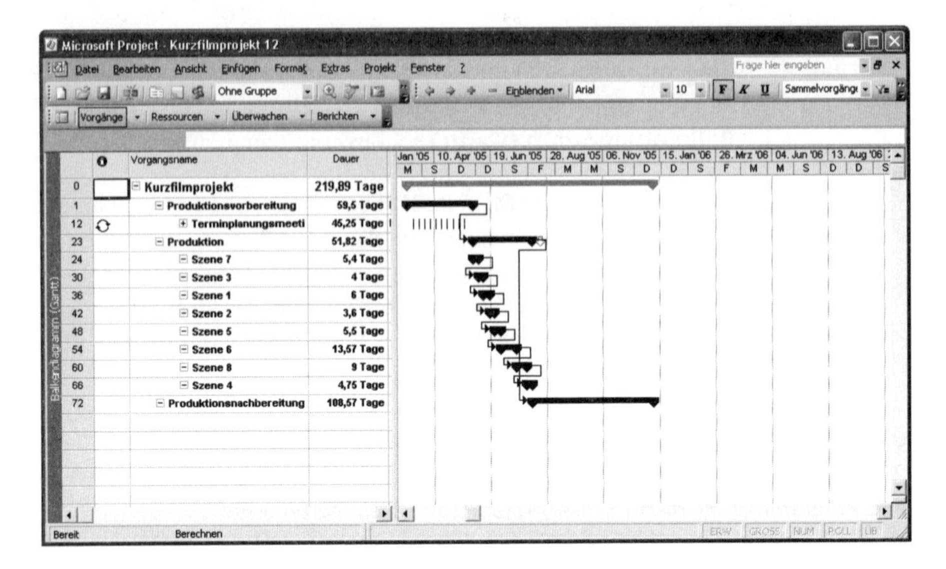

Bild kopieren

6 Klicken Sie in der Standardsymbolleiste auf die Schaltfläche **Bild kopieren.**

Das Dialogfeld **Bild kopieren** wird geöffnet.

TIPP Sie können auch im Menü **Bearbeiten** den Befehl **Bild kopieren** wählen.

7 Klicken Sie im Bereich **Bild rendern** auf die Option **Für GIF-Datei.**

Microsoft Project schlägt vor, die Grafik mit der Erweiterung *.gif* in demselben Ordner zu speichern, von dem aus Sie die Übungsdatei geöffnet haben.

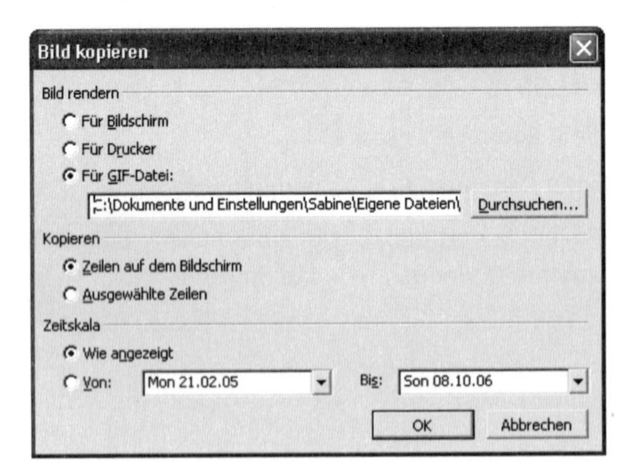

8 Klicken Sie auf **OK**, um das Dialogfeld **Bild kopieren** zu schließen.

Die GIF-Datei wird gespeichert.

Um die gerade gespeicherte Grafik anzuzeigen, könnten Sie einen Browser oder ein Grafikprogramm öffnen. Sie lässt sich aber auch in Microsoft Project anzeigen.

9 Zeigen Sie im Menü **Ansicht** auf **Symbolleisten** und klicken Sie dann auf **Web**.

Die Websymbolleiste wird angezeigt.

TIPP Sie können auch mit der rechten Maustaste auf eine Symbolleiste klicken und im dann angezeigten Kontextmenü eine Symbolleiste ein- bzw. ausblenden.

Wechseln zu ▾

10 Klicken Sie in der Websymbolleiste auf die Schaltfläche **Wechseln zu** und anschließend auf **Hyperlink öffnen**.

Das Dialogfeld **Internetadresse öffnen** wird angezeigt.

11 Klicken Sie auf **Durchsuchen**.

Das Dialogfeld **Durchsuchen** wird geöffnet.

12 Markieren Sie in der Dropdownliste **Dateityp** den Eintrag **GIF-Dateien (*.gif)**.

13 Suchen Sie die Grafik mit dem Namen *Kurzfilmprojekt 12.gif.*

14 Markieren Sie die GIF-Grafikdatei und klicken Sie dann auf **Öffnen**.

15 Klicken Sie im Dialogfeld **Internetadresse öffnen** auf **OK**.

Microsoft Project öffnet die GIF-Datei. Falls Internet Explorer Ihr Standardprogramm zur Anzeige von GIF-Dateien ist, sollte Ihr Bildschirm ungefähr so wie in der folgenden Abbildung aussehen.

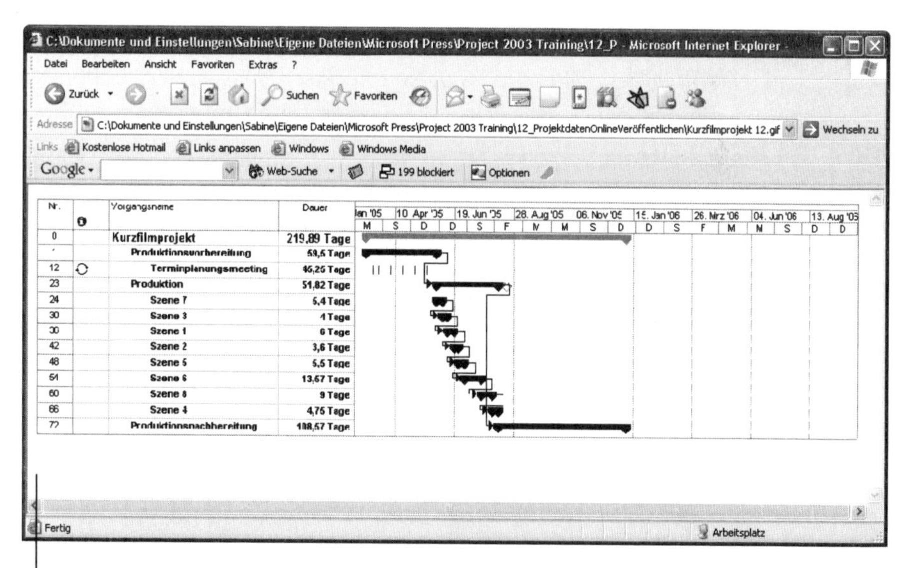

Die Momentaufnahme der Ansicht **Balkendiagramm (Gantt)** wurde als GIF-Datei gespeichert, die in einem Browser oder Grafikprogramm angezeigt werden kann.

Wie weiter oben erwähnt, sehen Sie hier eine Abbildung der Ansicht **Balkendiagramm (Gantt)**. Die GIF-Grafik gibt die in Microsoft Project dargestellte Ansicht nahezu identisch wieder.

16 Schließen Sie das zur Anzeige der GIF-Datei verwendete Programm und wechseln Sie zurück zu Microsoft Project.

TIPP Der Befehl **Bild kopieren** steht in Formularansichten, zum Beispiel in der Ansicht **Beziehungsdiagramm**, nicht zur Verfügung.

GIF-Bilder von Microsoft Project-Ansichten sind schon an und für sich sehr nützlich. Zusätzlich haben Sie die Möglichkeit, sie mit anderen Microsoft Project-Daten zu kombinieren und die Ergebnisse als Webseiten zu speichern und im Web oder auf einer Intranetsite zu publizieren. Mehr hierzu erfahren Sie im nächsten Abschnitt.

Projektdaten als Webseite speichern

Eine weitere Möglichkeit zur Veröffentlichung von Microsoft Project-Daten besteht darin, die Daten als Webseite zu speichern. Anders als der Befehl **Bild kopieren**, der eine GIF-Grafik erzeugt, eignet sich der Befehl **Als Webseite speichern** besser zur Veröffentlichung von Text. Microsoft Project verwendet *Exportschemas*, die genau angeben, welche Daten exportiert und wie sie strukturiert werden sollen. Exportschemas organisieren Microsoft Project-Daten in HTML-Tabellen. Die vordefinierten Schemas ähneln einigen der vordefinierten Tabellen und Berichte von Microsoft Project. Sie können diese Exportschemas so verwenden, wie sie sind, oder sie für den Export nur der gewünschten Daten anpassen.

In der folgenden Übung speichern Sie Microsoft Project-Daten mithilfe eines Exportschemas als Webseite. Anschließend werden Sie die Ergebnisse in einem Browser anzeigen.

1 Klicken Sie im Menü **Datei** auf **Als Webseite speichern**.

Das Dialogfeld **Speichern unter** wird geöffnet. Microsoft Project schlägt vor, die Daten als Webseite in demselben Ordner zu speichern, von dem aus Sie die Übungsdatei geöffnet haben. Wird im Feld **Speichern in** ein anderer Speicherort angezeigt, wechseln Sie zum Übungsordner *12_ProjektdatenOnlineVeröffentlichen* auf Ihrer Festplatte.

2 Klicken Sie auf **Speichern**.

Der Export-Assistent öffnet sich. Er unterstützt Sie beim Exportieren strukturierter Daten aus Microsoft Project in andere Formate.

3 Klicken Sie auf die Schaltfläche **Weiter**.

Die zweite Seite des Export-Assistenten öffnet sich.

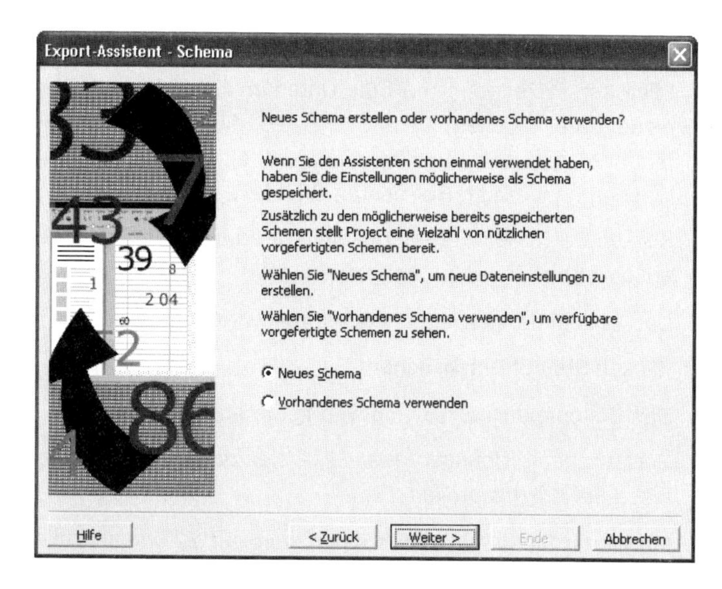

Der Export-Assistent nutzt Schemas, um die Art und Weise festzulegen, in der die Felder aus einem Microsoft Project-Plan in ein anderes Format exportiert werden. In dieser Übung werden Sie eines der in Microsoft Project vordefinierten Schemas einsetzen.

4 Aktivieren Sie die Option **Vorhandenes Schema verwenden** und klicken Sie dann auf die Schaltfläche **Weiter**.

5 Markieren Sie im nächsten Schritt das Schema **Nach HTML unter Verw. der Standardvorl. export.**

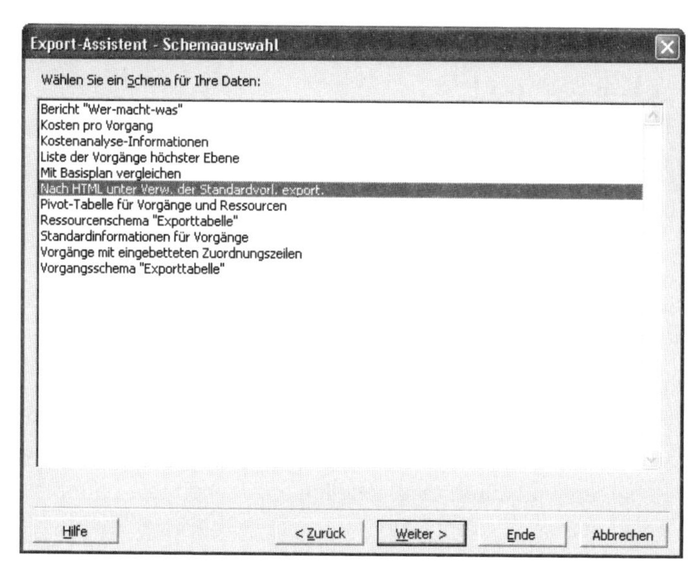

6 Klicken Sie auf die Schaltfläche **Ende**.

Microsoft Project speichert die Daten im HTML-Format. Das gewählte Schema erzeugt drei Tabellen, die die Vorgänge, die Ressourcen und die Zuordnungsinformationen aus dem Kurzfilmprojekt enthalten. Alle drei Tabellen werden auf einer Webseite angezeigt. Betrachten Sie diese Webseite nun.

Wechseln zu

7 Klicken Sie in der Websymbolleiste auf die Schaltfläche **Wechseln zu** und anschließend auf **Hyperlink öffnen**.

Das Dialogfeld **Internetadresse öffnen** wird angezeigt.

8 Klicken Sie auf **Durchsuchen**.

Das Dialogfeld **Durchsuchen** wird geöffnet.

9 Suchen Sie im Übungsordner *12_ProjektdatenOnlineVeröffentlichen* nach der Webseite *Kurzfilmprojekt 12*.

10 Markieren Sie die Webseite *Kurzfilmprojekt 12* und klicken Sie dann auf die Schaltfläche **Öffnen**.

11 Klicken Sie im Dialogfeld **Internetadresse öffnen** auf **OK**.

Microsoft Project öffnet die Webseite in Ihrem Browser. Wenn Sie mit Internet Explorer arbeiten, sollte Ihr Bildschirm etwa so wie in der folgenden Abbildung aussehen.

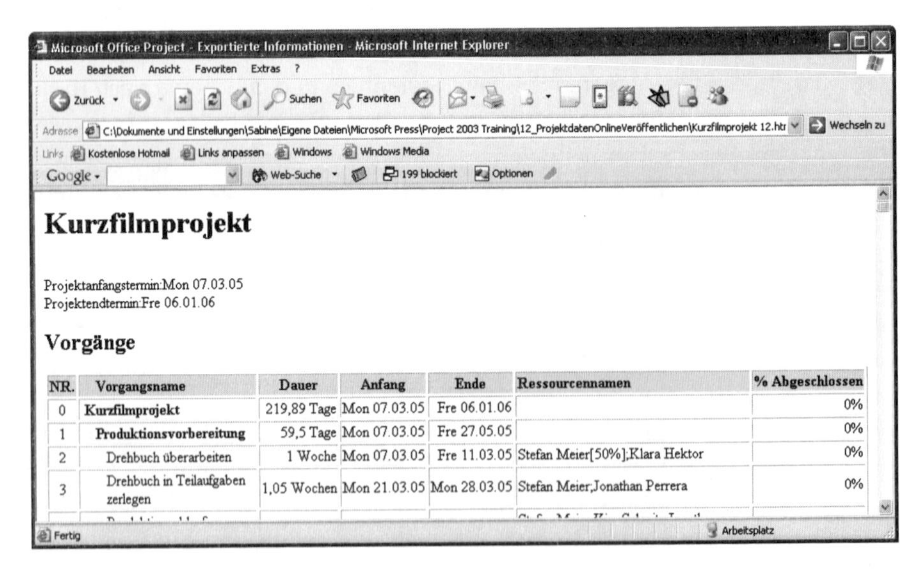

Kurzfilmprojekt

Projektanfangstermin:Mon 07.03.05
Projektendtermin:Fre 06.01.06

Vorgänge

NR.	Vorgangsname	Dauer	Anfang	Ende	Ressourcennamen	% Abgeschlossen
0	Kurzfilmprojekt	219,89 Tage	Mon 07.03.05	Fre 06.01.06		0%
1	Produktionsvorbereitung	59,5 Tage	Mon 07.03.05	Fre 27.05.05		0%
2	Drehbuch überarbeiten	1 Woche	Mon 07.03.05	Fre 11.03.05	Stefan Meier[50%];Klara Hektor	0%
3	Drehbuch in Teilaufgaben zerlegen	1,05 Wochen	Mon 21.03.05	Mon 28.03.05	Stefan Meier;Jonathan Perrera	0%

12 Führen Sie einen Bildlauf durch die Seite durch, um sämtliche Vorgangs-, Ressourcen- und Zuordnungstabellen anzusehen; sie enthalten dieselben Daten wie die Microsoft Project-Datei.

13 Schließen Sie den Browser und wechseln Sie zurück zu Microsoft Project.

Als Webseiten lassen sich riesige Mengen an Projektdaten im HTML-Format veröffentlichen.

WICHTIG Die Daten, die mit dem Befehl **Als Webseite speichern** exportiert werden, sind nicht an eine spezielle Ansicht gebunden, die beim Speichern aktiv ist.

Um den unter Microsoft Project gespeicherten Webseiten den letzten Schliff zu geben, können Sie folgendermaßen vorgehen:

- Sie können das betreffende Exportschema bearbeiten. Nachdem Sie das Schema im Export-Assistenten ausgewählt haben, klicken Sie mehrfach auf die Schaltfläche **Weiter**, um alle verfügbaren Optionen zu betrachten. Sie können sehr flexibel festlegen, welche Vorgänge, Ressourcen und Zuordnungsfelder exportiert werden und wie die Daten exportiert werden sollen.
- Sie können beim Speichern eine andere HTML-Vorlage für die Webseite festlegen. Dieser Vorgang ist das Thema des nächsten Abschnitts.
- Wenn Sie einige Erfahrungen mit HTML haben, können Sie die Webseite nach dem Speichern in Microsoft Project weiterbearbeiten. So könnten Sie zum Beispiel verschiedene Microsoft Project-spezifische Tags in eine Webseite einfügen. Eine Liste dieser Tags erhalten Sie, wenn Sie den Begriff ***Exportvorlagen*** in das Feld **Frage hier eingeben** eintippen.

Darstellung einer Project-Webseite anpassen

Während Exportschemas festlegen, welche Microsoft Project-Daten als Webseite gespeichert und wie sie organisiert werden sollen, legen *HTML-Vorlagen* fest, wie die Daten formatiert werden. Microsoft Project enthält verschiedene HTML-Vorlagen, die Sie zum Speichern Ihrer Webseiten verwenden können.

In der folgenden Übung speichern Sie Projektdaten als Webseite, übertragen anschließend ein anderes Format und fügen dann die weiter vorne erstellte GIF-Grafik in die Webseite ein.

1. Klicken Sie im Menü **Datei** auf **Als Webseite speichern**.

   Das Dialogfeld **Speichern unter** wird geöffnet. Microsoft Project schlägt vor, die Daten als Webseite in demselben Ordner zu speichern, von dem aus Sie die Übungsdatei geöffnet haben.

2. Geben Sie ***Kurzfilmprojekt 12 mit Gantt-Diagramm*** in das Feld **Dateiname** ein und klicken Sie dann auf **Speichern**.

   Der Export-Assistent wird geöffnet.

3. Klicken Sie auf die Schaltfläche **Weiter**.

4 Wählen Sie die Option **Vorhandenes Schema verwenden** und klicken Sie dann auf die Schaltfläche **Weiter**.

5 Im Feld **Wählen Sie ein Schema für Ihre Daten** klicken Sie auf **Nach HTML unter Verw. der Standardvorl. export.** und klicken dann auf die Schaltfläche **Weiter**.

Die Seite **Schemaoptionen** des Export-Assistenten öffnet sich.

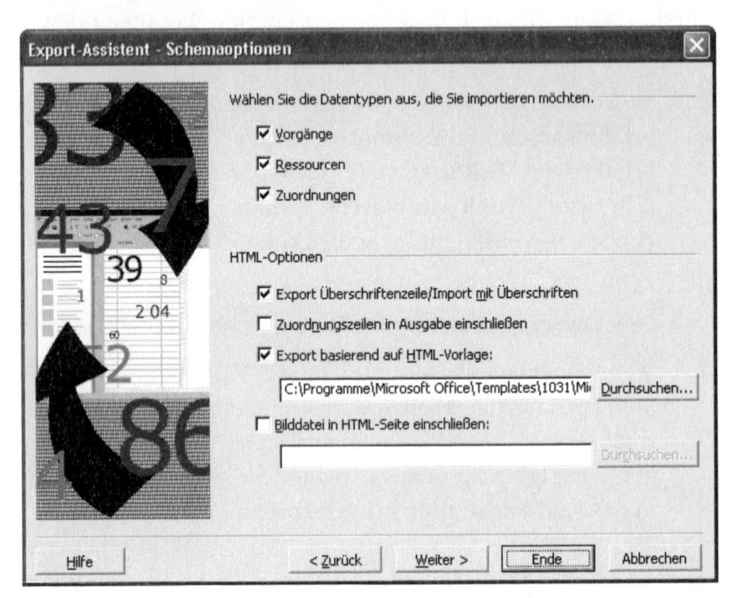

Im letzten Abschnitt haben Sie gesehen, dass Daten in die Webseite exportiert wurden, die Sie gar nicht benötigten. Diesmal veröffentlichen Sie nur Vorgangs- und Ressourceninformationen.

6 Deaktivieren Sie das Kontrollkästchen **Zuordnungen**.

Als Nächstes wählen Sie eine andere HTML-Vorlage. Unter **HTML-Optionen** ist standardmäßig das Kontrollkästchen **Export basierend auf HTML-Vorlage** aktiviert und der Pfad der aktuellen Vorlage wird angezeigt.

7 Klicken Sie auf die Schaltfläche **Durchsuchen** neben der Pfadangabe.

Das gleichnamige Dialogfeld öffnet sich. In ihm werden alle HTML-Vorlagen gezeigt, die in Microsoft Project enthalten sind.

TIPP Wenn Sie Microsoft Project im Standardverzeichnis installiert haben, befinden sich die Vorlagen im folgenden Ordner: *C:\Programme\Microsoft Office\Templates\1031\Microsoft Project Web*

8 Markieren Sie in der Vorlagenliste die Vorlage **Stripes Ivy** und klicken Sie dann auf **OK**.

Nun müssen Sie nur noch eins tun, bevor Sie die Webseite erstellen können. Am Anfang des Kapitels haben Sie eine GIF-Datei aus der Ansicht **Balkendiagramm (Gantt)** mit dem Namen *Kurzfilmprojekt 12.gif* erstellt. Diese werden Sie nun in die Webseite einfügen.

9 Aktivieren Sie das Kontrollkästchen **Bilddatei in HTML-Seite einschließen.**

Hat die Bilddatei denselben Namen und befindet sie sich in demselben Ordner wie die Projektdatei, die Sie als Webseite speichern, werden der Pfad und der Dateiname standardmäßig angezeigt. Andernfalls müssen Sie auf die Schaltfläche **Durchsuchen** klicken und die Bilddatei auf der Festplatte suchen.

Ihr Bildschirm sollte nun etwa wie in der folgenden Abbildung aussehen.

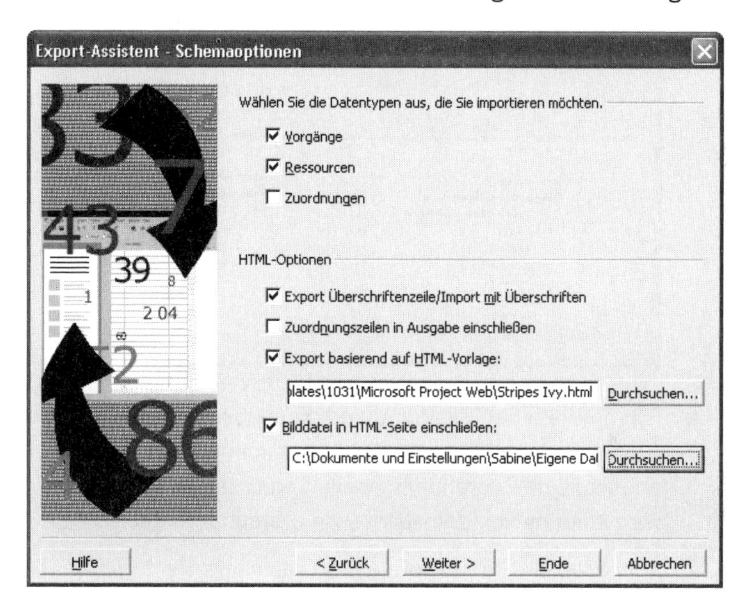

10 Klicken Sie auf die Schaltfläche **Ende.**

Microsoft Project speichert Ihre Projektdaten im HTML-Format. Als Nächstes betrachten Sie die Webseite, die Sie soeben erstellt haben.

Wechseln zu ▾

11 Klicken Sie auf der Websymbolleiste auf **Wechseln zu** und anschließend auf **Hyperlink öffnen.**

Das Dialogfeld **Internetadresse öffnen** wird angezeigt.

12 Klicken Sie auf **Durchsuchen.**

Das Dialogfeld **Durchsuchen** wird geöffnet.

13 Suchen Sie im Übungsordner *12_ProjektdatenOnlineVeröffentlichen* nach der Datei *Kurzfilmprojekt 12 mit Gantt-Diagramm.*

14 Markieren Sie den Namen der Webseite und klicken Sie dann auf die Schaltfläche **Öffnen**.

15 Klicken Sie im Dialogfeld **Internetadresse öffnen** auf die Schaltfläche **OK**.

Die Webseite öffnet sich in Ihrem Browser. Falls Sie mit Internet Explorer arbeiten, sollte Ihr Bildschirm nun etwa wie in der folgenden Abbildung aussehen.

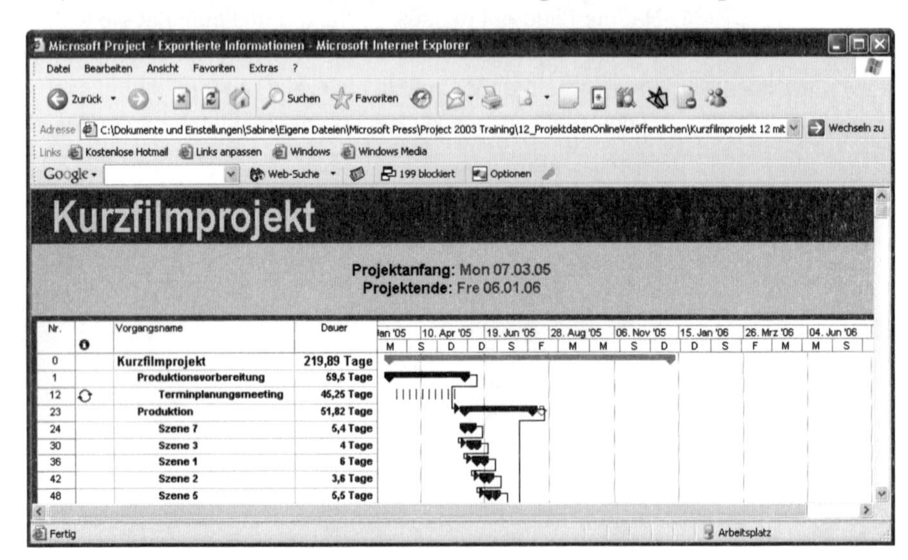

16 Führen Sie einen Bildlauf durch die Webseite durch, um die Gantt-Diagramm-Grafik, die Vorgangs- und die Ressourcentabelle anzuzeigen. Die neue Webseite enthält keine Zuordnungstabelle und unterscheidet sich auch im Hinblick auf die Formatierung von der weiter vorn erstellten Seite.

17 Schließen Sie Ihren Browser und wechseln Sie zurück zu Microsoft Project.

18 Klicken Sie mit der rechten Maustaste auf eine der Symbolleisten und klicken Sie im daraufhin angezeigten Kontextmenü auf **Web**.

Die Websymbolleiste wird wieder ausgeblendet.

In diesem Kapitel haben Sie nur einen Bruchteil der Webpublishing-Funktionen von Microsoft Project kennen gelernt. Je nach Kommunikationsbedarf, den Sie als Projektmanager haben, können Sie diese Funktionen auch intensiver nutzen. Durch Änderung von Exporttabellen, Verwendung unterschiedlicher HTML-Vorlagen oder nachträgliche Bearbeitung der erzeugten Webseiten können Sie sehr genau steuern, welche Informationen im Web veröffentlicht werden sollen.

***SCHLIESSEN SIE** den Projektplan* **Kurzfilmprojekt 12.**

Zusammenfassung

- Da Projektdaten schnell veraltet sind, empfiehlt es sich, Projektpläne online zu veröffentlichen und diese bei Bedarf zu aktualisieren und erneut zu veröffentlichen. Dieses Verfahren ist einfacher und schneller als das Drucken, Kopieren und Verteilen der Daten auf Papier.
- Mit dem Befehl **Bild kopieren** im Menü **Bearbeiten** können Sie eine Abbildung im GIF-Format erstellen, die Sie wiederum in andere Dokumente oder auf einer Webseite einfügen können. Außerdem ist es möglich, die Grafik in die Zwischenablage zu kopieren und später an einer anderen Stelle einzufügen.
- Beim Speichern eines Projektplans als Webseite definieren Sie mithilfe von Exportschemas, welche Daten (oder Felder) exportiert werden sollen.
- Beim Exportieren von Project-Daten auf eine Webseite können Sie mithilfe von integrierten HTML-Vorlagen das Format der zu exportierenden Daten festlegen.

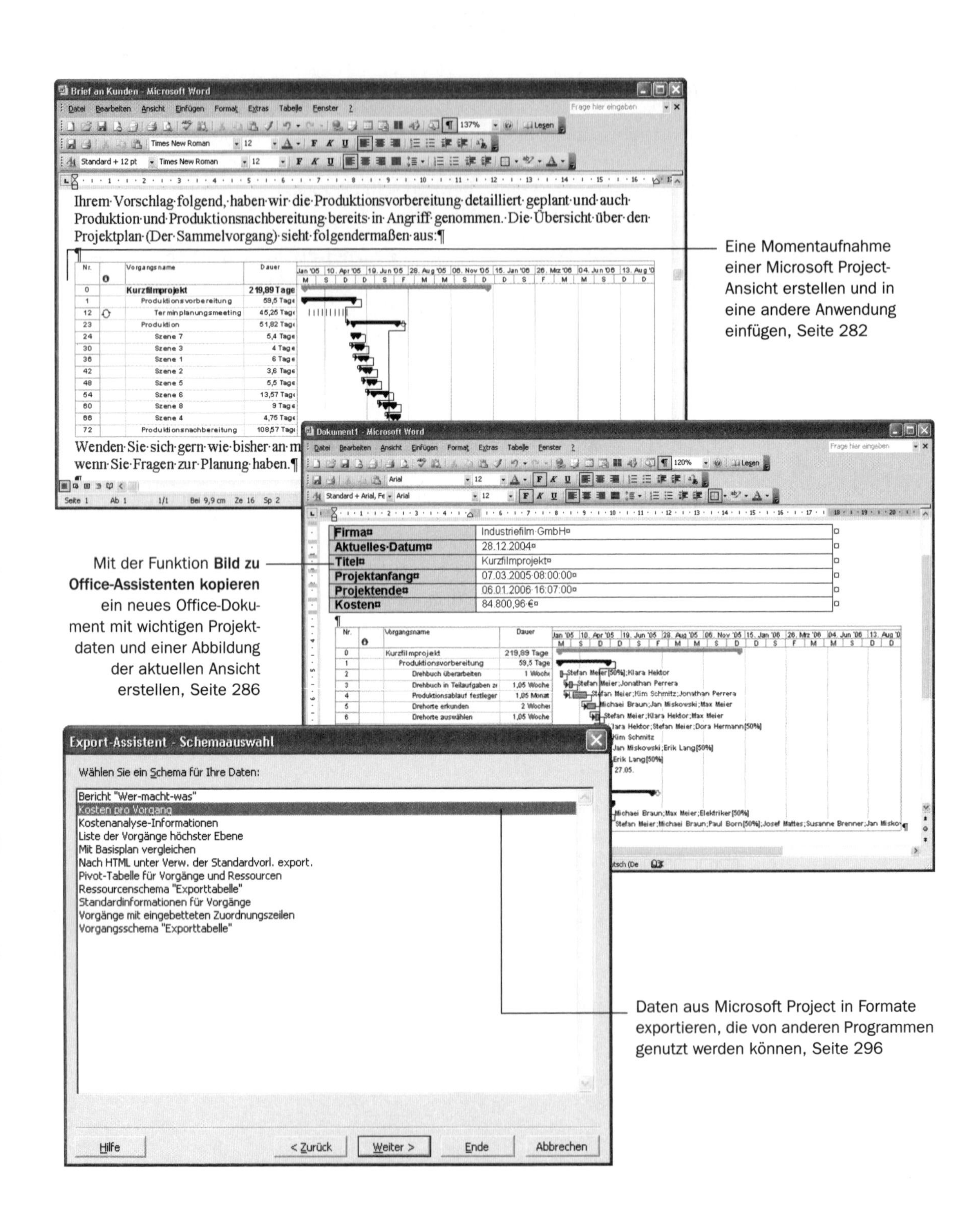

Kapitel 13 auf einen Blick

13 Datenaustausch zwischen Microsoft Project und anderen Anwendungen

In diesem Kapitel lernen Sie,

- ✔ **wie Sie Daten in Microsoft Project kopieren und einfügen.**
- ✔ **wie Sie ein neues Office-Dokument mit wichtigen Projektdetails und einer Abbildung der aktuellen Ansicht erstellen.**
- ✔ **wie Sie eine in einem anderen Programm erstellte Datei mithilfe von Import-/Exportschemas in Microsoft Project öffnen.**
- ✔ **wie Sie Microsoft Project-Daten mithilfe von Import-/Exportschemas in andere Dateiformate exportieren.**

Siehe auch Falls Sie nur eine kurze Wiederholung zu den Themen benötigen, die in diesem Kapitel behandelt werden, lesen Sie den Schnellüberblick zu Kapitel 13 am Anfang dieses Buches.

In diesem Kapitel werden Sie sich in erster Linie mit den verschiedenen Möglichkeiten beschäftigen, wie Sie Daten in Microsoft Project importieren und aus Microsoft Project exportieren können. Neben den Windows-Standardfunktionen zum Kopieren und Einfügen, die Sie wahrscheinlich kennen werden, bietet Microsoft Project eine Reihe weiterer Optionen zum Im- und Exportieren von Daten.

In diesem Kapitel werden Ihnen die folgenden beiden Begriffe immer wieder begegnen:

- Das *Quellprogramm* ist das Programm, aus dem Sie Daten kopieren oder importieren.
- Das *Zielprogramm* ist das Programm, in das Sie Daten einfügen oder exportieren.

WICHTIG Bevor Sie die Übungsdateien in diesem Kapitel benutzen können, müssen Sie sie von der Begleit-CD in den vorgegebenen Standardordner installieren. Einzelheiten dazu finden Sie im Abschnitt „Die Übungsdateien installieren“ am Anfang dieses Buches.

Daten mit Microsoft Project kopieren und einfügen

Sie können Daten in Microsoft Project mithilfe der Befehle **Kopieren (Zelle)**, **Bild kopieren**, **Einfügen** und **Inhalt einfügen** im Menü **Bearbeiten** oder mit den entsprechenden Schaltflächen in der Standardsymbolleiste kopieren und einfügen. Beim Kopieren von Daten in Microsoft Project haben Sie zwei Möglichkeiten – je nachdem, welches Resultat Sie erzielen wollen:

- Sie können Text wie beispielsweise Vorgangsnamen und Datumsangaben aus einer Tabelle kopieren und als Text in ein Zielprogramm einfügen.
- Sie können die grafische Darstellung einer Microsoft Project-Ansicht kopieren und als Grafik in das Zielprogramm einfügen. Mit dem Befehl **Bild kopieren** im Menü **Bearbeiten** können Sie zum Beispiel eine grafische Momentaufnahme einer Ansicht oder eines ausgewählten Teils einer Ansicht erstellen. Über **Bild kopieren** können Sie die Grafik für die Bildschirmanzeige (zum Beispiel in Microsoft Project) oder zum Drucken (zum Beispiel in Microsoft Word) optimieren.

TIPP Mit dem Befehl **Bild kopieren** kann eine Momentaufnahme als GIF-Datei gespeichert werden. Die GIF-Datei kann dann in ein Word-Dokument oder in eine E-Mail-Nachricht integriert oder direkt an eine Intranetsite gesendet werden.

Es gibt einen wichtigen Unterschied zwischen den Befehlen **Kopieren (Zelle)** und **Bild kopieren**. Wenn Sie den Befehl **Kopieren** verwenden, können Sie die Daten anschließend im Zielprogramm bearbeiten. Der Befehl **Bild kopieren** erzeugt hingegen eine Grafik, die sich nur in einem Grafikprogramm wie etwa Microsoft Paint bearbeiten lässt.

TIPP Das Menü **Bearbeiten** vieler Windows-Programme wie Microsoft Word oder Microsoft Excel enthält auch den Befehl **Inhalte einfügen**. Dieser Befehl liefert Ihnen mehr Optionen zum Einfügen von Text aus Microsoft Project in das Zielprogramm. Mithilfe des Befehls **Inhalte einfügen** können Sie in Microsoft Word zum Beispiel formatierten und unformatierten Text, ein Bild oder ein Microsoft Project-Dokumentobjekt (ein OLE-Objekt) einfügen. Sie können auch nur die Daten einfügen oder sie in Form einer Verknüpfung zu den Quelldaten in Microsoft Project einfügen. Weitere Informationen hierzu erhalten Sie, wenn Sie den Text ***Verknüpfte und eingebettete Objekte*** in das Feld **Frage hier eingeben** in der rechten oberen Ecke des Microsoft Project-Programmfensters eintippen.

Auch beim Einfügen von Daten aus anderen Programmen in Microsoft Project haben Sie zwei Möglichkeiten:

- Sie können Text (zum Beispiel eine Liste mit Vorgangs- oder Ressourcennamen) in eine Tabelle in Microsoft Project einfügen. So könnten Sie zum Beispiel einen Zellbereich aus Excel oder eine Reihe von Absätzen aus Microsoft Word in Microsoft Project einfügen. Ein Beispiel dafür wäre das Einfügen einer Reihe von Vorgangsnamen aus einer Spalte einer Excel- oder Word-Tabelle in die Spalte **Vorgangsname** in Microsoft Project.
- Sie können eine Grafik oder ein OLE-Objekt aus einem anderen Programm in den grafischen Teil eines Balkendiagramms einfügen. Eine Grafik oder ein OLE-Objekt können Sie auch in eine Vorgangs-, Ressourcen- oder Zuordnungsnotiz, in Formularansichten wie die Ansichten **Vorgangsformular** oder **Ressourcenformular**, in eine Fußzeile, in einer Kopfzeile oder in eine Legende einer Ansicht oder eines Berichts einfügen.

WICHTIG Wenn Sie in mehrere Spalten Text einfügen wollen, müssen Sie etwas vorausplanen. Als Erstes müssen Sie dafür sorgen, dass die Reihenfolge der Daten im Quellprogramm mit der Reihenfolge der Spalten in der Microsoft Project-Tabelle übereinstimmt. Sie können dazu entweder die Daten im Quellprogramm neu anordnen, um sie mit der Spaltenanordnung in Microsoft Project in Übereinstimmung zu bringen, oder umgekehrt vorgehen. Außerdem müssen Sie dafür sorgen, dass die Spalten im Quellprogramm die gleichen Datentypen unterstützen – Text, Zahlen, Datumsangaben usw. – wie die Spalten in Microsoft Project.

Sie wollen für das Kurzfilmprojekt eine Grafik der Ansicht **Balkendiagramm (Gantt)** in ein Dokument einfügen, das Sie für einen Beteiligten an dem Projekt vorbereitet haben. In dieser Übung kopieren Sie eine Momentaufnahme der Ansicht **Balkendiagramm (Gantt)** und fügen sie in Microsoft Word ein. Eine Momentaufnahme wird unabhängig von dem Zielprogramm, das Sie vielleicht im Auge haben, immer auf dieselbe Weise erstellt. Sie könnten die Momentaufnahme zum Beispiel in eine Datei einfügen, die Sie mit einem Textverarbeitungsprogramm erstellt haben oder aber in eine E-Mail-Nachricht. Als Erstes werden Sie dazu die Ansicht **Balkendiagramm (Gantt)** so formatieren, dass nur die gewünschten Daten angezeigt werden.

In der folgenden Übung kopieren Sie eine Abbildung einer Balkendiagramm-Ansicht in die Windows-Zwischenablage und fügen sie dann in ein anderes Dokument ein.

WICHTIG Wenn Sie mit Microsoft Project Professional arbeiten, müssen Sie unter Umständen eine einmalige Einstellung vornehmen, damit Sie mit dem eigenen Arbeitsplatz-Account und offline arbeiten können. So wird sichergestellt, dass die Übungsdateien, mit denen Sie in diesem Kapitel arbeiten, keine Auswirkungen auf Ihre Microsoft

Project Server-Daten haben. Mehr Informationen hierzu finden Sie in Kapitel 1 im Abschnitt „Microsoft Office Project Professional starten".

***ÖFFNEN SIE** die Datei* **Kurzfilmprojekt 13a**, *die Sie im Ordner* **Eigene Dateien\Microsoft Press\Project 2003 Training\13_Datenaustausch** *finden. Sie können den Ordner auch über* **Start/Alle Programme/Microsoft Press/Project 2003 Training** *öffnen.*

1 Wählen Sie im Menü **Datei** den Befehl **Speichern unter**.

Das Dialogfeld **Speichern unter** öffnet sich.

2 Geben Sie im Feld **Dateiname** die Bezeichnung ***Kurzfilmprojekt 13*** ein und klicken Sie dann auf **Speichern**.

3 Zeigen Sie im Menü **Projekt** auf **Filter: Alle Vorgänge** und klicken Sie dann auf **Sammelvorgänge**.

Microsoft Project zeigt nur die Sammelvorgänge des Projekts an.

4 Klicken Sie im Menü **Ansicht** auf **Zoom**.

Das Dialogfeld **Zoom** wird geöffnet.

5 Klicken Sie im Dialogfeld **Zoom** auf **Gesamtes Projekt** und anschließend auf **OK**.

Microsoft Project passt die Zeitskala des Balkendiagramms an und zeigt das gesamte Projekt an.

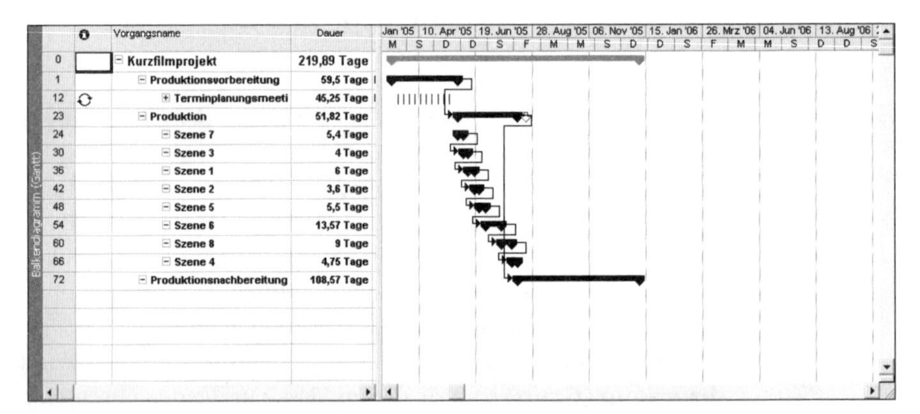

Bild kopieren

6 Klicken Sie in der Standardsymbolleiste auf die Schaltfläche **Bild kopieren**.

Das Dialogfeld **Bild kopieren** wird geöffnet.

7 Markieren Sie im Bereich **Bild rendern** die Option **Für Bildschirm** und klicken Sie dann auf **OK**.

Microsoft Project kopiert eine Momentaufnahme der Ansicht **Balkendiagramm (Gantt)** in die Windows-Zwischenablage.

Im nächsten Schritt werden Sie einen Brief öffnen, der in einer Textverarbeitung erstellt wurde. Sie können das Dokument im Editor oder in Microsoft Word öffnen.

8 Sie haben zwei Möglichkeiten:

- Wenn Sie Word nicht installiert haben, klicken Sie auf die Schaltfläche **Start**, zeigen auf **Alle Programme**, danach auf **Zubehör** und klicken dann auf **Editor**.
- Wenn Sie Word installiert haben, starten Sie das Programm.

9 Klicken Sie im Menü **Datei** auf **Öffnen**.

10 Suchen und öffnen Sie das Dokument namens *Brief an Kunden* im Übungsordner *13_Datenaustausch*.

11 Markieren Sie den Absatz (**Gantt-Diagramm bitte hier einfügen**).

12 Klicken Sie im Menü **Bearbeiten** auf **Einfügen**.

Microsoft Project fügt die Momentaufnahme aus der Windows-Zwischenablage in das Dokument ein. Wenn Sie mit Microsoft Word arbeiten, sollte Ihr Bildschirm ähnlich wie in der folgenden Abbildung aussehen.

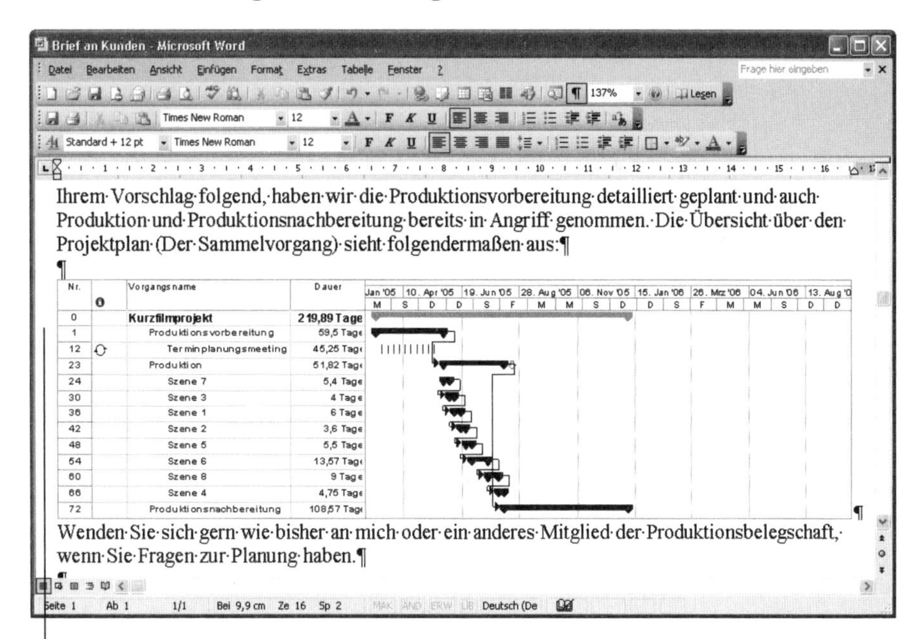

Das Bild der Ansicht **Balkendiagramm (Gantt)** wurde in ein Word-Dokument eingefügt. Es kann in diesem Format nur als Grafik bearbeitet werden.

Denken Sie daran, dass Sie diese Grafik nicht nur in ein Textverarbeitungsprogramm, sondern auch in eine E-Mail-Nachricht oder andere Dokumentarten einfügen können.

13 Klicken Sie im Menü **Datei** auf **Beenden**. Wenn Sie zum Speichern des Dokuments aufgefordert werden, klicken Sie auf **Nein**.

Zusammenfassenden Bericht für Word, PowerPoint oder Visio erstellen

Neu in Office 2003

Mit der Funktion **Bild kopieren** können Sie schnell eine Abbildung der aktuellen Ansicht in die Zwischenablage kopieren oder als GIF-Datei speichern. Microsoft Project geht aber noch einen Schritt weiter: Sie haben die Möglichkeit, ein vollständiges Dokument in Word, PowerPoint oder Visio zu erstellen. Mit der Funktion **Bild zu Office-Assistenten kopieren** geben Sie in mehreren Schritten an, welche Daten in das neue Office-Dokument eingefügt und wie sie dort angezeigt werden sollen. Der Assistent kann bei den meisten Ansichten verwendet werden, nur nicht bei den Ansichten **Kalender**, **Beziehungsdiagramm** und bei Formularansichten.

Mit der Funktion **Bild zu Office-Assistenten kopieren** wird ein neues Office-Dokument erstellt, das eine Tabelle mit Feldwerten enthält, die sich auf das gesamte Projekt beziehen (zum Beispiel das Datum für den Projektbeginn und das Projektende), sowie ein GIF-Bild der aktuellen Ansicht. Das neue Office-Dokument kann im PowerPoint-, Word- oder Visio-Format erstellt werden.

In der folgenden Übung erstellen Sie mit der Funktion **Bild zu Office-Assistenten kopieren** ein Word-Dokument, das eine GIF-Abbildung eines Gantt-Diagramms enthält.

WICHTIG Wenn Sie weder PowerPoint noch Word noch Visio ab Version 2000 installiert haben, können Sie diese Übung nicht ausführen. Fahren Sie in diesem Fall mit dem nächsten Abschnitt fort.

1 Zeigen Sie im Menü **Ansicht** auf den Befehl **Symbolleisten** und klicken Sie dann auf **Analyse**.

Die Symbolleiste **Analyse** wird angezeigt.

Bild zu Office-Assistenten kopieren

2 Klicken Sie in der Symbolleiste **Analyse** auf die Schaltfläche **Bild zu Office-Assistenten kopieren**.

Die Startseite des Assistenten wird angezeigt.

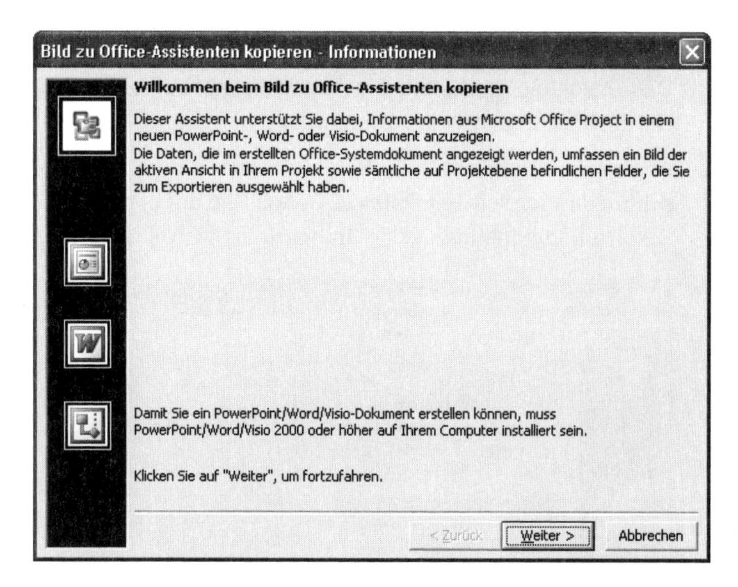

3 Klicken Sie auf **Weiter.**

Das Dialogfeld mit dem ersten Schritt wird angezeigt. Hier können Sie die Gliederungsebenen der Vorgangsliste definieren.

4 Achten Sie darauf, dass die Option **Meine ursprüngliche Gliederungsebene beibehalten** aktiviert ist.

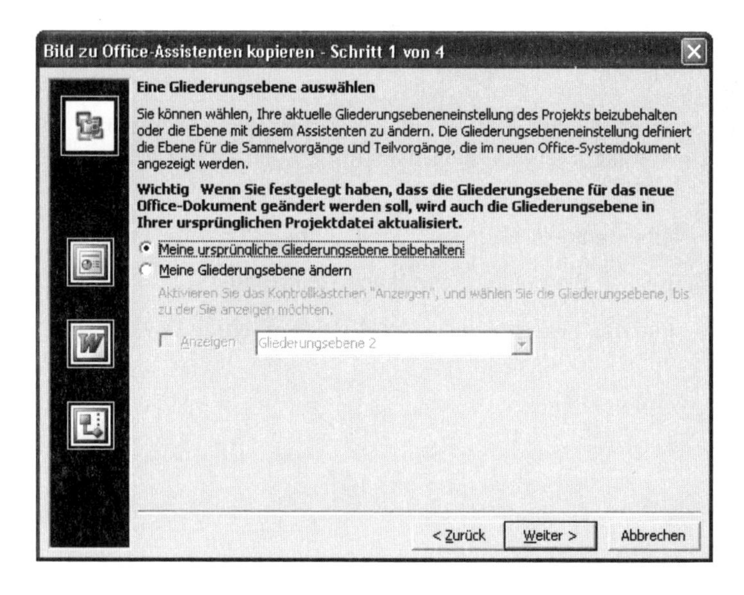

5 Klicken Sie auf **Weiter**.

Das Dialogfeld mit Schritt 2 wird angezeigt. Hier legen Sie fest, welche Daten in welcher Größe exportiert werden sollen.

6 Achten Sie darauf, dass im Bereich **Kopieren** die Option **Zeilen auf dem Bildschirm**, im Bereich **Zeitskala** die Option **Wie auf dem Bildschirm angezeigt** und im Bereich **Bildgröße** die Option **Standard** aktiviert sind.

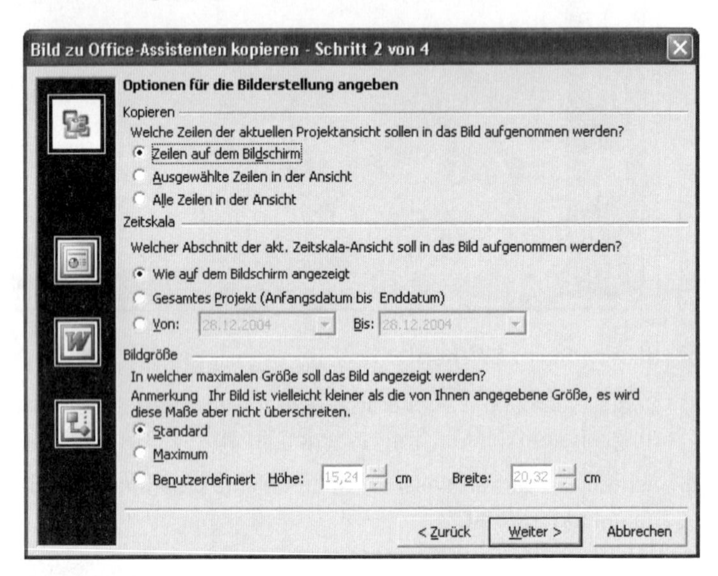

7 Klicken Sie auf **Weiter**.

Das Dialogfeld mit Schritt 3 wird angezeigt. Hier geben Sie an, in welcher Office-Anwendung das neue Dokument erstellt werden soll.

Bevor Sie eine Anwendung auswählen, sollten Sie die GIF-Abbildung, die der Assistent erstellen wird, vorab in Ihrem Browser prüfen.

8 Klicken Sie auf die Schaltfläche **Vorschau**.

Microsoft Project zeigt die GIF-Datei in Ihrem Browser an.

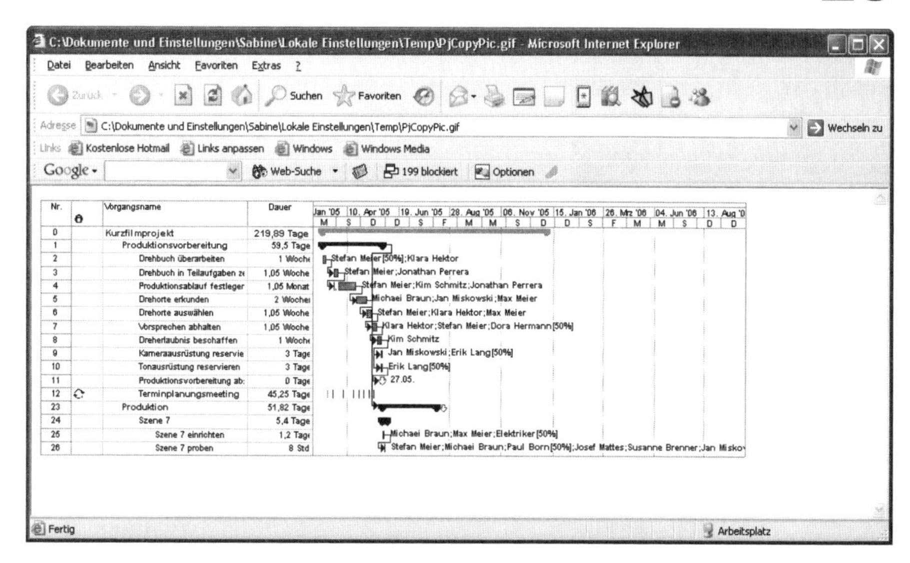

9 Schließen Sie den Browser und wechseln Sie zu Schritt 3 des Assistenten zurück.

10 Aktivieren Sie im Bereich **Anwendung** die Option **Word**.

11 Aktivieren Sie im Bereich **Orientierung** die Option **Querformat**.

12 Klicken Sie auf **Weiter**.

Das Dialogfeld mit Schritt 4 wird angezeigt. Hier können Sie die zu exportierenden Project-Felder prüfen und bei Bedarf die Auswahl bearbeiten. Diese Felder werden im neuen Dokument in einer Tabelle oberhalb der GIF-Grafik angezeigt.

13 Markieren Sie im Listenfeld **Microsoft Office Project-Felder** den Eintrag **Kosten** und klicken Sie dann auf die Schaltfläche **Hinzuf.**

Der Name des Kostenfeldes wird am Ende der Liste im Feld **Zu exportierende Felder** angezeigt. Ihr Bildschirm sollte etwa wie in der folgenden Abbildung aussehen.

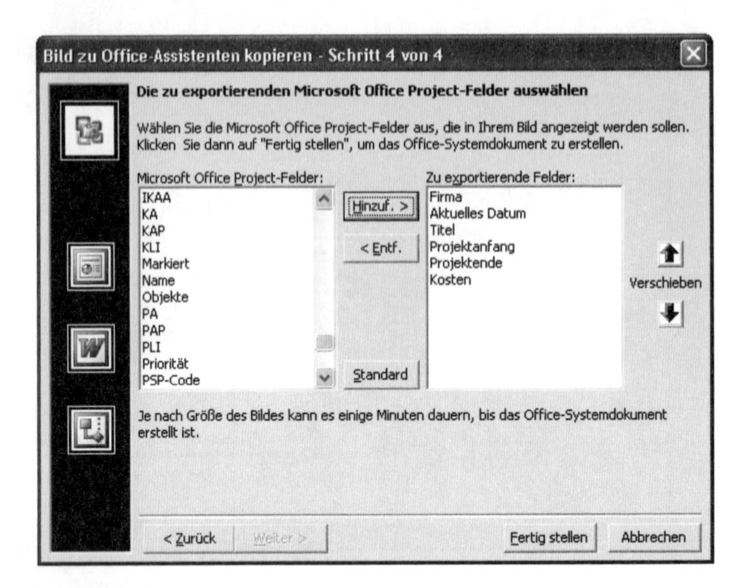

14 Klicken Sie auf **Fertig stellen**.

Microsoft Project zeigt in einer Meldung an, dass das neue Dokument erfolgreich erstellt wurde.

15 Klicken Sie in dieser Meldung auf die Schaltfläche **Schließen**.

Der Assistent startet Microsoft Word (wenn das Programm noch nicht gestartet wurde) und zeigt das neue Dokument an.

16 Falls Microsoft zum Symbol verkleinert in der Taskleiste angezeigt wird, klicken Sie darauf und wechseln, falls nötig, zum neuen Dokument.

Ihr Bildschirm sollte ungefähr so wie in der folgenden Abbildung aussehen.

Die Project-Felder werden in einer Tabelle oberhalb des GIF-Bildes der **Ansicht Balkendiagramm (Gantt)** angezeigt. Sie könnten dieses Dokument beispielsweise als Anfang für einen regelmäßig zu erstellenden Statusbericht oder für eine einmalige Projektzusammenfassung verwenden.

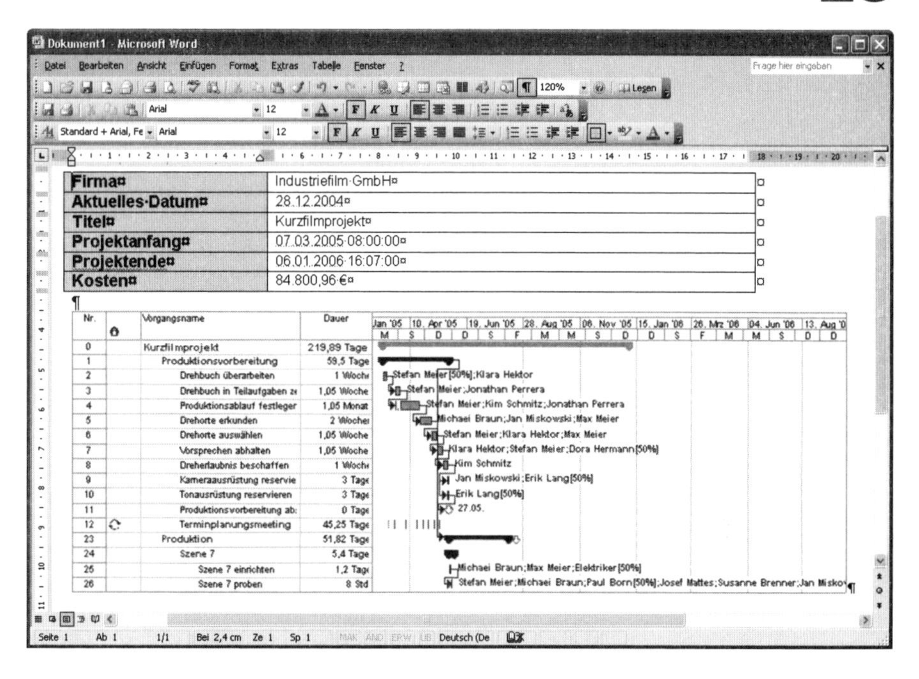

17 Schließen Sie Microsoft Word und wechseln Sie zu Microsoft Project zurück.

Dateien anderer Formate in Microsoft Project öffnen

Die Daten, die Sie möglicherweise in ein Microsoft Project-Dokument einfügen müssen, können aus den unterschiedlichsten Quellen stammen. Eine Vorgangsliste aus einem Tabellenkalkulationsprogramm oder eine Kostenaufstellung aus einem Datenbankprogramm wären nur zwei mögliche Quellen. Sie können diese Daten in Microsoft Project analysieren. Viele Mitarbeiter führen ihre Vorgangslisten und einfache Projektpläne in Microsoft Excel. Das Problem dabei ist aber, dass Excel schon mit den grundlegenden terminplanbezogenen Themen wie Aufstellungen über Arbeitszeiten und freie Zeiten nur schwer umgehen kann.

Wie Sie sich vielleicht aus Kapitel 12 erinnern werden, nutzt Microsoft Project Schemas zum Speichern von Daten im HTML- und in anderen Formaten. Microsoft Project nutzt außerdem Schemas zum Öffnen von Daten aus anderen Formaten. Da die zum Öffnen und Speichern verwendeten Schemas identisch sind, werden sie auch als *Import-/Exportschemas* bezeichnet. (Manchmal werden diese Schemas auch als „ Datenschemas“ oder einfach als „ Schemas“ bezeichnet.) Mithilfe von Import-/Exportschemas können Sie angeben, wie die einzelnen Felder in der Datei des Quellprogramms auf die Felder des Zielprogramms übertragen werden sollen. Ein einmal eingerichtetes Import-/Exportschema kann immer wieder verwendet werden.

TIPP Haben Sie Microsoft Excel auf Ihrem Computer installiert, öffnen Sie nun die Datei *Beispielvorgangsliste*, die sich im Übungsordner *13_Datenaustausch* befindet. Wichtig an dieser Tabelle sind die Namen und die Reihenfolge der Spalten, die Überschriftenzeile und dass die Daten in einer Tabelle namens **Vorgänge** abgelegt sind. Nachdem Sie die Tabelle betrachtet haben, schließen Sie sie wieder, ohne die Änderungen zu speichern.

Angenommen, eine Kollegin hat Ihnen eine Excel-Arbeitsmappe mit Vorschlägen zu Vorgängen, Dauer und Reihenfolge von Aktivitäten für einen TV-Werbespot zugeschickt, den die Industriefilm GmbH produzieren soll. In der folgenden Übung öffnen Sie die Excel-Arbeitsmappe in Microsoft Project und richten dann ein Import-/ Exportschema ein, mit dem der Import der Excel-Daten in Microsoft Project gesteuert werden soll.

1 Klicken Sie in Microsoft Project im Menü **Datei** auf **Öffnen**.

   Das Dialogfeld **Öffnen** wird angezeigt.

2 Wechseln Sie zum Übungsordner *13_Datenaustausch*.

3 Wählen Sie im Dropdown-Listenfeld **Dateityp** den Eintrag **Microsoft Excel-Arbeitsmappen**.

   TIPP Wenn Sie einen Bildlauf im Listenfeld **Dateityp** durchführen, sehen Sie die verschiedenen Dateiformate, die Microsoft Project importieren kann. Wenn Sie mit Programmen arbeiten, die ihre Daten in einem dieser Formate speichern, können Sie diese Daten also auch in Microsoft Project importieren. Weitere Informationen hierzu erhalten Sie, wenn Sie den Suchbegriff ***Unterstützte Dateiformate*** in das Feld **Frage hier eingeben** in der rechten oberen Ecke des Microsoft Project-Programmfensters eintippen.

4 Öffnen Sie die Datei *Beispielvorgangsliste*.

   Der Import-Assistent öffnet sich. Dieser Assistent unterstützt Sie beim Import strukturierter Daten aus verschiedenen Fremdformaten.

   TIPP **TIPP** Wenn Sie Kapitel 12 durchgearbeitet haben, wird Ihnen der Import-Assistent bekannt vorkommen, da er große Ähnlichkeit mit dem Export-Assistenten hat. Microsoft Project verwendet im Wesentlichen dasselbe Vorgehen und dieselben Schemas für den Im- und Export.

5 Klicken Sie auf die Schaltfläche **Weiter**.

   Die zweite Seite des Import-Assistenten öffnet sich.

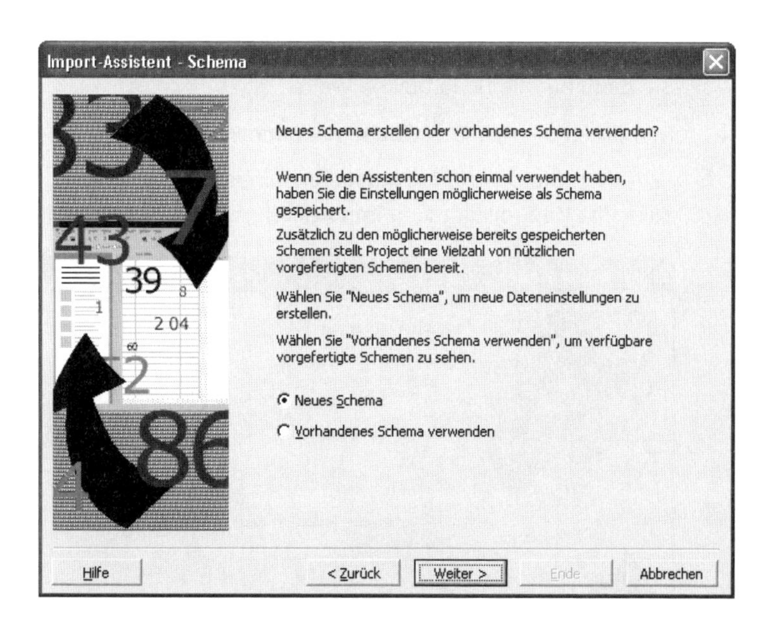

Der Import-Assistent nutzt Schemas, um die Art und Weise zu strukturieren, in der Daten aus einem anderen Dateiformat in Microsoft Project importiert werden. In dieser Übung erstellen Sie ein neues Schema.

6 Vergewissern Sie sich, dass die Option **Neues Schema** aktiviert ist, und klicken Sie dann auf die Schaltfläche **Weiter**.

Im nächsten Schritt werden Sie gefragt, wie Sie die Datei importieren wollen.

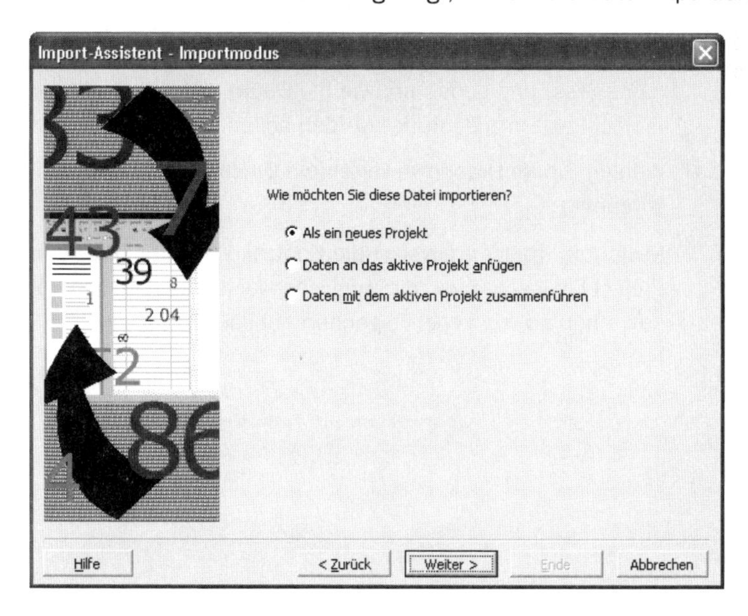

7 Vergewissern Sie sich, dass die Option **Als neues Projekt** aktiviert ist, und klicken Sie dann auf die Schaltfläche **Weiter**.

Nun öffnet sich die Seite **Schemaoptionen**.

8 Aktivieren Sie das Kontrollkästchen **Vorgänge** und vergewissern Sie sich, dass auch das Kontrollkästchen **Importieren mit Überschriften** aktiviert ist.

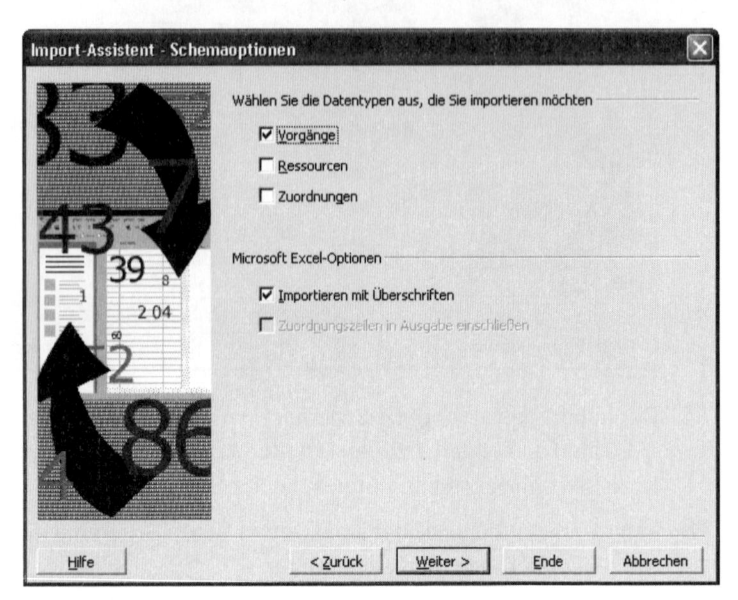

9 Klicken Sie auf die Schaltfläche **Weiter**.

Nun öffnet sich die Seite **Vorgangsschema**. Hier legen Sie den Quelltabellenblattnamen fest und geben an, wie die Daten aus der Quelltabelle den Microsoft Project-Feldern zugeordnet werden sollen.

10 Wählen Sie im Dropdown-Listenfeld **Quelltabellenblattname** den Eintrag **Vorgänge**.

Microsoft Project analysiert die Kopfzeile aus der Tabelle und schlägt Microsoft Project-Feldnamen vor, die möglicherweise dazu passen könnten. Ihr Bildschirm sollte nun so wie in der folgenden Abbildung aussehen.

Auf dieser Seite des Assistenten legen Sie fest, wie Daten aus anderen Anwendungen importiert werden.

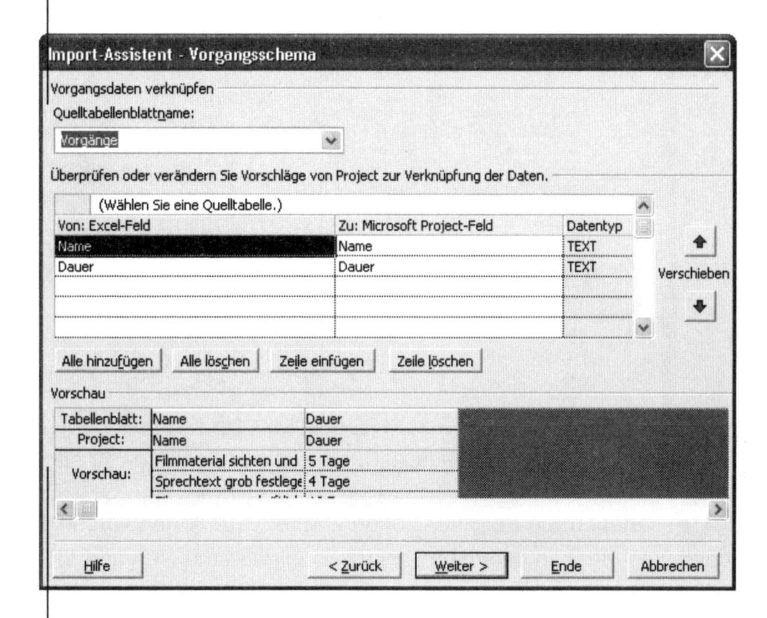

Im Vorschaubereich wird gezeigt, wie die zu importierenden Daten gemäß den obigen Angaben den Feldern in Microsoft Project zugeordnet werden.

11 Klicken Sie auf die Schaltfläche **Weiter**.

Die letzte Seite des Import-Assistenten öffnet sich. Hier haben Sie die Möglichkeit, die Einstellungen für das neue Importschema zu speichern. Dies ist nützlich, wenn Sie ähnliche Daten auch in Zukunft in Microsoft Project importieren wollen. In dieser Übung werden die Einstellungen jedoch nicht gespeichert.

12 Klicken Sie auf die Schaltfläche **Ende**.

Microsoft Project importiert die Excel-Daten in eine neue Microsoft Project-Datei. Ihr Bildschirm sollte nun etwa wie in der folgenden Abbildung aussehen. (Die Daten, die Sie auf der Zeitskala sehen, unterscheiden sich von denen, die bei Ihnen angezeigt werden, weil Microsoft Project in der neuen Datei das aktuelle Datum als Projektstarttermin verwendet.)

Nach dem Importieren der Vorgangsnamen und der Werte für das Feld **Dauer** erscheinen die Daten als unverbundene Sequenz von Vorgängen, die bearbeitet werden kann.

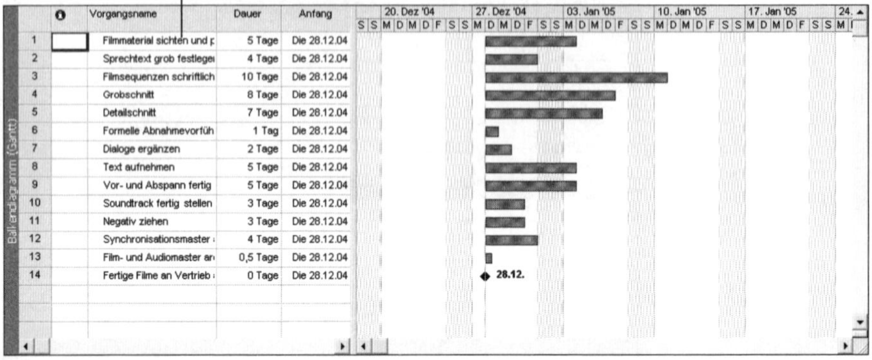

	Vorgangsname	Dauer	Anfang
1	Filmmaterial sichten und p	5 Tage	Die 28.12.04
2	Sprechtext grob festlege	4 Tage	Die 28.12.04
3	Filmsequenzen schriftlich	10 Tage	Die 28.12.04
4	Grobschnitt	8 Tage	Die 28.12.04
5	Detailschnitt	7 Tage	Die 28.12.04
6	Formelle Abnahmevorfüh	1 Tag	Die 28.12.04
7	Dialoge ergänzen	2 Tage	Die 28.12.04
8	Text aufnehmen	5 Tage	Die 28.12.04
9	Vor- und Abspann fertig	5 Tage	Die 28.12.04
10	Soundtrack fertig stellen	3 Tage	Die 28.12.04
11	Negativ ziehen	3 Tage	Die 28.12.04
12	Synchronisationsmaster	4 Tage	Die 28.12.04
13	Film- und Audiomaster ar	0,5 Tage	Die 28.12.04
14	Fertige Filme an Vertrieb	0 Tage	Die 28.12.04

13 Schließen Sie die neue Datei, ohne die Änderungen zu speichern.

TIPP Stellen Sie fest, dass andere Mitarbeiter Ihnen Vorgangslisten für die Erstellung eines Plans in Microsoft Project übergeben müssen und Sie die Listen, die Sie erhalten, neu organisieren oder bereinigen müssen, sollten Sie mit der Microsoft Excel-Vorlage **Microsoft Project-Vorgangslisten-Importvorlage** arbeiten. Sie finden diese Vorlage in Excel im Dialogfeld **Vorlagen** auf der Registerkarte **Tabellenvorlagen.** Die Excel-Vorlage wird mit den passenden Feldüberschriften und der Spaltenreihenfolgen eingerichtet, um den Import einer bereinigten Vorgangsliste in Microsoft Project zu erleichtern.

TIPP Für komplexere Importe steht die Excel-Vorlage **Microsoft Project-Planimport-/exportvorlage** zur Verfügung. Diese enthält nicht nur passende Feldüberschriften und Spaltenreihenfolgen für Vorgänge, sondern auch für Ressourcen und Zuordnungen.

Dateien in anderen Formaten speichern

Das Einfügen von Microsoft Project-Daten in andere Programme mag eine gute Lösung sein, wenn Sie dieses Verfahren nur selten verwenden müssen. Diese Technik eignet sich jedoch nicht so gut, wenn es um den Export größerer Datenmengen aus Microsoft Project in ein anderes Programm geht. Für diesen Fall können Sie die Daten aber in verschiedenen Formaten anderer Programme speichern. Zum Speichern von Microsoft Project-Daten in anderen Dateiformaten stehen Ihnen zwei Möglichkeiten zur Verfügung:

- Sie können das gesamte Projekt als Datenbank speichern. Es ist sogar möglich, mehrere Project-Projekte in einer einzigen Datenbankdatei zu speichern, um beispielsweise eine zentrale Verwaltung der Projekte zu gewährleisten. Das

Speichern von Project-Daten in einem Datenbankformat bietet sich auch dann an, wenn Sie Ihre Daten auf eine Weise analysieren möchten, die in Microsoft Project nicht verfügbar ist. Unterstützt werden die Formate **Projektdatenbank (.mpd)** und **Microsoft Access-Datenbank (.mdb)**. Diese beiden Formate sind nahezu identisch. Der wesentliche Unterschied besteht darin, dass Sie im Projektdatenbankformat nur das gesamte Projekt speichern können, während Sie mit dem Microsoft Access-Datenbank-Format sowohl das gesamte Projekt als auch nur die in einem Exportschema festgelegten Daten speichern können.

- Sie können auch lediglich bestimmte ausgewählte Daten in einem anderen Format speichern. Unterstützt werden die Formate ***Microsoft Access-Datenbank***, ***Webseite***, ***Microsoft Excel-Arbeitsmappe***, ***Microsoft Excel-PivotTable*** und tabulator- bzw. kommagetrennter Text. In Kapitel 12 haben Sie eine Exporttabelle zum Speichern von Microsoft Project-Daten als Webseite verwendet. Das gleiche Verfahren verwenden Sie, um festzulegen, welche Daten in einem bestimmten Format gespeichert werden sollen. Zuerst wählen Sie das Format aus, in dem gespeichert werden soll. Danach wählen Sie eines der integrierten Exportschemas aus (oder erstellen ein eigenes Exportschema). Und zum Abschluss exportieren Sie die Daten.

TIPP Microsoft Project stellt eine ausführliche Dokumentation für das Project-Datenbankformat bereit. Wenn Sie Microsoft Project im Standardpfad gespeichert haben, finden Sie die Dokumentationsdatei unter *C:\Programme\Microsoft Office\Office11\1031\Pjdb.htm.*

TIPP Weitere Informationen über Dateiformate, die Sie in Microsoft Project nutzen können, erhalten Sie, wenn Sie den Suchbegriff ***Unterstützte Dateiformate*** in das Feld **Frage hier eingeben** in der rechten oberen Ecke des Microsoft Project-Fensters eingeben.

Obwohl das Kurzfilmprojekt noch nicht begonnen hat, enthält die Projektdatei bereits eine Menge Daten zu den geplanten Kosten. Sie möchten diese Daten an die Finanzplanung von Industriefilm GmbH geben, damit dort mit der Ausarbeitung der Einzelbudgets begonnen werden kann. Die Bearbeiterin verwendet allerdings ein Programm, das nur indirekt mit Microsoft Project-Daten umgehen kann. Sie entscheiden sich deshalb, ihr die Kostendaten als tabulatorgetrennten Text zur Verfügung zu stellen. Damit erlauben Sie ihr größtmögliche Flexibilität, was den Import der Daten in ihr Budgetprogramm angeht.

Dateiformate von Microsoft Project

Vor der Einführung von Microsoft Project 2000 änderte sich das Dateiformat mit jedem Release deutlich gegenüber der Vorgängerversion. Für Microsoft Project 2000 entwickelte Microsoft ein Dateiformat, das mit jedem neuen Release „wächst", jedoch mit Vorgängerversionen kompatibel ist. Das heißt, Sie können einen Projektplan in Microsoft Project 2003 erstellen und ihn direkt in Microsoft Project 2000 oder 2002 öffnen. Funktionen, die in der Version 2003 neu sind, sind nicht sichtbar, wenn die Datei in Microsoft Project 2000 oder 2002 geöffnet wird. Ansonsten können die Dateien frei zwischen den Versionen 2000, 2002 und 2003 ausgetauscht werden.

Microsoft Project 2003 kann Microsoft Project 98-Dateien öffnen und auch im Microsoft Project 98-Format speichern. Funktionen, die erst nach der Version 98 eingeführt wurden, zum Beispiel Stichtage und mehrere Basispläne, sind nicht sichtbar, wenn eine Datei im Microsoft Project 98-Format gespeichert wird.

Microsoft Project 2003 kann Dateien öffnen, die im MPX-Format vorliegen. Dieses Format wird von verschiedenen Projektmanagementprogrammen unterstützt. Frühere Versionen von Microsoft Project bis zur Version 98 können Dateien ebenfalls im MPX-Format speichern. Falls Sie Projektpläne in Microsoft Project 2003 übernehmen müssen, die mit Microsoft Project-Versionen vor der Version 98 erstellt wurden, sollten Sie das MPX-Format nutzen. Beachten Sie, dass Microsoft Project 2003 Dateien zwar im MPX-Format öffnen, sie jedoch nicht in diesem Format speichern kann.

Microsoft Project 2003 kann Dateien auch in das XML-Format exportieren (XML –Extensible Markup Language). Das XML-Format eignet sich hervorragend für den Austausch strukturierter Daten zwischen Microsoft Project und anderen Anwendungen, die dieses Format unterstützen.

In der folgenden Übung speichern Sie die Projektkostendaten mithilfe eines der integrierten Exportschemas als Textdatei. Ihre Datei *Kurzfilmprojekt 13* sollte zu diesem Zeitpunkt noch geöffnet sein.

1 Klicken Sie im Menü **Datei** auf **Speichern unter**.

Das Dialogfeld **Speichern unter** wird geöffnet. Microsoft Project schlägt vor, die Datei in dem Ordner zu speichern, in dem die Übungsdatei gespeichert ist. Wird im Dialogfeld **Speichern unter** ein anderer Ordner als der Übungsordner zu Kapitel 13 angezeigt, wechseln Sie zum Ordner *13_Datenaustausch*.

2 Geben Sie ***Kurzfilmprojektkosten*** in das Feld **Dateiname** ein.

3 Wählen Sie im Dropdown-Listenfeld **Dateityp** den Eintrag **Text (Tabs getrennt)** und klicken Sie dann auf **Speichern.**

Der Export-Assistent wird geöffnet.

TIPP Wie bereits erwähnt, spielt die Ansicht, die momentan in Microsoft Project aktiv ist, keine Rolle, wenn Sie Import/Export-Schemas verwenden.

4 Klicken Sie auf die Schaltfläche **Weiter.**

Die zweite Seite des Export-Assistenten öffnet sich.

5 Wählen Sie die Option **Vorhandenes Schema verwenden** und klicken Sie dann auf die Schaltfläche **Weiter.**

6 Markieren Sie im Feld **Wählen Sie ein Schema für Ihre Daten** den Eintrag **Kosten pro Vorgang.**

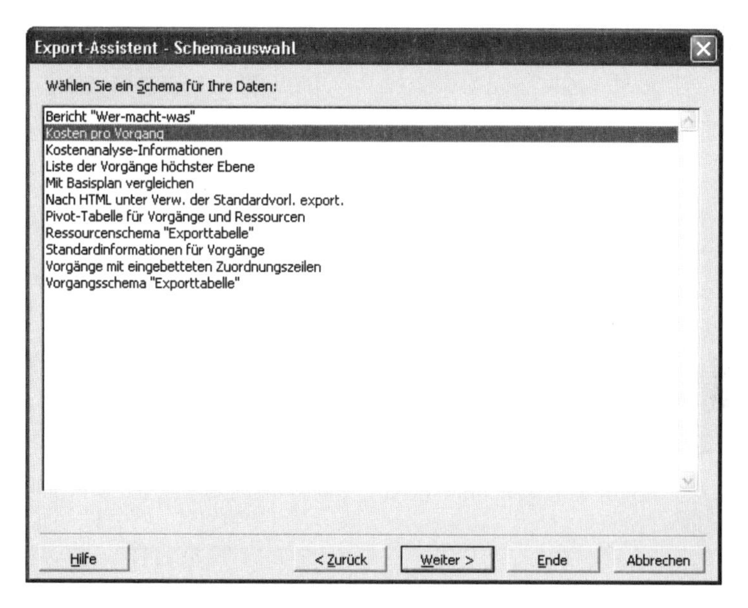

7 Klicken Sie auf die Schaltfläche **Ende.**

Microsoft Project speichert die Textdatei. Um sie zu betrachten, werden Sie sie nun in Editor öffnen.

8 Zeigen Sie im Startmenü von Windows auf **Alle Programme**, dann auf **Zubehör** und klicken Sie zum Abschluss auf **Editor.**

Das Programm wird gestartet.

9 Vergewissern Sie sich, dass in Editor im Menü **Format** die Option **Zeilenumbruch** deaktiviert ist.

10 Klicken Sie im Menü **Datei** auf **Öffnen**.

11 Öffnen Sie das Dokument *Kurzfilmprojektkosten* im Ordner *Eigene Dateien\Microsoft Press\Project 2003 Training\13_Datenaustausch*. Ihr Bildschirm sollte jetzt etwa so wie in der folgenden Abbildung aussehen.

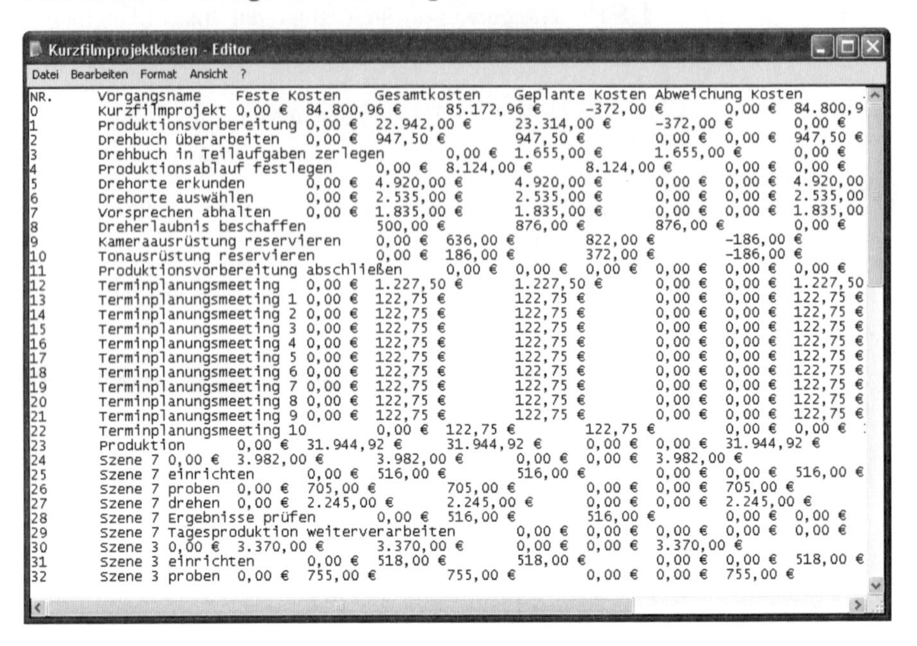

Kurzfilmprojektkosten - Editor

Datei Bearbeiten Format Ansicht ?

NR.	Vorgangsname	Feste Kosten	Gesamtkosten	Geplante Kosten	Abweichung	Kosten	
0	Kurzfilmprojekt	0,00 €	84.800,96 €	85.172,96 €	-372,00 €	0,00 €	84.800,9
1	Produktionsvorbereitung	0,00 €	22.942,00 €	23.314,00 €	-372,00 €	0,00 €	
2	Drehbuch überarbeiten	0,00 €	947,50 €	947,50 €	0,00 €	0,00 €	947,50 €
3	Drehbuch in Teilaufgaben zerlegen	0,00 €	1.655,00 €	1.655,00 €	0,00 €		
4	Produktionsablauf festlegen	0,00 €	8.124,00 €	8.124,00 €	0,00 €	0,00 €	
5	Drehorte erkunden	0,00 €	4.920,00 €	4.920,00 €	0,00 €	0,00 €	4.920,00
6	Drehorte auswählen	0,00 €	2.535,00 €	2.535,00 €	0,00 €	0,00 €	2.535,00
7	Vorsprechen abhalten	0,00 €	1.835,00 €	1.835,00 €	0,00 €	0,00 €	1.835,00
8	Dreherlaubnis beschaffen	500,00 €	876,00 €	876,00 €	0,00 €		
9	Kameraausrüstung reservieren	0,00 €	636,00 €	822,00 €	-186,00 €		
10	Tonausrüstung reservieren	0,00 €	186,00 €	372,00 €	-186,00 €		
11	Produktionsvorbereitung abschließen	0,00 €	0,00 €	0,00 €	0,00 €	0,00 €	0,00 €
12	Terminplanungsmeeting	0,00 €	1.227,50 €	1.227,50 €	0,00 €	0,00 €	1.227,50
13	Terminplanungsmeeting 1	0,00 €	122,75 €	122,75 €	0,00 €	0,00 €	122,75 €
14	Terminplanungsmeeting 2	0,00 €	122,75 €	122,75 €	0,00 €	0,00 €	122,75 €
15	Terminplanungsmeeting 3	0,00 €	122,75 €	122,75 €	0,00 €	0,00 €	122,75 €
16	Terminplanungsmeeting 4	0,00 €	122,75 €	122,75 €	0,00 €	0,00 €	122,75 €
17	Terminplanungsmeeting 5	0,00 €	122,75 €	122,75 €	0,00 €	0,00 €	122,75 €
18	Terminplanungsmeeting 6	0,00 €	122,75 €	122,75 €	0,00 €	0,00 €	122,75 €
19	Terminplanungsmeeting 7	0,00 €	122,75 €	122,75 €	0,00 €	0,00 €	122,75 €
20	Terminplanungsmeeting 8	0,00 €	122,75 €	122,75 €	0,00 €	0,00 €	122,75 €
21	Terminplanungsmeeting 9	0,00 €	122,75 €	122,75 €	0,00 €	0,00 €	122,75 €
22	Terminplanungsmeeting 10	0,00 €	122,75 €	122,75 €	0,00 €	0,00 €	
23	Produktion	0,00 €	31.944,92 €	31.944,92 €	0,00 €	0,00 €	31.944,92 €
24	Szene 7	0,00 €	3.982,00 €	3.982,00 €	0,00 €	0,00 €	3.982,00 €
25	Szene 7 einrichten	0,00 €	516,00 €	516,00 €	0,00 €	0,00 €	516,00 €
26	Szene 7 proben	0,00 €	705,00 €	705,00 €	0,00 €	0,00 €	705,00 €
27	Szene 7 drehen	0,00 €	2.245,00 €	2.245,00 €	0,00 €	0,00 €	2.245,00 €
28	Szene 7 Ergebnisse prüfen	0,00 €	516,00 €	516,00 €	0,00 €	0,00 €	
29	Szene 7 Tagesproduktion weiterverarbeiten	0,00 €	0,00 €	0,00 €	0,00 €	0,00 €	
30	Szene 3	0,00 €	3.370,00 €	3.370,00 €	0,00 €	0,00 €	3.370,00 €
31	Szene 3 einrichten	0,00 €	518,00 €	518,00 €	0,00 €	0,00 €	518,00 €
32	Szene 3 proben	0,00 €	755,00 €	755,00 €	0,00 €	0,00 €	755,00 €

In dieser Datei sind die Felder durch Tabulatoren getrennt. Diese Darstellung ist zwar schwierig zu lesen, aber dafür lässt sich dieses Format in praktisch jedes Datenverarbeitungsprogramm importieren.

12 Klicken Sie im Menü **Datei** auf **Beenden**.

Editor wird geschlossen und Sie kehren zu Microsoft Project zurück.

Diagramme mit dem Zeitskalendatenanalyse-Assistenten erstellen

Liegen Ihnen auf Zeitphasen basierende Vorgangs- oder Ressourceninformationen in Microsoft Excel vor, können Sie daraus mit dem Zeitskalendatenanalyse-Assistenten von Microsoft Project Diagramme erstellen. Um den Assistenten zu starten, zeigen Sie im Menü **Ansicht** auf **Symbolleisten** und aktivieren im Untermenü den Eintrag **Analyse**. In der Symbolleiste **Analyse** klicken Sie dann auf die Schaltfläche **Zeitskalendaten in Excel analysieren.** Mit dem Zeitskalendatenanalyse-Assistenten können Sie Trends von geplanten oder tatsächlichen Werten im Zeitverlauf für Vorgänge oder Ressourcen betrachten. Sie können wählen, ob Sie das gesamte Projekt exportieren wollen oder nur die ausgewählten Vorgänge oder Ressourcen.

Ist eine Vorgangsansicht, wie zum Beispiel die Ansicht **Balkendiagramm (Gantt)** aktiv, wenn Sie den Assistenten starten, können Sie damit Zeitskalawerte exportieren. In der Planungsphase eines Projekts könnten Sie beispielsweise die geplante monatliche Arbeit und die monatlichen Gesamtkosten exportieren und daraus ein Diagramm erstellen, um die monatliche Entwicklung im Zeitverlauf zu betrachten. Ein solches Diagramm für die Datei *Kurzfilmprojekt 13* sieht beispielsweise wie in der folgenden Abbildung aus.

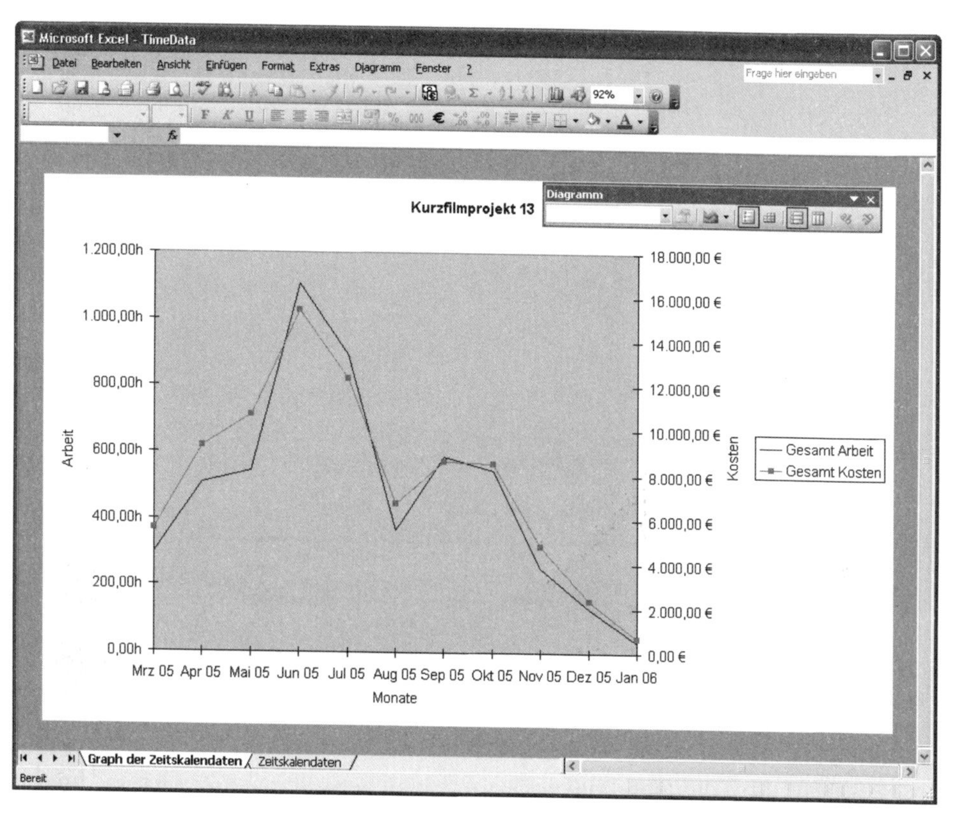

Nachdem das Projekt gestartet wurde, ist es sinnvoll, die geplanten mit den tatsächlichen Kosten und die geplante Arbeit mit der tatsächlichen Arbeit zu vergleichen.

Haben Sie eine Ressourcenansicht aktiviert, zum Beispiel die Ansicht **Ressourcen: Tabelle**, wenn Sie den Assistenten starten, können Sie mit dem Assistenten alle Werte exportieren, die sich auf Ressourcen beziehen.

Sie können prinzipiell alles, was der Assistent für Sie erledigt, auch manuell durchführen. Der Assistent ist jedoch wesentlich schneller. Allerdings muss Microsoft Excel auf demselben Computer installiert sein wie Microsoft Project. In der Excel-Tabelle, die vom Assistenten erstellt wird, erhalten Sie dieselben detaillierten Zeitskalendaten, die auch im Diagramm dargestellt werden (siehe die folgende Abbildung).

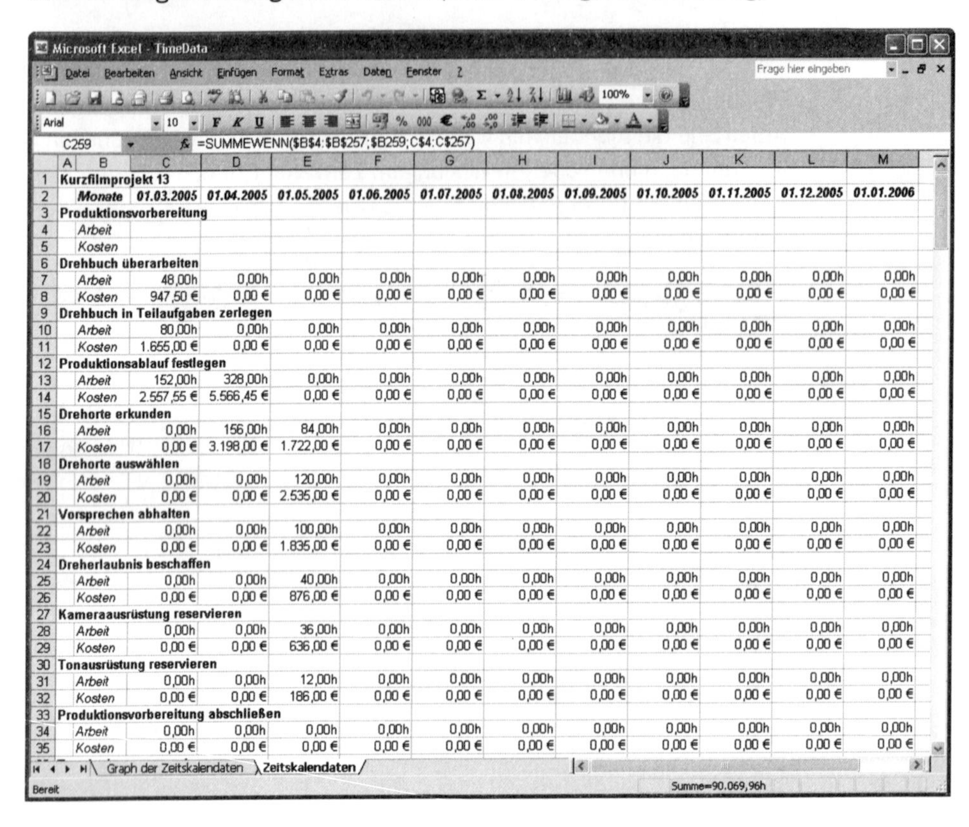

	A B	C	D	E	F	G	H	I	J	K	L	M
1	**Kurzfilmprojekt 13**											
2	***Monate***	***01.03.2005***	***01.04.2005***	***01.05.2005***	***01.06.2005***	***01.07.2005***	***01.08.2005***	***01.09.2005***	***01.10.2005***	***01.11.2005***	***01.12.2005***	***01.01.2006***
3	**Produktionsvorbereitung**											
4	*Arbeit*											
5	*Kosten*											
6	**Drehbuch überarbeiten**											
7	*Arbeit*	48,00h	0,00h	0,00h	0,00h	0,00h	0,00h	0,00h	0,00h	0,00h	0,00h	0,00h
8	*Kosten*	947,50 €	0,00 €	0,00 €	0,00 €	0,00 €	0,00 €	0,00 €	0,00 €	0,00 €	0,00 €	0,00 €
9	**Drehbuch in Teilaufgaben zerlegen**											
10	*Arbeit*	80,00h	0,00h	0,00h	0,00h	0,00h	0,00h	0,00h	0,00h	0,00h	0,00h	0,00h
11	*Kosten*	1.655,00 €	0,00 €	0,00 €	0,00 €	0,00 €	0,00 €	0,00 €	0,00 €	0,00 €	0,00 €	0,00 €
12	**Produktionsablauf festlegen**											
13	*Arbeit*	152,00h	328,00h	0,00h	0,00h	0,00h	0,00h	0,00h	0,00h	0,00h	0,00h	0,00h
14	*Kosten*	2.557,55 €	5.566,45 €	0,00 €	0,00 €	0,00 €	0,00 €	0,00 €	0,00 €	0,00 €	0,00 €	0,00 €
15	**Drehorte erkunden**											
16	*Arbeit*	0,00h	156,00h	84,00h	0,00h	0,00h	0,00h	0,00h	0,00h	0,00h	0,00h	0,00h
17	*Kosten*	0,00 €	3.198,00 €	1.722,00 €	0,00 €	0,00 €	0,00 €	0,00 €	0,00 €	0,00 €	0,00 €	0,00 €
18	**Drehorte auswählen**											
19	*Arbeit*	0,00h	0,00h	120,00h	0,00h	0,00h	0,00h	0,00h	0,00h	0,00h	0,00h	0,00h
20	*Kosten*	0,00 €	0,00 €	2.535,00 €	0,00 €	0,00 €	0,00 €	0,00 €	0,00 €	0,00 €	0,00 €	0,00 €
21	**Vorsprechen abhalten**											
22	*Arbeit*	0,00h	0,00h	100,00h	0,00h	0,00h	0,00h	0,00h	0,00h	0,00h	0,00h	0,00h
23	*Kosten*	0,00 €	0,00 €	1.835,00 €	0,00 €	0,00 €	0,00 €	0,00 €	0,00 €	0,00 €	0,00 €	0,00 €
24	**Dreherlaubnis beschaffen**											
25	*Arbeit*	0,00h	0,00h	40,00h	0,00h	0,00h	0,00h	0,00h	0,00h	0,00h	0,00h	0,00h
26	*Kosten*	0,00 €	0,00 €	876,00 €	0,00 €	0,00 €	0,00 €	0,00 €	0,00 €	0,00 €	0,00 €	0,00 €
27	**Kameraausrüstung reservieren**											
28	*Arbeit*	0,00h	0,00h	36,00h	0,00h	0,00h	0,00h	0,00h	0,00h	0,00h	0,00h	0,00h
29	*Kosten*	0,00 €	0,00 €	636,00 €	0,00 €	0,00 €	0,00 €	0,00 €	0,00 €	0,00 €	0,00 €	0,00 €
30	**Tonausrüstung reservieren**											
31	*Arbeit*	0,00h	0,00h	12,00h	0,00h	0,00h	0,00h	0,00h	0,00h	0,00h	0,00h	0,00h
32	*Kosten*	0,00 €	0,00 €	186,00 €	0,00 €	0,00 €	0,00 €	0,00 €	0,00 €	0,00 €	0,00 €	0,00 €
33	**Produktionsvorbereitung abschließen**											
34	*Arbeit*	0,00h	0,00h	0,00h	0,00h	0,00h	0,00h	0,00h	0,00h	0,00h	0,00h	0,00h
35	*Kosten*	0,00 €	0,00 €	0,00 €	0,00 €	0,00 €	0,00 €	0,00 €	0,00 €	0,00 €	0,00 €	0,00 €

SCHLIESSEN SIE den Projektplan **Kurzfilmprojekt 13.**

Zusammenfassung

- Für den Datenaustausch zwischen Microsoft Project und anderen Microsoft Office-Anwendungen stehen zwei Verfahren zur Verfügung – das Kopieren von Bildern der aktiven Ansicht und das Erstellen eines neuen Office-Dokuments, das die wichtigsten Projektdetails und eine Abbildung der aktuellen Ansicht enthält.
- Sie können Daten in Microsoft Project kopieren und einfügen – genauso wie es in anderen Microsoft Office-Anwendungen funktioniert. Beim Einfügen von Daten in eine Project-Tabelle ist es wichtig, darauf zu achten, dass die gewünschten Daten in den korrekten Project-Feldern eingefügt werden.

- Für das Importieren von Excel-Daten in Microsoft Project installiert Project zwei Excel-Vorlagen, die eine geeignete Struktur für den Import aufweisen.
- Beim Öffnen von Dateien in Microsoft Project, die ein anderes Dateiformat aufweisen, werden die importierten Daten mithilfe von Importschemas in der für eine Project-Tabelle korrekten Struktur organisiert.
- Mit Microsoft Project können Sie Daten in einem allgemeinen Datenstrukturformat wie Microsoft Access Desktop Database oder XML speichern, das von vielen Projektmanagementprogrammen unterstützt wird.

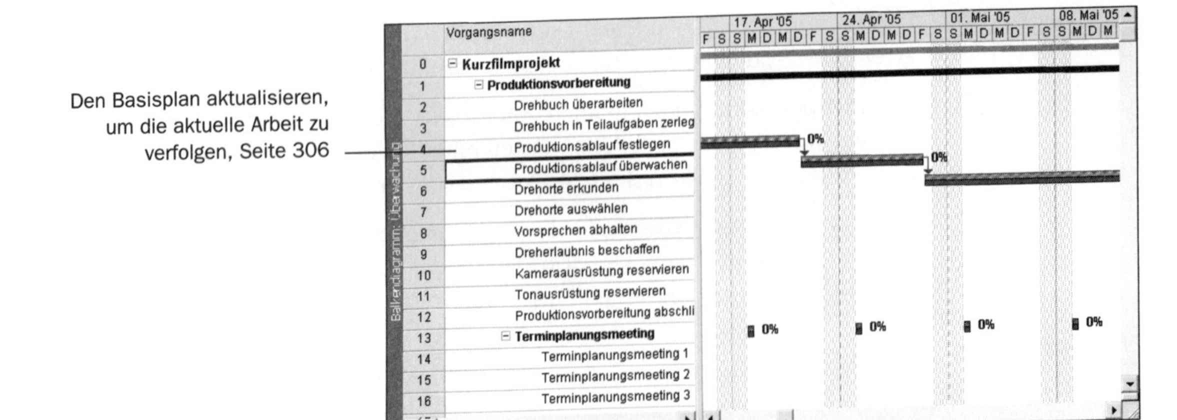

Den Basisplan aktualisieren, um die aktuelle Arbeit zu verfolgen, Seite 306

	Vorgangsname	Arbeit	Geplant	Abweichung	Aktuell	Verbleibend	% Arbeit abgeschl.	Einzelheiten	M	D
0	Kurzfilmprojekt	5.365 Std.	5.293 Std.	0 Std.	90 Std.	5.275 Std.	2%	Arbeit	18h	16h
								Akt. Arbeit	12h	16h
1	Produktionsvorbereitu	1.312 Std.	1.240 Std.	0 Std.	90 Std.	1.222 Std.	7%	Arbeit	18h	16h
								Akt. Arbeit	12h	16h
2	Drehbuch überarb	48 Std.	48 Std.	0 Std.	48 Std.	0 Std.	100%	Arbeit		
								Akt. Arbeit		
	Klara Hekt	*28 Std.*	*28 Std.*	*0 Std.*	*28 Std.*	*0 Std.*	*100%*	Arbeit		
								Akt. Arbeit		
	Stefan Mei	*20 Std.*	*20 Std.*	*0 Std.*	*20 Std.*	*0 Std.*	*100%*	Arbeit		
								Akt. Arbeit		
3	Drehbuch in Teila	80 Std.	80 Std.	0 Std.	42 Std.	38 Std.	53%	Arbeit	12h	16h
								Akt. Arbeit	12h	16h
	Jonathan F	*40 Std.*	*40 Std.*	*0 Std.*	*21 Std.*	*19 Std.*	*53%*	Arbeit	6h	8h
								Akt. Arbeit	6h	8h
	Stefan Mei	*40 Std.*	*40 Std.*	*0 Std.*	*21 Std.*	*19 Std.*	*53%*	Arbeit	6h	8h
								Akt. Arbeit	6h	8h

Aktuelle Werte für Vorgänge und Zuordnungen eingeben, Seite 311

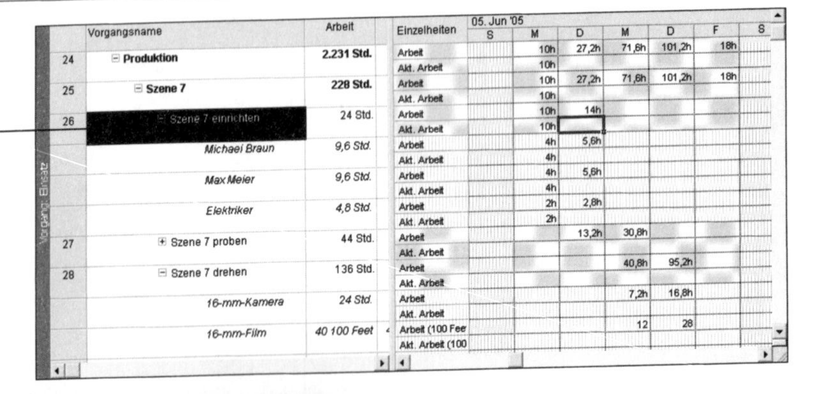

Zeitphasenwerte für Vorgänge und Zuordnungen eingeben, Seite 318

Projekt aktualisieren

- ( ) Arbeit als abgeschlossen aktualisieren bis einschließlich: Mon 20.06.05
  - (•) Als 0 - 100 % abgeschlossen festlegen
  - ( ) Entweder als 0% oder 100% abgeschlossen festlegen
- (•) Anfang nicht abgeschlossener Arbeiten verschieben auf Datum nach: Son 26.06.05

Für: (•) Gesamtes Projekt ( ) Ausgewählte Vorgänge

Hilfe | OK | Abbrechen

Die Arbeit am Projekt unterbrechen und nach dem angegebenen Datum neu starten, Seite 323

Kapitel 14 auf einen Blick

14 Projektfortschritt von Vorgängen und Zuordnungen verfolgen

In diesem Kapitel lernen Sie,

- ✔ **wie Sie einen zuvor gespeicherten Basisplan aktualisieren.**
- ✔ **wie Sie die aktuelle Arbeit für Vorgänge und Zuordnungen aufzeichnen.**
- ✔ **wie Sie die tägliche geleistete Arbeit aufzeichnen.**
- ✔ **wie Sie die Arbeit an einem Vorgang unterbrechen und das Datum angeben, an dem die Arbeit wieder aufgenommen werden soll.**

Siehe auch Falls Sie nur eine kurze Wiederholung zu den Themen benötigen, die in diesem Kapitel behandelt werden, lesen Sie den Schnellüberblick zu Kapitel 14 am Anfang dieses Buches.

Die Erstellung, Überprüfung und Vermittlung eines fundierten Projektplans beansprucht sehr viel Zeit. Die *Planung* ist jedoch nur die erste Phase des Projektmanagements. Nach der Planung beginnt die Implementierungsphase, in der der Plan umgesetzt wird. Im Idealfall werden Projekte so implementiert, wie sie geplant wurden. Dieser Fall tritt jedoch selten ein. Im Allgemeinen sind die Möglichkeiten für *Abweichungen* umso größer, je komplexer und umfangreicher der Projektplan ist. Die Abweichung ergibt sich aus dem Vergleich zwischen dem Geplanten und dem, was tatsächlich passiert.

Die *Überwachung* der geleisteten Arbeit und der Vergleich mit den Planwerten ermöglicht es Ihnen bereits zu einem frühen Zeitpunkt, Abweichungen zu entdecken und bei Bedarf den noch nicht beendeten Teil des Plans anzupassen. Wenn Sie Kapitel 6 durchgearbeitet haben, haben Sie bereits einfache Verfahren zum Aufzeichnen der *aktuellen Werte* kennen gelernt, zum Beispiel die Aufzeichnung des Prozentsatzes eines Vorgangs, der bereits fertig gestellt wurde, und auch die Aufzeichnung des tatsächlichen Anfangs- und Endtermins. Diese Methoden sind häufig sehr nützlich. Microsoft Project unterstützt jedoch eine wesentlich umfassendere Überwachung der Projekte.

In diesem Kapitel verfolgen Sie die Arbeit insgesamt und pro Zeitraum, zum Beispiel die geleistete Arbeit pro Woche und pro Tag, auf Vorgangs- und auf Zuordnungsebene. Daten, die sich über einen Zeitraum erstrecken, werden in der Regel als *Zeitphasenwerte* bezeichnet und die Überwachung der Arbeit nach Zeitphasen entsprechend als Aufzeichnung des Fortschritts bei Zeitphasenwerten. Dabei handelt es sich um die Aufzeichnung des Projektfortschritts mit dem höchsten Grad an Details, der in Microsoft Project möglich ist.

Eine ordnungsgemäße Überwachung des Projektfortschritts und der Vergleich mit dem Ausgangsplan können die folgenden Fragen beantworten:

- Werden die geplanten Anfangs- und Endtermine der Vorgänge eingehalten? Wenn nicht, welche Auswirkungen hat das auf den Endtermin des Projekts?
- Brauchen die Ressourcen zur Bearbeitung der einzelnen Vorgänge mehr oder weniger Zeit als geplant?
- Wird zur Bearbeitung der einzelnen Vorgänge mehr oder weniger Geld gebraucht als geplant?

Als Projektmanager müssen Sie festlegen, welche Ebene der Überwachung Ihre und die Anforderungen anderer Beteiligter am besten erfüllt. Die Überwachung des Projektfortschritts in allen Einzelheiten erfordert mehr Arbeit von Ihnen selbst und den am Projekt beteiligten Ressourcen.

In diesem Kapitel werden die Überwachungsmethoden mit dem höchsten Grad an Genauigkeit vorgestellt, die in Microsoft Project zur Verfügung stehen. In diesem Kapitel nutzen Sie verschiedene Methoden, um die noch nicht beendete Arbeit zu ermitteln und entsprechend darauf zu reagieren. Sie beginnen jedoch damit, den Projektbasisplan zu aktualisieren.

WICHTIG Bevor Sie die Übungsdateien in diesem Kapitel benutzen können, müssen Sie sie von der Begleit-CD in den vorgegebenen Standardordner installieren. Einzelheiten dazu finden Sie im Abschnitt „Die Übungsdateien installieren" am Anfang dieses Buches.

Einen Basisplan aktualisieren

Wenn Sie Kapitel 6 durchgearbeitet haben, haben Sie bereits einen *Basisplan* für ein Projekt gespeichert. Basisplanwerte umfassen wichtige Werte eines Projektplans wie die geplanten Anfangstermine, die geplanten Endtermine und die Kosten von Vorgängen, Ressourcen und Zuordnungen. Wenn Sie einen Basisplan speichern, speichert Microsoft Project eine Momentaufnahme der vorhandenen Werte in einer Microsoft Project-Datei, die für zukünftige Vergleiche genutzt werden kann.

Denken Sie daran, dass die Basisplanwerte dazu dienen sollen, aufzuzeichnen, wie der Projektplan zu einem bestimmten Zeitpunkt aussehen sollte. Im Laufe der Zeit werden Sie Ihre Erwartungen möglicherweise jedoch korrigieren müssen. Nachdem Sie einen ersten Basisplan gespeichert haben, müssen Sie den Projektplan eventuell verfeinern, indem Sie Vorgänge oder Zuordnungen hinzufügen oder entfernen etc. Es gibt verschiedene Möglichkeiten, den Basisplan zu aktualisieren:

- Den Basisplan für das gesamte Projekt aktualisieren. Dabei werden die Werte des ursprünglichen Basisplans durch die aktuellen geplanten Werte ersetzt.
- Den Basisplan für ausgewählte Vorgänge aktualisieren. Dadurch werden die Basisplanwerte für andere Vorgänge oder Ressourcen nicht beeinflusst.
- Einen zweiten oder nachfolgende Basispläne speichern. In einem Projektplan können bis zu elf Basispläne gespeichert werden. Der erste heißt Basisplan, die weiteren Basisplan 1 bis Basisplan 10.

TIPP Um mehr über Basispläne zu erfahren, geben Sie in das Feld **Frage hier eingeben** in der rechten oberen Ecke des Microsoft Project-Fensters den Suchbegriff ***Basisplan*** ein.

Sie haben die Planung für das Kurzfilmprojekt bereits beendet und einen ersten Basisplan erstellt. Inzwischen wurde der Projektplan jedoch überarbeitet. Dabei wurden einige Anpassungen an Zuordnungen und an der Dauer von Vorgängen vorgenommen und es wurde ein neuer Vorgang in die Vorbereitungsphase des Projekts aufgenommen. Wegen dieser Änderungen entspricht der Basisplan dem aktuellen Projektplan nicht mehr. In der folgenden Übung vergleichen Sie den aktuellen Projektplan mit dem zu einem früheren Zeitpunkt erstellten Basisplan und aktualisieren dann den Basisplan für den Projektplan.

WICHTIG Wenn Sie mit Microsoft Project Professional arbeiten, müssen Sie unter Umständen eine einmalige Einstellung vornehmen, damit Sie mit dem eigenen Arbeitsplatz-Account und offline arbeiten können. So wird sichergestellt, dass die Übungsdateien, mit denen Sie in diesem Kapitel arbeiten, keine Auswirkungen auf Ihre Microsoft Project Server-Daten haben. Mehr Informationen hierzu finden Sie in Kapitel 1 im Abschnitt „Microsoft Office Project Professional starten".

ÖFFNEN SIE die Datei* Kurzfilmprojekt 14a*, die Sie im Ordner* Eigene Dateien\Microsoft Press\Project 2003 Training\14_ProjektfortschrittVerfolgen *finden. Sie können den Ordner auch über* Start/Alle Programme/Microsoft Press/Project 2003 Training *öffnen.

1. Wählen Sie im Menü **Datei** den Befehl **Speichern unter**.

   Das Dialogfeld **Speichern unter** öffnet sich.

2. Geben Sie im Feld **Dateiname** die Bezeichnung ***Kurzfilmprojekt 14 Basisplan*** ein und klicken Sie dann auf **Speichern**.

Nun wechseln Sie zu einer anderen Ansicht, um den Basisplan und die geplanten Werte leichter vergleichen zu können.

3 Wählen Sie im Menü **Ansicht** den Befehl **Balkendiagramm: Überwachung.**

Die Ansicht wird aktiviert.

Die Termine des Basisplans werden in der Ansicht **Balkendiagramm: Überwachung** als graue Balken angezeigt.

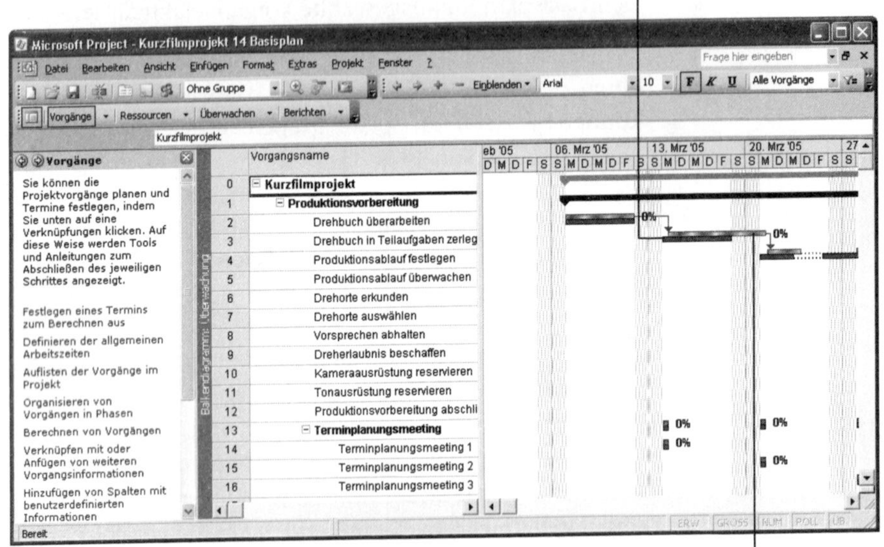

Die blauen (bzw. roten, wenn kritisch) Balken repräsentieren die Vorgänge, wie sie sich nach der aktuellen Planung darstellen.

Im Diagrammteil der Ansicht werden die Vorgänge mit ihren aktuellen Planwerten als blaue Balken eingezeichnet, falls es sich um nicht kritische Vorgänge handelt, oder als rote Balken, falls es sich um kritische Vorgänge handelt. Unter den Balken für die geplanten Werte sehen Sie die Basisplanwerte als graue Balken.

TIPP In den Balkendiagrammansichten repräsentieren die Farben, Muster und Formen der Balken jeweils ganz bestimmte Dinge. Um eine vollständige Legende anzuzeigen, wählen Sie im Menü **Format** den Befehl **Balkenarten.**

4 Wählen Sie im Menü **Bearbeiten** den Befehl **Gehe zu**, geben Sie in das Feld **Nr.** den Wert **5** ein und klicken Sie dann auf **OK.**

TIPP Sie können auch mit der Tastenkombination Strg + G das Dialogfeld **Gehe zu** öffnen.

Microsoft Project verschiebt den Zeitskalaabschnitt der Ansicht **Balkendiagramm: Überwachung** so, dass die Balken für Vorgang 5 angezeigt werden. Dieser Vorgang wurde zum Plan hinzugefügt, nachdem der Basisplan gespeichert wurde. Ihr Bildschirm sollte nun etwa wie in der folgenden Abbildung aussehen.

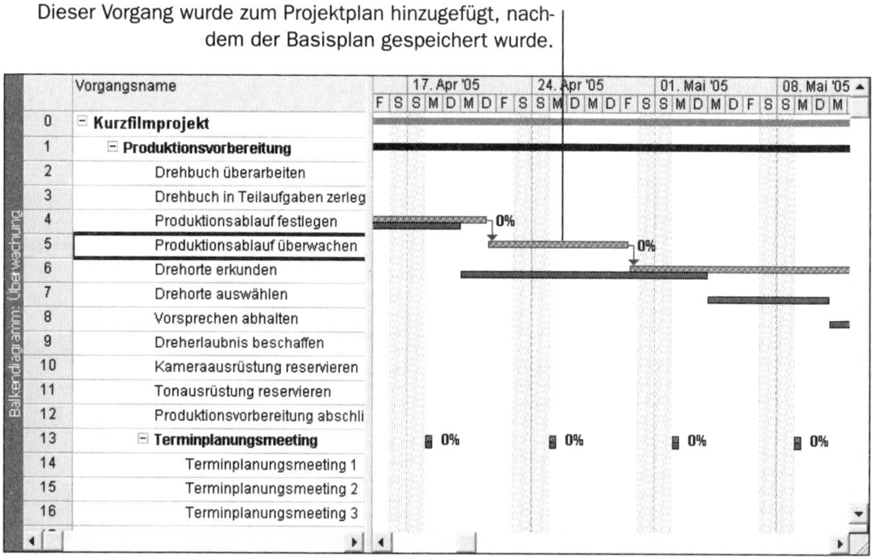

Dieser Vorgang wurde zum Projektplan hinzugefügt, nachdem der Basisplan gespeichert wurde.

Wie Sie in der Ansicht **Balkendiagramm: Überwachung** sehen können, gibt es für den neuen Vorgang keinen Basisplanwert.

Zum Abschluss dieser Übung speichern Sie nun den Basisplan für den Projektplan erneut.

5 Öffnen Sie das Menü **Extras**, zeigen Sie auf den Befehl **Überwachung** und klicken Sie dann auf **Basisplan speichern**.

Das Dialogfeld **Basisplan speichern** öffnet sich.

6 Wählen Sie die Option **Basisplan speichern** und im Bereich **Für** die Option **Gesamtes Projekt.**

TIPP Um einen Basisplan nur für einen ausgewählten Vorgang zu aktualisieren, wählen Sie im Bereich **Für** des Dialogfelds **Basisplan speichern** die Option **Ausgewählte Vorgänge**. Nun werden die Optionen unter **Rollup für Basisplan** aktiviert. Sie können festlegen, ob die Aktualisierung der Basisplanwerte sich auf alle Sammelvorgänge auswirken soll. Sie können jedoch auch einen Basisplan für Teilvorgänge speichern und dann die damit verknüpften Sammelvorgänge aktualisieren.

7 Klicken Sie auf **OK**, um den Basisplan zu aktualisieren.

Microsoft Project gibt einen Warnhinweis aus, in dem Sie gefragt werden, ob Sie den Basisplan wirklich überschreiben wollen.

8 Klicken Sie auf die Schaltfläche **Ja**.

Microsoft Project aktualisiert die Basisplanwerte für den Projektplan.

Nachdem der Basisplan für das gesamte Projekt gespeichert wurde, entsprechen die Basisplanwerte den geplanten Werten.

	Vorgangsname
0	Kurzfilmprojekt
1	Produktionsvorbereitung
2	Drehbuch überarbeiten
3	Drehbuch in Teilaufgaben zerleg
4	Produktionsablauf festlegen
5	Produktionsablauf überwachen
6	Drehorte erkunden
7	Drehorte auswählen
8	Vorsprechen abhalten
9	Dreherlaubnis beschaffen
10	Kameraausrüstung reservieren
11	Tonausrüstung reservieren
12	Produktionsvorbereitung abschli
13	Terminplanungsmeeting
14	Terminplanungsmeeting 1
15	Terminplanungsmeeting 2
16	Terminplanungsmeeting 3

Nun gibt es auch für Vorgang 5 einen Basisplanwert und alle anderen Basisplanwerte entsprechen den geplanten Werten.

Speichern

9 Klicken Sie in der Standardsymbolleiste auf die Schaltfläche **Speichern**, um die Änderungen zu speichern.

10 Wählen Sie im Menü **Datei** den Befehl **Schließen**, um den Projektplan zu schließen.

Zwischenpläne speichern

Sobald Sie mit der Überwachung der aktuellen Werte begonnen haben und auch immer dann, wenn Sie Ihren Terminplan geändert haben, wollen Sie vielleicht eine weitere Momentaufnahme der aktuellen Werte anfertigen. Dazu können Sie einen *Zwischenplan* erstellen. Wie ein Basisplan besteht der Zwischenplan aus einer Reihe von aktuellen Daten des Projektplans, die Microsoft Project zusammen mit der Projektdatei speichert. Aber im Gegensatz zu einem Basisplan werden in einem Zwischenplan nur die Anfangs- und Endtermine von Vorgängen und keine Ressourcen- oder Zuordnungswerte gespeichert. Innerhalb eines einzigen Projekts können Sie bis zu zehn Zwischenpläne speichern. (Falls Sie feststellen sollten, dass Sie mehrere Momentaufnahmen der geplanten Werte neben den Anfangs- und Endterminen benötigen, sollten Sie zusätzliche Basispläne speichern.)

Je nach Umfang und Dauer Ihrer Projekte sollten Sie zu folgenden Zeitpunkten einen Zwischenplan speichern:

- nach Abschluss einer wichtigen Arbeitsphase
- in festen Zeitintervallen (wöchentlich oder monatlich)
- vor und nach Eingabe einer großen Menge aktueller Werte

Um einen Zwischenplan zu speichern, zeigen Sie im Menü **Extras** auf **Überwachung** und klicken dann auf **Basisplan speichern**. Im Dialogfeld **Basisplan speichern** wählen Sie die Option **Zwischenplan speichern**. Um mehr über Zwischenpläne zu erfahren, geben Sie ***Zwischenplan speichern*** in das Feld **Frage hier eingeben** in der rechten oberen Ecke des Microsoft Project-Fensters ein.

Aktuelle und verbleibende Arbeitswerte für Vorgänge und Zuordnungen verfolgen

Wenn Sie Kapitel 6 durchgearbeitet haben, haben Sie einen aktuellen Anfangs- und Endtermin und Werte für die Dauer einzelner Vorgänge eingeben. Für Vorgänge, denen Ressourcen zugeordnet sind, können Sie aktuelle und verbleibende Arbeitswerte für den Vorgang als solchen und für bestimmte Zuordnungen zum Vorgang eingeben. Damit Sie besser verstehen, wie Microsoft Project die aktuellen Werte behandelt, die Sie eingeben, sollten Sie Folgendes bedenken:

- Wenn einem Vorgang eine Ressource zugeordnet ist, gelten die aktuellen Werte, die Sie für den Vorgang oder für die Zuordnung eingeben, für den Vorgang und für die Ressource gleichermaßen. Wenn Sie beispielsweise aufzeichnen, dass die Zuordnung am 20. März begonnen hat und fünf Stunden aktuelle Arbeit umfasst, gelten diese Werte auch für den Vorgang.
- Sind einem Vorgang mehrere Ressourcen zugeordnet, werden die Werte, die Sie zur aktuellen Arbeit für den Vorgang eingeben, entsprechend ihrer Zuordnungseinheiten auf die Zuordnungen verteilt. Dieser Grad an Genauigkeit reicht aus, falls Sie sich nicht für die Details auf einzelnen Zuordnungsebenen interessieren.
- Sind einem Vorgang mehrere Ressourcen zugeordnet, werden die Werte, die Sie zur aktuellen Arbeit für eine Zuordnung eingeben, auf den Vorgang angewendet, beeinflussen jedoch die anderen Zuordnungen zum Vorgang nicht.

Dieser Grad an Genauigkeit ist sinnvoll, falls Details auf der Ebene einzelner Zuordnungen wichtig für Sie sind.

In der folgenden Übung zeichnen Sie aktuelle Werte auf Vorgangs- und auf Zuordnungsebene auf und prüfen, wie die Daten auf Vorgänge und Zuordnungen angewendet werden.

ÖFFNEN SIE die Datei* Kurzfilmprojekt 14b, *die Sie im Ordner* Eigene Dateien\Microsoft Press\Project 2003 Training\14_ProjektfortschrittVerfolgen *finden. Sie können den Ordner auch über* Start/Alle Programme/Microsoft Press/Project 2003 Training *öffnen.

1 Wählen Sie im Menü **Datei** den Befehl **Speichern unter**.

Das gleichnamige Dialogfeld öffnet sich.

2 Geben Sie in das Feld **Dateiname** die Bezeichnung ***Kurzfilmprojekt 14 Aktuell*** ein und klicken Sie dann auf die Schaltfläche **Speichern**.

Diese Version des Projektplans beinhaltet die aktualisierten Basisplanwerte, die Sie im letzten Abschnitt gespeichert haben und die ersten aktuellen Werte für den ersten Vorgang der Produktionsvorbereitungsphase.

3 Wählen Sie im Menü **Ansicht** den Befehl **Vorgang: Einsatz**.

Die Ansicht **Vorgang: Einsatz** wird aktiviert. In dieser Ansicht werden die Ressourcen in der Tabelle auf der linken Seite unter den Vorgängen aufgelistet, denen sie zugeordnet sind. Auf der rechten Seite der Ansicht sehen Sie Zeilen, die unter einer Zeitskala angeordnet sind. Die Zeilen neben jedem Vorgangsnamen zeigen die geplanten Arbeitswerte für den Vorgang an. Die Zeilen neben den Ressourcennamen zeigen die geplanten Arbeitswerte für jede Ressource, das heißt die geplante Arbeit pro Zuordnung. Das sind die Zeitphasenwerte der Zuordnungen. Die beiden Seiten der Ansicht werden durch eine vertikale Trennlinie geteilt.

4 Klicken Sie in der Spalte **Vorgangsname** auf Vorgang 3, **Drehbuch in Teilaufgaben zerlegen**.

Gehe zu ausgewähltem Vorgang

5 Klicken Sie in der Standardsymbolleiste auf die Schaltfläche **Gehe zu ausgewähltem Vorgang**.

In der Zeitphasendarstellung auf der rechten Seite der Ansicht wird nun die geplante Arbeit für den Vorgang angezeigt.

Als Nächstes wechseln Sie die Tabelle und den Grad der Genauigkeit, der in der Ansicht benutzt wird.

6 Zeigen Sie im Menü **Ansicht** auf den Befehl **Tabelle: Einsatz** und wählen Sie im Untermenü den Befehl **Arbeit**.

Die Tabelle **Arbeit** wird eingeblendet.

In Einsatztabellen wird links eine Tabelle und rechts ein Zeitphasenmuster angezeigt.

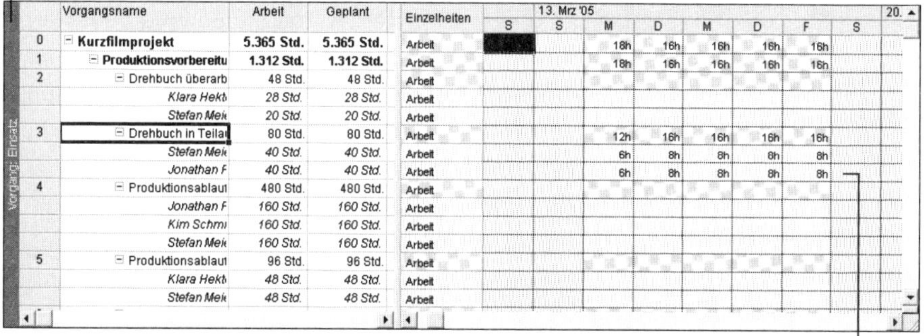

	Vorgangsname	Arbeit	Geplant	Einzelheiten	13. Mrz '05 S	S	M	D	M	D	F	S	20.
0	Kurzfilmprojekt	5.365 Std.	5.365 Std.	Arbeit			18h	16h	16h	16h	16h		
1	Produktionsvorbereitu	1.312 Std.	1.312 Std.	Arbeit			18h	16h	16h	16h	16h		
2	Drehbuch überarb	48 Std.	48 Std.	Arbeit									
	Klara Hekt	*28 Std.*	*28 Std.*	Arbeit									
	Stefan Mei	*20 Std.*	*20 Std.*	Arbeit									
3	Drehbuch in Teila	80 Std.	80 Std.	Arbeit			12h	16h	16h	16h	16h		
	Stefan Mei	*40 Std.*	*40 Std.*	Arbeit			6h	8h	8h	8h	8h		
	Jonathan F	*40 Std.*	*40 Std.*	Arbeit			6h	8h	8h	8h	8h		
4	Produktionsablau	480 Std.	480 Std.	Arbeit									
	Jonathan F	*160 Std.*	*160 Std.*	Arbeit									
	Kim Schmi	*160 Std.*	*160 Std.*	Arbeit									
	Stefan Mei	*160 Std.*	*160 Std.*	Arbeit									
5	Produktionsablau	96 Std.	96 Std.	Arbeit									
	Klara Hekt	*48 Std.*	*48 Std.*	Arbeit									
	Stefan Mei	*48 Std.*	*48 Std.*	Arbeit									

Vorgang: Einsatz

In diesem Zeitphasenmuster wird die Arbeit pro Tag für jede Zuordnung und für jeden Vorgang angezeigt. Wenn Sie das Zeitphasenintervall ändern, ändern sich die angezeigten Details. Die entsprechenden Werte ändern sich nicht.

Diese Tabelle beinhaltet die Spalten **Aktuell** und **Verbleibend**, mit denen Sie in Kürze arbeiten werden. Die Werte in der Spalte **Arbeit** sind Summenwerte für Vorgänge und Zuordnungen. Beachten Sie, dass sich jeder Arbeitswert eines Vorgangs aus der Summe der Vorgangszuordnungswerte ergibt. Für Vorgang 2 beträgt der Wert **Arbeit** beispielsweise 48 Stunden. Dieser Wert ergibt sich aus den 28 Stunden Arbeit am Vorgang von Klara Hektor und den 20 Stunden Arbeit am Vorgang von Stefan Meier.

Als Nächstes ändern Sie Details, die in der Zeitphasendarstellung auf der rechten Seite angezeigt werden.

7 Zeigen Sie im Menü **Format** auf **Einzelheiten** und klicken Sie dann auf **Aktuelle Arbeit.**

Microsoft Project zeigt in der Zeitphasendarstellung auf der rechten Seite für jeden Vorgang und jede Zuordnung eine Zeile für die Arbeit und eine Zeile für die aktuelle Arbeit an.

Die Zeile **Akt. Arbeit** wird für jede Zuordnung, für jeden Vorgang und für jeden Sammelvorgang eingeblendet.

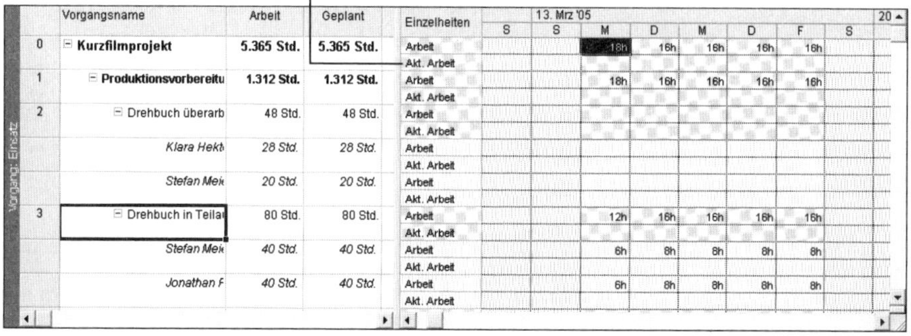

	Vorgangsname	Arbeit	Geplant	Einzelheiten	13. Mrz '05 S	S	M	D	M	D	F	S	20
0	Kurzfilmprojekt	5.365 Std.	5.365 Std.	Arbeit			18h	16h	16h	16h	16h		
				Akt. Arbeit									
1	Produktionsvorbereitu	1.312 Std.	1.312 Std.	Arbeit			18h	16h	16h	16h	16h		
				Akt. Arbeit									
2	Drehbuch überarb	48 Std.	48 Std.	Arbeit									
				Akt. Arbeit									
	Klara Hekt	*28 Std.*	*28 Std.*	Arbeit									
				Akt. Arbeit									
	Stefan Mei	*20 Std.*	*20 Std.*	Arbeit									
				Akt. Arbeit									
3	Drehbuch in Teila	80 Std.	80 Std.	Arbeit			12h	16h	16h	16h	16h		
				Akt. Arbeit									
	Stefan Mei	*40 Std.*	*40 Std.*	Arbeit			6h	8h	8h	8h	8h		
				Akt. Arbeit									
	Jonathan F	*40 Std.*	*40 Std.*	Arbeit			6h	8h	8h	8h	8h		
				Akt. Arbeit									

Vorgang: Einsatz

In der Zeitphasendarstellung sehen Sie die Werte für die geplante Arbeit pro Tag. Wenn Sie die Arbeitswerte für einen bestimmten Vorgang oder eine Zuordnung pro Tag summieren müssten, würde die Summe dem Wert in der Spalte **Arbeit** für diesen Vorgang oder die Zuordnung entsprechen. In einer Einsatzansicht sehen Sie die Arbeitswerte für zwei verschiedene Grade der Genauigkeit: auf der Ebene des Gesamtwertes pro Vorgang oder Zuordnung und auf der Ebene der Zeitphasen. Beide Werte sind direkt miteinander verbunden.

Als Nächstes geben Sie Werte für die aktuelle Arbeit auf Vorgangs- und Zuordnungsebene ein und betrachten, wie sie sich auf die Zeitphasenwerte auswirken.

8 Ziehen Sie die vertikale Trennlinie mit der Maus nach rechts, bis Sie alle Spalten der Tabelle **Arbeit** sehen können.

+||+ Mauszeiger

TIPP Wenn sich der Mauszeiger auf der vertikalen Trennlinie an der richtigen Position befindet, nimmt er die Form eines Doppelpfeils an.

Ihr Bildschirm sollte nun etwa so wie in der folgenden Abbildung aussehen.

Ziehen Sie hier, um die Trennlinie nach rechts oder links zu verschieben.

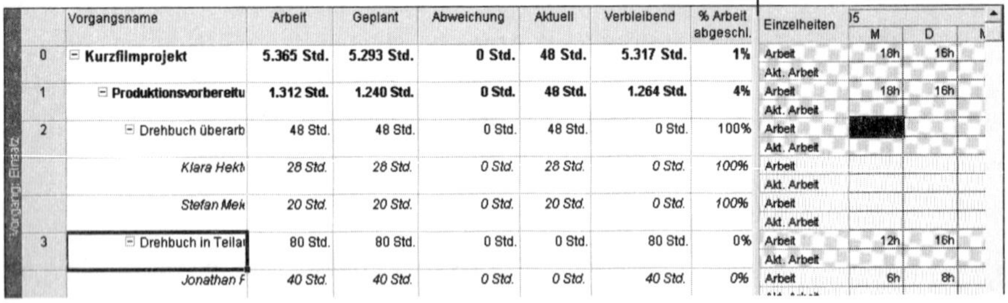

	Vorgangsname	Arbeit	Geplant	Abweichung	Aktuell	Verbleibend	% Arbeit abgeschl.	Einzelheiten	M	D
0	**Kurzfilmprojekt**	**5.365 Std.**	**5.293 Std.**	**0 Std.**	**48 Std.**	**5.317 Std.**	**1%**	Arbeit	18h	16h
								Akt. Arbeit		
1	**Produktionsvorbereitu**	**1.312 Std.**	**1.240 Std.**	**0 Std.**	**48 Std.**	**1.264 Std.**	**4%**	Arbeit	18h	16h
								Akt. Arbeit		
2	Drehbuch überarb	48 Std.	48 Std.	0 Std.	48 Std.	0 Std.	100%	Arbeit		
								Akt. Arbeit		
	Klara Hekt	*28 Std.*	*28 Std.*	*0 Std.*	*28 Std.*	*0 Std.*	*100%*	Arbeit		
								Akt. Arbeit		
	Stefan Mek	*20 Std.*	*20 Std.*	*0 Std.*	*20 Std.*	*0 Std.*	*100%*	Arbeit		
								Akt. Arbeit		
3	Drehbuch in Teilau	80 Std.	80 Std.	0 Std.	0 Std.	80 Std.	0%	Arbeit	12h	16h
								Akt. Arbeit		
	Jonathan F	*40 Std.*	*40 Std.*	*0 Std.*	*0 Std.*	*40 Std.*	*0%*	Arbeit	6h	8h

9 Geben Sie im Feld **Aktuell** für den Vorgang 3, **Drehbuch in Teilaufgaben zerlegen,** den Wert ***42h*** ein und drücken Sie dann die [↵]-Taste.

Ihr Bildschirm sollte nun etwa wie in der folgenden Abbildung aussehen.

	Vorgangsname	Arbeit	Geplant	Abweichung	Aktuell	Verbleibend	% Arbeit abgeschl.	Einzelheiten	M	D
0	**Kurzfilmprojekt**	**5.365 Std.**	**5.293 Std.**	**0 Std.**	**90 Std.**	**5.275 Std.**	**2%**	Arbeit	18h	16h
								Akt. Arbeit	12h	16h
1	**Produktionsvorbereitu**	**1.312 Std.**	**1.240 Std.**	**0 Std.**	**90 Std.**	**1.222 Std.**	**7%**	Arbeit	18h	16h
								Akt. Arbeit	12h	16h
2	Drehbuch überarb	48 Std.	48 Std.	0 Std.	48 Std.	0 Std.	100%	Arbeit		
								Akt. Arbeit		
	Klara Hekt	*28 Std.*	*28 Std.*	*0 Std.*	*28 Std.*	*0 Std.*	*100%*	Arbeit		
								Akt. Arbeit		
	Stefan Mek	*20 Std.*	*20 Std.*	*0 Std.*	*20 Std.*	*0 Std.*	*100%*	Arbeit		
								Akt. Arbeit		
3	Drehbuch in Teilau	80 Std.	80 Std.	0 Std.	42 Std.	38 Std.	53%	Arbeit	12h	16h
								Akt. Arbeit	12h	16h
	Jonathan F	*40 Std.*	*40 Std.*	*0 Std.*	*21 Std.*	*19 Std.*	*53%*	Arbeit	6h	8h
								Akt. Arbeit	6h	8h
	Stefan Mek	*40 Std.*	*40 Std.*	*0 Std.*	*21 Std.*	*19 Std.*	*53%*	Arbeit	6h	8h
								Akt. Arbeit	6h	8h

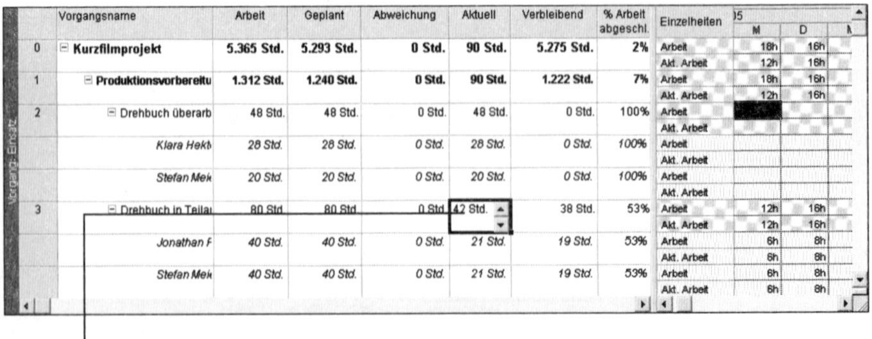

Wird ein aktueller Wert für den Vorgang eingegeben, wird dieser auf die zugeordneten Ressourcen verteilt. Verbleibende Arbeit und sonstige Werte werden aktualisiert.

Beim Drücken der [↵]-Taste sind einige wichtige Dinge passiert.

- Der Wert, den Sie in das Feld **Aktuell** eingegeben haben, wurde vom Wert im Feld **Verbleibend** subtrahiert.
- Die aktuelle Arbeit wurde auf die zwei Zuordnungen für den Vorgang aufgeteilt, wobei für jede Ressource 21 Stunden aktuelle Arbeit aufgezeichnet wurden. Entsprechend wurden die Werte in der Spalte **Verbleibend** für jede Zuordnung neu berechnet.
- Die Werte in den Spalten **Aktuell** und **Verbleibend** wurden auf den Sammelvorgang der **Produktionsvorbereitung** angewendet.
- Die Werte in der Spalte **Aktuell** wurden auch auf die Zeitphasenwerte für den Vorgang und die Zuordnungen aufgeteilt.

Als Nächstes betrachten Sie die Werte für die aktuelle Arbeit genauer.

10 Ziehen Sie die vertikale Trennlinie nach links, bis von der Tabelle **Arbeit** nur noch die Spalte **Vorgangsname** zu sehen ist.

Der Wert für die aktuelle Arbeit wurde im rechten Bereich der Anzeige auf die zugeordneten Ressourcen verteilt.

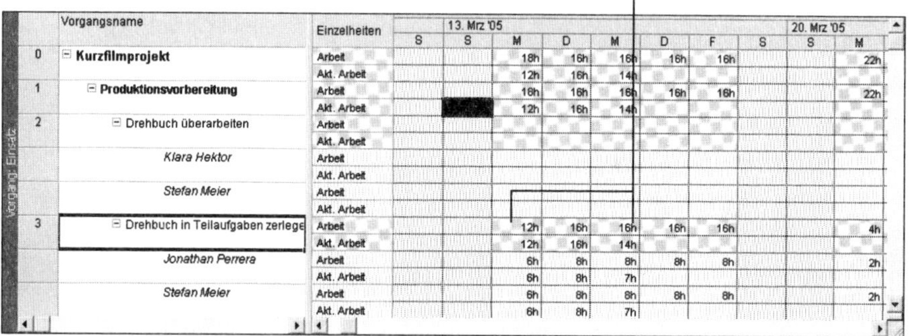

Im rechten Bereich der Anzeige (Zeitphasenwerte) können Sie die Werte für die tägliche geplante Arbeit und die tatsächliche Arbeit von Montag, 14.3., bis Mittwoch, 16.3., sehen. Weil Sie einen Wert für die aktuelle Arbeit eingegeben haben, der den gesamten Vorgang betrifft, geht Microsoft Project davon aus, dass die Arbeit wie geplant erledigt werden konnte und zeichnet diese Zeitphasenwerte für die Ressourcen auf.

Zum Abschluss der Übung geben Sie nun noch Arbeitswerte für Zuordnungen ein und betrachten, wie diese sich auf den Vorgang auswirken.

11 Ziehen Sie die vertikale Trennlinie wieder nach rechts, bis Sie alle Spalten der Tabelle **Arbeit** sehen.

12 Geben Sie in das Feld **Aktuell** für Jonathan Perreras Zuordnung zu Vorgang 3 den Wert ***30h*** ein und drücken Sie dann die [↵]-Taste.

	Vorgangsname	Arbeit	Geplant	Abweichung	Aktuell	Verbleibend	% Arbeit abgeschl.	Einzelheiten	M	D	M
0	**Kurzfilmprojekt**	**5.365 Std.**	**5.293 Std.**	**0 Std.**	**99 Std.**	**5.266 Std.**	**2%**	Arbeit	18h	16h	16h
								Akt. Arbeit	12h	16h	15h
1	**Produktionsvorbe**	**1.312 Std.**	**1.240 Std.**	**0 Std.**	**99 Std.**	**1.213 Std.**	**8%**	Arbeit	18h	16h	16h
								Akt. Arbeit	12h	16h	15h
2	Drehbuch üb	48 Std.	48 Std.	0 Std.	48 Std.	0 Std.	100%	Arbeit			
								Akt. Arbeit			
	Klara	*28 Std.*	*28 Std.*	*0 Std.*	*28 Std.*	*0 Std.*	*100%*	Arbeit			
								Akt. Arbeit			
	Stefar	*20 Std.*	*20 Std.*	*0 Std.*	*20 Std.*	*0 Std.*	*100%*	Arbeit			
								Akt. Arbeit			
3	Drehbuch in	80 Std.	80 Std.	0 Std.	51 Std.	29 Std.	64%	Arbeit	12h	16h	16h
								Akt. Arbeit	12h	16h	15h
	Jonat.	*40 Std.*	*40 Std.*	*0 Std.*	*30 Std.*	*10 Std.*	*75%*	Arbeit	6h	8h	8h
								Akt. Arbeit	6h	8h	8h
	Stefar	*40 Std.*	*40 Std.*	*0 Std.*	*21 Std.*	*19 Std.*	*53%*	Arbeit	6h	8h	8h
								Akt. Arbeit	6h	8h	7h

Die Anpassung des aktuellen Wertes wirkt sich nicht auf die anderen Zuordnungen aus.

Die Werte in den Spalten **Aktuell** und **Verbleibend** für Jonathan Perrera werden aktualisiert und dann auf den Vorgang und den Sammelvorgang angewendet. Die Werte in den Spalten **Aktuell** und **Verbleibend** für die andere Ressource, die dem Vorgang zugeordnet ist, wird dadurch nicht beeinflusst.

13 Ziehen Sie die vertikale Trennlinie nach links, bis Sie die aktualisierten Zeitphasenwerte für den Vorgang sehen.

Der Wert für die aktuelle Arbeit, der für die Zuordnung eingegeben wurde, wird über die Zeitphasen verteilt.

	Vorgangsname		Einzelheiten		13. Mrz '05							20. Mrz '05	
				S	S	M	D	M	D	F	S	S	M
0	**Kurzfilmprojekt**	5	Arbeit			18h	16h	16h	16h	16h			22h
			Akt. Arbeit			12h	16h	15h	8h				
1	**Produktionsvorbe**		Arbeit			18h	16h	16h	16h	16h			22h
			Akt. Arbeit			12h	16h	15h	8h				
2	Drehbuch üb		Arbeit										
			Akt. Arbeit										
	Klara		Arbeit										
			Akt. Arbeit										
	Stefar		Arbeit										
			Akt. Arbeit										
3	Drehbuch in		Arbeit			12h	16h	16h	16h	16h			4h
			Akt. Arbeit			12h	16h	15h	8h				
	Jonat.		Arbeit			6h	8h	8h	8h	8h			2h
			Akt. Arbeit			6h	8h	8h	8h				
	Stefar		Arbeit			6h	8h	8h	8h	8h			2h
			Akt. Arbeit			6h	8h	7h					
4	Produktionsa		Arbeit										12h
			Akt. Arbeit										
	Jonat.		Arbeit										4h
			Akt. Arbeit										

Wieder geht Microsoft Project davon aus, dass die aktuelle Arbeit, die Sie für Jonathan Perrera eingegeben haben, plangemäß erledigt wurde. Deshalb stimmen die Zeitphasenwerte bis einschließlich 17.3. überein.

Speichern

14 Klicken Sie in der Standardsymbolleiste auf die Schaltfläche **Speichern**, um die Änderungen zu speichern.

15 Wählen Sie im Menü **Datei** den Befehl **Schließen**, um den Projektplan zu schließen.

TIPP In dieser Übung haben Sie Werte für die aktuelle Arbeit eingegeben. Sie können jedoch auch Werte für die verbleibende Arbeit oder Werte für die prozentuale abgeschlossene Arbeit eingeben. Diese Werte sind alle miteinander verbunden. Die Änderung eines Wertes wirkt sich auf alle anderen Werte aus. Sie können die Werte in der Tabelle **Arbeit** oder der Tabelle **Überwachung** über das Dialogfeld **Informationen zur Zuordnung** aktualisieren (wenn eine Zuordnung markiert ist).

Die Eingabe von Werten für die aktuelle abgeschlossene Arbeit eines Vorgangs ist genauer, als wenn die abgeschlossene Arbeit nur als Prozentwert eingegeben wird. Die Genauigkeit ist jedoch bei beiden Methoden geringer als bei der Eingabe von Zeitphasenwerten für Vorgänge oder Zuordnungen (wie Sie im nächsten Abschnitt sehen werden). Es spricht nichts dagegen, die aktuelle Arbeit auf Vorgangs- oder Zuordnungsebene zu verfolgen oder zu diesem Zweck einfach einen Wert für die prozentuale abgeschlossene Arbeit einzugeben, falls dieser Genauigkeitsgrad Ihren Anforderungen genügt. Unabhängig davon, ob Sie die Zeitphasenwerte sehen oder nicht, verteilt Microsoft Project jedoch immer alle Prozentangaben für die abgeschlossene Arbeit oder die aktuelle Arbeit auf Vorgangs- oder Zuordnungsebene auf die entsprechenden Zeitphasenwerte (wie Sie in der vorherigen Übung sehen konnten). Einsteiger in Microsoft Project sind deshalb häufig überrascht, wenn sie auf ganz genaue Zeitphasenwerte stoßen, wie zum Beispiel 1,67 Arbeitsstunden für einen Tag. Wenn Sie wissen, wie Microsoft Project Berechnungen durchführt, können Sie jedoch schnell feststellen, woher solche Zahlen kommen. Möglicherweise interessieren Sie sich jedoch gar nicht für diese Details der Planung, und das ist dann auch in Ordnung.

Aktuelle Werte für die Kosten manuell eingeben

Wann immer Sie in diesem Kapitel aktuelle Arbeitswerte eingegeben haben, hat Microsoft Project auch die aktuellen Kosten für den aktuellen Vorgang, für den Sammelvorgang, für die dem Vorgang zugeordneten Ressourcen und für das gesamte Projekt berechnet. In der Standardeinstellung berechnet Microsoft Project diese aktuellen Kosten, und Sie können daher diese Kostenwerte nicht direkt eingeben. Diese Vorgehensweise wird empfohlen und auch auf die Übungsdateien angewendet. Wenn Sie aktuelle Kosten dennoch manuell eingeben wollen, gehen Sie folgendermaßen vor:

1. Klicken Sie im Menü **Extras** auf **Optionen**.
2. Klicken Sie im Dialogfeld **Optionen** auf die Registerkarte **Berechnen**.
3. Deaktivieren Sie im Bereich **Berechnungsoptionen für "<Projektdatei>"** das Kontrollkästchen **Aktuelle Kosten werden immer von Microsoft Office Project berechnet**.
4. Klicken Sie auf **OK**.

Wenn die automatische Kostenberechnung deaktiviert ist, können Sie aktuelle Kosten auf Vorgangs- oder Zuordnungsebene in das Feld **Aktuell** eingeben oder importieren. Dieses Feld finden Sie an mehreren Stellen, unter anderem in der Kostentabelle. Sie können die aktuellen Kosten auch in einer zeitorientierten Ansicht, etwa **Vorgang: Einsatz** oder **Ressource: Einsatz**, täglich oder in einem anderen Intervall eingeben. Zeigen Sie dazu im Menü **Format** auf **Einzelheiten** und klicken Sie dann auf **Aktuelle Kosten**.

Den Arbeitsfortschritt mithilfe von Zeitphasenwerten überwachen

Die Eingabe von Zeitphasenwerten erfordert auf Seiten des Projektmanagers und auch auf Seiten der Ressourcen mehr Arbeit, weil letztere dem Projektmanager ihre täglichen Werte mitteilen müssen. Allerdings gibt Ihnen dieses Verfahren eine sehr viel detailliertere Übersicht über den Vorgangs- und Ressourcenstatus eines Projekts als die anderen in diesem Kapitel beschriebenen Methoden zur Eingabe der aktuellen Werte. Die Eingabe von Zeitphasenwerten ist die beste Lösung, wenn Sie eine Gruppe von Vorgängen oder ein ganzes Projekt mit folgenden Eigenschaften bearbeiten:

- Hochriskante Vorgänge
- Vorgänge relativ kurzer Dauer, bei denen eine Abweichung von Bruchteilen eines Tages das gesamte Projekt in Gefahr bringen könnte
- Vorgänge, an denen Auftraggeber oder andere Beteiligte ein besonderes Interesse haben
- Vorgänge, bei denen die Arbeitsleistung auf Stundenbasis abgerechnet wird

Das Kurzfilmprojekt befindet sich jetzt in der Produktionsphase, und die Dreharbeiten haben begonnen. Wegen der vielen beteiligten Ressourcen, der hohen Einrichtungs- und Abbaukosten und der beschränkten Verfügbarkeit von Standorten, an denen einige Szenen gedreht werden müssen, sind diese Vorgänge die riskantesten des gesamten Projekts. In der folgenden Übung geben Sie die aktuellen Tageswerte für die Produktionsvorgänge in der Ansicht **Vorgang: Einsatz** ein.

ÖFFNEN SIE die Datei* Kurzfilmprojekt 14c*, die Sie im Ordner* Eigene Dateien\Microsoft Press\Project 2003 Training\14_ProjektfortschrittVerfolgen *finden. Sie können den Ordner auch über* Start/Alle Programme/Microsoft Press/Project 2003 Training *öffnen.

1. Wählen Sie im Menü **Datei** den Befehl **Speichern unter**.

   Das Dialogfeld **Speichern unter** öffnet sich.

2 Geben Sie in das Feld **Dateiname** die Bezeichnung ***Kurzfilmprojekt 14 Zeitphasenwerte*** ein und klicken Sie dann auf die Schaltfläche **Speichern**.

3 Klicken Sie auf das Minuszeichen neben Vorgang 1, **Produktionsvorbereitung**, um diese Phase des Projektplans auszublenden.

Gehe zu ausgewähltem Vorgang

4 Klicken Sie auf Vorgang 26, **Szene 7 einrichten**, und anschließend in der Standardsymbolleiste auf die Schaltfläche **Gehe zu ausgewähltem Vorgang**.

Microsoft Project verschiebt das Zeitraster und zeigt die ersten geplanten Arbeitswerte der Produktionsphase an.

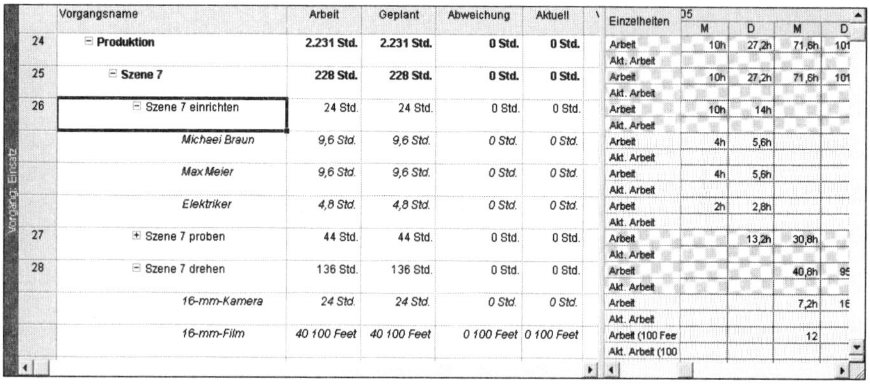

	Vorgangsname	Arbeit	Geplant	Abweichung	Aktuell	Einzelheiten	05			
							M	D	M	D
24	**Produktion**	**2.231 Std.**	**2.231 Std.**	**0 Std.**	**0 Std.**	Arbeit	10h	27,2h	71,6h	101
						Akt. Arbeit				
25	**Szene 7**	**228 Std.**	**228 Std.**	**0 Std.**	**0 Std.**	Arbeit	10h	27,2h	71,6h	101
						Akt. Arbeit				
26	Szene 7 einrichten	24 Std.	24 Std.	0 Std.	0 Std.	Arbeit	10h	14h		
						Akt. Arbeit				
	Michael Braun	*9,6 Std.*	*9,6 Std.*	*0 Std.*	*0 Std.*	Arbeit	4h	5,6h		
						Akt. Arbeit				
	Max Meier	*9,6 Std.*	*9,6 Std.*	*0 Std.*	*0 Std.*	Arbeit	4h	5,6h		
						Akt. Arbeit				
	Elektriker	*4,8 Std.*	*4,8 Std.*	*0 Std.*	*0 Std.*	Arbeit	2h	2,8h		
						Akt. Arbeit				
27	Szene 7 proben	44 Std.	44 Std.	0 Std.	0 Std.	Arbeit		13,2h	30,8h	
						Akt. Arbeit				
28	Szene 7 drehen	136 Std.	136 Std.	0 Std.	0 Std.	Arbeit			40,8h	95
						Akt. Arbeit				
	16-mm-Kamera	*24 Std.*	*24 Std.*	*0 Std.*	*0 Std.*	Arbeit			7,2h	16
						Akt. Arbeit				
	16-mm-Film	*40 100 Feet*	*40 100 Feet*	*0 100 Feet*	*0 100 Feet*	Arbeit (100 Fee			12	
						Akt. Arbeit (100				

Die ersten Zeitphasenwerte, die Sie eingeben, sind Vorgangswerte, die nicht spezifisch für bestimmte Zuordnungen sind.

5 Klicken Sie im rechten Bereich der Anzeige in der Spalte für Montag, 6.6.05, in der Zeile **Akt. Arbeit** auf die Zelle für Vorgang 26.

TIPP Wenn Sie auf den Namen eines Tages in der Zeitskala zeigen, blendet Microsoft Project das vollständige Datum für diesen Tag in einer QuickInfo ein.

TIPP Sie können die Formatierung der Zeitskala auch ändern, um die Zeitdauer festzulegen, in der Sie aktuelle Werte eingeben. Sie können die Zeitskala zum Beispiel so formatieren, dass Wochen statt Tage angezeigt werden. Und wenn Sie einen aktuellen Wert auf Wochenebene eingeben, wird dieser über die gesamte Woche verteilt. Weitere Informationen hierzu erhalten Sie, wenn Sie den Suchbegriff ***Zeitskala ändern*** in das Feld **Frage hier eingeben** in der rechten oberen Ecke des Microsoft Project-Fensters eingeben.

6 Geben Sie den Wert ***10h*** ein und drücken Sie dann die [Tab]-Taste.

Ihr Bildschirm sollte nun etwa wie in der folgenden Abbildung aussehen.

Der erste eingegebene Zeitphasen-Arbeitswert

	Vorgangsname	Arbeit	Einzelheiten	S	M	D	M	D	F	S
				05. Jun '05						
24	⊟ **Produktion**	**2.231 Std.**	Arbeit		10h	27,2h	71,6h	101,2h	18h	
			Akt. Arbeit		10h					
25	⊟ **Szene 7**	**228 Std.**	Arbeit		10h	27,2h	71,6h	101,2h	18h	
			Akt. Arbeit		10h					
26	⊟ Szene 7 einrichten	24 Std.	Arbeit		10h	14h				
			Akt. Arbeit		10h					
	Michael Braun	*9,6 Std.*	Arbeit		4h	5,6h				
			Akt. Arbeit		4h					
	Max Meier	*9,6 Std.*	Arbeit		4h	5,6h				
			Akt. Arbeit		4h					
	Elektriker	*4,8 Std.*	Arbeit		2h	2,8h				
			Akt. Arbeit		2h					
27	⊞ Szene 7 proben	44 Std.	Arbeit			13,2h	30,8h			
			Akt. Arbeit							
28	⊟ Szene 7 drehen	136 Std.	Arbeit				40,8h	95,2h		
			Akt. Arbeit							
	16-mm-Kamera	*24 Std.*	Arbeit				7,2h	16,8h		
			Akt. Arbeit							

Sobald Sie den ersten aktuellen Wert für den Vorgang eingegeben haben, wird der Wert für die geplante Arbeit entsprechend angepasst. Die Werte für Arbeit und aktuelle Arbeit werden außerdem auf Vorgangs- und Sammelvorgangsebene und auch auf die Zuordnungen zu dem Vorgang verteilt. Dies können Sie im rechten Bereich der Anzeige in der Zeitphasendarstellung ablesen.

7 Geben Sie in das Feld **Akt. Arbeit** für Dienstag, den 7.6., den Wert ***14h*** ein und drücken Sie dann die [↵]-Taste.

Ihr Bildschirm sollte nun etwa wie in der folgenden Abbildung aussehen.

Hier wurde der zweite Zeitphasen-Arbeitswert eingegeben.
Die Arbeitswerte für den Vorgang werden auf die Zuordnungen verteilt.

	Vorgangsname	Arbeit	Einzelheiten	S	M	D	M	D	F	S
				05. Jun '05						
24	⊟ **Produktion**	**2.231 Std.**	Arbeit		10h	27,2h	71,6h	101,2h	18h	
			Akt. Arbeit		10h	14h				
25	⊟ **Szene 7**	**228 Std.**	Arbeit		10h	27,2h	71,6h	101,2h	18h	
			Akt. Arbeit		10h	14h				
26	⊟ Szene 7 einrichten	24 Std.	Arbeit		10h	14h				
			Akt. Arbeit		10h	14h				
	Michael Braun	*9,6 Std.*	Arbeit		4h	5,6h				
			Akt. Arbeit		4h	5,6h				
	Max Meier	*9,6 Std.*	Arbeit		4h	5,6h				
			Akt. Arbeit		4h	5,6h				
	Elektriker	*4,8 Std.*	Arbeit		2h	2,8h				
			Akt. Arbeit		2h	2,8h				
27	⊞ Szene 7 proben	44 Std.	Arbeit			13,2h	30,8h			
			Akt. Arbeit							
28	⊟ Szene 7 drehen	136 Std.	Arbeit				40,8h	95,2h		
			Akt. Arbeit							
	16-mm-Kamera	*24 Std.*	Arbeit				7,2h	16,8h		

Damit ist die aktuelle Arbeit für diesen Vorgang beendet. Als Nächstes geben Sie aktuelle Arbeitswerte für die Zuordnungen zum nächsten Vorgang ein. Das heißt, in Vorgang 27, **Szene 7 proben**, sollen für die Ressourcen aktuelle Arbeitswerte eingegeben werden.

8 Ziehen Sie die Bildlaufleiste der Ansicht **Vorgang: Nutzung** so, dass Sie alle Zuordnungen zu Vorgang 27 sehen.

9 Klicken Sie in der Zeitphasendarstellung in der Spalte für Dienstag, 7.6.05, in der Zeile **Akt. Arbeit** auf die Zelle für Vorgang 27.

10 Geben Sie die folgenden Werte für die aktuelle Arbeit in die Zeitphasendarstellung ein:

Ressourcenname	Aktuelle Arbeit am Die., den 7.6.05	Aktuelle Arbeit am Mit., den 8.6.05
Jan Miskowski	3h	5h
Michaei Braun	3h	5h
Josef Mattes	2h	7h
Paul Born	3h	1h
Stefan Meier	2,5h	5,5h
Susanne Brenner	6h	2h

Wenn Sie fertig sind, sollte Ihr Bildschirm etwa wie in der folgenden Abbildung aussehen.

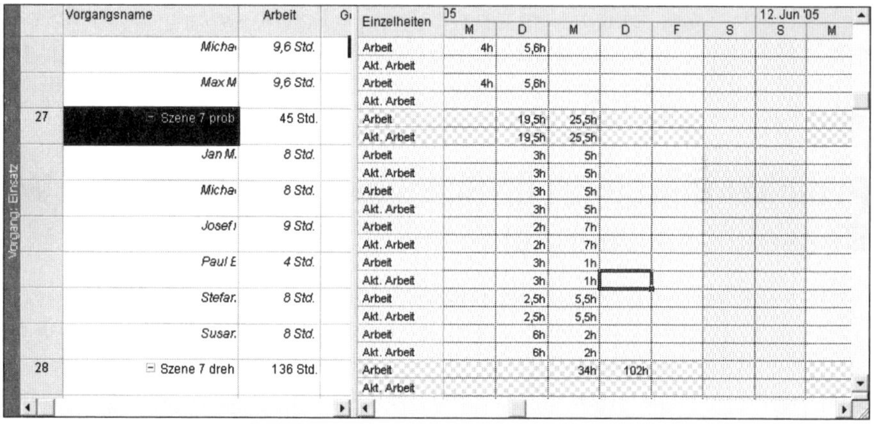

Auch hier wirken sich die aktuellen Arbeitswerte der einzelnen Ressourcen auf die aktuellen Arbeitswerte des Vorgangs aus.

Speichern

11 Klicken Sie in der Standardsymbolleiste auf die Schaltfläche **Speichern**, um die Änderungen zu speichern.

12 Wählen Sie im Menü **Datei** den Befehl **Schließen**, um den Projektplan zu schließen.

TIPP In dieser Übung haben Sie gesehen, wie Vorgangs- und Zuordnungswerte direkt miteinander verbunden sind. Die Aktualisierung eines Wertes wirkt sich direkt auf andere Werte aus. Wenn Sie wollen, können Sie diese Beziehung jedoch auch unterbrechen. Dadurch können Sie beispielsweise veränderte Werte für Ressourcenzuordnungen eingeben und die geplanten Werte für die Vorgänge, denen die Ressourcen zugeordnet sind, manuell eingeben. Die Beziehung sollte jedoch nicht unterbrochen werden, wenn es dafür nicht einen speziellen Bedarf gibt, wie zum Beispiel eine Berichterstellungsmethode, die auf etwas anderem als den aktuellen Werten basiert, die für Zuordnungen in Projektplänen aufgezeichnet werden. Um die Beziehungen zu unterbrechen, wählen Sie im Menü **Extras** den Befehl **Optionen** und deaktivieren auf der Registerkarte **Berechnen** das Kontrollkästchen **Aktualisierung des Vorgangsstatus aktualisiert den Ressourcenstatus**. Diese Einstellung wird auf den gesamten Projektplan angewendet, der momentan geöffnet ist. Sie kann nicht auf einen oder mehrere Vorgänge im Projektplan angewendet werden.

Wenn Sie die aktuelle Arbeit auf detailliertester Ebene überwachen müssen, dann sollten Sie dies im Zeitphasenmuster der Ansichten **Vorgang: Einsatz** oder **Ressource: Einsatz** tun. Hier können Sie für einzelne Zuordnungen aktuelle Arbeitswerte in wöchentlichen, täglichen oder anderen Zeitintervallen eingeben. Angenommen, einem Vorgang wurden drei Ressourcen zugeordnet. Sie wissen nun, dass zwei Ressourcen an dem Vorgang acht Stunden und eine Ressource sechs Stunden gearbeitet haben. Diese Werte können Sie nun direkt in das Zeitphasenmuster eingeben.

Projektmanagement-Schwerpunkt: Aktuelle Werte von den Ressourcen sammeln

Die Tabelle, die Sie im letzten Abschnitt dieses Kapitels verwenden, hat Ähnlichkeit mit einer Stechkarte. Zur Eingabe von aktuellen Arbeitswerten auf Zuordnungsebene brauchen Sie eine konventionelle Stechkarte oder deren elektronisches Gegenstück. Wenn Sie den Arbeitsfortschritt tatsächlich mit dieser Genauigkeit verfolgen müssen, können Sie zum Sammeln dieser Daten von den Ressourcen folgende Methoden verwenden:

- Microsoft Project Professional zusammen mit Microsoft Project Server einsetzen, um eine Intranet-basierte Lösung für die Zusammenarbeit, die Überwachung und Statusberichte zu erhalten.
- Die aktuellen Werte selber eingeben. Diese Methode lässt sich dann verwenden, wenn Sie mit einer nur kleinen Gruppe von Ressourcen regelmäßig kommunizieren. Dabei haben Sie auch Gelegenheit, mit den Ressourcen über eventuelle aufgetretene Überraschungen (positiver oder negativer Art) bei der Durchführung ihrer Aufgaben zu reden.

- Die aktuellen Werte über ein formales Statusberichtssystem sammeln. Diese Technik kann sich auf eine bereits bestehende Struktur innerhalb Ihres Unternehmens stützen und noch anderen Zwecken als der Sammlung von Daten über den Projektstatus dienen.

Terminplan für noch nicht erledigte Arbeit neu erstellen

Im Verlauf eines Projekts wird die Arbeit an einem Vorgang oder für das gesamte Projekt möglicherweise zeitweise unterbrochen. Sollte dies passieren, können Sie Microsoft Project veranlassen, die verbleibende Arbeit neu einzuplanen, so dass sie nach dem angegebenen Datum neu beginnt.

Wenn der Terminplan neu erstellt werden muss, muss das Datum angegeben werden, nach dem die Arbeit wieder aufgenommen werden kann. Microsoft Project geht bei der Berechnung wie folgt vor:

- Falls für den Vorgang vor dem Datum, ab dem der Terminplan neu erstellt werden muss, keine aktuelle Arbeit aufgezeichnet wurde und falls keine Einschränkungen angewendet wurden, wird der gesamte Vorgang ab dem angegebenen Datum neu geplant.
- Falls für den Vorgang aktuelle Arbeit vor dem angegebenen Datum aufgezeichnet wurde, ab dem die Neuplanung erfolgen soll, wird der Vorgang so aufgeteilt, dass die gesamte verbleibende Arbeit nach dem Termin beginnt, ab dem die Neuplanung erfolgen soll. Die aktuelle Arbeit wird davon nicht beeinflusst.
- Falls für den Vorgang für die Zeit vor der Neuplanung und auch danach aktuelle Arbeit aufgezeichnet wurde, wirkt sich die Neuplanung nicht auf den Vorgang aus.

An diesem Punkt des Projekts ist die Arbeit an den ersten beiden Szenen (Nr. 7 und 3) bereits abgeschlossen und das Team will nun mit der nächsten geplanten Szene, der Szene 1, beginnen. In der folgenden Übung behandeln Sie eine Verzögerung, die durch Probleme im Studio verursacht wird.

ÖFFNEN SIE die Datei* Kurzfilmprojekt 14d*, die Sie im Ordner* Eigene Dateien\Microsoft Press\Project 2003 Training\14_ProjektfortschrittVerfolgen *finden. Sie können den Ordner auch über* Start/Alle Programme/Microsoft Press/Project 2003 Training *öffnen.

1. Wählen Sie im Menü **Datei** den Befehl **Speichern unter.**

   Das Dialogfeld **Speichern unter** öffnet sich.

2. Geben Sie in das Feld **Dateiname** die Bezeichnung ***Kurzfilmprojekt 14 Neuplanung*** ein und klicken Sie dann auf die Schaltfläche **Speichern**.

3 Wählen Sie im Menü **Bearbeiten** den Befehl **Gehe zu**, geben Sie in das Feld **Nr.** den Wert ***38*** ein und klicken Sie dann auf **OK**.

Microsoft Project verschiebt den Zeitskalaabschnitt der Ansicht **Balkendiagramm (Gantt)** so, dass der Gantt-Balken für Vorgang 38, **Szene 1 einrichten**, angezeigt wird. Für diesen Vorgang wurde bereits aktuelle Arbeit fertig gestellt. Es verbleiben noch zwei Tage geplante Arbeit.

4 Verschieben Sie den Bildausschnitt der Ansicht **Balkendiagramm (Gantt)** so, dass der Sammelvorgang **Szene 1** nahe am oberen Rand angezeigt wird.

Ihr Bildschirm sollte nun etwa wie in der folgenden Abbildung aussehen.

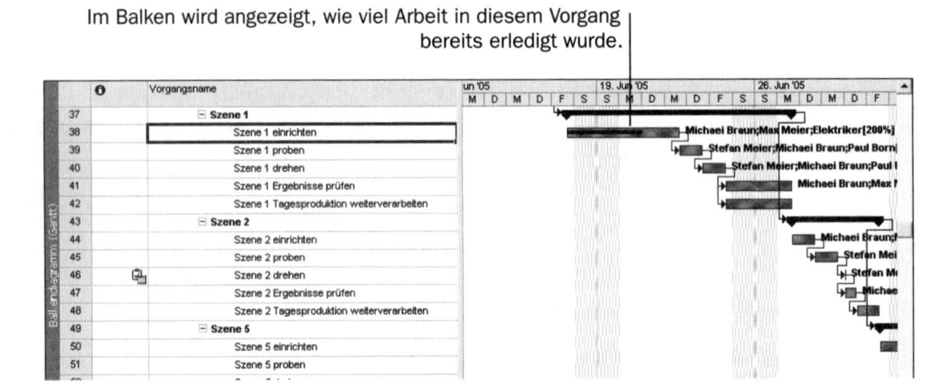

Sie haben erfahren, dass am Abend des 20. Juni (Montag) ein Wasserrohr im Studio geplatzt ist, in dem Szene 1 gedreht werden sollte. Die Ausrüstung wurde zwar nicht beschädigt, die Aufräumungsarbeiten verzögern die Arbeit jedoch bis zum 27. Juni (Montag). Damit muss die Arbeit an dem Produktionsvorgang für den Rest der Woche unterbrochen werden. Als Nächstes planen Sie die verbleibende Arbeit so ein, dass die Arbeit am Projekt am Montag neu gestartet werden kann.

5 Öffnen Sie das Menü **Extras**, zeigen Sie auf den Befehl **Überwachung** und klicken Sie dann auf den Befehl **Projekt aktualisieren**.

Das Dialogfeld **Projekt aktualisieren** öffnet sich.

6 Wählen Sie die Option **Anfang nicht abgeschlossener Arbeiten verschieben auf Datum nach** und geben Sie dann in das Datumsfeld den Wert ***26.6.05*** ein.

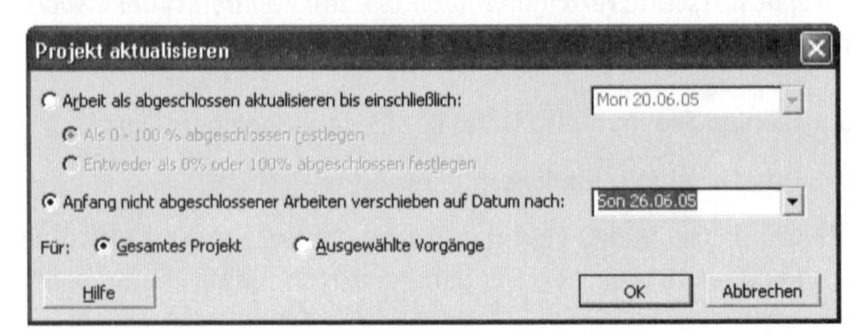

7 Klicken Sie auf **OK**, um das Dialogfeld **Projekt aktualisieren** zu schließen.

Microsoft Project teilt Vorgang 38 nun so auf, dass der nicht abgeschlossene Teil des Vorgangs bis Montag, den 27.6.05, verzögert wird. Ihr Bildschirm sollte nun etwa wie in der folgenden Abbildung aussehen.

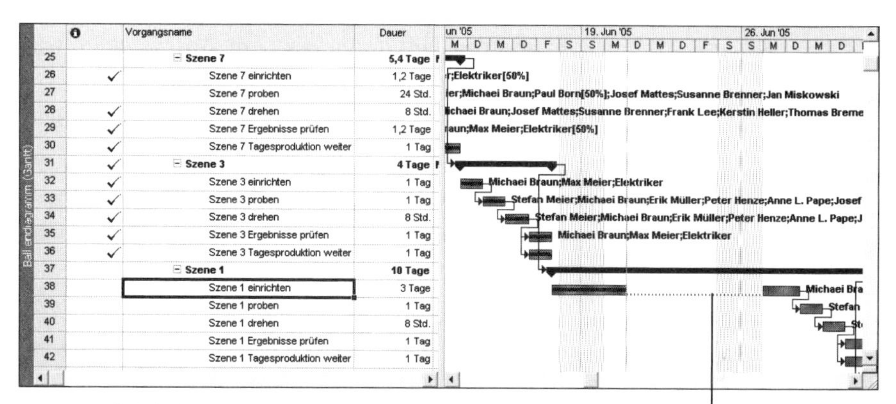

Bei der Neuplanung wird der Vorgang unterbrochen und an einem späteren Termin fortgesetzt. Die Termine aller darauf folgenden Vorgänge werden automatisch angepasst.

Wie Sie sehen können, bleibt die Dauer von drei Tagen für Vorgang 38 zwar erhalten, der Endtermin und der verzögerte Anfangstermin für die noch ausstehenden Arbeiten wurden jedoch verschoben. So wurde zwar ein Problem gelöst, für den restlichen Verlauf des Projekts sind jedoch weitere Probleme entstanden. Diese und andere Probleme werden Sie in späteren Kapiteln behandeln.

TIPP Sie können die Fähigkeit von Microsoft Project, noch ausstehende Arbeiten neu einzuplanen, auch deaktivieren. Wählen Sie dazu im Menü **Extras** den Befehl **Optionen** und deaktivieren Sie auf der Registerkarte **Terminplan** das Kontrollkästchen **Angefangene Vorgänge automatisch unterbrechen.**

Wenn Sie Statusdaten für die Berichterstattung aktueller Werte benutzen, unterstützt Microsoft Project verschiedene Optionen, um die Art und Weite zu steuern, in der nicht abgeschlossene Vorgänge neu eingeplant werden. Klicken Sie dazu im Menü **Extras** auf den Befehl **Optionen** und aktivieren Sie im Dialogfeld **Optionen** die Registerkarte **Berechnen**. Entscheidend sind das Kontrollkästchen **Das Ende der nach dem Statusdatum abgeschlossenen Teile zurück zum Statusdatum verschieben** und die drei darunter liegenden Kontrollkästchen.

Weitere Informationen zu dieser und anderen Optionen auf den Registerkarten des Dialogfelds **Optionen** erhalten Sie, wenn Sie im Dialogfeld auf die Schaltfläche **Hilfe** klicken.

***SCHLIESSEN SIE** den Projektplan* **Kurzfilmprojekt 14 Neuplanung.**

Zusammenfassung

- Mit einem Basisplan speichern Sie eine Reihe von Vorgangs-, Ressourcen- und Zuordnungswerten in einem Projektplan. In einem Zwischenplan können Sie dagegen nur das Anfangs- und das Enddatum für Vorgänge speichern.
- Wenn Sie die Arbeit auf Vorgangsebene überwachen, wird sie auf Zuordnungsebene heruntergerechnet. Umgekehrt gilt, wenn Sie Arbeit auf Zuordnungsebene überwachen, wird sie auf Vorgangsebene hochgerechnet.
- In Einsatztabellen können Sie die Zeitskala auf der unteren Leiste an die Zeitspanne anpassen, die Sie überwachen möchten. Wenn Sie beispielsweise die aktuelle Arbeit in Wochen überwachen möchten, können Sie die Zeitskala auf der unteren Leiste auf Wochen einstellen.
- Muss die Arbeit an einem Projekt unterbrochen werden, können Sie sie an einem von Ihnen angegebenen Datum wieder fortsetzen lassen.

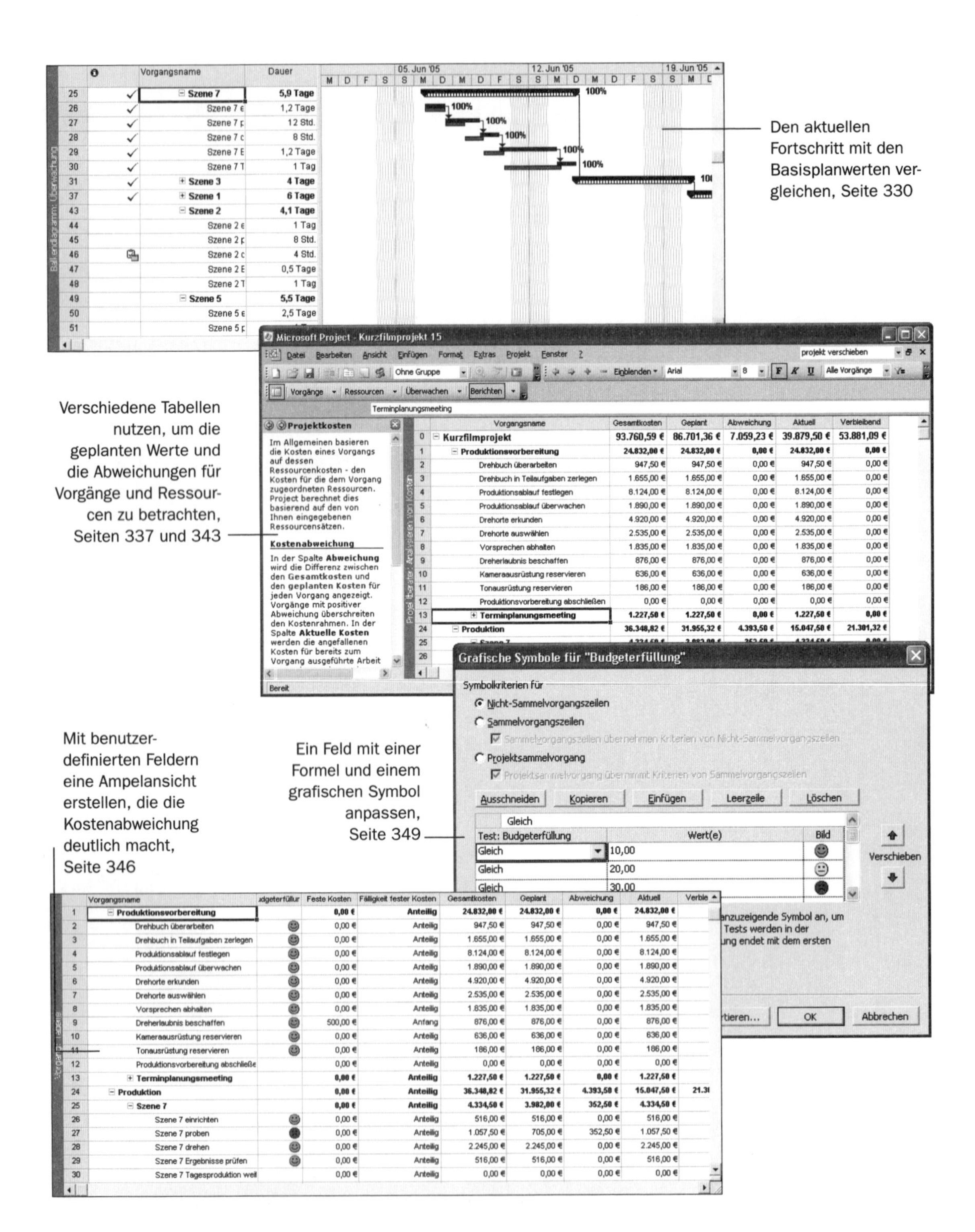

Kapitel 15 auf einen Blick

15 Projektstatus verfolgen und als Bericht ausgeben

In diesem Kapitel lernen Sie,

- ✔ **wie Sie verspätet begonnene oder abgeschlossene Vorgänge ermitteln.**
- ✔ **wie Sie Vorgangskosten für Sammelvorgänge und auf Detailebene betrachten.**
- ✔ **wie Sie Ressourcenkosten und Abweichungen ermitteln.**
- ✔ **wie Sie mit benutzerdefinierten Feldern eine Ansicht erzeugen, die die Kostenabweichung für jeden Vorgang veranschaulicht.**

Siehe auch Falls Sie nur eine kurze Wiederholung zu den Themen benötigen, die in diesem Kapitel behandelt werden, lesen Sie den Schnellüberblick zu Kapitel 15 am Anfang dieses Buches.

Nachdem ein *Basisplan* festgelegt wurde und das Team mit der Projektarbeit begonnen hat, konzentriert sich der Projektmanager verstärkt auf die Datensammlung und -eingabe sowie auf die Analyse der Projektleistungsdetails. Bei den meisten Projekten soll diese Analyse folgende drei Fragen beantworten:

- Wie viel Arbeit war erforderlich, um einen Vorgang abzuschließen?
- Wurde der Vorgang planmäßig begonnen und beendet?
- Wie viel hat der Vorgang gekostet?

Durch einen Vergleich der Antworten auf diese Fragen mit dem Basisplan können der Projektmanager und die Beteiligten den Fortschritt eines Projekts bewerten und erkennen, wann korrigierende Maßnahmen erforderlich sind.

Die Kommunikation des Projektstatus an wichtige Beteiligte wie Kunden oder Sponsoren ist zweifellos die bedeutendste Aufgabe eines Projektmanagers und sie beansprucht einen Großteil seiner Arbeitszeit. Ein perfekter Informationsfluss kann zwar den Erfolg eines Projekts nicht garantieren, ein Projekt mit einem schlechten Informationsfluss ist jedoch sicher zum Scheitern verurteilt.

Um den Projektstatus erfolgreich kommunizieren zu können, müssen Sie Folgendes wissen:

- Wer muss den Projektstatus zu welchem Zweck kennen?
- Welches Format oder welcher Grad an Genauigkeit wird benötigt?

Derartige Fragen sollten Sie in der Projektplanungsphase klären. Nachdem das Projekt gestartet wurde, muss der Projektstatus in Form von Berichten kommuniziert werden. Diese Berichte können verschiedene Formen haben:

- Statusberichte, die beschreiben, an welchem Punkt sich das Projekt in Kosten, Umfang und Zeit ausgedrückt befindet (die drei Seiten des *Projektdreiecks*)
- Fortschrittsberichte, die die Leistung des Projektteams dokumentieren
- Vorhersageberichte, die den zukünftigen Projektverlauf darstellen

Wenn sich die berechneten oder aktuellen Projektwerte von den Basisplanwerten unterscheiden, haben Sie es mit einer so genannten *Abweichung* zu tun. Abweichungen werden normalerweise als zeitbezogene oder kostenbezogene Werte ausgedrückt, beispielsweise Tage über Soll-Dauer oder Euro über Soll-Kosten. Die meisten Projektmanager verbringen einen Gutteil ihrer Zeit nach der Planungsphase mit dem Ermitteln von auftretenden Abweichungen und der angemessenen Reaktion darauf. Bevor Sie aber auf eine Abweichung reagieren können, müssen Sie sie zunächst ermitteln, dokumentieren und in einem Bericht darstellen. Und mit genau diesen Punkten beschäftigt sich dieses Kapitel.

TIPP Die Projektmanagementlösung *Enterprise Project Management (EPM)*: Dieses Kapitel beschreibt einige mögliche Formen der Statusberichterstattung. Zusammen mit Microsoft Project Server bietet Microsoft Project Professional jedoch wesentlich umfassendere Möglichkeiten, um Daten von Ressourcen oder Beteiligten zu erfassen.

WICHTIG Bevor Sie die Übungsdateien in diesem Kapitel benutzen können, müssen Sie sie von der Begleit-CD in den vorgegebenen Standardordner installieren. Einzelheiten dazu finden Sie im Abschnitt „Die Übungsdateien installieren“ am Anfang dieses Buches.

Vorgänge ermitteln, die nicht im Terminplan liegen

Gründe für Abweichungen können zum Beispiel Verzögerungen beim Beginn und beim Ende eines Vorgangs sein. Sie werden bestimmt wissen wollen, welche aktuell bearbeiteten Vorgänge verspätet begonnen worden sind oder welche Vorgänge wahrscheinlich nicht rechtzeitig werden beginnen können. Es ist außerdem hilfreich zu wissen, welche schon abgeschlossenen Vorgänge nicht rechtzeitig begonnen wurden und welchen Grund die Verzögerung hatte.

Verspätete Vorgänge lassen sich auf verschiedene Weise anzeigen. Entscheidend ist dabei, welche Daten Sie sehen wollen.

- Sie können die Ansicht **Balkendiagramm: Überwachung** anwenden, um die Basisplandaten der Vorgänge mit ihren aktuellen oder geplanten Werten grafisch zu vergleichen.
- Sie können auch die Tabelle **Abweichung** für eine Vorgangsansicht verwenden, um die Abweichung in Tagen für den Anfangs- und den Endtermin jedes Vorgangs zu betrachten.
- Verspätete oder überfällige Vorgänge können Sie mit den Filtern **Überfällige/ späte Bearbeitung** herausfiltern.
- Sie können den Anweisungen im Seitenbereich **Überprüfen des Fortschritts** (in der Symbolleiste **Projektberater** auf **Überwachen** und dann auf den Link **Überprüfen des Projektfortschritts** klicken) oder im Seitenbereich **Vergleichen des Fortschritts** (in der Symbolleiste **Projektberater** auf **Berichten** und dann auf den Link **Vergleichen des Fortschritts mit der geplanten Arbeit** klicken) folgen.

In der folgenden Übung wenden Sie verschiedene Methoden zum Identifizieren von Abweichungen an.

WICHTIG Wenn Sie mit Microsoft Project Professional arbeiten, müssen Sie unter Umständen eine einmalige Einstellung vornehmen, damit Sie mit dem eigenen Arbeitsplatz-Account und offline arbeiten können. So wird sichergestellt, dass die Übungsdateien, mit denen Sie in diesem Kapitel arbeiten, keine Auswirkungen auf Ihre Microsoft Project Server-Daten haben. Mehr Informationen hierzu finden Sie in Kapitel 1 im Abschnitt „Microsoft Office Project Professional starten“.

ÖFFNEN SIE die Datei* Kurzfilmprojekt 15a*, die Sie im Ordner* Eigene Dateien\Microsoft Press\Project 2003 Training\15_ProjektstatusAusgeben *finden. Sie können den Ordner auch über* Start/Alle Programme/Microsoft Press/Project 2003 Training *öffnen.

1. Wählen Sie im Menü **Datei** den Befehl **Speichern unter**.

   Das Dialogfeld **Speichern unter** öffnet sich.
2. Geben Sie im Feld **Dateiname** die Bezeichnung ***Kurzfilmprojekt 15*** ein und klicken Sie dann auf **Speichern**.

   Um die Analyse der verzögerten Vorgänge zu starten, beginnen Sie nun auf der höchsten Ebene, das heißt mit dem Sammelvorgängen.
3. Wählen Sie im Menü **Projekt** den Befehl **Projektinfo**.

   Das Dialogfeld **Projektinfo** öffnet sich.

4 Klicken Sie auf die Schaltfläche **Statistik**.

Das Dialogfeld **Projektstatistik** öffnet sich

Hier sehen Sie den Start- und den Endtermin und die Abweichung

Projektstatistik für "Kurzfilmprojekt 15"

	Anfang	Ende
Berechnet	Mon 07.03.05	Don 02.02.06
Geplant	Mon 07.03.05	Mon 16.01.06
Aktuell	Mon 07.03.05	NV
Abweichung	0t	12,28t

	Dauer	Arbeit	Kosten
Berechnet	238,17t	5.558,73h	93.760,59 €
Geplant	225,89t	5.365h	86.701,36 €
Aktuell	86,23t	2.178h	39.879,50 €
Verbleibend	151,93t	3.380,73h	53.881,09 €

Prozent abgeschlossen:
Dauer: 36% Arbeit: 39%

Schließen

Diesem Dialogfeld können Sie unter anderem entnehmen, dass das Projekt momentan 12,28 Tage vom geplanten Endtermin abweicht. Entsprechend hat sich das Enddatum um diese Anzahl von Tagen verschoben.

5 Klicken Sie auf die Schaltfläche **Schließen**, um das Dialogfeld **Projektstatistik** zu schließen.

Im restlichen Verlauf der Übung nutzen Sie verschiedene Techniken, um die Abweichung einzelner Vorgänge zu überprüfen.

6 Wählen Sie im Menü **Ansicht** den Befehl **Balkendiagramm: Überwachung**.

Microsoft Project wechselt in die Ansicht **Balkendiagramm: Überwachung**.

7 Klicken Sie in der Spalte **Vorgangsname** auf Sammelvorgang 25, **Szene 7**.

Gehe zu ausgewähltem Vorgang

8 Klicken Sie in der Standardsymbolleiste auf die Schaltfläche **Gehe zu ausgewähltem Vorgang**.

Im Diagrammteil der Ansicht wird nun die aktuelle Planung der Vorgänge in Form von blauen und roten Balken angezeigt. Die blauen Balken kennzeichnen nicht kritische und die roten Balken kritische Vorgänge. Pro Vorgang werden die aktuellen und die Basisplanwerte angezeigt.

Hier können Sie sehen, ab wann die aktuellen Werte von den Basisplanwerten abweichen. Mit den Vorgängen 26 und 27 wurde wie geplant begonnen, Vorgang 27 wurde jedoch später als geplant beendet.

Blaue Balken stehen für einen geplanten bzw. in einem bestimmten Zeitraum abgeschlossenen Vorgang.

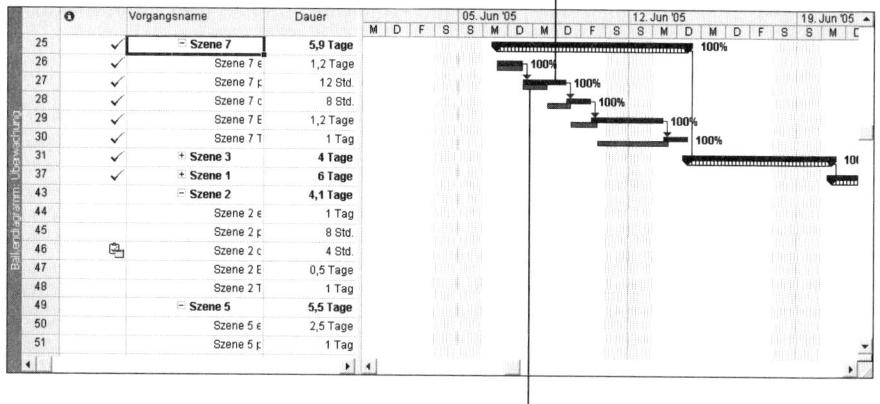

Graue Balken geben den Basisplan wieder.

9 Wählen Sie im Menü **Bearbeiten** den Befehl **Gehe zu**.

Das Dialogfeld **Gehe zu** öffnet sich.

TIPP Das Dialogfeld **Gehe zu** können Sie auch über die Tastenkombination [Strg] + [G] öffnen.

10 Geben Sie in das Feld **Nr.** den Wert ***41*** ein und klicken Sie dann auf **OK**.

Microsoft Project verschiebt den Zeitskalaabschnitt der Ansicht **Balkendiagramm: Überwachung** so, dass Vorgang 41 zu sehen ist.

11 Blättern Sie im Diagramm nach oben, damit Vorgang 41 oben in der Ansicht angezeigt wird.

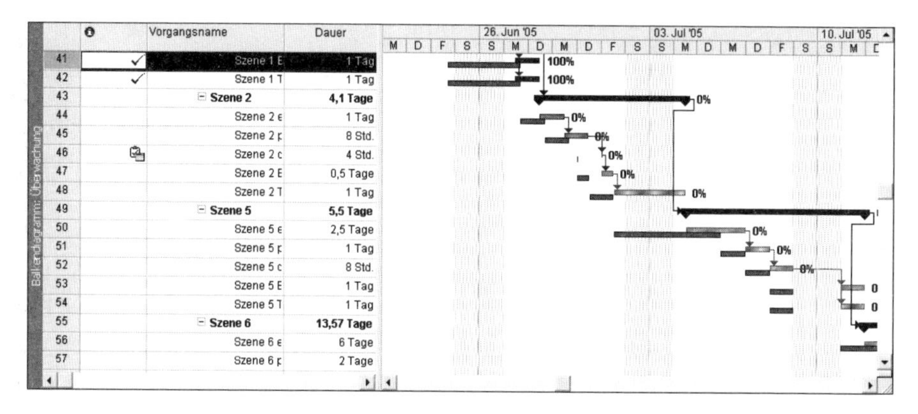

Hier sehen Sie die Gantt-Balken für die Basisplanwerte (die grauen Balken), die Gantt-Balken für die abgeschlossenen Vorgänge (blaue Balken) und für die Vorgänge, die noch nicht begonnen wurden (die roten Balken).

TIPP Um mehr über einen Balken oder ein anderes Element in der Ansicht **Balkendiagramm** zu erfahren, zeigen Sie mit der Maus auf das Element. Daraufhin wird eine QuickInfo eingeblendet, der Sie weitere Informationen entnehmen können.

Um nur die verspäteten Vorgänge zu sehen, wenden Sie nun einen Filter an.

12 Öffnen Sie das Menü **Projekt**, zeigen Sie auf **Filter: Alle Vorgänge** und klicken Sie dann auf den Befehl **Weitere Filter.**

Das Dialogfeld **Weitere Filter** öffnet sich. Hier sehen Sie alle vordefinierten Filter für Vorgänge und Ressourcen.

13 Markieren Sie im Dialogfeld **Weitere Filter** den Filter **Verzögerte Vorgänge** und klicken Sie dann auf die Schaltfläche **Anwenden.**

Microsoft Project filtert die Vorgangsliste, um nur die Vorgänge anzuzeigen, die sich gegenüber dem Basisplan verzögert haben.

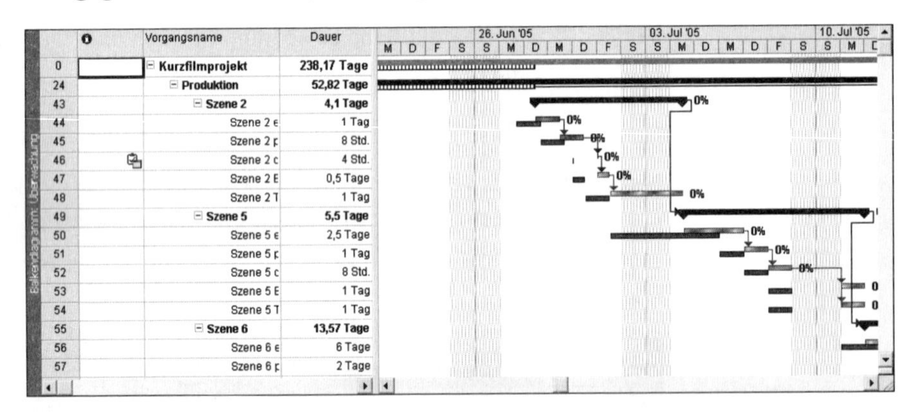

Beachten Sie die Lücken zwischen den Vorgangsnummern. Die Vorgänge 1 bis 23 werden beispielsweise gar nicht angezeigt, weil sie bereits abgeschlossen sind.

An diesem Punkt der Planung hat sich der geplante Anfangstermin der Vorgänge ziemlich stark verzögert. (Um dies zu prüfen, können Sie im Diagrammteil der Ansicht den Bildausschnitt so verschieben, dass Sie die Basisplan-Balken für alle Vorgänge sehen.) Die Gantt-Balken für die geplanten Werte sind rot formatiert, um deutlich zu machen, dass es sich um kritische Vorgänge handelt. Alle Verzögerungen wirken sich bei diesen Vorgängen auf den Endtermin des Projekts aus.

14 Zeigen Sie nun im Menü **Projekt** auf **Filter: Verzögerte Vorgänge** und klicken Sie dann auf **Alle Vorgänge**.

Microsoft Project entfernt den Filter. Wie immer wirkt sich die Anwendung und Entfernung eines Filters nicht auf die zugrunde liegenden Daten aus.

Die Ansicht **Balkendiagramm: Überwachung** veranschaulicht den Unterschied zwischen dem geplanten, dem aktuellen Projektablauf und dem Ablauf nach Basisplan. Um diese Informationen in Tabellenform zu sehen, müssen Sie die Tabelle **Abweichung** in der Ansicht **Vorgang: Tabelle** betrachten.

15 Wählen Sie im Menü **Ansicht** den Befehl **Weitere Ansichten**.

Das Dialogfeld **Weitere Ansichten** öffnet sich.

16 Markieren Sie die Ansicht **Vorgang: Tabelle** und klicken Sie dann auf die Schaltfläche **Auswahl**.

Microsoft Project blendet die Ansicht **Vorgang: Tabelle** ein. Als Nächstes aktivieren Sie die Tabelle **Abweichung**.

17 Öffnen Sie das Menü **Ansicht**, zeigen Sie auf **Tabelle: Eingabe** und klicken Sie dann auf **Abweichung**.

TIPP Sie können auch mit der rechten Maustaste auf das Feld **Alles markieren** in der linken oberen Ecke der aktiven Tabelle klicken und dann die Tabelle wählen, zu der Sie wechseln möchten.

Die Tabelle **Abweichung** wird in der Ansicht **Vorgang: Tabelle** angezeigt. Ihr Bildschirm sollte nun in etwa wie in der folgenden Abbildung aussehen (verbreitern Sie gegebenenfalls die Spalten, um alle Informationen sehen zu können).

Um zu einer anderen Tabelle zu wechseln, klicken Sie hier mit der rechten Maustaste und wählen dann die gewünschte Tabelle aus.

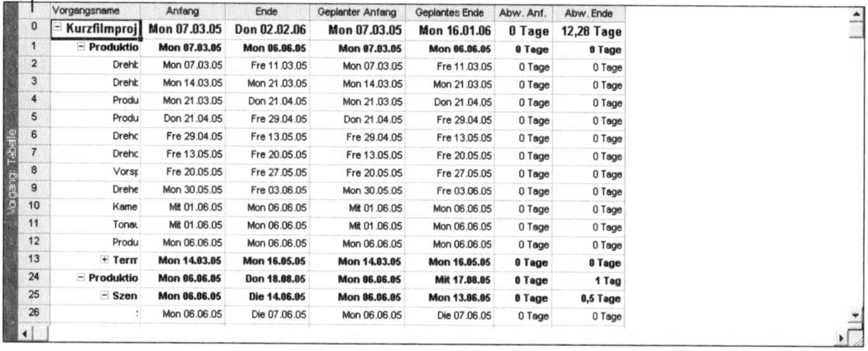

	Vorgangsname	Anfang	Ende	Geplanter Anfang	Geplantes Ende	Abw. Anf.	Abw. Ende
0	**Kurzfilmproj**	**Mon 07.03.05**	**Don 02.02.06**	**Mon 07.03.05**	**Mon 16.01.06**	**0 Tage**	**12,28 Tage**
1	**Produktio**	**Mon 07.03.05**	**Mon 06.06.05**	**Mon 07.03.05**	**Mon 06.06.05**	**0 Tage**	**0 Tage**
2	Drehk	Mon 07.03.05	Fre 11.03.05	Mon 07.03.05	Fre 11.03.05	0 Tage	0 Tage
3	Drehk	Mon 14.03.05	Mon 21.03.05	Mon 14.03.05	Mon 21.03.05	0 Tage	0 Tage
4	Produ	Mon 21.03.05	Don 21.04.05	Mon 21.03.05	Don 21.04.05	0 Tage	0 Tage
5	Produ	Don 21.04.05	Fre 29.04.05	Don 21.04.05	Fre 29.04.05	0 Tage	0 Tage
6	Drehc	Fre 29.04.05	Fre 13.05.05	Fre 29.04.05	Fre 13.05.05	0 Tage	0 Tage
7	Drehc	Fre 13.05.05	Fre 20.05.05	Fre 13.05.05	Fre 20.05.05	0 Tage	0 Tage
8	Vorsp	Fre 20.05.05	Fre 27.05.05	Fre 20.05.05	Fre 27.05.05	0 Tage	0 Tage
9	Drehe	Mon 30.05.05	Fre 03.06.05	Mon 30.05.05	Fre 03.06.05	0 Tage	0 Tage
10	Kame	Mit 01.06.05	Mon 06.06.05	Mit 01.06.05	Mon 06.06.05	0 Tage	0 Tage
11	Tonau	Mit 01.06.05	Mon 06.06.05	Mit 01.06.05	Mon 06.06.05	0 Tage	0 Tage
12	Produ	Mon 06.06.05	Mon 06.06.05	Mon 06.06.05	Mon 06.06.05	0 Tage	0 Tage
13	**Term**	**Mon 14.03.05**	**Mon 16.05.05**	**Mon 14.03.05**	**Mon 16.05.05**	**0 Tage**	**0 Tage**
24	**Produktio**	**Mon 06.06.05**	**Don 18.08.05**	**Mon 06.06.05**	**Mit 17.08.05**	**0 Tage**	**1 Tag**
25	**Szen**	**Mon 06.06.05**	**Die 14.06.05**	**Mon 06.06.05**	**Mon 13.06.05**	**0 Tage**	**0,5 Tage**
26	:	Mon 06.06.05	Die 07.06.05	Mon 06.06.05	Die 07.06.05	0 Tage	0 Tage

Vorgang: Tabelle

In dieser Tabelle sehen Sie den geplanten Anfang, das geplante Ende, den Anfang laut Basisplan und das Ende laut Basisplan und die Abweichungen für Anfang und Ende pro Vorgang.

So können Sie verzögerte Vorgänge anzeigen lassen:

- Um eine Legende mit allen Farben und Symbolen des Gantt-Diagramms anzeigen zu lassen, wechseln Sie zu einer Gantt-Ansicht und wählen dann im Menü **Format** den Befehl **Balkenarten**. Im Dialogfeld **Balkenarten** werden in den Spalten **Name** und **Darstellung** alle Farben und Symbole erläutert.
- Die Filter von Microsoft Project stehen über die Schaltfläche **Filter** in der Formatsymbolleiste zur Verfügung. Der Name des aktiven Filters wird im Feld der Schaltfläche angezeigt. Klicken Sie auf die Pfeilschaltfläche neben dem Filternamen, um die anderen Filter zu betrachten. Wenn auf die aktuelle Ansicht kein Filter angewendet ist, enthält die Schaltfläche den Text **Alle Vorgänge** bzw. **Alle Ressourcen**.
- Sie können die Kriterien betrachten, die die meisten Filter verwenden, um festzustellen, welche Vorgänge oder Ressourcen angezeigt oder ausgeblendet werden sollen. Öffnen Sie dazu das Menü **Projekt**, zeigen Sie auf **Filter: Alle Vorgänge** und klicken Sie dann auf den Befehl **Weitere Filter**. Im Dialogfeld **Weitere Filter** klicken Sie auf den gewünschten Filter und dann auf die Schaltfläche **Bearbeiten**. Im Dialogfeld **Filterdefinition** können Sie sehen, welche Abfragen auf die verschiedenen Felder angewendet werden.
- Ein nützlicher Bericht zur Darstellung von Vorgängen, die nicht im Plan liegen, ist der Bericht **Verzögerte Vorgänge**. Gehen Sie zum Öffnen dieses Berichts folgendermaßen vor: Klicken Sie im Menü **Ansicht** auf **Berichte**, doppelklicken Sie im Dialogfeld auf **Vorgangsstatus** und danach auf **Verzögerte Vorgänge**.
- In dieser Übung haben Sie eine Vorgangsabweichung betrachtet. Um eine Abweichung einer Vorgangszuordnung anzuzeigen, wechseln Sie in die Ansicht **Vorgang: Einsatz** und zur Tabelle **Abweichung** (für Abweichungen im Terminplan) bzw. zur Tabelle **Arbeit** (für Abweichungen in der Arbeit).

Projektmanagement-Schwerpunkt: Den Projektstatus kommunizieren

Wenn Sie in einem Unternehmen arbeiten, das sehr stark projektbezogen arbeitet und bei dem das Projektmanagement eine große Rolle spielt, gibt es sehr wahrscheinlich Standardmethoden und -formate für die Berichterstattung. Ist dies nicht der Fall, können Sie möglicherweise selbst Projektstatusformate einführen, die auf einer klaren Kommunikation und Projektmanagementprinzipien basieren.

In Microsoft Project stehen Ihnen folgende Techniken zur Verfügung, um über den Projektstatus zu berichten:

- Ausdruck des Berichts **Projektübersicht**
- Microsoft Project-Daten in andere Anwendungen kopieren, zum Beispiel die Ansicht **Balkendiagramm (Gantt)** in Microsoft Word oder in Microsoft PowerPoint
- Microsoft Project-Daten in anderen Formaten speichern, zum Beispiel HTML, und das Exportschema **Mit Basisplan vergleichen** nutzen
- In Microsoft Project Professional den Projektstatus über Microsoft Project Server veröffentlichen und den Beteiligten so die Möglichkeit bieten, Einzelheiten zum Projekt mit dem Webbrowser betrachten zu können

Die Tools, mit denen Statusberichte erstellt werden können, werden an anderen Stellen im Buch beschrieben.

Vorgangskosten ermitteln

Obwohl der Terminplan zwar in fast allen Projekten von entscheidender Bedeutung ist, ist er aber doch nur einer der Indikatoren für die Gesamtprojektleistung. Bei Projekten, in denen auch Kosten eine Rolle spielen, ist die Kostenabweichung ein weiterer wichtiger Indikator: Bewegen sich die Vorgänge im Rahmen des Budgets? Vorgangskosten bestehen in Microsoft Project aus den festen Kosten, die direkt auf Vorgänge bezogen sind, und Ressourcenkosten, die von Zuordnungen abgeleitet werden, oder aus beidem. Die Überprüfung der Kostenabweichungen erlaubt Ihnen, schrittweise Budgetanpassungen für einzelne Vorgänge vorzunehmen und damit zu vermeiden, dass das Gesamtbudget des Projekts überschritten wird.

TIPP Eine weitere Möglichkeit, Projektkosten einzusetzen, um aus der bisherigen Leistung die zukünftige Leistung vorherzusagen, bietet die *Ertragswertanalyse*. Um mehr hierzu zu erfahren, geben Sie den Suchbegriff ***Ertragswert*** in das Feld **Frage hier eingeben** in der rechten oberen Ecke des Microsoft Project-Fensters ein. Außerdem finden Sie auch in Kapitel 19 mehr zu diesem Thema.

Obwohl Vorgänge und Ressourcen (und ihre Kosten) direkt miteinander verbunden sind, ist es hilfreich, beide getrennt voneinander zu überprüfen. In der folgenden Übung zeigen Sie die Kostenabweichung für Vorgänge an.

1. Wählen Sie im Menü **Projekt** den Befehl **Projektinfo**.

   Das Dialogfeld **Projektinfo** öffnet sich.

2. Klicken Sie auf die Schaltfläche **Statistik**.

Das Dialogfeld **Projektstatistik** wird eingeblendet.

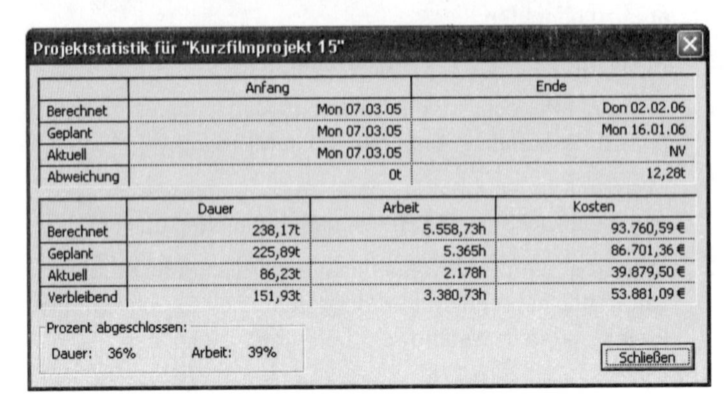

Projektstatistik für "Kurzfilmprojekt 15"

	Anfang	Ende
Berechnet	Mon 07.03.05	Don 02.02.06
Geplant	Mon 07.03.05	Mon 16.01.06
Aktuell	Mon 07.03.05	NV
Abweichung	0t	12,28t

	Dauer	Arbeit	Kosten
Berechnet	238,17t	5.558,73h	93.760,59 €
Geplant	225,89t	5.365h	86.701,36 €
Aktuell	86,23t	2.178h	39.879,50 €
Verbleibend	151,93t	3.380,73h	53.881,09 €

Prozent abgeschlossen:
Dauer: 36% Arbeit: 39%

Schließen

In der Spalte **Kosten** können Sie den berechneten, den Basisplan-, den aktuellen und den verbleibenden Kostenwert für das gesamte Projekt ablesen.

- Berechnete Kosten ergeben sich aus der Summe der aktuellen Kosten und der verbleibenden Kosten.
- Geplante Kosten sind die Kosten, die sich aus der Summe der im Basisplan eingetragenen Kosten ergeben.
- Aktuelle Kosten sind die Kosten, die bisher angefallen sind, nachdem 36 % der Projektdauer verstrichen ist und 39 % aller Arbeiten abgeschlossen wurden.
- Verbleibende Kosten berechnen sich als Differenz der berechneten und der aktuellen Kosten.
- In den Kosten tritt eine Abweichung auf. Aus den Angaben im Dialogfeld **Projektstatistik** lässt sich jedoch nicht entnehmen, wann und wo die Abweichungen auftraten.

3 Klicken Sie auf die Schaltfläche **Schließen**, um das Dialogfeld **Projektstatistik** zu schließen.

Als Nächstes wechseln Sie zu Ansichten, in denen Sie die Kostenabweichung genauer überprüfen können. Beginnen Sie mit der Tabelle **Kosten**.

4 Öffnen Sie das Menü **Ansicht**, zeigen Sie auf **Tabelle: Abweichung** und wählen Sie dann den Befehl **Kosten**.

TIPP Sie können auch mit der rechten Maustaste auf die linke obere Ecke der aktiven Tabelle klicken und im Kontextmenü, das sich daraufhin öffnet, den Eintrag **Kosten** wählen, um die entsprechende Tabelle anzuzeigen.

Die Tabelle **Kosten** wird nun in der Ansicht **Vorgang: Tabelle** aktiviert. Ihr Bildschirm sollte nun etwa wie in der folgenden Abbildung aussehen.

	Vorgangsname	Feste Kosten	Fälligkeit fester Kosten	Gesamtkosten	Geplant	Abweichung	Aktuell	Verbleibend
0	**Kurzfilmprojekt**	**0,00 €**	**Anteilig**	**93.760,59 €**	**86.701,36 €**	**7.059,23 €**	**39.879,50 €**	**53.881,09 €**
1	**Produktionsvorberei**	**0,00 €**	**Anteilig**	**24.832,00 €**	**24.832,00 €**	**0,00 €**	**24.832,00 €**	**0,00 €**
2	Drehbuch überarb	0,00 €	Anteilig	947,50 €	947,50 €	0,00 €	947,50 €	0,00 €
3	Drehbuch in Teilau	0,00 €	Anteilig	1.655,00 €	1.655,00 €	0,00 €	1.655,00 €	0,00 €
4	Produktionsablauf	0,00 €	Anteilig	8.124,00 €	8.124,00 €	0,00 €	8.124,00 €	0,00 €
5	Produktionsablauf	0,00 €	Anteilig	1.890,00 €	1.890,00 €	0,00 €	1.890,00 €	0,00 €
6	Drehorte erkunder	0,00 €	Anteilig	4.920,00 €	4.920,00 €	0,00 €	4.920,00 €	0,00 €
7	Drehorte auswähl	0,00 €	Anteilig	2.535,00 €	2.535,00 €	0,00 €	2.535,00 €	0,00 €
8	Vorsprechen abh	0,00 €	Anteilig	1.835,00 €	1.835,00 €	0,00 €	1.835,00 €	0,00 €
9	Dreherlaubnis bes	500,00 €	Anfang	876,00 €	876,00 €	0,00 €	876,00 €	0,00 €
10	Kameraausrüstun	0,00 €	Anteilig	636,00 €	636,00 €	0,00 €	636,00 €	0,00 €
11	Tonausrüstung re:	0,00 €	Anteilig	186,00 €	186,00 €	0,00 €	186,00 €	0,00 €
12	Produktionsvorber	0,00 €	Anteilig	0,00 €	0,00 €	0,00 €	0,00 €	0,00 €
13	**Terminplanung**	**0,00 €**	**Anteilig**	**1.227,50 €**	**1.227,50 €**	**0,00 €**	**1.227,50 €**	**0,00 €**
24	**Produktion**	**0,00 €**	**Anteilig**	**36.348,82 €**	**31.955,32 €**	**4.393,50 €**	**15.047,50 €**	**21.301,32 €**
25	**Szene 7**	**0,00 €**	**Anteilig**	**4.334,50 €**	**3.982,00 €**	**352,50 €**	**4.334,50 €**	**0,00 €**
26	Szene 7 einr	0,00 €	Anteilig	516,00 €	516,00 €	0,00 €	516,00 €	0,00 €

In dieser Tabelle sehen Sie die Basisplankosten, die geplanten Kosten (in der Spalte **Gesamtkosten**), die aktuellen Kosten der einzelnen Vorgänge und die Abweichungen. Die Abweichung ist die Differenz zwischen Basisplankosten und berechneten Kosten. (Natürlich werden Kosten nicht in dem Sinn berechnet, wie Arbeit berechnet wird; da aber Kosten (im Gegensatz zu festen Kosten) direkt von der berechneten Arbeit abgeleitet sind, können Sie sich auch die Kosten als berechnet vorstellen.)

Als Nächstes werden Sie sich mit den Sammelvorgangskosten beschäftigen.

5 Klicken Sie auf die Spaltenüberschrift **Vorgangsname**.

Teilvorgänge ausblenden

6 Klicken Sie in der Formatsymbolleiste auf die Schaltfläche **Teilvorgänge ausblenden.**

Microsoft Project zeigt jetzt nur die ersten drei Sammelvorgänge an, die in diesem Projekt den drei Hauptphasen entsprechen. (Sollte die Darstellung lediglich auf die höchste Ebene **Kurzfilmprojekt** reduziert worden sein, klicken Sie auf das Plus-Zeichen vor **Kurzfilmprojekt**, um die drei Sammelvorgänge anzuzeigen.) Da wir uns zurzeit mit Vorgängen in der Produktionsphase beschäftigen, wollen wir unsere Aufmerksamkeit auf diese Vorgänge richten.

7 Klicken Sie auf das Pluszeichen neben Vorgang 24, **Produktion**.

Microsoft Project erweitert den Sammelvorgang **Produktion** und zeigt alle Sammelvorgänge für die einzelnen Szenen an. Ihr Bildschirm sollte nun etwa so wie in der folgenden Abbildung aussehen.

Dies ist bisher die höchste Abweichung in der Produktionsphase.

	Vorgangsname	Feste Kosten	Fälligkeit fester Kosten	Gesamtkosten	Geplant	Abweichung	Aktuell	Verbleibend
0	Kurzfilmprojekt	0,00 €	Anteilig	93.760,59 €	86.701,36 €	7.059,23 €	39.879,50 €	53.881,09 €
1	Produktionsvorberei	0,00 €	Anteilig	24.832,00 €	24.832,00 €	0,00 €	24.832,00 €	0,00 €
24	Produktion	0,00 €	Anteilig	36.348,82 €	31.955,32 €	4.393,50 €	15.047,50 €	21.301,32 €
25	Szene 7	0,00 €	Anteilig	4.334,50 €	3.982,00 €	352,50 €	4.334,50 €	0,00 €
31	Szene 3	0,00 €	Anteilig	3.370,00 €	3.370,00 €	0,00 €	3.370,00 €	0,00 €
37	Szene 1	0,00 €	Anteilig	7.343,00 €	5.150,00 €	2.193,00 €	7.343,00 €	0,00 €
43	Szene 2	0,00 €	Anteilig	1.841,50 €	1.841,50 €	0,00 €	0,00 €	1.841,50 €
49	Szene 5	0,00 €	Anteilig	3.576,40 €	3.576,40 €	0,00 €	0,00 €	3.576,40 €
55	Szene 6	0,00 €	Anteilig	9.489,97 €	7.641,97 €	1.848,00 €	0,00 €	9.489,97 €
61	Szene 8	0,00 €	Anteilig	4.861,90 €	4.861,90 €	0,00 €	0,00 €	4.861,90 €
67	Szene 4	0,00 €	Anteilig	1.531,55 €	1.531,55 €	0,00 €	0,00 €	1.531,55 €
73	Produktionsnachber	0,00 €	Anteilig	32.579,77 €	29.914,03 €	2.665,73 €	0,00 €	32.579,77 €

Wenn Sie sich die Spalte **Abweichung** ansehen, werden Sie feststellen, dass Szene 1 die höchste Abweichung aufweist. Als Nächstes werden Sie sich mit den Einzelheiten von Szene 1 beschäftigen.

8 Klicken Sie auf das Pluszeichen neben dem Vorgang 37, **Szene 1**.

Microsoft Project erweitert den Sammelvorgang **Szene 1** und zeigt die einzelnen Vorgänge an. Ihr Bildschirm sollte nun etwa so wie in der folgenden Abbildung aussehen.

	Vorgangsname	Feste Kosten	Fälligkeit fester Kosten	Gesamtkosten	Geplant	Abweichung	Aktuell	Verbleibend
0	Kurzfilmprojekt	0,00 €	Anteilig	93.760,59 €	86.701,36 €	7.059,23 €	39.879,50 €	53.881,09 €
1	Produktionsvorberei	0,00 €	Anteilig	24.832,00 €	24.832,00 €	0,00 €	24.832,00 €	0,00 €
24	Produktion	0,00 €	Anteilig	36.348,82 €	31.955,32 €	4.393,50 €	15.047,50 €	21.301,32 €
25	Szene 7	0,00 €	Anteilig	4.334,50 €	3.982,00 €	352,50 €	4.334,50 €	0,00 €
31	Szene 3	0,00 €	Anteilig	3.370,00 €	3.370,00 €	0,00 €	3.370,00 €	0,00 €
37	Szene 1	0,00 €	Anteilig	7.343,00 €	5.150,00 €	2.193,00 €	7.343,00 €	0,00 €
38	Szene 1 einr	1.388,00 €	Anteilig	3.470,00 €	2.082,00 €	1.388,00 €	3.470,00 €	0,00 €
39	Szene 1 prol	318,00 €	Anteilig	1.098,00 €	780,00 €	318,00 €	1.098,00 €	0,00 €
40	Szene 1 drel	194,00 €	Anteilig	1.788,00 €	1.594,00 €	194,00 €	1.788,00 €	0,00 €
41	Szene 1 Erg	293,00 €	Anteilig	987,00 €	694,00 €	293,00 €	987,00 €	0,00 €
42	Szene 1 Tag	0,00 €	Anteilig	0,00 €	0,00 €	0,00 €	0,00 €	0,00 €
43	Szene 2	0,00 €	Anteilig	1.841,50 €	1.841,50 €	0,00 €	0,00 €	1.841,50 €
49	Szene 5	0,00 €	Anteilig	3.576,40 €	3.576,40 €	0,00 €	0,00 €	3.576,40 €
55	Szene 6	0,00 €	Anteilig	9.489,97 €	7.641,97 €	1.848,00 €	0,00 €	9.489,97 €
61	Szene 8	0,00 €	Anteilig	4.861,90 €	4.861,90 €	0,00 €	0,00 €	4.861,90 €
67	Szene 4	0,00 €	Anteilig	1.531,55 €	1.531,55 €	0,00 €	0,00 €	1.531,55 €
73	Produktionsnachber	0,00 €	Anteilig	32.579,77 €	29.914,03 €	2.665,73 €	0,00 €	32.579,77 €

Wenn Sie sich die Spalte **Abweichung** ansehen, werden Sie feststellen, dass Vorgang 38, **Szene 1 einrichten**, für die Abweichung des Sammelvorgangs **Szene 1** verantwortlich ist.

9 Klicken Sie auf den Spaltenkopf der Spalte **Vorgangsname**.

Teilvorgänge einblenden

10 Klicken Sie in der Formatsymbolleiste auf die Schaltfläche **Teilvorgänge einblenden**.

Microsoft Project erweitert die Vorgangsliste und zeigt nun alle Teilvorgänge an.

Zum Abschluss dieser Übung prüfen Sie nun noch die Vorgangskosten mit dem Projektberater. Die Informationen entsprechen denen, die Sie bereits gesehen haben. Der Projektberater bietet eine nützliche Erklärung der Abweichung und eine kurze Liste der relevantesten Filter.

11 Klicken Sie in der Symbolleiste **Projektberater** auf die Schaltfläche **Berichten**.

12 Klicken Sie im Seitenbereich **Berichten** auf den Link **Anzeigen der Projektkosten**.

Es öffnet sich der Seitenbereich **Projektkosten**.

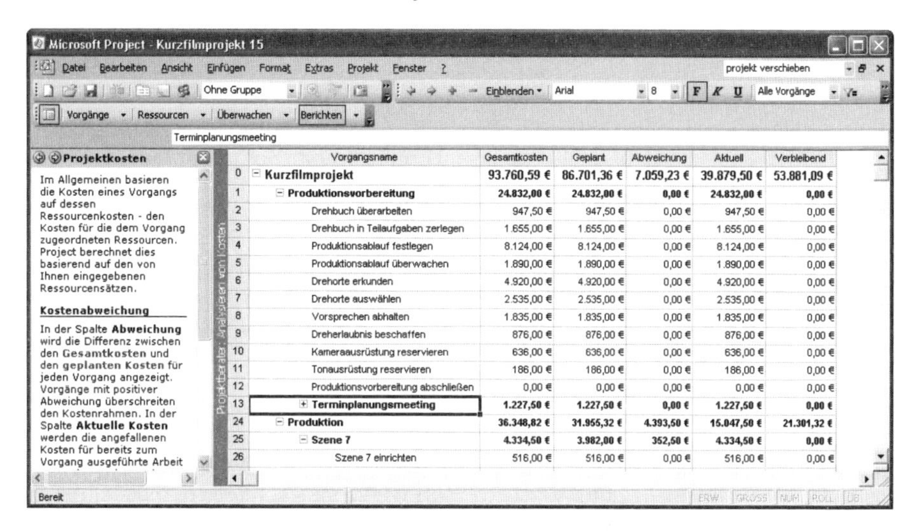

Diese Ansicht entspricht der Ansicht **Vorgang: Tabelle** mit aktivierter Tabelle **Kosten**. Im Seitenbereich **Projektkosten** haben Sie Zugriff auf Filter, die für Projektkosten relevant sind.

13 Wählen Sie im Seitenbereich **Projektkosten** unter **Anwenden eines Filters** im Dropdown-Listenfeld unter **Anwenden eines Filters** den Eintrag **Kostenrahmen überschritten**.

Microsoft Project filtert die Vorgangsliste und zeigt nur noch Vorgänge an, deren aktuelle und geplante Kosten höher als die Basisplankosten sind.

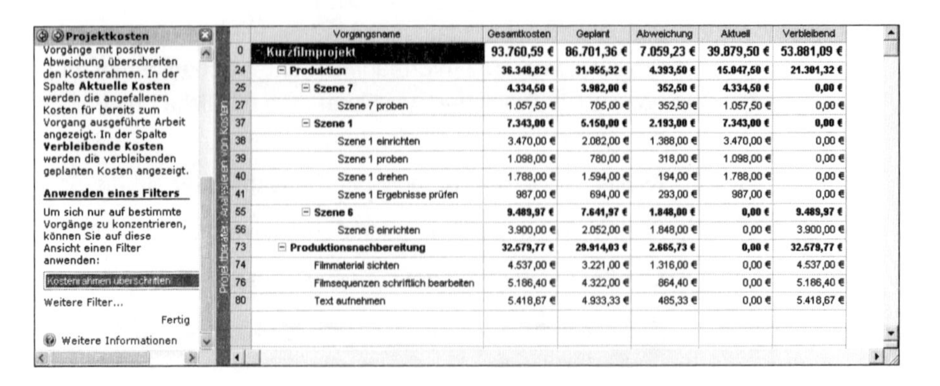

	Vorgangsname	Gesamtkosten	Geplant	Abweichung	Aktuell	Verbleibend
0	Kurzfilmprojekt	93.760,59 €	86.701,36 €	7.059,23 €	39.879,50 €	53.881,09 €
24	Produktion	36.348,82 €	31.955,32 €	4.393,50 €	15.047,50 €	21.301,32 €
25	Szene 7	4.334,50 €	3.982,00 €	352,50 €	4.334,50 €	0,00 €
27	Szene 7 proben	1.057,50 €	705,00 €	352,50 €	1.057,50 €	0,00 €
37	Szene 1	7.343,00 €	5.150,00 €	2.193,00 €	7.343,00 €	0,00 €
38	Szene 1 einrichten	3.470,00 €	2.082,00 €	1.388,00 €	3.470,00 €	0,00 €
39	Szene 1 proben	1.098,00 €	780,00 €	318,00 €	1.098,00 €	0,00 €
40	Szene 1 drehen	1.788,00 €	1.594,00 €	194,00 €	1.788,00 €	0,00 €
41	Szene 1 Ergebnisse prüfen	987,00 €	694,00 €	293,00 €	987,00 €	0,00 €
55	Szene 6	9.489,97 €	7.641,97 €	1.848,00 €	0,00 €	9.489,97 €
56	Szene 6 einrichten	3.900,00 €	2.052,00 €	1.848,00 €	0,00 €	3.900,00 €
73	Produktionsnachbereitung	32.579,77 €	29.914,03 €	2.665,73 €	0,00 €	32.579,77 €
74	Filmmaterial sichten	4.537,00 €	3.221,00 €	1.316,00 €	0,00 €	4.537,00 €
76	Filmsequenzen schriftlich bearbeiten	5.186,40 €	4.322,00 €	864,40 €	0,00 €	5.186,40 €
80	Text aufnehmen	5.418,67 €	4.933,33 €	485,33 €	0,00 €	5.418,67 €

Beachten Sie die Lücke in den Vorgangsnummern, die kennzeichnet, dass bei den nicht gezeigten Vorgängen der Kostenrahmen nicht überschritten ist.

14 Wählen Sie in der Dropdownliste unter **Anwenden eines Filters** den Eintrag **Keinen Filter angewendet.**

Microsoft Project entfernt den Filter.

Einblenden/Ausblenden des Projektberaters

15 Klicken Sie auf die Schaltfläche **Einblenden/Ausblenden des Projektberaters.**

Der Projektberater wird ausgeblendet.

Wodurch wurde die Kostenabweichung im Kurzfilmprojekt verursacht? Nachdem die Projektkosten fast vollständig aus der Arbeit abgeleitet werden, die von den Ressourcen verrichtet wird, können wir daraus schließen, dass mehr Arbeit erforderlich war, als geplant, um die Vorgänge bis zum aktuellen Zeitpunkt abzuschließen.

Wie bereits erwähnt, sind die Vorgangs- und Ressourcenkosten eng miteinander verbunden. In den meisten Fällen werden die Vorgangskosten vollständig oder zum größten Teil von den Ressourcenkosten abgeleitet. Die Ressourcenkosten werden in der nächsten Übung genauer betrachtet.

So können Sie Kostendaten anzeigen lassen:

- Ein nützlicher Bericht zur Darstellung von Vorgängen, die über dem Budget liegen, ist der Bericht **Vorgangskostenrahmen überschritten**. Gehen Sie zum Öffnen dieses Berichts folgendermaßen vor: Klicken Sie im Menü **Ansicht** auf **Berichte**, doppelklicken Sie im Dialogfeld auf **Kosten** und danach auf **Vorgangskostenrahmen überschritten**.
- Die Filter zur Darstellung von Vorgängen, deren Kosten überschritten wurden, stehen über die Schaltfläche **Filter** in der Formatsymbolleiste zur Verfügung. Sie können stattdessen auch im Menü **Projekt** und den Befehl **Filter: Alle Vorgänge** wählen. Klicken Sie dann im Untermenü auf den Befehl **Weitere Filter** und im Dialogfeld **Weitere Filter** auf den gewünschten Filter.

- Arbeitsabweichungen können in der Tabelle **Arbeit** in einer Vorgangsansicht betrachtet werden. In einer Vorgangsansicht können auch geplante und Basisplanwerte verglichen werden. Wählen Sie beispielsweise im Menü **Format** den Befehl **Einzelheiten** und danach den Befehl **Geplante Arbeit**.
- In dieser Übung haben Sie Kostenabweichungen für Vorgänge betrachtet. Um eine Kostenabweichung einer Vorgangszuordnung anzuzeigen, wechseln Sie in die Ansicht **Vorgang: Einsatz** und zur Tabelle **Kosten**.

Ressourcenkosten überprüfen

Projektmanager nutzen Ressourcenkosten manchmal, um den Fortschritt und die Abweichung in einem Projekt zu messen. Anderen dienen die Ressourcenkosten anderen Zwecken. Für viele Unternehmen sind die Ressourcenkosten die primären, wenn nicht sogar die einzigen Kosten für Projekte. Deshalb ist es wichtig, die Ressourcenkosten im Auge zu behalten. Möglicherweise ist gar nicht der Projektmanager, sondern eine Führungskraft, ein Mitarbeiter des Rechnungswesens oder ein *Ressourcenmanager* an den Ressourcenkosten interessiert, da sie mit den organisatorischen Kosten verknüpft sind.

Ressourcenkosten werden häufig auch deshalb verfolgt, weil damit die Rechnungsstellung innerhalb des Unternehmens oder an Dritte verknüpft ist. In beiden Fällen werden die Ressourcenkosten im Projektplan gespeichert und können herangezogen werden, um Rechnungen an andere zu versenden.

Weil die Kostenwerte im Kurzfilmprojekt fast vollständig aus den Kosten für Ressourcenzuordnungen abgeleitet sind, betrachten Sie nun zunächst die Ressourcenkostenabweichung.

1. Wählen Sie im Menü **Ansicht** den Befehl **Ressource: Tabelle**.

   Die entsprechende Ansicht wird aktiviert.

2. Öffnen Sie das Menü **Ansicht**, zeigen Sie auf **Tabelle: Eingabe** und klicken Sie dann im Untermenü auf **Kosten**.

   Die Tabelle **Kosten** wird eingeblendet. Ihr Bildschirm sollte nun etwa so wie in der folgenden Abbildung aussehen.

   In der Tabelle **Kosten** können Sie die Kosten, die geplanten Kosten und die verbleibenden Kosten sehen. In den meisten Fällen ergeben sich die Ressourcenkosten aus der Kostenrate einer Ressource, die mit der Arbeit für die Zuordnungen zu Vorgängen multipliziert werden.

	Ressourcenname	Kosten	Geplante Kosten	Abweichung	Aktuelle Kosten	Verbleibend
1	16-mm-Kamera	910,23 €	910,23 €	0,00 €	400,00 €	510,23 €
2	16-mm-Film	800,00 €	800,00 €	0,00 €	800,00 €	0,00 €
3	500-Watt-Lampe	334,09 €	334,09 €	0,00 €	140,00 €	194,09 €
4	Anne L. Pape	736,36 €	736,36 €	0,00 €	150,00 €	586,36 €
5	Kamerawagen	0,00 €	0,00 €	0,00 €	0,00 €	0,00 €
6	Klara Hektor	8.000,00 €	7.680,00 €	320,00 €	3.520,00 €	4.480,00 €
7	Kran	0,00 €	0,00 €	0,00 €	0,00 €	0,00 €
8	Daniel Penn	417,61 €	417,61 €	0,00 €	0,00 €	417,61 €
9	David Kampmann	2.842,61 €	2.842,61 €	0,00 €	150,00 €	2.692,61 €
10	Dolly	0,00 €	0,00 €	0,00 €	0,00 €	0,00 €
11	Dora Hermann	1.803,36 €	1.803,36 €	0,00 €	364,00 €	1.439,36 €
12	Labor	5.700,00 €	5.000,00 €	700,00 €	0,00 €	5.700,00 €
13	Elektriker	2.235,20 €	2.235,20 €	0,00 €	1.971,20 €	264,00 €
14	Erik Lang	372,00 €	372,00 €	0,00 €	372,00 €	0,00 €
15	Erik Müller	712,50 €	712,50 €	0,00 €	300,00 €	412,50 €
16	Florian Voss	2.684,00 €	2.068,00 €	616,00 €	0,00 €	2.684,00 €
17	Frank Lee	819,64 €	819,64 €	0,00 €	336,00 €	483,64 €

Momentan ist die Ressourcentabelle nach der Ressourcennummer sortiert. Sie werden die Tabelle nun aber nach den Ressourcenkosten sortieren.

3 Öffnen Sie das Menü **Projekt**, zeigen Sie auf **Sortieren** und klicken Sie dann im Untermenü auf **Sortieren nach.**

Das Dialogfeld **Sortieren** wird geöffnet.

4 Markieren Sie im Dropdown-Listenfeld **Sortieren nach** den Eintrag **Kosten** und klicken Sie dann auf die Option **Absteigend.**

5 Vergewissern Sie sich, dass das Kontrollkästchen **Dauerhafte Neunummerierung für Ressourcen** nicht aktiviert ist, und klicken Sie dann auf die Schaltfläche **Sortieren.**

Microsoft Project sortiert die Kostentabelle nach Kostenabweichung pro Ressource, vom höchsten bis zum niedrigsten Betrag. Ihr Bildschirm sollte jetzt ungefähr so wie in der folgenden Abbildung aussehen.

Wenn Ressourcen in absteigender Reihenfolge nach Kosten sortiert werden, sehen Sie sofort die teuersten Ressourcen im Projekt.

	Ressourcenname	Kosten	Geplante Kosten	Abweichung	Aktuelle Kosten	Verbleibend
38	Stefan Meier	12.035,98 €	11.958,48 €	77,50 €	8.137,50 €	3.898,48 €
20	Michael Braun	9.220,23 €	9.145,23 €	75,00 €	3.735,00 €	5.485,23 €
30	Max Meier	8.620,80 €	8.620,80 €	0,00 €	4.492,80 €	4.128,00 €
6	Klara Hektor	8.000,00 €	7.680,00 €	320,00 €	3.520,00 €	4.480,00 €
32	Michael Patten	7.252,00 €	6.766,67 €	485,33 €	0,00 €	7.252,00 €
12	Labor	5.700,00 €	5.000,00 €	700,00 €	0,00 €	5.700,00 €
21	Jonathan Perrera	4.840,00 €	4.840,00 €	0,00 €	4.840,00 €	0,00 €
18	Jan Miskowski	3.749,50 €	3.674,50 €	75,00 €	2.887,00 €	862,50 €
26	Kim Schmitz	3.534,40 €	3.384,00 €	150,40 €	1.880,00 €	1.654,40 €
36	Richard Lund	3.375,00 €	3.125,00 €	250,00 €	0,00 €	3.375,00 €
9	David Kampmann	2.842,61 €	2.842,61 €	0,00 €	150,00 €	2.692,61 €
16	Florian Voss	2.684,00 €	2.068,00 €	616,00 €	0,00 €	2.684,00 €
13	Elektriker	2.235,20 €	2.235,20 €	0,00 €	1.971,20 €	264,00 €
11	Dora Hermann	1.803,36 €	1.803,36 €	0,00 €	364,00 €	1.439,36 €
28	Lisa Germer	1.584,00 €	1.440,00 €	144,00 €	0,00 €	1.584,00 €
34	Paul Born	1.056,82 €	1.006,82 €	50,00 €	350,00 €	706,82 €
39	Susanne Brenner	1.017,61 €	980,11 €	37,50 €	337,50 €	680,11 €

Diese Sortierung zeigt, welche Ressourcen am teuersten und welche am preisgünstigsten sind. Aber das hilft Ihnen nicht weiter, wenn Sie an der Abweichung interessiert sind. Fahren Sie deshalb wie folgt fort:

6 Öffnen Sie das Menü **Projekt**, zeigen Sie auf **Sortieren** und wählen Sie im Untermenü den Befehl **Sortieren nach**.

Das Dialogfeld **Sortieren nach** öffnet sich.

7 Wählen Sie im Dropdown-Listenfeld **Sortieren nach** den Eintrag **Abweichung Kosten** und vergewissern Sie sich, dass die Option **Absteigend** aktiviert ist.

8 Vergewissern Sie sich, dass das Kontrollkästchen **Dauerhafte Neunummerierung für Ressourcen** nicht aktiviert ist, und klicken Sie dann auf die Schaltfläche **Sortieren.**

Microsoft Project sortiert die Ressourcen nun nach der Abweichung der Kosten. Ihr Bildschirm sollte in etwa so wie in der folgenden Abbildung aussehen.

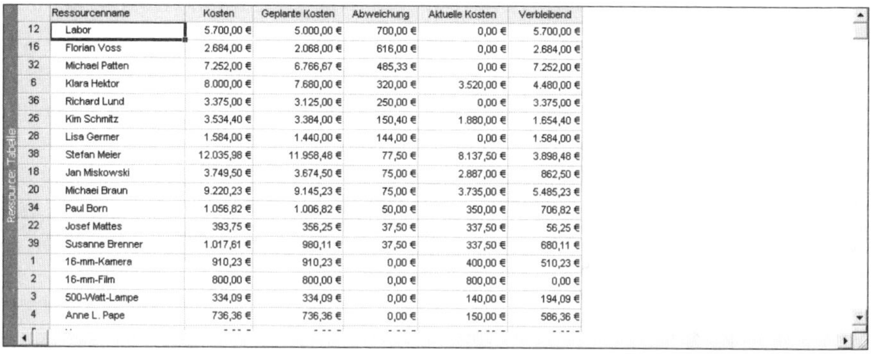

	Ressourcenname	Kosten	Geplante Kosten	Abweichung	Aktuelle Kosten	Verbleibend
12	Labor	5.700,00 €	5.000,00 €	700,00 €	0,00 €	5.700,00 €
16	Florian Voss	2.684,00 €	2.068,00 €	616,00 €	0,00 €	2.684,00 €
32	Michael Patten	7.252,00 €	6.766,67 €	485,33 €	0,00 €	7.252,00 €
6	Klara Hektor	8.000,00 €	7.680,00 €	320,00 €	3.520,00 €	4.480,00 €
36	Richard Lund	3.375,00 €	3.125,00 €	250,00 €	0,00 €	3.375,00 €
26	Kim Schmitz	3.534,40 €	3.384,00 €	150,40 €	1.880,00 €	1.654,40 €
28	Lisa Germer	1.584,00 €	1.440,00 €	144,00 €	0,00 €	1.584,00 €
38	Stefan Meier	12.035,98 €	11.958,48 €	77,50 €	8.137,50 €	3.898,48 €
18	Jan Miskowski	3.749,50 €	3.674,50 €	75,00 €	2.887,00 €	862,50 €
20	Michael Braun	9.220,23 €	9.145,23 €	75,00 €	3.735,00 €	5.485,23 €
34	Paul Born	1.056,82 €	1.006,82 €	50,00 €	350,00 €	706,82 €
22	Josef Mattes	393,75 €	356,25 €	37,50 €	337,50 €	56,25 €
39	Susanne Brenner	1.017,61 €	980,11 €	37,50 €	337,50 €	680,11 €
1	16-mm-Kamera	910,23 €	910,23 €	0,00 €	400,00 €	510,23 €
2	16-mm-Film	800,00 €	800,00 €	0,00 €	800,00 €	0,00 €
3	500-Watt-Lampe	334,09 €	334,09 €	0,00 €	140,00 €	194,09 €
4	Anne L. Pape	736,36 €	736,36 €	0,00 €	150,00 €	586,36 €

Nachdem die Ressourcen jetzt nach der Abweichung der Kosten sortiert sind, können Sie schnell die Ressourcen mit der größten Abweichung ermitteln und nachforschen, woran das liegt.

9 Wählen Sie im Menü **Projekt** den Befehl **Sortieren** und klicken Sie dann im Untermenü auf **nach Nr.**

Microsoft Project sortiert die Ressourcen nun wieder nach ihrer Nummer.

Hier zwei weitere Vorschläge und Tipps für das Arbeiten mit Ressourcenkosten:

- Sie können den Bericht **Ressourcenkostenrahmen überschritten** nutzen, um einen Bericht zu erstellen, der die Ressourcen auflistet, die den Vorgangskostenrahmen überschritten haben. Wählen Sie dazu im Menü **Ansicht** den Befehl **Berichte**, doppelklicken Sie im Dialogfeld **Berichte** auf **Kosten** und dann auf **Ressourcenkostenrahmen überschritten**.
- Sie können auch Zeitphasenwerte in einer Ansicht wie **Ressourcen: Einsatz** betrachten. Aktivieren Sie dazu die Ansicht und wählen Sie dann im Menü

Format den Befehl **Einzelheitenarten**. Im Dialogfeld **Einzelheitenarten** aktivieren Sie die Registerkarte **Einsatzeinzelheiten** und kopieren dann die Felder **Geplante Kosten** und **Kosten** in das Listenfeld **Diese Felder anzeigen**. Diese Vorgehensweise funktioniert auch in der Ansicht **Vorgang: Einsatz**.

Projektmanagement-Schwerpunkt: Und was ist mit all den anderen Kosten?

In vielen Projekten gibt das Budget nicht alle Projektkosten wieder. In unserem Kurzfilmprojekt berücksichtigen wir zum Beispiel nicht solche Gemeinkosten wie etwa Studiomiete, Strom oder Ersatzteile für die Filmausrüstung. Je nach Bedürfnissen und Praktiken Ihres Unternehmens müssen Sie derartige Kosten in Ihrem Projektplan überwachen oder auch nicht. Wenn Sie Gemeinkosten überwachen müssen, sollten Sie *Bruttoarbeitskosten* verwenden – also Ressourcenkosten, in die solche Gemeinkosten eingerechnet sind. Die Verwendung von Bruttoarbeitskosten hat den Vorzug, dass der exakte Stundensatz – eine gemeinhin als sehr vertraulich eingestufte Information – der einzelnen Ressourcen im Projektplan verborgen bleibt. Eine Warnung sollten Sie allerdings bedenken: Wenn Sie vorhaben, Kostendaten Ihres Projektplans für buchhalterische Zwecke zu verwenden, insbesondere zur Kapitalisierung bestimmter Ressourcenarten, erkundigen Sie sich bei einem Buchführungsexperten, wie Gehälter, Sozialleistungen und Gemeinkosten behandelt werden sollten.

Den Projektstatus mit einem Ampelbericht ausgeben

Es gibt viele verschiedene Arten, einen Bericht über den Projektstatus unter Berücksichtigung der verzögerten Vorgänge oder der Überschreitung des Vorgangskostenrahmens zu erstellen. In Microsoft Project gibt es keinen Mangel an Funktionen, die die Berichterstellung über den Projektstatus unterstützen. Wichtig ist jedoch, dass die Berichterstellung weniger ein technisches als vielmehr ein Kommunikationsproblem ist. So stellt sich beispielsweise die Frage, welches Format und welchen Grad an Detailliertheit die Beteiligten benötigen. Sollten die Sponsoren des Projekts andere Aspekte des Projektfortschritts zu Gesicht bekommen als die Ressourcen? Diese Fragen sind für Projektmanager von entscheidender Bedeutung. Glücklicherweise ist Microsoft Project ein umfassendes Kommunikationswerkzeug, mit dem Sie die Projektstatusinformationen zusammenstellen können, die den Bedarf der Beteiligten erfüllen.

TIPP Bei der Erstellung von Ampelberichten müssen Formeln in benutzerdefinierten Feldern eingesetzt werden. Benutzerdefinierte Felder sind sehr leistungsfähig und flexibel und die Ampelansicht ist nur ein Beispiel für das Potenzial von benutzerdefinierten Feldern. Um mehr über benutzerdefinierte Felder zu erfahren, geben Sie den Text ***Benutzerdefinierte Felder*** in das Feld **Frage hier eingeben** in der rechten oberen Ecke des Microsoft Project-Fensters ein.

In der folgenden Übung werden Sie einen Ampelbericht erstellen. Dabei handelt es sich um einen Statusbericht, der die wichtigen Indikatoren wie etwa den Terminstatus und den Kostenstatus für Vorgänge durch ein rotes, gelbes oder grünes Symbol darstellt, so wie Sie es von einer Verkehrsampel her kennen. Streng genommen handelt es sich dabei nicht um einen Bericht, sondern um eine Ansicht.

1. Wählen Sie im Menü **Ansicht** den Befehl **Weitere Ansichten**.

   Das Dialogfeld **Weitere Ansichten** wird geöffnet.

2. Markieren Sie **Vorgang: Tabelle** und klicken Sie dann auf **Auswahl**.

   Microsoft Project wechselt zur Ansicht **Vorgang: Tabelle**, in der gegenwärtig die Tabelle **Kosten** angezeigt wird.

   Um Ihnen Zeit zu sparen, haben wir bereits in eines der Felder eine Formel eingegeben, mit der die Kostenabweichung der einzelnen Vorgänge berechnet wird. Sie werden daher als Nächstes diese Formel betrachten, um zu erfahren, wie sie funktioniert. Anschließend werden Sie die diesem Feld zugewiesenen grafischen Indikatoren anzeigen.

3. Zeigen Sie im Menü **Extras** auf **Anpassen** und klicken Sie dann auf **Felder**.

   Das Dialogfeld **Felder anpassen** wird geöffnet.

4. Aktivieren Sie die Registerkarte **Benutzerdefinierte Felder**.
5. Wählen Sie in der Dropdownliste **Art** den Eintrag **Zahl**.
6. Markieren Sie im Listenfeld den Eintrag **Budgeterfüllung (Zahl3)**.

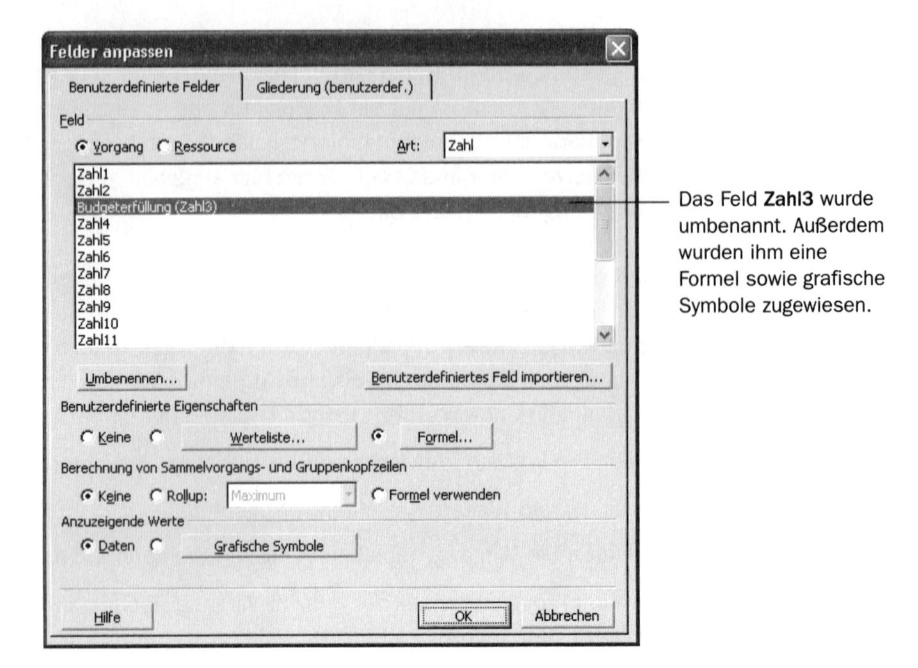

Das Feld **Zahl3** wurde umbenannt. Außerdem wurden ihm eine Formel sowie grafische Symbole zugewiesen.

7 Klicken Sie im Bereich **Benutzerdefinierte Eigenschaften** auf die Schaltfläche **Formel**.

Das Dialogfeld **Formel** wird geöffnet.

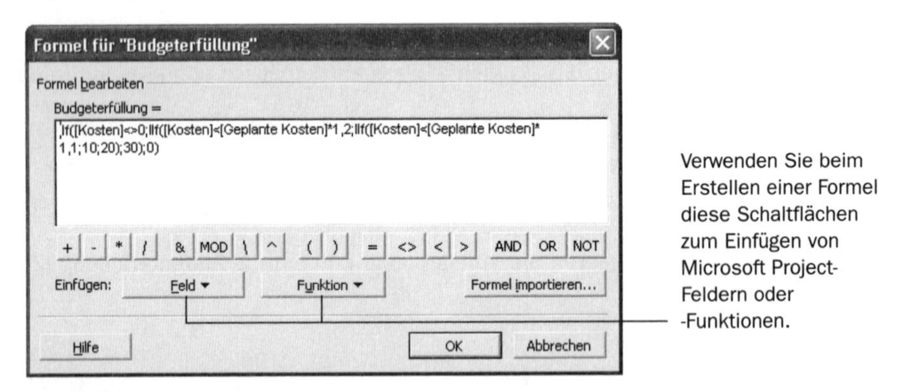

Verwenden Sie beim Erstellen einer Formel diese Schaltflächen zum Einfügen von Microsoft Project-Feldern oder -Funktionen.

Die im Dialogfeld angegebene Formel berechnet für jeden Vorgang die Kostenabweichung. Wenn die Vorgangskosten bis zu 10 Prozent über dem Basisplan liegen, weist die Formel dem betreffenden Vorgang die Zahl **10** zu. Liegt die Abweichung in einem Bereich zwischen 10 und 20 Prozent gegenüber dem Basisplan, weist sie dem Vorgang die Zahl **20** zu. Bei mehr als 20 Prozent Abweichung erhält der Vorgang die Zahl **30**.

8 Klicken Sie auf **Abbrechen**, um das Dialogfeld **Formel** zu schließen.

9 Klicken Sie im Bereich **Anzuzeigende Werte** des Dialogfelds **Felder anpassen** auf die Schaltfläche **Grafische Symbole**.

Das Dialogfeld **Grafische Symbole** wird geöffnet. In diesem Dialogfeld können Sie festlegen, welcher grafische Indikator je nach Wert des Feldes für einen Vorgang angezeigt werden soll. Um Zeit zu sparen, sind die grafischen Symbole bereits festgelegt worden.

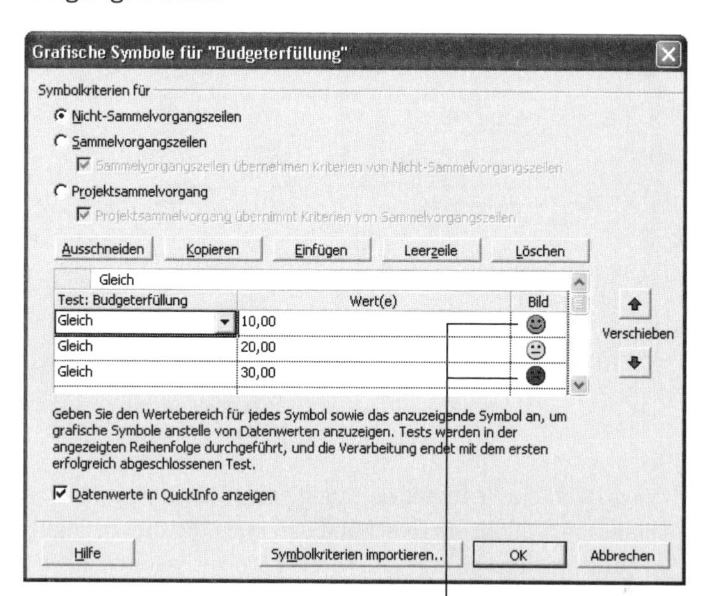

Abhängig vom von der Formal zurückgegebenen Wert zeigt Microsoft Project eines dieser drei grafischen Symbole in der Spalte **Budgeterfüllung** an.

10 Klicken Sie unter der Spaltenüberschrift **Bild** in die erste Zelle und öffnen Sie dann das zugehörige Dropdown-Listenfeld.

In der daraufhin angezeigten Liste sehen Sie die grafischen Symbole, die Sie bestimmten Werten des Feldes zuweisen können.

11 Klicken Sie auf **Abbrechen**, um das Dialogfeld **Grafische Symbole** zu schließen. Klicken Sie anschließend noch einmal auf **Abbrechen**, um auch das Dialogfeld **Felder anpassen** zu schließen.

Zum Abschluss dieser Übung werden Sie die Spalte **Budgeterfüllung (Zahl3)** in der Tabelle **Kosten** anzeigen.

12 Markieren Sie die Spaltenüberschrift **Feste Kosten**.

13 Klicken Sie im Menü **Einfügen** auf **Spalte**.

Das Dialogfeld **Definition Spalte** wird geöffnet.

14 Markieren Sie in der Dropdownliste **Feldname** den Eintrag **Budgeterfüllung (Zahl3)** und klicken Sie dann auf **OK**.

Microsoft Project zeigt die Spalte **Budgeterfüllung (Zahl3)** in der Tabelle **Kosten** an.

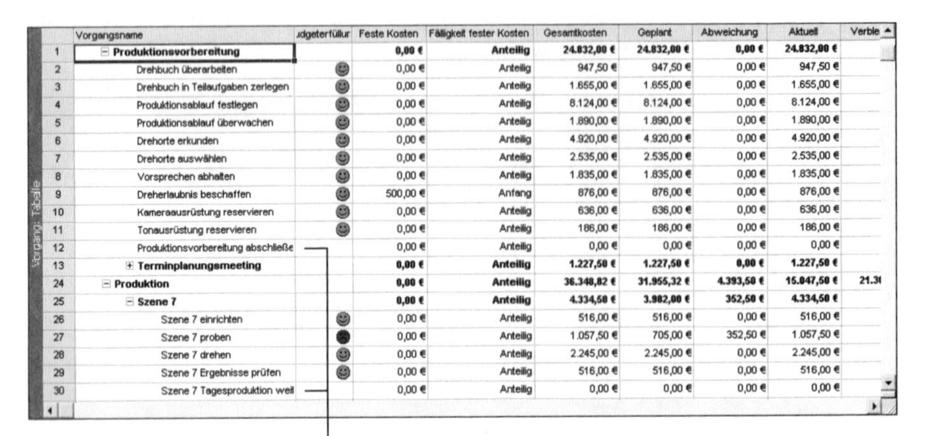

	Vorgangsname	ıdgeterfüllur	Feste Kosten	Fälligkeit fester Kosten	Gesamtkosten	Geplant	Abweichung	Aktuell	Verble
1	**Produktionsvorbereitung**		**0,00 €**	**Anteilig**	**24.832,00 €**	**24.832,00 €**	**0,00 €**	**24.832,00 €**	
2	Drehbuch überarbeiten		0,00 €	Anteilig	947,50 €	947,50 €	0,00 €	947,50 €	
3	Drehbuch in Teilaufgaben zerlegen		0,00 €	Anteilig	1.655,00 €	1.655,00 €	0,00 €	1.655,00 €	
4	Produktionsablauf festlegen		0,00 €	Anteilig	8.124,00 €	8.124,00 €	0,00 €	8.124,00 €	
5	Produktionsablauf überwachen		0,00 €	Anteilig	1.890,00 €	1.890,00 €	0,00 €	1.890,00 €	
6	Drehorte erkunden		0,00 €	Anteilig	4.920,00 €	4.920,00 €	0,00 €	4.920,00 €	
7	Drehorte auswählen		0,00 €	Anteilig	2.535,00 €	2.535,00 €	0,00 €	2.535,00 €	
8	Vorsprechen abhalten		0,00 €	Anteilig	1.835,00 €	1.835,00 €	0,00 €	1.835,00 €	
9	Dreherlaubnis beschaffen		500,00 €	Anfang	876,00 €	876,00 €	0,00 €	876,00 €	
10	Kameraausrüstung reservieren		0,00 €	Anteilig	636,00 €	636,00 €	0,00 €	636,00 €	
11	Tonausrüstung reservieren		0,00 €	Anteilig	186,00 €	186,00 €	0,00 €	186,00 €	
12	Produktionsvorbereitung abschließe		0,00 €	Anteilig	0,00 €	0,00 €	0,00 €	0,00 €	
13	**Terminplanungsmeeting**		**0,00 €**	**Anteilig**	**1.227,50 €**	**1.227,50 €**	**0,00 €**	**1.227,50 €**	
24	**Produktion**		**0,00 €**	**Anteilig**	**36.348,82 €**	**31.955,32 €**	**4.393,50 €**	**15.047,50 €**	**21.3(**
25	**Szene 7**		**0,00 €**	**Anteilig**	**4.334,50 €**	**3.982,00 €**	**352,50 €**	**4.334,50 €**	
26	Szene 7 einrichten		0,00 €	Anteilig	516,00 €	516,00 €	0,00 €	516,00 €	
27	Szene 7 proben		0,00 €	Anteilig	1.057,50 €	705,00 €	352,50 €	1.057,50 €	
28	Szene 7 drehen		0,00 €	Anteilig	2.245,00 €	2.245,00 €	0,00 €	2.245,00 €	
29	Szene 7 Ergebnisse prüfen		0,00 €	Anteilig	516,00 €	516,00 €	0,00 €	516,00 €	
30	Szene 7 Tagesproduktion weil		0,00 €	Anteilig	0,00 €	0,00 €	0,00 €	0,00 €	

Da diese Vorgänge keine Kosten enthalten, wird auch kein Symbol angezeigt.

Wenn sich die Kostenabweichung eines Vorgangs ändert, ändert sich auch das grafische Symbol entsprechend den in der Formel definierten Bereichen. Mithilfe dieses praktischen Formats können Sie gut feststellen, welche Vorgänge größere Abweichungen als gewünscht aufweisen, was durch die gelben und roten Symbole angezeigt wird.

TIPP Um den Wert eines grafischen Symbols in einer QuickInfo zu sehen, zeigen Sie einfach mit der Maus darauf.

Bis jetzt haben Sie Termin- und Budgetabweichungen in einer Vorgangsansicht und Budgetabweichungen außerdem in einer Ressourcenansicht angezeigt. An dieser Stelle sollten wir uns daran erinnern, dass die Qualität eines Projektstatusberichts nicht in der exakten Formatierung der Daten besteht, sondern sich an den Bedürfnissen der Projektbeteiligten ausrichten muss. Um festlegen zu können, welche Daten für diese Beteiligten wichtig sind, braucht ein Projektmanager ein gutes Urteilsvermögen und gute Kommunikationsfähigkeiten.

***SCHLIESSEN SIE** den Projektplan* **Kurzfilmprojekt 15.**

Zusammenfassung

- Abweichungen vom Terminplan ergeben sich durch verzögerte Start- und Endtermine von Vorgängen (gegenüber dem gespeicherten Basisplan). Mithilfe einer Kombination aus Ansichten, Tabellen, Filtern und Berichten können Sie herausfinden, welche Vorgänge die Abweichung verursachen.
- Termin- und Kostenabweichungen hängen eng zusammen. Wenn ein Projekt eine Abweichungsart aufweist, gibt es meistens auch die andere. Auch im Fall von Kostenabweichungen können Sie mithilfe einer Kombination aus Ansichten, Tabellen, Filtern und Berichten die Ursachen für die Abweichung herausfinden.
- Erstellen Sie benutzerdefinierte Felder mit Formeln und grafischen Indikatoren, um eigene Ansichten zu definieren, zum Beispiel eine Ampelansicht. Mit diesen Ansichten können Sie anderen den Status des Projekts anschaulich vermitteln.

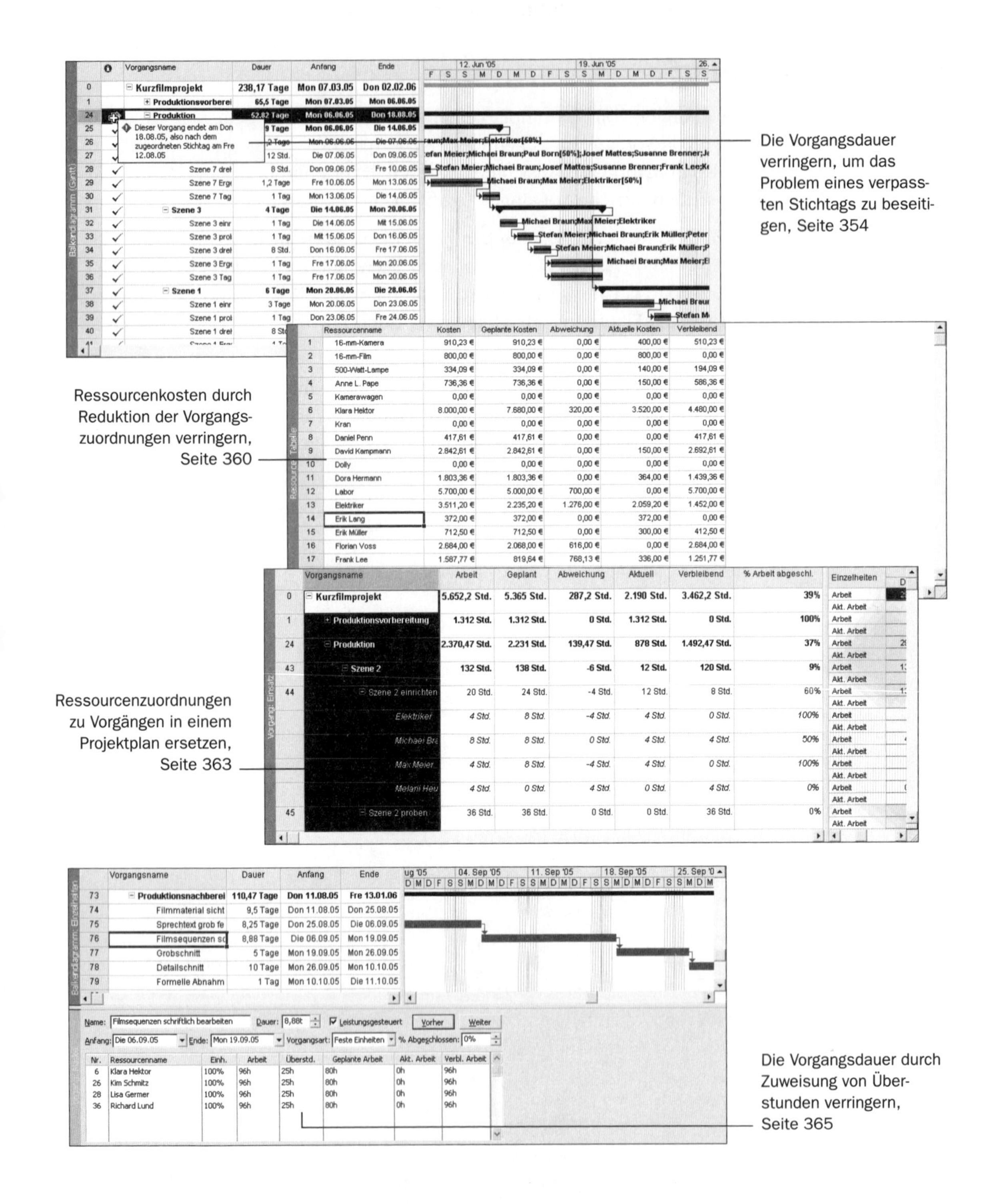

Kapitel 16 auf einen Blick

16 Projektprobleme beheben

In diesem Kapitel lernen Sie,

- ✔ **wie Sie Vorgängen zusätzliche Ressourcen zuordnen, um die Vorgangsdauer zu reduzieren.**
- ✔ **wie Sie die Arbeitswerte für Ressourcenzuordnungen bearbeiten und Ressourcen ersetzen, die einem Vorgang zugeordnet sind.**
- ✔ **wie Sie Zuordnungen Überstunden zuweisen und die Beziehungen zwischen Vorgängen ändern, um die Gesamtprojektdauer zu verringern.**

Siehe auch Falls Sie nur eine kurze Wiederholung zu den Themen benötigen, die in diesem Kapitel behandelt werden, lesen Sie den Schnellüberblick zu Kapitel 16 am Anfang dieses Buches.

Nach Beginn der eigentlichen Projektarbeit ist die Überprüfung von Kosten- und Planabweichungen keineswegs ein einmaliges Ereignis, sondern sie sollte laufend erfolgen. Wie dabei auf Abweichungen reagiert werden sollte, hängt von der Art der Abweichung und vom Projekt ab. In diesem Kapitel beschäftigen wir uns mit einigen der vielen Abweichungsprobleme, die im Verlauf eines Projekts auftreten können. Wir werden dabei diese Probleme anhand des in Anhang A vorgestellten *Projektdreiecks* betrachten.

Das Projektdreieck beschreibt ein Projekt im Hinblick auf die Faktoren *Zeit* (die Dauer), *Kosten* (das Budget) und *Umfang* (die Projektarbeit, die erforderlich ist, um ein akzeptables Ergebnis hervorzubringen). In jedem Projekt gilt, dass einer der Faktoren wichtiger ist als die anderen. Der wichtigste Faktor wird manchmal auch als treibender Faktor bezeichnet, weil Sie als Projektmanager das Ziel haben, diesen Faktor zu erreichen. Bei einem Projekt, das zu einem bestimmten Stichtag fertig gestellt sein muss, müssen möglicherweise Kompromisse im Hinblick auf die Kosten und den Umfang gemacht werden. Das Projektdreieck verdeutlicht somit die Kompromisse, die in Projekten fast immer eingegangen werden müssen. Außerdem lassen sich die Kompromisse anhand des Projektdreiecks *Ressourcen*, *Sponsoren* und anderen *Beteiligten* leichter vermitteln.

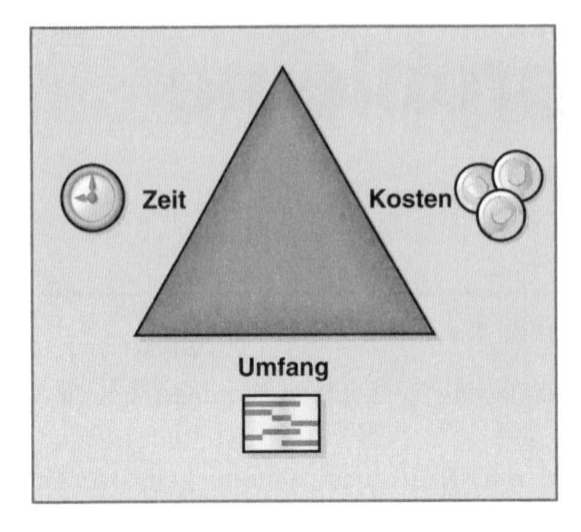

Zeit, Kosten und Umfang eines Projekts sind eng miteinander verbunden. Die Änderung eines dieser Elemente wirkt sich in der Regel auf die beiden anderen Elemente aus. Für die Ermittlung, Analyse und Behebung von projektbezogenen Problemen ist es jedoch praktisch, sie einem dieser drei Elemente zuzuordnen.

Die Probleme, mit denen wir uns in diesem Kapitel befassen wollen, sind nicht unbedingt die Probleme, mit denen Sie es in Ihren Projekten am häufigsten zu tun haben werden. Da jedes Projekt einzigartig ist, lässt sich nur schwer vorhersehen, welchen Problemen Sie begegnen werden. Wir haben aber versucht, die Probleme genau zu untersuchen, die zur Halbzeit unseres Kurzfilmprojekts am dringendsten sind, und werden bei dieser Gelegenheit Lösungen für viele Probleme vorstellen, die in Projekten regelmäßig auftreten.

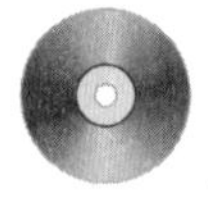

WICHTIG Bevor Sie die Übungsdateien in diesem Kapitel benutzen können, müssen Sie sie von der Begleit-CD in den vorgegebenen Standardordner installieren. Einzelheiten dazu finden Sie im Abschnitt „Die Übungsdateien installieren“ am Anfang dieses Buches.

Zeit- und Terminprobleme analysieren und beheben

In jedem komplexen Projekt werden mit großer Wahrscheinlichkeit früher oder später Abweichungen vom Terminplan auftreten. Um seinen Terminplan optimal verwalten zu können, muss jeder Projektmanager wissen, wann und in welchem Maß Abweichungen aufgetreten sind, und auf Grundlage dieser Daten die zur Einhaltung des Plans erforderlichen Maßnahmen treffen. Um leichter feststellen zu können, dass eine Abweichung auftrat, enthält der Projektplan für das Kurzfilmprojekt folgende Elemente:

- Stichtage und Meilensteine
- einen Projektbasisplan, der mit den aktuellen Werten verglichen werden kann

Die Stichtage und der Projektbasisplan helfen Ihnen dabei, Probleme bei der Zeitplanung zu behandeln. In dieser Übung kümmern Sie sich um den verpassten Stichtag beim Kurzfilmprojekt und verkürzen die Dauer einiger Vorgänge auf dem kritischen Weg.

WICHTIG Wenn Sie mit Microsoft Project Professional arbeiten, müssen Sie unter Umständen eine einmalige Einstellung vornehmen, damit Sie mit dem eigenen Arbeitsplatz-Account und offline arbeiten können. So wird sichergestellt, dass die Übungsdateien, mit denen Sie in diesem Kapitel arbeiten, keine Auswirkungen auf Ihre Microsoft Project Server-Daten haben. Mehr Informationen hierzu finden Sie in Kapitel 1 im Abschnitt „Microsoft Office Project Professional starten".

ÖFFNEN SIE die Datei* Kurzfilmprojekt 16a*, die Sie im Ordner* Eigene Dateien\Microsoft Press\Project 2003 Training\16_ProjektproblemeBeheben *finden. Sie können den Ordner auch über* Start/Alle Programme/Microsoft Press/Project 2003 Training *öffnen.

1 Wählen Sie im Menü **Datei** den Befehl **Speichern unter**.

Das Dialogfeld **Speichern unter** öffnet sich.

2 Geben Sie im Feld **Dateiname** die Bezeichnung ***Kurzfilmprojekt 16*** ein und klicken Sie dann auf **Speichern**.

Verschaffen Sie sich nun zunächst einen Überblick über den aktuellen Grad der Abweichung vom Projektplan.

3 Wählen Sie im Menü **Projekt** den Befehl **Projektinfo**.

Das Dialogfeld **Projektinfo** öffnet sich.

Das aktuelle Datum ist bei Ihnen sicherlich ein anderes.

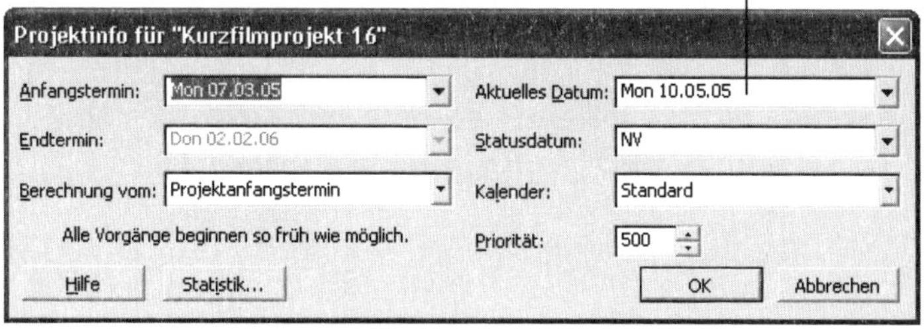

Projektinfo für "Kurzfilmprojekt 16"
Anfangstermin: Mon 07.03.05
Endtermin: Don 02.02.06
Berechnung vom: Projektanfangstermin
Alle Vorgänge beginnen so früh wie möglich.
Aktuelles Datum: Mon 10.05.05
Statusdatum: NV
Kalender: Standard
Priorität: 500
Hilfe
Statistik...
OK
Abbrechen

Hier können Sie den Endtermin für das Projekt sehen (2.2.06). Sie wissen jedoch, dass der Endtermin nach vorn gezogen werden und das Projekt noch im Jahr 2005 enden soll.

Als Nächstes betrachten Sie die Werte für die geplante und die aktuelle Dauer des Projekts.

4 Klicken Sie im Dialogfeld **Projektinfo** auf die Schaltfläche **Statistik**.

Das Dialogfeld **Projektstatistik** öffnet sich.

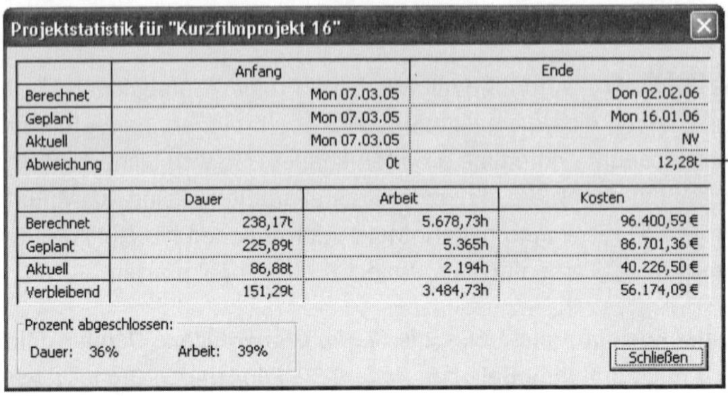

Projektstatistik für "Kurzfilmprojekt 16"

	Anfang	Ende
Berechnet	Mon 07.03.05	Don 02.02.06
Geplant	Mon 07.03.05	Mon 16.01.06
Aktuell	Mon 07.03.05	NV
Abweichung	0t	12,28t

	Dauer	Arbeit	Kosten
Berechnet	238,17t	5.678,73h	96.400,59 €
Geplant	225,89t	5.365h	86.701,36 €
Aktuell	86,88t	2.194h	40.226,50 €
Verbleibend	151,29t	3.484,73h	56.174,09 €

Prozent abgeschlossen:

Dauer: 36% Arbeit: 39%

Schließen

Aufgrund der aktuellen Leistungen im Projekt und der geplanten verbleibenden Arbeit ergibt sich eine Projektverlängerung von 12,28 Tagen.

Hier können Sie unter anderem sehen, um wie viele Tage das Projekt vom Plan abweicht.

Das Dialogfeld **Projektstatistik** zeigt auch eine Abweichung zwischen den berechneten und den geplanten Kosten. Diesen Punkt werden Sie später in diesem Kapitel genauer betrachten.

5 Klicken Sie auf die Schaltfläche **Schließen**, um das Dialogfeld **Projektstatistik** zu schließen.

Bevor Sie sich mit der Gesamtprojektdauer befassen, müssen Sie sich um den verpassten Stichtag für die Produktionsphase befassen.

6 Zeigen Sie mit der Maus auf den Stichtag-Indikator im Indikatorenfeld von Vorgang 24, **Produktion**.

Ihr Bildschirm sollte nun etwa wie in der folgenden Abbildung aussehen.

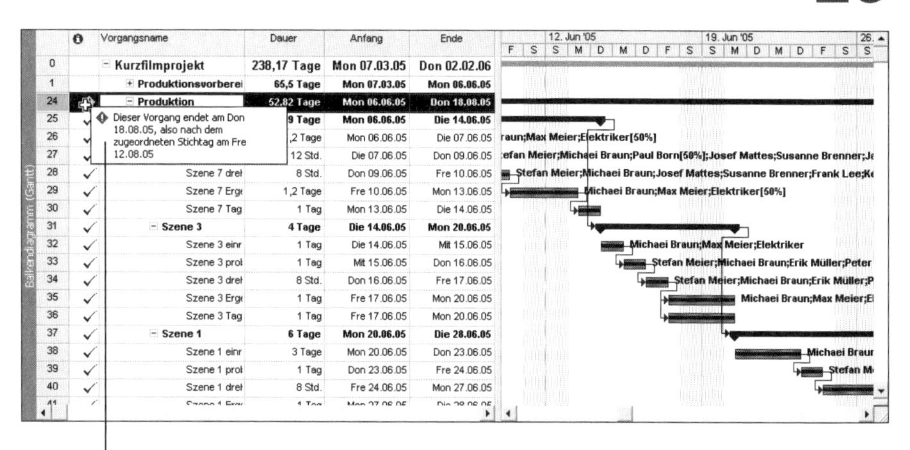

In der QuickInfo werden der Endtermin des Vorgangs sowie der nicht eingehaltene Stichtag angezeigt.

In der Produktionsvorbereitungsphase und dem bereits abgeschlossenen Teil der Produktionsphase entstand bereits eine so starke Abweichung vom Zeitplan, dass der geplante Abschluss der Produktionsphase nach dem zugeordneten Stichtag endet.

Nehmen Sie sich einen Augenblick Zeit, um die restlichen Vorgänge der Produktionsphase zu betrachten. Diese bestehen aus verschiedenen Szenen, die noch gedreht werden müssen. Wegen der Art der Arbeit können Sie die Beziehungen zwischen den Vorgängen nicht ändern (zum Beispiel von einer Ende-Anfang- zu einer Anfang-Anfang-Beziehung), um die Dauer der einzelnen Sammelvorgänge zu verringern. Die Vorgänge folgen einer logischen Ende-Anfang-Beziehung. Sie können das Projekt auch nicht so planen, dass zwei oder mehr Szenen parallel gedreht werden, weil viele Ressourcen in allen Szenen benötigt werden. Um die Dauer der Produktionsphase wieder in einen akzeptablen Rahmen zu bekommen, müssen Sie einige Teilvorgänge abkürzen. Dazu weisen Sie einigen Vorgängen zusätzliche Ressourcen zu.

Betrachten Sie die verbleibenden Produktionsvorgänge, sehen Sie, dass das Einrichten und die Ergebnisüberprüfung am längsten zu dauern scheinen. Deshalb sollten Sie sich darauf konzentrieren.

7 Klicken Sie auf Vorgang 50, **Szene 5 einrichten**, und ziehen Sie die Bildlaufleiste dann so, dass der Vorgang am oberen Fensterrand erscheint.

Dem Vorgang, der aktuell 2,5 Tage dauert, sind drei Ressourcen zugeordnet. Nachdem Sie mit den Ressourcen gesprochen haben, sind Sie zu dem Schluss gekommen, dass der Vorgang mit zusätzlichen Ressourcen schneller abgeschlossen werden könnte.

Ressourcen zuordnen

8 Klicken Sie in der Standardsymbolleiste auf die Schaltfläche **Ressourcen zuordnen.**

9 Klicken Sie im Dialogfeld **Ressourcen zuordnen** in der Spalte **Ressourcenname** auf **Frank Lee** und anschließend auf die Schaltfläche **Zuordnen.**

Microsoft Project weist Frank Lee dem Vorgang zu. Weil die ereignisgesteuerte Planung für diesen Vorgang aktiviert ist, reduziert Microsoft Project die Vorgangsdauer auf 1,84 Tage. Ihr Bildschirm sollte nun etwa wie in der folgenden Abbildung aussehen.

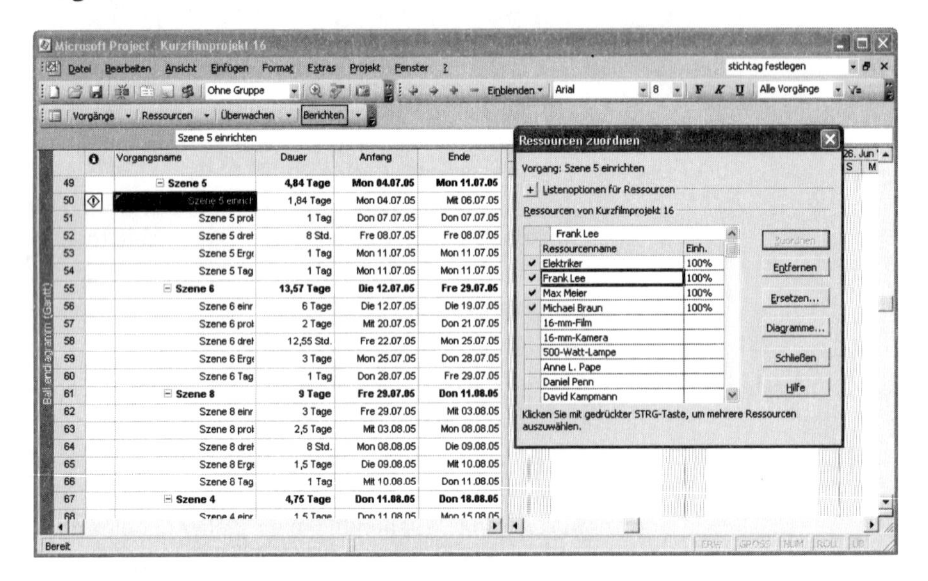

Um die Dauer des Vorgangs weiter zu reduzieren, weisen Sie noch eine weitere Ressource zu.

10 Klicken Sie im Dialogfeld **Ressourcen zuordnen** in der Spalte **Ressourcenname** auf **Kerstin Heller** und dann auf die Schaltfläche **Zuordnen.**

Microsoft Project reduziert die Vorgangsdauer auf 1,46 Tage. Als Nächstes reduzieren Sie nun noch die Vorgangsdauer für das Einrichten und die Überprüfung der Ergebnisse für Szene 6.

11 Klicken Sie in der Spalte **Vorgangsname** auf Vorgang 56, **Szene 6 einrichten.** Drücken Sie dann die Strg-Taste und halten Sie sie gedrückt, während Sie auf Vorgang 59, **Szene 6 Ergebnisse prüfen** klicken.

12 Vergewissern Sie sich, dass im Dialogfeld **Ressourcenname zuordnen** noch immer die Ressource **Kerstin Heller** markiert ist, und klicken Sie dann auf die Schaltfläche **Zuordnen.**

Microsoft Project reduziert die Dauer der beiden Vorgänge.

13 Klicken Sie im Dialogfeld **Ressourcenname zuordnen** in der Spalte **Ressourcenname** auf **Frank Lee** und anschließend auf die Schaltfläche **Zuordnen**.

Microsoft Project reduziert nun die Dauer der beiden Vorgänge auf 3,6 bzw. 1,8 Tage.

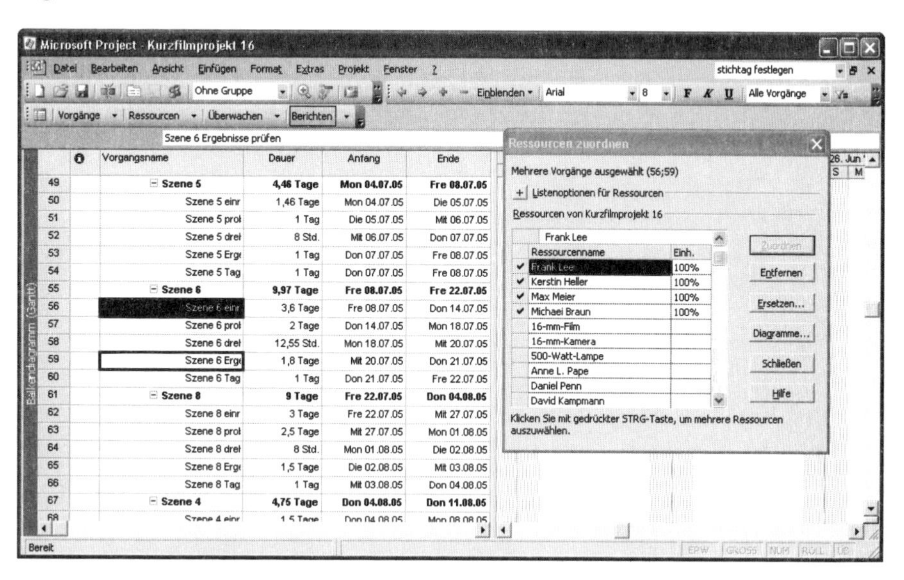

14 Klicken Sie auf die Schaltfläche **Schließen**, um das Dialogfeld **Ressourcen zuordnen** zu schließen.

15 Blättern Sie zu Vorgang 24, **Produktion**.

Ihr Bildschirm sollte nun etwa so wie in der folgenden Abbildung aussehen.

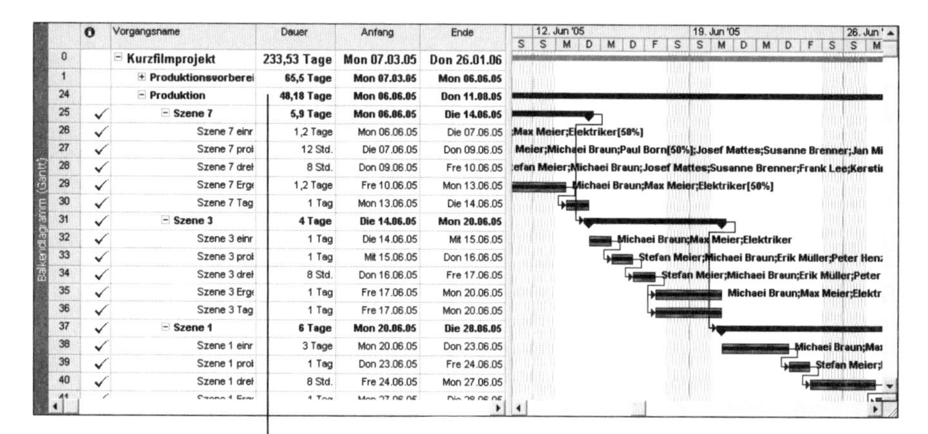

Durch das Kürzen von Teilvorgängen wurde auch die Dauer des Sammelvorgangs reduziert, so dass der Stichtag eingehalten werden kann.

Der Stichtag-Indikator ist verschwunden. Als Nächstes betrachten Sie die Planung der Produktionsphase. Wie Sie wissen, sollte die Produktion am 12. August abgeschlossen werden.

16 Wählen Sie im Menü **Bearbeiten** den Befehl **Gehe zu.**

17 Geben Sie in das Feld **Datum** das Datum ***12.8.05*** ein und klicken Sie dann auf **OK.**

Microsoft Project verschiebt den Ausschnitt des Balkendiagramms so, dass das Ende des Sammelvorgangs **Produktion** zu sehen ist. Ihr Bildschirm sollte nun etwa wie in der folgenden Abbildung aussehen.

Der Sammelvorgang endet einen Tag vor dem definierten Stichtag.

	❶	Vorgangsname	Dauer	Anfang	Ende
0		**Kurzfilmprojekt**	**233,53 Tage**	**Mon 07.03.05**	**Don 26.01.06**
1		**Produktionsvorberei**	**65,5 Tage**	**Mon 07.03.05**	**Mon 06.06.05**
24		**Produktion**	**48,18 Tage**	**Mon 06.06.05**	**Don 11.08.05**
25	✓	**Szene 7**	**5,9 Tage**	**Mon 06.06.05**	**Die 14.06.05**
26	✓	Szene 7 einr	1,2 Tage	Mon 06.06.05	Die 07.06.05
27	✓	Szene 7 prol	12 Std.	Die 07.06.05	Don 09.06.05
28	✓	Szene 7 drel	8 Std.	Don 09.06.05	Fre 10.06.05
29	✓	Szene 7 Erge	1,2 Tage	Fre 10.06.05	Mon 13.06.05
30	✓	Szene 7 Tag	1 Tag	Mon 13.06.05	Die 14.06.05
31	✓	**Szene 3**	**4 Tage**	**Die 14.06.05**	**Mon 20.06.05**
32	✓	Szene 3 einr	1 Tag	Die 14.06.05	Mit 15.06.05
33	✓	Szene 3 prol	1 Tag	Mit 15.06.05	Don 16.06.05
34	✓	Szene 3 drel	8 Std.	Don 16.06.05	Fre 17.06.05
35	✓	Szene 3 Erge	1 Tag	Fre 17.06.05	Mon 20.06.05
36	✓	Szene 3 Tag	1 Tag	Fre 17.06.05	Mon 20.06.05
37	✓	**Szene 1**	**6 Tage**	**Mon 20.06.05**	**Die 28.06.05**
38	✓	Szene 1 einr	3 Tage	Mon 20.06.05	Don 23.06.05
39	✓	Szene 1 prol	1 Tag	Don 23.06.05	Fre 24.06.05
40	✓	Szene 1 drel	8 Std.	Fre 24.06.05	Mon 27.06.05

Informationen zum Vorgang

TIPP Um den geplanten Endtermin und den Stichtag für den Sammelvorgang **Produktion** zu sehen, klicken Sie in der Standardsymbolleiste auf die Schaltfläche **Informationen zum Vorgang**.

Nachdem die Dauer von mehreren Vorgängen angepasst wurde, endet die Produktionsphase nun am 11. August und damit einen Tag vor dem Stichtag. Wegen der großen Abweichung, die bereits in der Produktionsphase aufgetreten ist, sollten Sie die Arbeit in dieser Phase jedoch im Auge behalten.

Kosten- und Ressourcenprobleme analysieren und beheben

Bei Projekten, die Kostendaten für Ressourcen enthalten, werden Sie feststellen, dass Sie zur Behebung vieler Kostenprobleme die Ressourcen- und Zuordnungseinzelheiten sehr fein einstellen müssen. Und ob Sie es nun wollen oder nicht – die Änderung der Ressourcenzuordnungsdetails hat nicht nur Auswirkungen auf die Kosten, sondern kann sich auch auf die Länge der Vorgänge auswirken.

Wie Sie in der letzten Übung in der Projektstatistik sehen konnten, weichen die Kosten des Kurzfilmprojekts von den geplanten Kosten ab. So, wie es momentan aussieht, wird das Projekt ungefähr 9.000 € mehr kosten als geplant. Die Kosten liegen damit ca. 10 Prozent über dem Kostenrahmen. Die Abweichung in den Kosten resultiert daraus, dass die Zuordnungsdauer länger als erwartet ist und dass die Kosten für die zugeordneten Ressourcen höher sind als geplant.

Bei eingehender Beschäftigung mit der hohen Kostenabweichung für die Elektriker bei den Aufbau- und Abbauzuordnungen haben Sie festgestellt, dass diese eigentlich nur für einen Teil der Vorgangsdauer benötigt werden. Nachdem Sie das Problem mit dem Produktionsleiter besprochen haben, beschließen Sie, dass die Zuordnungswerte der Elektriker für die verbleibenden Aufbau- und Abbauvorgänge halbiert werden sollen. Zusammen mit der Aktualisierung des Projekts behandeln Sie außerdem das erwartete Ausscheiden einer anderen Ressource.

In der folgenden Übung ändern Sie die Arbeitswerte für Ressourcenzuordnungen und ersetzen für alle künftigen Zuordnungen eine Ressource durch eine andere. Zunächst prüfen Sie jedoch die Gesamtkosten für die Elektriker.

1. Wählen Sie im Menü **Ansicht** den Befehl **Ressource: Tabelle.** Zeigen Sie dann im Menü **Ansicht** auf **Tabelle: Einsatz** und wählen Sie im Untermenü den Befehl **Kosten.**

   Die Ansicht **Ressource: Tabelle** wird aktiviert. Beachten Sie die Gesamtkosten für die Ressource 13, **Elektriker**, die bei 4.094,93 € liegen. Dieser Wert ergibt sich aus den aktuellen Kosten und den erwarteten Kosten für den geplanten Abschluss der Zuordnungen. Sie würden diese Kosten gerne reduzieren, indem Sie die Arbeit des Elektrikers an den Vorgängen verkürzen.

2. Wählen Sie im Menü **Ansicht** den Befehl **Ressource: Einsatz.**

   Microsoft Project wechselt in die Ansicht **Ressource: Einsatz.**

3. Klicken Sie in der Spalte **Ressourcenname** auf das Pluszeichen vor Ressource 13, **Elektriker.** Blättern Sie dann in der Ansicht **Ressource: Einsatz** nach oben, so dass alle Zuordnungen der Ressource **Elektriker** sichtbar sind.

   Weil die Szenen 7, 3 und 1 bereits abgeschlossen sind, sollten Sie sich auf die verbleibenden Zuordnungen zu Szenen konzentrieren.

4. Geben Sie in der Spalte **Arbeit** für **Szene 2 einrichten** den Wert ***4h*** ein und drücken Sie dann die [↵]-Taste.

   Microsoft Project passt die Arbeit für diese Elektriker an.

5. Geben Sie nun die in der folgenden Tabelle angegebenen Arbeitswerte für die verbleibenden Zuordnungen der Elektriker ein:

Zuordnung	Arbeitswert
Szene 2 Ergebnisse prüfen	*2h*
Szene 5 einrichten	*8h*
Szene 5 Ergebnisse prüfen	*6h*
Szene 6 einrichten	*25h*
Szene 6 Ergebnisse prüfen	*6h*
Szene 8 einrichten	*5h*
Szene 8 Ergebnisse prüfen	*4h*
Szene 4 einrichten	*6h*
Szene 4 Ergebnisse prüfen	*4h*

Wenn Sie fertig sind, sollte Ihr Bildschirm etwa wie in der folgenden Abbildung aussehen.

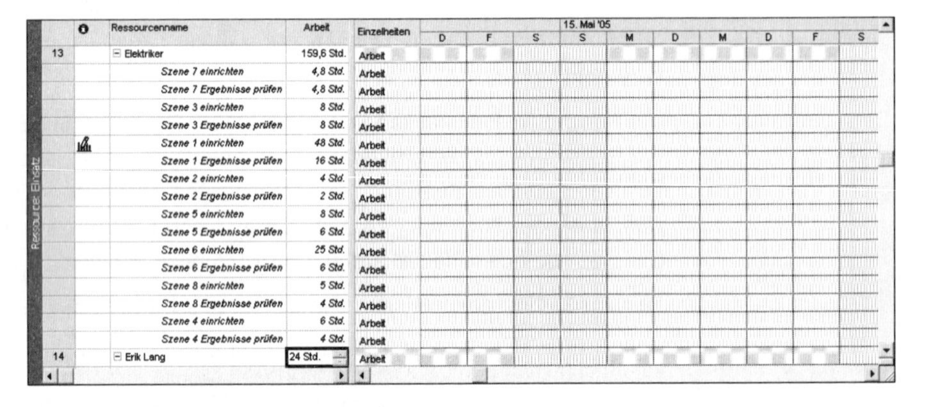

Beachten Sie, dass die Elektriker diesen Vorgängen nicht als einzige Ressourcen zugeordnet sind. Durch die Reduktion der geplanten Arbeitszeit der Elektriker reduzieren sich zwar die Kosten ihrer Zuordnungen, nicht jedoch notwendigerweise auch die Vorgangsdauern.

Prüfen Sie nun, ob sich die Elektrikerkosten tatsächlich reduziert haben. Dazu wechseln Sie in die Ansicht **Ressource: Tabelle.**

6 Wählen Sie im Menü **Ansicht** den Befehl **Ressource: Tabelle.**

Die Ansicht **Ressource: Tabelle** wird aktiviert. Ihr Bildschirm sollte nun etwa wie in der folgenden Abbildung aussehen.

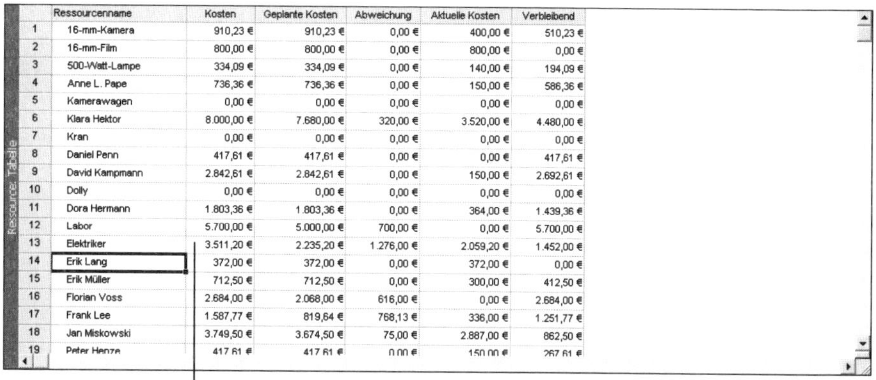

Ressource: Tabelle

	Ressourcenname	Kosten	Geplante Kosten	Abweichung	Aktuelle Kosten	Verbleibend
1	16-mm-Kamera	910,23 €	910,23 €	0,00 €	400,00 €	510,23 €
2	16-mm-Film	800,00 €	800,00 €	0,00 €	800,00 €	0,00 €
3	500-Watt-Lampe	334,09 €	334,09 €	0,00 €	140,00 €	194,09 €
4	Anne L. Pape	736,36 €	736,36 €	0,00 €	150,00 €	586,36 €
5	Kamerawagen	0,00 €	0,00 €	0,00 €	0,00 €	0,00 €
6	Klara Hektor	8.000,00 €	7.680,00 €	320,00 €	3.520,00 €	4.480,00 €
7	Kran	0,00 €	0,00 €	0,00 €	0,00 €	0,00 €
8	Daniel Penn	417,61 €	417,61 €	0,00 €	0,00 €	417,61 €
9	David Kampmann	2.842,61 €	2.842,61 €	0,00 €	150,00 €	2.692,61 €
10	Dolly	0,00 €	0,00 €	0,00 €	0,00 €	0,00 €
11	Dora Hermann	1.803,36 €	1.803,36 €	0,00 €	364,00 €	1.439,36 €
12	Labor	5.700,00 €	5.000,00 €	700,00 €	0,00 €	5.700,00 €
13	Elektriker	3.511,20 €	2.235,20 €	1.276,00 €	2.059,20 €	1.452,00 €
14	Erik Lang	372,00 €	372,00 €	0,00 €	372,00 €	0,00 €
15	Erik Müller	712,50 €	712,50 €	0,00 €	300,00 €	412,50 €
16	Florian Voss	2.684,00 €	2.068,00 €	616,00 €	0,00 €	2.684,00 €
17	Frank Lee	1.587,77 €	819,64 €	768,13 €	336,00 €	1.251,77 €
18	Jan Miskowski	3.749,50 €	3.674,50 €	75,00 €	2.887,00 €	862,50 €
19	Peter Henze	417,61 €	417,61 €	0,00 €	150,00 €	267,61 €

Aktuelle und verbleibende Kosten bilden die Kosten.

Beachten Sie, dass die aktualisierten Gesamtkosten für Ressource 13, **Elektriker**, nun 3.511,20 € betragen. Nur die Werte in den Spalten **Kosten** und **Verbleibend** haben sich geändert. Die Kosten, die sich auf die Arbeit beziehen, die bereits abgeschlossen ist, sind von den Änderungen nicht betroffen. Das Gleiche gilt für die Basisplankosten.

Zum Abschluss der Übung aktualisieren Sie nun noch den Projektplan, weil eine Ressource das Projekt früher verlassen wird und ihre Zuordnungen von einer anderen Ressource übernommen werden. Max Meier wird das Projekt direkt nach Beginn der Arbeiten an Szene 2 verlassen. Sie werden seine Arbeit an nachfolgenden Vorgängen Melani Heuer zuweisen, die glücklicherweise auch eine etwas preisgünstigere Ressource ist. Deshalb wirkt sich die Änderung auch positiv auf die Kostenabweichung aus.

7 Klicken Sie im Menü **Ansicht** auf **Vorgang: Einsatz**.

Die Ansicht **Vorgang: Einsatz** wird aktiviert.

8 Ziehen Sie die vertikale Trennlinie nach rechts, um alle Spalten der Tabelle **Arbeit** einzublenden.

9 Wählen Sie im Menü **Bearbeiten** den Befehl **Gehe zu**.

10 Geben Sie in das Feld **Nr.** den Wert ***44*** ein und klicken Sie dann auf **OK**.

Microsoft Project zeigt nun die Zuordnungen für den letzten Vorgang an, an dem Max Meier arbeitet.

	Vorgangsname	Arbeit	Geplant	Abweichung	Aktuell	Verbleibend	% Arbeit abgeschl.	Einzelheiten	S
44	⊟ Szene 2 einrichten	20 Std.	24 Std.	-4 Std.	12 Std.	8 Std.	60%	Arbeit	
								Akt. Arbeit	
	Elektriker	*4 Std.*	*8 Std.*	*-4 Std.*	*4 Std.*	*0 Std.*	*100%*	Arbeit	
								Akt. Arbeit	
	Michael Bra	*8 Std.*	*8 Std.*	*0 Std.*	*4 Std.*	*4 Std.*	*50%*	Arbeit	
								Akt. Arbeit	
	Max Meier	*8 Std.*	*8 Std.*	*0 Std.*	*4 Std.*	*4 Std.*	*50%*	Arbeit	
								Akt. Arbeit	
45	⊟ Szene 2 proben	36 Std.	36 Std.	0 Std.	0 Std.	36 Std.	0%	Arbeit	
								Akt. Arbeit	
	Anne L. Pa	*8 Std.*	*8 Std.*	*0 Std.*	*0 Std.*	*8 Std.*	*0%*	Arbeit	
								Akt. Arbeit	
	David Kam	*8 Std.*	*8 Std.*	*0 Std.*	*0 Std.*	*8 Std.*	*0%*	Arbeit	
								Akt. Arbeit	
	Dora Herm	*4 Std.*	*4 Std.*	*0 Std.*	*0 Std.*	*4 Std.*	*0%*	Arbeit	
								Akt. Arbeit	
	Jan Miskow	*8 Std.*	*8 Std.*	*0 Std.*	*0 Std.*	*8 Std.*	*0%*	Arbeit	
								Akt. Arbeit	
	Stefan Meie	*8 Std.*	*8 Std.*	*0 Std.*	*0 Std.*	*8 Std.*	*0%*	Arbeit	
								Akt. Arbeit	

Vorgang: Einsatz

Wie Sie sehen, ist Max Meiers Zuordnung zu Vorgang 44, **Szene 2 einrichten**, zu 50 % abgeschlossen.

Als Nächstes filtern Sie die Ansicht **Vorgang: Einsatz** so, dass nur die nicht abgeschlossenen Vorgänge angezeigt werden. Denn wenn Sie Max Meier durch Melanie Heuer ersetzen, soll dies nur die nicht abgeschlossenen Vorgänge betreffen.

11 Öffnen Sie das Menü **Projekt**, zeigen Sie auf **Filter: Alle Vorgänge** und klicken Sie dann im Untermenü auf **Nicht abgeschlossene Vorgänge**.

Microsoft Project filtert nun die Ansicht **Vorgang: Einsatz** so, dass nur die Vorgänge angezeigt werden, die noch nicht fertig gestellt sind. Als Nächstes nehmen Sie den Austausch der Ressource vor. Achten Sie dabei bei Max Meier auf die teilweise abgeschlossene Arbeit an Vorgang 44.

12 Klicken Sie auf den Spaltenkopf der Spalte **Vorgangsname**.

Ressourcen zuordnen

13 Klicken Sie in der Standardsymbolleiste auf die Schaltfläche **Ressourcen zuordnen**.

Das gleichnamige Dialogfeld öffnet sich.

14 Klicken Sie im Dialogfeld **Ressourcen zuordnen** in der Spalte **Ressourcenname** auf **Max Meier** und dann auf die Schaltfläche **Ersetzen**.

Das Dialogfeld **Ressource ersetzen** öffnet sich.

15 Klicken Sie in der Spalte **Ressourcenname** auf **Melani Heuer** und dann auf **OK**.

Microsoft Project ersetzt die zukünftigen Zuordnungen von Max Meier durch Melani Heuer.

16 Klicken Sie auf die Schaltfläche **Schließen**, um das Dialogfeld **Ressourcen zuordnen** zu schließen.

Ihr Bildschirm sollte nun etwa wie in der folgenden Abbildung aussehen.

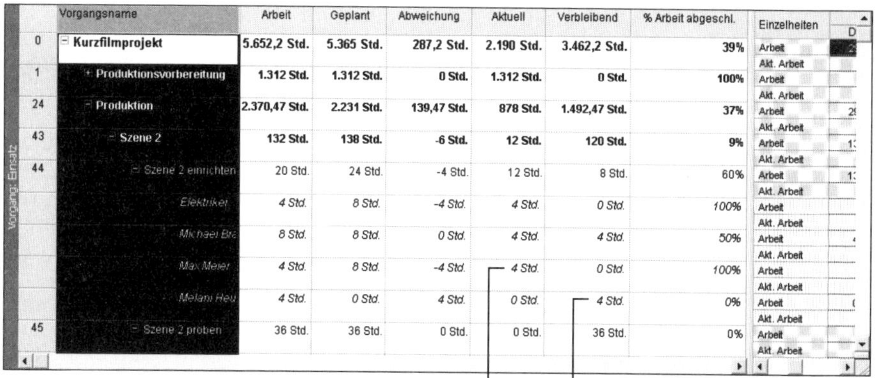

	Vorgangsname	Arbeit	Geplant	Abweichung	Aktuell	Verbleibend	% Arbeit abgeschl.	Einzelheiten
0	Kurzfilmprojekt	5.652,2 Std.	5.365 Std.	287,2 Std.	2.190 Std.	3.462,2 Std.	39%	Arbeit Akt. Arbeit
1	Produktionsvorbereitung	1.312 Std.	1.312 Std.	0 Std.	1.312 Std.	0 Std.	100%	Arbeit Akt. Arbeit
24	Produktion	2.370,47 Std.	2.231 Std.	139,47 Std.	878 Std.	1.492,47 Std.	37%	Arbeit Akt. Arbeit
43	Szene 2	132 Std.	138 Std.	-6 Std.	12 Std.	120 Std.	9%	Arbeit Akt. Arbeit
44	Szene 2 einrichten	20 Std.	24 Std.	-4 Std.	12 Std.	8 Std.	60%	Arbeit Akt. Arbeit
	Elektriker	*4 Std.*	*8 Std.*	*-4 Std.*	*4 Std.*	*0 Std.*	*100%*	Arbeit Akt. Arbeit
	Michael Bra	*8 Std.*	*8 Std.*	*0 Std.*	*4 Std.*	*4 Std.*	*50%*	Arbeit Akt. Arbeit
	Max Meier	*4 Std.*	*8 Std.*	*-4 Std.*	*4 Std.*	*0 Std.*	*100%*	Arbeit Akt. Arbeit
	Melani Heu	*4 Std.*	*0 Std.*	*4 Std.*	*0 Std.*	*4 Std.*	*0%*	Arbeit Akt. Arbeit
45	Szene 2 proben	36 Std.	36 Std.	0 Std.	0 Std.	36 Std.	0%	Arbeit Akt. Arbeit

Nach dem Ressourcenaustausch wird die teilweise abgeschlossene Arbeit von Max Meier beibehalten …

… und der Rest wird Melani Heuer zugeordnet.

Beachten Sie, dass Microsoft Project die 4 Stunden Arbeit, die Max Meier an Vorgang 44 bereits abgeschlossen hat, beibehält und die restliche Arbeit von vier Stunden Melani Heuer zuordnet. Bei den nachfolgenden Vorgängen, denen Max zugeordnet war, ist er durch Melani Heuer ersetzt worden.

17 Zeigen Sie im Menü **Projekt** auf **Filter: Nicht abgeschlossene Vorgänge** und wählen Sie dann im Untermenü den Befehl **Alle Vorgänge**.

Microsoft Project entfernt den Filter aus der Ansicht **Vorgang: Einsatz**. Beachten Sie, dass die von Max Meier bereits verrichtete Arbeit im Projektplan weiterhin aufgezeichnet ist.

Probleme mit dem Arbeitsumfang analysieren und beheben

Zum Umfang eines Projekts gehören sämtliche Arbeiten, die zur Auslieferung des Endprodukts an den Abnehmer erforderlich sind. Nachdem die Arbeit am Projekt gestartet wurde, gehören Kompromisse zum Alltag, wenn es um die Verwaltung des Arbeitsumfangs geht. Es müssen Zeit und Geld, Qualität und Zeit usw. gegeneinander abgewogen werden. Vielleicht gehört es zu Ihren Zielen, niemals derartige Kompromisse einzugehen. Realistischer wäre es aber, Kompromisse nur auf der Grundlage solider Informationen einzugehen.

Wie Sie sich aus den vorangegangenen Übungen erinnern werden, soll der Projektendtermin noch im Jahr 2005 liegen. Aktueller Stand des Projektendes ist Ende Januar 2006. In der folgenden Übung beschäftigen Sie sich mit dem Endtermin des Projekts und gehen mehrere Kompromisse ein, die sicherstellen sollen, dass das Projekt auch innerhalb des von den Geldgebern geforderten zeitlichen Rahmens zu einem fertigen Produkt führt.

1 Wählen Sie im Menü **Projekt** den Befehl **Projektinfo**.

   Das Dialogfeld **Projektinfo** öffnet sich. Entsprechend dem aktuellen Plan wird das Projekt am 26.1.06 fertig gestellt.

2 Klicken Sie auf die Schaltfläche **Abbrechen**, um das Dialogfeld **Projektinfo** zu schließen.

   Weil der Projektendtermin durch die Vorgänge auf dem kritischen Weg beeinflusst wird, betrachten Sie nun diese Vorgänge.

3 Wählen Sie im Menü **Ansicht** den Befehl **Weitere Ansichten**.

4 Klicken Sie im Dialogfeld **Weitere Ansichten** auf die Ansicht **Balkendiagramm: Einzelheiten** und klicken Sie dann auf die Schaltfläche **Auswahl**.

   Die Ansicht **Balkendiagramm: Einzelheiten** wird aktiviert.

5 Zeigen Sie im Menü **Projekt** auf **Filter: Alle Vorgänge** und klicken Sie dann auf **Kritisch**.

   Microsoft Project zeigt nur die kritischen Vorgänge an. Die verbleibenden Produktionsvorgänge sind schon so eng wie möglich kalkuliert. Sie versuchen deshalb, die Vorgänge in der Nachbereitungsphase zu komprimieren. Sie beginnen damit, für verschiedene Vorgänge auch Überstunden zuzulassen, um die Dauer dieser Vorgänge zu verkürzen.

6 Wählen Sie im Menü **Bearbeiten** den Befehl **Gehe zu**.

7 Geben Sie den Wert ***74*** in das Feld **Nr.** ein und klicken Sie dann auf **OK**.

   Microsoft Project zeigt nun Vorgang 74, **Filmmaterial sichten**, an.

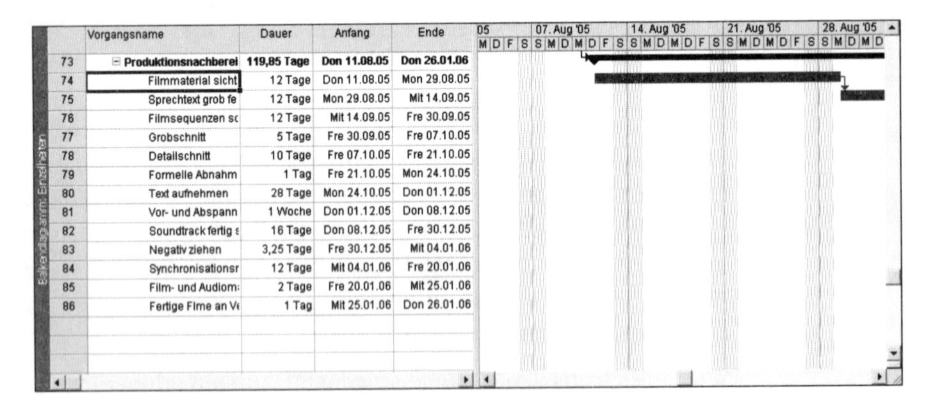

	Vorgangsname	Dauer	Anfang	Ende
73	**Produktionsnachberei**	**119,85 Tage**	**Don 11.08.05**	**Don 26.01.06**
74	Filmmaterial sicht	12 Tage	Don 11.08.05	Mon 29.08.05
75	Sprechtext grob fe	12 Tage	Mon 29.08.05	Mit 14.09.05
76	Filmsequenzen sc	12 Tage	Mit 14.09.05	Fre 30.09.05
77	Grobschnitt	5 Tage	Fre 30.09.05	Fre 07.10.05
78	Detailschnitt	10 Tage	Fre 07.10.05	Fre 21.10.05
79	Formelle Abnahm	1 Tag	Fre 21.10.05	Mon 24.10.05
80	Text aufnehmen	28 Tage	Mon 24.10.05	Don 01.12.05
81	Vor- und Abspann	1 Woche	Don 01.12.05	Don 08.12.05
82	Soundtrack fertig s	16 Tage	Don 08.12.05	Fre 30.12.05
83	Negativ ziehen	3,25 Tage	Fre 30.12.05	Mit 04.01.06
84	Synchronisationsr	12 Tage	Mit 04.01.06	Fre 20.01.06
85	Film- und Audiom	2 Tage	Fre 20.01.06	Mit 25.01.06
86	Fertige Filme an Ve	1 Tag	Mit 25.01.06	Don 26.01.06

8 Wählen Sie im Menü **Fenster** den Befehl **Teilen**.

   Unterhalb der Ansicht **Balkendiagramm: Einzelheiten** ist nun die Ansicht **Vorgang: Maske** zu sehen.

9 Klicken Sie auf eine beliebige Stelle in der Ansicht **Vorgang: Maske**. Öffnen Sie dann das Menü **Format**, zeigen Sie auf den Befehl **Einzelheiten** und klicken Sie auf **Arbeit Ressourcen**.

Die Einzelheiten zu **Arbeit Ressourcen** werden in der Ansicht **Vorgang: Maske** angezeigt.

10 Verändern Sie den Bildausschnitt in der oberen Ansicht **Balkendiagramm: Einzelheiten** so, dass Vorgang 74 zu sehen ist.

11 Geben Sie in der Ansicht **Vorgang: Maske** in der Spalte **Überstd.** für die Ressource **Labor** den Wert ***20h*** ein und drücken Sie dann die [↵]-Taste.

12 Geben Sie in die Spalte **Überstd.** für **Florian Voss** den Wert ***20h*** ein und klicken Sie dann in der rechten oberen Ecke der Ansicht **Vorgang: Maske** auf die Schaltfläche **OK**.

Microsoft Project passt nun die Zuordnungen für diese Ressourcen an und kürzt die Gesamtdauer des Vorgangs. Ihr Bildschirm sollte nun etwa wie in der folgenden Abbildung aussehen.

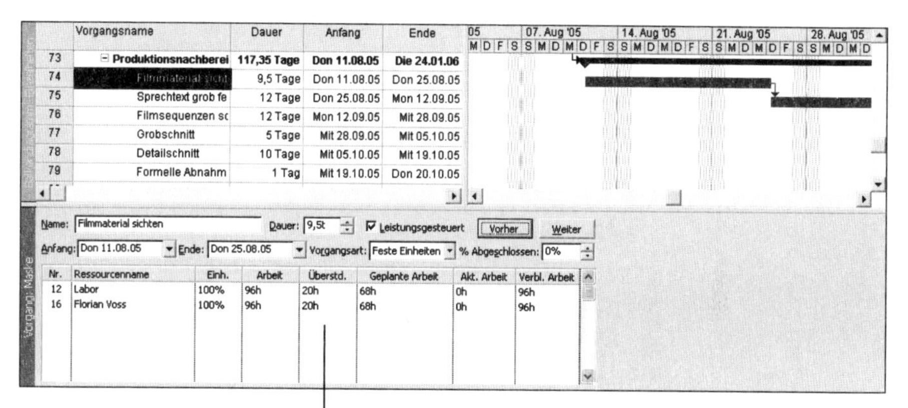

Durch die Zuweisung von Überstunden wird die Dauer des Vorgangs reduziert. Die Gesamtarbeitszeit, die für die Fertigstellung des Vorgangs erforderlich ist, bleibt aber erhalten.

Beachten Sie, dass die Gesamtarbeitszeit für jede Ressource weiterhin 68 Stunden beträgt. Nun sind jedoch 20 von diesen 68 Stunden als Überstunden eingeplant. Es wird also die gleiche Arbeitsmenge verrichtet, jedoch in einer kürzeren Zeit. Microsoft Project wendet auf die Überstunden die Überstundenkostenrate an, falls eine solche eingerichtet wurde.

13 Klicken Sie in der Ansicht **Balkendiagramm** auf den Vorgang 75, **Sprechtext grob festlegen**.

14 Geben Sie in der Ansicht **Vorgang: Maske** 30 Überstunden (***30h***) für beide Ressourcenzuordnungen ein und klicken Sie dann auf **OK**.

Microsoft Project plant die Überstunden ein und berechnet die Vorgangsdauer neu.

15 Klicken Sie in der Ansicht **Balkendiagramm** auf Vorgang 76, **Filmsequenzen schriftlich bearbeiten.**

16 Geben Sie in der Ansicht **Vorgang: Maske** 25 Überstunden (***25h***) für jede der vier zugeordneten Ressourcen ein und klicken Sie dann auf **OK.**

Microsoft Project plant die Überstunden ein und berechnet die Vorgangsdauer neu.

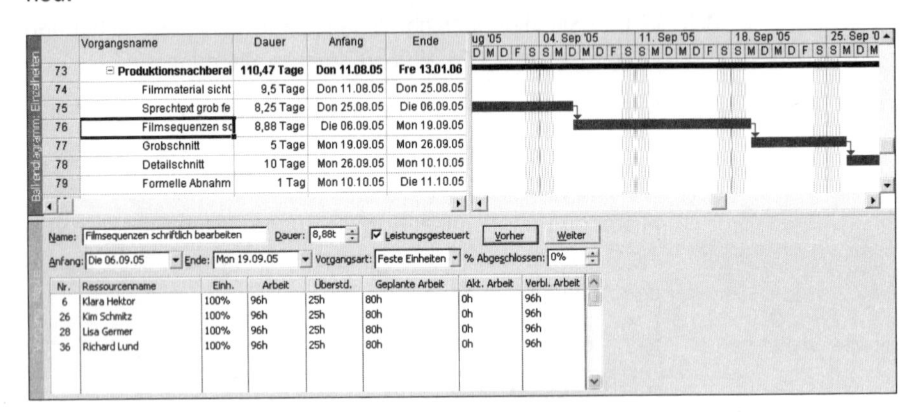

17 Wählen Sie im Menü **Fenster** den Befehl **Teilung aufheben.**

18 Wählen Sie im Menü **Projekt** den Befehl **Projektinfo.**

Das Dialogfeld **Projektinfo** öffnet sich. Die Anpassungen, die Sie am Projektplan vorgenommen haben, haben dafür gesorgt, dass der Projektendtermin nun auf den 13.1.06 vorgezogen wurde. Ihre Geldgeber möchten das Projekt aber noch im Jahr 2005 abschließen. Deshalb werden Sie die Vorgänge in der Produktionsnachbereitung weiter anpassen.

19 Klicken Sie auf **Abbrechen**, um das Dialogfeld **Projektinfo** zu schließen.

Der Vorgang 81, **Vor- und Abspann fertig stellen**, ist mit einer relativ langen Dauer eingeplant. Nachdem Sie mit den zugeordneten Ressourcen gesprochen haben, sind Sie alle der Meinung, dass man durch Zuordnung von zwei weiteren Ressourcen die Vorgangsdauer verkürzen könnte.

20 Klicken Sie in der Spalte **Vorgangsname** auf Vorgang 81, **Vor- und Abspann fertig stellen.**

Informationen zum Vorgang

21 Klicken Sie in der Standardsymbolleiste auf die Schaltfläche **Informationen zum Vorgang.**

Das gleichnamige Dialogfeld öffnet sich.

22 Aktivieren Sie die Registerkarte **Vorgänger.**

23 Wählen Sie in der Dropdownliste **Art** für den Vorgänger den Eintrag **Anfang-Anfang (AA)**.

24 Klicken Sie auf **OK**, um das Dialogfeld **Informationen zum Vorgang** zu schließen.

Gehe zu ausgewähltem Vorgang

25 Klicken Sie in der Standardsymbolleiste auf die Schaltfläche **Gehe zu ausgewähltem Vorgang**.

Ihr Bildschirm sollte nun etwa wie in der folgenden Abbildung aussehen.

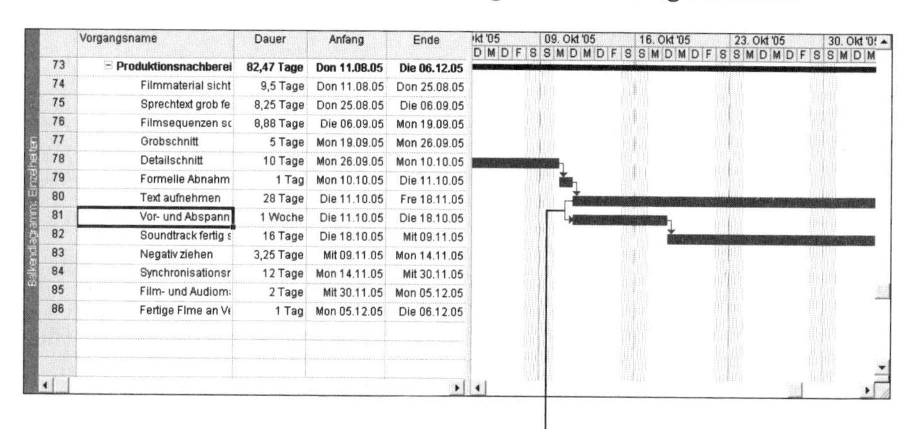

	Vorgangsname	Dauer	Anfang	Ende
73	**Produktionsnachberei**	**82,47 Tage**	**Don 11.08.05**	**Die 06.12.05**
74	Filmmaterial sicht	9,5 Tage	Don 11.08.05	Don 25.08.05
75	Sprechtext grob fe	8,25 Tage	Don 25.08.05	Die 06.09.05
76	Filmsequenzen sc	8,88 Tage	Die 06.09.05	Mon 19.09.05
77	Grobschnitt	5 Tage	Mon 19.09.05	Mon 26.09.05
78	Detailschnitt	10 Tage	Mon 26.09.05	Mon 10.10.05
79	Formelle Abnahm	1 Tag	Mon 10.10.05	Die 11.10.05
80	Text aufnehmen	28 Tage	Die 11.10.05	Fre 18.11.05
81	Vor- und Abspann	1 Woche	Die 11.10.05	Die 18.10.05
82	Soundtrack fertig s	16 Tage	Die 18.10.05	Mit 09.11.05
83	Negativ ziehen	3,25 Tage	Mit 09.11.05	Mon 14.11.05
84	Synchronisationsr	12 Tage	Mon 14.11.05	Mit 30.11.05
85	Film- und Audiom:	2 Tage	Mit 30.11.05	Mon 05.12.05
86	Fertige Flme an Ve	1 Tag	Mon 05.12.05	Die 06.12.05

Durch die Änderung der Beziehung zwischen den beiden Vorgängen wird die Projektdauer verkürzt, da beide Vorgänge auf dem kritischen Weg liegen.

Microsoft Project plant nun Vorgang 81 so ein, dass er beginnt, wenn Vorgang 80 beginnt. Die nachfolgenden Vorgänge werden ebenfalls alle neue eingeplant.

26 Wählen Sie im Menü **Projekt** den Befehl **Projektinfo**.

Das Dialogfeld **Projektinfo** öffnet sich. Der Projektendtermin wurde nun auf den 6.12.05 vorgezogen – ein akzeptables Datum.

Zum Abschluss der Übung betrachten Sie nun noch, welche Auswirkungen die Anpassungen haben, die Sie an den Projektkosten vorgenommen haben.

27 Klicken Sie auf die Schaltfläche **Statistik**.

Das Dialogfeld **Projektstatistik** öffnet sich.

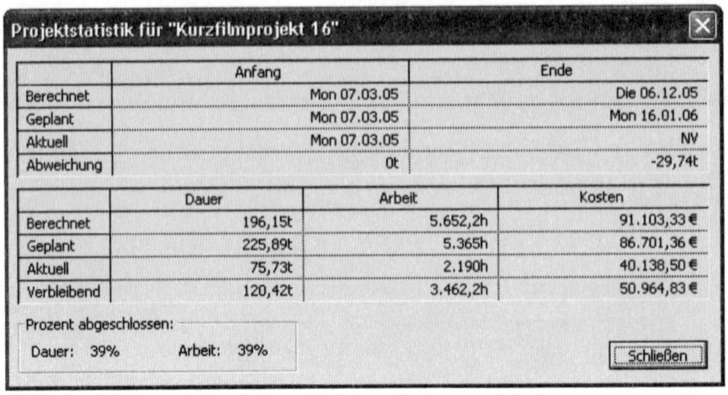

Projektstatistik für "Kurzfilmprojekt 16"

	Anfang	Ende
Berechnet	Mon 07.03.05	Die 06.12.05
Geplant	Mon 07.03.05	Mon 16.01.06
Aktuell	Mon 07.03.05	NV
Abweichung	0t	-29,74t

	Dauer	Arbeit	Kosten
Berechnet	196,15t	5.652,2h	91.103,33 €
Geplant	225,89t	5.365h	86.701,36 €
Aktuell	75,73t	2.190h	40.138,50 €
Verbleibend	120,42t	3.462,2h	50.964,83 €

Prozent abgeschlossen:

Dauer: 39% Arbeit: 39%

Schließen

Die berechneten Kosten liegen nun etwas dichter bei den geplanten Kosten.

28 Klicken Sie auf die Schaltfläche **Schließen**, um das Dialogfeld **Projektstatistik** zu schließen.

Sie treffen sich mit den Projektsponsoren, die sehr erfreut darüber sind, dass Sie die Projektabwicklung vor Beginn der Ferienzeit abschließen werden. Obwohl die Herstellung der Masterkopien unter diesen Bedingungen schwierig ist, sind Sie trotzdem realistisch und optimistisch. Sie freuen sich darüber, das Projekt dank der neu erworbenen Microsoft Project-Kenntnisse so gut über die Runden gebracht zu haben.

***SCHLIESSEN SIE** den Projektplan* **Kurzfilmprojekt 16.**

Zusammenfassung

- Bei Abweichungen in einem Projektplan empfiehlt es sich, Ihren Plan (und die Abweichungen) unter dem Gesichtspunkt der drei Bestandteile des Projektdreiecks – Zeit, Kosten und Umfang – zu betrachten.
- Im Fall von Terminproblemen beschäftigen Sie sich mit Vorgängen auf dem kritischen Weg, da diese ausschlaggebend für den Endtermin sind.
- Im Fall von Kosten- oder Umfangsproblemen untersuchen Sie teure Ressourcen und vor allem ihre längeren Zuordnungen.

III
Spezialthemen

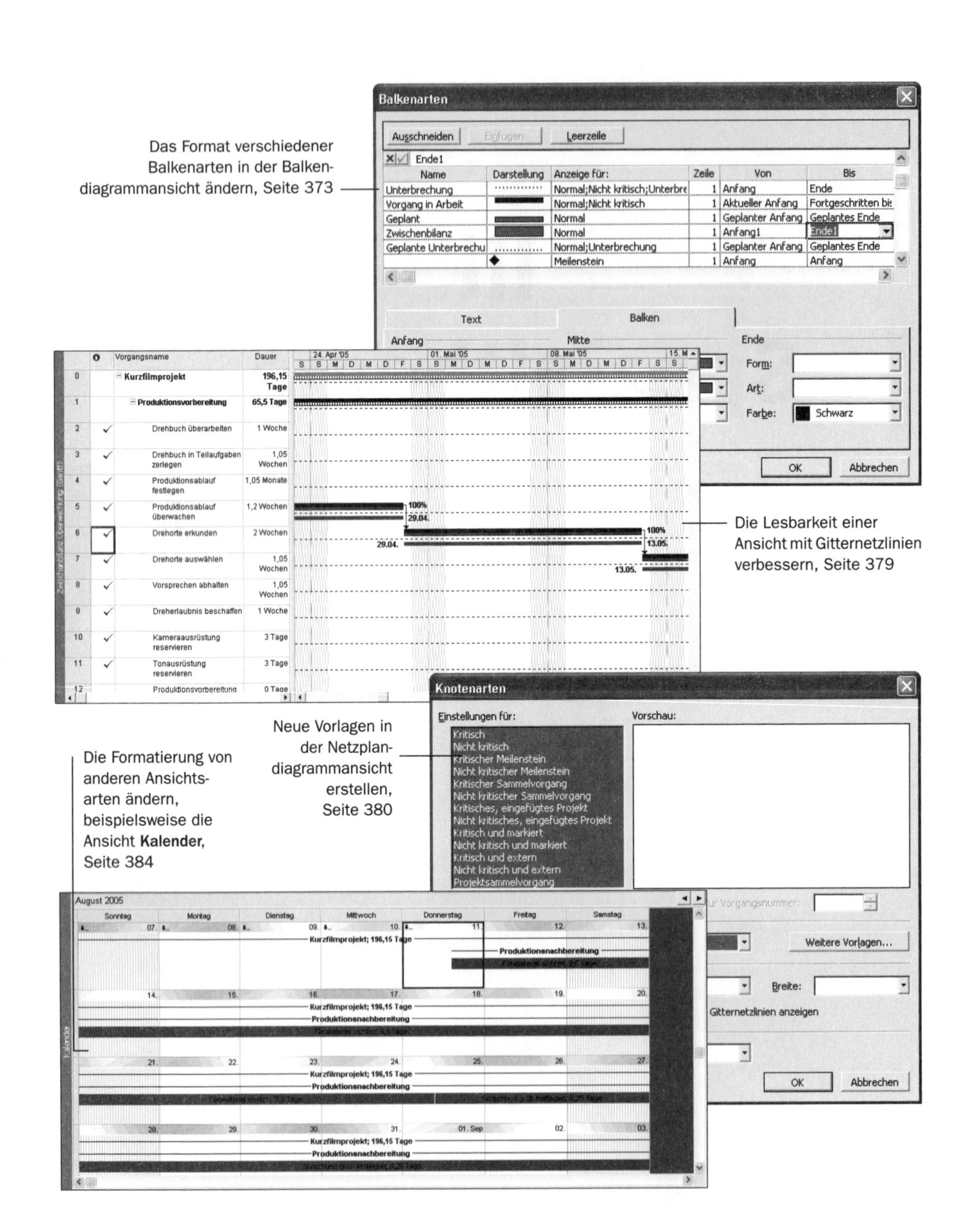

Kapitel 17 auf einen Blick

17 Projektpläne formatieren

In diesem Kapitel lernen Sie,

- ✔ **wie Sie Elemente in einer Balkendiagrammansicht formatieren.**
- ✔ **wie Sie die Ansicht *Netzplandiagramm* formatieren.**
- ✔ **wie Sie die Ansicht *Kalender* formatieren.**

Siehe auch Falls Sie nur eine kurze Wiederholung zu den Themen benötigen, die in diesem Kapitel behandelt werden, lesen Sie den Schnellüberblick zu Kapitel 17 am Anfang dieses Buches.

Dieses Kapitel stellt komplexere Formatierungsfunktionen von Microsoft Project vor. Ein gut formatierter Projektplan ist entscheidend, wenn es darum geht, die Einzelheiten Ressourcen, Kunden und anderen Beteiligten nahe zu bringen. Einige Formatierungsfunktionen von Microsoft Project entsprechen denen von Textverarbeitungen wie Microsoft Word, zum Beispiel die Definition von Vorlagen. Sind sie einmal definiert, lassen sich von einer Stelle aus alle Formatierungen im Dokument ändern, auf die die Vorlage angewendet wurde. In Microsoft Project können Sie Vorlagen einsetzen, um das Aussehen eines Balkendiagramms zu verändern. Andere Formatierungsoptionen betreffen beispielsweise die Hervorhebung von Vorgängen und die Formatierung von häufig benutzten Ansichten.

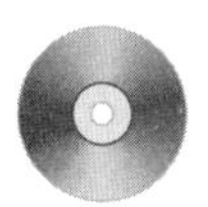

WICHTIG Bevor Sie die Übungsdateien in diesem Kapitel benutzen können, müssen Sie sie von der Begleit-CD in den vorgegebenen Standardordner installieren. Einzelheiten dazu finden Sie im Abschnitt „Die Übungsdateien installieren“ am Anfang dieses Buches.

Balken im Balkendiagramm (Gantt) formatieren

Sie können Elemente in der Ansicht **Balkendiagramm (Gantt)** direkt formatieren oder aber den Balkenplan-Assistenten nutzen, wobei der Balkenplan-Assistent, den Sie über das Menü **Format** öffnen, nur beschränkte Möglichkeiten bietet. Die

Gesamtdarstellung eines Gantt-Diagramms können Sie mit dem Befehl **Balkenarten** (im Menü **Format**) ändern.

TIPP Beachten Sie, dass es verschiedene Arten von Balkendiagrammansichten gibt, obwohl nur eine Ansicht **Balkendiagramm (Gantt)** heißt. Andere Balkendiagrammansichten tragen Zusätze wie **Einzelheiten**, **Überwachung** und **Abgleich**. Balkendiagramme sind Diagramme, bei denen Gantt-Balken in einer Zeitskala angeordnet sind.

Sie können nicht nur die Formatierung von Objekten verändern, die in einem Balkendiagramm angezeigt werden, sondern auch Objekte hinzufügen oder entfernen. So ist es beispielsweise sinnvoll, den *Basisplan*, den *Zwischenplan* und den aktuellen Plan in einer Ansicht zu vergleichen. Damit lassen sich auch Planänderungen leichter auswerten.

In der folgenden Übung zeigen Sie den aktuellen Projektplan zusammen mit dem Basisplan und dem Zwischenplan an. (Der Basisplan und der Zwischenplan wurden bereits im Projektplan gespeichert.) Sie beginnen nun damit, eine Kopie der Ansicht **Balkendiagramm: Überwachung** zu bearbeiten.

WICHTIG Wenn Sie mit Microsoft Project Professional arbeiten, müssen Sie unter Umständen eine einmalige Einstellung vornehmen, damit Sie mit dem eigenen Arbeitsplatz-Account und offline arbeiten können. So wird sichergestellt, dass die Übungsdateien, mit denen Sie in diesem Kapitel arbeiten, keine Auswirkungen auf Ihre Microsoft Project Server-Daten haben. Mehr Informationen hierzu finden Sie in Kapitel 1 im Abschnitt „Microsoft Office Project Professional starten".

ÖFFNEN SIE die Datei **Kurzfilmprojekt 17a**, ***die Sie im Ordner*** **Eigene Dateien\Microsoft Press\Project 2003 Training\17_ProjektpläneFormatieren** ***finden. Sie können den Ordner auch über*** **Start/Alle Programme/Microsoft Press/Project 2003 Training** ***öffnen.***

1. Wählen Sie im Menü **Datei** den Befehl **Speichern unter**.

   Das Dialogfeld **Speichern unter** öffnet sich.

2. Geben Sie im Feld **Dateiname** die Bezeichnung ***Kurzfilmprojekt 17*** ein und klicken Sie dann auf **Speichern**.

3. Wählen Sie im Menü **Ansicht** den Befehl **Weitere Ansichten**.

   Das Dialogfeld **Weitere Ansichten** öffnet sich.

4. Markieren Sie im Listenfeld **Ansichten** die Option **Balkendiagramm: Überwachung** und klicken Sie dann auf die Schaltfläche **Kopieren**.

   Das Dialogfeld **Definition der Ansicht** öffnet sich.

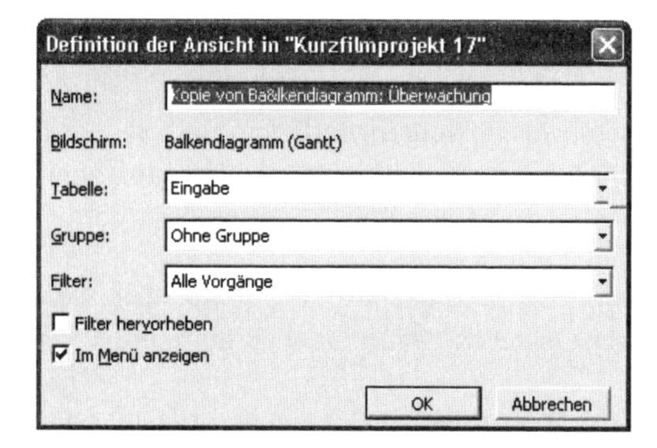

5 Geben Sie im Feld **Name** die Bezeichnung ***Zwischenbilanz Überwachung (Gantt)*** ein und klicken Sie dann auf **OK**.

Die neue Ansicht wird nun im Dialogfeld **Weitere Ansichten** aufgelistet und ist bereits markiert.

6 Klicken Sie auf die Schaltfläche **Auswahl**.

Microsoft Project aktiviert die neue Ansicht, die momentan noch mit der Ansicht **Balkendiagramm: Überwachung** identisch ist.

Als Nächstes fügen Sie die Balken für den Zwischenplan zur Ansicht hinzu.

7 Wählen Sie im Menü **Format** den Befehl **Balkenarten**.

Das Dialogfeld **Balkenarten** öffnet sich.

TIPP Sie können das Dialogfeld auch öffnen, indem Sie auf eine beliebige Stelle des Hintergrunds der Ansicht **Balkendiagramm** doppelklicken.

8 Blättern Sie in der Liste der Balkenarten nach unten und klicken Sie auf den Namen **Geplante Unterbrechung**.

9 Klicken Sie auf die Schaltfläche **Leerzeile**.

Microsoft Project fügt eine Zeile für eine neue Balkenart in die Tabelle ein.

10 Geben Sie den Text ***Zwischenbilanz*** in die neue Zelle ein.

Das ist der Name für den neuen Balken, der im Diagramm angezeigt werden wird.

TIPP Die Namen der meisten Vorgangsbalken werden in der Legende von gedruckten Gantt-Diagrammen angezeigt. Soll ein benutzerdefinierter Balkenname nicht in der Legende angezeigt werden, geben Sie vor dem Balkennamen ein Sternchen (*) ein, zum Beispiel ***Zwischenbilanz***. Im Dialogfeld **Balkenarten** werden beispielsweise die Vorgangsbalken **Gruppenkopf** und **Rollup: Vorgang** standardmäßig nicht angezeigt.

11 Klicken Sie in derselben Zeile auf die Zelle in der Spalte **Anzeige für** und wählen Sie dann die Option **Normal** aus der Dropdownliste aus.

Hier legen Sie fest, welche Vorgangsart, zum Beispiel normaler Vorgang, Sammelvorgang oder Meilenstein, oder welcher Vorgangsstatus, zum Beispiel kritisch oder abgeschlossen, durch den Balken dargestellt wird.

TIPP Da das Dialogfeld **Balkenart** sehr komplex ist, können Sie über die Schaltfläche **Hilfe** zusätzliche Informationen aufrufen.

12 Klicken Sie auf die Zelle in der Spalte **Von** und wählen Sie dann die Option ***Anfang1*** in der Dropdownliste aus.

13 Klicken Sie auf die Zelle in der Spalte **Bis** und wählen Sie dann die Option ***Ende1*** in der Dropdownliste aus.

Ihr Bildschirm sollte nun wie in der folgenden Abbildung aussehen.

Die neu erstellte Balkenvorlage

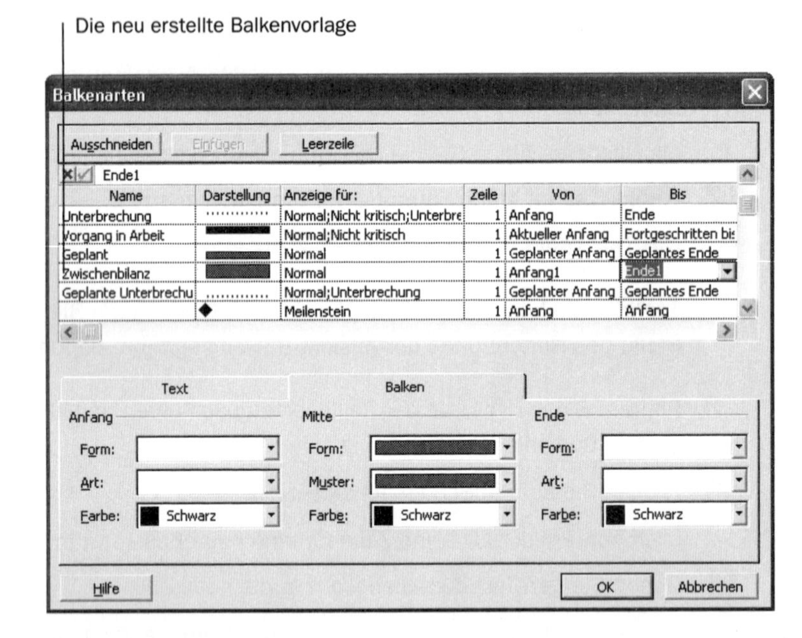

Die Elemente **Anfang1** und **Ende1** sind die Felder, in denen die ersten Zwischenplanwerte im Projektplan gespeichert wurden. In diesen Feldern wurden die aktuellen Anfangs- und Endtermine für jeden Vorgang gespeichert, als der Zwischenplan gespeichert wurde.

Sie haben Microsoft Project nun angewiesen, die Anfangs- und Endtermine des ersten Zwischenplans als Balken anzuzeigen. Als Nächstes legen Sie fest, wie die Balken aussehen sollen.

14 Klicken Sie auf die Zelle in der Spalte **Zeile** und wählen Sie dann in der Dropdownliste den Wert **2**.

Microsoft Project zeigt nun mehrere Zeilen mit Gantt-Balken pro Vorgang in der Ansicht an. Als Nächstes kümmern Sie sich um die untere Hälfte des Dialogfelds **Balkenarten**.

15 Wählen Sie im Bereich **Mitte** im Dropdown-Listenfeld **Form** gleich die erste Option in der Liste, den halbhohen Balken.

ACHTUNG Das Dialogfeld **Balkenarten** enthält Register, über die Sie verschiedene Registerkarten aktivieren können. Sollte das Feld **Form** nicht angezeigt werden, stellen Sie sicher, dass die Registerkarte **Balken** und nicht die Registerkarte **Text** aktiviert ist.

16 Wählen Sie im Bereich **Mitte** im Dropdown-Listenfeld **Muster** den schwarzen Balken, das heißt die zweite Option von oben.

17 Wählen Sie im Bereich **Mitte** im Dropdown-Listenfeld **Farbe** den Wert **Grün**.

Ihr Bildschirm sollte nun wie in der folgenden Abbildung aussehen.

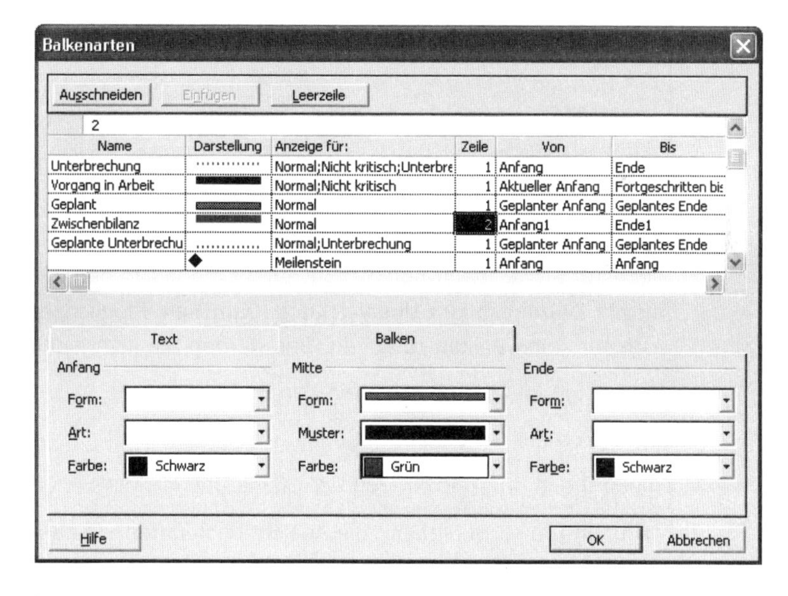

Weil die benutzerdefinierte Ansicht den Zwischenplan hervorheben soll, formatieren Sie als Nächstes die Balken so, dass die Anfangs- und die Endtermine angezeigt werden.

18 Aktivieren Sie im Dialogfeld **Balkenarten** die Registerkarte **Text**.

19 Klicken Sie auf das Feld in der Zeile **Links** und wählen Sie dann die Option **Anfang1** in der Dropdownliste aus.

TIPP Wenn Sie den Anfangsbuchstaben des Eintrags in das Feld eingeben, den Sie auswählen wollen, werden direkt die Felder angezeigt, die mit diesem Buchstaben beginnen. Geben Sie beispielsweise den Buchstaben ***E*** ein, werden alle Elemente angezeigt, die mit E beginnen.

20 Wählen Sie in der Dropdownliste in der Zeile **Rechts** den Wert **Ende1**.

Ihr Bildschirm sollte nun wie in der folgenden Abbildung aussehen.

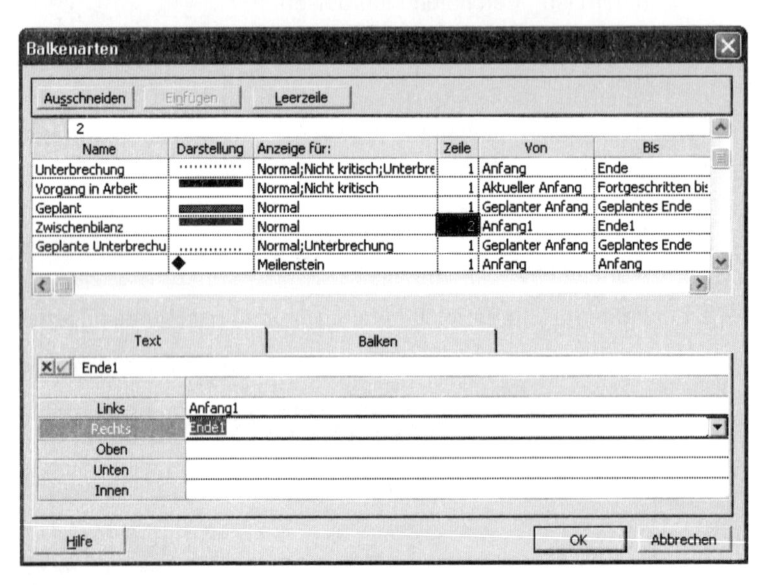

21 Klicken Sie auf die Schaltfläche **OK**, um das Dialogfeld **Balkenarten** zu schließen.

Microsoft Project zeigt nun die Balken für die Werte des Zwischenplans in der Ansicht **Zwischenbilanz Überwachung (Gantt)** an. Möglicherweise sind momentan noch gar keine Balken zu sehen. Das werden Sie jetzt jedoch ändern.

22 Wählen Sie im Menü **Bearbeiten** den Befehl **Gehe zu**.

Das Dialogfeld **Gehe zu** öffnet sich.

23 Geben Sie in das Feld **Nr.** den Wert **6** ein und klicken Sie dann auf **OK**.

Microsoft Project verschiebt die Ansicht nach unten, so dass die Gantt-Balken für Vorgang 6 und die angrenzenden Vorgänge zu sehen sind. Ihr Bildschirm sollte nun etwa wie in der folgenden Abbildung aussehen.

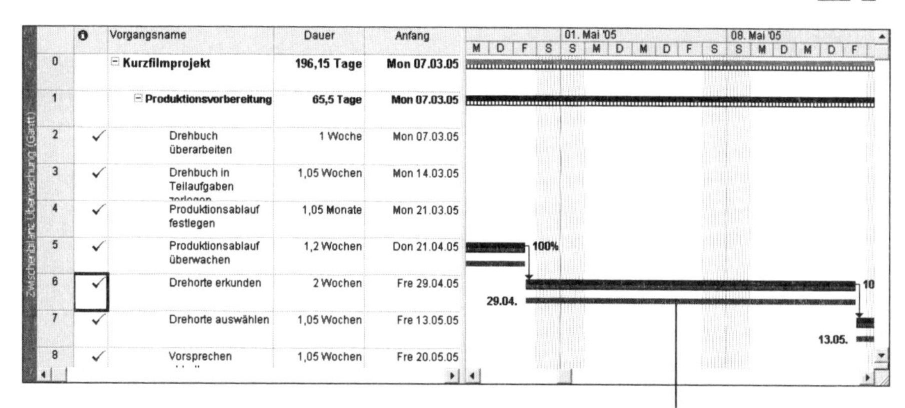

Die Balken für den Zwischenplan werden grün und mit Start- und Enddatum angezeigt.

In dieser Ansicht wird deutlich, dass der abgeschlossene Vorgang 6, der als durchgezogener blauer Balken angezeigt wird, genau mit dem Balken für den Zwischenplan übereinstimmt. Beide wurden später als die Werte des Basisplans (grauer Balken in der Mitte) eingeplant.

Zum Abschluss dieser Übung blenden Sie nun noch Gitternetzlinien im Balkendiagramm ein, um die Gantt-Balken leichter den entsprechenden Vorgängen zuordnen zu können.

24 Wählen Sie im Menü **Format** den Befehl **Gitternetzlinien**.

Das Dialogfeld **Gitternetzlinien** öffnet sich.

25 Markieren Sie im Listenfeld **Zu ändernde Linie** den Linientyp **Balkenzeilen** und wählen Sie dann im Dropdown-Listenfeld **Art** die gestrichelte Linie aus (die letzte Option in der Liste).

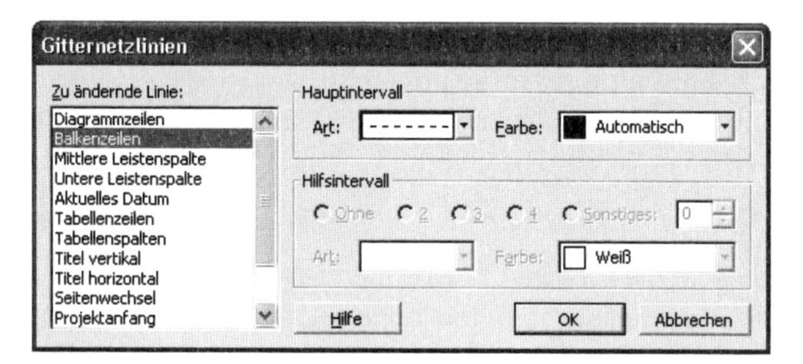

26 Klicken Sie auf **OK**, um das Dialogfeld **Gitternetzlinien** zu schließen.

Microsoft Project zeichnet Gitternetzlinien zwischen den einzelnen Vorgängen in das Diagramm ein. Ihr Bildschirm sollte nun etwa wie in der folgenden Abbildung aussehen.

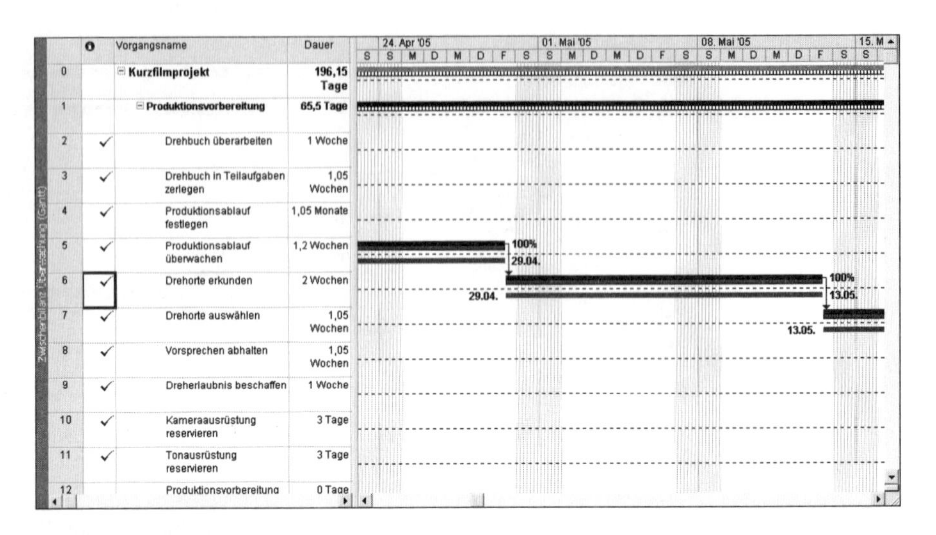

Die Anzeige von Gitternetzlinien ist sinnvoll, wenn Sie ein Balkendiagramm mit mehreren Gantt-Balken ausdrucken wollen.

Netzplandiagramm formatieren

Im Projektmanagement werden Projektaktivitäten und deren Beziehungen traditionell als Netzplandiagramm dargestellt. Die Vorgänge werden als Kästchen oder Knoten dargestellt. Die Beziehungen zwischen den Vorgängen werden durch Verbindungslinien zwischen den einzelnen Knoten repräsentiert. Anders als beim Balkendiagramm (Gantt), das eine zeitorientierte Ansicht ist, können Sie in einem Netzplandiagramm die Projektaktivitäten in einer Art Ablaufdiagramm anzeigen. Das ist immer dann sinnvoll, wenn Sie sich mehr für die Beziehungen zwischen den Aktivitäten als für ihre Dauer interessieren.

Microsoft Project bietet wichtige Formatierungsoptionen für das Netzplandiagramm. In diesem Abschnitt werden Sie nur einige wenige davon nutzen. Falls Sie vorhaben, mit diesem Diagrammtyp häufiger zu arbeiten, sollten Sie sich auf eigene Faust mit den Einzelheiten vertraut machen.

In der folgenden Übung formatieren Sie die Ansicht **Netzplandiagramm**.

Gehe zu ausgewähltem Vorgang

1. Wechseln Sie zunächst zu einem anderen Projektabschnitt. Wählen Sie hierzu im Menü **Bearbeiten** den Befehl **Gehe zu**, geben Sie die Vorgangsnummer ***51*** ein, klicken Sie auf **OK** und dann in der Standardsymbolleiste auf die Schaltfläche **Gehe zu ausgewähltem Vorgang.**

2. Wählen Sie im Menü **Ansicht** den Befehl **Netzplandiagramm.**

   Das Projekt wird als **Netzplandiagramm** angezeigt. In dieser Ansicht wird jeder Vorgang durch einen Kasten (oder Knoten) dargestellt, der verschiedene Daten zu dem betreffenden Vorgang enthält. Ihr Bildschirm sollte ähnlich wie in der folgenden Abbildung aussehen.

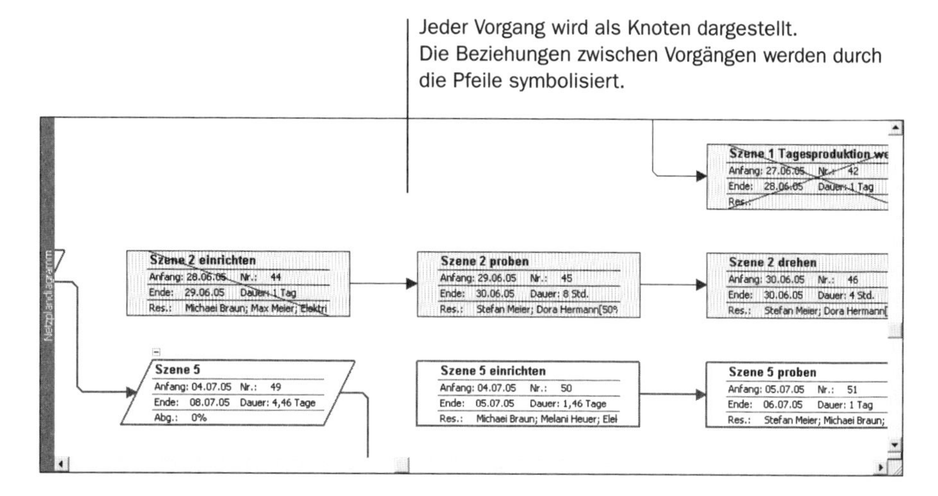

TIPP Durchgestrichene Knoten sind bereits abgeschlossene Vorgänge.

Als Nächstes ersetzen Sie die Vorgangsnummern in den Vorgangknoten durch die PSP-Codes (PSP – Projektstrukturplan).

3 Wählen Sie im Menü **Format** den Befehl **Knotenarten**.

Das Dialogfeld **Knotenarten** öffnet sich.

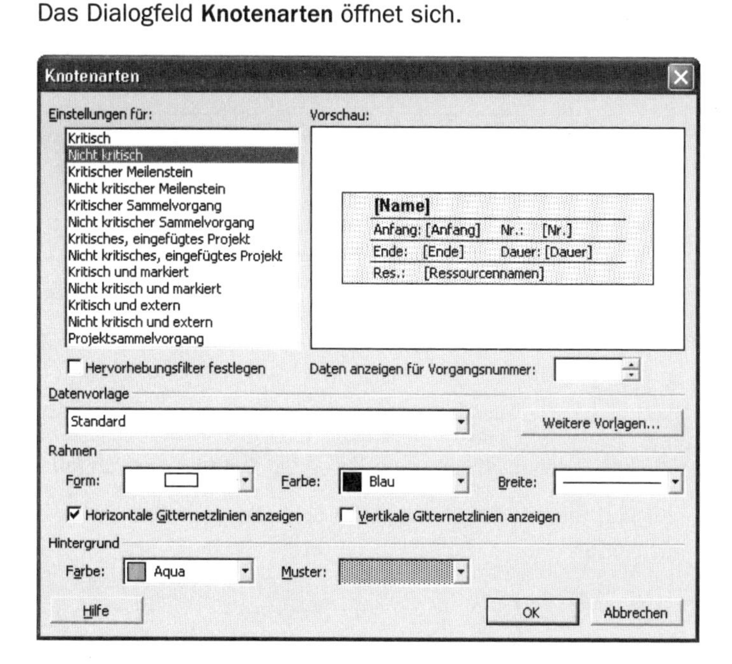

Im Listenfeld **Einstellungen für** sehen Sie alle Knotenarten, die in Microsoft Project zur Verfügung stehen. Im Feld **Vorschau** erhalten Sie einen Eindruck davon, wie die einzelnen Knotenarten aussehen.

4 Klicken Sie auf die Schaltfläche **Weitere Vorlagen**.

Das Dialogfeld **Datenvorlagen** öffnet sich.

5 Vergewissern Sie sich, dass die Vorlage **Standard** im Listenfeld **Vorlagen in Netzplandiagramm** ausgewählt ist und klicken Sie dann auf die Schaltfläche **Kopieren**.

Das Dialogfeld **Datenvorlage definieren** öffnet sich. Sie möchten, dass der PSP-Code in der rechten oberen Ecke jedes Knotens angezeigt wird.

6 Geben Sie in das Feld **Name der Vorlage** den Text ***Standard + PSP*** ein.

7 Klicken Sie im Bereich **Zelle(n) auswählen** auf das Feld mit dem Inhalt **Nr.**

8 Wählen Sie in der Dropdownliste des Feldes die Option **PSP-Code** aus und drücken Sie dann die [↵]-Taste.

Wenn Sie die [↵]-Taste drücken, aktualisiert Microsoft Project die Vorschau im Dialogfeld. Ihr Bildschirm sollte nun wie in der folgenden Abbildung aussehen.

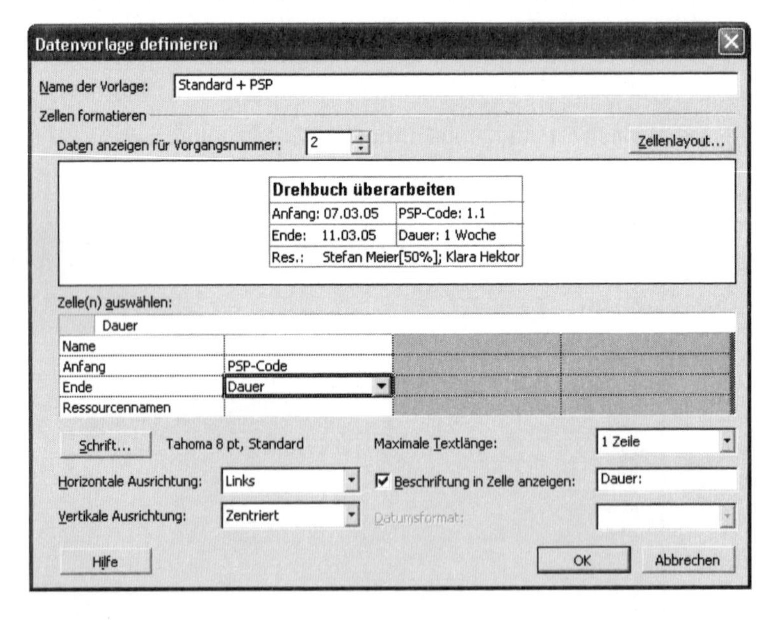

9 Klicken Sie auf **OK**, um das Dialogfeld **Datenvorlage definieren** zu schließen.

10 Klicken Sie auf die Schaltfläche **Schließen**, um das Dialogfeld **Datenvorlagen** zu schließen

11 Markieren Sie im Dialogfeld **Knotenarten** im Listenfeld **Einstellungen für** die Einträge **Kritisch** bis **Projektsammelvorgang**, indem Sie einfach mit dem Mauszeiger darüber ziehen.

12 Wählen Sie dann im Listenfeld **Datenvorlage** die Option **Standard + PSP**.

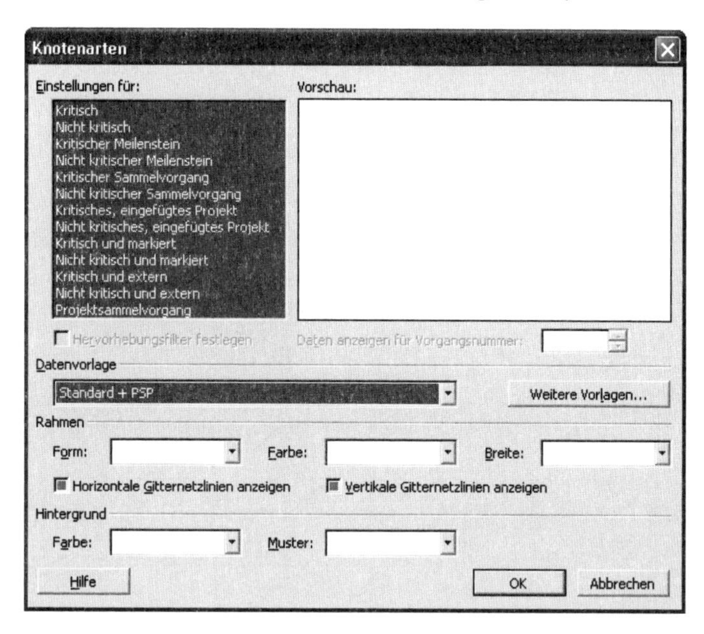

13 Klicken Sie auf **OK**, um das Dialogfeld **Knotenarten** zu schließen.

Microsoft Project wendet die überarbeitete Vorlage auf die Knoten im Netzplandiagramm an. Ihr Bildschirm sollte nun ähnlich wie in der folgenden Abbildung aussehen.

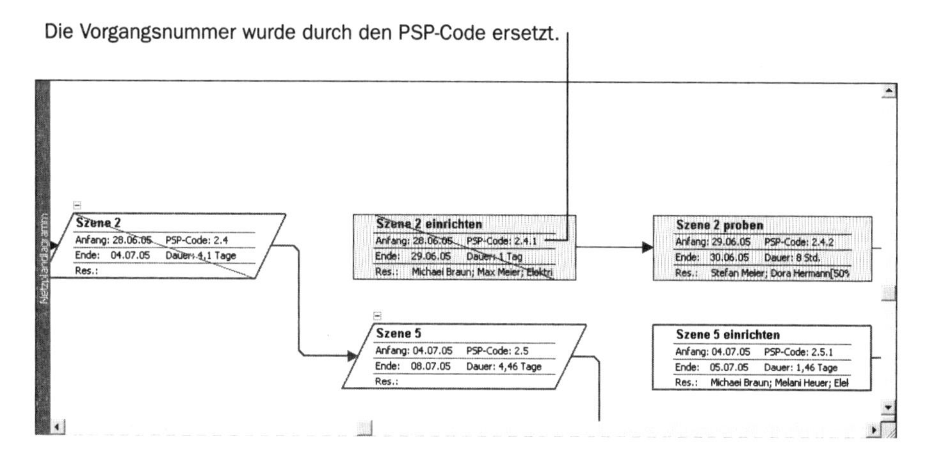

Kalenderansicht formatieren

Die Kalenderansicht ist wahrscheinlich die einfachste aller Microsoft Project-Ansichten. Aber auch diese Ansicht lässt sich auf verschiedene Weise formatieren. Die Kalenderansicht ist besonders nützlich, wenn Sie Termindaten den Ressourcen und anderen Beteiligten zur Verfügung stellen wollen, die die Daten lieber in einer traditionellen Monatsübersicht anstatt in einer detaillierten Ansicht wie dem Balkendiagramm (Gantt) sehen wollen.

In der folgenden Übung formatieren Sie die Sammelvorgänge und die kritischen Vorgänge der Kalenderansicht neu.

1 Wählen Sie im Menü **Ansicht** den Befehl **Kalender.**

Die Ansicht **Kalender** wird aktiviert, in der jeweils einige Wochen gleichzeitig angezeigt werden. Die Tage, für die Vorgänge eingeplant sind, sind mit Balken gekennzeichnet.

In der Kalendersicht haben Sie einen guten monatlichen Überblick. Die Vorgänge werden als Balken dargestellt, die sich über den geplanten Zeitraum erstrecken.

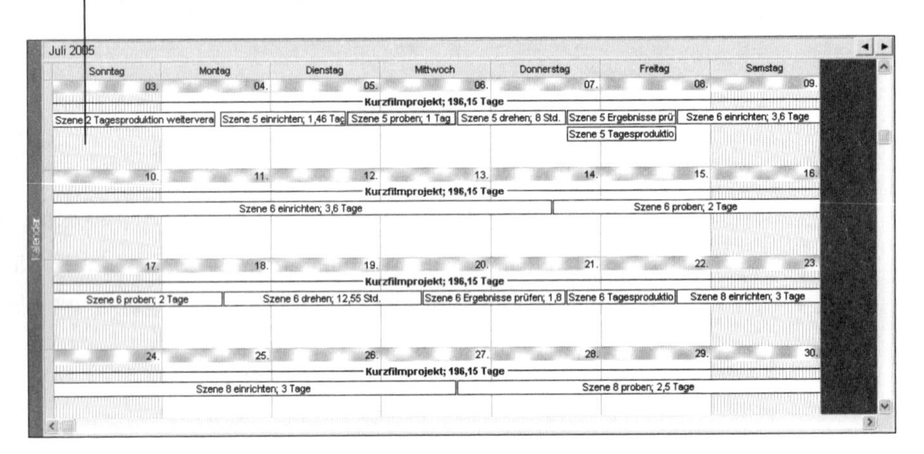

2 Wählen Sie im Menü **Format** den Befehl **Balkenarten.**

Das Dialogfeld **Balkenarten** öffnet sich. Die zusätzliche Elementart, die Sie in der Kalenderansicht anzeigen wollen, ist der Sammelvorgang.

3 Klicken Sie im Listenfeld **Vorgangsart** auf **Sammelvorgang.**

4 Wählen Sie im Listenfeld **Art** die Option **Linie.**

Als Nächstes formatieren Sie die Vorgangsart **Kritisch** neu.

5 Klicken Sie dazu im Listenfeld **Vorgangsart** auf **Kritisch.**

6 Wählen Sie im Listenfeld **Muster** die zweite Option, den breiten schwarzen Balken.

7 Im Feld **Farbe** wählen Sie die Option **Rot**.

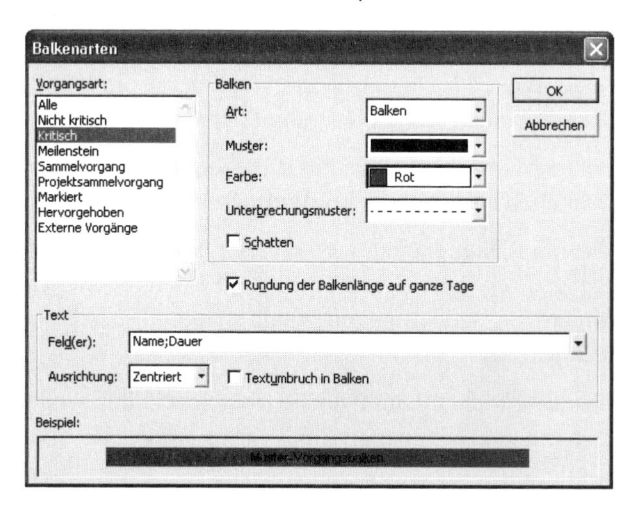

8 Klicken Sie auf **OK**, um das Dialogfeld **Balkenarten** zu schließen.

9 Wählen Sie im Menü **Format** den Befehl **Layout anwenden**.

Microsoft Project wendet die Formatoptionen auf die Kalenderansicht an. Anstatt durch die Kalenderansicht zu blättern, können Sie auch direkt zu einem bestimmten Datum springen.

10 Klicken Sie im Menü **Bearbeiten** auf **Gehe zu**.

11 Geben Sie im Dialogfeld **Gehe zu** in das Feld **Datum** den Wert ***11.8.05*** ein und klicken Sie dann auf **OK**.

Die Kalenderansicht zeigt nun die ersten kritischen Vorgänge.

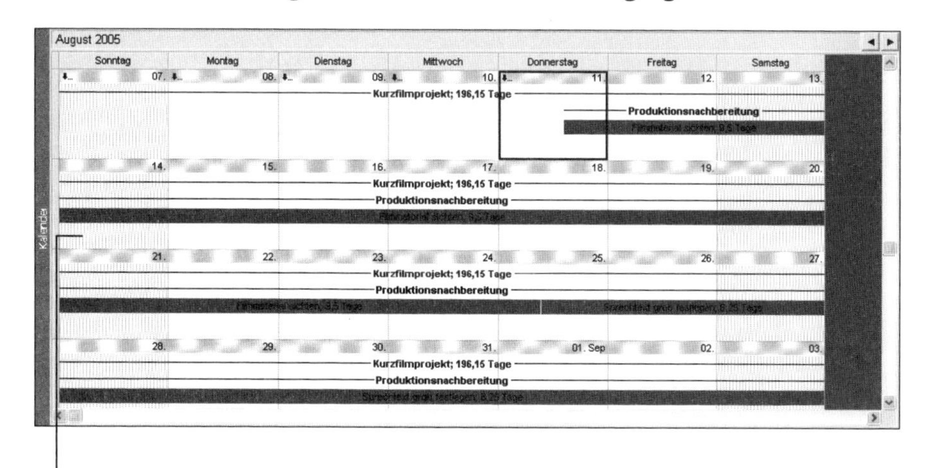

Kritische Vorgänge werden als rote Balken und Sammelvorgänge in Form von Linien angezeigt.

***SCHLIESSEN SIE den Projektplan* Kurzfilmprojekt 17.**

Zusammenfassung

- In einem Balkendiagramm können verschiedene Balkenarten angezeigt werden. Jeder Balken kann dabei eine Vorgangsart oder -bedingung darstellen, zum Beispiel einen Sammelvorgang oder einen abgeschlossenen Vorgang.
- Der Balkenplan-Assistent bietet für Balkendiagramme weniger Formatierungsmöglichkeiten als der Befehl **Balkenarten** (im Menü **Format**).
- Mithilfe von Balkendiagrammen können Sie den chronologischen Ablauf eines Projekts grafisch darstellen. Ist aber die Beziehung zwischen den einzelnen Vorgängen von Bedeutung, empfiehlt sich die Darstellung in der Ansicht **Netzplandiagramm**.
- Für alle, die gerne eine monatliche Übersicht haben wollen, empfiehlt sich das Arbeiten mit der Kalenderansicht.

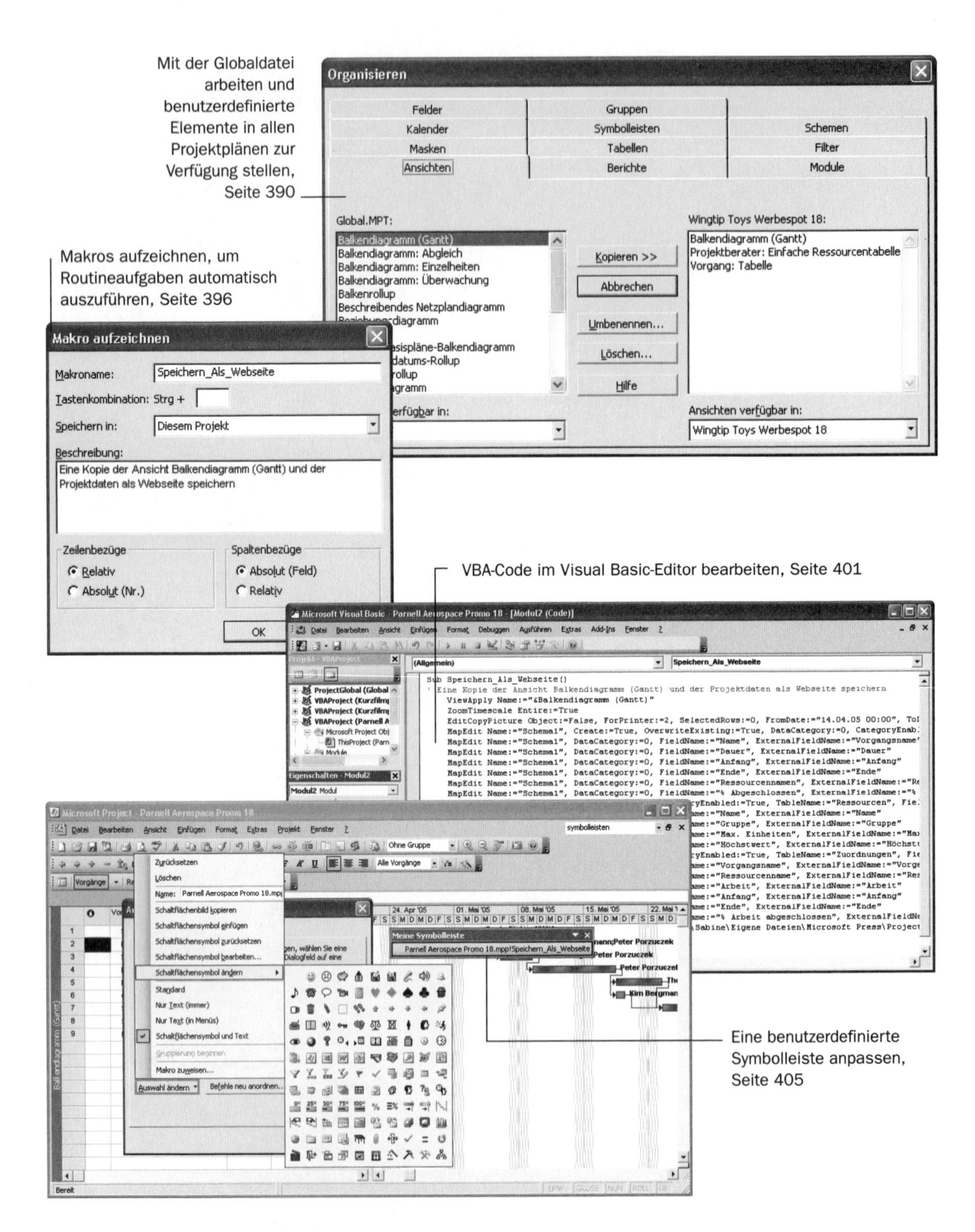

Kapitel 18 auf einen Blick

18 Microsoft Project anpassen

In diesem Kapitel lernen Sie,

- ✔ **wie Sie ein benutzerdefiniertes Element wie eine Tabelle über das Dialogfeld *Organisieren* aus einem Microsoft Project-Plan in einen anderen kopieren.**
- ✔ **wie Sie ein einfaches Makro aufzeichnen und ausführen.**
- ✔ **wie Sie ein Makro im Visual Basic-Editor bearbeiten.**
- ✔ **wie Sie eine benutzerdefinierte Symbolleiste erstellen.**

Siehe auch Falls Sie nur eine kurze Wiederholung zu den Themen benötigen, die in diesem Kapitel behandelt werden, lesen Sie den Schnellüberblick zu Kapitel 18 am Anfang dieses Buches.

Dieses Kapitel beschreibt einige Verfahren, mit denen Sie Microsoft Project für Ihre Zwecke anpassen können. Einige Optionen ähneln denen, die Sie vielleicht bereits aus anderen Microsoft Office-Anwendungen wie Microsoft Word oder Microsoft Excel kennen. Manche dieser Anpassungsoptionen werden auf alle Microsoft Office-Anwendungen angewendet, unabhängig davon, in welcher Anwendung Sie sie eingerichtet haben. Andere Optionen hingegen beziehen sich nur auf Microsoft Project.

WICHTIG Einige Einstellungen, die Sie in diesem Kapitel vornehmen, wirken sich auf Microsoft Project insgesamt aus, unabhängig davon, welchen speziellen Projektplan Sie nutzen. Damit die Änderungen Ihre Arbeit mit Microsoft Project nicht beeinträchtigen, haben wir in den Übungen Schritte eingebaut, mit denen bestimmte Anpassungen wieder rückgängig gemacht werden.

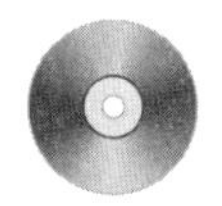

WICHTIG Bevor Sie die Übungsdateien in diesem Kapitel benutzen können, müssen Sie sie von der Begleit-CD in den vorgegebenen Standardordner installieren. Einzelheiten dazu finden Sie im Abschnitt „Die Übungsdateien installieren" am Anfang dieses Buches.

Elemente organisieren

Um Elemente zwischen Microsoft Project-Projektplänen auszutauschen, nutzen Sie das Dialogfeld **Organisieren**. Die Elemente, die Sie über dieses Dialogfeld zwischen den Microsoft Project-Dateien kopieren können, sind an den Bezeichnungen der Registerkarten zu erkennen.

In Microsoft Project können Sie Standardeinstellungen, die für alle neuen Projekte verwendet werden, in der *Globaldatei* (Global.mpt) ändern. Die Globaldatei stellt die Standardansichten, -tabellen und andere Elemente in Microsoft Project bereit. Hierzu gehört Folgendes:

- Kalender
- Filter
- Masken
- Gruppen
- Schemas (Import/Export)
- Berichte
- Tabellen
- Menüs und Symbolleisten
- Module (VBA-Makros)
- Ansichten

TIPP Die Projektmanagementlösung *Enterprise Project Management (EPM)*: Microsoft Project Standard verwendet stets die Globaldatei, während Microsoft Project Professional nur dann mit ihr arbeitet, wenn keine Verbindung zu Microsoft Project Server besteht. Arbeitet Microsoft Project Professional allerdings zusammen mit Microsoft Project Server, kommt anstelle der Globaldatei die unternehmensweite Globaldatei zum Einsatz. Diese ist in Microsoft Project Server gespeichert und bietet in der Regel dieselben Möglichkeiten wie die Globaldatei – aber auf einer unternehmensweiten Projektmanagementebene.

Die Definitionen für alle Ansichten, Tabellen und ähnliche Elemente sind in der Globaldatei enthalten. So ist in der Globaldatei beispielsweise festgelegt, dass die Standardtabelle bestimmte Felder enthält, andere hingegen nicht. Wenn Sie eine Ansicht, eine Tabelle oder ein anderes Element erstmals in einer Microsoft Project-Datei aktivieren, wird das Element automatisch aus der Globaldatei in den Projektplan kopiert. Anschließend wird das Element im Projektplan gespeichert. Alle Änderungen, die danach an dem Element vorgenommen werden, gelten nur für diesen Projektplan. Sie haben keinen Einfluss auf die Globaldatei. Ausnahmen hiervon sind Makros,

Symbolleisten und Import-/Exportschemas, die stets in der Globaldatei und nicht im aktuellen Projektplan gespeichert werden.

Sie können Microsoft Project nutzen, ohne jemals mit der Globaldatei in Berührung zu kommen. Wollen Sie die Globaldatei bearbeiten, verwenden Sie dafür das Dialogfeld **Organisieren**. Es gibt zwei Arten von Änderungen, die Sie an der Globaldatei vornehmen können:

- Ein benutzerdefiniertes Element, zum Beispiel eine benutzerdefinierte Ansicht, erstellen und für alle Projektpläne bereitstellen, die Sie zukünftig erstellen werden, indem Sie sie in die Globaldatei kopieren
- Ein benutzerdefiniertes Element, zum Beispiel eine Tabelle oder eine Ansicht, in einem Projektplan ersetzen, indem Sie das unveränderte Originalelement aus der Globaldatei in den Projektplan kopieren, in dem Sie das Element angepasst haben

Die Einstellungen in der Globaldatei gelten für alle Projektpläne, die Sie in Microsoft Project bearbeiten. Weil wir die Globaldatei nicht ändern wollen, die Sie verwenden, werden Sie in dieser Übung benutzerdefinierte Elemente zwischen zwei Projektplänen kopieren. Die Vorgehensweise ist dabei jedoch die gleiche wie beim Kopieren von Elementen zwischen einem Projektplan und der Globaldatei.

WICHTIG Wenn Sie versuchen, eine Ansicht, eine Tabelle oder ein anderes Element über das Dialogfeld **Organisieren** aus einem Projektplan in die Globaldatei zu kopieren, blendet Microsoft Project einen Warnhinweis ein, in dem Sie darüber informiert werden, dass Sie damit das Element in der Globaldatei überschreiben. Entschließen Sie sich dazu, das Element zu überschreiben, steht das benutzerdefinierte Element, zum Beispiel eine benutzerdefinierte Ansicht, in allen neuen Projektplänen und auch in allen Projektplänen, die das Element noch nicht enthalten, zur Verfügung. Wenn Sie beschließen, ein benutzerdefiniertes Element umzubenennen, steht es anschließend in allen Projektplänen zur Verfügung. Das bereits vorhandene Element, das in der Globaldatei gespeichert ist, wird dadurch jedoch nicht beeinflusst. Es ist sinnvoll, benutzerdefinierten Elementen aussagekräftige Namen wie **Balkendiagramm: Benutzerdefiniert** zuzuweisen, um die ursprünglichen Elemente intakt zu halten.

In der folgenden Übung kopieren Sie eine benutzerdefinierte Tabelle aus einem Projektplan in einen anderen.

WICHTIG Wenn Sie mit Microsoft Project Professional arbeiten, müssen Sie unter Umständen eine einmalige Einstellung vornehmen, damit Sie mit dem eigenen Arbeitsplatz-Account und offline arbeiten können. So wird sichergestellt, dass die Übungsdateien, mit denen Sie in diesem Kapitel arbeiten, keine Auswirkungen auf Ihre Microsoft Project Server-Daten haben. Mehr Informationen hierzu finden Sie in Kapitel 1 im Abschnitt „Microsoft Office Project Professional starten".

***ÖFFNEN SIE** die Dateien* **Parnell Aerospace Promo 18a** *und* **Wingtip Toys Werbespot 18b**, *die Sie im Ordner* **Eigene Dateien\Microsoft Press\Project 2003 Training\18_ProjectAnpassen** *finden. Sie können den Ordner auch über* **Start/Alle Programme/Microsoft Press/Project 2003 Training** *öffnen.*

1. Wechseln Sie im Menü **Fenster** zur Datei *Parnell Aerospace Promo 18a.*
2. Wählen Sie im Menü **Datei** den Befehl **Speichern unter**.

   Das Dialogfeld **Speichern unter** öffnet sich.
3. Geben Sie im Feld **Dateiname** die Bezeichnung ***Parnell Aerospace Promo 18*** ein und klicken Sie dann auf **Speichern**.
4. Wechseln Sie im Menü **Fenster** zur Datei *Wingtip Toys Werbespot 18b* und speichern Sie sie unter dem Namen *Wingtip Toys Werbespot 18*.

   Der Projektplan *Wingtip Toys Werbespot 18* enthält eine benutzerdefinierte Tabelle namens **Eingabe Benutzerdefiniert**, die momentan in der Ansicht **Vorgang: Tabelle** angezeigt wird.

Diese Tabelle wurde durch Einfügen und Verschieben von Spalten angepasst.

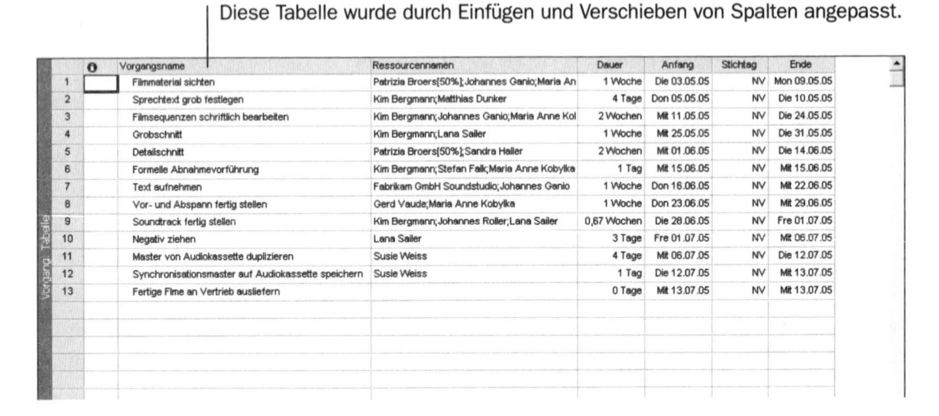

	Vorgangsname	Ressourcennamen	Dauer	Anfang	Stichtag	Ende
1	Filmmaterial sichten	Patrizia Broers[50%];Johannes Ganio;Maria An	1 Woche	Die 03.05.05	NV	Mon 09.05.05
2	Sprechtext grob festlegen	Kim Bergmann;Matthias Dunker	4 Tage	Don 05.05.05	NV	Die 10.05.05
3	Filmsequenzen schriftlich bearbeiten	Kim Bergmann;Johannes Ganio;Maria Anne Kol	2 Wochen	Mit 11.05.05	NV	Die 24.05.05
4	Grobschnitt	Kim Bergmann;Lana Sailer	1 Woche	Mit 25.05.05	NV	Die 31.05.05
5	Detailschnitt	Patrizia Broers[50%];Sandra Haller	2 Wochen	Mit 01.06.05	NV	Die 14.06.05
6	Formelle Abnahmevorführung	Kim Bergmann;Stefan Falk;Maria Anne Kobylka	1 Tag	Mit 15.06.05	NV	Mit 15.06.05
7	Text aufnehmen	Fabrikam GmbH Soundstudio;Johannes Ganio	1 Woche	Don 16.06.05	NV	Mit 22.06.05
8	Vor- und Abspann fertig stellen	Gerd Vaude;Maria Anne Kobylka	1 Woche	Don 23.06.05	NV	Mit 29.06.05
9	Soundtrack fertig stellen	Kim Bergmann;Johannes Roller;Lana Sailer	0,67 Wochen	Die 28.06.05	NV	Fre 01.07.05
10	Negativ ziehen	Lana Sailer	3 Tage	Fre 01.07.05	NV	Mit 06.07.05
11	Master von Audiokassette duplizieren	Susie Weiss	4 Tage	Mit 06.07.05	NV	Die 12.07.05
12	Synchronisationsmaster auf Audiokassette speichern	Susie Weiss	1 Tag	Die 12.07.05	NV	Mit 13.07.05
13	Fertige Filme an Vertrieb ausliefern		0 Tage	Mit 13.07.05	NV	Mit 13.07.05

Diese benutzerdefinierte Tabelle würden Sie gerne in den Projektplan *Parnell Aerospace Promo 18* kopieren.

5. Wählen Sie im Menü **Extras** den Befehl **Organisieren**.

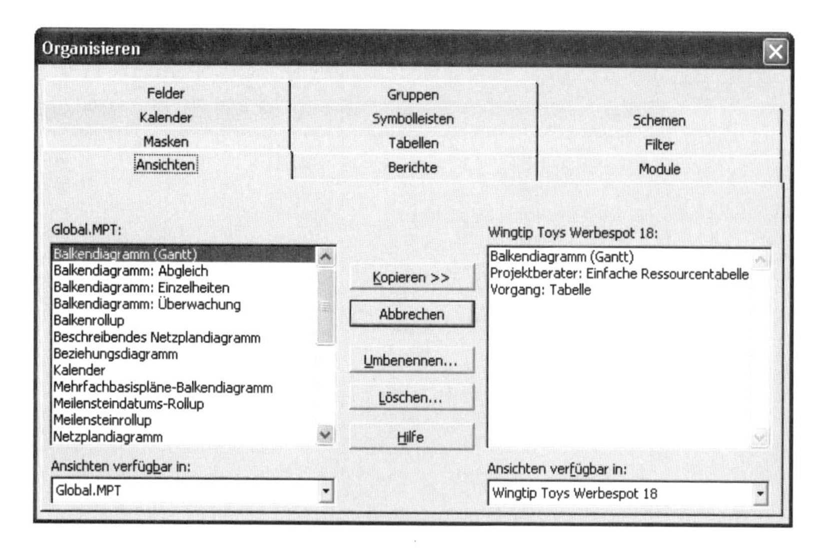

6 Aktivieren Sie verschiedene Registerkarten im Dialogfeld, um einen Überblick zu erhalten, und klicken Sie schließlich auf die Registerkarte **Tabellen**.

Alle Registerkarten im Dialogfeld **Organisieren sind** ähnlich aufgebaut.

Die Elemente aus der Globaldatei (*Global.MPT*) werden im Listenfeld auf der linken Seite angezeigt, die Elemente aus dem aktiven Projektplan auf der rechten Seite. Wie Sie sehen, ist die Liste der Tabellen im Plan *Wingtip Toys Werbespot 18* nicht vollständig. Es sind nur die Tabellen aufgeführt, die bereits im Projektplan aktiviert wurden. Wollen Sie eine andere Tabelle anzeigen, zum Beispiel die Tabelle **Geplant**, kopiert Microsoft Project die Tabellendefinition aus der Globaldatei in den aktuellen Projektplan.

Um ein Element aus der Globalvorlage in die aktuelle Projektvorlage zu kopieren, markieren Sie es in der Liste auf der linken Seite und klicken dann auf die Schaltfläche **Kopieren**. Um umgekehrt ein Element aus dem aktuellen Projektplan in die Globaldatei zu kopieren, markieren Sie das Element in der Liste auf der rechten Seite und klicken dann auf die Schaltfläche **Kopieren**.

7 Wählen Sie im Dropdown-Listenfeld **Tabellen verfügbar in** auf der linken Seite des Dialogfelds **Organisieren** die Option **Parnell Aerospace Promo 18**.

Der Projektplan ist verfügbar, weil Sie ihn in Microsoft Project geöffnet haben.

Die Seite im Dialogfeld, auf der Sie ein Element markiert haben, bestimmt die Kopierrichtung.

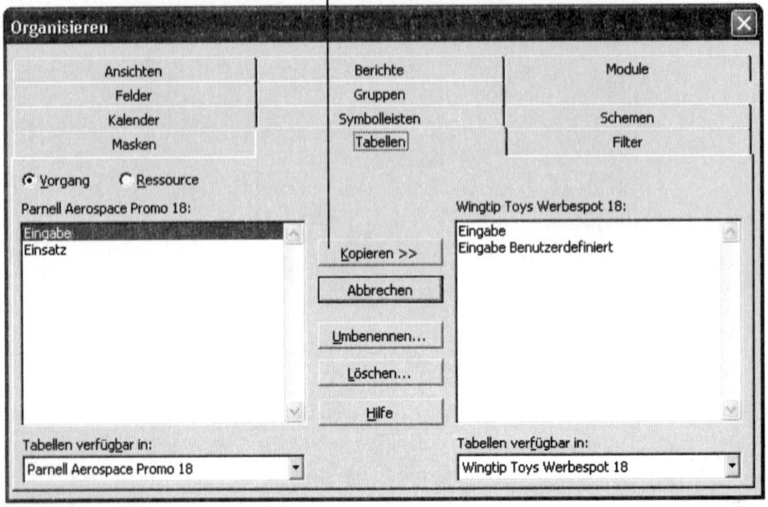

Wie Sie sehen, enthält der Projektplan *Parnell Aerospace Promo 18* auf der linken Seite keine Tabelle namens **Eingabe Benutzerdefiniert**, der Projektplan *Wingtip Toys Werbespot 18* auf der rechten Seite hingegen schon.

8 Markieren Sie im Listenfeld auf der rechten Seite des Dialogfelds die Option **Eingabe Benutzerdefiniert**.

TIPP Beachten Sie, dass die Pfeilsymbole (>>) der Schaltfläche **Kopieren** durch die umgekehrte Richtung (<<) ersetzt werden, wenn Sie ein Element auf der rechten Seite des Dialogfelds auswählen.

9 Klicken Sie auf die Schaltfläche **Kopieren**.

Microsoft Project kopiert die Tabelle **Eingabe Benutzerdefiniert** aus dem Projektplan *Wingtip* in den Projektplan *Parnell*. Ihr Bildschirm sollte nun wie in der folgenden Abbildung aussehen.

Nachdem ein Eintrag auf der rechten Seite markiert wurde, ändert sich die Kopierrichtung von rechts nach links, aus *Wingtip* nach *Parnell*.

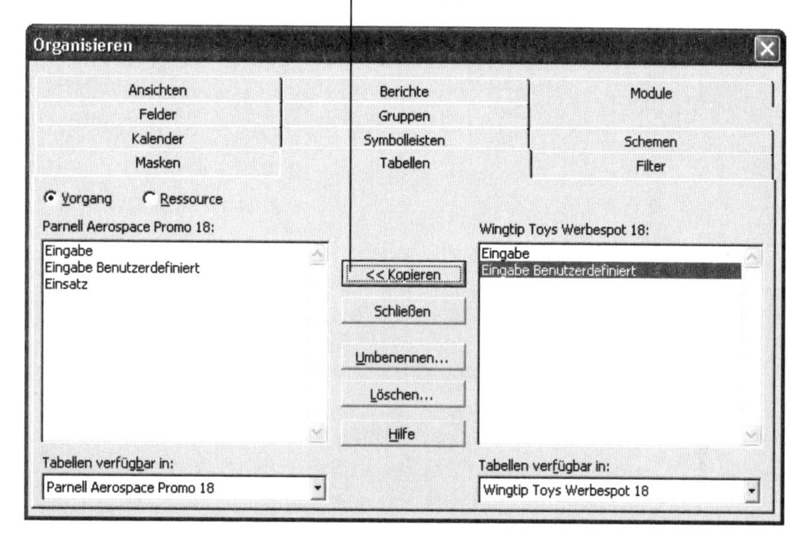

10 Klicken Sie auf die Schaltfläche **Schließen**, um das Dialogfeld **Organisieren** zu schließen.

Zum Abschluss dieser Übung aktivieren Sie nun noch die neu kopierte benutzerdefinierte Tabelle.

11 Öffnen Sie das Menü **Fenster** und klicken Sie auf **Parnell Aerospace Promo 18**.

Microsoft Project wechselt nun zum Projektplan *Parnell*, dem Plan, in den Sie gerade die benutzerdefinierte Tabelle kopiert haben.

12 Wählen Sie im Menü **Ansicht** den Befehl **Weitere Ansichten**.

Das Dialogfeld **Weitere Ansichten** öffnet sich.

13 Wählen Sie im Listenfeld **Ansichten** die Option **Vorgang: Tabelle** und klicken Sie dann auf die Schaltfläche **Auswahl**.

14 Öffnen Sie das Menü **Ansicht**, zeigen Sie auf **Tabelle: Eingabe** und klicken Sie dann auf **Eingabe Benutzerdefiniert**.

Microsoft Project zeigt die benutzerdefinierte Tabelle im Projektplan *Parnell* an. Ihr Bildschirm sollte nun etwa wie in der folgenden Abbildung aussehen.

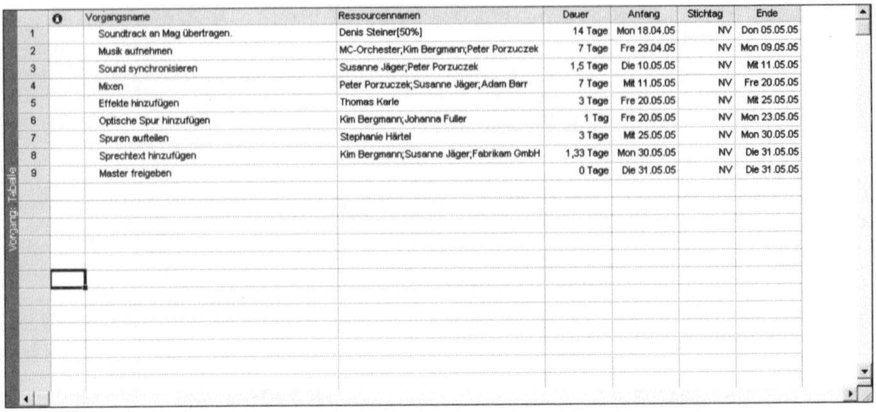

	ⓘ	Vorgangsname	Ressourcennamen	Dauer	Anfang	Stichtag	Ende
1		Soundtrack an Mag übertragen.	Denis Steiner[50%]	14 Tage	Mon 18.04.05	NV	Don 05.05.05
2		Musik aufnehmen	MC-Orchester;Kim Bergmann;Peter Porzuczek	7 Tage	Fre 29.04.05	NV	Mon 09.05.05
3		Sound synchronisieren	Susanne Jäger;Peter Porzuczek	1,5 Tage	Die 10.05.05	NV	Mit 11.05.05
4		Mixen	Peter Porzuczek;Susanne Jäger;Adam Barr	7 Tage	Mit 11.05.05	NV	Fre 20.05.05
5		Effekte hinzufügen	Thomas Karle	3 Tage	Fre 20.05.05	NV	Mit 25.05.05
6		Optische Spur hinzufügen	Kim Bergmann;Johanna Fuller	1 Tag	Fre 20.05.05	NV	Mon 23.05.05
7		Spuren aufteilen	Stephanie Härtel	3 Tage	Mit 25.05.05	NV	Mon 30.05.05
8		Sprechtext hinzufügen	Kim Bergmann;Susanne Jäger;Fabrikam GmbH	1,33 Tage	Mon 30.05.05	NV	Die 31.05.05
9		Master freigeben		0 Tage	Die 31.05.05	NV	Die 31.05.05

Vorgang: Tabelle

15 Wählen Sie im Menü **Ansicht** den Befehl **Balkendiagramm (Gantt).**

WICHTIG In dieser Übung haben Sie eine Tabelle aus einem Projektplan in einen anderen kopiert. Wenn Sie eine ganze Ansicht kopieren, sollten Sie jedoch daran denken, dass diese auch Tabellen, Filter und Gruppen enthält. Deshalb müssen Sie, wenn Sie eine benutzerdefinierte Ansicht aus einem Projektplan in einen anderen kopieren, auch die benutzerdefinierten Tabellen, Filter und Gruppen kopieren, die in der benutzerdefinierten Ansicht enthalten sind.

Makros aufzeichnen

Viele der in Microsoft Project durchgeführten Arbeiten sind sich wiederholende Routineaufgaben. Um Zeit zu sparen, können Sie ein *Makro* erstellen, indem Sie bestimmte Mausaktionen und Tastaturaktivitäten aufzeichnen. Das Makro wird in Visual Basic für Applikationen (VBA) aufgezeichnet, die integrierte Programmiersprache für Makros in der Microsoft Office-Anwendungsfamilie. Sie können mit VBA ziemlich anspruchsvolle Programme schreiben, aber auch einfache Makros aufzeichnen und ausführen, ohne dabei in direkten Kontakt mit dem VBA-Code zu kommen.

Die von Ihnen erstellten Makros werden standardmäßig in der Globaldatei gespeichert, damit sie immer dann zur Verfügung stehen, wenn Microsoft Project ausgeführt wird. Die Datei, in der Sie das Makro ursprünglich erstellt haben, muss nicht geöffnet sein, damit das Makro in anderen Dateien ausgeführt werden kann. Wenn Sie wollen, können Sie Makros mithilfe des Dialogfelds **Organisieren** aber auch aus der Globaldatei kopieren, um sie beispielsweise weiterzugeben.

Sollen Projektdetails für mehrere Personen zugänglich sein, sollten Sie den Projektplan im HTML-Format speichern und im Intranet oder dem World Wide Web veröffentlichen. Die veröffentlichten Details sind jedoch unter Umständen schnell veraltet – spätestens, wenn Sie den Projektplan in Microsoft Project aktualisieren. Die wiederholte Veröffentlichung eines Projektplans, nachdem Änderungen durchgeführt wurden, ist eine Routineaufgabe, die sich ideal für die Automatisierung mit einem Makro eignet. In der folgenden Übung zeichnen Sie ein Makro im Projektplan *Parnell Aerospace Promo 18* auf, das den Projektplan im HTML-Format veröffentlicht.

1. Zeigen Sie im Menü **Extras** auf **Makro** und wählen Sie dann den Befehl **Aufzeichnen**.

   Das Dialogfeld **Makro aufzeichnen** wird geöffnet.

2. Geben Sie den Namen ***Speichern_Als_Webseite*** in das Feld **Makroname** ein. Der Name muss mit einem Buchstaben beginnen und darf keine Leerstellen enthalten.

   TIPP Makronamen müssen mit einem Buchstaben beginnen und dürfen keine Leerzeichen enthalten. Um die Lesbarkeit von Makronamen zu verbessern, verwenden Sie einen Unterstrich (_) anstelle von Leerstellen. Anstatt zum Beispiel ein Makro ***SpeichernAlsWebseite*** zu nennen, sollten Sie ihm besser den Namen ***Speichern_Als_Webseite*** geben.

   Für dieses Makro nutzen Sie keine Tastenkombination. Wenn Sie jedoch andere Makros aufzeichnen, können Sie eine Tastenkombination definieren. Bereits reservierte Tastenkombinationen, zum Beispiel [Strg] + [X] für **Ausschneiden** oder [Strg] + [G] für **Gehe zu**, stehen dabei jedoch nicht zur Verfügung. Haben Sie sich jedoch für eine reservierte Tastenkombination entschieden, gibt Microsoft Project einen Warnhinweis aus, sobald Sie auf die Schaltfläche **OK** klicken. Hierin werden Sie aufgefordert, eine andere Tastenkombination zu wählen.

3. Wählen Sie in der Dropdownliste **Speichern in** die Option **Diesem Projekt**, um das Makro im aktiven Projektplan zu speichern.

   Wenn ein Makro in einem Projektplan gespeichert wird, kann es nur dann in anderen Projektplänen benutzt werden, wenn der Projektplan, der das Makro enthält, gleichzeitig geöffnet ist. Um ein Makro über die Globaldatei allen Projektplänen zur Verfügung zu stellen, müssen Sie in der Dropdownliste **Speichern in** die Option **Globaldatei** wählen. In dieser Übung ist dies jedoch nicht erwünscht.

4. Markieren Sie im Feld **Beschreibung** den Mustertext und geben Sie stattdessen den Text ***Eine Kopie der Ansicht Balkendiagramm (Gantt) und der Projektdaten als Webseite speichern*** ein.

   Ihr Bildschirm sollte nun wie in der folgenden Abbildung aussehen.

   Die Beschreibung ist nützlich, um die Funktion des Makros leicht feststellen zu können.

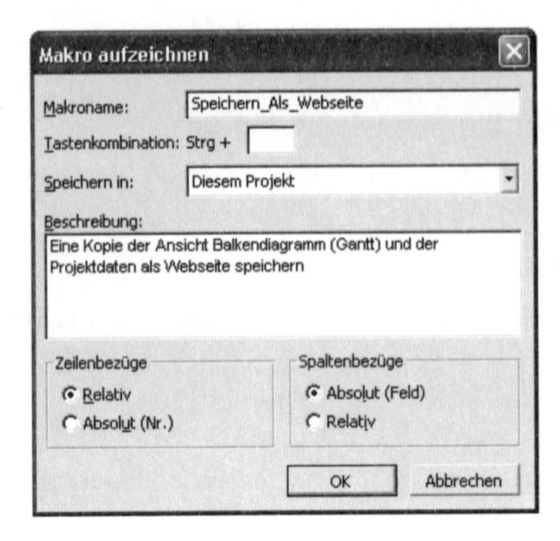

5 Klicken Sie auf **OK**.

Microsoft Project beginnt nun damit, das neue Makro aufzuzeichnen. Microsoft Project zeichnet nicht wie eine Videokamera jede Mausbewegung oder jeden Tastendruck auf, sondern erfasst nur die Resultate der Tastenanschläge und Mausaktionen. Sie brauchen sich also bei der Aufzeichnung eines Makros nicht zu beeilen.

6 Wählen Sie im Menü **Ansicht** den Befehl **Balkendiagramm (Gantt)**.

Selbst wenn im Projektplan die Ansicht **Balkendiagramm (Gantt)** bereits aktiviert wäre, müssten Sie diesen Schritt ausführen, damit er im Makro aufgezeichnet wird. Denn das Makro soll die Ansicht **Balkendiagramm (Gantt)** aktivieren, falls eine andere Ansicht aktiv ist.

7 Klicken Sie im Menü **Ansicht** auf **Zoom**.

8 Klicken Sie im Dialogfeld **Zoom** auf die Option **Gesamtes Projekt** und dann auf **OK**.

Microsoft Project passt die Zeitskala so an, dass das gesamte Projekt zu sehen ist.

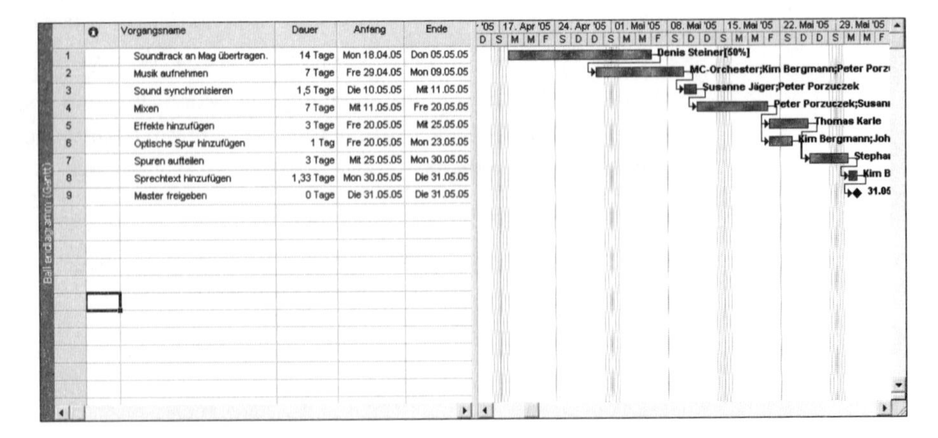

Bild kopieren

9 Klicken Sie in der Standardsymbolleiste auf die Schaltfläche **Bild kopieren.**

Das gleichnamige Dialogfeld öffnet sich.

10 Aktivieren Sie unter **Bild rendern** die Option **Für GIF-Datei** und klicken Sie dann auf **OK.**

Der Ordner und der Dateiname, die für die GIF-Datei vorgeschlagen werden, sind identisch mit denen des Projektplans, und soll auch so sein.

11 Klicken Sie im Menü **Datei** auf **Als Webseite speichern** und anschließend auf die Schaltfläche **Speichern.**

Auch hier sind der vorgeschlagene Ordner und der Dateiname für die HTML-Datei identisch mit denen des Projektplans, was auch erwünscht ist.

Nachdem Sie auf die Schaltfläche **Speichern** geklickt haben, öffnet sich der Export-Assistent.

12 Klicken Sie im Export-Assistenten auf die Schaltfläche **Weiter.**

Die Seite **Schema** öffnet sich.

13 Klicken Sie auf die Option **Vorhandenes Schema verwenden** und dann auf die Schaltfläche **Weiter.**

Die Seite **Schemaauswahl** öffnet sich.

14 Markieren Sie unter **Wählen Sie ein Schema für Ihre Daten** das Schema **Nach HTML unter Verw. der Standardvorl. export.** und klicken Sie dann auf die Schaltfläche **Weiter.**

Die Seite **Schemaoptionen** öffnet sich.

15 Aktivieren Sie unter **HTML-Optionen** das Kontrollkästchen **Bilddatei in HTML-Seite einschließen** und klicken Sie dann auf **Ende.**

Falls eine Abfrage zum Fortsetzen des Vorgangs eingeblendet wird, klicken Sie auf **Ja.** Der Export-Assistent speichert die Webseite wie angegeben. Setzen Sie nun noch die Zeitskala zurück.

16 Wählen Sie im Menü **Ansicht** den Befehl **Zoom**, klicken Sie anschließend im Dialogfeld **Zoom** auf die Schaltfläche **Zurücksetzen** und dann auf die Schaltfläche **OK.**

Nun müssen Sie die Aufzeichnung des Makros noch beenden.

17 Zeigen Sie im Menü **Extras** auf **Makro** und klicken Sie dann auf **Aufzeichnung beenden.**

Als Nächstes führen Sie das Makro aus.

18 Öffnen Sie das Menü **Extras**, zeigen Sie auf **Makro** und klicken Sie dann auf **Makros.**

Das Dialogfeld **Makros** öffnet sich.

19 Markieren Sie im Dialogfeld **Makros** das Makro *Parnell Aerospace Promo 18.mpp!Speichern_Als_Webseite* und klicken Sie dann auf die Schaltfläche **Ausführen**.

Das Makro wird nun ausgeführt, stoppt jedoch, sobald Microsoft Project einen Warnhinweis einblendet, in dem Sie bestätigen müssen, ob die vorhandene GIF-Datei ersetzt werden soll.

20 Klicken Sie auf **Überschreiben** und dann auf **OK**, um die bereits vorhandene Webseite zu überschreiben.

Das Makro veröffentlicht den Projektplan im HTML-Format. Als Nächstes betrachten Sie das Ergebnis.

21 Starten Sie Windows-Explorer und wechseln Sie zum Übungsordner *18_ProjectAnpassen*. Doppelklicken Sie dann auf die Datei *Parnell Aerospace Promo 18.html*, um sie in Ihrem Browser zu öffnen.

Die Webseite, die aus der HTML-Datei und dem damit verknüpften GIF-Bild besteht, wird nun in Ihrem Browser angezeigt. Ihr Bildschirm sollte etwa wie in der folgenden Abbildung aussehen.

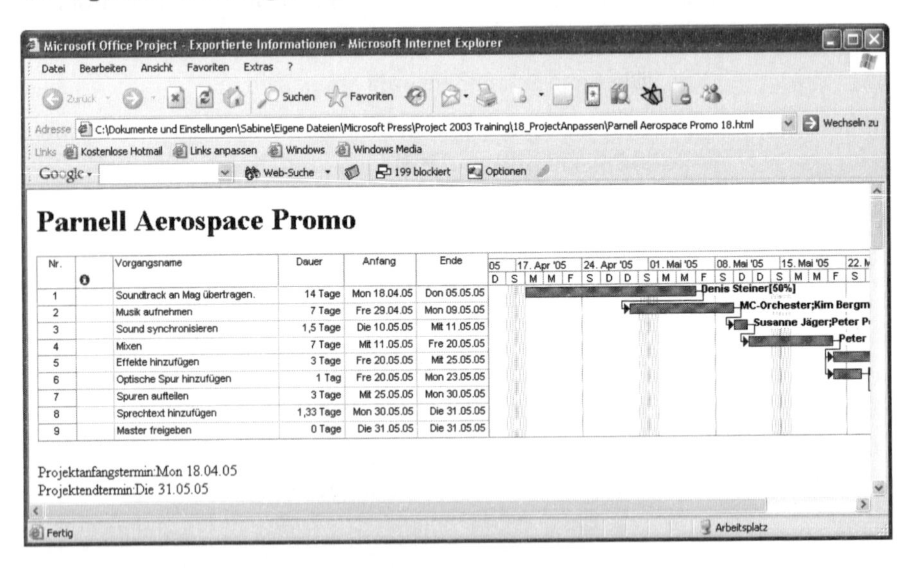

Lassen Sie die Webseite in Ihrem Browser geöffnet, weil Sie sie in der nächsten Übung nutzen werden.

22 Wechseln Sie zum Projektplan *Parnell Aerospace Promo 18* in Microsoft Project.

Das Makro wäre sehr nützlich für den Projektmanager des *Parnell*-Projekts, um die Projektdetails wiederholt zu veröffentlichen, zum Beispiel während der Planung und während der Ausführung.

Makros bearbeiten

Das Makro *Speichern_Als_Webseite* ist zwar bereits ganz nützlich, es kann jedoch verbessert werden. Denken Sie daran, dass Sie während der Ausführung des Makros bestätigen mussten, dass die vorhandene GIF-Datei und die HTML-Datei überschrieben werden sollen. Weil das Makro jedoch die aktuellsten Daten veröffentlichen soll, sollen immer die älteren Daten überschrieben werden. Sie können das Makro deshalb so ändern, dass keine Abfragen mehr eingeblendet werden. Der Makrocode wird in einem VBA-Modul gespeichert und in der Visual Basic-Umgebung bearbeitet.

TIPP Die Programmiersprache VBA und die Visual Basic-Umgebung gehören in den meisten Microsoft Office-Anwendungen, auch in Microsoft Project, zum Lieferumfang. Die Details unterscheiden sich zwar in den einzelnen Anwendungen geringfügig, die allgemeine Vorgehensweise ist jedoch immer gleich. VBA ist ein leistungsfähiges Automatisierungstool und das Wissen, das Sie sich darüber aneignen, können Sie in vielen Microsoft-Anwendungen einsetzen.

In der folgenden Übung arbeiten Sie mit dem Visual Basic-Editor, um das Makro anzupassen, das Sie in der letzten Übung aufgezeichnet haben.

1 Öffnen Sie das Menü **Extras**, zeigen Sie auf **Makro** und klicken Sie dann auf **Makros.**

2 Markieren Sie das Makro *Parnell Aerospace Promo 18.mpp!Speichern_Als_Webseite* und klicken Sie dann auf die Schaltfläche **Bearbeiten.**

Microsoft Project lädt das Modul, das das Makro enthält, in den Visual Basic-Editor. Ihr Bildschirm sollte nun etwa wie in der folgenden Abbildung aussehen.

Dieser VBA-Code wurde beim Aufzeichnen des Makros generiert.

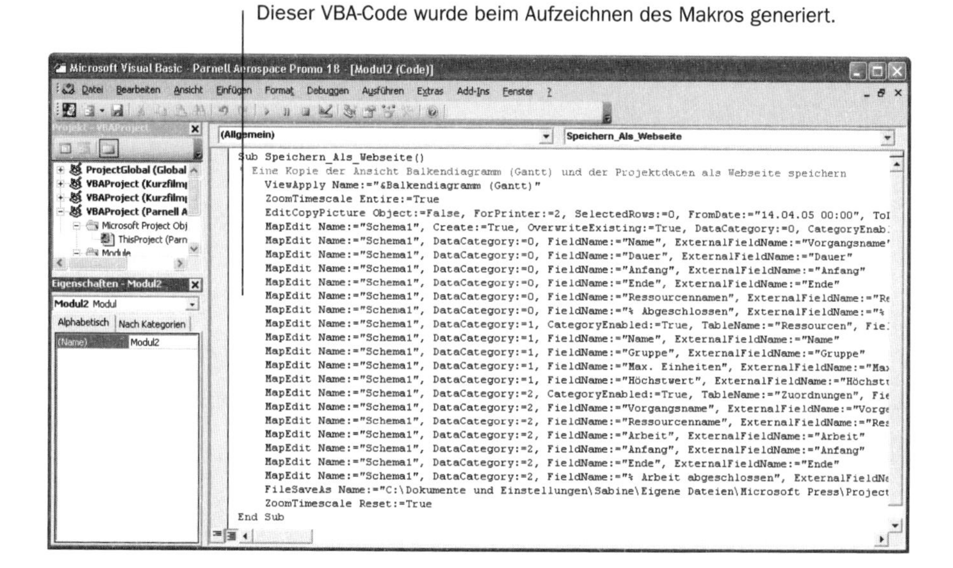

Eine ausführliche Beschreibung der Programmiersprache VBA sprengt den Rahmen dieses Buches. Sie erfahren jedoch, wie Sie einige Abläufe des aufgezeichneten Makros verändern können. Einige Aktionen, die Sie aufgezeichnet haben, erkennen Sie sicher an ihren Bezeichnungen im VBA-Code.

3 Klicken Sie links an den Anfang der Zeile **ViewApply Name:="&Balkendiagramm (Gantt)"** und drücken Sie dann die [↵]-Taste.

4 Klicken Sie in die Leerzeile, die Sie soeben eingefügt haben, drücken Sie die [⇆]-Taste und geben Sie dann die Anweisung ***Application.Alerts False*** ein.

Ihr Bildschirm sollte nun wie in der folgenden Abbildung aussehen.

```
Sub Speichern_Als_Webseite()
' Eine Kopie der Ansicht Balkendiagramm (Gantt) und der Projektdaten als Webseite speichern
        Application.Alerts False
    ViewApply Name:="&Balkendiagramm (Gantt)"
    ZoomTimescale Entire:=True
```

Der neu eingegebene Text

Mit dieser Anweisung werden die beiden Warnhinweise unterdrückt, in denen Sie bestätigen müssen, dass Sie die bereits vorhandenen Dateien überschreiben möchten.

TIPP Beachten Sie, dass sich beim Tippen möglicherweise eine QuickInfo geöffnet hat, in der Codevorschläge enthalten waren. Der Visual Basic-Editor nutzt dieses Tool, um dafür zu sorgen, dass Sie den Programmcode korrekt eingeben.

5 In der Zeile, die mit dem Code **EditCopyPicture** beginnt, markieren Sie den Text, der der Angabe **FromDate:=** folgt ("12.04.05 00:00", inklusive der Anführungszeichen), und geben dann die Anweisung ***ActiveProject.ProjectStart*** ein.

Beachten Sie, dass bei Ihnen möglicherweise ein anderes Datum stehen könnte als der 12.04.05.

Der neu eingegebene VBA-Code beschreibt den Projektstart des aktiven Projekts.

Ihr Bildschirm sollte nun wie in der folgenden Abbildung aussehen.

Mithilfe dieses Textstrings wird der Anfangstermin des Projekts ausgegeben.

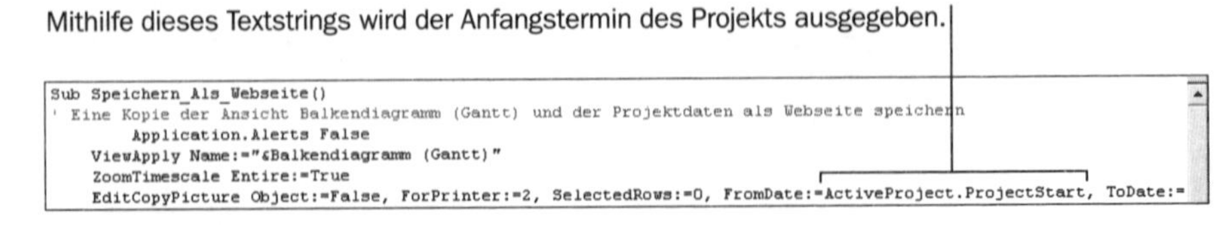

```
Sub Speichern_Als_Webseite()
' Eine Kopie der Ansicht Balkendiagramm (Gantt) und der Projektdaten als Webseite speichern
        Application.Alerts False
    ViewApply Name:="&Balkendiagramm (Gantt)"
    ZoomTimescale Entire:=True
    EditCopyPicture Object:=False, ForPrinter:=2, SelectedRows:=0, FromDate:=ActiveProject.ProjectStart, ToDate:=
```

Das Makro ruft nun den aktuellen Anfangstermin des aktiven Projekts für das GIF-Bild ab, das vom Makro erstellt wird.

6 In derselben Zeile markieren Sie nun den Text, der dem Code **ToDate:=** folgt ("03.06.05 17:00", inklusive Anführungszeichen) und geben dann den Code ***ActiveProject.ProjectFinish*** ein.

Auch hier gilt wieder, dass bei Ihnen möglicherweise ein anderes Datum als der 03.06.05 steht.

Ihr Bildschirm sollte wie in der folgenden Abbildung aussehen.

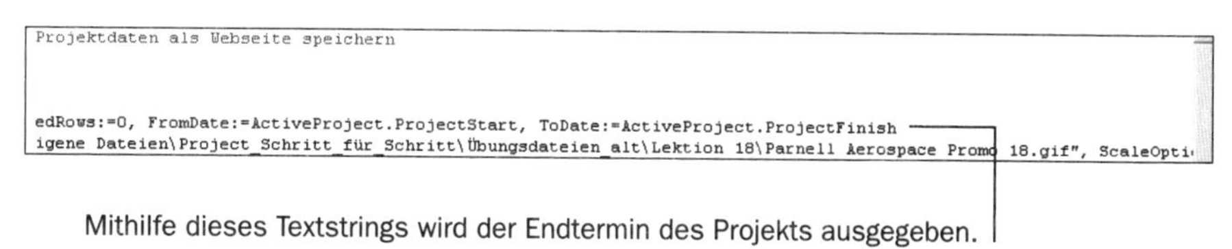

Mithilfe dieses Textstrings wird der Endtermin des Projekts ausgegeben.

Das Makro ruft damit den aktuellen Endtermin des aktiven Projekts für das GIF-Bild ab, das das Makro erstellt. Wenn sich der Start- oder der Endtermin des Projekts nun verändert, ändert sich auch die Datumsangabe im GIF-Bild.

7 Wählen Sie im Menü **Datei** des Visual Basic-Editors den Befehl **Schließen und zurück zu Microsoft Project.**

Der Visual Basic-Editor schließt sich und Sie befinden sich wieder im *Parnell*-Projektplan.

Sie könnten das aktualisierte Makro nun ausführen. Um jedoch zu testen, ob es tatsächlich den aktuellen Projektanfangs- und -endtermin nutzt, müssen Sie nun diese Termine im Projektplan ändern.

8 Wählen Sie im Menü **Projekt** den Befehl **Projektinfo**.

Das Dialogfeld **Projektinfo** öffnet sich.

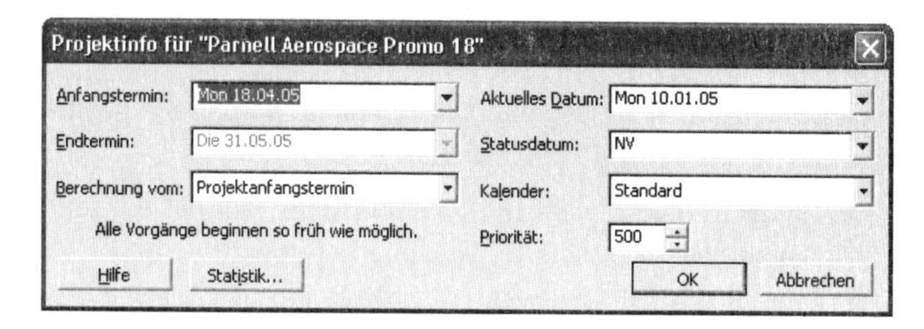

Beachten Sie den aktuellen Anfangs- und Endtermin.

9 Geben Sie in das Feld **Anfangstermin** das Datum ***25.04.05*** ein oder wählen Sie es aus und klicken Sie dann auf **OK**, um das Dialogfeld **Projektinfo** zu schließen.

Microsoft Project plant nun den Anfangstermin des Projektplans und alle nachfolgenden Termine neu ein. Bevor Sie das Makro jedoch ausführen, nehmen Sie noch eine wichtige Änderung am Projektplan vor. Sie verringern die Vorgangsdauer von Vorgang 1 von 14 auf 7 Tage.

10 Geben Sie in das Feld **Dauer** für Vorgang 1, **Soundtrack an Mag übertragen**, den Wert ***7t*** ein und drücken Sie dann die [↵]-Taste.

Microsoft Project passt die Dauer für Vorgang 1 an und plant alle nachfolgenden Vorgänge neu ein. Ihr Bildschirm sollte nun etwa wie in der folgenden Abbildung aussehen.

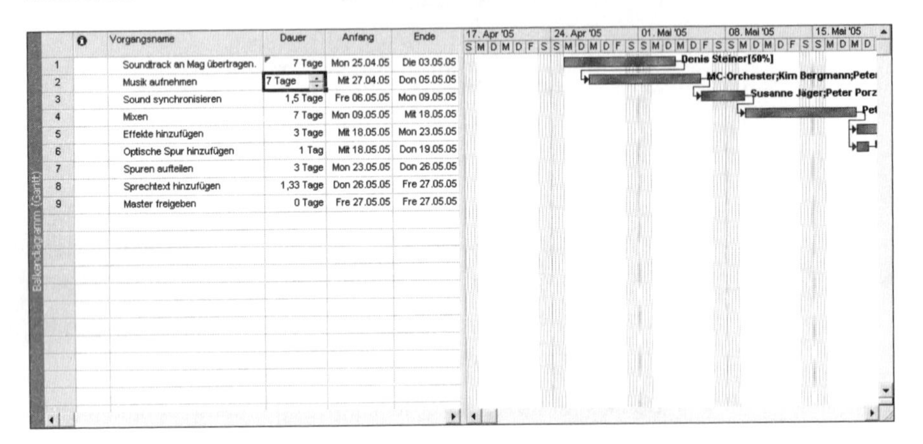

Nun können Sie das Makro erneut ausführen.

11 Öffnen Sie das Menü **Extras**, zeigen Sie auf **Makro** und klicken Sie dann im Untermenü auf **Makros**.

Das Dialogfeld **Makros** öffnet sich.

12 Markieren Sie das Makro namens *Parnell Aerospace Promo 18.mpp!Speichern_Als_Webseite* und klicken Sie dann auf die Schaltfläche **Ausführen.**

Das Makro wird ausgeführt und diesmal werden Sie nicht aufgefordert, das Überschreiben von Dateien zu bestätigen.

Um sich zu vergewissern, dass das Makro korrekt ausgeführt wurde, betrachten Sie nun die aktualisierte Webseite in Ihrem Browser.

13 Wechseln Sie zum Browser. Der Projektplan, den Sie bereits betrachtet haben, sollte noch immer zu sehen sein.

14 Klicken Sie im Webbrowser auf die Schaltfläche **Aktualisieren**, um die aktuellste HTML-Datei und die damit verknüpfte GIF-Datei zu laden.

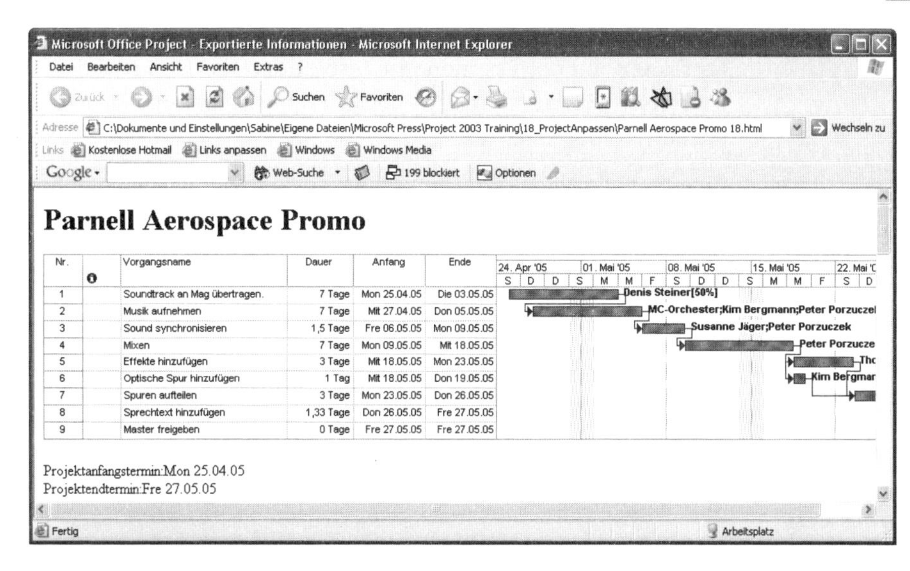

Nun können Sie das Makro so oft ausführen, wie Sie wollen, um die Webseite immer aktuell zu halten.

TIPP VBA ist eine sehr umfassende und gut dokumentierte Programmiersprache. Falls Sie sich VBA in Microsoft Project etwas genauer ansehen wollen, klicken Sie im Menü **Extras** auf **Makro** und wählen dann den Befehl **Visual Basic-Editor.** Im Visual Basic-Editor öffnen Sie das Hilfe-Menü (**?**) und klicken dann auf den Befehl **Microsoft Visual Basic-Hilfe.** Sie können auch die F1-Taste drücken. Um zu Microsoft Project zurückzukehren, wählen Sie im Menü **Datei** den Befehl **Schließen und zurück zu Microsoft Project.**

Symbolleisten anpassen

Wie in anderen Anwendungen der Microsoft Office-Familie haben Sie auch in Microsoft Project verschiedene Anpassungsmöglichkeiten. Einige Einstellungen, die Sie in Microsoft Project vornehmen, wirken sich sogar automatisch auf andere Anwendungen der Microsoft Office-Familie aus und umgekehrt, zum Beispiel die folgenden:

- Den Office-Assistenten ein- und ausblenden. (In Microsoft Project 2003 ist der Office-Assistent standardmäßig ausgeblendet.) Um den Office-Assistenten einzublenden, wählen Sie im Hilfe-Menü (**?**) den Befehl **Office-Assistenten anzeigen**. (Eventuell muss er dann zunächst noch installiert werden.) Um ihn wieder auszublenden, klicken Sie mit der rechten Maustaste auf den Office-Assistenten und wählen dann im Kontextmenü den Befehl **Ausblenden**.
- Microsoft Project so einrichten, dass die aktive Datei oder alle geöffneten Dateien automatisch im angegebenen Intervall gespeichert werden. (Wählen

Sie im Menü **Extras** den Befehl **Optionen**. Aktivieren Sie im Dialogfeld **Optionen** auf der Registerkarte **Speichern** das Kontrollkästchen **Automatisch speichern alle**. Geben Sie schließlich noch ein Zeitintervall ein und klicken Sie dann auf **OK**.)

- Eine benutzerdefinierte Symbolleiste erstellen, die Schaltflächen für alle Befehle enthält, die Sie benötigen. (Dies werden Sie in der folgenden Übung tun.)

In der folgenden Übung erstellen Sie eine benutzerdefinierte Symbolleiste und weisen ihr das Makro zu, das Sie in der letzten Übung in diesem Kapitel erstellt haben.

1. Wechseln Sie zum Microsoft Project-Fenster zurück, in dem der *Parnell*-Projektplan angezeigt wird.
2. Öffnen Sie das Menü **Extras**, zeigen Sie auf **Anpassen** und wählen Sie dann den Befehl **Symbolleisten**.

   Das Dialogfeld **Anpassen** öffnet sich.
3. Aktivieren Sie die Registerkarte **Symbolleisten**.

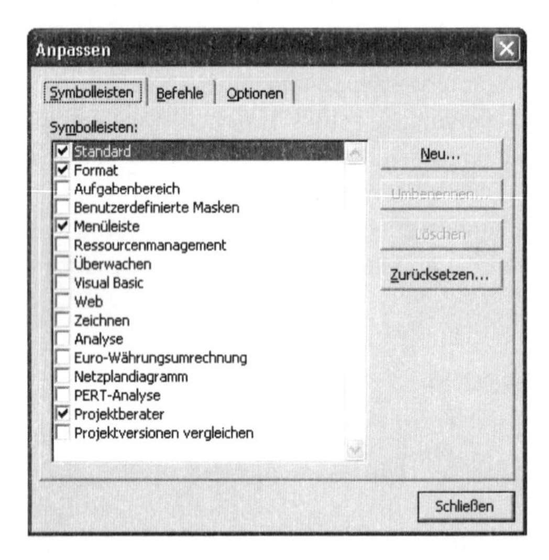

Die Kontrollkästchen für die Symbolleisten, die momentan eingeblendet sind, sind aktiviert. Ihr Dialogfeld sieht möglicherweise etwas anders aus.

TIPP Symbolleisten sind entweder verankert oder frei positionierbar. Wenn eine Symbolleiste verankert ist, befindet sie sich an einem der Ränder des Microsoft Project-Fensters. Normalerweise ist das der obere Rand. Wenn eine Symbolleiste frei positionierbar ist, enthält sie einen Titel, dem Sie ihren Namen entnehmen können. Um eine verankerte Symbolleiste zu verschieben, zeigen Sie mit der Maus auf den linken Rand und ziehen sie dann entweder in das Microsoft

Project-Fenster, um sie frei zu positionieren, oder an einen anderen Rand, um sie dort wieder zu verankern.

4 Klicken Sie auf die Schaltfläche **Neu**.

Das Dialogfeld **Neue Symbolleiste** öffnet sich.

5 Geben Sie in das Feld **Name der Symbolleiste** den Text ***Meine Symbolleiste*** ein und klicken Sie dann auf **OK**.

Die neue Symbolleiste wird nun in der Liste der Symbolleisten angezeigt und auch im Microsoft Project-Fenster. Allerdings ist sie momentan noch leer.

Ihr Bildschirm sollte nun etwa wie in der folgenden Abbildung aussehen.

Die neue benutzerdefinierte Symbolleiste

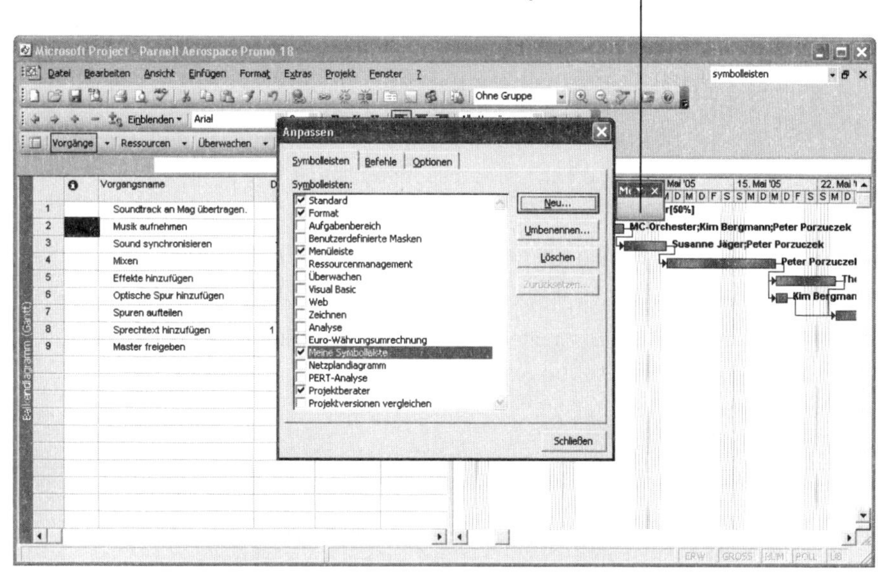

Als Nächstes fügen Sie einen Befehl zur neuen Symbolleiste hinzu, der das in diesem Kapitel erstellte Makro ausführt.

6 Aktivieren Sie die Registerkarte **Befehle**.

Im Listenfeld **Kategorien** sind verschiedene Befehlskategorien aufgeführt. Einige davon entsprechen den Namen von Menüs.

7 Markieren Sie im Listenfeld **Kategorien** den Eintrag **Alle Makros**.

Auf der rechten Seite des Dialogfelds werden nun alle Makros aufgelistet.

Die meisten Befehle, die unter **Alle Makros** aufgelistet sind, beziehen sich auf Makros, die in Microsoft Project integriert sind. Sie sollten jedoch auch das Makro *Parnell Aerospace Promo 18.mpp!Speichern_Als_Webseite* sehen, das im aktiven Projektplan gespeichert ist.

8 Ziehen Sie das Makro *Parnell Aerospace Promo 18.mpp!Speichern_Als_Webseite* aus dem Dialogfeld **Anpassen** auf die Symbolleiste **Meine Symbolleiste**.

Die Symbolleiste **Meine Symbolleiste** wird nun verbreitert, um den vollständigen Makrotitel anzuzeigen.

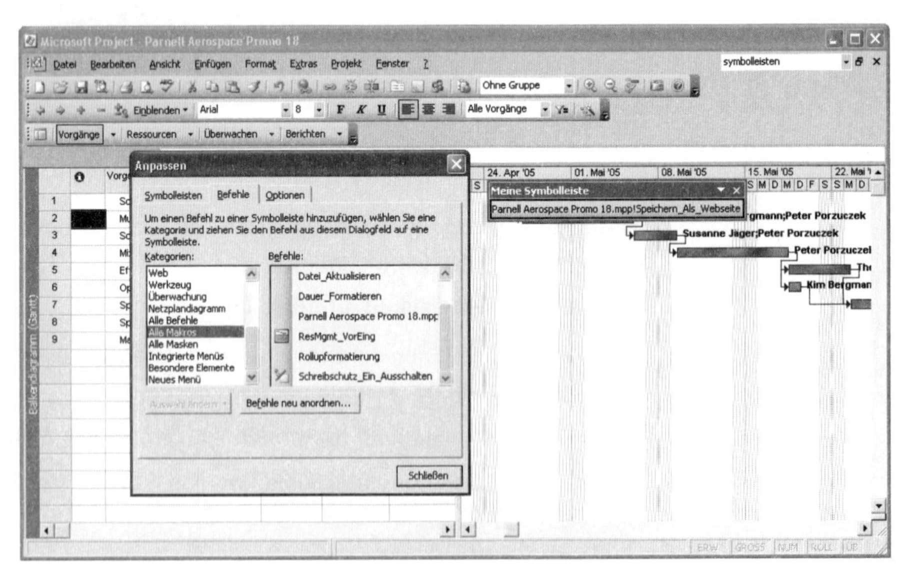

Als Nächstes ändern Sie den Text, der in der Schaltfläche angezeigt wird, und fügen ein Bild hinzu.

9 Klicken Sie im Dialogfeld **Anpassen** auf die Schaltfläche **Auswahl ändern** und anschließend auf **Schaltflächensymbol und Text**.

Nun wird in der Schaltfläche Platz für das Symbol geschaffen.

10 Klicken Sie im Dialogfeld **Anpassen** noch einmal auf die Schaltfläche **Auswahl ändern** und dann auf **Schaltflächensymbol ändern**.

Ein Untermenü mit Schaltflächensymbolen öffnet sich nun.

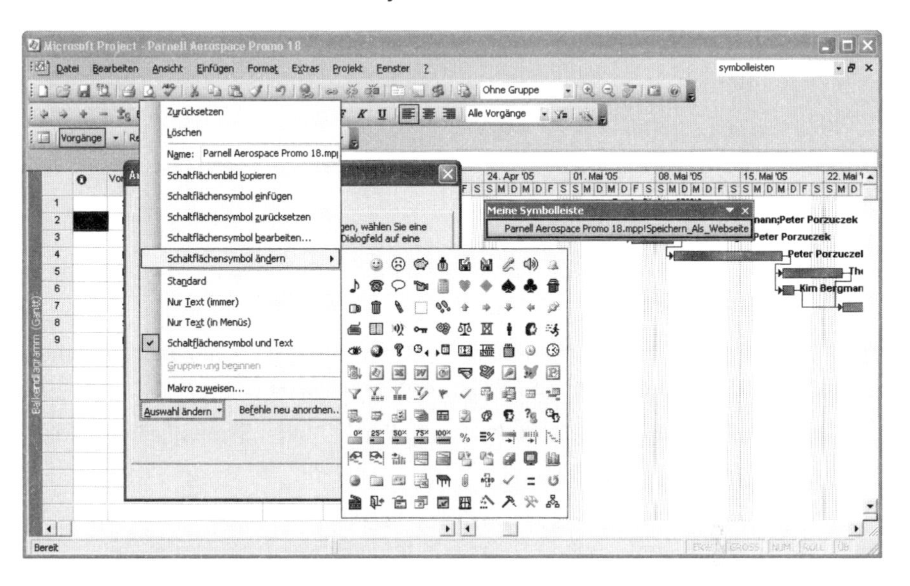

11 Klicken Sie auf das letzte Symbol in der vierten Zeile (der Läufer).

Microsoft Project fügt das Schaltflächensymbol zur Schaltfläche hinzu. Als Nächstes ändern Sie noch den Schaltflächentext.

12 Klicken Sie im Dialogfeld **Anpassen** auf die Schaltfläche **Auswahl ändern** und wählen Sie im Menü den Befehl **Name**.

13 Überschreiben Sie den vorhandenen Namen mit ***Im Web publizieren*** und drücken Sie dann die [↵]-Taste.

Microsoft Project passt die Beschriftung der Schaltfläche an. Ihr Bildschirm sollte nun etwa wie in der folgenden Abbildung aussehen.

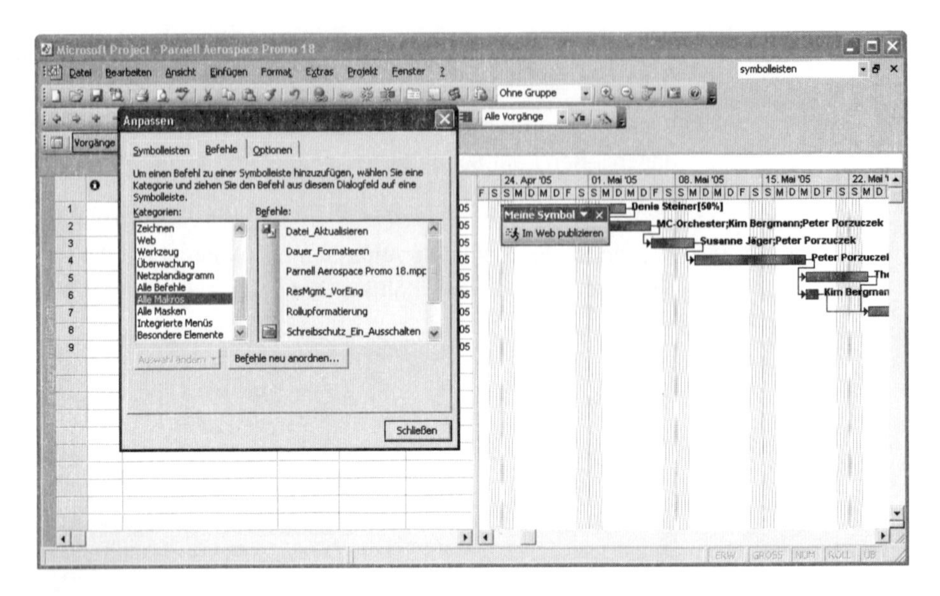

14 Klicken Sie auf die Schaltfläche **Schließen**, um das Dialogfeld **Anpassen** zu schließen.

Die benutzerdefinierte Symbolleiste wird nun als frei positionierbare Symbolleiste im Microsoft Project-Fenster angezeigt.

15 Klicken Sie in der Symbolleiste **Meine Symbolleiste** auf die Schaltfläche **Im Web publizieren**.

Das Makro *Speichern_Als_Webseite* wird daraufhin ausgeführt. Wenn Sie möchten, können Sie nun in Ihren Browser zurückwechseln, die Seite aktualisieren und die Ergebnisse betrachten. Wechseln Sie abschließend wieder zu Microsoft Project zurück.

Benutzerdefinierte Symbolleisten und alle Anpassungen, die Sie an den vordefinierten Symbolleisten vornehmen, werden auf alle Projektpläne angewendet, die Sie in Microsoft Project sehen. Das liegt daran, dass die Einstellungen für Symbolleisten in der Globaldatei gespeichert werden. Zum Abschluss löschen Sie nun noch die Symbolleiste **Meine Symbolleiste** und das Schema, das Sie mit dem Export-Assistenten erstellt haben, aus Ihrer Globaldatei.

16 Wählen Sie im Menü **Extras** den Befehl **Organisieren**.

Das Dialogfeld **Organisieren** öffnet sich.

17 Aktivieren Sie die Registerkarte **Symbolleisten**.

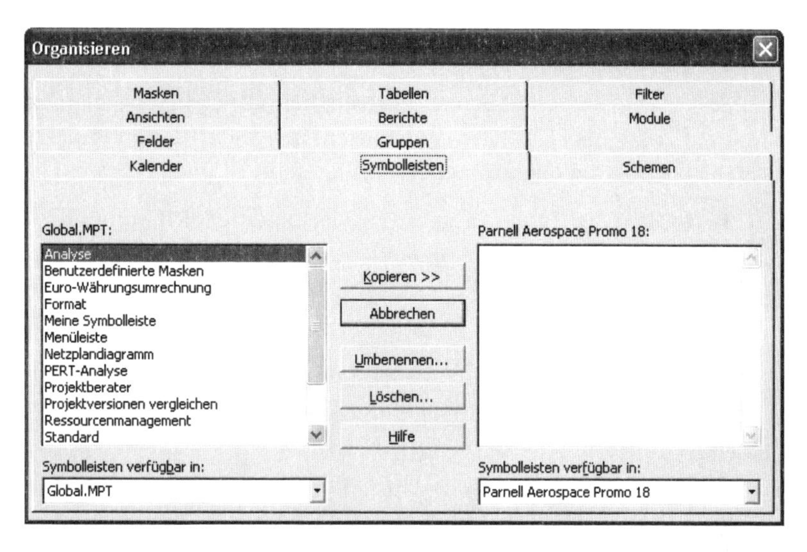

18 Markieren Sie im Listenfeld **Global.MPT** auf der linken Seite auf **Meine Symbolleiste** und klicken Sie dann auf die Schaltfläche **Löschen**.

19 Microsoft Project fordert Sie auf, zu bestätigen, dass Sie die Symbolleiste löschen wollen. Klicken Sie auf **Ja**.

20 Aktivieren Sie die Registerkarte **Schemen**.

21 Markieren Sie im Listenfeld **Global.MPT** auf der linken Seite die Option **Schema1** und klicken Sie dann auf die Schaltfläche **Löschen**.

22 Microsoft Project fordert Sie nun wieder auf, zu bestätigen, dass Sie das Schema löschen wollen. Klicken Sie auf **Ja**.

23 Klicken Sie auf **Schließen**, um das Dialogfeld **Organisieren** auszublenden.

TIPP Sie können eine benutzerdefinierte Symbolleiste auch auf der Registerkarte **Symbolleisten** im Dialogfeld **Anpassen** löschen.

SCHLIESSEN SIE die Projektpläne **Parnell Aerospace Promo 18** *und* **Wingtip Toys Werbespot 18.**

Zusammenfassung

- Sie können in Microsoft Project benutzerdefinierte Elemente, zum Beispiel Tabellen oder Filter, gemeinsam in verschiedenen Projektplänen mithilfe der Funktion **Organisieren** verwenden.
- Microsoft Project nutzt – wie viele andere Microsoft Office-Anwendungen auch – Visual Basic für Applikationen (VBA), eine Makroprogrammiersprache, mit der sich wiederholende Routineaufgaben aufgezeichnet und automatisiert werden können.
- Sie können VBA-Code direkt im Visual Basic-Editor bearbeiten, der ebenfalls zum Lieferumfang von Microsoft Project und den meisten Microsoft Office-Anwendungen gehört.
- Sie können die Symbolleisten von Microsoft Project an Ihre eigenen Anforderungen anpassen und dort Befehle und Funktionen einfügen, die Sie häufig benötigen.

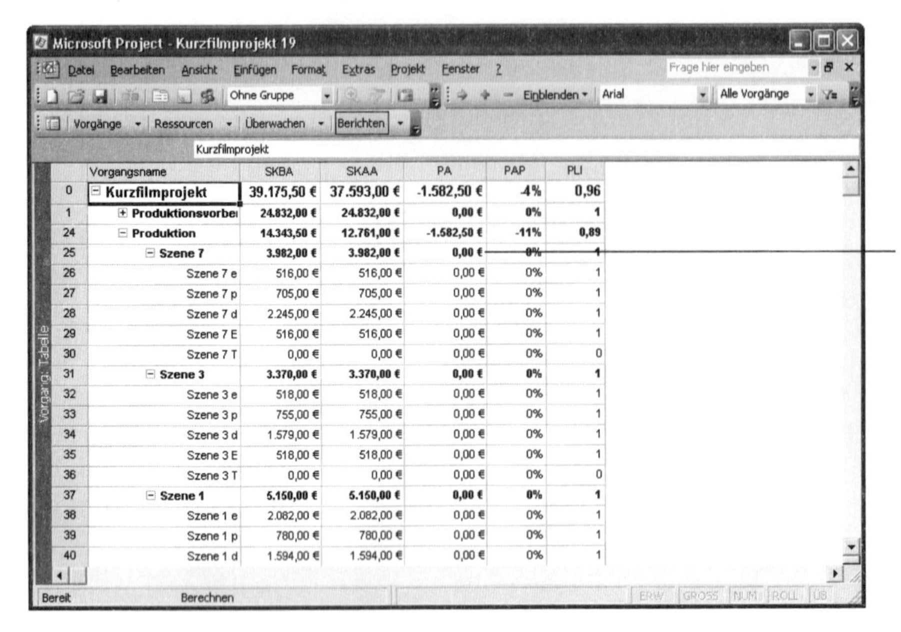

Statusdatum festlegen und Ertragswert-Terminplanindikatoren anzeigen, um bisherige und zukünftige Projektleistung unter dem Aspekt der Terminplanung auszuwerten, Seite 417

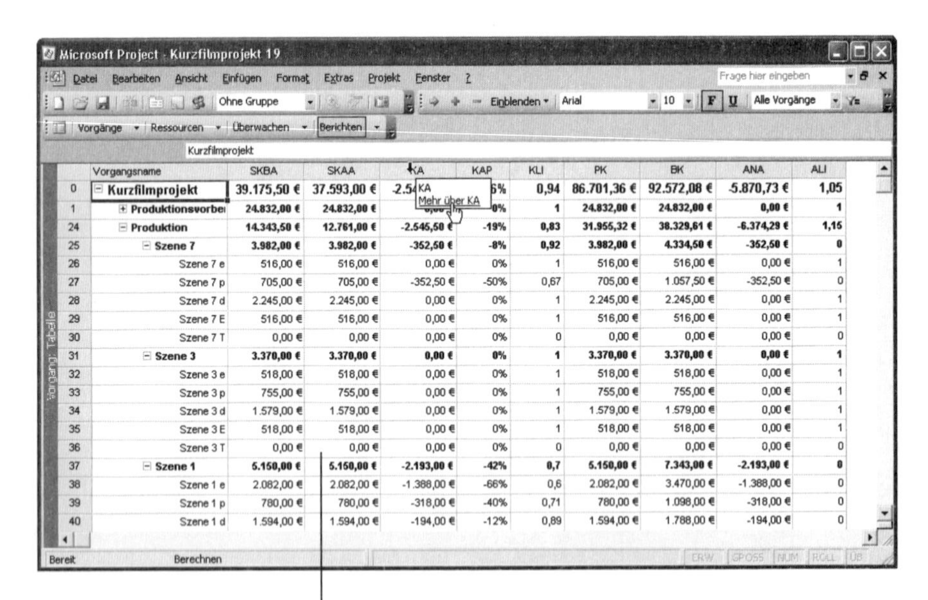

Ertragswert-Kostenindikatoren anzeigen, um die tatsächliche Projektleistung mit dem Basisplan unter dem Aspekt der Kosten zu vergleichen, Seite 420

Kapitel 19 auf einen Blick

19 Ertragswertanalysen durchführen

In diesem Kapitel lernen Sie,

- ✔ **wie Sie ein Statusdatum festlegen und die Ertragswert-Terminplanindikatoren anzeigen.**
- ✔ **wie Sie die Ertragswert-Kostenindikatoren anzeigen.**

Siehe auch Falls Sie nur eine kurze Wiederholung zu den Themen benötigen, die in diesem Kapitel behandelt werden, lesen Sie den Schnellüberblick zu Kapitel 19 am Anfang dieses Buches.

Zu den grundlegenden Aufgaben eines Projektmanagers gehört es, die Vorgangs- und Ressourcen*abweichungen* zu betrachten. Dabei erhält er jedoch keinen Gesamteindruck von der langfristigen Verfassung eines Projekts. So könnte ein Vorgang den Kostenrahmen beispielsweise deutlich sprengen und gleichzeitig dem Zeitplan weit voraus sein (was möglicherweise nicht gut wäre) oder den Kostenrahmen sprengen und den Zeitplan nicht erfüllen (was definitiv nicht gut wäre). Betrachtet ein Projektmanager nur die Abweichungen vom Zeitplan oder vom Kostenrahmen, erfährt er nichts über Trends, die sich im Laufe eines Projekts zeigen.

Um ein vollständigeres Bild über die Projektleistung unter dem Aspekt der Termin- und Kostenplanung zu erhalten, können Sie eine *Ertragswertanalyse* durchführen. Mit dieser Analyse lässt sich der Projektfortschritt messen und der weitere Projektverlauf vorhersagen.

Die wesentlichen Unterschiede zwischen der Ertragswertanalyse und der einfachen Analyse der Abweichung vom Zeitplan oder vom Kostenrahmen lassen sich wie folgt zusammenfassen:

- Mit einer Analyse der Abweichungen lässt sich nur die Frage beantworten, wie die Projektleistung im Augenblick aussieht.
- Die Ertragswertanalyse behandelt die Frage, ob das Projekt bei der aktuellen Projektleistung den erwarteten Ertrag liefern wird.

Das ist ein kleiner, aber wichtiger Unterschied. Zur Verdeutlichung ein Beispiel. Angenommen, ein Projekt hat laut Basisplan eine *Dauer* von 160 Tagen und ein Budget von 82.000 €. Nachdem das Projekt etwa zur Hälfte abgeschlossen wurde, stellen Sie fest, dass die Kosten 40.000 € betragen. Aber wie sieht es mit dem Projektstatus aus? Anhand der Kosten können Sie dazu nichts sagen. Eine einfache Verteilung der Kosten über die Zeit würde nahe legen, dass es bei einem Kostenrahmen von 82.000 € in Ordnung ist, dass nach der Hälfte der Zeit ca. 40.000 € ausgegeben wurden. Aber möglicherweise ist das Projekt seinem geplanten Zeitplan voraus und es wurde bereits mehr Arbeit verrichtet, als bis zu diesem Zeitpunkt geplant war. Das wäre natürlich sehr gut, denn dann würde das Projekt früher abgeschlossen werden als geplant. Es könnte aber auch sein, dass das Projekt den Zeitplan bereits überschritten hat. Das wäre schlecht, denn damit würde sehr wahrscheinlich der Abgabetermin oder aber der Kostenrahmen überschritten werden, oder vielleicht sogar beides.

Mit der Ertragswertanalyse können Sie die Projektleistung etwas genauer betrachten. Sie können damit zwei wichtige Dinge ermitteln: die echten Kosten der aktuellen Projektergebnisse und den Trend, der sich für den restlichen Verlauf des Projekts abzeichnet.

Die Ertragswertanalyse wurde ursprünglich von der US-amerikanischen Regierung für die Durchführung umfangreicher Projekte entwickelt und wird in diesem Zusammenhang bis heute genutzt. Weil sich die Ertragswertanalyse auch dafür eignet, die zukünftige Projektleistung vorherzusagen, gewinnt sie auch im privaten Sektor und für kleinere Projekte immer mehr Verbreitung.

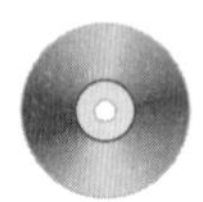

WICHTIG Bevor Sie die Übungsdateien in diesem Kapitel benutzen können, müssen Sie sie von der Begleit-CD in den vorgegebenen Standardordner installieren. Einzelheiten dazu finden Sie im Abschnitt „Die Übungsdateien installieren“ am Anfang dieses Buches.

Ertragswert-Terminplanindikatoren anzeigen

Damit Microsoft Project die Ertragswertsummen für einen Projektplan berechnen kann, müssen Sie zunächst folgende Vorbereitungen treffen:

- Einen Basisplan speichern, damit Microsoft Project die berechneten Kosten der Arbeit ermitteln kann, bevor die aktuelle Arbeit aufgezeichnet wird. (Öffnen Sie dazu das Menü **Extras**, zeigen Sie auf **Überwachung** und klicken Sie dann auf **Basisplan speichern**.)
- Die *aktuelle* Arbeit an Vorgängen oder Zuordnungen aufzeichnen.
- Das *Statusdatum* so einrichten, dass Microsoft Project die aktuelle Projektleistung bis zu einem bestimmten Zeitpunkt berechnen kann. (Wählen Sie dazu im

Menü **Projekt** den Befehl **Projektinfo** und geben Sie dann ein Statusdatum ein.) Microsoft Project benutzt standardmäßig das aktuelle Datum als Statusdatum.

Die Ertragswertanalyse verwendet die folgenden drei Schlüsselwerte, um alle anderen Zeitplan- und Kostenindikatoren zu erzeugen:

- Soll-Kosten der berechneten Arbeit (*SKBA*). Dies sind die geplanten Kosten bis zum ausgewählten Statusdatum. Microsoft Project berechnet diesen Wert, indem alle Basisplanwerte für Vorgänge, die im Projektplan bis zum Statusdatum vorgesehen sind, addiert werden.
- Ist-Kosten bereits abgeschlossener Arbeit (*IKAA*). Dabei handelt es sich um die tatsächlichen Kosten, die zum Ausführen von Vorgängen bis zum Statusdatum angefallen sind.
- Soll-Kosten bereits abgeschlossener Arbeit (*SKAA*). Dabei handelt es sich um den Wert der bis zum Statusdatum abgeschlossenen Arbeit, der auch als Ertragswert bezeichnet wird.

Die Gesamtertragswerte und die Kostenabweichung sind direkt miteinander verbunden, können jedoch auch unabhängig voneinander überprüft werden. Dazu fasst Microsoft Project die Terminplan- und Kostenindikatoren in zwei Tabellen zusammen.

In der folgenden Übung legen Sie das Statusdatum fest und betrachten die Indikatoren für die Ertragswerte.

WICHTIG Wenn Sie mit Microsoft Project Professional arbeiten, müssen Sie unter Umständen eine einmalige Einstellung vornehmen, damit Sie mit dem eigenen Arbeitsplatz-Account und offline arbeiten können. So wird sichergestellt, dass die Übungsdateien, mit denen Sie in diesem Kapitel arbeiten, keine Auswirkungen auf Ihre Microsoft Project Server-Daten haben. Mehr Informationen hierzu finden Sie in Kapitel 1 im Abschnitt „Microsoft Office Project Professional starten“.

ÖFFNEN SIE die Datei* Kurzfilmprojekt 19a*, die Sie im Ordner* Eigene Dateien\Microsoft Press\Project 2003 Training\19_Ertragswertanalysen *finden. Sie können den Ordner auch über* Start/Alle Programme/Microsoft Press/Project 2003 Training *öffnen.

1. Wählen Sie im Menü **Datei** den Befehl **Speichern unter.**

   Das Dialogfeld **Speichern unter** öffnet sich.

2. Geben Sie im Feld **Dateiname** die Bezeichnung ***Kurzfilmprojekt 19*** ein und klicken Sie dann auf **Speichern.**

   Als Nächstes geben Sie das Statusdatum ein. Ist kein Statusdatum vorhanden, benutzt Microsoft Project für die Berechnungen das aktuelle Datum.

3 Klicken Sie im Menü **Projekt** auf **Projektinfo**.

Das Dialogfeld **Projektinfo** wird geöffnet.

4 Geben Sie ***30.06.05*** in das Feld **Statusdatum** ein und bestätigen Sie mit **OK**.

Nun werden Sie die erste Ertragswerttabelle betrachten.

5 Zeigen Sie im Menü **Ansicht** auf **Tabelle: Eingabe** und klicken Sie dann auf **Weitere Tabellen**.

Das Dialogfeld **Weitere Tabellen** wird geöffnet.

6 Markieren Sie in der Liste **Tabellen** den Eintrag **Ertragswert-Terminplanindikatoren** und klicken Sie danach auf **Auswahl**.

Microsoft Project öffnet die Tabelle **Ertragswert-Terminplanindikatoren** in der Ansicht **Vorgang: Tabelle**.

7 Doppelklicken Sie auf die Trennlinien zwischen den Spaltenköpfen der Spalten, die Nummernzeichen (#) enthalten, um die Spalten zu verbreitern.

Ihr Bildschirm sollte nun etwa wie in der folgenden Abbildung aussehen.

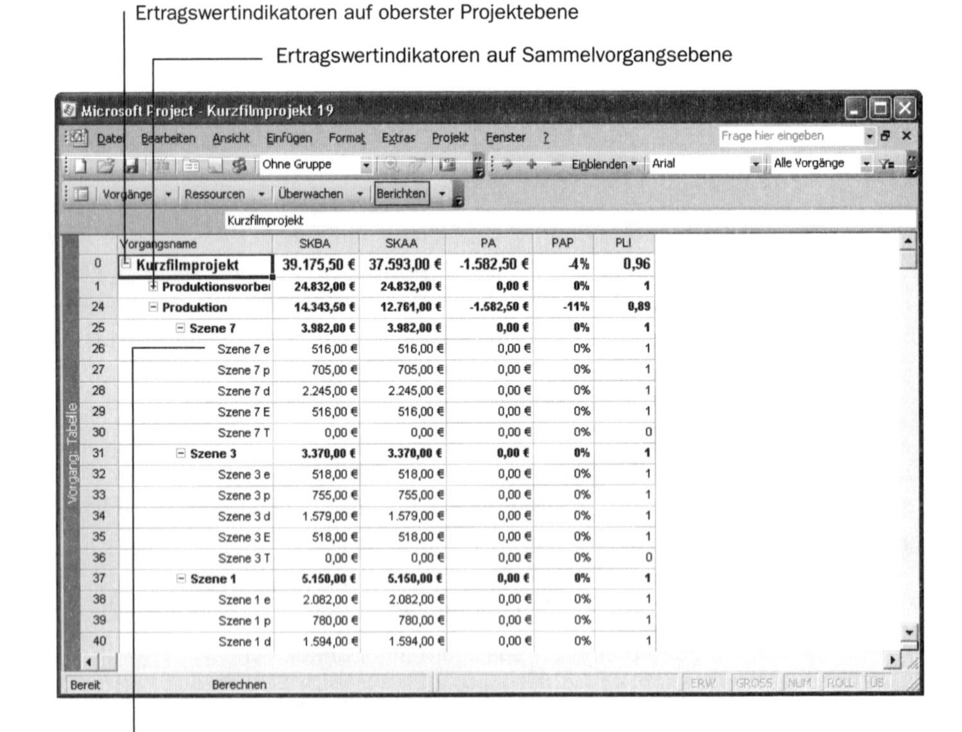

Hier sehen Sie die Ertragswertindikatoren für den Projektplan, die Sammelvorgänge und die Teilvorgänge. Alle Ertragswerte werden entweder als Eurobeträge oder als Prozentwerte angegeben. Vor negativen Werten steht ein Minuszeichen:

- *SKBA* (Soll-Kosten der berechneten Arbeit). Bis zum Statusdatum sollten laut Basisplan 39.175,50 € für die Vorgänge ausgegeben werden. Microsoft Project nutzt diesen Wert im Vergleich zum SKAA-Wert und zum Ableiten anderer Werte.
- *SKAA* (Soll-Kosten bereits abgeschlossener Arbeit). Der Wert für die bis zum Statusdatum abgeschlossene Arbeit beträgt beim Kurzfilmprojekt nur 37.593,00 € weniger als der SKBA-Wert.
- *PA* (Planabweichung). Die Planabweichung ist die Differenz zwischen SKAA und SKAB. Beim Kurzfilmprojekt ergibt sich eine negative Planabweichung von -1.582,50 €.
- *PAP* (Planabweichung Prozent). Dieser Wert gibt die prozentuale Abweichung zwischen PA und SKAA an. Diesem Wert können Sie entnehmen, inwieweit der aktuelle Projektfortschritt bis zum Statusdatum mit dem Projektfortschritt im Basisplan übereinstimmt. Das Kurzfilmprojekt liegt dabei 4 % unter Plan.
- *PLI* (Planleistungsindex). Dieser Wert ergibt sich durch Division des SKAA- durch den SKBA-Wert. Dies ist ein häufig verwendetes Verfahren zum Vergleichen der Soll-Kosten von berechneter und abgeschlossener Arbeit von Vorgängen, Sammelvorgängen und Projekten. Die Produktionsvorbereitungsphase hat beispielsweise einen PLI von 1, da die Soll-Kosten der berechneten Arbeit und die Soll-Kosten der bereits abgeschlossenen Arbeit identisch sind. Die Produktionsphase hat jedoch einen schlechteren PLI-Wert von 0,89. Der Projektsammelvorgang hat einen PLI-Wert von 0,96. Dieser Wert lässt sich wie folgt interpretieren: Für jeden Euro Arbeit, der bis zum Statusdatum hätte abgeschlossen werden sollen, wurden nur 96 Cent an Wert erwirtschaftet.

TIPP Um mehr über die Ertragswertfelder oder auch andere Felder in einer Microsoft Project-Tabelle zu erfahren, zeigen Sie mit der Maus auf den Spaltenkopf und klicken dann in der QuickInfo auf den Hyperlink **Mehr über <Feldname>**. Die Informationen zum Feld werden daraufhin im Hilfefenster angezeigt.

Mit den Ertragswert-Terminplanindikatorwerten können Sie beispielsweise feststellen, ob bei der augenblicklichen Projektleistung noch genügend Zeit zur Verfügung steht, um das Projekt abzuschließen. Im Falle des Kurzfilmprojekts sollte die Ursache für den niedrigen PLI-Wert der Produktionsphase genauer untersucht werden. Es sollte außerdem geprüft werden, ob sich die Ursache für dieses Problem auf die noch nicht abgeschlossene Arbeit der Produktionsphase auswirkt.

Die Werte in der Tabelle **Ertragswert-Terminplanindikatoren** informiert Sie über die Leistung in Bezug auf den Terminplan, jedoch nicht direkt über die Leistung in Bezug auf die Kosten. Deshalb überprüfen Sie im nächsten Abschnitt nun die **Ertragswert-Kostenindikatoren**.

Ertragswert-Kostenindikatoren betrachten

Die Umkehrung der Frage „ Steht noch genügend Zeit zur Verfügung, um das Projekt abzuschließen?" bezieht sich auf die Kosten: „ Ist noch genügend Geld verfügbar, um das Projekt abzuschließen?" Diese Frage lässt sich mit den Ertragswert-Kostenindikatoren beantworten. Microsoft Project berechnet dazu Ist-Kosten bereits abgeschlossener Arbeit (IKAA) aus den bis zum Projektstatusdatum oder bis zum aktuellen Datum angefallenen Kosten.

In der folgenden Übung zeigen Sie die Ertragswert-Kostenindikatoren für den Projektplan an:

1. Zeigen Sie im Menü **Ansicht** auf **Tabelle: Ertragswert-Terminplanindikatoren** und klicken Sie dann im Untermenü auf **Weitere Tabellen**.

   Das Dialogfeld **Weitere Tabellen** öffnet sich.

2. Markieren Sie im Listenfeld **Tabellen** die Option **Ertragswert-Kostenindikatoren** und klicken Sie dann auf die Schaltfläche **Auswahl**.

   Microsoft Project zeigt nun die Tabelle **Ertragswert-Kostenindikatoren** in der Ansicht **Vorgang: Tabelle** an.

3. Doppelklicken Sie auf die Trennlinien zwischen den Spaltenköpfen der Spalten, die Nummernzeichen (#) enthalten, um die Spalten zu verbreitern.

   Ihr Bildschirm sollte nun etwa wie in der folgenden Abbildung aussehen.

   Hier können Sie die Ertragswert-Kostenindikatoren für den Projektplan, die Sammelvorgänge und die Teilvorgänge sehen. Weil die SKBA- und die SKAA-Werte, die im letzten Abschnitt bereits beschrieben wurden, die Schlüsselwerte für Kosten- und Terminplanindikatoren sind, sind sie in beiden Tabellen enthalten. (Beachten Sie, dass das Feld **IKAA** jedoch in keiner der beiden Ertragswerttabellen enthalten ist.)

Zeigen Sie auf den Spaltenkopf und klicken Sie dann auf den in der QuickInfo angezeigten Link, um weitere Informationen zu einem Feld zu erhalten.

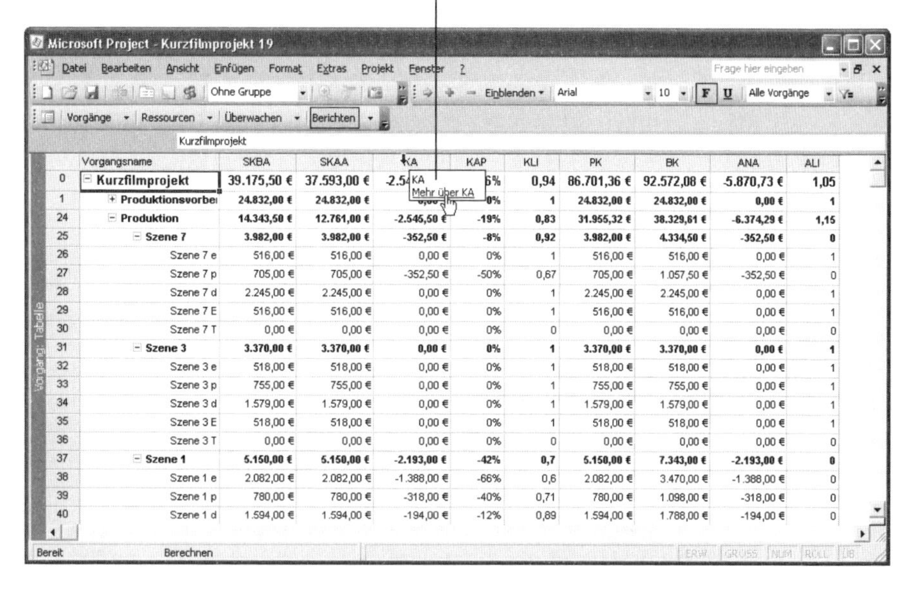

- *KA* (Abweichung Kosten). Die Differenz zwischen SKAA und IKAA. Das Kurzfilmprojekt hat eine geringe Abweichung der Kosten.

- *KAP* (Kostenabweichung Prozent). Das Verhältnis zwischen der Kostenabweichung (KA) und den Soll-Kosten der bereits abgeschlossenen Arbeit (SKAA). Diesem Wert ist zu entnehmen, wie nahe das Projekt oder der Vorgang beim Kostenrahmen liegt, das heißt, ob der Kostenrahmen unter- oder überschritten wird. Das Kurzfilmprojekt überschreitet den Kostenrahmen.

- *KLI* (Kostenleistungsindex). Das Kurzfilmprojekt hat einen KLI von 0,94. Dieser Wert lässt sich so interpretieren, dass Sie für jeden Euro, der für geleistete Arbeit bezahlt wurde, den Wert von 0,94 Cent Arbeit erhalten.

- *PK* (Geplante Kosten). Dabei handelt es sich um die Kosten laut Basisplan für einen Vorgang, einen Sammelvorgang oder für ein Projekt. Dieser Wert kann mit den berechneten Kosten (BK) verglichen werden, um die Abweichung nach Abschluss (ANA) zu ermitteln.

- *BK* (Berechnete Kosten). Die berechneten Kosten sind ein Schätzwert für die voraussichtlichen Gesamtkosten eines Vorgangs, eines Sammelvorgangs oder eines Projekts auf der Basis der bisherigen Projektleistung.

- *ANA* (Abweichung nach Abschluss). Die Differenz zwischen geplanten Kosten (PK) und berechneten Kosten (BK) für einen Vorgang, einen Sammelvorgang oder das Projekt. Das Kurzfilmprojekt hat nach Abschluss eine Abweichung.
- *ALI* (Abschlussleistungsindex). Dieser Wert zeigt das Verhältnis zwischen den restlichen Kostenmitteln und der restlichen zu erledigenden Arbeit. Im Kurzfilmprojekt beträgt dieser Wert 1,05, was bedeutet, dass die restlichen Kostenmittel und die restliche zu erledigende Arbeit nahezu gleich sind. (Möglicherweise müssen Sie die Bildlaufleiste nach rechts ziehen, um diesen Wert zu sehen.)

TIPP Es mag zwar vielleicht unangenehm oder sogar verwirrend wirken, hinter dem Kostenplan zurückzuliegen oder ihm voraus zu sein. Denken Sie jedoch daran, dass Sie mit Geld Arbeit kaufen können und dass sich damit Vorgänge schneller fertig stellen lassen.

Aus der Sicht der Analyse der Kostenabweichung scheint das Kurzfilmprojekt gut dazustehen. Die Terminplananalyse zeigt ein anderes Ergebnis. In Bezug auf das Statusdatum wurde mit einem Großteil der Arbeit später als geplant begonnen, die Arbeit hat jedoch nicht mehr gekostet als geplant. Die echten Werte für die Projektleistung sind häufig nicht direkt sichtbar und es müssen Kosten- und Terminplanabweichungen und auch Vorhersagewerte für die zukünftige Projektleistung ermittelt werden.

Die Ertragswertanalyse gehört zu den komplexesten Dingen, die Sie mit Microsoft Project erledigen können. Die Informationen, die Sie damit jedoch über den Projektstatus erhalten, sind unschätzbar wertvoll. Die Ertragskostenanalyse ist ein hervorragendes Beispiel dafür, welche Vorteile es bietet, Vorgangs- und Ressourcenkosten in einen Projektplan einzugeben.

TIPP Die Ertragswerte können Sie in jeder Ansicht mittels der entsprechenden Maske betrachten. Wählen Sie dazu im Menü **Extras** den Befehl **Anpassen** und klicken Sie dann auf **Masken**. Im Dialogfeld **Masken anpassen**, das sich daraufhin öffnet, markieren Sie die Maske **Ertragswert** und klicken dann auf die Schaltfläche **Auswahl**.

Die Berechnungsformeln für Ertragswerte ändern

Alle Berechnungen für Ertragswerte, die in diesem Kapitel vorgestellt wurden, verwenden die Standardberechnungsoptionen von Microsoft Project. Sie können diese Einstellungen jedoch wie folgt ändern, um etwas mehr Flexibilität bei der Berechnung zu erhalten.

- Statt den prozentualen Anteil der abgeschlossenen Vorgänge auf der Basis der aktuellen Werte zu berechnen, die im Projektplan aufgezeichnet werden (**% Abgeschlossen**), kann Microsoft Project die Berechnung auch mit einem von Ihnen eingegebenen Prozentwert durchführen. Der manuell eingegebene Wert wird als **Physisch % Abgeschlossen** bezeichnet.
- Statt der Basisplanwerte, die in den Basisplanfeldern gespeichert sind, können Sie für die Ertragswertanalyse auch den angegebenen Basisplan (Basisplan 1 bis Basisplan 10) verwenden. Dazu müssen Sie jedoch mehrere Basispläne anlegen.

Sie können diese Einstellungen für ein ganzes Projekt einrichten oder die Berechnungsmethode für einzelne Vorgänge verändern:

- Um die Berechnungsmethode für den gesamten Projektplan zu ändern, wählen Sie im Menü **Extras** den Befehl **Optionen**. Im Dialogfeld **Optionen** aktivieren Sie die Registerkarte **Berechnen** und klicken dann auf die Schaltfläche **Ertragswert**. Im Dialogfeld **Ertragswert** wählen Sie die gewünschte Berechnungsmethode und den Basisplan.
- Um die Berechnungsmethode für einen ausgewählten Vorgang zu verändern, wählen Sie im Menü **Projekt** den Befehl **Informationen zum Vorgang**, aktivieren im gleichnamigen Dialogfeld die Registerkarte **Spezial** und wählen dann in der Dropdownliste **Ertragswertmethode** die gewünschte Berechnungsmethode.

Wenn Sie sich für die Ertragswertmethode **Physisch % Abgeschlossen** für den gesamten Projektplan oder für einen speziellen Vorgang entscheiden, müssen Sie den entsprechenden Wert dafür manuell eingeben. Das zugehörige Feld dafür wird in der Tabelle **Überwachung** angezeigt. Sie können das Feld jedoch auch in jede andere Vorgangstabelle einfügen.

SCHLIESSEN SIE den Projektplan Kurzfilmprojekt 19.

Zusammenfassung

- Die Ertragswertanalyse ist ein leistungsstarkes Verfahren zur Auswertung der bisherigen Projektleistung und zur Vorhersage des weiteren Projektverlaufs.
- Legen Sie bei der Ertragswertanalyse immer zuerst ein Statusdatum fest.
- Microsoft Project verwaltet die Schlüsselwerte für die Ertragswertanalyse in zwei Tabellen (**Ertragswert-Kostenindikatoren** und **Ertragswert-Terminplanindikatoren**).

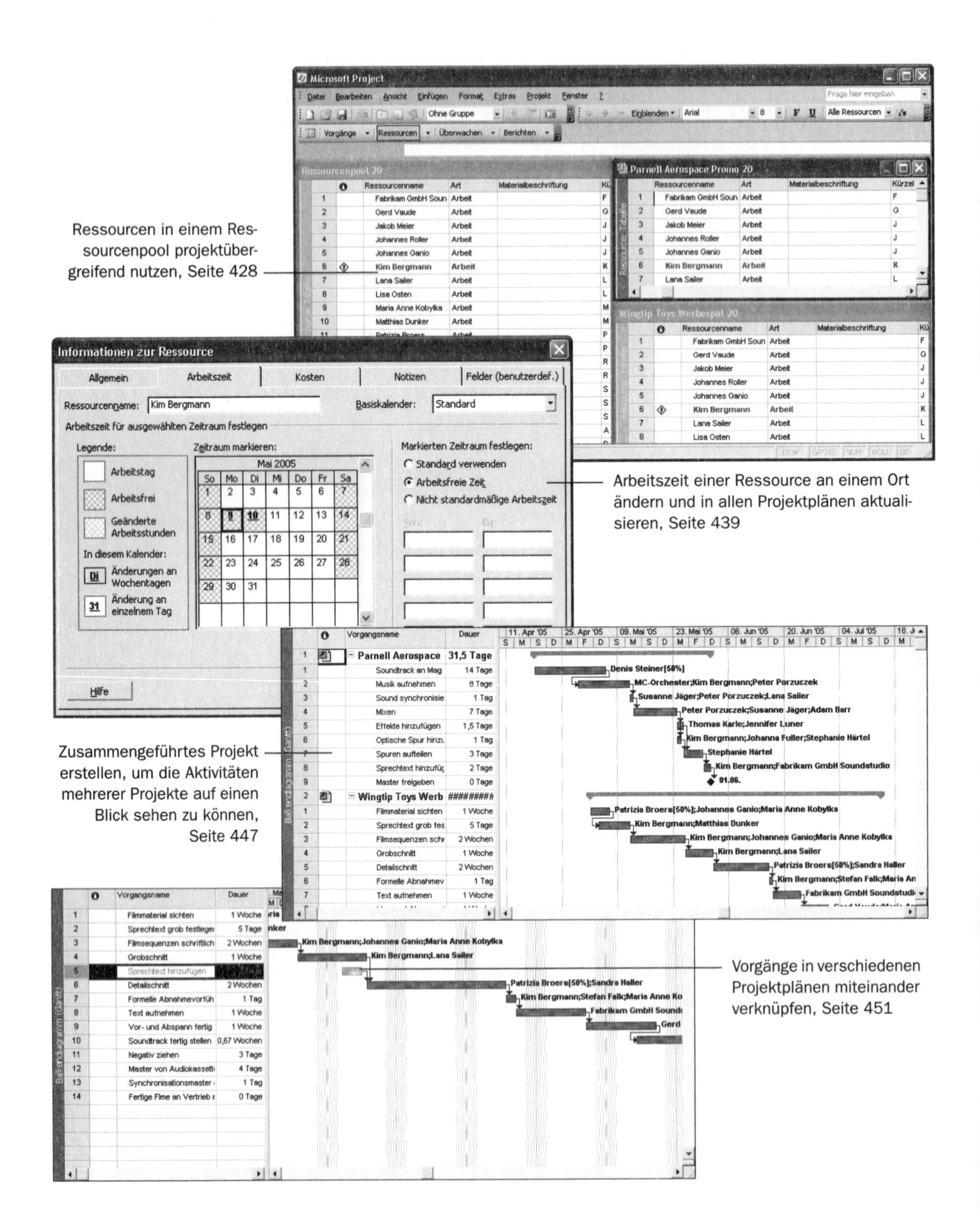

Kapitel 20 auf einen Blick

20 Ressourcen und Projekte zusammenführen

In diesem Kapitel lernen Sie,

- ✔ wie Sie einen Ressourcenpool erstellen, um Ressourcen in mehreren Projekten gleichzeitig nutzen zu können.
- ✔ wie Sie projektübergreifende Ressourcenzuordnungen anzeigen lassen.
- ✔ wie Sie Ressourcenzuordnungen in einer mitbenutzenden Datei ändern und die Auswirkungen im Ressourcenpool anzeigen.
- ✔ wie Sie die Arbeitszeit einer Ressource im Ressourcenpool ändern und die Auswirkungen in den mitbenutzenden Dateien anzeigen.
- ✔ wie Sie einen bestimmten Termin im Ressourcenpool zur arbeitsfreien Zeit machen und die Auswirkungen in den mitbenutzenden Dateien anzeigen.
- ✔ wie Sie eine Projektdatei erstellen und zu einer mitbenutzenden Datei für den Ressourcenpool machen.
- ✔ wie Sie den Ressourcenpool manuell aus einer mitbenutzenden Datei heraus aktualisieren.
- ✔ wie Sie Projektdateien einfügen, um eine zusammengeführte Datei zu erstellen.
- ✔ wie Sie Vorgänge in zwei verschiedenen Projekten miteinander verknüpfen.

Siehe auch Falls Sie nur eine kurze Wiederholung zu den Themen benötigen, die in diesem Kapitel behandelt werden, lesen Sie den Schnellüberblick zu Kapitel 20 am Anfang dieses Buches.

TIPP In diesem Kapitel werden die verschiedenen Möglichkeiten beschrieben, um Ressourcen gemeinsam nutzen und mehrere Projekte gleichzeitig verwalten zu können. Dies wird als Portfoliomanagement oder als Unternehmensmanagement bezeichnet. Microsoft Project Professional bietet im Zusammenhang mit Microsoft Project Server erheblich mehr und leistungsfähigere Funktionen zur Verwaltung eines Projekt- und Ressourcenportfolios.

Die meisten Projektmanager müssen sich mit mehr als nur einem Projekt gleichzeitig beschäftigen. Diese Projekte greifen oft auf gemeinsame Ressourcen zu und werden meistens auch gleichzeitig bearbeitet. Es können außerdem Abhängigkeitsbeziehungen untereinander oder zu Projekten bestehen, die von einem anderen Projektmanager bearbeitet werden.

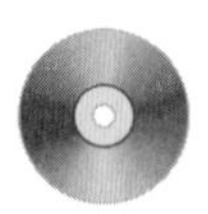

WICHTIG Bevor Sie die Übungsdateien in diesem Kapitel benutzen können, müssen Sie sie von der Begleit-CD in den vorgegebenen Standardordner installieren. Einzelheiten dazu finden Sie im Abschnitt „Die Übungsdateien installieren" am Anfang dieses Buches.

Ressourcenpool erstellen

Bei der Bearbeitung mehrerer Projekte werden *Arbeitsressourcen* (Personen und Ausrüstung) normalerweise mehr als nur einem einzigen Projekt gleichzeitig zugewiesen. Es kann in diesem Fall schwierig sein, die Arbeitszeit der Ressourcen in den verschiedenen Projekten zu koordinieren – insbesondere, wenn diese Projekte von unterschiedlichen Leuten bearbeitet werden. Ein Toningenieur in einem Filmstudio kann zum Beispiel einem TV-Werbespot, einem Promotionsprogramm und einem Dokumentarfilm zugeordnet sein – drei Projekte, die gleichzeitig abgearbeitet werden sollen. In jedem der Projekte kann der Toningenieur *voll ausgelastet* oder auch *nicht ausgelastet* sein. Wenn Sie jedoch all seine Vorgänge in diesen Projekten addieren, werden Sie vielleicht feststellen, dass er *überlastet* ist, das heißt mehr Vorgängen zugeordnet ist, als er gleichzeitig bewältigen kann.

Mit einem *Ressourcenpool* können Sie erkennen, wie die Ressourcen in mehreren Projekten genutzt werden. Der Ressourcenpool ist eine Projektdatei, von der andere Projektdateien ihre Ressourcendaten beziehen können. Sie enthält Daten über die Vorgangszuordnungen aller Ressourcen aus allen Projekten, die mit dem Ressourcenpool verknüpft sind. Sie können die Ressourcendaten wie etwa maximale Einheiten, Kosten oder freie Zeiten im Ressourcenpool ändern, woraufhin alle Projektdateien mit diesen aktualisierten Daten arbeiten.

Die mit dem Ressourcenpool verknüpften Dateien werden *mitbenutzende Dateien* genannt. Am besten stellen Sie sich einen Ressourcenpool so wie in dem in der folgenden Abbildung dargestellten Modell vor.

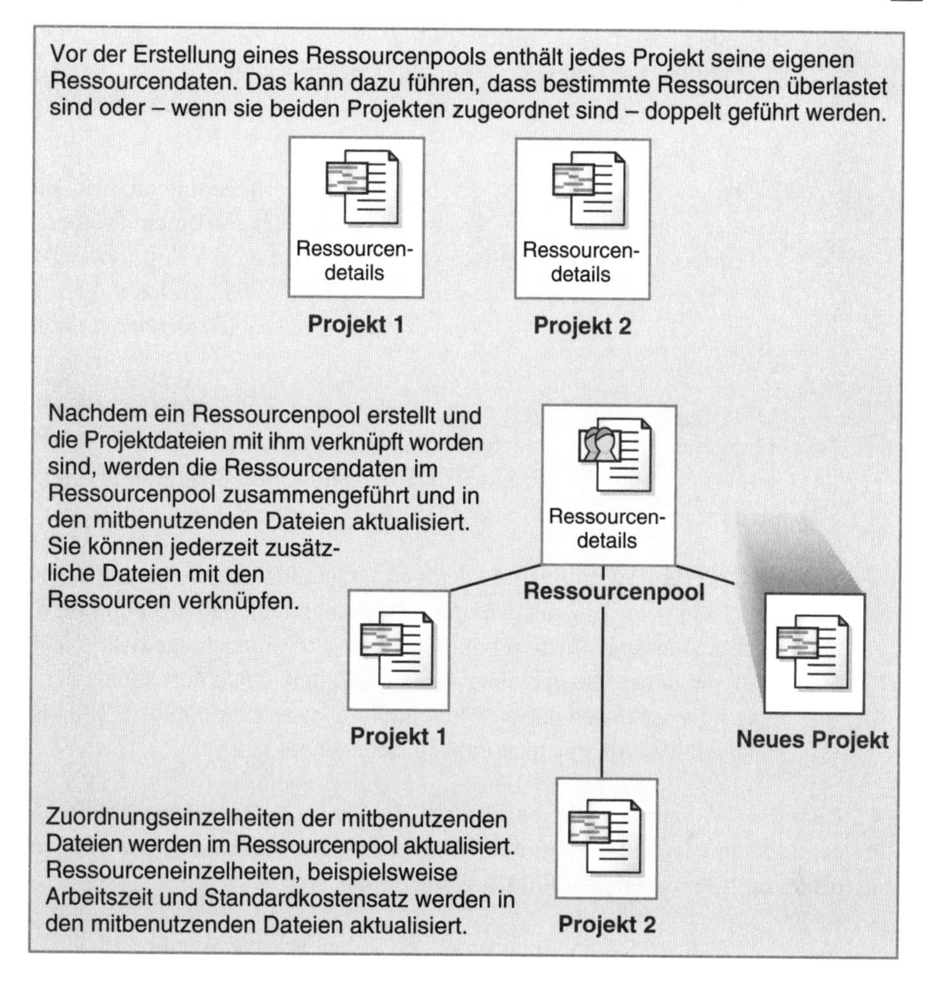

Wenn Sie nur ein einziges Projekt mit Ressourcen verwalten, die nicht von anderen Projekten genutzt werden, bietet Ihnen ein Ressourcenpool keinerlei Vorteile. In komplexen Umgebungen kann Ihnen die Einrichtung eines Ressourcenpools jedoch erhebliche Vorteile bringen:

- Sie können die Ressourcendaten an einer Stelle eingeben, jedoch in mehreren Projektplänen nutzen.
- Sie können die Zuordnungseinzelheiten der Ressourcen von mehreren Projekten an einem zentralen Standort anzeigen.
- Sie können die Zuordnungskosten pro Ressource projektübergreifend anzeigen.
- Sie können Ressourcen finden, die – auf alle Projekte bezogen – überlastet sind, obwohl sie in den jeweiligen Einzelprojekten nicht ausgelastet sind.

- Sie können Ressourcendaten wie etwa arbeitsfreie Zeiten in jeder der mitbenutzenden Dateien oder im Ressourcenpool direkt eingeben. Letzteres bewirkt, dass die Informationen sofort auch in den mitbenutzenden Dateien zur Verfügung stehen.

Ein Ressourcenpool ist besonders nützlich, wenn Sie mit anderen Microsoft Project-Benutzern in einem Netzwerk zusammenarbeiten. In einem solchen Fall ist der Ressourcenpool an einem zentralen Standort, etwa einem Netzwerkserver, gespeichert. Die Besitzer der mitbenutzenden Dateien (die entweder lokal oder auch auf einem Netzwerkserver gespeichert sein können) greifen alle auf den gemeinsamen Ressourcenpool zu.

In der folgenden Übung ordnen Sie die Fenster zweier Projektdateien, die Sie zu mitbenutzenden Dateien machen sollen, auf dem Bildschirm an. Danach erstellen Sie eine Datei als Ressourcenpool und verknüpfen die beiden mitbenutzenden Dateien mit diesem Ressourcenpool.

WICHTIG Wenn Sie mit Microsoft Project Professional arbeiten, müssen Sie unter Umständen eine einmalige Einstellung vornehmen, damit Sie mit dem eigenen Arbeitsplatz-Account und offline arbeiten können. So wird sichergestellt, dass die Übungsdateien, mit denen Sie in diesem Kapitel arbeiten, keine Auswirkungen auf Ihre Microsoft Project Server-Daten haben. Mehr Informationen hierzu finden Sie in Kapitel 1 im Abschnitt „Microsoft Office Project Professional starten".

ÖFFNEN SIE die Datei* Wingtip Toys Werbespot 20b*, die Sie im Ordner* Eigene Dateien\Microsoft Press\Project 2003 Training\20_Zusammenführen *finden. Sie können den Ordner auch über* Start/Alle Programme/Microsoft Press/Project 2003 Training *öffnen.

1. Wählen Sie im Menü **Datei** den Befehl **Speichern unter.**

   Das Dialogfeld **Speichern unter** öffnet sich.

2. Geben Sie im Feld **Dateiname** die Bezeichnung ***Wingtip Toys Werbespot 20*** ein und klicken Sie dann auf **Speichern.**

Öffnen

3. Klicken Sie in der Standardsymbolleiste auf die Schaltfläche **Öffnen.**

4. Doppelklicken Sie auf die Datei *Parnell Aerospace Promo 20a*.

5. Wählen Sie im Menü **Datei** den Befehl **Speichern unter.**

   Das Dialogfeld **Speichern unter** öffnet sich.

6. Geben Sie im Feld **Dateiname** die Bezeichnung ***Parnell Aerospace Promo 20*** ein und klicken Sie dann auf **Speichern.**

   Diese zwei Projektpläne kennen Sie bereits aus Kapitel 18. Sie enthalten beide Ressourcen. Als Nächstes erstellen Sie einen neuen Projektplan, den Sie zum Ressourcenpool machen werden.

Neu

Einblenden/ Ausblenden des Projektberaters

7 Klicken Sie in der Standardsymbolleiste auf die Schaltfläche **Neu**.

8 Klicken Sie auf die Schaltfläche **Einblenden/Ausblenden des Projektberaters.**

Der Projektberater wird ausgeblendet.

9 Wählen Sie im Menü **Datei** den Befehl **Speichern unter.**

10 Wechseln Sie zu dem Ordner, in dem Sie den Projektplan speichern möchten, geben Sie in das Feld **Dateiname** die Bezeichnung ***Ressourcenpool 20*** ein und klicken Sie dann auf die Schaltfläche **Speichern.**

TIPP Sie können dem Ressourcenpool einen beliebigen Namen geben. Sinnvoll ist jedoch ein aussagekräftiger Name, dem der Zweck des Projektplans direkt zu entnehmen ist.

11 Wählen Sie im Menü **Fenster** den Befehl **Alles anordnen.**

Die drei Projektplanfenster werden nun im Microsoft Project-Fenster angeordnet. Sie brauchen die Projektfenster zwar nicht so anzuordnen, um einen Ressourcenpool zu erstellen, es ist jedoch hilfreich, um die Ergebnisse betrachten zu können.

Wechseln Sie nun im Ressourcenpool zur Ansicht **Ressource: Tabelle.**

12 Wählen Sie im Menü **Ansicht** den Befehl **Ressource: Tabelle.**

Ihr Bildschirm sollte nun etwa wie in der folgenden Abbildung aussehen.

Titelleiste

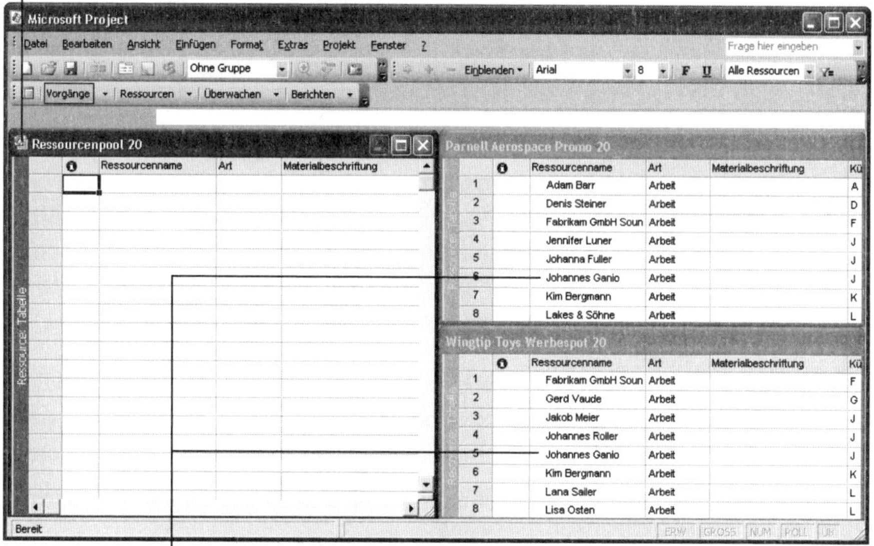

Bevor die Projektpläne mit einem Ressourcenpool verbunden werden, sind einige Ressourcennamen doppelt vorhanden.

Wenn Sie die Ressourcennamen in den beiden Projektplänen *Parnell Aerospace Promo 20* und *Wingtip Toys Werbespot 20* betrachten, sehen Sie, dass einige Ressourcennamen in beiden Projektplänen vorhanden sind, zum Beispiel Fabrikam GmbH Soundstudio, Johannes Ganio und Kim Bergman. Keine dieser Ressourcen ist in einem der Projekte überlastet.

13 Klicken Sie nun auf die Titelleiste des Fensters **Wingtip Toys Werbespot 20**.

14 Öffnen Sie das Menü **Extras**, zeigen Sie auf **Ressourcen gemeinsam nutzen** und klicken Sie dann auf **Gemeinsame Ressourcennutzung**.

Das Dialogfeld **Gemeinsame Ressourcennutzung** wird geöffnet.

15 Wählen Sie unter **Ressourcen für** die Option **Benutze Ressourcen**.

Das Dropdown-Listenfeld **Von** enthält die geöffneten Projektpläne, die als Ressourcenpool verwendet werden können.

16 Klicken Sie in der Dropdownliste **Von** auf den Eintrag **Ressourcenpool 20**.

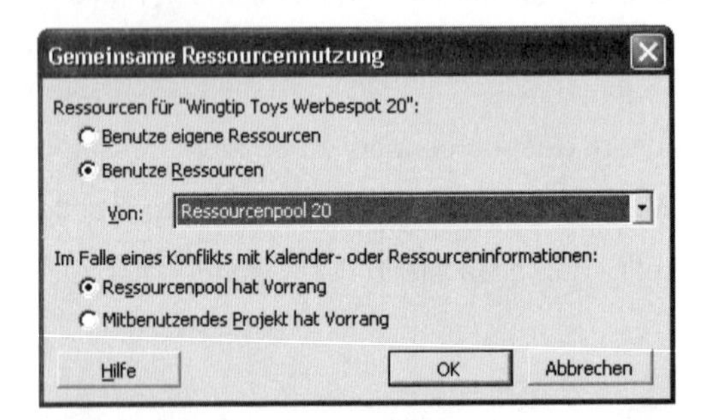

17 Klicken Sie auf **OK**, um das Dialogfeld **Gemeinsame Ressourcennutzung** zu schließen.

TIPP Falls Sie in einem Projektplan keinen Ressourcenpool mehr benutzen wollen, können Sie die Verknüpfung auch wieder aufheben. Öffnen Sie dazu das Menü **Extras**, zeigen Sie auf **Ressourcen gemeinsam nutzen** und klicken Sie dann auf **Gemeinsame Ressourcennutzung**. Wählen Sie anschließend im gleichnamigen Dialogfeld unter **Ressourcen für <Aktuelles Projekt>** die Option **Benutze eigene Ressourcen**.

Die Ressourcendaten aus der Datei *Wingtip Toys Werbespot 20* werden in der Datei *Ressourcenpool 20* angezeigt. Als Nächstes werden Sie die *Parnell*-Projektdatei als mitbenutzende Datei für den gleichen Ressourcenpool einrichten.

18 Klicken Sie auf die Titelleiste des Fensters **Parnell Aerospace Promo 20**.

19 Zeigen Sie im Menü **Extras** auf **Ressourcen gemeinsam nutzen** und klicken Sie dann auf **Gemeinsame Ressourcennutzung**.

20 Klicken Sie im Dialogfeld **Gemeinsame Ressourcennutzung** unter **Ressourcen für** auf die Option **Benutze Ressourcen**.

21 Vergewissern Sie sich, dass in der Dropdownliste **Von** die Option **Ressourcenpool 20** ausgewählt ist.

22 Vergewissern Sie sich, dass unter **Im Falle eines Konflikts mit Kalender- oder Ressourceninformationen** die Option **Ressourcenpool hat Vorrang** gewählt ist.

Diese Option sorgt dafür, dass Microsoft Project die Ressourceninformationen wie zum Beispiel Kostensätze aus dem Ressourcenpool nutzt, falls ein Konflikt zwischen dem aktiven mitbenutzenden Projekt und dem Ressourcenpool besteht.

23 Klicken Sie auf **OK**, um das Dialogfeld **Gemeinsame Ressourcennutzung** zu schließen.

Die Ressourcendaten aus dem Projektplan *Wingtip Toys Werbespot 20* werden nun auch im Ressourcenpool angezeigt. Ihr Bildschirm sollte nun etwa wie in der folgenden Abbildung aussehen.

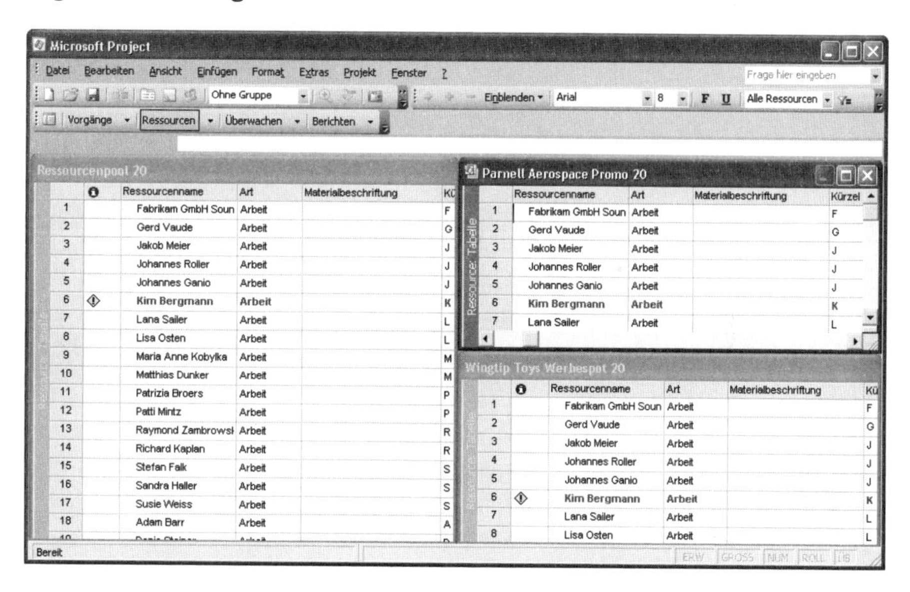

Der Ressourcenpool enthält die Ressourcendaten der beiden mitbenutzenden Dateien. Microsoft Project führt die Daten der mitbenutzenden Dateien auf der Grundlage des jeweiligen Ressourcennamens zusammen. Johannes Ganio wird zum Beispiel immer nur ein Mal im Ressourcenpool aufgeführt – egal, in wie vielen mitbenutzenden Dateien er als Ressource geführt wird. Microsoft Project kann jedoch keine Namensvarianten vergleichen. Wenn in einer mitbenutzenden Datei ein Johannes Ganio und in einer anderen ein J. Ganio aufgeführt wird, werden auch beide in der Ressourcenpooldatei erscheinen. Es empfiehlt sich, eine Namenskonvention zu entwickeln und diese konsequent zu befolgen.

Auch an dieser Stelle müssen Sie die Projektfenster nicht so anordnen, wie Sie es weiter vorn bei der Verknüpfung der mitbenutzenden Dateien mit dem Ressourcenpool getan haben. Es ist in dieser Übung aber hilfreich, wenn die Resultate bestimmter Aktionen sofort kontrolliert werden können.

Einen reservierten Ressourcenpool erstellen

Jede Projektdatei, ob mit oder ohne Vorgänge, kann als Ressourcenpool dienen. Es wird jedoch empfohlen, als Ressourcenpool nur eine Datei ohne eigene Vorgänge zu reservieren. Der Grund: Jedes Projekt mit Vorgängen ist zu irgendeinem Zeitpunkt abgeschlossen. Außerdem werden Sie nicht wollen, dass die Zuordnungen für diese Vorgänge (mit den damit zusammenhängenden Kosten und anderen Details) auf unbegrenzte Zeit im Ressourcenpool enthalten bleiben.

Außerdem erlaubt eine reservierte Ressourcenpooldatei Mitarbeitern wie etwa Gruppenleitern oder Ressourcenmanagern, nur bestimmte Daten über ihre Ressourcen im Ressourcenpool zu verwalten. Diese Leute haben eventuell keine Aufgabe im Gesamtprojektmanagement und müssen deshalb auch keine vorgangsspezifischen Details im Ressourcenpool bearbeiten.

Zuordnungsdetails in einem Ressourcenpool anzeigen

Einer der größten Vorteile von Ressourcenpools liegt darin, dass Sie erkennen können, in welcher Form Ressourcen projektübergreifend eingesetzt werden. Sie können dadurch zum Beispiel Ressourcen herausfinden, die – bezogen auf alle zugeordneten Projekte – überlastet sind.

Hier ein Beispiel: Wie Sie vielleicht im vorigen Abschnitt bemerkt haben, wird die Ressource **Kim Bergmann**, die in keiner der einzelnen Projektdateien überlastet war, als überlastet dargestellt, sobald Microsoft Project alle ihre Zuordnungen in den verschiedenen Projekten zusammenzählt. Warum das? Wenn die Zuordnungen von Kim in den beiden mitbenutzenden Dateien kombiniert werden, überschreiten sie ihre Arbeitskapazität an mindestens einem Tag. Während Kim dieses Problem irgendwann sicher bemerken würde, wüsste der Projektmanager es wahrscheinlich ohne die Einrichtung eines Ressourcenpools (oder durch eine entsprechende Mitteilung von Kim) gar nicht.

In der folgenden Übung schauen Sie sich die Daten im Ressourcenpool einmal etwas näher an.

1 Doppelklicken Sie auf die Titelleiste des Fensters **Ressourcenpool 20**.

Das Fenster **Ressourcenpool** füllt jetzt das ganze Microsoft Project-Fenster aus. Im Ressourcenpool können Sie alle Ressourcen aus den beiden mitbenutzenden Dateien sehen. Um einen besseren Überblick über den Ressourceneinsatz zu bekommen, wechseln Sie jetzt die Ansicht.

2 Wählen Sie im Menü **Ansicht** die Ansicht **Ressource: Einsatz.**

Die Datei wird in der Ansicht **Ressource: Einsatz** dargestellt.

3 Klicken Sie in der Spalte **Ressourcenname auf** Ressource 6, **Kim Bergmann.** Führen Sie anschließend einen Bildlauf nach unten durch, um alle Zuordnungen unter ihrem Namen anzuzeigen.

Gehe zu ausgewähltem Vorgang

4 Klicken Sie in der Standardsymbolleiste auf die Schaltfläche **Gehe zu ausgewähltem Vorgang.**

Die Anzeige für die zeitbezogenen Einzelheiten auf der rechten Seite des Microsoft Project-Fensters wird automatisch verschoben und zeigt jetzt Kim Bergmanns erste Vorgangszuordnung an.

5 Führen Sie im Ausschnitt mit der Zeitskala einen Bildlauf durch, um weitere Zuordnungen in der am 2. Mai beginnenden Woche anzuzeigen.

Die roten Zahlen (zum Beispiel 16 Std. am 4., 5. und 6. Mai) zeigen die Tage an, an denen Kim überlastet ist.

Als Nächstes werden Sie die Ressourcenmaske anzeigen, in der Sie weitere Einzelheiten über Kims Zuordnungen sehen können.

6 Klicken Sie im Menü **Fenster** auf **Teilen.**

Ihr Bildschirm sollte nun etwa so wie in der folgenden Abbildung aussehen.

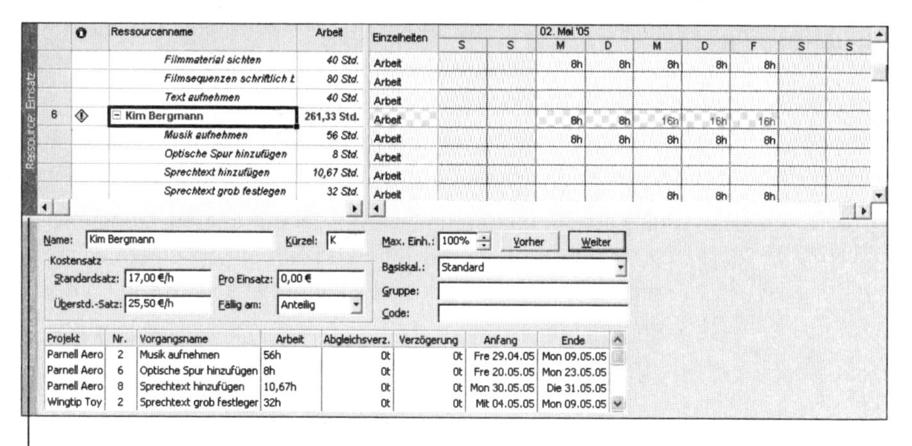

In dieser Ansichtskombination können Sie die zugeordneten Vorgänge einer Ressource und die Details zu einzelnen Zuordnungen sehen.

In dieser Kombinationsansicht können Sie alle Ressourcen und deren Zuordnungen im Ressourcenpool (im oberen Ausschnitt) sowie die zusätzlichen Details aus den mitbenutzenden Dateien (im unteren Ausschnitt) sehen. Sie sehen beispielsweise, dass der Vorgang **Sprechtext grob festlegen**, dem Kim Bergmann zugeordnet ist, aus dem Projektplan *Wingtip Toys Werbespot 20* stammt und der Vorgang **Musik aufnehmen** aus dem Projektplan *Parnell* ***Aerospace Promo 20***. Kim war in keinem der beiden Projekte überlastet. Wenn Sie jedoch die Zuordnungen über beide Projekte hinweg betrachten, stellen Sie fest, dass eine Überlastung vorhanden ist.

Wenn Sie möchten, klicken Sie in der Ansicht **Ressource: Einsatz** auf verschiedene Ressourcennamen, um die Einzelheiten der betreffenden Zuordnungen in der Ressourcenmaske anzuzeigen.

7 Wählen Sie im Menü **Fenster** den Befehl **Teilung aufheben**.

TIPP Die Ansicht **Ressource: Maske** ist nur eine Möglichkeit, um die Zuordnungsdetails mitbenutzender Dateien zu betrachten. Sie können auch die Spalte **Projekt** oder die Spalte **Sammelvorgangsname** zum Tabellenteil der Ansicht **Ressource: Einsatz** hinzufügen. (Wählen Sie dazu im Menü **Einfügen** den Befehl **Spalte**.)

Zuordnungen in einer mitbenutzenden Datei aktualisieren

Wie Sie bereits erfahren haben, ist eine Zuordnung die Verbindung zwischen Ressource und Vorgang. Da die Zuordnungsdetails einer Ressource aus mitbenutzenden Dateien stammen, aktualisiert Microsoft Project die Zuordnungsdetails im Ressourcenpool, sobald Sie sie in der mitbenutzenden Datei geändert haben.

In der folgenden Übung ändern Sie die Ressourcenzuordnungen in einer mitbenutzenden Datei und schauen sich danach an, wie diese Änderungen im Ressourcenpool wiedergegeben werden.

1 Führen Sie in der Ansicht **Ressource: Einsatz** einen Bildlauf nach unten zu Ressource 20, **Jennifer Luner**, durch. Klicken Sie anschließend auf diesen Namen.

Sie sehen, dass Jennifer in keiner der mitbenutzenden Dateien einem Vorgang zugeordnet ist. Als Nächstes ordnen Sie sie einem Vorgang in einer der mitbenutzenden Dateien zu. Das Resultat ist anschließend im Ressourcenpool zu sehen.

2 Klicken Sie im Menü **Fenster** auf **Parnell Aerospace Promo 20**.

3 Wählen Sie im Menü **Ansicht** den Befehl **Balkendiagramm (Gantt)**.

Ressourcen zuordnen

4 Klicken Sie in der Standardsymbolleiste auf die Schaltfläche **Ressourcen zuordnen**.

5 Klicken Sie in der Spalte **Vorgangsname** auf Vorgang 5, **Effekte hinzufügen**.

6 Klicken Sie im Dialogfeld **Ressourcen zuordnen** auf den Ressourcennamen **Jennifer Luner** und dann auf **Zuordnen**.

7 Klicken Sie auf **Schließen**, um das Dialogfeld **Ressourcen zuordnen** wieder zu schließen.

8 Klicken Sie im Menü **Fenster** auf **Ressourcenpool 20**, um zum Ressourcenpool zurückzukehren.

Gehe zu ausgewähltem Vorgang

9 Klicken Sie in der Standardsymbolleiste auf die Schaltfläche **Gehe zu ausgewähltem Vorgang**.

Ihr Bildschirm sollte nun etwa wie in der folgenden Abbildung aussehen.

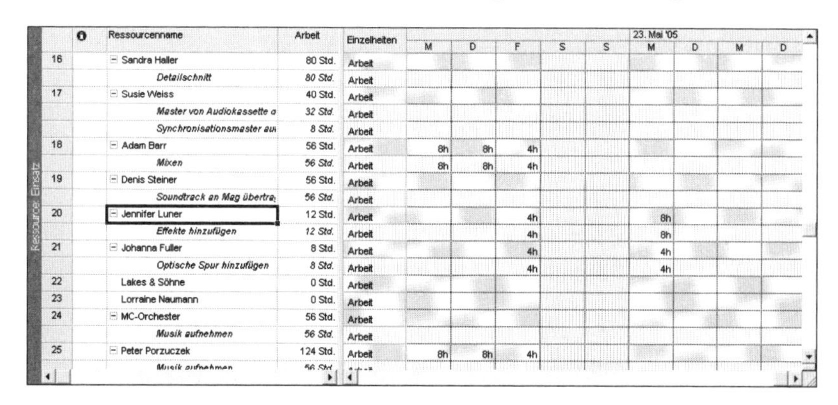

Wie zu erwarten, wird Jennifer Luners neue Vorgangszuordnung im Ressourcenpool angezeigt.

Wenn der Ressourcenpool in Microsoft Project geöffnet ist, werden alle Änderungen, die Sie an den Ressourcenzuordnungen oder in einer mitbenutzenden Datei vornehmen, sofort in allen anderen geöffneten mitbenutzenden Dateien und dem Ressourcenpool angezeigt. Sie brauchen nicht zwischen dem Ressourcenpool und den mitbenutzenden Dateien zu wechseln, um sicherzugehen, dass die Ressourcenzuordnungen aktualisiert wurden.

Ressourcendaten im Ressourcenpool aktualisieren

Ein weiterer wichtiger Vorteil von Ressourcenpools besteht darin, dass Sie damit eine zentrale Stelle zur Eingabe von Ressourcendetails wie etwa Kostensätzen oder Arbeitszeiten haben. Wenn die Daten einer Ressource im Ressourcenpool aktualisiert werden, stehen diese Daten auch in allen mitbenutzenden Dateien zur Verfügung. Das ist besonders in Unternehmen mit einer großen Anzahl Ressourcen, die alle an mehreren Projekten arbeiten, nützlich. In größeren Unternehmen sind die Mitarbeiter bestimmter Abteilungen, beispielsweise der Personalabteilung, dafür zuständig, bestimmte Ressourcendaten stets auf dem Laufenden zu halten.

Kim Bergmann hat Ihnen mitgeteilt, dass sie am 9. und 10. Mai nicht verfügbar sein wird. In der folgenden Übung aktualisieren Sie die Arbeitszeit einer Ressource im Ressourcenpool und zeigen danach die Änderungen in den mitbenutzenden Dateien an.

Informationen zur Ressource

1 Klicken Sie in der Spalte **Ressourcenname** auf Ressource 6, **Kim Bergmann**.

2 Klicken Sie in der Standardsymbolleiste auf die Schaltfläche **Informationen zur Ressource**.

Das gleichnamige Dialogfeld öffnet sich.

3 Aktivieren Sie die Registerkarte **Arbeitszeit**.

4 Blättern Sie im Kalender im Bereich **Zeitraum markieren** mittels der vertikalen Bildlaufleiste, bis der Monat Mai 2005 angezeigt wird.

5 Markieren Sie den 9. und den 10. Mai.

TIPP Um diesen Datumsbereich mit der Maus zu markieren, ziehen Sie einfach mit gedrückter Maustaste über den 9. und 10. Mai.

6 Wählen Sie im Bereich **Markierten Zeitraum festlegen** das Optionsfeld **Arbeitsfreie Zeit** und klicken Sie anschließend auf **OK**, um das Dialogfeld **Informationen zur Ressource** zu schließen.

TIPP Wenn Sie derartige Änderungen am Ressourcenpool vornehmen, sollten Sie die Datei nicht im schreibgeschützten Modus geöffnet haben. Wenn Sie einen Ressourcenpool öffnen, fragt Microsoft Project, ob Sie die Datei schreibgeschützt (Standard) oder mit Lese-/Schreibzugriff öffnen wollen.

7 Führen Sie in der Zeitskala einen Bildlauf durch, bis Sie sehen können, dass Kim Bergman am 9. und 10. Mai keinem Vorgang zugeordnet ist.

Ihr Bildschirm sollte in etwa so wie in der folgenden Abbildung aussehen.

Ressource: Einsatz

	Ressourcenname	Arbeit	Einzelheiten		09. Mai '05							16. Mai '0
				S	M	D	M	D	F	S	S	M
	Nicht zugeordnet	0 Std.	Arbeit									
	Master freigeben	*0 Std.*	Arbeit									
	Fertige Fime an Vertrieb au	*0 Std.*	Arbeit									
1	Fabrikam GmbH Soundstudio	50,67 Std.	Arbeit									
	Sprechtext hinzufügen	*10,67 Std.*	Arbeit									
	Text aufnehmen	*40 Std.*	Arbeit									
2	Gerd Vaude	40 Std.	Arbeit									
	Vor- und Abspann fertig ste	*40 Std.*	Arbeit									
3	Jakob Meier	0 Std.	Arbeit									
4	Johannes Roller	26,67 Std.	Arbeit									
	Soundtrack fertig stellen	*26,67 Std.*	Arbeit									
5	Johannes Ganio	160 Std.	Arbeit					8h	8h			8h
	Filmmaterial sichten	*40 Std.*	Arbeit									
	Filmsequenzen schriftlich t	*80 Std.*	Arbeit					8h	8h			8h
	Text aufnehmen	*40 Std.*	Arbeit									
6	Kim Bergmann	261,33 Std.	Arbeit				16h	8h	8h			8h
	Musik aufnehmen	*56 Std.*	Arbeit				8h					
	Optische Spur hinzufügen	*8 Std.*	Arbeit									
	Sprechtext hinzufügen	*10,67 Std.*										

Am 9. und 10. Mai muss Kim Bergmann nicht arbeiten.

Um zu überprüfen, ob Kims arbeitsfreie Zeit in die mitbenutzenden Dateien übernommen wurde, schauen Sie sich ihre Arbeitszeit in einer dieser Dateien an.

8 Wählen Sie im Menü **Fenster** die Option **Parnell Aerospace Promo 20.**

Ressourcen zuordnen

9 Klicken Sie in der Standardsymbolleiste auf die Schaltfläche **Ressourcen zuordnen.**

10 Doppelklicken Sie im Dialogfeld **Ressourcen zuordnen** auf **Kim Bergmann.**

Das Dialogfeld **Informationen zur Ressource** öffnet sich.

11 Aktivieren Sie die Registerkarte **Arbeitszeit.**

12 Ziehen Sie die Bildlaufleiste des Kalenders unter **Zeitraum markieren** so, dass der Monat Mai 2005 angezeigt wird.

Der 9. und der 10. Mai sind als arbeitsfreie Zeit eingetragen. Die Änderungen im Ressourcenpool wurden also in die mitbenutzende Datei übertragen.

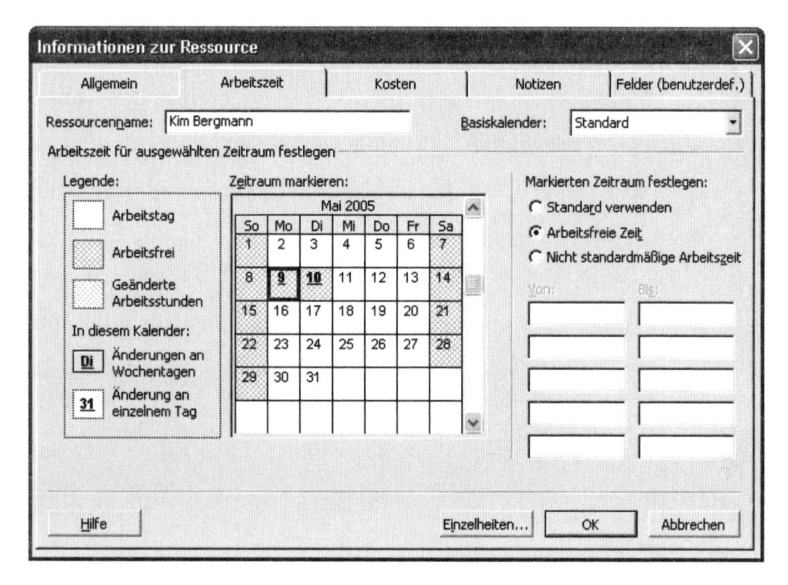

13 Klicken Sie auf die Schaltfläche **Abbrechen**, um das Dialogfeld **Informationen zur Ressource** zu schließen, und dann auf die Schaltfläche **Schließen**, um das Dialogfeld **Ressourcen zuordnen** ebenfalls zu schließen.

Arbeitszeiten aller Projekte im Ressourcenpool aktualisieren

In der vorhergehenden Übung haben Sie die Arbeitszeit einer einzigen Ressource im Ressourcenpool geändert. Sie haben festgestellt, dass die Änderungen in die mitbenutzenden Dateien übernommen wurden. Als weiteren Vorteil von Ressourcenpools bietet Microsoft Project die Möglichkeit, Arbeitszeiten für einen Basiskalender zu ändern und diese Änderungen auf alle mitbenutzenden Dateien zu übertragen, die ebenfalls mit diesem Basiskalender arbeiten. Wenn Sie im Ressourcenpool beispielsweise festlegen, dass bestimmte Tage (zum Beispiel Feiertage) arbeitsfrei sein sollen, wird diese Änderung in allen mitbenutzenden Dateien übernommen.

TIPP Alle mitbenutzenden Dateien arbeiten mit dem gleichen Basiskalender. Alle Änderungen, die Sie am Basiskalender einer mitbenutzenden Datei vornehmen, werden an alle anderen innerhalb des Ressourcenpools weitergegeben. Falls Sie eine bestimmte mitbenutzende Datei haben, für die Sie andere Arbeitszeiten verwenden möchten, müssen Sie für die betreffende Datei einen anderen Kalender verwenden.

In der folgenden Übung legen Sie im Ressourcenpool die arbeitsfreien Zeiten fest und überprüfen danach, ob diese Änderungen von allen mitbenutzenden Dateien übernommen worden sind.

1 Wählen Sie im Menü **Fenster** die Option **Ressourcenpool 20**.

   Die ganze Firma soll am 9. Mai ein lokales Filmfestival besuchen. Sie wollen diesen Tag als arbeitsfreie Zeit für alle mitbenutzenden Projekte festlegen.

2 Klicken Sie im Menü **Extras** auf **Arbeitszeit ändern**.

3 Klicken Sie im Feld **Für** auf den Eintrag **Standard (Projektkalender)**.

4 Ziehen Sie die vertikale Bildlaufleiste im Kalender unter **Zeitraum markieren** so, dass der Monat Mai 2005 angezeigt wird, und klicken Sie dann auf den 9. Mai.

5 Aktivieren Sie unter **Markierten Zeitraum festlegen** die Option **Arbeitsfreie Zeit**.

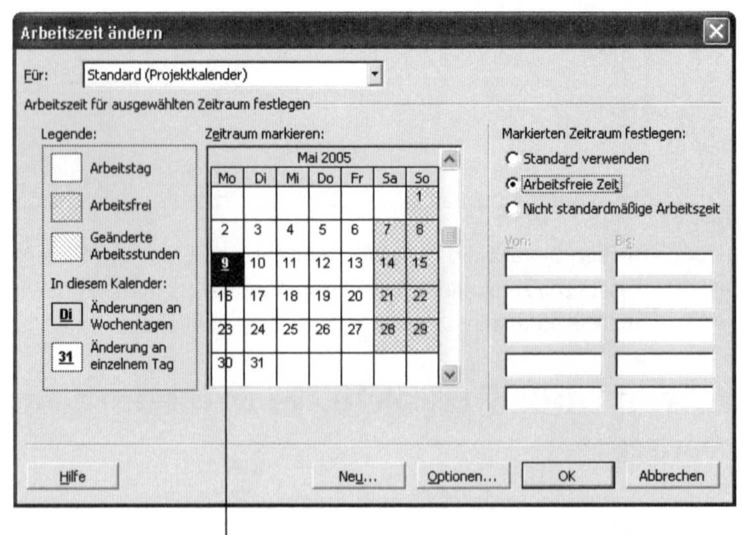

Der 9. Mai ist als arbeitsfreier Tag gekennzeichnet.

6 Klicken Sie auf **OK**, um das Dialogfeld **Arbeitszeit ändern** zu schließen.

Um zu überprüfen, dass die am Standardbasiskalender des Ressourcenpools vorgenommenen Änderungen auch in den mitbenutzenden Dateien wiedergegeben werden, schauen Sie sich die Arbeitszeit in einer dieser Dateien an.

7 Wählen Sie im Menü **Fenster** die Option **Wingtip Toys Werbespot 20**.

8 Klicken Sie im Menü **Extras** auf **Arbeitszeit ändern**.

Das gleichnamige Dialogfeld öffnet sich.

9 Wählen Sie in der Dropdownliste **Für** den Eintrag **Standard** (**Projektkalender**).

10 Ziehen Sie die vertikale Bildlaufleiste im Bereich **Zeitraum markieren** so, dass der Monat Mai 2005 zu sehen ist.

Der 9. Mai ist als arbeitsfreie Zeit gekennzeichnet. Alle Projektpläne, die mitbenutzende Dateien eines Ressourcenpools sind, enthalten diese Änderung im Standardbasiskalender.

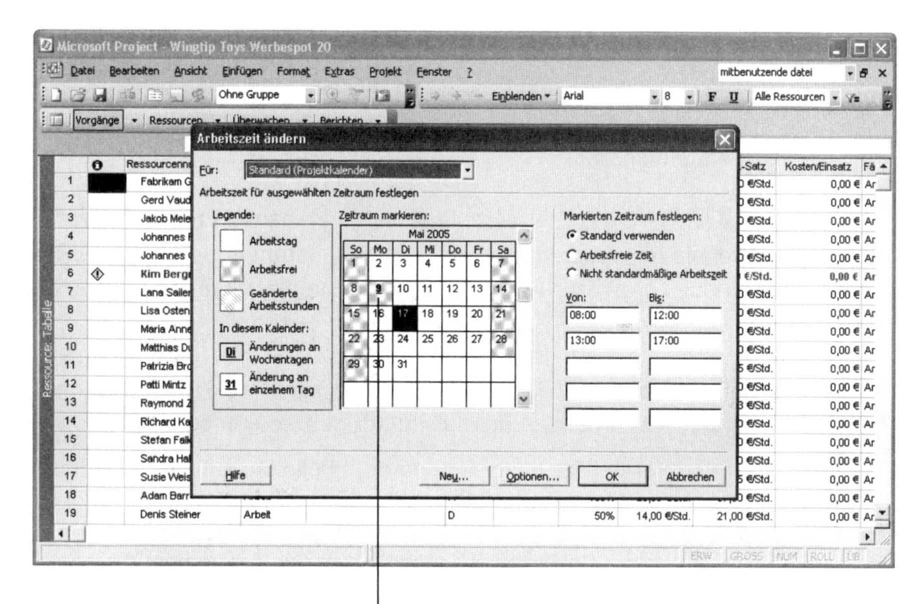

In allen mitbenutzenden Dateien ist der 9. Mai als arbeitsfreier Tag gekennzeichnet.

11 Klicken Sie auf die Schaltfläche **Abbrechen**, um das Dialogfeld **Arbeitszeit ändern** zu schließen.

Wenn Sie wollen, können Sie nun noch zum Projektplan *Parnell Aerospace Promo 20* wechseln und sich vergewissern, dass der 9. Mai für das Projekt als arbeitsfreie Zeit eingetragen ist.

12 Speichern Sie alle Änderungen an den geöffneten Projektplänen und dem Ressourcenpool und schließen Sie die Dateien dann.

WICHTIG Bei der Arbeit mit mitbenutzenden Dateien und einem Ressourcenpool müssen Sie daran denken, dass Sie zuerst den Ressourcenpool öffnen müssen, wenn die Änderungen, die am Ressourcenpool vorgenommen werden, in den mitbenutzenden Dateien berücksichtigt werden sollen. Ändern Sie beispielsweise die Arbeitszeit für den Projektkalender im Ressourcenpool und speichern und schließen Sie ihn, werden die Änderungen nicht in der mitbenutzenden Datei berücksichtigt, wenn Sie diese öffnen, ohne auch den Ressourcenpool zu öffnen.

Neue Projektdateien mit einem Ressourcenpool verknüpfen

Sie können eine Projektdatei jederzeit zu einer mitbenutzenden Datei eines Ressourcenpools machen, zum Beispiel dann, wenn Sie Vorgänge eingeben, wenn Sie Vorgängen Ressourcen zuweisen und selbst nach Beginn der eigentlichen Projektarbeit. Wenn Sie einen Ressourcenpool eingerichtet haben, werden Sie es bestimmt hilfreich finden, nicht nur bereits begonnene Projekte, sondern auch alle neuen Projekte zu mitbenutzenden Dateien zu machen. Auf diese Weise gewöhnen Sie sich daran, sich an den Ressourcenpool zu halten, wenn Sie Informationen über die Ressourcen benötigen.

TIPP Ein großer Vorteil davon, einen neuen Projektplan zur mitbenutzenden Datei eines Ressourcenpools zu machen, besteht darin, dass die Ressourceninformationen direkt zur Verfügung stehen. Sie brauchen die Ressourcendaten nicht erneut einzugeben.

In der folgenden Übung erstellen Sie eine Projektdatei und machen sie anschließend zu einer mitbenutzenden Datei für den Ressourcenpool.

Öffnen

1 Klicken Sie in der Standardsymbolleiste auf die Schaltfläche **Öffnen**.

   Das Dialogfeld **Öffnen** wird eingeblendet.

2 Wechseln Sie zum Übungsordner *20_Zusammenführen* und doppelklicken Sie dort auf die Datei *Ressourcenpool 20*.

   Microsoft Project fordert Sie auf, anzugeben, wie der Ressourcenpool geöffnet werden soll.

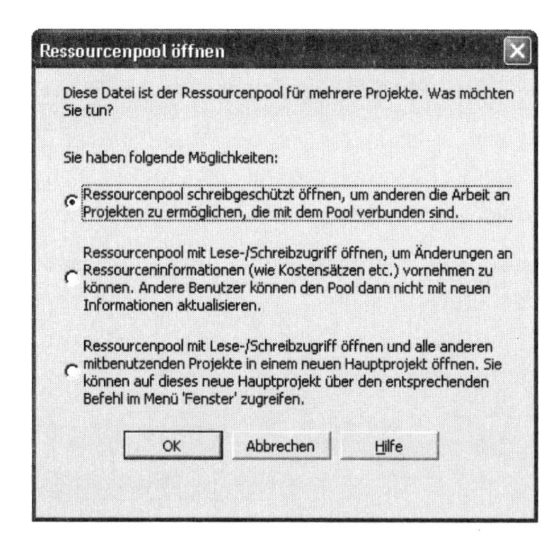

WICHTIG Die Standardoption ist die Option **Ressourcenpool schreibgeschützt öffnen**. Diese Option ist sinnvoll, wenn auf den Ressourcenpool von Ihnen und anderen Benutzern über ein Netzwerk zugegriffen wird. Speichern Sie den Ressourcenpool jedoch lokal, sollten Sie ihn mit Lese-/Schreibzugriff öffnen. Um mehr darüber zu erfahren, wie ein Ressourcenpool geöffnet werden kann, klicken Sie im Dialogfeld **Ressourcenpool öffnen** auf die Schaltfläche **Hilfe**.

3 Wählen Sie die zweite Option und klicken Sie dann auf **OK**.

4 Wählen Sie im Menü **Ansicht** den Befehl **Ressource: Tabelle**.

Die Ansicht **Ressource: Tabelle** wird aktiviert.

Neu

5 Klicken Sie in der Standardsymbolleiste auf die Schaltfläche **Neu**.

Einblenden/ Ausblenden des Projektberaters

6 Klicken Sie auf die Schaltfläche **Einblenden/Ausblenden des Projektberaters**.

Der Projektberater wird ausgeblendet.

7 Wählen Sie im Menü **Datei** den Befehl **Speichern unter**.

Das Dialogfeld **Speichern unter** öffnet sich.

8 Wechseln Sie zu dem Ordner, in dem die Projektdatei gespeichert werden soll, geben Sie in das Feld **Dateiname** die Bezeichnung ***Hanson-Brüder Projekt 20*** ein und klicken Sie dann auf die Schaltfläche **Speichern**.

Ressourcen zuordnen

9 Klicken Sie in der Standardsymbolleiste auf die Schaltfläche **Ressourcen zuordnen**.

Das gleichnamige Dialogfeld öffnet sich. Es ist zunächst leer, weil Sie noch keine Ressourcendaten in diesen Projektplan eingegeben haben.

10 Öffnen Sie das Menü **Extras**, zeigen Sie auf den Befehl **Ressourcen gemeinsam nutzen** und klicken Sie dann auf den Befehl **Gemeinsame Ressourcennutzung**.

Das gleichnamige Dialogfeld öffnet sich.

11 Wählen Sie unter **Ressourcen für** die Option **Benutze Ressourcen.**

12 Vergewissern Sie sich, dass in der Dropdownliste **Von** der Eintrag **Ressourcenpool 20** aktiviert ist, und klicken Sie dann auf **OK**, um das Dialogfeld **Gemeinsame Ressourcennutzung** zu schließen.

Im Dialogfeld **Ressourcen zuordnen** werden nun alle Ressourcen aus dem Ressourcenpool aufgelistet.

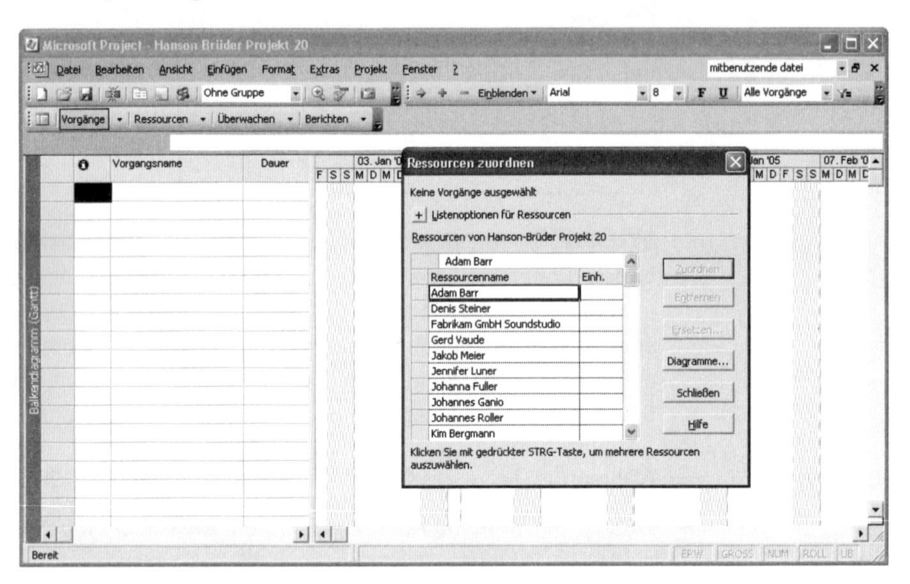

Nun können Sie diese Ressourcen den Vorgängen im Projekt zuordnen.

13 Klicken Sie im Dialogfeld **Ressourcen zuordnen** auf die Schaltfläche **Schließen.**

14 Wählen Sie im Menü **Datei** den Befehl **Schließen** und klicken Sie dann auf **Ja**, wenn Sie gefragt werden, ob Sie die Änderungen speichern wollen.

Der Projektplan schließt sich nun und es ist nur noch der Projektplan *Ressourcenpool 20* geöffnet.

15 Wählen Sie im Menü **Datei** den Befehl **Schließen** und klicken Sie dann auf **Ja**, um die Änderungen zu speichern.

Sie müssen die Änderungen, die Sie am Ressourcenpool vorgenommen haben, speichern, weil die Namen und Speicherorte der mitbenutzenden Dateien dabei aufgezeichnet werden.

Mitbenutzende Datei öffnen und Ressourcenpool aktualisieren

Wenn Sie einen Ressourcenpool mit anderen Microsoft Project-Benutzern in einem Netzwerk gemeinsam nutzen, hindert derjenige, der den Ressourcenpool mit Lese-/ Schreibzugriff geöffnet hat, alle anderen daran, Ressourcendaten wie etwa Standardkostensätze zu aktualisieren. Aus diesem Grund empfiehlt es sich, einen Ressourcenpool immer als schreibgeschützte Datei zu öffnen und den Befehl **Ressourcenpool aktualisieren** nur dann zu verwenden, wenn der Ressourcenpool auch wirklich aktualisiert werden muss. Dieser Befehl, den Sie im Untermenü zum Befehl **Ressourcen gemeinsam nutzen** im Menü **Extras** finden, aktualisiert den Ressourcenpool mit neuen Zuordnungsdaten. Nachdem das erledigt ist, kann jeder andere Benutzer, der die Ressourcenpooldatei öffnet, die neuesten Zuordnungsdaten sehen.

In diesem Kapitel arbeiten Sie mit einem lokalen Ressourcenpool und lokalen mitbenutzenden Dateien. Wenn Sie vorhaben, einen Ressourcenpool in einem Netzwerk zu verwenden, sollten Sie wissen, wie eine Aktualisierung abläuft. Die folgende Übung demonstriert diesen Vorgang.

In der folgenden Übung ändern Sie die Zuordnungen in einer mitbenutzenden Datei und aktualisieren den Ressourcenpool anschließend manuell.

Öffnen

1. Klicken Sie in der Standardsymbolleiste auf die Schaltfläche **Öffnen**.

   Das gleichnamige Dialogfeld wird eingeblendet.

2. Wechseln Sie zum Übungsordner *20_Zusammenführen* und doppelklicken Sie dort auf die Datei *Parnell Aerospace Promo 20*.

   Weil dieser Projektplan eine mitbenutzende Datei ist, die mit einem Ressourcenpool verknüpft ist, präsentiert Microsoft Project Ihnen die in der folgenden Abbildung gezeigten Optionen.

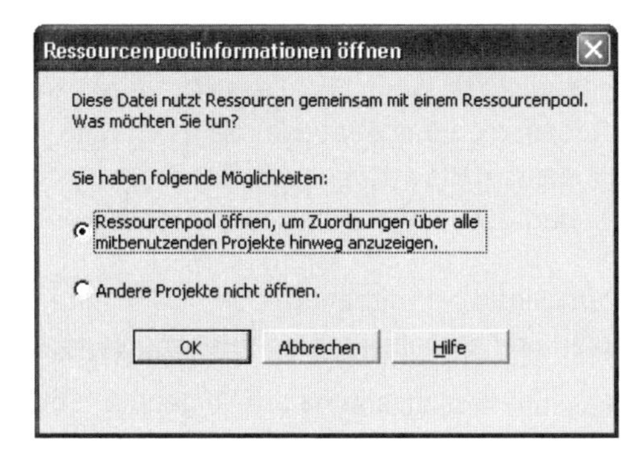

3. Wählen Sie die Option **Ressourcenpool öffnen, um Zuordnungen über alle mitbenutzenden Projekte hinweg anzuzeigen** und klicken Sie dann auf **OK**.

Wenn Sie die zweite Option, **Andere Projekte nicht öffnen**, wählen, können Sie die Zuordnungen nur in der mitbenutzenden Datei sehen.

Der Ressourcenpool wird als schreibgeschützte Datei im Hintergrund geöffnet. (Falls Sie dies überprüfen wollen, betrachten Sie die Befehle im Menü **Fenster.**) Als Nächstes verändern Sie einige Zuordnungen in der Datei.

Ressourcen zuordnen

4 Klicken Sie in der Standardsymbolleiste auf die Schaltfläche **Ressourcen zuordnen.**

Das gleichnamige Dialogfeld öffnet sich.

5 Klicken Sie in der Spalte **Vorgangsname** auf Vorgang 6, **Optische Spur hinzufügen.**

6 Klicken Sie im Dialogfeld **Ressourcen zuordnen** in der Spalte **Ressourcenname** auf den Eintrag **Stephanie Härtel** und dann auf die Schaltfläche **Zuordnen.**

7 Klicken Sie in der Spalte **Vorgangsname** auf Vorgang 8, **Sprechtext hinzufügen.**

8 Klicken Sie in der Spalte **Ressourcenname** des Dialogfelds **Ressourcen zuordnen** auf die Ressource **Susanne Jäger**, die Sie am Anfang der Ressourcenliste finden, und klicken Sie dann auf die Schaltfläche **Entfernen.**

Sie haben nun zwei Zuordnungsänderungen am Projektplan vorgenommen. Weil der Ressourcenpool schreibgeschützt geöffnet ist, werden die Änderungen dort nicht gespeichert. Als Nächstes aktualisieren Sie deshalb den Ressourcenpool.

9 Öffnen Sie das Menü **Extras**, zeigen Sie auf **Ressourcen gemeinsam nutzen** und klicken Sie dann auf **Ressourcenpool aktualisieren.**

Microsoft Project aktualisiert die Zuordnungsinformationen im Ressourcenpool. Jeder, der den Ressourcenpool öffnet oder aktualisiert, sieht die geänderten Zuordnungsinformationen.

TIPP Im Ressourcenpool werden nur die geänderten Zuordnungsinformationen gespeichert. Alle anderen Änderungen, die Sie an Ressourcen vornehmen, wie zum Beispiel die maximale Einheit, werden bei der Aktualisierung nicht im Ressourcenpool gespeichert. Wenn Sie diese Ressourcendetails ändern wollen, müssen Sie den Ressourcenpool mit Lese-/Schreibzugriff öffnen. Danach können Sie die Ressourcendetails entweder im Ressourcenpool oder in der mitbenutzenden Datei ändern. Die anderen Projektpläne werden aktualisiert.

Als Nächstes ändern Sie in der mitbenutzenden Datei eine Zuordnung, schließen dann den Projektplan und aktualisieren den Ressourcenpool.

10 Klicken Sie in der Spalte **Vorgangsname** auf Vorgang 3, **Sound synchronisieren.**

11 Klicken Sie in der Spalte **Ressourcenname** des Dialogfelds **Ressourcen zuordnen** auf **Lana Sailer** und anschließend auf die Schaltfläche **Zuordnen.**

12 Schließen Sie das Dialogfeld **Ressourcen zuordnen**, indem Sie auf die Schaltfläche **Schließen** klicken.

13 Wählen Sie im Menü **Datei** den Befehl **Schließen**.

14 Wenn Sie gefragt werden, ob Sie die Änderungen speichern wollen, klicken Sie auf **Ja**.

Microsoft Project erkennt, dass die letzten Änderungen nicht im Ressourcenplan gespeichert werden, weil dieser nur schreibgeschützt geöffnet war.

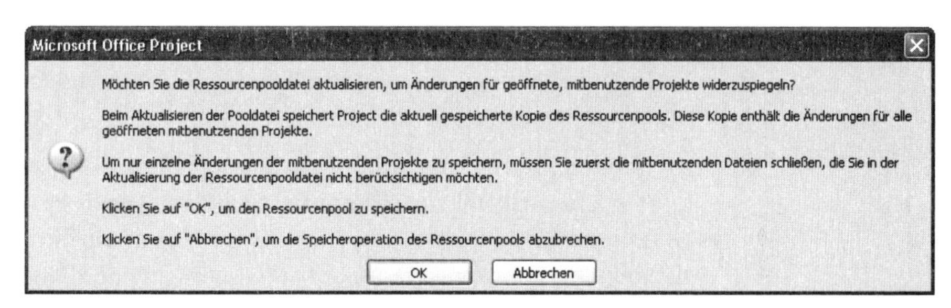

15 Klicken Sie auf **OK**.

Microsoft Project aktualisiert die Zuordnungsdaten. Der Ressourcenpool bleibt weiterhin schreibgeschützt geöffnet.

16 Wählen Sie im Menü **Datei** den Befehl **Schließen**.

Weil der Ressourcenpool schreibgeschützt geöffnet war, wird er nun ohne weitere Rückfragen, ob Änderungen gespeichert werden sollen, geschlossen.

ACHTUNG Wenn eine mitbenutzende Datei gelöscht wird, werden die Zuordnungsinformationen trotzdem weiterhin im Ressourcenpool gespeichert. Um diese aus dem Ressourcenpool zu löschen, müssen Sie die Verknüpfung zur mitnutzenden Datei entfernen. Öffnen Sie dazu den Ressourcenpool schreibgeschützt. Wählen Sie dann im Menü **Extras** den Befehl **Ressourcen gemeinsam nutzen** und klicken Sie auf **Gemeinsame Ressourcennutzung**. Markieren Sie die inzwischen gelöschte mitbenutzende Datei und klicken Sie dann auf die Schaltfläche **Verknüpfung aufheben**.

Mit zusammengeführten Projekten arbeiten

Bei umfangreicheren Projekten kommt es häufig vor, dass mehrere Leute zu verschiedenen Zeiten an verschiedenen Orten und unter verschiedenen Vorgesetzten an unterschiedlichen Vorgängen arbeiten. Mithilfe eines Ressourcenpools lassen sich zwar Ressourcendetails projektübergreifend verwalten, aber er kann Ihnen nicht die Möglichkeiten bieten, die Sie zur Steuerung von Vorgängen und Beziehungen zwischen unterschiedlichen Projekten brauchen.

Eine gute Möglichkeit, verstreute Projektdaten zusammenzuziehen, bietet die Arbeit mit einem *zusammengeführten Projekt.* Dabei handelt es sich um eine Projektdatei, die andere Projektdateien enthält – die so genannten *eingefügten Projekte.* Die eingefügten Projekte sind nicht im zusammengeführten Projekt enthalten, sondern sind so mit ihm verknüpft, dass sie in ihm angezeigt und bearbeitet werden können. Falls ein eingefügtes Projekt außerhalb des zusammengeführten Projekts bearbeitet wird, werden die aktualisierten Daten im zusammengeführten Projekt angezeigt, wenn dieses das nächste Mal geöffnet wird.

Die Arbeit mit zusammengeführten Projekten bietet Ihnen folgende Möglichkeiten:

- Sie können alle Vorgänge der Projekte Ihres Unternehmens in einer einzigen Ansicht darstellen.
- Sie können Projektdaten an höhere Managementebenen weitergeben. So könnte zum Beispiel ein Teamprojekt ein eingefügtes Projekt des zusammengeführten Abteilungsprojekts sein, das seinerseits ein eingefügtes Projekt des zusammengeführten Organisationsprojekts sein kann.
- Sie können die Projektdaten so aufteilen, wie es Ihrem Projekt entspricht, zum Beispiel nach Phasen, Komponenten oder Orten. Anschließend können Sie die Daten wieder in das zusammengeführte Projekt einfügen, um einen umfassenden Überblick zu erhalten.
- Sie können alle Daten zum Projekt an einer Stelle betrachten und die Daten filtern, sortieren und gruppieren.

Zusammengeführte Projekte arbeiten mit der Gliederungsfunktion von Microsoft Project. Ein eingefügtes Projekt kann als Sammelvorgang im zusammengeführten Projekt angezeigt werden. Der Gantt-Balken ist jedoch grau und im Indikatorenfeld ist das Symbol für eingefügte Projekte zu sehen. Wenn Sie ein zusammengeführtes Projekt speichern, werden Sie aufgefordert, auch alle Änderungen zu speichern, die Sie an eingefügten Projekten vorgenommen haben.

TIPP Arbeiten Sie normalerweise mit mehreren Projektplänen, die Sie jedoch nicht zu einem zusammengeführten Projekt verbinden wollen, sollten Sie überlegen, ob Sie die Projekte nicht in einem *Arbeitsbereich* zusammenfassen wollen. Der Arbeitsbereich zeichnet einfach die Namen und die Fenstergrößen der geöffneten Projektpläne auf. Anschließend können Sie die Projekte gleichzeitig öffnen. Um die Projekte als Arbeitsbereich zu speichern, wählen Sie im Menü **Datei** den Befehl **Arbeitsbereich speichern**.

In der folgenden Übung erstellen Sie ein neues zusammengeführtes Projekt, in das Sie zwei Projekte einfügen.

Öffnen

1. Klicken Sie in der Standardsymbolleiste auf die Schaltfläche **Öffnen**.

   Das gleichnamige Dialogfeld öffnet sich.

2 Wechseln Sie zum Übungsordner *20_Zusammenführen* und doppelklicken Sie dort auf die Datei *Parnell Aerospace Promo 20*.

TIPP Sie können den Dateinamen auch im unteren Bereich des Menüs **Datei** auswählen.

3 Microsoft Project fragt Sie nun, ob Sie den Ressourcenpool öffnen wollen. Wählen Sie die Option **Andere Projekte nicht öffnen** und klicken Sie dann auf **OK**.

4 Klicken Sie in der Standardsymbolleiste noch einmal auf die Schaltfläche **Öffnen**.

Das gleichnamige Dialogfeld öffnet sich.

5 Wechseln Sie zum Übungsordner *20_Zusammenführen* und doppelklicken Sie dort auf die Datei *Wingtip Toys Werbespot 20.*

6 Microsoft Project fragt Sie wieder, ob Sie den Ressourcenpool öffnen wollen. Wählen Sie die Option **Andere Projekte nicht öffnen** und klicken Sie dann auf **OK**.

Als Nächstes fügen Sie beide Projektpläne in einen neuen Projektplan ein, um ein zusammengeführtes Projekt zu erstellen.

7 Wählen Sie im Menü **Fenster** den Befehl **Neues Fenster**.

Das gleichnamige Dialogfeld öffnet sich.

8 Markieren Sie beide geöffneten Projekte, indem Sie die Strg-Taste gedrückt halten, während Sie auf **Parnell Aerospace Promo 20** klicken, und klicken Sie dann auf **OK**.

Microsoft Project erstellt einen neuen Projektplan, der nun das zusammengeführte Projekt ist, und fügt die beiden Projektpläne in ihn ein.

Einblenden/Ausblenden des Projektberaters

9 Klicken Sie auf die Schaltfläche **Einblenden/Ausblenden des Projektberaters**.

Der Projektberater wird ausgeblendet.

10 Wählen Sie im Menü **Ansicht** den Befehl **Zoom**.

11 Aktivieren Sie im Dialogfeld **Zoom** die Option **Gesamtes Projekt** und klicken Sie dann auf **OK**.

Microsoft Project passt nun die Zeitskala im Balkendiagramm so an, dass die vollständige Projektdauer der beiden Projekte sichtbar ist. Doppelklicken Sie auf den rechten Rand aller Spalten, in denen Nummernzeichen (#) angezeigt werden, um die Spalten zu verbreitern. Ihr Bildschirm sollte nun etwa wie in der folgenden Abbildung aussehen.

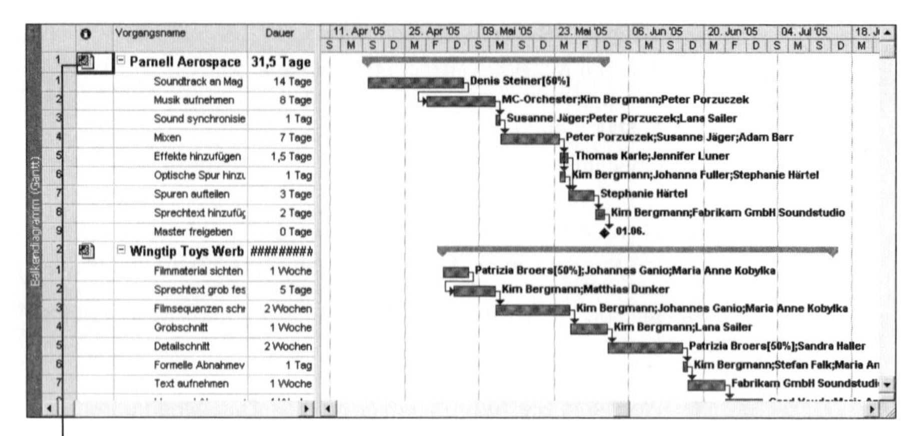

Eingefügte Projekte werden als erweiterte Sammelvorgänge im zusammengeführten Projektplan angezeigt. Zusätzlich sind sie am entsprechenden Symbol im Indikatorenfeld und an den grauen Balken zu erkennen.

TIPP Wenn Sie im Indikatorenfeld mit der Maus auf den Indikator eines eingefügten Projekts zeigen, blendet Microsoft Project eine QuickInfo ein, die den Speicherort der Datei angibt.

Zum Abschluss dieser Übung speichern Sie nun das zusammengeführte Projekt und zeigen den Projektsammelvorgang an.

12 Wählen Sie im Menü **Datei** den Befehl **Speichern unter**.

13 Wechseln Sie zu dem Ordner, in dem die Projektdatei gespeichert werden soll, geben Sie in das Feld **Dateiname** den Text ***Zusammengeführtes Projekt 20*** ein und klicken Sie dann auf die Schaltfläche **Speichern**.

14 Wenn Sie gefragt werden, ob Sie die Änderungen an den eingefügten Projekten speichern wollen, klicken Sie auf die Schaltfläche **Alle ja**.

Als Nächstes zeigen Sie den Projektsammelvorgang für das zusammengeführte Projekt an.

15 Wählen Sie im Menü **Extras** den Befehl **Optionen**.

16 Aktivieren Sie im Dialogfeld **Optionen** die Registerkarte **Ansicht**.

17 Aktivieren Sie unter **Gliederungsoptionen** das Kontrollkästchen **Projektsammelvorgang anzeigen** und klicken Sie dann auf **OK**.

Microsoft Project zeigt nun den Projektsammelvorgang an.

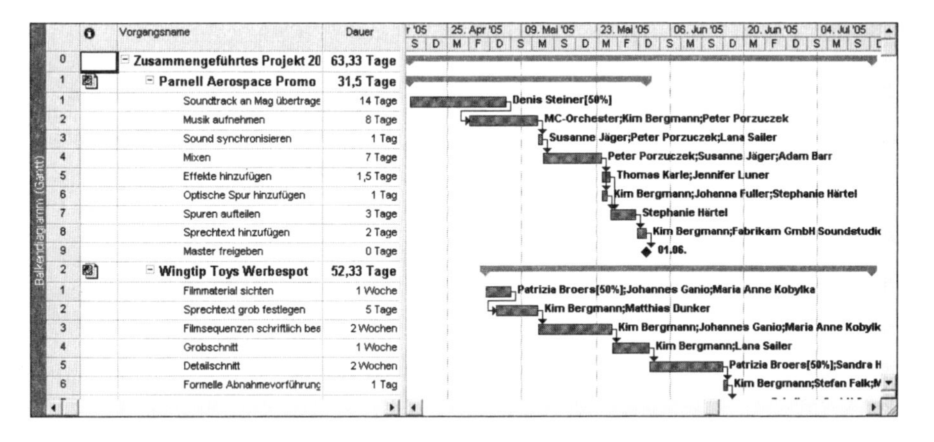

Die Werte des Sammelvorgangs, zum Beispiel die Dauer, repräsentieren die zusammengefassten Werte aus beiden eingefügten Projekten. Wenn die Firma Industriefilm GmbH weitere Projekte übernimmt, können diese ebenfalls in das zusammengeführte Projekt eingefügt werden. Auf diese Weise können alle Aktivitäten des Unternehmens von einer Stelle aus gesteuert werden.

TIPP Wählen Sie im Menü **Einfügen** den Befehl **Projekt**, um weitere Projektpläne in ein zusammengeführtes Projekt einzufügen.

Abhängigkeiten zwischen Projekten herstellen

Projekte existieren meist nicht im „ luftleeren Raum“. Vorgänge oder Phasen in dem einen Projekt hängen unter Umständen von Vorgängen in anderen Projekten ab. Sie können diese Abhängigkeiten anzeigen, indem Sie die Vorgänge mehrerer Projekte miteinander verknüpfen.

Hier einige triftige Gründe, die für die Herstellung von Abhängigkeiten zwischen Projekten sprechen:

- Die Fertigstellung eines Vorgangs in einem Projekt kann den Start eines Vorgangs in einem anderen Projekt auslösen. Beispiel: Ein anderer Projektmanager muss zunächst eine Umweltverträglichkeitsstudie erstellen, bevor Sie selbst mit dem Bau eines Gebäudes beginnen können. Auch wenn diese beiden Vorgänge in unterschiedlichen Projektdateien verwaltet werden (beispielsweise weil verschiedene Abteilungen einer Baufirma damit betraut sind), ist der eine Vorgang von dem anderen abhängig.
- Eine Person oder ein Ausrüstungsgegenstand könnte einem Vorgang zugeordnet sein und Sie müssen den Anfangstermin eines Vorgangs in einem anderen Projekt so lange verschieben, bis die betreffende Ressource den ersten Vorgang beendet hat. Die beiden Vorgänge haben nichts weiter gemeinsam, außer dass sie beide dieselbe Ressource benötigen.

Vorgangsbeziehungen zwischen verschiedenen Projektdateien sehen ähnlich aus wie die Verknüpfungen zwischen Vorgängen innerhalb eines einzigen Projekts. Der einzige Unterschied liegt darin, dass die Vorgänger und Nachfolger dieser Vorgänge graue Vorgangsnamen und Gantt-Balken haben. Derartige Vorgänge werden auch als *Scheinvorgänge* bezeichnet, weil sie nicht mit Vorgängen innerhalb der gleichen Projektdatei verknüpft sind, sondern mit externen Vorgängen.

In der folgenden Übung verknüpfen Sie die Vorgänge zweier Projekte miteinander. Anschließend zeigen Sie die Resultate in den beiden Dateien und in der zusammengeführten Datei an.

1 Klicken Sie im Menü **Fenster** auf **Parnell Aerospace Promo 20**.

2 Klicken Sie in der Spalte **Vorgangsname** auf Vorgang 8, **Sprechtext hinzufügen**.

Gehe zu ausgewähltem Vorgang

3 Klicken Sie in der Standardsymbolleiste auf die Schaltfläche **Gehe zu ausgewähltem Vorgang**.

Rechts neben dem Gantt-Balken des Vorgangs sehen Sie die Zuordnung **Fabrikam GmbH Soundstudio**. Sie wollen dieses Studio für Arbeiten am Projekt *Wingtip Toys* beauftragen, nachdem der Vorgang beendet ist. Verknüpfen Sie deshalb Vorgang 8 mit einem Vorgang im Projektplan *Wingtip Toys Werbespot 20*.

4 Wählen Sie im Menü **Fenster** den Befehl **Wingtip Toys Werbespot 20**.

5 Klicken Sie im Menü **Ansicht** auf **Balkendiagramm (Gantt)**.

6 Klicken Sie auf Vorgang 5, **Detailschnitt**.

Gehe zu ausgewähltem Vorgang

7 Klicken Sie in der Standardsymbolleiste auf die Schaltfläche **Gehe zu ausgewähltem Vorgang**.

Informationen zum Vorgang

8 Klicken Sie in der Standardsymbolleiste auf die Schaltfläche **Informationen zum Vorgang**.

9 Das gleichnamige Dialogfeld öffnet sich. In den nächsten beiden Schritten geben Sie den Dateinamen und die Vorgangsnummer des Vorgängervorgangs im Format ***Dateiname\Vorgangsnummer*** ein.

10 Aktivieren Sie die Registerkarte **Vorgänger**.

11 Klicken Sie in der Spalte **Nr.** auf die leere Zelle unter Vorgang **4** und geben Sie dann den Text ***Parnell Aerospace Promo 20\8*** ein.

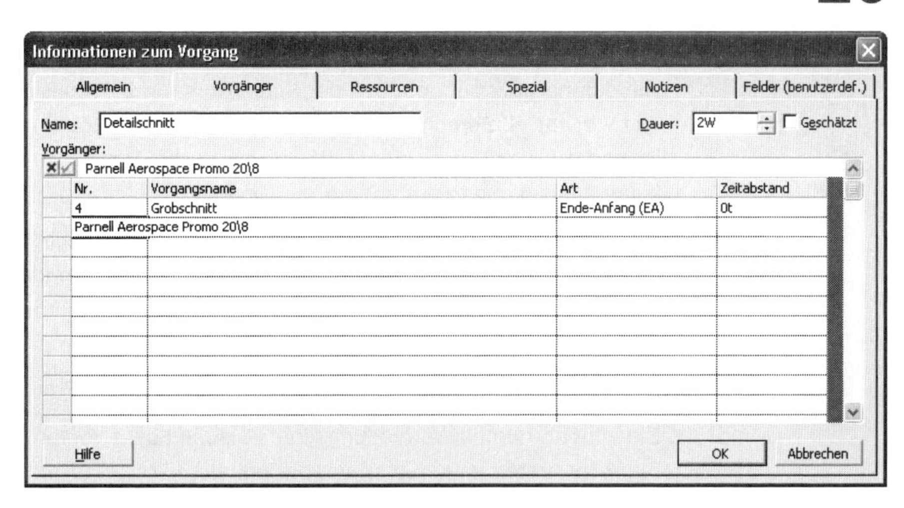

12 Drücken Sie die [↵]-Taste und klicken Sie dann auf **OK**, um das Dialogfeld **Informationen zum Vorgang** zu schließen.

Microsoft Project fügt einen Scheinvorgang namens **Sprechtext hinzufügen** in das Projekt ein. Der Scheinvorgang repräsentiert Vorgang 8 aus dem *Parnell*-Projekt.

Der Scheinvorgang wird in dem Projekt, mit dem er verknüpft ist, grau dargestellt.

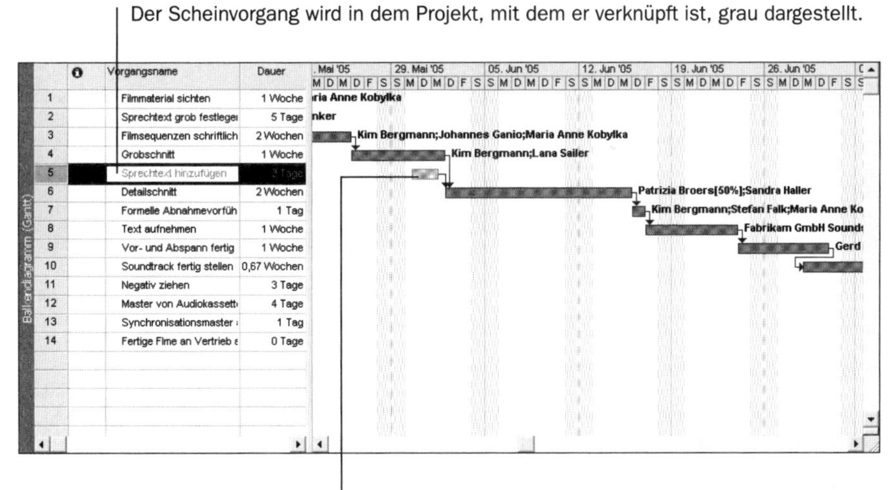

Der Gantt-Balken des Scheinvorgangs wird grau dargestellt.

TIPP Wenn Sie mit der Maus auf den Gantt-Balken des Scheinvorgangs zeigen, wird eine QuickInfo eingeblendet, die Details zum Vorgang und eine Pfadangabe zu dem externen Projektplan enthält, in dem der Vorgängervorgang gespeichert ist.

Betrachten Sie als Nächstes den Scheinvorgang im *Parnell*-Projekt.

13 Klicken Sie im Menü **Fenster** auf **Parnell Aerospace Promo 20**.

Hier können Sie sehen, dass der Scheinvorgang 9, **Detailschnitt**, ein Nachfolger von Vorgang 8, **Sprechtext hinzufügen**, ist. Weil Vorgang 9 ein Nachfolgervorgang ist und keine weiteren Verknüpfungen zu diesem Projekt bestehen, hat er hier gar keine Auswirkungen auf andere Vorgänge.

Die Verknüpfung zwischen den beiden Projektplänen bleibt bestehen, bis Sie sie unterbrechen. Wenn Sie einen Vorgang im Quellplan oder einen Scheinvorgang im Zielplan löschen, wird auch der entsprechende Vorgang oder Scheinvorgang im anderen Plan entfernt.

14 Klicken Sie im Menü **Fenster** auf **Zusammengeführtes Projekt 20**.

Sie können nun die Verbindungslinie zwischen dem Vorgang **Sprechtext hinzufügen** im ersten eingefügten Projekt und dem Vorgang **Detailschnitt** im zweiten eingefügten Projekt sehen.

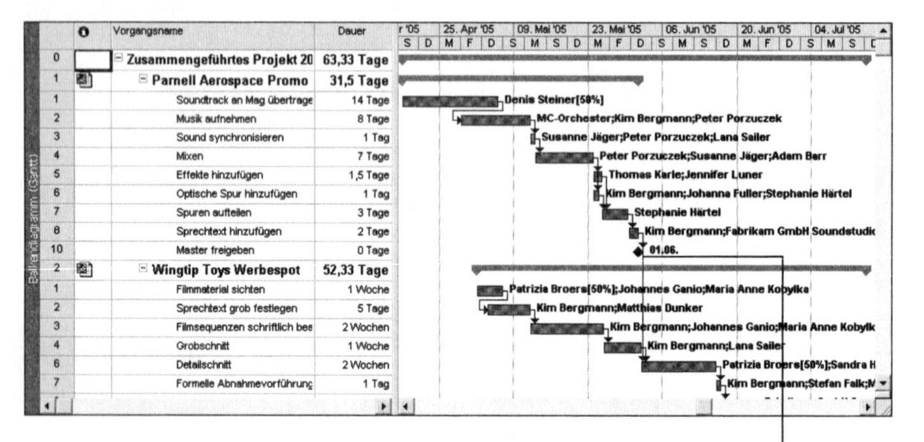

Im zusammengeführten Projekt wird die Verbindung als normale Vorgangsverknüpfung angezeigt

Nachdem Sie einen zusammengeführten Projektplan betrachten, der die Vorgänge aus beiden eingefügten Projekten anzeigt, wird die Verknüpfung zwischen den beiden Projekten nicht als Scheinvorgang gekennzeichnet.

Hier noch ein paar Tipps und Vorschläge zum Arbeiten mit zusammengeführten Projekten und projektübergreifenden Verknüpfungen:

- Wenn Sie die Verknüpfungen zwischen Projekten nicht sehen wollen, wählen Sie im Menü **Extras** den Befehl **Optionen** und deaktivieren auf der Registerkarte **Ansicht** das Kontrollkästchen **Externe Nachfolger anzeigen** oder das Kontrollkästchen **Externe Vorgänger anzeigen**.

Vorgänge verknüpfen

- Wenn Sie einen zusammengeführten Projektplan betrachten, können Sie schnell projektübergreifende Verknüpfungen erstellen, indem Sie in der Standardsymbolleiste auf die Schaltfläche **Vorgänge verknüpfen** klicken.
- Jedes Mal, wenn Sie einen Projektplan öffnen, der eine Verknüpfung zu einem anderen Projekt enthält, fragt Microsoft Project, ob Sie die Verknüpfungen aktualisieren wollen. Sie können diese Abfrage auch unterdrücken oder aber Microsoft Project anweisen, die aktualisierten Daten automatisch vom verknüpften Projektplan zu übernehmen. Klicken Sie dazu im Menü **Extras** auf **Optionen** und wählen Sie dann auf der Registerkarte **Ansicht** im Bereich **Projektübergreifende Verknüpfungsoptionen** die gewünschten Optionen.

***SCHLIESSEN SIE** alle geöffneten Projektpläne.*

Zusammenfassung

- Wenn eine Ressource in mehreren Projektplänen vorkommt, empfiehlt es sich, die Ressourcendaten in einem Ressourcenpool projektübergreifend zu sammeln. Ressourcenüberlastungen sind dann sofort erkennbar.
- Sie können arbeitsfreie Zeiten von Ressourcen im Ressourcenpool für alle mitbenutzenden Dateien definieren. Außerdem können Sie den Projektkalender des Ressourcenpools bearbeiten und die Änderungen so allen mitbenutzenden Dateien verfügbar machen.
- Details zu Ressourcenzuordnungen aus allen mitbenutzenden Dateien können in der Ressourcenpooldatei angezeigt (aber nicht bearbeitet) werden.
- Das Zusammenführen mehrerer Projekte in einer Datei ist zu empfehlen, wenn Sie alle Details an einem Ort (in der zusammengeführten Projektdatei) betrachten, aber dennoch weiterhin mit den einzelnen Projektplänen arbeiten möchten (oder mehrere Benutzer mit den einzelnen Plänen arbeiten lassen).
- Wenn ein Vorgang in einem Projektplan in einem logischen Zusammenhang mit einem anderen Vorgang in einem anderen Projektplan steht, können Sie diese Vorgänge projektübergreifend miteinander verknüpfen. Damit erstellen Sie so genannte Scheinvorgänge (Vorgänger oder Nachfolger) in beiden Projektplänen.

IV
Anhänge

A Einführung in das Projektmanagement

Dieses Buch enthält zahlreiche Tipps für den Einsatz von Microsoft Project im Zusammenhang mit verbreiteten Projektmanagementpraktiken. Dieser Anhang beschreibt die Grundlagen des Projektmanagements unabhängig von jeder Software, die Sie zur Verwaltung Ihrer Projekte einsetzen. Das Projektmanagement ist zwar ein umfassender Themenbereich, in diesem Anhang wird jedoch nur das Dreieckmodell benutzt, in dem ein Projekt unter der Beziehung zwischen Zeit, Kosten und Umfang betrachtet wird.

Die Definition eines Projekts

Wenn Sie als Projektmanager erfolgreich sein wollen, müssen Sie Ihre Projekte termingerecht fertig stellen, das vorgegebene Budget einhalten und dem Kunden ein Ergebnis liefern, das seinen Erwartungen und Anforderungen gerecht wird. Das klingt sehr einfach. Aber wie oft haben Sie es schon selbst erlebt, dass Projekte nicht rechtzeitig abgeschlossen werden konnten, zu hohe Kosten verursacht haben oder der Kunde mit dem Resultat nicht zufrieden war?

Der *Guide to the Project Management Body of Knowledge* (abgekürzt PMBOK – ausgesprochen „ pimbok“ –, veröffentlicht vom Project Management Institute) definiert ein Projekt als „ zeitlich begrenzte Anstrengung zur Schaffung eines bestimmten Produkts oder einer bestimmten Dienstleistung“. Im Folgenden wird anhand dieser Definition erläutert, was ein Projekt darstellt.

TIPP Weitere Informationen zum Project Management Institute und zu PMBOK finden Sie in Anhang B.

Ein Projekt ist zeitlich begrenzt. Die Dauer eines Projekts kann eine Woche oder mehrere Jahre betragen. Unabhängig von seiner Dauer hat jedes Projekt aber einen Endtermin, der unter Umständen zu Beginn des Projekts noch nicht bekannt ist. Projekte sind nicht dasselbe wie *laufende Operationen*, haben aber mit diesen viele Gemeinsamkeiten. Laufende Operationen laufen (wie der Name bereits sagt) zeitlich unbegrenzt ab, weil für diese Abläufe kein Endtermin festgelegt wird. Zu dieser Art von Operationen zählen beispielsweise sehr viele Tätigkeiten in Buchhaltungs- und Personalabteilungen. Personen, die laufende Operationen ausführen, können unter anderem auch Projekte verwalten. Der Leiter einer Personalabteilung in einem großen Unternehmen könnte beispielsweise eine Aktion zur Anwerbung von Hochschulabsolventen planen. Projekte unterscheiden sich also von laufenden Operationen durch einen Endtermin, so wie im vorliegenden Beispiel durch den Schlusstermin der Anwerbeaktion.

Ein Projekt ist ein Bestreben. *Ressourcen*, wie Personal oder Ausstattung, müssen agieren. Das Vorhaben wird von einem Team oder einem Unternehmen betrieben, das heißt, dass Projekte beabsichtigte, geplante Ereignisse sind. Erfolgreiche Projekte werden nicht spontan unternommen, sie bedürfen der Vorbereitung und vorausgehenden Planung.

Jedes Projekt schafft ein bestimmtes Produkt oder eine bestimmte Dienstleistung. Dabei handelt es sich um das *Resultat* des Projekts oder um den Grund, aus dem heraus das Projekt durchgeführt wurde. Eine Raffinerie, die Benzin herstellt, schafft kein unverwechselbares, einzigartiges Produkt. Die in diesem Fall bestimmende Grundidee ist die Produktion einer standardisierten Ware, da der Kunde an jeder Tankstelle in etwa gleichwertiges Benzin tanken möchte. Dagegen ist ein Flugzeug ein Beispiel für ein unverwechselbares Produkt. Obwohl beispielsweise für die meisten Betrachter alle Maschinen des Typs Boeing 777 gleich aussehen, ist jedes Flugzeug genau auf die Anforderungen seines Käufers zugeschnitten.

Sie könnten aufgrund dieser Erläuterungen zu dem Schluss kommen, dass es sich bei den meisten im Alltag ausgeführten Arbeiten um Projekte handelt. Sobald Sie diese Aktivitäten planen, überwachen oder verwalten, leisten Sie bereits eine Art von Projektmanagement.

Projektmanagement ist seit den 50er-Jahren ein anerkannter Beruf. Die Tätigkeit als solche gab es in der einen oder anderen Form aber bereits seit Menschen komplexe Arbeiten ausführen. Als die ägyptischen Pyramiden erbaut wurden, musste irgendeine Person die Ressourcen überwachen, planen und die Einzelheiten des Endprodukts festlegen.

Das Projektdreieck: Zeit, Kosten und Umfang

Die Projektarbeit lässt sich auf unterschiedliche Weise grafisch darstellen. In diesem Anhang fiel die Entscheidung zugunsten des *Projektdreiecks*.

Dieses Thema umfasst eine Vielzahl von Aspekten, die jedoch alle auf einer gemeinsamen Grundlage basieren: Jedes Projekt hat eine zeitliche Vorgabe, ein bestimmtes Budget und erfordert einen bestimmten Arbeitsaufwand für die Fertigstellung. (Mit anderen Worten: Ein Projekt hat einen definierten Umfang.)

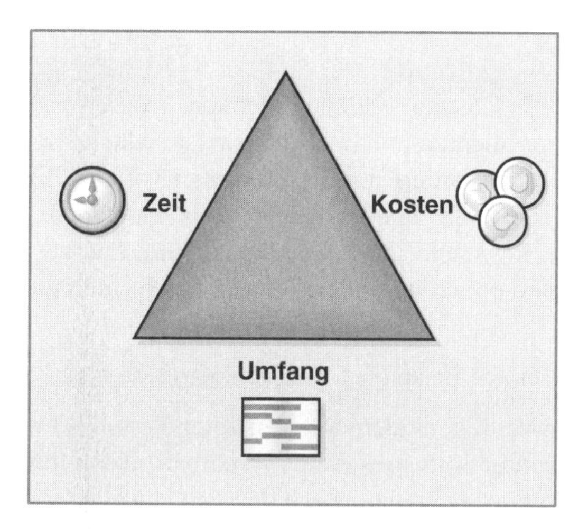

Zeit

Haben Sie jemals an einem Projekt mitgearbeitet, das einen festen Endtermin hatte? (Vielleicht sollte die Frage besser lauten: Haben Sie jemals an einem Projekt ohne Terminvorgabe mitgearbeitet?) Die zeitliche Begrenzung eines Projekts ist wohl der Faktor, der allen Projektmitarbeitern am vertrautesten ist. Wenn Sie gerade an einem Projekt beteiligt sind, fragen Sie Ihre Mitarbeiter einmal nach dem Endtermin. Sie werden sehen, dass Ihre Kollegen das Budget oder den Umfang des Projekts nicht im Detail kennen, der Endtermin wird aber mit hoher Wahrscheinlichkeit allen bekannt sein.

Im Folgenden finden Sie nun einige Beispiele für Projekte mit zeitlichen Vorgaben:

- Sie entwerfen Unterrichtsmaterialien für einen Kurs, die zum Kursbeginn vorliegen müssen.
- Sie bauen ein Haus und müssen das Dach fertig gestellt haben, bevor die kalte Jahreszeit beginnt.
- Sie richten einen großen Stand auf einer Messe ein, die in zwei Wochen beginnt.
- Sie entwickeln ein neues Inventursystem, das vor Beginn des nächsten Steuerjahrs getestet und funktionstüchtig sein muss.

Die meisten Menschen lernen den Umgang mit der Zeit bereits als Kind. Mithilfe von Armbanduhren, Zeitplanern (elektronischen und solchen aus Papier) und anderen Hilfsmitteln wird die verfügbare Zeit organisiert. Bei vielen Projekten, in denen ein Produkt erstellt wird oder die ein Ereignis liefern, ist die Zeit der wichtigste Faktor.

Kosten

Der Begriff Kosten lässt zunächst an Geldmittel denken. Projektkosten umfassen jedoch noch weitere Komponenten und beziehen sich auf alle Ressourcen, die für die Ausführung des Projekts erforderlich sind. Zu diesen Kosten zählen die Mitarbeiter und die Ausrüstung, mit deren Hilfe die Arbeit geleistet wird, die Materialien, die dazu verwendet werden, sowie alle anderen Ereignisse und Anforderungen, für die Geldmittel erforderlich sind oder die der Bearbeitung durch einen Projektmitarbeiter bedürfen.

Im Folgenden finden Sie einige Beispiele für kostenbezogene Vorgaben in Projekten:

- Sie haben in einem Vertrag mit dem Kunden einen Festpreis für die Entwicklung eines Inventur-Softwaresystems vereinbart. Wenn Ihre Kosten den vereinbarten Preis übersteigen, kann sich der Kunde weigern, einer entsprechenden Vertragsänderung zuzustimmen.
- Der Vorstand Ihres Unternehmens hat Sie mit einem Projekt zur Kundenforschung betraut, für das Sie nur das Personal und die Ausstattung Ihrer Abteilung einsetzen können.
- Sie sollen für den Preis von 10.000 € eine Ausstellung organisieren. Weitere Mittel stehen nicht zur Verfügung.

Für nahezu alle Projekte stellen die Kosten eine unumstößliche Vorgabe dar. Nur wenige Projekte können das vorhandene Budget überschreiten, ohne dass gesonderte Maßnahmen ergriffen werden müssen.

Umfang

Bei der Diskussion des Umfangs sind zwei Aspekte zu berücksichtigen: der Produktumfang und der Projektumfang. Das Resultat aller erfolgreichen Projekte ist ein unverwechselbares Produkt: ein konkreter Gegenstand oder eine Dienstleistung. Sie entwickeln Produkte entweder für einen Kunden, den Sie dem Namen nach kennen, oder für eine breite Käuferschicht, die sich (hoffentlich) für Ihr Produkt entscheiden wird. Kunden haben normalerweise bestimmte Erwartungen in Bezug auf die Eigenschaften und Funktionen von Produkten, für die sie sich interessieren. Der *Produktumfang* beschreibt (häufig bis in kleinste Detail) die angestrebte Qualität, die Eigenschaften und Funktionen eines Produkts. Dokumente, die diese Informationen festhalten, werden als Produktspezifikationen bezeichnet. An Dienstleistungen oder Ereignisse sind ebenfalls bestimmte Erwartungen geknüpft. Alle Menschen haben bestimmte Erwartungen an die Dinge, die sie tun oder sehen, sei es auf einer Party, in einem Konzert oder bei den Olympischen Spielen.

Der *Projektumfang* beschreibt die Arbeit, die für die Auslieferung eines Produkts oder einer Dienstleistung mit dem beabsichtigten Produktumfang ausgeführt werden muss. Während für den Produktumfang die Erwartungen des Käufers oder des

Benutzers des Produkts maßgeblich sind, ist der Projektumfang in erster Linie für die Personen von Wichtigkeit, die das Projekt ausführen. Der Projektumfang wird normalerweise in *Vorgängen* oder Phasen gemessen.

Im Folgenden finden Sie einige Beispiele für umfangsbezogene Projektvorgaben:

- Ihr Unternehmen hat einen Auftrag für die Entwicklung eines kraftfahrzeugtechnischen Produkts erhalten. Der Auftrag spezifiziert genaue Anforderungen, beispielsweise physische Maße mit einer Genauigkeit von 0,1 Millimetern. Diese Vorgaben beeinflussen die Planung des Projektumfangs.
- Sie sind für die Errichtung eines Gebäudes in einem Baugebiet verantwortlich, in dem eine maximale Bauhöhe von 15 Metern zulässig ist.
- Sie können nur firmeninterne Dienste zur Entwicklung einer Produktkomponente einsetzen. Diese Dienste richten sich nach einer Produktentwicklungsmethodik, die sich von Ihren Planungen unterscheidet.

Der Umfang des Produkts steht in engem Zusammenhang mit dem Umfang des Projekts. Ein Projektmanager, der den Projektumfang optimal verwalten will, muss deshalb den Produktumfang kennen oder wissen, wie er sich entsprechende Informationen beschaffen kann.

Zeit, Kosten und Umfang: Projektvorgaben verwalten

Das Projektmanagement befindet sich in einem seiner wichtigsten Stadien, wenn Sie die Faktoren Zeit, Kosten und Umfang in ein Gleichgewicht bringen müssen. Diese Aktion lässt sich mit einem Drahtseilakt oder dem Jonglieren mit allen Projektvorgaben vergleichen. An dieser Stelle ist ein Rückgriff auf das Projektdreieckmodell angebracht. Dieses Dreieck illustriert den Prozess, in dem die Projektvorgaben „ausbalanciert" werden. Die drei Seiten des Dreiecks sind miteinander verbunden und symbolisieren die Projektvorgaben. Wenn Sie eine Seite des Dreiecks ändern, wirkt sich dies zumindest auf eine der beiden anderen Seiten aus. (Wenn Sie sich mithilfe eines Gummibandes oder mit Streichhölzern ein Modell basteln, dann können Sie dies anhand des Modells nachvollziehen.) Im Folgenden finden Sie einige Beispiele für Vorgaben, die ins Gleichgewicht gebracht werden müssen:

- Wenn die Dauer (Zeit) des Projektterminplans verringert wird, müssen Sie das Budget (die Kosten) erhöhen, da zusätzliche Ressourcen erforderlich sind, damit dieselbe Arbeit in kürzerer Zeit ausgeführt werden kann. Ist eine Erhöhung des Budgets nicht möglich, müssen Sie den Umfang verringern, da die geplante Arbeit mit den verfügbaren Ressourcen nicht in einem kürzeren Zeitraum erledigt werden kann.

  Bei einer Verkürzung der Projektdauer müssen Sie sicherstellen, dass dies nicht zu einer unbeabsichtigten Verminderung der Gesamtqualität führt. Beispielsweise werden bei der Entwicklung eines Softwareprodukts Testläufe und

Qualitätskontrollen meist erst in der letzten Projektphase durchgeführt. Wenn die Dauer relativ spät im Projektverlauf reduziert wird, könnte dies zum Wegfall dieser qualitätssichernden Maßnahmen führen. Sie sollten daher immer die Vorteile einer Projektverkürzung gegen den möglichen Qualitätsverlust des ausgelieferten Produkts abwägen.

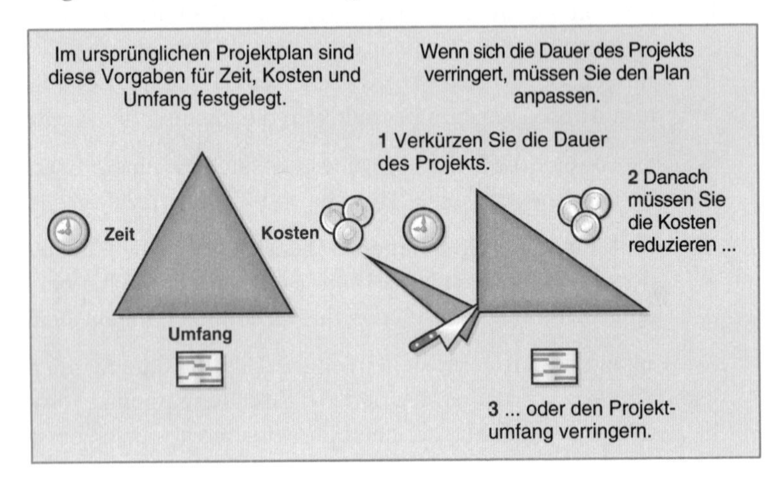

- Eine Reduzierung des Projektbudgets (der Kosten) muss unter Umständen durch einen Mehraufwand an Zeit ausgeglichen werden, da weniger Ressourcen bzw. nur noch Ressourcen mit geringerer Leistungsfähigkeit bezahlt werden können. Kann die Laufzeit nicht verlängert werden, muss dies durch eine Verringerung des Umfangs kompensiert werden, da nicht mehr genügend Ressourcen verfügbar sind, um die geplante Arbeit im vorgegebenen Zeitrahmen durchzuführen.

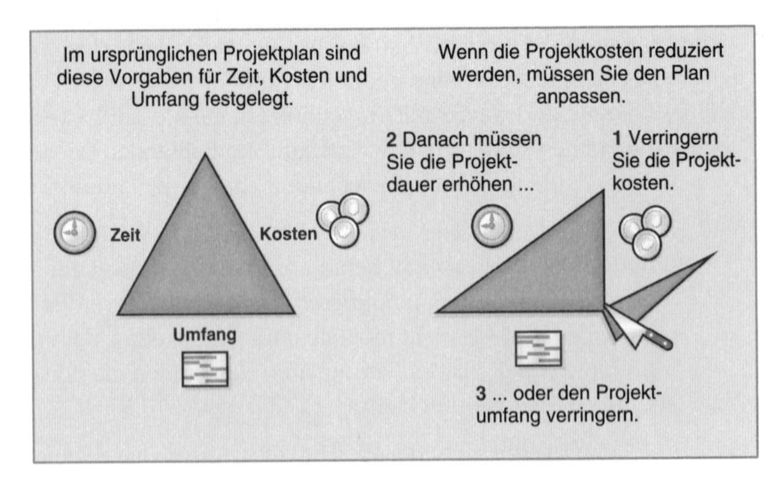

Wenn Sie das Projektbudget verringern müssen, sollten Sie auch eine Änderung der Güteklassen in Betracht ziehen, die im ursprünglichen Budgetplan für Materialressourcen vorgesehen waren. Haben Sie beispielsweise einen Film im 35-mm-Format geplant, der auch mit kostengünstigerem 16-mm-Material realisiert werden könnte? Ein Material mit einer niedrigeren Güteklasse muss nicht zwangsläufig von geringerer Qualität sein. Solange die Materialgüteklasse der beabsichtigten Nutzung entspricht, werden die Qualitätsanforderungen erfüllt. Ein weiteres Beispiel: Fastfood- und Spitzenrestaurants vertreten zwei unterschiedliche Kategorien von Speiselokalen, und in beiden Fällen können Sie auf qualitativ gute bzw. qualitativ schlechte Angebote treffen.

Überprüfen Sie auch die Kosten, die für Personal und Ausrüstung anfallen. Sie können beispielsweise Kosten sparen, indem Sie einfache Aufgaben von weniger spezialisiertem Personal mit geringeren Stundensätzen ausführen lassen. Die Reduzierung der Projektkosten birgt aber immer die Gefahr in sich, dass sich die Qualität des Endprodukts verringert. Als Projektmanager müssen Sie die Vorteile einer Kostenreduzierung gegen ihre Risiken abwägen bzw. sich mit den zuständigen Entscheidungsträgern in Verbindung setzen.

- Wenn der Umfang des Projekts zunimmt, benötigen Sie mehr Zeit oder mehr Ressourcen (Kosten), um die zusätzliche Arbeit leisten zu können. Vergrößert sich der Umfang nach Projektbeginn, spricht man von einer schleichenden Zunahme des Umfangs. Ändert sich der Umfang mitten im Ablauf eines Projekts, muss dies nicht notwendigerweise negative Folgen haben. Beispielsweise könnte sich die beabsichtigte Kundschaft ändern, und Sie müssen der neuen Kundschaft ein modifiziertes Produkt liefern. Eine Änderung des Projektumfangs kann nur zum Problem werden, wenn der Projektmanager die neuen Anforderungen nicht erkennt und einplant, das heißt, die restlichen Vorgaben (Kosten und Zeit) nicht entsprechend überprüft und gegebenenfalls anpasst.

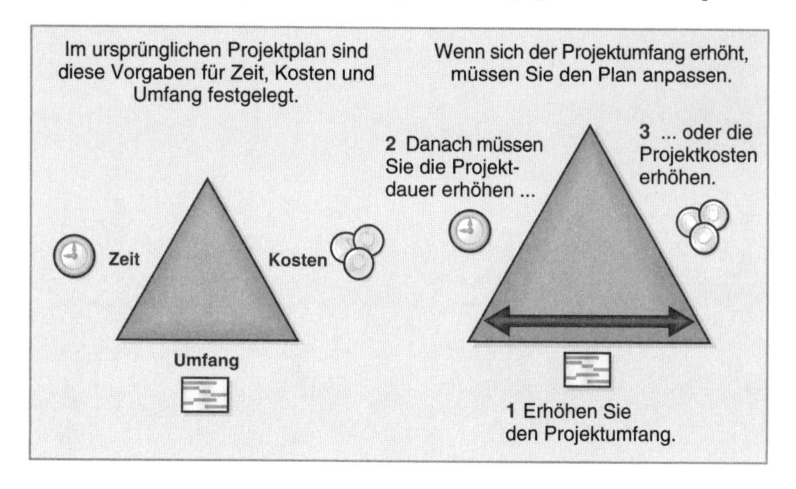

Zeit, Kosten und Umfang sind die drei Hauptelemente aller Projekte. Als erfolgreicher Projektmanager müssen Sie über diese Vorgaben ausreichend informiert sein und benötigen ein Hilfsmittel für ihre Verwaltung.

Projekte mit Microsoft Project verwalten

Das beste Projektmanagementtool der Welt kann niemals Ihr eigenes Urteilsvermögen ersetzen. Dennoch kann ein derartiges Hilfsmittel, das ebenso aussieht und funktioniert wie andere Anwendungen, die Sie für Ihre Arbeit einsetzen, folgende Aufgaben bewältigen:

- Überwachung aller Informationen, die Sie über die zu erledigenden Arbeitsschritte, die Dauer und die Ressourcenanforderungen gesammelt haben
- Grafische Darstellung des Projektplans in den gewohnten Standardformaten
- Konsistente und effiziente Planung von Vorgängen und Ressourcen
- Austausch von Projektinformationen mit allen Interessengruppen über ein Intranet oder das Internet
- Kommunikation mit Ressourcen und anderen Interessengruppen, wobei die Endkontrolle aber in den Händen des Projektmanagers bleibt

Im vorliegenden Buch werden sicherlich viele Aspekte angesprochen, die für Ihre speziellen Arbeitsabläufe nicht relevant sind. Andererseits können nicht alle Details beschrieben werden, die es im Verlauf der Projektarbeit zu beachten gilt. In den Übungen dieses Buches werden die wichtigsten Schritte nachvollzogen, die bei der Planung und Durchführung eines typischen Projekts erforderlich sind. Nachdem Sie die Übungen durchgearbeitet haben, steht einem erfolgreichen Einsatz von Microsoft Project nichts mehr im Wege.

B Wie geht es weiter?

Nachdem Sie die Übungen in diesem Buch durchgearbeitet haben, kennen Sie sich ganz gut mit Microsoft Project aus. Allerdings kann man mit einem einzigen Buch nicht auch die fortgeschrittenen Funktionen und jedes Detail eines Projektplans behandeln. Deshalb finden Sie nachfolgend einige Quellen, bei denen Sie mehr zu Microsoft Project und allgemein zum Thema Projektmanagement finden.

Microsoft Project-Lerngemeinschaften

Microsoft Project-Nutzer sprechen gerne über ihr Programm und über ihre Arbeit und sie teilen ihr Wissen gerne mit anderen. Egal, ob Sie in einem großen Unternehmen oder allein arbeiten, werden Sie wahrscheinlich in Ihrer Nähe eine Gemeinschaft von Microsoft Project-Nutzern finden.

Arbeiten Sie in einem großen Unternehmen, das sehr stark in Projektmanagement involviert ist, finden Sie möglicherweise sogar eine interne Microsoft Project-Nutzergruppe. Derartige Gruppen treffen sich häufig informell und bieten Schulungen und Support, sehen Projektpläne durch und geben ihre Kenntnisse aus der Praxis weiter. Gibt es keine solche Gruppe in Ihrer Nähe, können Sie vielleicht selbst eine einrichten.

Microsoft Project-Nutzergruppen gibt es auf der ganzen Welt. Sie treffen sich meistens regelmäßig, um Tipps und Tricks auszutauschen.

An folgenden Stellen können Sie nach Microsoft Project-Nutzergruppen und verwandten Quellen suchen:

- Die offizielle Microsoft Project-Website von Microsoft bietet zahlreiche Tools zur Projektverwaltung, Produktspezifikationen und andere Ressourcen. Informationen finden Sie unter: *www.microsoft.com/germany/ms/project2003/*
- Die Microsoft Project Users Group (MPUG) bietet kostenlos und auf Subskriptionsbasis Informationen über zahlreiche Quellen mit Informationen zu Microsoft Project und zum Projektmanagement allgemein. Mehr hierzu finden Sie auf folgender Website: *www.mpug.de*
- Die offizielle Microsoft Project-Newsgroup bietet Hilfe und Erfahrungsaustausch für Microsoft Project. Auf diese Newsgroup können Sie mit jedem beliebigen Newsreader zugreifen. Um sich die Newsgroup näher anzusehen oder sie zu abonnieren, gehen Sie zu folgender Adresse: *news://msnews.microsoft.com/microsoft.public.de.project*

- Informationsaustausch in Sachen Microsoft Project Server findet u.a. in der Newsgroup *news://msnews.microsoft.com/microsoft.public.de.project.server* statt.
- Hilfe zum Thema Programmieren in Microsoft Project finden Sie in der folgenden Newsgroup: *news://msnews.microsoft.com/microsoft.public.de.project.vba*

Projektmanagement-Lerngemeinschaften

Mehr als bei den meisten anderen Desktopprogrammen müssen Sie bei Microsoft Project in eine bestimmte formale Aktivität involviert sein – das Projektmanagement. Das Projektmanagement kann eine aufregende Mischung aus technischen, organisatorischen und sozialen Herausforderungen darstellen. Das Project Management Institute (PMI) ist die führende Organisation für professionelles Projektmanagement in den USA (mehr hierzu erfahren Sie im Web unter *www.pmi.org*). Das PMI ist international mit so genannten Chapters vertreten – in Deutschland gibt es derzeit vier PMI-Standorte.

Das PMI entwickelt Projektmanagement-Standards, entwirft Schulungsprogramme und bietet diese an und zertifiziert Project Management Professionals (PMPs). PMIs *A Guide to the Project Management Body of Knowledge* (PMBOK Guide 3. Auflage 2004/2005) beschreibt in deutscher Sprache allgemein übliche Projektmanagement-Praktiken und -Begriffe. Außerdem gibt PMI verschiedene Zeitschriften heraus. Mehr hierzu erfahren Sie im Web unter: *www.pmi-muc.org*

Zu guter Letzt

Neben den hier beschriebenen Fortbildungsmöglichkeiten gibt es viele weitere kommerzielle und Nonprofit-Organisationen, die sich mit Microsoft Project und dem Projektmanagement befassen. Microsoft Project spielt in der Welt des vielfältigen, manchmal kontrovers diskutierten, aber immer interessanten Projektmanagements eine wichtige Rolle. Wo auch immer Sie sich gerade in Ihrer eigenen Karriere in Sachen Projektmanagement und Microsoft Project befinden – es gibt zahlreiche Stellen, die Ihnen Unterstützung anbieten und Sie befinden sich in Gesellschaft vieler Gleichgesinnter. Viel Erfolg!

Glossar

Abfolge Die chronologische Reihenfolge der Vorgänge. Eine Abfolge ist in den meisten Ansichten, die eine Zeitskala enthalten (zum Beispiel dem Gantt-Diagramm), von links nach rechts angeordnet.

Abhängigkeit Eine Verknüpfung zwischen einem Vorgänger- und einem Nachfolgervorgang. Über eine Abhängigkeit wird der Anfang oder das Ende eines Vorgangs in Bezug auf den Anfang oder das Ende des anderen Vorgangs gesteuert. Die am häufigsten verwendete Abhängigkeit ist die Ende-Anfang-Beziehung, in der der Endtermin des Vorgängervorgangs den Anfangstermin des Nachfolgervorgangs festlegt.

Abweichung Der Unterschied zwischen den berechneten und den geplanten Daten.

Aktueller Wert Der tatsächlich abgeschlossene Teil eines Vorgangs. Zuvor handelt es sich um geplante Werte. Der Vergleich zwischen aktuellen und geplanten Werten hilft dem Projektmanager bei der Überwachung von Projekten.

ALI (Abschlussleistungsindex) Ein Ertragswertfeld, das bei der *Ertragswertanalyse* das Verhältnis zwischen der verbleibenden zu erledigenden Arbeit zum verbleibenden Kostenrahmen zum Statusdatum wiedergibt (ALI = (*PK – SKAA*)/(*PK – IKAA*)).

ANA (Abweichung nach Abschluss) Ein Ertragswertfeld, das bei der *Ertragswertanalyse* die Differenz zwischen den Plankosten und den berechneten Kosten ermittelt (ANA = *PK – BK*).

Ansicht Das Format, in dem die Daten in Microsoft Project angezeigt werden. Drei Arten von Ansichten stehen zur Verfügung: Diagramme, Tabellen und Formulare.

Arbeit Der Gesamtumfang an Arbeit, der für die Ausführung eines Vorgangs erforderlich ist. Die Arbeit wird für Personalressourcen in Stunden gemessen und muss daher nicht zwangsläufig mit der Dauer des Vorgangs übereinstimmen. Die Arbeit ist eine Variable in der Planungsformel *Dauer* x *Einheiten = Arbeit.*

Arbeitsbereich Eine Gruppe von Projektplänen und Einstellungen, die gemeinsam gespeichert sind und beim Öffnen der Arbeitsbereichsdatei gemeinsam geöffnet werden. Arbeitsbereichsdateien haben die Erweiterung *.mpw*.

Arbeitsprofil Die Art und Weise, in der die Arbeit einer Ressource im Projektverlauf eingeplant wird. Microsoft Project verfügt über mehrere vordefinierte Arbeitsprofile, die Sie auf eine Zuordnung anwenden können. Beispielsweise weist ein endlastiges Arbeitsprofil einer Ressource zu Beginn eine kurze tägliche Arbeitszeit zu, die im Verlauf der Zuordnung ständig zunimmt. Sie können eine Zuordnung auch manuell bearbeiten, indem Sie die Arbeitswerte in einer Einsatzansicht (zum Beispiel in der Ansicht **Ressource: Einsatz**) entsprechend ändern. Nach der Anwendung eines vordefinierten Arbeitsprofils oder der manuellen Änderung einer Zuordnung wird im Indikatorenfeld ein Arbeitsprofilsymbol angezeigt.

Arbeitsressourcen Das Personal und die Ausrüstung, die für die Ausführung des Projekts erforderlich sind.

Aufwandgesteuerte Planung Eine Planungsmethode, bei der die Arbeit eines Vorgangs unabhängig von der Anzahl der ihm zugewiesenen Ressourcen konstant bleibt. Werden einem Vorgang weitere Ressourcen zugeordnet, verringert sich zwar die Dauer, die Arbeit bleibt jedoch gleich und wird unter den zugeordneten Ressourcen aufgeteilt.

Ausfüllkästchen Ein kleines Rechteck in der unteren rechten Ecke der aktiven Zelle, das in den meisten Tabellen- und Einsatzansichten von Microsoft Project angezeigt wird. Sie können das Ausfüllkästchen in die gewünschte Richtung ziehen, um den Wert in der aktiven Zelle in benachbarte Zellen zu kopieren.

Auslastung Der Anteil der Ressourcenkapazität, der einem Vorgang zugewiesen ist. Eine Vollzeitressource, die einem Vorgang mit ihrer gesamten Kapazität zugeordnet ist, wird als *voll ausgelastet* bezeichnet. In Microsoft Project wird die Arbeitskapazität von Ressourcen in Einheiten gemessen. Eine Vollzeitressource verfügt über 100 % Einheiten (die im Feld **Max. Einh.** angegeben werden).

AutoFilter Ein schnelles Verfahren zur Anzeige nur der Vorgangs- oder Ressourcendaten in einer Tabelle, die den von Ihnen angegebenen Kriterien entsprechen. Klicken Sie zur Aktivierung des AutoFilters in der Formatsymbolleiste auf die Schaltfläche **AutoFilter**. Um einen AutoFilter auf die Tabelle anzuwenden, klicken Sie auf den Pfeil neben der Spaltenüberschrift und wählen dann das gewünschte Kriterium.

Basiskalender Ein Kalender, der als *Projektkalender* oder *Vorgangskalender* dient. In Microsoft Project gibt es drei Basiskalender: **Standard**, **24 Stunden** und **Nachtschicht**. Sie können diese Kalender an Ihre Anforderungen anpassen oder als Grundlage für die Erstellung eigener Basiskalender nutzen.

Basisplan Der ursprüngliche Projektplan, der für spätere Vergleichszwecke gespeichert wird. Der Basisplan enthält die geplanten Anfangs- und Endtermine der Vorgänge und Zuteilungen sowie deren geplante Kosten. Jede Microsoft Project-Datei kann bis zu elf Basispläne enthalten.

Bericht Ein Format zum Drucken von Projektdaten. Microsoft Project enthält verschiedene vordefinierte Berichte, von denen jeder andere Aspekte Ihrer Projektdaten berücksichtigt. Sie können auch benutzerdefinierte Berichte erstellen.

Beteiligte Alle Personen oder Unternehmen, die von Projektaktivitäten betroffen sind. Zu dieser Gruppe gehören all diejenigen, die direkt an dem Projekt arbeiten, wie auch andere (beispielsweise Kunden), die von außen auf das Projekt einwirken.

Beziehung Der Abhängigkeitstyp zwischen zwei Vorgängen, der in Ansichten in Form von Verbindungslinien dargestellt wird. Es gibt vier Beziehungstypen: Ende-Anfang, Anfang-Anfang, Ende-Ende und Anfang-Ende. Eine Beziehung wird auch als Verknüpfung, logische Beziehung, Vorgangsabhängigkeit oder Vorgangsbeziehung bezeichnet.

Bild kopieren Mithilfe dieses Befehls können Sie Grafiken kopieren und eine Momentaufnahme einer Ansicht erstellen.

BK (Berechnete Kosten) Ein Ertragswertfeld, bei dem die erwarteten Gesamtkosten zum Abschluss eines Vorgangs oder Projekts auf der Grundlage der Leistung zum Statusdatum berechnet werden (BK = *IKAA* + (*PK* – *SKAA*)/*KLI*).

Bottom-Up-Planung Siehe *Planung: Vom Speziellen zum Allgemeinen.*

Bruttoarbeitskosten Ressourcenkosten, die sich nicht direkt auf die Vergütung der Ressource selbst, sondern auf allgemeine Kosten im Unternehmen beziehen. Beachten Sie, dass Sie in Microsoft Project die Bruttoarbeitskosten nicht direkt eingeben können. Weisen Sie sie bei Bedarf einer Ressource in Form von Standard- oder Überstundenkosten zu.

Dauer Die gesamte Arbeitszeitspanne eines Vorgangs von seinem Anfangs- bis zu seinem Endtermin. Die Dauer ist eine Variable in der Planungsformel *Dauer* x *Einheiten = Arbeit.*

Eindeutige Nummer Eine permanente fortlaufende Nummer, die Microsoft Project jedes Mal erzeugt, wenn ein Vorgang, eine Ressource oder eine Zuordnung zum Projekt hinzugefügt wird. Jede Nummer wird nur ein Mal vergeben.

Eingabetabelle Die in Zeilen und Spalten gegliederte Struktur auf der linken Seite der Standardansicht **Balkendiagramm (Gantt)**.

Eingefügtes Projekt Ein Projektplan, der in einen anderen Projektplan, das so genannte *zusammengeführte Projekt,* integriert wird.

Einheiten Eine standardisierte Art zur Bemessung der Arbeitskapazität einer Ressource, wenn Sie diese einem Vorgang zuordnen. Die Einheiten sind eine Variable in der Planungsformel *Dauer* x *Einheiten = Arbeit.*

Einschränkung Eine Vorgabe wie **Muss anfangen am** oder **Ende nicht später als**, die Sie für den Anfangs- oder Endtermin eines Vorgangs festlegen können.

Einschränkungsart Eine Beschränkung, die sich auf den Anfangs- oder Endtermin eines Vorgangs bezieht, beispielsweise **Muss anfangen am** oder **Anfang nicht früher als**.

Enterprise Project Management Siehe *Enterprise-Projektmanagement.*

Enterprise Projektmanagement Eine unternehmensübergreifende Form des Projektmanagements.

Enterprise-Vorlage Vorlagen, die in einem Microsoft Project Server-basierten Projektmanagementsystem in Microsoft Project Server gespeichert sind und Anwendern von Microsoft Project Professional zur Verfügung gestellt werden. Mithilfe dieser Vorlagen ist der konsistente Einsatz der besten Verfahren und einheitlicher Daten im Unternehmen möglich.

EPS Siehe *Enterprise Project Management.*

Ertragswertanalyse Form der Projektleistungsanalyse, bei der die geplante und die berechnete Leistung mit dem Basisplan verglichen werden. Daraus ergibt sich, wie das Projekt im Vergleich mit den aktuellen Kosten im Terminplan liegt.

Exportschema Ein Verfahren zum Exportieren von Feldern aus Microsoft Project in andere Dateiformate, zum Beispiel HTML. Microsoft Project enthält eine Reihe von integrierten Exportschemas, die Sie bei Bedarf auch anpassen können.

Fälligkeit Die Methode, nach der in einem Projekt die Zahlungsmodalitäten für die Kosten von Vorgängen oder Ressourcen festgelegt werden. Es stehen drei Fälligkeitsarten zur Wahl: **Anfang**, **Anteilig**, **Ende**.

Feld Der grundlegende Datentyp für Vorgänge, Ressourcen und Zuteilungen. Felder werden auch als *Zellen* bezeichnet.

Feste Arbeit Eine Vorgangsart, bei der die Arbeit ein fester Wert ist. Wenn Sie in diesem Fall die *Dauer* des Vorgangs ändern, berechnet Microsoft Project die *Einheiten* für jede Ressource neu. Wenn Sie die Einheiten oder die Arbeit ändern, wird die Dauer neu berechnet.

Feste Dauer Eine Vorgangsart, bei der die Dauer ein fester Wert ist. Wenn Sie in diesem Fall den Umfang der *Arbeit* ändern, die für einen Vorgang erforderlich ist, berechnet Microsoft Project die *Einheiten* für jede Ressource neu. Wenn Sie die Dauer oder die Einheiten ändern, wird die Arbeit neu berechnet.

Feste Einheiten Eine Vorgangsart, bei der die Einheiten ein fester Wert sind. Wenn Sie in diesem Fall die *Dauer* des Vorgangs ändern, berechnet Microsoft Project den geplanten *Arbeit*sumfang für den Vorgang neu. Wenn Sie die Einheiten oder die Arbeit ändern, wird die Dauer neu berechnet.

Feste Einschränkung Eine Einschränkungsart, bei der ein Vorgang zu einem bestimmten Termin beginnen oder enden muss. **Muss anfangen am** (MAA) und **Muss enden am** (MEA) sind feste Einschränkungsarten.

Feste Kosten Finanzielle Mittel, die für einen Vorgang fest eingeplant sind. Der Umfang dieser Kosten muss unabhängig von den Ressourcenkosten und der Dauer des Projekts sein.

Feste Materialverbrauchsrate Eine feste Menge einer *Materialressource*, die bei der Ausführung der Zuordnung verbraucht wird. Siehe auch *Variable Materialverbrauchsrate.*

Filtern Eine Möglichkeit zum Anzeigen oder Hervorheben der Vorgangs- oder Ressourcendaten, die bestimmten Kriterien entsprechen.

Flexible Einschränkung Eine Einschränkungsart, bei der die Neuberechnung des Anfangs- und Endtermins (aber nicht der Dauer) eines Vorgangs erlaubt ist. **So früh wie möglich** (SFWM) und **So spät wie möglich** (SSWM) sind flexible Einschränkungsarten.

Fortlaufende Dauer Die Gesamtlänge von Arbeitszeit und arbeitsfreier Zeit, die für die Ausführung eines Vorgangs erforderlich ist.

Fortschrittbalken Die grafische Darstellung in einem Balken eines Gantt-Diagramms, die zeigt, wie weit ein Vorgang bereits abgeschlossen ist.

Freie Pufferzeit Der Zeitumfang, um den ein Vorgang verzögert werden kann, ohne dass der Anfangstermin eines Nachfolgervorgangs verschoben wird.

Generische Ressource Ein Ressourcentyp, mit dem in einem Microsoft Project Server-basierten Projektmanagementsystem die erwarteten Fähigkeiten eines speziellen Arbeitsressourcentyps definiert werden können. Projektmanager können dann zunächst mit generischen Ressourcen planen und diese später durch Arbeitsressourcen ersetzen, deren Fähigkeiten (oder andere Faktoren) den generischen Ressourcen entsprechen.

Gesamte Pufferzeit Der Zeitumfang, um den ein Vorgang verzögert werden kann, ohne dass sich der Endtermin des Projekts verschiebt.

Gliederung Eine hierarchische Struktur mit Sammelvorgängen und Teilvorgängen, die normalerweise mit den Hauptphasen der Arbeit übereinstimmt.

Gliederungsnummern Nummern, die die Position eines Vorgangs in der Projekthierarchie wiedergeben. Ein Vorgang mit der Gliederungsnummer 4.2 ist beispielsweise der zweite Teilvorgang des vierten Vorgangs der obersten Ebene.

Globaldatei Eine Microsoft Project-Vorlage namens *Global.mpt*, die die Standardansichten, -tabellen, -filter und andere Standardelemente enthält, die Microsoft Project verwendet.

Gruppe Ein Feld, in dem Sie den Namen einer Gruppe angeben können (zum Beispiel Abteilung), der eine Ressource zugeordnet werden soll. Wenn Sie Ressourcen in Gruppen zusammenfassen, können Sie sie gruppenweise sortieren, filtern und zusammenfassen. (In einem anderen Zusammenhang bezieht sich der Begriff „Gruppe" auch auf das Feld **Ressourcengruppe**.)

Gruppieren Ein Verfahren zum Umorganisieren von Vorgangs- oder Ressourcendaten in einer Tabelle und zur Anzeige von Zwischensummen für jede Gruppe. Sie können bis zu drei ineinander verschachtelte Gruppierungsebenen definieren.

Güteklasse Die Einstufung einer Ressource hinsichtlich ihrer Verwertungsmöglichkeit innerhalb des Projekts. Die Güteklasse ist kein Maß für die Qualität der Ressource.

HTML-Vorlage Ein Satz HTML-Tags und -Codes, die auf Microsoft Project-Daten beim Export mithilfe eines Exportschemas angewendet werden. Microsoft Project enthält mehrere HTML-Vorlagen, die Sie in der angebotenen Form direkt verwenden oder auch an Ihre Anforderungen anpassen können.

Hyperlink Eine Verknüpfung zu einer anderen Datei, einer bestimmten Position in einer Datei, einer Seite im Internet oder einer Seite in einem Intranet.

IKAA (Ist-Kosten bereits abgeschlossener Arbeit) Ein Ertragswertanalyse-Indikator. Bei der *Ertragswertanalyse* die aktuellen Kosten von Vorgängen, die am Statusdatum bereits vollständig oder teilweise abgeschlossen waren.

Import-/Exportschema Ein Verfahren zum Importieren von Daten aus anderen Programmen in Microsoft Project bzw. zum Exportieren von Feldern aus Microsoft Project in andere Dateiformate, zum Beispiel HTML. Microsoft Project enthält eine Reihe von integrierten Import- und Exportschemas, die Sie bei Bedarf auch anpassen können.

Interessengruppen Alle Personen oder Unternehmen, die von den Projektaktivitäten betroffen sind (ein Interesse am Erfolg des Projekts haben). Zu diesem Personenkreis gehören die Projektmitarbeiter sowie externe Personen (beispielsweise die Kunden).

KA (Kostenabweichung) Ein Ertragswertfeld, das die Differenz zwischen den Soll-Kosten bereits abgeschlossener Arbeit und den Ist-Kosten bereits abgeschlossener Arbeit angibt (KA = *IKAA* – *SKAA*).

Kalender Einstellungen, mit denen die Arbeitszeit für ein Projekt, für Ressourcen und für Vorgänge festgelegt wird.

KAP (Prozentuale Kostenabweichung) Die Kostenabweichung zum IKAA, ausgedrückt als Prozentwert (KAP = ((*SKAA* - *IKAA*)/*SKAA*) x *100*). Ein Ertragswertfeld.

Kapazitätsabgleich Bei einem Kapazitätsabgleich wird der Anfangstermin einer Zuordnung bzw. eines vollständigen Vorgangs verzögert oder die Arbeit an einem Vorgang unterbrochen, um dadurch eine Ressourcenüberlastung zu beseitigen. Ressourcen können automatisch oder manuell abgeglichen werden.

KLI (Kostenleistungsindex) Ein Ertragswertfeld, das bei der *Ertragswertanalyse* das Verhältnis der Soll-Kosten bereits abgeschlossener Arbeit und der Ist-Kosten bereits abgeschlossener Arbeit angibt (KLI = *SKAA/IKAA*).

Kontextmenü Ein Menü, das eingeblendet wird, wenn Sie auf ein Bildschirmelement mit der rechten Maustaste klicken. Kontextmenüs enthalten nur die Befehle, die auf das gewählte Element angewendet werden können.

Kosten Alle Ressourcen, die für die Ausführung des Projekts erforderlich sind. Dazu gehören Mitarbeiter und Ausstattung, mit deren Hilfe das Projekt durchgeführt wird, sowie die Materialien, die zur Fertigstellung des Projekts verwendet werden. Der Kostenfaktor stellt eine Seite des *Projektdreieckmodells* dar.

Kostensatztabelle Diese Tabelle enthält die Ressourcenkostensätze, die auf der Registerkarte **Kosten** im Dialogfeld **Informationen zur Ressource** gespeichert werden. Pro Ressource können bis zu fünf Kostensatztabellen (A bis E) angelegt werden.

Kritischer Weg Eine Reihe von Vorgängen, die den Endtermin des Projekts hinausschieben, wenn bei ihrer Ausführung Verzögerungen auftreten.

Laufende Operation Aktivität, die keinen festgelegten Endtermin hat und ständig wiederholt wird. Hierher gehören beispielsweise Buchhaltungs- und Personalverwaltungsaufgaben und bestimmte Produktionsverfahren.

Leistungsgesteuerte Planung Eine Planungsmethode. Wenn Sie einem Vorgang Ressourcen zuweisen, verringert sich dessen Dauer, die Arbeit bleibt jedoch unverändert und wird auf die zugeordneten Ressourcen verteilt. Leistungsgesteuerte Planung ist in Microsoft Project standardmäßig aktiviert, kann aber für jeden Vorgang deaktiviert werden.

Makro Eine aufgezeichnete oder programmierte Gruppe von Anweisungen, durch deren Ausführung eine bestimmte Aktion ausgeführt wird. Microsoft Project nutzt Visual Basic für Applikationen (VBA) als Makrosprache.

Materialressource Verbrauchsgüter, die im Projektverlauf aufgebraucht werden. Materialressourcen werden zwar wie Arbeitsressourcen bestimmten Vorgängen zugeordnet, haben aber keine Auswirkung auf den Gesamtumfang der Arbeit, die für die Ausführung eines Vorgangs geplant ist.

Maximale Einheiten Die maximale Kapazität einer Ressource, die für die Ausführung eines Vorgangs zur Verfügung steht. Eine Ressource, die in vollem Zeitumfang für einen Vorgang verfügbar ist, hat einen maximalen Einheitenwert von 100% oder 1,0.

Meilenstein Ein wichtiges Ereignis, das innerhalb des Projekts erreicht werden soll oder muss. In Microsoft Project werden Meilensteine normalerweise als Vorgänge dargestellt, die keine Dauer (Dauer 0) haben.

Microsoft Office System Enterprise-Projektmanagementlösung Die Tools und Dateien die auf Microsoft Project Server und (optional) Windows SharePoint Services aufgebaut sind.

Mitbenutzende Datei Ein Projektplan, der mit einem *Ressourcenpool* verknüpft ist. Mitbenutzende Dateien nutzen gemeinsam die Ressourcen aus einem Ressourcenpool.

Nachfolger Ein Vorgang, dessen Anfangs- oder Endtermin von einem anderen Vorgang bzw. von anderen Vorgängen bestimmt wird, die als Vorgängervorgänge bezeichnet werden.

Nachtschicht Ein in Microsoft Project integrierter Basiskalender, in dem der Zeitraum für eine Nachschicht zwischen 11:00 Uhr nachts und 8:00 Uhr morgens festlegt ist.

Nicht ausgelastet Eine Ressource ist nicht ausgelastet, wenn der Umfang ihrer Zuordnungen geringer als ihre maximale Kapazität ist. Eine Ressource, die als Vollzeitressource definiert ist und der in einer 40-Stunden-Woche nur 25 Arbeitsstunden zugewiesen sind, wird als nicht ausgelastet bezeichnet. In Microsoft Project wird die Arbeitskapazität von Ressourcen in Einheiten gemessen. Eine Vollzeitressource verfügt über 100 % Einheiten (die im Feld **Max. Einh.** angegeben werden).

Nicht kritischer Vorgang Vorgänge, die über einen Zeitpuffer verfügen. Nicht kritische Vorgänge können innerhalb ihres Zeitpuffers später enden, ohne dass sich dies auf den Projektendtermin auswirkt.

Notiz Informationen, die Sie zur Dokumentation eines Vorgangs, einer Ressource oder einer Zuordnung eingeben. Eine Notiz kann auch verknüpfte oder eingebettete Dateien enthalten.

Obere Zeitskala In der zweigeteilten Zeitskala enthält die obere Skala größere Zeiteinheiten, beispielsweise Monate oder Jahre.

OLE Object Linking and Embedding. Ein Protokoll für die Übertragung von Daten wie Diagrammen oder Texten (so genannte Objekte) in Dokumente in verschiedenen Programmen.

PA (Planabweichung) Ein Ertragswertfeld, bei dem die Differenz zwischen SKAA-Wert und SKBA-Wert berechnet wird (PA = *SKAA – SKBA*).

PAP (Prozentuale Planabweichung) Das Verhältnis der Planabweichung zu SKBA (PAP = *(PA/SKBA)* x *100*).

Periodischer Vorgang Ein Vorgang, der sich in bestimmten Zeitabständen wiederholt. Sie können periodische Vorgänge erstellen, die mit einer bestimmten Häufigkeit wiederholt werden oder die zu einem bestimmten Datum enden.

Phase Eine Abfolge von Vorgängen, die einen wichtigen Teil der Projektarbeit ausmachen. In Microsoft Project werden Phasen als *Sammelvorgänge* dargestellt.

PK (Plankosten) Ein Ertragswertfeld, das eine Schätzung der Gesamtkosten, also die erwarteten Gesamtkosten des Projekts, angibt.

Planung: Vom Allgemeinen zum Speziellen (Top-Down) Ein Vorgehen zur Entwicklung eines Projektplans, bei dem Sie zunächst die *Phasen* oder *Sammelvorgänge* definieren und diese dann in Einzelvorgänge aufteilen.

Planung: Vom Speziellen zum Allgemeinen (Bottom-Up) Ein Vorgehen zur Entwicklung eines Projektplans, bei dem Sie zunächst die Teilaufgaben definieren und diese dann in *Sammelvorgänge* zusammenfassen.

Planungs-Assistent Ein interaktives Tool der Onlinehilfe, das Sie bei der Ausführung bestimmter Aktionen unterstützt, beispielsweise beim Speichern eines Basisplans.

Planungsformel Die Methode, nach der in Microsoft Project die Arbeit basierend auf der Dauer des Vorgangs und den ihm zugeordneten Ressourceneinheiten berechnet wird. Die Formel lautet: *Dauer* x *Einheiten = Arbeit.*

PLI (Planleistungsindex) Ein Ertragswertfeld, bei dem das Verhältnis von abgeschlossener zu berechneter Arbeit gemessen wird (PLI = *SKAA/SKBA*).

Produktumfang Qualität, Eigenschaften und Funktionen (die so genannten Spezifikationen) des Produkts, das als Resultat eines Projekts erstellt wird.

Projekt Zeitlich begrenzte Anstrengung zur Schaffung eines bestimmten Produkts oder einer bestimmten Dienstleistung.

Projektdreieck Ein gängiges Modell zur grafischen Darstellung des Projektmanagements. Die Vorgaben *Zeit*, *Kosten* und *Umfang* bilden die drei Seiten des Dreiecks. Die Änderung einer Seite wirkt sich immer auf mindestens eine der beiden anderen Seiten des Dreiecks aus. Für dieses Modell gibt es eine Vielzahl von Varianten.

Projektkalender Der *Basiskalender*, der für das gesamte Projekt angewendet wird. Im Projektkalender wird sowohl die normale Arbeitszeit als auch die arbeitsfreie Zeit festgelegt.

Projektsammelvorgang Der Sammelvorgang auf oberster Projektebene, der die Gesamtdauer, -kosten und -arbeit für das Projekt enthält. Der Projektsammelvorgang hat die Vorgangsnummer 0. Sie können ihn folgendermaßen anzeigen: Wählen Sie im Menü **Extras** den Befehl **Optionen** und aktivieren Sie danach auf der Registerkarte **Ansicht** das Kontrollkästchen **Projektsammelvorgang**.

Projektumfang Die Arbeit, die erforderlich ist, um das Resultat mit der gewünschten Qualität und den gewünschten Eigenschaften und Funktionen zu erstellen.

PSP-Code (Projektstrukturplan-Code) Dient zur Identifikation von Vorgängen in der Projektstruktur.

Pufferzeit Der Zeitumfang, um den ein Vorgang verzögert werden kann, ohne dass der Anfangstermin eines Nachfolgervorgangs (*freie Pufferzeit*) oder der Projektendtermin (*gesamte Pufferzeit*) verschoben wird.

Quellprogramm Das Programm, aus dem die Daten kommen, wenn Sie Daten zwischen Microsoft Project und einem anderen Programm austauschen. Siehe auch *Zielprogramm.*

QuickInfo Die Kurzbeschreibung eines Bildschirmelements, zum Beispiel einer Symbolleistenschaltfläche oder eines Balkens. Um eine QuickInfo einzublenden, müssen Sie nur auf das gewünschte Element zeigen.

Ressourcen Personen, Ausrüstung und Material (sowie die damit verbundenen Kosten), die für die Ausführung der Projektarbeiten erforderlich sind.

Ressourcenkalender Kalender, in denen die Arbeitszeit und die arbeitsfreie Zeit einzelner Ressourcen festgelegt sind.

Ressourcenmanager Eine Person, die die Ressourcennutzung bei den Projektaktivitäten überwacht, um die Zeit und die Kosten der Ressourcen verwalten zu können. Je nach Organisationsstruktur kann ein Ressourcenmanager auch die Verantwortung und die Aufgaben eines Projektmanagers haben.

Ressourcenpool Ein Microsoft Project-Plan, aus dem andere Projekte ihre Ressourceninformationen abrufen. Ein Ressourcenpool enthält die Vorgangszuordnungen der Ressourcen aus allen Projektplänen (*mitbenutzende Dateien* genannt), die mit dem Ressourcenpool verknüpft sind.

Resultat Das endgültige Produkt, die endgültige Dienstleistung oder das endgültige Ereignis, das erstellt werden soll.

Risiko Ein Ereignis, das die Wahrscheinlichkeit beeinträchtigt, mit der ein Vorgang oder ein Projekt zum geplanten Zeitpunkt, innerhalb des geplanten Budgets und gemäß der getroffenen Festlegungen beendet werden kann.

Sammelvorgang Ein Vorgang, der über untergeordnete Vorgänge verfügt. In Microsoft Project werden die Phasen der Projektarbeit als Sammelvorgänge dargestellt.

Scheinvorgang Ein Vorgang, der eine *Verknüpfung* zwischen zwei Microsoft Project-Plänen repräsentiert und im Diagramm als grauer Balken angezeigt wird.

Schleichende Umfangzunahme Eine Vergrößerung des Produktumfangs nach dem Abschluss der Projektplanung und nach dem Beginn der Projektausführung. Eine schleichende Zunahme des Umfangs kann zu Problemen führen, wenn sie vom Projektmanager nicht erkannt wird und nicht entsprechende Gegenmaßnahmen getroffen werden.

Semiflexible Einschränkung Eine Einschränkungsart, bei der Microsoft Project die Anfangs- und Endtermine (aber nicht die Dauer) eines Vorgangs innerhalb eines festgelegten Zeitrahmens neu berechnen kann. **Anfang nicht früher als** (ANFA), **Anfang nicht später als** (ANSA), **Ende nicht früher als** (ENFA) und **Ende nicht später als** (ENSA) sind semiflexible Einschränkungen.

SKAA (Soll-Kosten bereits abgeschlossener Arbeit) Ein Ertragswertfeld. Bei der *Ertragswertanalyse* der Kostenrahmen für Vorgänge, die zum Statusdatum bereits vollständig oder teilweise abgeschlossen wurden. Die SKAA wird auch als Ertragswert bezeichnet, weil sie den Ertragswert des Projekts zum Statusdatum wiedergibt.

SKBA (Soll-Kosten der berechneten Arbeit) Ein Ertragswertfeld. Bei der *Ertragswertanalyse* der Teil des Kostenrahmens, der bis zum Statusdatum hätte ausgegeben werden sollen.

Sortieren Ein Verfahren zur Anordnung von Vorgangs- oder Ressourcendaten in einer Ansicht nach von Ihnen festgelegten Kriterien.

Sponsor Eine Person oder ein Unternehmen, die bzw. das das Projektteam finanziell unterstützt und fördert.

Standardbasiskalender Ein in Microsoft Project integrierter Basiskalender, in dem der Zeitraum für eine normale Tagesschicht von 8:00 Uhr morgens bis 17:00 nachmittags festgelegt ist.

Statusdatum Ein Datum, das von Ihnen festgelegt wird (nicht unbedingt das aktuelle Datum) und das bestimmt, wie Microsoft Project Ertragswertindikatoren berechnet.

Stichtag Das Datum, an dem ein Vorgang spätestens beendet sein soll. Der Vorteil von Stichtagen liegt darin, dass sie keine Einschränkung für den Vorgang bedeuten.

Tabelle Eine in vertikale Spalten und horizontale Zeilen untergliederte Darstellung der Projektdaten. Jede Spalte repräsentiert eines der vielen Felder in Microsoft Project; jede Zeile repräsentiert einen Vorgang bzw. eine Ressource.

Tatsächlicher Wert Siehe *Aktueller Wert.*

Textfelder Spalten oder Felder in Formularen, in die Sie beliebige Informationen zu Ressourcen eingeben können. In Microsoft Project können bis zu 30 Textfelder pro Ressource angelegt werden.

Top-Down-Planung Siehe *Planung: Vom Allgemeinen zum Speziellen.*

Überlastet Wenn eine Ressource für Vorgänge, denen sie zugewiesen ist, mehr Arbeitsleistung aufbringen muss, als sie im Rahmen ihrer normalen Kapazität leisten kann, wird sie als überlastet bezeichnet. In Microsoft Project wird die Arbeitskapazität von Ressourcen in Einheiten gemessen. Eine Vollzeitressource verfügt über 100 % Einheiten (die im Feld **Max. Einh.** angegeben werden).

Überschneidung Ein zeitliches Überlappen von Vorgängen, die über eine Vorgangsbeziehung miteinander verknüpft sind. Bei einer Überschneidung beginnt beispielsweise ein Nachfolgervorgang in einer Ende-Anfang-Beziehung schon eine bestimmte Zeit bevor die Ausführung seines Vorgängers beendet ist. Überschneidungen werden in Microsoft Project als negativer Zeitabstandswert eingegeben.

Überwachung Die zweite wichtige Phase des Projektmanagements. Zur Überwachung gehören das Sammeln, die Eingabe und die Analyse der aktuellen Projektleistungswerte, zum Beispiel die Arbeit an Vorgängen und die tatsächliche Dauer.

Umfang Die Produkte oder Dienstleistungen, die das Resultat eines Projekts bilden, sowie die Arbeit, die zur Schaffung dieses Resultats ausgeführt werden muss. Für die Projektplanung muss sinnvollerweise zwischen dem Produktumfang und dem Projektumfang unterschieden werden. Der Umfang stellt eine Seite des *Projektdreieck*modells dar.

Unterbrechung Die Unterbrechung eines Vorgangs. Eine Unterbrechung wird im Gantt-Diagramm als gepunktete Linie zwischen zwei Vorgangssegmenten dargestellt. Ein Vorgang kann mehrmals unterbrochen werden.

Untere Zeitskala In der zweigeteilten Zeitskala enthält die untere Skala kleine Zeiteinheiten, beispielsweise Wochen oder Tage.

Variable Materialverbrauchsrate Eine Menge einer Materialressource, die sich in Abhängigkeit von der Dauer des Vorgangs, dem sie zugewiesen ist, ändert. Siehe auch *Feste Materialverbrauchsrate.*

Verknüpfung Eine logische Beziehung zwischen Vorgängen, über die Abfolge und Abhängigkeit definiert werden. In den Ansichten **Balkendiagramm (Gantt)**

und **Netzplandiagramm** werden Verknüpfungen in Form von Linien zwischen den Vorgängen dargestellt.

Verzögerung Ein zusätzlicher Zeitraum zwischen Vorgängen, die über eine Vorgangsbeziehung miteinander verknüpft sind. Aufgrund einer Verzögerung beginnt beispielsweise ein Nachfolgervorgang in einer Ende-Anfang-Beziehung erst eine gewisse Zeit nachdem die Ausführung seines Vorgängers beendet ist.

Voll ausgelastet Eine Ressource ist voll ausgelastet, wenn der Umfang ihrer Zuordnungen genau ihrer maximalen Kapazität entspricht. Eine Ressource, die als Vollzeitressource definiert ist und der in einer 40-Stunden-Woche 40 Arbeitsstunden zugewiesen sind, wird als voll ausgelastet bezeichnet. In Microsoft Project wird die Arbeitskapazität von Ressourcen in Einheiten gemessen. Eine Vollzeitressource verfügt über 100 % Einheiten (die im Feld **Max. Einh.** angegeben werden).

Vorgang Eine Darstellung der Arbeit, die für die Fertigstellung von Projektkomponenten erforderlich ist.

Vorgänger Ein Vorgang, der den Anfangs- oder Endtermin eines oder mehrerer anderer Vorgänge (der so genannten Nachfolger) bestimmt.

Vorgangsart Eine Einstellung für einen Vorgang, mit der festgelegt wird, auf welche Weise der Vorgang in Microsoft Project geplant wird. Die Planung basiert darauf, welcher der drei Werte in der Planungsformel als fester Wert definiert wird. Die drei Vorgangsarten sind *Feste Einheiten, Feste Dauer* und *Feste Arbeit.*

Vorgangsbeziehung Die Art der Abhängigkeit zwischen zwei Vorgängen, die mit einer Verbindungslinie in Diagrammen dargestellt wird. Es gibt folgende Beziehungsarten: Ende-Anfang, Anfang-Anfang, Ende-Ende und Anfang-Ende.

Vorgangskalender Der *Basiskalender* für einen einzelnen Vorgang. In einem Vorgangskalender werden die normale Arbeitszeit und die arbeitsfreie Zeit für den Vorgang in Abweichung von den Einstellungen im *Projektkalender* festgelegt.

Vorgangsnummer Eine eindeutige Nummer, die jedem Vorgang im Projekt automatisch zugewiesen wird. In der Eingabetabelle wird diese Nummer in der am weitesten links stehenden Spalte angezeigt.

Vorgangspriorität Numerischer Wert zwischen 0 und 1000, der die Wichtigkeit und Angemessenheit eines Vorgangs wiedergibt. Die Vorgänge mit der niedrigsten Priorität werden als erste verzögert oder aufgeteilt. Der Standardwert ist 500.

Vorlage Ein Microsoft Project-Dateiformat, das es Ihnen ermöglicht, vorhandene Projektpläne als Grundlage für neue Pläne wiederzuverwenden. Microsoft Project verfügt über mehrere Vorlagen, die sich auf verschiedene Geschäftszweige beziehen. Sie können aber auch eigene Vorlagen erstellen.

Zeit Die geplante Dauer der einzelnen Vorgänge und des gesamten Projekts (der Zeitplan). Die Zeit stellt eine Seite des *Projektdreieckmodells* dar.

Zeitphasenfeld Die Vorgangs-, Ressourcen- oder Zuordnungswerte, die über die Zeit verteilt sind und in der Zeitphasenanzeige auf der rechten Seite von Ansichten wie **Vorgang: Einsatz** oder **Ressource: Einsatz** angezeigt werden.

Zeitskala Die Zeitanzeige, die im oberen Bereich einiger Ansichten eingeblendet wird, zum Beispiel in der Ansicht **Balkendiagramm (Gantt)**. Die Zeitskala enthält längere und kürzere Zeitintervalle, wie Wochen und Tage.

Zelle Siehe *Feld.*

Zielprogramm Das Programm, in das Sie Daten einfügen, wenn Sie Daten zwischen Microsoft Project und einem anderen Programm austauschen. Siehe auch *Quellprogramm.*

Zuordnung Die Zuweisung einer *Arbeitsressource* (Personal oder Ausrüstung) an einen bestimmten Vorgang. Sie können einem Vorgang auch eine Materialressource zuordnen. *Materialressourcen* wirken sich nicht auf die Arbeit oder die Dauer des Vorgangs aus.

Zusammengeführtes Projekt Ein Projektplan, der mehrere *eingefügte Projektpläne* enthält. Zusammengeführtes Projekt und eingefügte Projekte sind miteinander verknüpft. Das heißt, dass sich jede Änderung im zusammengeführten Projekt in den eingefügten Projekten widerspiegelt und umgekehrt.

Zwischenplan Eine Gruppe von Vorgangsanfangs- und Vorgangsendterminen, die für spätere Vergleiche gespeichert werden können. Jeder Microsoft Project-Plan kann bis zu zehn Zwischenpläne enthalten.

Stichwortverzeichnis

L

M

N

O

P

W

Z